文學研究叢書・臺灣文學叢刊

時空流轉：
文學景觀、文化翻譯與語言接觸

（第八屆臺灣文化國際學術研討會論文集）

林淑慧　主編　林鎮山　等著

編序

　　國立臺灣師範大學自一九九四年始，至今已舉辦八屆臺灣文化國際學術研討會，首開大學推展本土文化國際學術研討會之風。會中所發表之論文，多集結出版，成果豐碩。此研討會從二〇〇五年起，由臺灣師範大學與長榮大學合辦，每兩年聚集臺灣人文相關領域學者，於南北兩校進行學術的對話與反思，以弘揚臺灣文化的主體性。在研究主題方面，因時代與環境丕變，在眾多因素交互影響下，臺灣人文研究常發展出新的議題。二〇一三年九月五至七日舉辦的「第八屆臺灣文化國際學術研討會」，承繼以往的學術成果，將本屆主題訂為：「時空流轉：文學景觀、文化翻譯與語言接觸」，深入剖析臺灣文學、文化、語言及歷史、空間等領域的相關研究。

　　研討會舉辦的目的，主要期望匯聚學者及與會者之洞見，開拓更廣闊的研究方向。感謝來自臺灣各地及加拿大、美國、日本、香港等地的學者，以多元的角度思索過去、現況與未來，為臺灣文化研究創造多采的學術交鋒。感謝本系系主任林芳玫鼎力支持，李勤岸、陳龍廷、賀安娟、林巾力、許慧如、莊佳穎、曾秀萍、陳玉箴等教師，於籌備期間的協助及會議現場的熱情參與。感謝合辦學校長榮大學臺灣研究所所長溫振華、人文社會學院院長鄭瑞明、莊惠惇等教師，與臺師大臺文系師生群策群力，共同成就此屆學術盛會。

　　臺灣文學景觀書寫，不僅考察視覺的體驗模式，更重新啟動潛藏於各感官中的無限可能性。在行旅過程的景觀，不只是文學家所見的世界，而是作者對世界的理解與感知，是人對地景或空間的詮釋。歷來作家於積極參與地景建構的過程中，形成了文學空間；文學的空間也透過閱讀的過程，轉變成所謂的社會空間。班雅明 (Walter Benjamin) 曾指出當地人對於在地空間和旅

人的想像有所差異，旅人描繪的地方風情，是積極運用主觀的認知，把異質的時間和空間加以定格；而旅遊書寫的分析，則是將定格的異質時間與空間，尋找流轉和再次連接的可能性。同時，文學景觀的書寫，須考慮在獨特的歷史脈絡下如何形塑地方感，以及如何解讀文本的象徵意涵。

　　至於文化翻譯方面，不僅牽涉語言相異的問題，且透過選擇或編織，引發再思考文本背後不同文化的深層意義。空間移動的異文化接觸，牽涉語言的理解及書寫的方式；透過此翻譯權力的必然性，觀察詞語在跨語境、文化的翻譯下產生何種挪移與變化。因此就「文化翻譯」的發展情況而言，從語言問題到理論實踐上，有其多面性的討論。臺灣受到多重殖民的影響，於異地遷徙或行旅觀看的過程中所造就的對譯與誤譯、或是東西方理論傳播與接受，亦為本屆研討會探討的課題。

　　豐富且多元的種族與文化，孕育了臺灣多語的環境，各個語言之間也因此有許多接觸的機會。語言接觸的活絡，為臺灣珍貴的文化資產。荷治、日治時期及戰後，語言發展有其歷時性；不論原住民、閩南及客家和華語，甚至其他語言的交互影響，亦可從共時性加以比較分析。尤其在語言方面的交混、語言接觸與語言變化，以及面對語言接觸後諸多現象的語言態度，為本屆研討會主要關注的範疇。

　　個人與集體的記憶，因時間的長流與空間的轉換，留下層層堆疊的肌理。本屆研討會著重於臺灣文學、文化和語言等領域，在時空流轉下所產生的變遷，並分析主體與環境的相互關係。本屆研討會相關的主題另包涵：聚落空間形成的歷史因素、原漢接觸下的文化翻譯／番易、族群接觸過程客家文化的變遷、歷史遺跡與地景書寫等。希冀透過文學、文化、語言等跨領域的聚合，共同探索往而不復的時空當中，如何詮釋過去、今日甚或未來，諸多變與不變的樣貌及與世界交流的軌跡。

　　感謝兩場專題演講者：歷史學家與文化理論家阿里夫・德里克(Arif Dirlik)為來自美國的國際訪問學人，另一為國立成功大學中文系與臺文系教授兼閩南文化研究中心主任施懿琳，分享深思且具創意的學術研究論述。三

天各場次的主持人分別為本系教授兼系主任林芳玫、本校國文系教授許俊雅、本校應用華語文學系教授簡瑛瑛、加拿大雅博達大學東亞研究系所教授林鎮山、國立中興大學臺灣文學與跨國文化研究所特聘教授兼人文與社會科學中心主任邱貴芬、國立臺灣大學臺灣文學研究所教授梅家玲、本系教授李勤岸、香港教育學院語文學院院長兼中國文學系講座教授陳國球、美國加州大學聖地牙哥分校川流講座教授兼臺灣研究中心主持人廖炳惠。臺南場由長榮大學臺灣研究所的教師擔綱,各場分別為所長溫振華、講座教授莊萬壽、助理教授莊惠惇及教授兼人文社會學院院長鄭瑞明。感謝各場次評論人劉亮雅、余美玲、汪明輝、黃智慧、梁一萍、黃美娥、張春榮、張素玢、李承機、黃美金、齊莉莎、范銘如、楊佳嫻,以及臺南場戴寶村、韋煙灶、范文芳、陳萬益、徐明福、廖振富等學者,專程與會共襄盛舉,提出剴切的評論與諸多寶貴的建議。

除了三天所舉辦的十場論文發表,共計宣讀三十五篇論文之外,研討會第二天最後則召開圓桌論壇。討論主題為「臺灣文學史料與研究方法」,邀請講座教授陳國球、日本橫濱國立大學留學生中心教授垂水千惠、講座教授廖炳惠、國立臺灣大學資訊工程學系暨資訊網路與多媒體研究所合聘教授、國立臺灣大學數位典藏中心主任項潔。論壇子題包含:空間移動與離散、臺灣文學的國際化、數位資料庫於臺灣文學史料的應用、香港文學史料與編纂、日本學界的臺灣文學史料研究等議題。

本屆國際學術研討會得助於許多幕後的合作夥伴,感謝臺灣語文學系行政助理謝孟珈及碩士班、博士班研究生的協助,包括統籌組蔡翠華,以及負責議程組、文宣組、報到組、會計組及會後論文集組的研究生,我於召開一次次的籌備會議及各組橫向聯繫中,深覺研究生的組織力及執行力真值得嘉許。感謝英語所、資工系助理的協助,分擔負責研討會相關事宜。我們在會議進行前建置研討會網站,並將相關發表論文摘要置於網頁上供瀏覽,以利對話與意見交流。感謝長榮大學臺灣研究所行政助理及研究生,跨越南北的距離,將合作的理念具體實踐。會前廣邀學術、行政及教育等各界人士共同

參與，並代為申請中小學教師之研習時數。欣見各場與會學者及研究生眾多，在研究方法上和研究對象上，希冀關注探討隱藏於文化事物表面之下的深層意義，而拓展學術影響力。

感謝發表人會後惠賜稿件，並參考研討會評論人及論文集審查人所提供的寶貴意見，再加以斟酌修改，使這本會後論文集得以彙編研究成果。本書依發表順序刊登經審查後的十九篇論文，臺北場為林鎮山、黃雅莉、巴清雄、陳芷凡、林淑慧、陳龍廷、鄭安晞、沈惠如、劉向仁、姚榮松、陳淑芬等學者的論文。臺南場次包括：溫振華、許世融、王和安、黃儀冠、王幼華、楊克隆、郭東雄、陳淑美、石丸雅邦、黃涵榆等學者的論文。感謝本屆國際學術研討會經費的補助單位：國科會（今科技部）、原住民族委員會、客家文化委員會、臺師大及長榮大學研究發展處、教育部等。會後則得助於原住民族委員會副主委陳成家、萬卷樓圖書公司總編輯陳滿銘、總經理梁錦興、副總張晏瑞、編輯子崴與詩倫及臺文系碩班研究生的協助，方使論文集得以順利出版。期盼本屆研討會之學術成果，能透過此會後論文集而擴大推廣效應。

「第八屆臺灣文化國際學術研討會」舉辦之際，適逢本系成立十週年，首日會議從慶祝創系十週年紀念揭開序幕。由系主任林芳玫主持，文學院院長陳國川、首屆所長莊萬壽及姚榮松教授、許俊雅教授，共同見證這歷史性的一刻。十年成大樹，今日展君前。回顧過去十年的學術之旅，各界對臺文系所十分關愛、十分期待。十年樹木、十年臺文，相信陽光下將更生根茁壯，更翠綠閃亮，以迎接未來更多個十年。驀然回首，彷如走進當年創所成立大會的揭牌儀式會場，穿越時空觀看身兼司儀及義工的我；時空流轉，十年後又見自己擔任研討會計畫主持人，並籌辦這深具薪傳意義的慶祝會。從籌備期及會後論文集的編纂過程中，聆聽多音交響，體驗人間多采風景；百感交集之餘，更珍惜與知音結善緣。此論文集配合本系《臺灣學誌》的專題出刊，而訂於四月出版。四月對臺灣而言，值得紀念的日子如：一九四九年四月六日為臺大、師院兩大名校學運，四六事件距今已是六十五週年；至於

四月七日，則是言論自由烈士鄭南榕自焚殉道二十五週年。今年三一八太陽花學運，延續到四月十日，激起臺灣人深化民主的信心與決心。日頭上山、島嶼天光，窗外仙跡岩蓊鬱蒼翠，期盼這些國際研討會的學術耕耘，能在陽光的照耀下遍地開花結果。

臺灣語文學系　林淑慧

二〇一四年四月十二日於景美厝內

目次

今日，女生當家

——《霞飛之家》與《我這樣過了一生》的文本互涉和敘事策略 [1]

林鎮山

加拿大雅博達大學東亞研究系／所

摘要

探索文學與電影的跨科際、雙向對話，一直是敘事學家與電影學家所共同關注的議題之一。本文主張，儘管小說與電影的藝術形式，或有差異、各有所長，然而我們依然可以援引研究小說的敘事理論與解構電影的概念，來剖析《霞飛之家》及其改編的電影《我這樣過了一生》，以探討其互文性與敘事策略，甚至於引用兩者各自的理論交叉審視、詮釋文本，用以相互發明、豐富彼此。如果電影批評可以接受來自語言學、人類學的二元對立的啟發，而敘事理論與電影批評又有互涉、共融的敘事結構元素和策略：人物、敘述者、戲劇化的敘述者、意識聚焦、場景、行為、事件、演述時間、物件、類推與平行對照，那麼「跨科際，多音交響」，應該可以給我們反思新的洞見與不見。

關鍵詞：跨科際、多音交響、文本互涉、敘事策略、敘事結構元素

[1] 感謝國立臺灣師範大學臺文系第八屆臺灣文化國際學術研討會，計畫主持人林淑慧教授與主辦單位命題的雅意、大會講評人香港教育學院陳國球教授的斧正。至於拙文的任何闕失一概由我承擔。

一　前言：跨科際，雙向對話

　　探索小說與電影的跨科際研究，一直是敘事學家與電影學家共同關注的議題之一，其犖犖大者，即有西摩・查特曼（Syemour Chatman）一九七八年出版的《故事與言說：小說和電影的敘事結構》（*Story and Discourse: Narrative Structure in Fiction and Film*），彼得・韋崔頓（Peter Verstraten）二〇〇九年的《電影敘事學》（*Film Narratology*），羅伯・史丹（Robert Stam）、羅伯・布恭（Robert Burgoyne）與珊蒂・福莉特-陸逸（Sandy Flitterman-Lewis）一九九二年的《電影符號學的新語彙》（*New Vocabularies in Film Semiotics*），以及路易斯・吉奈堤（Louis Giannetti）二〇〇四年的《認識電影》（*Understanding Movies*）。[2] 而諸多臺灣的文學電影中，值得我們如今反思的影片和小說，其一即是《霞飛之家》與《我這樣過了一生》。[3]

　　《霞飛之家》是一九八〇年女作家蕭颯獲得「聯合報六九年度中篇小說獎」的作品，《我這樣過了一生》則是她與當時的導演丈夫張毅合作，共同改編《霞飛之家》，為臺灣「新電影」量身打造、重鑄（recast）的新作。爾

---

[2]　Chatman, Syemour. *Story and Discourse: Narrative Structure in Fiction and Film* (Ithaca: Cornell University Press, 1978). 西摩・查特曼是以敘事學家的觀點來關注電影的敘事結構。Verstraten, Peter. *Film Narratology* (Toronto: University of Toronto Press, 2009)；彼得・韋崔頓則引用宓姬・芭爾 (Mieke Bal) 的小說敘事學理論來發展電影結構的論述。有關宓姬・芭爾最新的敘事學版本，請參閱，Bal, Mieke. *Narratology: Introduction to the Theory of Narrative* (Toronto: University of Toronto Press, 2009). Electronic source; Stam, R., Burgoyne, R., and Flitterman-Lewis, S. *New Vocabularies in Film Semiotics: Structuralism, Post-structuralism and Beyond* (London and New York: Routledge, 1992). 本書第三章，特別討論電影敘事學 (Film-narratolgy)。中文版，張梨美譯：《電影符號學的新語彙》（臺北市：遠流出版社，1997 年）；至於路易斯・吉奈堤 (Louis Giannetti) 的《認識電影》(*Understanding Movies*)，第 8 章有一小節有關敘事學的介紹，請參閱，Giannetti, Louis D. *Understanding Movies* (New Jersey: Pearson Education, 2004, 10th Edition). PN 1998 G43 2008 中文版，請參閱，焦雄屏譯：《認識電影》（臺北市：遠流出版社，2005 年），頁 360-365。

[3]　蕭颯著：《霞飛之家》（臺北市：聯合報，1981 年）。張毅導演：《我這樣過了一生》（臺北市：中央電影公司，1985 年）。

後，亦如先前桂冠加身的《霞飛之家》，在諸多的影展競賽中，脫穎而出，獲得一九八五年金馬獎最佳導演獎、女主角獎、劇情片獎、改編劇本獎，以及一九八六年亞太影展最佳導演獎。彼時，獎項座座，一字排開，鎂光燈下金光熠熠，似乎一一都是在為「鐵三角」的蕭颯、張毅、楊惠珊，黃袍加身，悠悠地訴說著文學／電影合體、曬恩愛、披上婚紗的一則灰姑娘的神話故事。[4]

小說與電影如此相遇、協商，非但得以建構「跨科際、雙向對話」，最終尚且還能激盪出文學、電影、文化的火花，以是，作為《霞飛之家》和《我這樣過了一生》兩作的「作者」，蕭颯與張毅堪稱彼時文學臺灣／電影的箇中翹楚。如果影展與文學獎都是資本主義市場經濟的產物，並在為各自走過的形跡，開拓明日「典範在夙昔」的新路，如今世紀回眸，或可從小說與電影的「跨科際、雙向對話」、「敘事理論與電影批評，彼此取經」，來進一步反思，藉此，或許能讓我們另獲一番新的啟示。

文學與電影成功的組合／整合，共存共榮，根據二〇〇六年琳達‧哈瓊（Linda Hutcheon）的研究，其實不計其數，一九九二年的統計數據就直指：百分之八十五的奧斯卡金像獎最佳劇情片，即是頒予由文學改編的電影。然而，也緣由於文學改編的影片，竟如脫韁四奔的野馬，票房亮麗，天下風行，琳達‧哈瓊因而聲稱，即然今日已經進入文化回收（cultural recycling）的後現代（postmodern），這難免也使得文學、文化學者焦慮不安，再度踅回、探索「改編」（adaptation）與「文本互涉」（intertextuality）各自扮演的角色，以及「忠於原著」的批評理論（fidelity criticism）之辯議。[5]

4　攸關張毅為新電影建構的里程碑，請參閱，焦雄屏編：《臺灣新電影》（臺北市：時報文化，1988 年），頁 68-73。焦雄屏指出：「新導演的缺乏商業性及過度堅持理想，一向在工業界為人詬病，張毅的票房、品質俱受肯定，為新電影建立較多的信心……長遠來看，《我》片的各種成績都深具正面意義。」頁 71。

5　引自：Allen, Graham. *Intertextuality* (London and New York: Routledge, 2011), p. 205.

　　的確，長久以來，電影學者與文學評論者，論述小說與電影的對話、協商時，他們關注的焦點之一，即是「長篇小說改編電影」（novels into film）這個命題所帶來的諸多論辯與反思。由是，麥可・克萊恩（Michael Klein）與季廉・派克（Gillian Parker）歸納出幾個論點與議題（1981）：第一，究竟電影的改編，是否忠於原著？是自由自在地改編？抑或是啟用批判性的反思，來回收小說原著？第二，小說初始展示的衷心信念與文化思考，在小說翻／易為當代電影時，緣由於面對著時空背景的變遷，電影製作者（filmmaker）是否也因而於作中，循勢將其內在的理念（ideology），幡然轉化、變異？第三，電影的修辭（rhetoric）是否最終意在擴展原著所倡議的價值觀／軌範準則（norms）？[6]

　　在諸多的辯議中，最引人注目的論述之一，或許是喬治・布魯斯東（George Bluestone）一九五七年初版的專書《長篇小說改編電影》（Novels into Film），雖然此作，成書已經久遠，然而它對後生的衝擊，其實既深且鉅，甚且其後再版多次。要之，布魯斯東權先精心閱讀（close reading）六部文學名著改編的電影，其中包括《咆哮山莊》（Wuthering Height）、《憤怒的葡萄》（The Grapes of Wrath）、《傲慢與偏見》（Pride and Prejudice）、《包法利夫人》（Madame Bovary），爾後，苦心孤詣，勉力於書中探究電影製作者在改編小說原著時，究竟採取怎樣的策略：刪除、改動、加油添醋？他最後認定，如此改編、衍生的電影，其實，隱隱然，是以全然獨立的嶄新美學身世，自成一格，與原著互不隸屬。[7]

　　即然如此，賈桂琳・泰勒（Jacqueline Taylor）指出（1982），「忠於原著」的批評理論，意在執著地、細膩地比較電影與原著的異同，從而主張改編的電影不應悖離原著，如此的偏見，其實是來自於一意堅持，將小說錯

6　請參閱，Klein, Michael and Parker, Gillian. (Eds.) *The English Novel and the Movies* (New York: Frederick Ungar, 1981), p. 9.

7　Bluestone, George. *Novels into Film* (Berkeley, California: University of California Press, 1966). PN 1997.85 B65 最新的平裝本 2003 年由約翰・霍普金斯大學出版社 (John Hopkins University Press) 出版。

誤地尊為：享有特殊恩寵的敘事（privileged narrative）。[8]與賈桂琳・泰勒的論述不謀而合的是布萊恩・麥法嵐（Brian McFarlane），他認為（1996），喬治・布魯斯東所建立的、戮力考察、勤於探討「忠於原著」的批評理論，難免為讀者磨練出一個觀念（notion），那就是：文本的意義，只有一個。於是，電影製作者就必得恪遵這個初始的「意義」，否則豈非竄改原著而錯亂地乖違了原意？[9]

　　與此相關的論點，正是伊拉娜・施珞（Ilana Shiloh）的主張。她認為（2007），「改編」一詞可能指涉著多重的涵義。其中之一，的確是意指：把原先的藝術成品的結構與功能改變，而以另一個藝術形式來重鑄，使其適者生存（better fitted for survival），以合乎周遭社會環境的需求。然則這一個定義，伊拉娜・施珞認為，似乎理所當然地暗示著，為「原著」與「改編」劃定界線，繼而判定、塑造它們各應分屬不同的先後、上下層級。由是，「改編」這一個「重鑄」的工作，既然受惠於原先就已經存在的原著，因此也必得遵循先前的文本制限。職是之故，這種以「先」為尊、以「後」為卑的層級概念就衍生了「改編」對「原著」必須忠實（fidelity）的常規。[10]這樣的社會實踐遂使文學一舉超越了電影，位階向上提升，獨享特權，一如湯瑪斯・李區（Thomas Leitch）的批判（2003）：如此一來，不免為先前的文本，營造了虛假的原創的意味，完全忽略了一個基要性的認識，那就是所有的文本，不管是文學或電影，本質上，其實都有「文本互涉」的關係。[11]伊拉娜・

---

[8]　Taylor, Jacqueline. "Narrative Strategies in Fiction and Film: Flannery O'Connor's 'The Displaced Person,'" *Literature in Performance*, 2.2 (1982): 1-11.

[9]　McFarlane, Brian. *Novel to Film: An Introduction to the Theory of Adaptation* (Oxford: Clarendon Press, 1996). 本段引文來自，Shiloh, Ilana. "Adaptation, Intertextuality, and the Endless Deferral of Meaning Memento." *M/C Journal, A Journal of Media and Culture*, 10.2 (May 2007).

[10]　請參閱前引，Shiloh, Ilana. "Adaptation, Intertextuality, and the Endless Deferral of Meaning Memento."

[11]　Leitch, Thomas. "Twelve Fallacies in Contemporary Adaptation Theory." *Criticism*, 45.2 (2003): 149-71. 本段引文來自，Shiloh, Ilana. Ibid.

施珞因而強調：由「原著改編成電影」，應該視為「文本互涉」的實踐，如此才能為動態的（文學與電影的）文本交流，衍生「跨科際、雙向對話」的可能，而這種交流最終或可從而「豐富、改變、顛覆彼此」。[12]

　　一言以蔽之，伊拉娜・施珞的這個主張，與葛瑞翰・艾倫（Graham Allen）恰似不約而同地對「忠於原著論」及其闕失，提出一個力道生猛的質疑，葛瑞翰・艾倫更因而指出（2011），引進「文本互涉」的理論來探討小說與電影千絲萬縷的關係，的確，有其必要，甚且實在是刻不容緩。[13]這些論述正是呼應了康納（J.D. Connor）早先的言說（2007），亦即：以「改編」是否「忠於原著」來「審判」改編的電影，是批評理論最不需要的話語，如今也不再具有說服性，何況當代的評論家（critics）對於各種媒體（media）的獨特性，現在都已經有了一定的尊重，根本再也不會採取涇渭分明、嚴厲強硬的立場。對他們而言，從往昔的「忠於原著」的批判理論向「文本互涉」位移，才是當今走正道、做實事、最重要的電影批評的理念。[14]

　　最近臺灣的電影學者／影評家之中，戮力提倡把電影從「改編小說」的冗長、黑暗的歷史坑道中釋放出來，以解除小說與電影彼此之間的主從關係的是曾西霸教授（2011），一如伊拉娜・施珞的言說，曾教授認定，小說與電影應該是完全對等的關係，而且兩者可以「相互發明、豐富彼此」，[15]特別是「作者論」（auteur theory）受到肯定之後，論者其實就把一部「電影的作者劃定為導演」，於是，清清楚楚地明示「電影已然脫離文學成為一門獨立的藝術，其地位是與文學平起平坐的」。職是之故，他進一步倡議，「要使電影的藝術性更形提高，或許要盡量再挖掘、加強其文學色彩，絕非讓電影純然依附在文學之下」。[16]如此苦心孤詣的電影／文學「對等」的立論，或可

---

[12] 請參閱，Shiloh, Ilana. Ibid.《我這樣過了一生》倒沒嚴肅地全面顛覆《霞飛之家》。

[13] Allen, Graham. *Intertextuality* (London and New York: Routledge, 2011), p. 205.

[14] 請參閱，Connor, J. D. "The Persistence of Fidelity: Adaptation Theory Today." *M/C Journal: A Journal of Media and Culture*, 10.2 (May 2007).

[15] 曾西霸著：《電影劇本結構析論》（臺北市：五南書局，2011年），頁161。

[16] 同前註。

視為加強了「文本互涉」觀，大可取代「忠於原著」的批評理論之正當性，為「跨科際、雙向對話」的言說，敲了邊鼓。事實上，葛瑞·托納（Graeme Turner）就認為（2005），「作者論」固然提升、強調了導演具有電影「作者」的身分與地位，而使得導演能與小說的「作者」分庭抗禮，而另一方面，這個「作者論」或許正也可以引導我們對電影的研究，走向更接近文學與美學的分析。[17]

如前所述，《我這樣過了一生》這部電影，是由小說家蕭颯與她當時的導演丈夫張毅共同攜手，聯合改編——《霞飛之家》——她的得獎佳作而來，爾後，由中央電影公司出資，拍攝、重鑄。要之，張毅其實也曾經是一個文藝青年，是早慧的小說家、影評人、編劇家、電影雜誌《影響》的編輯，更曾經受過大學電影製作的嚴格專業薰陶，因之，可謂科班出身，況且還待過影圈、磨練多年，方才出人頭地，其後，遊藝於小說與電影之間，自是揮灑自如，游刃有餘。[18]至於蕭颯，她在接受季季的訪問時（1987）就自承，自己是個影迷：

> 從小就愛看電影，也從電影學習到很多，而且電影一度還成為我重要的工作——我曾擔任電影編劇。[19]

職是之故，蕭颯會與張毅成為小情侶、小夫妻，十指緊扣，跨科際，雙向對話，優遊、走過小說與電影的一段滄桑路，實在是其來有自。在她〈給

---

[17] Turner, Graeme. *Film as Social Practice* (London and New York: Routledge, 4 edition, 2006), p. 53 and 55. 中文本請參閱，林文淇譯：《電影的社會實踐》（臺北市：遠流出版社，1997年），頁52-54。

[18] 有關張毅的生平、著作、電影作品，請參閱，〈張毅〉，臺灣電影數位典藏資料庫，財團法人國家電影資料館http://wwwctfa.org.tw/filmmaker/content.php?id=515。瀏覽日期：2012年12月6日。至於張毅的小說，請參閱張毅著：《臺北兄弟》（臺北市：爾雅出版社，1984年）。

[19] 請參閱季季：〈站在冷靜的高處——與蕭颯談生活與寫作〉，《中國時報》人間副刊，1987年8月14日。又收錄在蕭颯著：《走過從前》（臺北市：九歌出版社，1988年），頁373-386。

前夫的一封信〉（1986年10月）中，蕭颯回溯，自從她十多歲認識張毅以後，十多年來「只活在自己的小圈圈裡」，生活中就只有張毅，別無他人：

> 我們是一起長大的，一起面對整個世界，一起追求理想；在失意的時候，彼此相依為命，但是我更喜歡「相濡以沫」的說法。[20]

因此，我們可以想像，青春少艾的蕭颯，彼時自然是與文藝青年張毅，相依、相伴、常相隨，事實上她還自稱，初始竟然一直以為男人就是張毅，張毅就是「天下男人」。[21]紅塵路上如是，於文藝追夢的彩虹下，這對小情侶／小夫妻何嘗不然。因之，研究媒體文化的唐維敏教授指出，張毅曾經提過：

> 在創作小說的階段，蕭颯會與他討論小說的情節與人物性格，所以作品一旦完成，在思想與精神的認同上，他們夫妻是一體的[22]。

這一段蕭颯與張毅惜緣、惜福、相扶持的日子（1976-1986），從小說創作，到攜手一起改編小說為電影，以不到五年的黃金時段，為臺灣小說與電影的「跨科際，雙向對話」，建構了一個合體對等的平臺。

更值得我們注意的是，蕭颯對小說創作或將小說改編為電影，有著令人反思的說法：

> 我對自己寫過的東西不滿意，只要有機會，我都會想重新再來過。《霞飛之家》就是最好的例子；當它改編成《我這樣過了一生》劇本時，我再重新創作的慾望，使我將它改動許多。[23]

20　請參閱蕭颯：〈給前夫的一封信〉，《中國時報》人間副刊，1986年10月18-9日，又收錄在蕭颯著：《維良的愛》（臺北市：九歌出版社，1986年），頁95-119。

21　同前註，頁113。

22　請參閱唐維敏著：〈第十七章　臺灣文學與臺灣電影（1951-2000年）〉，貼於2005年2月17日。http://twfilm1970.blogspot.ca/2005/02/1951-2000.html. 瀏覽日期：2011年12月3日。

23　請參閱季季：〈站在冷靜的高處──與蕭颯談生活與寫作〉，收錄在蕭颯著：《走過從前》，頁386。

職是之故，我們或許可以擱下傳統的「忠於原著」的批評理論，改弦易轍，啟用「互文」的概念：

> 一個文本引用、吸收其他文本，加以改動、擴展或廣泛地翻／易，因而衍生出文本與文本之間的互涉關係，[24]

用以進一步來探討《霞飛之家》與《我這樣過了一生》兩者之間的互文——流動／改動，及其各自在「形式與意義」的結合、敘事策略的運用，究竟衍生怎樣的關係？其展示、強調的理念，又究竟能為我們衍生怎樣的啟示？

　　然而，小說與電影畢竟是以各異其趣的藝術形式來展演——電影是一種視覺、聽覺的藝術（visual and auditory art），而小說則是語言的藝術（verbal art），不過，或許我們可以援引／結合研究小說的敘事理論與解構電影的概念，以及彼此都可能互涉、甚且可以共有、又能夠相容的敘事結構元素（elements of narrative structure）出發，考查它們的本質與功能，及其實際運用、操控的敘事策略——敘述者（narrator）、戲劇化的敘述者（dramatized narrator）、人物特徵（character traits）、意識聚焦（focalization）、場景（setting）的設計、行為／事件／情節的敷演、文本時間的安排（time as the textual arrangement）、類推法（analogy）的運用，並以剖析電影藝術的基要理念：平行對照（parallelism）、場面調度（mise-en-scene）與母題（motifs，諸如物件、顏色、地點、人物、聲音等，在作中重複的結構元素），[25]來進一步交叉、探索《霞飛之家》與《我這樣過了一生》的形式與意

24　有關這個定義，請參閱，Prince, Gerald. "Intertextuality" in *A Dictionary of Narratology* (Lincoln & London: University of Nebraska Press, 1987), p. 46. 有關「文本互涉」的理論與實際，請參閱，Haberer, Adolphe. "Intertextuality in Theory and Practice." *Literatura*, 49.5 (2007): 54-67.

25　有關敘事理論，請參閱，Booth, Wayne C. *The Rhetoric of Fiction* (University of Chicago Press, 1983); Rimmon-Kenan, Shlomith. *Narrative Fiction: Contemporary Poetics* (London & New York: Routledge, 2002); Chatman, Syemour. *Story and Discourse: Narrative Structure in Fiction and Film* (Ithaca: Cornell University Press, 1978). 有關電影藝術剖析的基要理念，請參閱，Bordwell, David and Thompson, Kristin. *Film Art: An Introduction*

義，並進一步反思敘事策略之互涉、互融與異同，藉以勉力為小說與電影的「跨科際、雙向對話」，探究「相互發明、豐富彼此」的契機。

二 惜緣，惜福

《霞飛之家》與《我這樣過了一生》，都是以桂美與侯永年相親的場景來開場，最後則以創建「霞飛之家」的桂美，為侯家「起高樓、勞累終生」，終至竟然「以盛年、揮別紅塵路」，而由正芳世代交替，「今日，女生當家」來結束。如此開場與收尾的骨架摘要（a bare-bones plot summary），或許就是電影藝術學家大衛・鮑德威爾（David Bordwell）與克莉絲汀・湯普遜（Kristin Thompson）所謂的「指涉性的意義」（referential meaning），[26]也是《霞飛之家》與《我這樣過了一生》兩作「文本互涉」的最大公約數。

就探討形式而言，鮑德威爾與湯普遜兩位學者力陳，電影的開場與結尾，以及情節在首尾之間的進展模式，在影片中究竟如何呈現，是分析電影形式甚為重要的議題之一。[27]事實上，閱讀電影如此，分析小說《霞飛之家》，何嘗不然？

《霞飛之家》開場的這個相親場景，是桂美與侯永年一生「結緣」的起點，而當夜這個場景的結尾，蕭颯是以侯永年對桂美輕聲細語的「冷嗎？晚上風大」的關懷來做收。如此的良言美意，桂美回房後：

> 清楚聽見[響亮的收音機在隔壁表姊的房裡重播小說的選播]，劇中女主角哀哀傾訴著自己的苦處，而男人則軟言細語，無限的愛憐。桂美歪在自己的床上，不由嘴角浮起了笑意，從前她是不相信天底下真有

(New York: McGraw Hill, 2001), pp. 62-77. PN 1995 B728 2001 中文版，請參閱曾偉禎譯：《電影藝術——形式與風格》（臺北市：美商麥格羅・希爾，臺灣分公司，2008年），頁72-88。

26 Bordwell, David and Thompson, Kristin, pp. 62-63. 同前註，頁73。

27 Bordwell, David and Thompson, Kristin, p. 75. 同前註，頁85。

這種男人的，可是今天有點不同，她恍惚的覺得她相信了。夢裡，還有人問她：「冷嗎？」[28]

要之，鮑德威爾與湯普遜曾經指出：電影形式除了運用一般性的「類比」（similarity）手法，也運用精確的複製（duplication）……這些複製並不完美，但非常類似。而這些相似之處就是他們所謂的平行對照（parallelism）。與這兩位電影學者所主張的「平行對照」的論述，相類似的小說敘事理論，就是李蒙-姬南（Shlomith Remmon-Kenan）所謂的人物與人物之間的「類推法」（analogy between characters），一言以蔽之，這個「類推法」就是把人物置放在類似的情境下來觀察，比較他們的異同，探索究竟彼此是形成類比或者對比（contrast）？[29]

一如前述，小說中，「冷嗎？晚上風大」的關懷，是這個相親場景的收尾，下一個小節，敷演的就已經是桂美與侯永年結了婚、懷了八個多月身孕的新情節。因之，侯永年「冷嗎？晚上風大」的「知趣、解風情」，不能說不是選播小說裡的「男人軟言細語，無限的愛憐」的一種「平行對照」或「類比」，而且連「眠裡／夢裡」都還在複製：有人問她「冷嗎？」職是之故，蕭颯是運用了鮑德威爾與湯普遜的「平行對照」策略／李蒙-姬南的「類推法」，在黑黑的夜裡，狗吠聲中，讓侯永年酥暖了桂美寂寞懼怕的心房。而這似乎就是小說中兩人結緣、共度雨露風霜的起點。

畢竟，也是在這個相親的實況場景裡，蕭颯透過傑聶（Gerard Genette）所謂的「不參與故事、在故事外的敘述者」（heterodiegetic narrator），[30]以及

28　蕭颯著：《霞飛之家》，頁10。關於聆聽收音機的說書和小說選播，曾經是懂事起的蕭颯的最愛，迷得不得了。這種文本互涉使我們窺見小說創作的奧秘。請參閱蕭颯著：《走過從前》，頁377。

29　Bordwell, David and Thompson, Kristin, p. 68. 曾偉禎譯：《電影藝術──形式與風格》，頁80。Rimmon-Kenan, Shlomith. *Narrative Fiction: Contemporary Poetics* (London & New York: Routledge, 2002), p. 70.

30　有關「不參與故事、在故事外的敘述者」請參閱，Genette, Gerard. "Person." In *Narrative Discourse: An Essay in Method* (Ithaca, New York: Cornell University Press, 1980), pp. 243-252.

多話的、作為戲劇化的敘述者（dramatized narrator）／箇中人物兼敘述者（character-narrator）的表姊，[31] 細緻地敷述彼時的時空背景：桂美與侯永年，都是流寓於臺灣的大陸人，他們跟隨著國府播遷來臺，月黑風高，流離失所，落腳於臺北的違章建築，打滾於難以翻身的社會底層。小說的開場，桂美與侯永年，一個先是為表姊做牛、做馬、做女傭，其後又身兼紡織廠的工人，另一個則是在餐廳裡跑堂、受差遣、當「博挨」（boy），[32] 慘遭好賭的妻子遺棄。蕭颯是以他們同是天涯淪落人的卑微身分，建構相濡以沫的關懷與惺惺相惜，而結尾，桂美蒙主寵召，侯永年一下子「像老了十年，腰桿都佝僂了，一張曾經圓實不容易顯老的臉，這時候瘦得連皮都搭了下來」，不哭不笑，「灰白鬍鬚渣子」滿布下巴。[33] 在電影《我這樣過了一生》裡，侯永年則悔恨交加，嘆惜：「辛苦了一輩子，想要對她好一點兒，來不及了！」雖然「惜緣，惜福」，然而，桂美就「這樣過了一生」。緣起，緣滅！

　　既然是流寓於臺灣違章建築裡的離散中人，《霞飛之家》中的表姊自然有如《臺北人》裡的「王謝堂前的燕子」，緊抱著過去：

　　　　不說別的，我們上海老家就是擱灶的廚房，也比現在住的整幢房子大好幾倍呢。這兒……唉！唉！那是人住的啊？[34]

31　有關「戲劇化的敘述者」，布斯主張：從表面上看，他們似乎是僅僅在扮演著他們自己的角色，而實際上，他們的真實身分卻是：經過作者精心設計的「偽裝的敘述者」(disguised narrators)，在恰適的時機，就會前來告知我們不可不知的訊息。因此，布斯特別強調：我們應該注意，其實他們的每一句話、每一個動作，都可能是在闡述。請參閱 Booth, Wayne C. "Dramatized and Undramatized Narrators," and "Observers and Narrator-agents." In *The Rhetoric of Fiction* (University of Chicago Press, 1983), pp. 149-154. 羅伯・史丹(Robert Stam)、羅伯・布恭(Robert Burgoyne)與珊蒂・福莉特・陸逸則把這種故事中人(character)又兼任敘述者(narrator)稱為 character-narrator，不但積極參與故事或做見證人，也可以讓他/她陳述自己的思想或感懷。請參閱，Stam, R., Burgoyne, R., and Flitterman-Lewis, S. *New Vocabularies in Film Semiotics: Structuralism, Post-structuralism and Beyond* (London and New York: Routledge, 1992), p. 98-99. 中文版，張梨美譯：《電影符號學的新語彙》，頁 166-167。

32　表姊的用詞，蕭颯著：《霞飛之家》，頁5。

33　同前註，頁85、80。

34　同前註，頁5。

　　事實上，白先勇的金兆麗在〈金大班的最後一夜〉也是這麼狠狠地詛咒臺北夜巴黎舞廳的經理童得懷的：

　　　　好個沒見過世面的赤佬！左一個夜巴黎，右一個夜巴黎。說起來不好
　　　　聽，[上海]百樂門裡的那間廁所只怕比夜巴黎的舞池還寬敞些呢，童
　　　　得懷那副嘴臉在百樂門掏糞坑未必有他的份。[35]

　　家國有難，亡命天涯，《霞飛之家》箇中人物的原鄉記憶、身分陡降，雖然只是如此一語飛過，恐怕還是會召喚起多少落拓風塵的感傷！與白先勇的《臺北人》形成「互文」，遙相呼應。於此，我們纖芥不遺，召引《臺北人》的幽靈來為表姊敲邊鼓，是來自研究「文本互涉」的學者漢斯-彼得‧麥伊（Hans-Peter Mai）的啟發，他主張，即使保守的互文研究學者也同意克莉絲蒂娃的論述，那就是存在於一個精巧的文本之中，與其「同相共存」的，是其他幾個文本。這可能是互文研究中，最基本的共識。從這個假設出發的學術研究，首要的工作之一，就是要指認、分辨出這些文本。這是當今一般傳統的文本批評，特別是尋根溯源、追尋影響研究的學者，依然在進行中的工作。[36]
　　其實，也許我們還可以再度向電影藝術批評的理念取經。鮑德威爾與湯普遜建議：電影研究的原則之一，是要能夠舉出任何一個元素，來探究它在整體電影形式中的功能，而啟用這個元素的動機又是什麼？[37]因此，我們或許也可以探討，作為一個戲劇化的敘述者，表姊在小說中可能又顯現了什麼其他的功能？

35　白先勇著：〈金大班的最後一夜〉，收入：《臺北人》（臺北市：晨鐘出版社，1973
　　年），頁97。

36　Mai, Hans-Peter. "Bypassing Intertextuality: Hermeneutics, Textual Practice, Hypertext." In
　　Plett, Heinrich H. *Intertextuality* (Berlin & New York: Walter de Gruyter, 1991), pp. 30-59.

37　Bordwell, David and Thompson, Kristin, p. 75. 曾偉禎譯：《電影藝術──形式與風
　　格》，頁85。

是的，的確又是透過她的口無遮攔、心直口快，待字閨中的桂美，要給侯永年續絃，對方還拖著三個「半大不小、懂點人事」的孩子，在這個相親的節骨眼上，傳統「春天，後母心」的刻板教訓，才會成為有待思考、協商的議題之一。真確，也緣由於此，作為意識聚焦（focalization）的桂美當下才會反思：「人說後娘難當，她可當得了嗎？」[38] 於是，透過表姊這個戲劇化的敘述者，「後娘難當」才會成為這篇小說最重要的主題之一，更是電影《我這樣過了一生》一再要重訪（revisit）的母題（motif）。

就開場的「場景」（setting）設計而論，蕭颯在《霞飛之家》劈頭就鉅細靡遺地細描表姊家違章建築的廚房，那是「違章建築中的違章建築」，也是桂美作為表姊的幫傭，日夜安身的所在──原始、昏黯、污穢，水龍頭安在地板上、沒有洗碗槽，連牆上糊的舊報紙都給油煙燻得黑黃。至於小說收尾的時候，侯家早已經住上了配有守衛、僱請女傭的豪宅大廈，而且桂美和正芳各自擁有自己的套房，布置了閒適的沙發、矮几，還另外裝修了起居室、盥洗間，以及私有的陽臺，甚且透過專業的裝潢師精心地為他們打理過。開場與結尾先後如此「原始與摩登」的對照，或許還是運用了敘事策略中，強烈的場景「對比」，來讓我們──「眼見她，起高樓」，為侯永年一家子，向上提升，而不是向下沈淪──做見證。

最後，小說的結尾，正芳收納了侯家的長孫／大哥正全的兒子小湯米，並接受了應該是傳香火的侯家長子／正全的託付：「這兒，都交給你了……」，由是，「今日，女生當家」，傳接桂美的香火，完成世代交替。故事的收場之際，正芳「向客廳裡桂美那張憨厚微笑的大照片走去，默默對面坐下……」，[39] 全文就此打住、做收。蕭颯是不是有意藉此透過正芳，走向「憨厚」的桂美的大相片，向「憨厚」、堅毅、苦行，曾經為侯家起高樓，而又忠肝義膽、立下典範的桂美致敬？[40] 矢意承繼後娘公正、公平地教養不

38　蕭颯著：《霞飛之家》，頁6。

39　同前註，頁91。

40　沈曉茵教授認為，電影中的正芳放棄留學，選擇留下來幫「一個她並不完全認同的女性」，經營霞飛之家，是「向一位不停地與社會協商的女性致意」。請參閱沈曉茵

是自己親生孩子的無私精神？一定是的，身為後娘的桂美不是也將「霞飛之家」交給正芳，而非傳交給也可以「今日，女生當家」的自己親生的女兒正敏嗎？只是因為正敏：「她孩子氣，不懂事，什麼都不懂，你要擔待她。可是店不能交給她管，她管不了。還是你能幹」。[41] 如此傳賢不傳子，豈非是當代企業經營的維新精神，最傳神的寫照嗎？

　　同樣是以相親實況場景來開場，在《我這樣過了一生》中，張毅首先是以大遠景（extreme long shot）來取鏡，運用「建立場面的鏡頭」（establishing shot）來呈現故事發生的實際地點、環境和氛圍。[42] 由是，影片透過大遠景的長鏡頭（long take），由鎖定的攝影機（lock-up camera）悠悠地渲染出表姊一家寄寓的大雜院。彼時，前院已經幽暗一片，而內裡鴿籠般的間間屋子，燈光相對地比較分明。雖已入夜，人來、人往，依然熱鬧紛忙，而兒童還在龐然的大雜院，跳繩、奔跑、嬉戲、彼此忘情地大聲呼喚。如此以長達一分鐘的長拍來「建立場面」，稍後，再以中景的鏡頭（medium shot）來展演在廚房中忙碌的桂美。這與《霞飛之家》的開場，劈頭就以類乎電影的中景，徐徐搖鏡（panning shot）依序來書寫廚房的場景──四十瓦電燈泡、糊在牆上的舊報紙，以及顰眉媚笑的女明星照片──相異其趣。換句話說，《霞飛之家》是略去了電影的經典敘事策略：「建立場面的鏡頭」。

　　而相親這個實況場景的收場，張毅是以升降鏡頭（crane shot），從位於大雜院二樓的表姊家客廳兼臥室的外窗，徐徐後拉、下降、直到落地，再遠遠地展演出此時已經夜深人靜的大雜院。以是，初始的相親場景是以大雜院的大遠景開場，最後也以大雜院的大遠景做收，前後一致，敘事結構相當完整──是的，這是在大雜院發生、從大雜院出發的一個蜩螗板蕩的故事。

　　雖然《我這樣過了一生》的相親場景是以大雜院的大遠景來開場，也

　　著：〈胴體與鋼筆的爭戰──楊惠珊、張毅、蕭颯的文化現象〉，《中外文學》26卷2期（1997年7月），頁98-114。

41　蕭颯著：《霞飛之家》，頁56。

42　請參閱，Giannetti, Louis, Leach, Jim. *Understanding Movies* (Toronto: Prentice Hall, 4th Canadian Edition, 2005), p. 69.

以大雜院的大遠景做收，展演的其實都是張毅運用外在的敘述者（external narrator）／電影的敘述者（cinematic narrator）捕捉的一個客觀鏡頭，這個敘事策略，於此，似乎別無象徵的意圖。然而在全片的收尾階段，導演運用的一個仰角鏡頭（low-angle shot），卻彷彿是在有意／無意中，遙相指向令人深思的隱喻及其無可逆轉、無可奈何的人生路。

那個場景，先是以遠景取鏡：彼時正芳與桂美正巧路過一家婦產科診所，是當年桂美生產雙胞胎正群和正敏、爾後安排讓反叛的小正芳因意外受孕、做人工流產的所在。邊走邊談的後娘與繼女，此時心思澄明，回溯、關照「無可逆轉、無可奈何的人生路」，實在是值得我們關注：

> 桂美：這幾年我一直在想，當初也許不該去日本的，放下你們沒人管，害你……一定一直心裡不舒服吧？
>
> 正芳：那麼多年了，也沒什麼不舒坦的。倒是妳那時候，真的不怪爸爸嗎？
>
> 桂美：女人的事啊？反正夫妻嘛，總有一個要忍啊！
>
> 正芳：為什麼忍的總是女人呢？
>
> 桂美：所以妳一直不想結婚？
>
> 正芳：我總覺得，妳不該那麼容忍爸爸的！
>
> 桂美：也許妳對。不過妳總不會叫我現在離婚吧？

要之，桂美與正芳兩人「同樣」都慘遭過男生背叛，「同樣」都懷抱一本悽愴、委屈的流水帳，張毅此刻啟用的電影敘事策略是後娘與繼女兩者都有的「走過從前」的平行對照／類比，不過，他又透過桂美最終的容忍／退讓：「反正夫妻嘛，總有一個要忍啊！」與正芳的反嗆／質疑：「為什麼忍的總是女人呢？」來進一步建構出一番新舊世代的對話，以及新舊理念的並置（juxtaposition），這也正是李蒙-姬南所主張的「對比」，[43] 如此既採納電影

---

[43] 李蒙·姬南提議：把兩個人物置放在相同的情境下，來比較他們行為的異同，究竟是形成類比或對比。此時，正芳的主張顯然是與桂美對立，她們是形成強烈的對比。請參閱 Rimmon-Kenan, Shlomith. *Narrative Fiction: Contemporary Poetics*, p. 70.

的理念——平行對照／類比，又啟用小說兩相對比的敘事策略，或許堪稱：
張毅與蕭颯是以電影藝術與小說創作合體，跨科際、雙向對話的範例之一。

　　展演這一場對話場景，張毅先以水平鏡頭（eye-level shot）的遠景發
端，讓這對後娘與繼女徐徐走過婦產科診所，再以中景的推軌鏡頭（dolly
shot），緊跟兩位女生，向右、再向左搖攝（pan），直到兩人趨近街角，正
芳扶著後娘過街。底下隨即切接到下一個仰角鏡頭，仰拍母女二人，一個
質疑：「我總覺得，妳不該那麼容忍爸爸的！」一個反問：「也許妳對。不
過妳總不會叫我現在離婚吧？」此時此際，張毅再透過場面調度的兩人走位
（movement），以中景鏡頭來仰拍、捕捉如此的「喜劇舒解」（comic relief）
之後，桂美與正芳兩人的會心一笑！

　　誠然，電影中，初始「後娘與繼女」的衝突、截然的「二元對立」
（binary opposition），是在正芳接受桂美的衛護、進行人工流產之後，就已經
化解了，但是也就在論述「男生的鐵蹄踏過、滿目瘡痍」的此時此際，[44]正芳
第一次解構、跨過「親父與後娘」的傳統刻板線界，向性別論述流動，以包
文拯的公正，大義滅親，對「親父與後娘」的情緣，提出最後的審判。其實
也就在此時此際，後娘與繼女走出景框（frame）；仰拍的鏡頭似乎意在映照
出從「男生的鐵蹄踏過、滿目瘡痍」中，掙扎過來的兩位女性，對她們「崇
高」的堅毅，致敬，[45]然後繼續逐漸搖向（tilt）天際，顯現出老舊、低矮的
婦產科診所，以及跟它形成強烈「對比」的、後頭矗立的、亮麗的新樓，兩
座新舊建築，於是排列並置（juxtapose），彷彿是在悠悠地隱喻著桂美與正

44　沈曉茵教授分析，在影片中可看到桂美「如此的協商在女性、母性身體上留下的痕
　　跡」。良有以也！我以為，一如桂美指出，而正芳並未否認，她終身不婚，其實是由
　　於「男生鐵蹄踏過」給她留下了一個心裡上的始原性創傷(trauma)，而桂美又以子宮
　　癌盛年而逝。以是，這一段母女對話，有關這一個「男生鐵蹄踏過」與「不該那麼
　　容忍爸爸的」的話語，應該是一個隱含性的批判，是一種「性別論述」。請參閱沈曉
　　茵：〈胴體與鋼筆的爭戰——楊惠珊、張毅、蕭颯的文化現象〉，頁106。

45　有時候，仰角拍攝，可以將人物襯托得比較崇高、令人尊敬。請參閱，Giannetti,
　　Louis, Leach, Jim. *Understanding Movies* (Toronto: Prentice-Hall, 4th Canadian Edition,
　　2005), p. 73.

芳新舊世代、新舊理念的對比。職是之故，正芳「一直不想結婚」，似乎良有以也！

　　只是，當初侯永年外遇，身為後娘的桂美，在正芳離家出走、正興遭到大鍋燙傷、家裡亂七八糟之際，她面對的其實是一個左支右絀的困境（predicament），桂美內心的著急、窘迫，張毅是透過爾後桂美在回溯時的畫外音（voice-over）來陳述的：[46]

　　　　丈夫有女人，比賭博更叫人寒心，可是妳也只有兩種選擇，離開他，或者原諒他。我覺得兩個都不好，可是總要選一樣。

如是，那麼最後搖向天際的仰拍（low-angle shot），是不是一種敘事策略，也藉著外在的敘述者／電影敘述者主觀的仰角鏡頭，訴說：「姻緣前定／路坎坷」，[47]「抬頭、無語、問蒼天」的無奈？

　　能夠成功地運用張毅這種相親場景，以大遠景「建立場面的鏡頭」來開場的敘事策略，最後又能以大遠景來做收的現／當代小說中，我們最耳熟能詳的可能就是張愛玲的〈沈香屑——第一爐香〉。透過作為小說中意識聚焦（focalization）的葛薇龍，遠遠地眺望著姑母家的花園，張愛玲讓我們，也如同薇龍，強烈地感受到「星星之火，可以燎原」的春色效應，更何況，「牆裡的春延燒到牆外去，滿山轟轟烈烈開著野杜鵑，那灼灼的紅色，一路摧枯拉朽燒下山坡去了」。而薇龍最後結束這個初訪姑母的實況場景，又是以大遠景來做收：

　　　　回頭看姑媽的家，依稀還見那黃地紅邊的窗櫺，綠玻璃窗映著海色。那巍巍的白房子，蓋著綠色的琉璃瓦，很有點像古代的皇陵……姑母是個有本領的女人，一手挽住了時代的巨輪，在她自己的小天地裡，

---

[46] 有關畫外音詳盡的論述，請參閱，Kozloff, Sarah. *Invisible Storytellers: Voice-Over Narration in American Fiction Film* (Berkeley, Los Angeles & London: University of California Press, 1988).

[47] 引自，高勝美主唱：《無語問蒼天（啞妻片尾曲）》。

留住了滿清末年的淫逸空氣，關起門來做小型慈禧太后。[48]

只是，喜愛戲劇、電影的張愛玲，還能機巧地在大遠景鏡頭的場景中，借用物件「野杜鵑」的影射、「牆裡的春延燒到牆外去」的借喻（trope）、皇陵的明喻，以及淫逸的清末與慈禧太后的典故，來形塑、襯托、歎輓：人類的虛榮；來哀慟：填不盡的情愛黑洞。因之，小說與電影敘事策略的如此互文，以及兩造跨科際、雙向的對話，的確可以「豐富、改變彼此」。

三　眼見她起高樓，豈容她樓塌了

在《霞飛之家》裡，一如前述，侯永年「冷嗎？晚上風大」的解「風」情，真確是蕭颯運用敘事策略之一，「平行對照」，執意鑴刻桂美與侯永年結緣的關鍵。除此之外，事實上，蕭颯還啟用了李蒙-姬南所謂的人物特徵（character traits）的「直接呈現法」（direct definition），[49]由「不參與故事、在故事外的敘述者」出面，一再權威地重複點明侯永年的特點——長相「端正四方」，「說起話來笑得一團和氣，像是對人真心要好似的」、「那張生得和和氣氣的臉，就是生氣的時候也看著像在微笑」。[50]與如此溫柔、和藹、平易近人的知趣男子緣定終生，兩人雖然不是公主與王子，甚且只是同樣亡命、落難於他鄉的天涯淪落人，可是「和氣能生財」，我們不免也衷心祝福：克己為仁、勤勞樸實的桂美，會與侯永年從此過著快樂、幸福、美滿的日子，一如〈賣油郎獨占花魁〉裡，善於偷寒送暖、以情度情的秦重與美娘。[51]然而，侯永年竟是帶著「致命的人性闕失」來投胎，爾後卻使桂美走上「化冤孽、脫浩劫、破迷覺路」的不歸路，就「這樣過了一生」！

48　張愛玲著：〈沈香屑——第一爐香〉，收入：《張愛玲短篇小說集》（臺北市：皇冠出版社，1968 年），頁 279、292-293。

49　有關人物特徵的「直接呈現法」，請參閱，Shlomith Rimmon-Kenan, *Narrative Fiction: Contemporary Poetics*, p. 60-61.

50　蕭颯著：《霞飛之家》，頁 5、9、17、19。

51　馬幼垣、劉紹銘、胡萬川編：〈賣油郎獨占花魁〉收入：《中國傳統短篇小說》（臺北市：聯經出版社，1979 年），頁 251-298。

為了進一步凸顯永年「致命的人性闕失」，蕭颯是以李蒙-姬南所謂的人物特徵的「間接呈現法」（indirect definition）來敷述、展演他那耽溺於賭博的「習慣性的行為」（habitual actions），[52] 用以顯現他不變的一面，那無法「克得人欲」的、「致命的人性闕失」：

> 桂美恨透了賭，就怪自己眼睛看不清楚，沒料到侯永年也是個好賭的。從結婚到現在孩子都要臨盆了，從來沒有見過他一個整封的薪水袋。那點錢不要說存下了，連家用都不夠，生孩子還要她自己賣了金鍊子湊數，她恨自己沒睜眼。[53]

要之，這一句話，「從來沒有見過他一個整封的薪水袋」，似乎意在顯示，事件已經發生過多次，然而僅僅敷述這一次，這也就是查特曼所謂的：以「複指」（iterative）的敘事策略，來再現「事件發生的疏密度」（frequency）。[54] 而相對的：

> 桂美向來一個錢當一個錢小心花用的人，自然最恨那無緣無故就在牌桌上將鈔票給了別人的。[55]

在此，一個縱情任我、「耽溺於賭博」，一個「恨透了賭」、平生嚴以律己。不僅此也，信守「儉節則昌、淫佚則亡」的桂美，[56] 連買瓶夏日的冰鎮蓮藕茶都捨不得；相反的，永年債多人不愁，日日午覺開心笑。兩人竟然如此南轅北轍，這豈非就是冤孽「勾勾纏」的起始？是的，等到永年偷走桂美賣金鍊子規劃臨盆的費用時，爆發了夫妻之間最尖銳、致命的對立與衝突，事實

---

[52] 李蒙・姬南認為，小說中人物的呈現有三種方法：（1）直接呈現法，（2）間接呈現法，（3）以類推法來強化(reinforcement by analogy)人物的刻劃。第一種間接呈現法是敷述人物的行為，藉由（甲）單次（或非慣例性）的行為，或（乙）習慣性的行為來暗示人物的特徵。請參閱，Rimmon-Kenan, Shlomith. *Narrative Fiction: Contemporary Poetics*, p. 61.

[53] 蕭颯著：《霞飛之家》，頁 14-15。

[54] Chatman, Syemour. *Story and Discourse: Narrative Structure in Fiction and Film*, p. 78.

[55] 蕭颯著：《霞飛之家》，頁 14-15。

[56] 「儉節則昌、淫佚則亡」，引自《墨子・辭過》。

上，桂美對永年提出最嚴重的抗議、與質疑：「我生孩子的錢你都拿來賭，你不要我們母子活了」。甚至於掄起水果刀，指向沒良心的丈夫，連名帶姓地威脅、叫陣：「侯永年！錢還給我！不然我就殺死你」。[57]

此時此際，蕭颯啟用的是，敘事學家李蒙-姬南所論議的「類推法」裡的箇中人物——放縱與克己——的「對比」，而永年與桂美如此劇烈的衝突，也是電影批評家最熟稔的敘事策略，「二元對立」（binary opposition）。要之，「二元對立」是來自受尊稱為「現代人類學之父」的法國人類學家／民族學家克勞德・李維-史陀（Claude Levi-Strauss）研究古老文化、傳奇、神話所提出的論述，著重的是兩組元素的衝突和緊張關係。葛瑞・托納認為，大部分的電影，開場都會首先建構幾條衝突的故事線，用以鋪陳兩組元素的相互抗衡。[58]蕭颯的《霞飛之家》雖然是中篇小說，如上所述，倒真確也採用了電影的二元對立／小說人物的對比為其敘事策略之一，而電影《我這樣過了一生》，恐怕還有過之而無不及，並無例外。

職是之故，《我這樣過了一生》的對話、場景／場面調度與情節的建構、人物特徵的設計、以至於作中意圖藉此形式再現的意義和軌範準則，張毅與蕭颯真確是自始至終都嚴守著二元對立的敘事策略，執意讓故事的推展，順時序來進行。以下的表一，意在一方面顯示桂美與永年兩人的二元對立／人物對比，而另一方面桂美所展現的特質和美德，一旦受影評者、觀眾和電影裡的箇中人物所擁抱、接受，那可能就暗示著《我這樣過了一生》果真擁有了一定的社會與文化的意義，這也是我們立意分析電影敘事策略的用意之一：

57　蕭颯著：《霞飛之家》，頁 17。

58　請參閱，Turner, Graeme. *Film as Social Practice*, p. 105. 中文版，林文淇譯：《電影的社會實踐》，頁 97。

表一 《我這樣過了一生》裡的桂美與永年，兩人的二元對立／對比

桂美	永年
嚴以律己，絕不入濁流	從俗俯仰，與世同浮沈
信守「儉節則昌」	債多，人不愁
顧家，好後娘	顧己，鬻兒賣女
鴻鵠，展志向	日日午覺，開心笑
理性實際	好高騖遠
包容，體恤	強硬，打壓
高瞻遠矚	目光如豆
活腦筋	死腦筋

　　展演《我這樣過了一生》裡，「嚴以律己、儉節則昌、顧家好後娘、鴻鵠展志向、理性實際、包容體恤、活腦筋」的桂美，最經典的「場面調度」之一，似乎是蕭颯與張毅改動《霞飛之家》，運用小說中已有的物件，例如剩菜與鮑魚，為文本互涉，另外添加了一場《霞飛之家》裡所沒有的事件（event）——桂美在狂風驟雨中，寅夜為永年送傘，張毅以桂美的觀點鏡頭（point of view shot, POV shot）讓她親眼見證，永年在美沁大飯店上班時，與同事聚賭，其後，廚子讓她帶回一包鮑魚剩菜，遭桂美在返家時拋棄，稍後永年午夜歸來，帶回一包蜜棗，彼時桂美正在昏暗的檯燈下，跪在床上，為孩子裁製衣服，最後他發現鮑魚剩菜竟然被桂美扔了，於是爆發夫妻間的對立與衝突：

　　桂美：蜜棗？來臺灣從來沒見過。

　　永年：臺灣根本沒有嘛！

　　桂美：很貴吧？

　　永年：剛好贏兩把。

　　桂美：你上班賭錢不太好吧？

　　永年：反正沒人看到嘛！吃啊！

　　桂美：留著明天大家一起吃。（在廚房）

永年：帶回來的菜呢？拿出來下酒吧！

桂美：我扔了！

永年：嫌髒？不吃剩菜？有志氣不要嫁給端盤子的。我們是看人臉
　　　色，吃人剩菜慣了。妳，他媽的高尚。

（在臥房）

桂美：我怎麼會嫌你呢……跟了你，這一輩子就跟了你了。我覺得我
　　　們還能吃自己的，就不要別人剩的。（輕聲細語、摩挲著永年
　　　的手，以嘴吸去永年的指垢，吐去）

桂美：你在飯店給人家做事，我都相信只要我們有志氣，總有一天我
　　　們會有自己的店，就算再小的，也都是自己的！（幫永年挖出
　　　耳垢，吹掉。永年迫不及待擁住桂美）。

桂美：還有你賭錢不好！到處欠錢。答應我，以後不再賭。

我們或許可以把這個實況場景，視為《我這樣過了一生》裡，最經典的「場
面調度」之一，那是因為這一個結構嚴謹、前後呼應、形式緊湊統一的場
面調度，正是敘事學家查特曼所論述的：精心設計的「場景」，它可以用來
「襯托人物」，而透過這種「場景」的建構，人物的特質，就能在這種細緻
規劃的「場所」（place）與「諸多的物件」（collection of objects）的襯托之
下，一起恰適地浮現。[59]

　　因之，「蜜棗」這個物件／道具，在這個正是午夜的場合，或許又是代
表著永年「識趣、解風情」的另一個「平行對照」，用來展演他雖然有著耽
溺於賭博的「致命的人性闕失」，不過他鼓勵著桂美：「吃啊」，似乎再度隱
喻著，他並不是一個零分的丈夫。弔詭的是，此際正在「親自為孩子裁製衣
服」、信守「儉節則昌」的桂美，主張「留著明天大家一起吃」，這彷彿再
次暗示著，桂美的「顧家好後娘」，是與永年這個父親一時又忘掉了他自己
親生的子女，在在形成二元對立／對比。

---

[59] Chatman, Syemour. *Story and Discourse: Narrative Structure in Fiction and Film*, pp. 138-139.

　　「蜜棗」之外，在這一個實況場景中，浮現的另一個最重要的物件，非鮑魚莫屬。此物固然是紅塵一向認定的鮮美、奢貴、稀有的佳餚，此時此際，即使珍貴，透過桂美的意識聚焦，依然只不過是杜甫詩句中的「朱門酒肉」。[60]而值得我們進一步深思的是，在桂美回身將鮑魚拋入路過的垃圾箱之際，張毅刻意用的是低角度的鏡頭（low-angle shot），仰拍桂美的決定與動作，這與後來桂美向永年告白：「能吃自己的，就不要別人剩的」，又似乎前後相互呼應，不由得使我們反思：這個低角度的鏡頭，是不是外在的敘述者／電影的敘述者，刻意使用的主觀鏡頭？意在暗示桂美崇高的「鴻鵠展志向」，畢竟一如她自己的述說：「只要我們有志氣，總有一天我們會有自己的店，就算再小的，也都是自己的！」

　　最後，張毅以「中特寫鏡頭」（medium close-up），定位捕捉「嚴以律己，絕不入濁流」的桂美，非但在永年回心轉意、溫柔相向之際，藉此向夫婿「理性實際」、柔以克剛地喊話、懇求：「還有你賭錢不好！到處欠錢。答應我，以後不再賭」，兼且明白誓言，她無意相棄嫌：「跟了你，這一輩子就跟了你了」。但是最令人訝異的可能還是在這個「場面調度」裡，導演讓楊惠珊展演：輕聲細語、摩挲著永年的手，以嘴吸去永年的指垢，吐去，又幫永年挖出耳垢，吹掉。或許這意在暗示，桂美真確是以毫不棄嫌的動作，再加口頭的撫慰：「怎麼會嫌你呢」，刻意來回應永年：「嫌髒」那自由心證、師出無名的指控。況且，緊接著，還要對永年的迫不及待，以「活腦筋」來「包容體恤」！閱讀至此，或許男生會深受觸動、感嘆：桂美不僅是「顧家好後娘」，其實也是「顧家好娘子」！只是，恐怕激進的女性主義者，會因桂美的「包容體恤、活腦筋」，怨懟張毅的父權／大男人主義吧？

　　總之，張毅在這一個場面調度裡，既嚴謹地掌控著箇中人物的行為（裁製衣服、吸去指垢、吹掉耳垢，既懇求又撫慰），[61]更創造出最有隱喻的物

60　引自杜甫：〈自京赴奉先縣詠懷五百字〉一詩，「朱門酒肉臭，路有凍死骨」。

61　請參閱，"The director may also control the behavior of various figures in the mise-en-scen… Mise-en-scene allows such figures to express feels and thoughts; it can also dynamize them to create various kinetic patterns." Bordwell, David and Thompson, Kristin, p. 138.

件／道具（鮑魚、蜜棗），一一來展示深切的涵義。這一個物件／道具的運用，是《我這樣過了一生》與《霞飛之家》文本互涉，又「相互發明、豐富彼此」的範例。

一如前述，葛瑞・托納認為，電影的開場都會劈頭就建構幾條衝突的故事線，用以鋪陳箇中元素的相互抗衡。由是，《霞飛之家》初始是運用「故事外、不參與故事的敘述者」──聚焦於桂美在相親場景中的一番反思：「人說後娘難當，她可當得了嗎？」來敷述。爾後，「後娘難當」果然成為《霞飛之家》裡，桂美與前妻子女，二元對立，最重要的衝突的故事線，也是小說意圖展示的主題之一。

如果我們可以援引鮑德威爾與湯普遜分析電影的「形式與意義」（form and meaning）的模式來論述，既然蕭颯如此明確地在小說的開場中，將「後娘難當」的議題拋引出來，我們似乎就可以把「後娘難當」視為《霞飛之家》執意要顯現的「明確性的意義」（explicit meaning）之一。[62] 而桂美下嫁侯永年不久，「後娘難當」，這一道社會／文化的難題，竟然還會與永年「耽溺於賭博」那個「致命的人性闕失」相掛勾，成為桂美畢生念茲在茲都要勉力設法跨越的兩座路障，而這兩個主要與次要的情節所牽引而來的對立、衝突、相抗衡，於是像藕中絲，相勾纏，讓她畢生難斷，必得以公正、公平、透明，來自我期許，如是落入壓力鍋中，就「這樣過了一生」。

值得我們注意的是，善於利用電影的實況場景來敷述小說的蕭颯，的確主要就是重複以場景中的尖銳對話，作為小說《霞飛之家》的敘事策略之一，來模擬「後娘難當，並將這個主題一再探討、開發得淋漓盡致。要之，「春天，後母心」是傳統社會對後娘的一個刻板性、貶抑性的負面嘲弄。即

62　有關討論 "Explicit meaning," 請參閱，Bordwell, David and Thompson, Kristin, p. 63. 曾偉禎譯：《電影藝術──形式與風格》，頁73。至於其精要定義："Explicit meaning: significance presented overtly, usually in language and often near the film's beginning or end"，請參閱，Bordwell, David and Thompson, Kristin, p. 492. 曾偉禎譯，頁586。曾偉禎教授把explicit meaning翻譯為「外在性意義」，我權且將它詮釋為「明確性的意義」，用以表示這是作品中，一個明白又精確的旨意，閱讀時，不至於忽略。

使後娘再怎麼賢慧，這種言說（或許只是以訛傳訛），還是難以避免會給前妻的子女，在與他人互動的時候，帶來心理上的始原性創傷（trauma）。由是，被失業、到處欠債的永年送去戲劇學校學戲（鬻兒？）以減輕家中口糧負擔的兒子正興，不是受夠了學校同學恐嚇他、嘲笑他：「後娘，巫婆，不要我」嗎？雖然桂美真心誠意地要把前妻的子女拉拔長大，在管教孩子的時候，還不是要遭反叛性特強的正芳回嗆：「妳管我……妳又不是我媽！」連正興都不放過後娘，過來與正芳串成聯合陣線，一連串反問、又問：「妳為什麼打她[正芳]？妳為什麼打她？妳又不是我們媽媽！」我們注意到，此際，正興搬出複數的「我們」與單數的「妳」對抗，兩人異口同聲、重複質疑桂美的「媽媽」身分與處罰他們的正當性。一言以蔽之，蕭颯是以電影中習見的敘事策略之一的「二元對立」，[63]來形塑前妻的子女正興、正芳「反管束，要自由」，與桂美所起的衝突。後娘與前妻子女的和解，還得等到永年與桂美從美國幫傭歸來，永年颱風夜還出去聚賭，桂美憤而離家出走，於是孩子領略到沒有母親，就不成家的樣子，方才悔悟、和解。

一如《霞飛之家》，《我這樣過了一生》同樣也是採取「二元對立」，為最重要的敘事策略之一。不過，在電影《我這樣過了一生》裡，張毅與蕭颯把正芳與正興的胎次／出生順序（birth order）對調，讓正芳成為姊姊、正興成為弟弟，用以集中、強化正芳與後娘二元對立的衝突戲份，以及合理化十五歲少女反叛、懷孕的生理年齡。而這一條「後娘難當」的情節副線（satellites），在小說與電影中，都與永年的「耽溺於賭博」那個「致命的人性闕失」，那一條情節主線（kernels）一直相互交叉、牽連。

為了增強正芳與後娘的衝突，再現海峽兩岸親屬／故友在一九八〇年代開始的來往／互動，以至於正芳最後的當家和世代交替，張毅與蕭颯在《我這樣過了一生》裡，添加了另一個情節——桂美在與永年相親、約會之後，初訪永年的住家，向他告白，在大陸老家她原有未婚夫，費家住在對門，他

63　有關「二元對立」在電影中的運用，請參閱，Turner, Graeme. *Film as Social Practice*, pp. 102-109. 中文本，請參閱林文淇譯：《電影的社會實踐》，頁94-101。

對她很好，因之，她已經跟過他了，不是第一次。這個告白成為片尾費振邦向桂美請託、希望她把他的兩個女兒給「弄出來」的預示（foreshadow）。顯然，張毅與蕭颯是藉此反映，彼時的時空背景與正在快速發展的兩岸社會變遷。

此外，也就在這個初訪的場合，張毅刻意以微微下降的攝影機，運用與小孩等高的水平取鏡（eye-level shot），將坐在椅子上的桂美與站立在一旁的孩子，正全、正芳、正興，納入四人地位均等、卻又對峙（三人一律在左、桂美單獨在右）的全景鏡頭（full shot），來捕捉正芳對桂美來訪的反應——當桂美善意問起小正興的名字時，正芳立即把弟弟一把抱起，匆促離去，似乎用以暗示，她對桂美頗有戒心，另有敵意。於是，在婚宴一片喜氣洋洋的氛圍中，眾人紛紛站起，給新人祝福。然而，在與眾人「水平等高」的中景鏡頭下，唯獨低矮的正芳一人低頭、獨坐、不語，毫無意願起立，此時此景，雖然不是、卻彷彿像是——在一個高角度鏡頭（high-angle shot）的俯拍下，[64]對比出了孤獨、失意、憂心忡忡的小正芳，在這個喜慶場景中，竟是無比的渺小、卑微、無關緊要！而這僅僅才是個起始。

果不其然，下嫁永年、當了後娘的桂美，真確是要一直面對著與她對立、衝突的正芳，在言教／身教與寬容／體恤之間，不時擺盪，走鋼絲。等到小正芳交上男友，面臨未成年懷孕，而男友卻畏縮、牽拖，導致他們墮入進退兩難的困境時，小正芳與桂美的對立、衝突，隨即進入了最高峰：

> 桂美：我是不反對妳交男朋友，可是有什麼事情，也要讓家裡知道，好放心。
>
> 正芳：放什麼心，你們去日本那麼多年，什麼都不管，現在回來，管什麼管？妳管，妳管，我看妳能管什麼？

---

64 俯角鏡頭會凸顯場景或環境似乎要吞噬鏡中人物一般，使人物顯得渺小、卑微。請參閱 Giannetti, Louis, Leach, Jim. *Understanding Movies* (Toronto: Prentice-Hall, 4th Canadian Edition, 2005), p. 73.

> 桂美：妳不要跟我彆扭。妳現在還小，有很多事情，我當然要管。等
> 妳念了大學，我一定不再管妳，好不好？

　　這一場激烈的對立、衝突，發生在颱風夜。張毅先以桂美望向外頭吵架
的這對青春情侶起始，然後，她開門詢問、關心，再切接到正芳衝入屋內、
氣沖沖地直搗自己的臥房，桂美才又入鏡，遠遠地關注著正芳。緊接著，
桂美徐徐進入中景，鏡頭再緩慢地向左搖攝，再以桂美的觀點鏡頭（POV
shot），望向正芳，讓她站在「前景」，與衝過來向她反嗆的正芳，做理性的
溝通、對話，收場時桂美輕輕地為正芳關上房門，此時此際，張毅是啟用桂
美的觀點鏡頭，全場，來展演著對反叛的正芳殷切的關懷與尊重、來敷述她
的憂心忡忡，讓她來見證正芳的委屈、氣憤、挫折和創傷。至此，「後娘難
當」的母題真確是一再複製、出現，且在片中，前後呼應。而永年依然外出
「耽溺於賭博」，他那「致命的人性闕失」在這一個對立、衝突的場合，讓一
度「顧己鬻兒賣女」的他（在小說中賣兒子／在電影中賣女兒），再度成為
缺席的父親，而由桂美獨自扛起「後娘難當」的重擔，以及為他那「致命的
人性闕失」一再收拾殘局。

　　查特曼曾經引用羅伯·李德爾（Robert Liddell）有關背景（setting）的
論述，提議：象徵式的「背景」設計或與情節／行為息息相關，在這種情
形下，「背景」（可以包括時間與地點）並不是中立的，而是與情節相類比
的。例如，風暴式的「事件」（tempestuous happenings）是在暴風雨似的
地方或時間發生。[65]如果我們援引這個敘事學的言說來探討《我這樣過了一
生》，那麼這一個颱風夜，正芳與桂美的激烈衝突，是後娘與繼女的最後一
次風暴式的對立，而永年都永遠缺席，還在這個颱風侵襲，可能危及愛妻、
子女、霞飛之家的安危之「風暴」時際，竟在外頭聚賭，還緊接著引出了一
場外遇，導致桂美離家出走在先，正芳離家出走在後，在在都對侯家／霞飛
之家，形成最大的「風暴」，也是對正芳與桂美難以忘懷的致命一擊。

---

[65] Chatman, Syemour. *Story and Discourse: Narrative Structure in Fiction and Film*, p. 143.

　　後娘與繼女的二元對立，在《我這樣過了一生》裡，最後能夠得到緩解，是透過「顧家好後娘」的桂美，對小正芳的意外懷孕，毫無責怪之意——與時常缺席的永年，對小正芳拳打腳踢、強硬打壓，形成對比——而且始終前後一致，「包容體恤」！甚且，在男方找藉口、推卸責任之際，「理性實際」地為正芳的大好前程設想，認定「不能這樣就毀了她一輩子」，並請求曾經幫她生雙胞胎（正群、正敏）的林醫生，為繼女施行人工流產，卸除正芳畢生最大的「定時炸彈」。

　　小正芳接受手術之後，桂美進去看她。這時張毅先是以中景鏡頭向左搖攝，緊跟著桂美進入恢復室，再用「後拉鏡頭」（pull-back dolly）緩緩下降，最後以「中特寫」（medium close-up）顯露躺在床上正在復原的正芳，以及坐在她一旁的桂美。此時此際，張毅是以兩人鏡頭（two shot）來敷述桂美體貼地用手巾幫正芳擦去臉上、鼻上的汗濕，再拉起女兒的左手，溫柔地輕輕摩挲、安慰，一如先前發生鮑魚事件後，拉起永年的右手，體恤地輕輕摩挲、撫慰，一樣。職是之故，張毅是以桂美溫柔的雙手，一再地複製她的溫情。「後娘難當」與「致命的人性闕失」的母題，因而又再度於此相遇、掛勾。而她瞧著女兒的雙眼，似乎關注地在訴說：我和妳同在！正芳因而彷彿感受到母愛的溫馨似的，看了媽媽一眼，再別過臉去。「中特寫鏡頭」終於徐徐推進，以「特寫」鏡頭（close-up）停在正芳急速起伏的胸房和臉上，彷彿意在暗示，小正芳的心緒波濤洶湧的感動，的確，此時除了輕輕流過的背景音樂，實在別無其他聲息——是的，張毅所強調的，豈不是無聲勝有聲？總之，一如小說細膩的文字，張毅運用如此具有渲染性的鏡頭語言，佐以靈活的場面調度，極其有效地展演這對歷盡滄桑的母女，走向最終的和平、互信與尊重，取得我們的認同。[66] 這樣從危機化為轉機，可也真是為人

---

[66] 有關特寫或有特殊的象徵涵義，這個論點，請參閱，Giannetti, Louis, Leach, Jim. *Understanding Movies* (Toronto: Prentice-Hall, 4th Canadian Edition, 2005), p. 70；他們認為，"The close-up shows very little if any locale and concentrates on a relatively small object—the human face, for example. Because the close-up magnifies the size of an object, it tends to elevate the importance of things, often suggesting a symbolic significance." 此時的特寫鏡頭，停在正芳急速起伏的胸房和臉上，暗示她備受觸動，象徵：後娘與繼女的和解，和平、尊重、互信的開始。

「始料所未及」。我們當然也注意到：這一個情節／實況場景，其實是張毅與蕭颯為電影《我這樣過了一生》特意所打造、重鑄，而颱風及其風暴式的隱喻背景，卻是貫穿《霞飛之家》與《我這樣過了一生》的互文，值得我們一再關注。

上述後娘與繼女的和解，在《我這樣過了一生》裡，張毅是以鏡頭的「淡出」（fade out）的策略來做收，出乎意料之外的是，緊接著「淡入」（fade in）的是：一系列照片的蒙太奇（montage-sequence），而由桂美的「畫外音」（voice-over）來一一旁述。間中，有她自己內心的想法、記憶與感觸，也有她的反思與回溯。於是，一如查特曼的論述，視覺或聽覺，這兩個訊息管道（information channels, visual or auditory），既可以處理當前，也可以追溯昔日。[67]也就是說，就視覺的訊息而言，那是張毅以蒙太奇在銀幕上打出的過去的照片影像，就聽覺的訊息而言，是以此時此刻的桂美發聲。最後，這段蒙太奇的系列敘事，又以當今的實事、實景，由桂美旁白來結束。

讓我們以銀幕上打出的第一張正芳的學士照，來進一步探討。一方面張毅透過桂美的畫外音，藉此闡述正芳已經大學畢業，不過也透露後娘的內心感觸：「正芳所受的打擊，沒有人能代替她，但是她總是要長大」，然後桂美追溯：「正芳大學畢業那年，我們向銀行貸款買了自己的房子，開西餐廳，生意還不錯」。爾後，打出一張永年的照片，畫外音又傳來：「女人的事，他倒是真的沒有再犯過。不過偶爾還是賭的，只是知道我子宮是癌以後，倒是沒見他賭過」。由是，透過這一系列蒙太奇照片的溶入、溶出，張毅交代了「後娘難當」與「耽溺於賭博」那「致命的人性闕失」已然成為桂美、永年與正芳一起走過的、昔時的、崎嶇的山路，只是緣起，又緣滅！惜緣，惜福，已經來不及！桂美也「這樣過了一生」！。

如果我們再以分析「故事的時間」（story-time）與「演述時間」（discourse time）的長短／久暫（duration）來進一步論述，[68]這一段畫外音的敘事，其實就是所謂敘述的「加速」（acceleration），亦即以比較短略的電

---

[67] Chatman, Syemour. *Story and Discourse: Narrative Structure in Fiction and Film*, p. 64.

[68] Chatmen, Syemour. p. 68.

影文本篇幅，來演述比較長遠的故事時段。[69]職是之故，或許「蒙太奇系列」
的鏡頭，一如查特曼的論述，就像是小說的敘事策略，撮要（summary）一
樣，[70]是昔日章回小說「無話則短」的展現，以三兩句話的「演述時間」，交
待了很長的「故事的時間」。

如此說來，張毅在《我這樣過了一生》裡，是以兩分鐘的演述時間／電
影文本時間穿插「畫外音」，用來回溯過去十載「無話則短」的承平日子，
一如小說的敘事策略，撮要一樣。然後，再以影片最後的二十分鐘篇幅，演
述正芳——曾經眼見她起高樓，如今，豈容她樓塌了——放棄留學，又在男
生別有他圖（正全要回日本，正興嫌累做不來，正群想移民）之際，應聲出
列，妳方唱罷，我登場！接下桂美的香火，再度展演：今日，女生當家！

其實，在蒙太奇照片系列一結束，張毅就以實事、實景，首先運用「中
景」、再徐徐將鏡頭推進，終至以「中特寫」，來介紹坐在「霞飛之家」收
銀臺前的、長大的「今日正芳」，藉以強調正芳是這段故事的意識焦點，而
這一段追溯的結束，又是以桂美最後一個語意深長的畫外音，來做收：「孩
子們長大了，各人有各人的事。我住院以後，霞飛之家的生意，就只有正芳
幫著我照顧。大家都說，她越來越像我」。雖說「她越來越像我」或許是一
個「平行對照」／類比的敘事策略，意在暗示，正芳歷經「男生鐵蹄踏過」
之後的幡然體悟，願意以桂美的美德「理性實際」為典範，「豈容她樓塌
了」的「鴻鵠展志向」之展示。然而，最重要的是，正芳從始初的「二元對
立」，到如今的「鴻鵠展志向」以桂美為師，如此的轉折、成長，一如桂美
從大雜院出發，走過崎嶇的山路，最終抵達仁愛路的霞飛之家，這段人生之
旅，所展現的向上提升的霞飛之家的精神吧？

《我這樣過了一生》最後的一個對話實況場景，是以一個逆光的夕陽
「遠景」，作為「建立場面的鏡頭」（establishing shot）來開場，此時「夕陽」
的影像猶在我們心頭，張毅就馬上切接到下一個病房中，「兩人鏡頭」（two

69 Rimmon-Kenan, Shlomith. *Narrative Fiction*, pp. 52-53.
70 Chatmen, Syemour. *Story and Discourse: Narrative Structure in Fiction and Film*, p. 69.

shot）的「中景」，來接軌，展演勞累的桂美，在正芳小心翼翼的扶持之下，妥適地在醫院的床上坐下，喘一口氣，休息：

> 正芳：想跟妳商量一下，霞飛之家，我想整修一下，換個經營方式，
> 　　　再重新做做看。
>
> 桂美：這樣很好！我可以放心了。費家的事，託給妳了。多照顧妳爸
> 　　　爸，沒事的時候勸他打打牌。年紀大了，沒有別的嗜好，偶爾
> 　　　打打牌，也許日子會好過一點。
>
> 正芳：妳累了，睡一下吧！

值得我們關注的是：張毅透過這一個母女交心的對話來收場，暗示：第一，正芳最後接下了桂美的香火，「今日，女生當家」，而且以「整修一下，換個經營方式，再重新做做看」，來繼承桂美的「鴻鵠展志向」；第二，桂美將她與大陸的未婚夫費振邦，當時政治上還很敏感的彼方私事（把他兩個女兒弄出來），放心地一併託付給繼女，遙相指向母女已經建立的互愛、互信；第三，要正芳鼓勵，緣由於桂美生病而戒賭的永年，偶爾再打打牌，讓日子好過一點，這正是她一向「寬容體恤」的再度展現。

於是，因「後娘難當」和「耽溺於賭博」那「致命的人性闕失」，而與桂美形成衝突、對立的正芳與永年，在《我這樣過了一生》的收場裡，終至體悟了桂美的嘉懿德行，而「越來越像」桂美的正芳，延續霞飛之家的「今日，女生當家」，矢志傳承桂美的向上提升的精神，可謂是替全片平和、圓滿、美麗地做收，一如開場，「夕陽無限好」的「建立場面的鏡頭」，意蘊深遠。

不過，電影「溶」出（dissolve）閉幕／謝幕前，正芳最後一句話：「妳累了，睡一下吧！」還要另外帶給我們諸多的感觸和啟發。畢竟，這個結尾的夕陽「遠景」與母女交心、傳香火的「中景」，一前一後，交相並置，接軌，實在是與傳統的一句「夕陽無限好」互文，而「妳累了，睡一下吧！」的溫馨，竟是在桂美生命即將終結的時間點上，衍生、展演，不免召引我們：「只是近黃昏」的另一個互文記憶，這是不是饒富深意的敘事策略？或是另一番「緣起、緣滅」的、最後一聲的嘆息？

四　結語：跨科際，多音交響

　　一如詹姆斯・摩納軻（James Monaco）的論述，電影的敘事潛力
（narrative potential）實在是無與倫比，因而它才會與小說欣然相遇，建立
最緊密、相互契合（strongest bond）的互動關係，這絕非繪畫、甚至於戲
劇，可以相比擬。畢竟，小說與電影，摩納軻認定，兩者都運用敘述者這個
敘事元素，以綿密豐贍的細節來說故事。並且只要小說能夠訴諸於筆墨，
電影大約也就能善盡其力，以影像來展演（roughly pictured）、敷述（told
in a film）。可是，電影的視覺敘述（pictorial narration）與小說的語言陳述
（linguistic narration），其實依然具有強烈的反差。摩納軻因而在他的專書《如
何閱讀電影》（*How to Read a Film*）中，一一陳述這兩種藝術形式的落差。[71]
不過，也正因為小說與電影這對英雄／英雌時常相會於江湖，還「相互發
明、豐富彼此」，職是之故，我們或許應該把他們的握手言歡，視為通往羅
馬的陽光大道之一，邀約雙雄／雙雌，揖讓而升，做「跨科際、雙向對話」。

　　以「跨科際、雙向對話」作為探索小說與電影的互文性與敘事策略的目
的之一，《霞飛之家》與《我這樣過了一生》其實提供了我們兩個相關的、
獨特的、值得反思的文本：畢竟，這兩個文本實在是十指緊扣的小說家情侶
／夫妻共同孕育、賦予生命的雙胞胎，緣由於此，它們如何「相互發明、豐
富彼此」方才最為可觀。然而，我們也必須注意到藝術形式之外的因素，
一如沈曉茵教授（1997）所論述，第一，電影必須與市場的商業機制相契合
（片長不得超過兩個小時）；第二，看板明星的賣點的限制（楊惠珊是電影宣
傳的焦點）。[72]

---

[71] Monaco, James. *How to Read a Film: Movies, Media, and Beyond* (Oxford: Oxford University Press, 4th Edition, 2009), p. 51.

[72] 沈曉茵教授此際所提，有關電影放映時間的限制，也就是查特曼所謂的「演述時間」
的言說，其受市場的限制，是與摩納軻英雄/英雌所見略同。請參閱沈曉茵：〈胴體與
鋼筆的爭戰——楊惠珊、張毅、蕭颯的文化現象〉，頁98-114。至於摩納軻的說法：
"Film is, in general, restricted to what Shakespeare called 'the short two hours' traffic of our
stage." 引文出自，上引，Monaco, James, p. 51.

　　有關看板明星，契斯・芮德（Keith Reader）的論點，實在值得我們關注。他認為，「電影明星」（film star），就有「互文性」，招引我們思考、比較，他／她們在這一部電影裡與在下一部電影中，先後究竟有何異同？而在電影裡與在電影外，他／她們可又長得相似？幕前幕後，行為是不是前後一致？畢竟，電影的「互文」會給觀眾催發如此思前想後的回憶／記憶。[73]

　　其言甚是！因此，沈曉茵教授的〈胴體與鋼筆的爭戰——楊惠珊、張毅、蕭颯的文化現象〉一文，才能藉「三分證據、說三分話」的實證，來比較楊惠珊在《玉卿嫂》、《我這樣過了一生》、《我的愛》中，胴體的「互文」，甚至於訴諸蕭颯的〈給前夫的一封信〉，以「互文」來論述胴體所引爆的威力，及其對社會、文化的衝擊。

　　沈寂已久的昔時鐵三角的訊息，最近（2013年4月29日）緣由於蕭颯與張毅的女兒張源（1980年出生），接受《北京晚報》訪問，由是，「胴體與鋼筆的爭戰」才有了後續的、另一個令人注目的社會／文化蛻變的新消息。據報導，在訪問中，張源真誠而坦然地談論親生父母，蕭颯與張毅，也樂於稱呼楊惠珊為「媽咪」，而女兒言語中，「都是理解感恩和對繁華落盡見真淳的感動」，畢竟，楊惠珊媽咪「每一次在面對外人時，都會說『這是我女兒』，二十多年來從未變過，現在想來這是一種很動人的感情」。而在琉璃工房最艱難的時候，媽媽蕭颯還曾經出資幫助過他們。張源將這樣平和的、圓滿的、美麗的發展，歸諸於：彼此的生活步調，慢慢改變和融合，「都是基於彼此的相互了解和包容」。[74]然而，這究竟是「寬容體恤」的桂美借楊惠珊還魂，來附身？抑或是彼此對「致命的人性闕失」最後的「寬容體恤」？在在值得我們深思。

---

[73]　Reader, Keith A. "Literature/cinema/television: intertextuality in Jean Renoir's *Le Testament du docteur Cordelier*." In Worton, Michael and Still, Judith. (eds.) *Intertextuality: Theories and Practices* (Manchester and New York: Manchester University Press, 1990), p. 176. 當然，這是把「互文」的定義擴大的詮釋。

[74]　請參閱羅穎：〈女兒眼中的張毅和楊阿姨〉，《北京晚報》，2013年4月29日。http://news.hexun.com.tw/201304-29/153667466.html. 2013年5月6日瀏覽。

　　以「互文性」與「敘事策略」為論述的中心，來探討小說及其與電影之間的互動，一如前述，讓我們自由、自在地開發張愛玲和白先勇的小說，與《霞飛之家》和《我這樣過了一生》的互文，以及互文所衍生的啟示（如本文第二小節所論述）。因之，運用電影批評學家所熟稔的「平行對照」、「二元對立」的分析，來與敘事學家所倡議的類推法／「對比／類比」相交叉、比較，讓我們體悟小說與電影的這一種敘事策略，似乎彼此都庶幾近之！而且還可以「相互發明、豐富彼此」。的確，如果我們再度將小說與電影中的人物，詳盡地排列組合，剖析，在小說的開場為桂美作媒的徐太太，她先生還不是照樣「吃喝嫖賭」？[75]又是另一個令人嘆息的「致命的人性闕失」？這豈非「平行對照」另一個系統化的敘事？而電影的「開場與收場」的剖析，電影學者／批評家力言，何等重要！我們在「惜緣、惜福」的第二小節，指出分析小說何嘗不然？

　　至於鮑德威爾與湯普遜所主張的：在探討電影的敘事結構時，我們應該能夠舉出電影裡的任何一個元素，探究它在整體形式中，究竟扮演什麼角色？具有什麼功能？而創造這個元素的動機又是什麼？我們啟用這個分析電影的概念，來剖析小說《霞飛之家》裡的表姊，把她稱為電影學家所謂的「人物兼敘述者」（narrator-character）或敘事學家韋恩・布斯（Wayne Booth）所謂的「戲劇化的敘述者」，來詮釋——蕭颯似乎有意讓表姊，為亡命、落腳於大雜院、身分陡降、委屈求全的大陸人，發聲。在《我這樣過了一生》裡，表姊所扮演的角色，更加多元，她的好賭、善妒、懶惰，是另一種「致命的人性闕失」，所以她事實上是桂美的對比，兩人形成電影學者最常論述的「二元對立」。

　　然而，另一個《我這樣過了一生》裡最重要的「戲劇化的敘述者」之一，是魏家司機，他雖然只是一個跑龍套的小角色，可是由他反問念茲在茲要回臺灣創業的桂美：「回去幹嘛？時局這麼壞，美援都停了，美軍也保不住，也要撤。能混啊，還不多混兩年！」張毅與蕭颯是透過這個「戲劇化的

---

[75]　蕭颯著：《霞飛之家》，頁22。

敘述者」來暗示時間背景，由他敘事，來遙相指向這是蜩螗板蕩的一九六五年，是個「歷史臺灣」人心倉皇的時節。不僅此也，他又是「嚴以律己」的桂美，一個道德性的對比。

　　至於在日本跳船、躲在中國飯館兒打工的船員，一如魏家司機，用重複的一句臺詞「回去幹嘛？」質疑桂美回國追夢的美景：「這裡還蠻不錯的，工作又多，賺錢又容易……生意那麼好做啊？做垮的多的是！」他顯然是一個「從俗俯仰、與世同浮沈」的俗物，又是與抱持「鴻鵠展志向」的桂美，形成道德性的對比。

　　一言以蔽之，張毅與蕭颯如此善於借用小說中布斯所謂的跑龍套的小角色，來一一跟桂美做尖銳的切割與區隔，的確是極有效率地為電影中的桂美，添加了另一個維面的深度，其敘事策略的運用實在已經是爐火純青。

　　在為《霞飛之家》裡的人物設計，做總結之際，我們還必須特別提出另一個蕭颯所精心建構、讓正芳怦然心動的對象，那就是魏家的公子，魏振東。要之，在永年聚賭、失業的落魄時段，夫妻曾經赴美幫傭，魏家就是他們的東家，當時的魏家少爺現在已經是一百八十公分的漂亮人物。當年的東家何等風光，坐擁閃爍晶亮的黑頭大轎車，家住洋樓大別墅，讓桂美好不羨慕：「好漂亮的花園哪！如果我也有一個，晚上作夢都會笑醒了」。而在美國時，魏振東丟棄的十二吋黑白小電視，就送給了桂美他們，成為陪伴小正敏的恩物。

　　然而今日的魏家少爺，辦公室租的是旅館似的、沒有窗戶的隔間，開的是一九六九年的舊福特，漆色斑駁。還負債累累，遭人追債，支吾推託。在《霞飛之家》小說收場之際，於桂美蒙主寵召、上觀音山之後，夜幕低垂，魏振東也沒先打個電話，就趕了過來相訪。迫不及待，要推薦他朋友幫忙賣掉霞飛之家，至於他「抽成的事，可以再談」。他的行徑，在在讓我們回憶起〈金鎖記〉裡，善於哄弄七巧、嗾使她賣田的姜季澤。[76]以如此互文的平行

---

[76] 請參閱張愛玲著：〈金鎖記〉，收入：《張愛玲短篇小說集》（臺北市：皇冠出版社，1967 年），頁176。

對照來敷述**魏振東**，蕭颯是不是有意暗示負債累累、遭受追債的**魏振東**，其實只是金玉其外的敗絮？並以這一個人物的今昔，來暗示**魏**家與**侯**家今昔的對比，述說世事十年河東、十年河西的滄桑。

一如前述，查特曼主張物件與場景的設計甚能闡釋人物的特質，暗示主題意旨。我們曾在上一個小節引用這個小說的敘事策略，來論述、剖析《我這樣過了一生》裡，鮑魚和蜜棗這兩個重要物件的功能，及其所襯托出的桂美這個人物的特質與作中暗示的理念。在《霞飛之家》與《我這樣過了一生》的收場，張毅與蕭颯運用桂美所遺留的首飾來明確表示她畢生念茲在茲的信念。在電影的八人全景鏡頭裡，永年如是說：

> 「你們媽媽留了一點兒首飾……她說只是紀念品，她也搞不清楚公平不公平，她這一輩子，惦記著的，就是對你們公平，辛苦了一輩子，想要對她好一點兒，來不及了」。或許「她這一輩子惦記著的，就是對你們公平」

正是另一個鮑德威爾與湯普遜所謂的「明確性的意義」，[77] 也是桂美終生信守的軌範準則。

如果我們無從接受桂美的協商、寬容、體恤，特別是在永年聚賭、外遇之後，還回頭返家收拾亂七八糟的霞飛之家、照顧永年的一家子，為他收拾善後，而作中的諸多男生與女生一比，卻又是二元對立的庸庸碌碌、金玉其外的敗絮，何嘗有意澡身浴德、胸懷志氣？或許《霞飛之家》與《我這樣過了一生》以「今日，女生當家」來做收，才更顯得那麼理直氣壯，何況蕭颯與張毅已經透過正芳，在《我這樣過了一生》裡，使出回馬槍，回嗆媽媽：「妳不該那麼容忍爸爸的！」或許正芳決定不婚，正是揚棄金玉其外的敗絮吧！

總之，儘管小說與電影的藝術形式相異，援引小說的敘事理論與解構電影的概念，來交叉審視、詮釋小說《霞飛之家》與《我這樣過了一生》這兩

77　Bordwell, David and Thompson, Kristin, p. 63.

個文本，一如前述，其實都能「相互發明、豐富彼此」。如果電影批評可以接受來自語言學、人類學的二元對立的概念，而敘事理論與電影批評又有互涉、共容的敘事元素和敘事策略，那麼「跨科際，多音交響」，的確可以促使我們再度反思──新的洞見與不見。

參考文獻

白先勇　〈金大班的最後一夜〉　收入《臺北人》　臺北市　晨鐘出版社　
　　　　1973年

沈曉茵　〈胴體與鋼筆的爭戰——楊惠珊、張毅、蕭颯的文化現象〉《中外
　　　　文學》26卷2期　1997年7月　頁98-114

季　季　〈站在冷靜的高處——與蕭颯談生活與寫作〉《中國時報》人間副
　　　　刊　1987年8月14日　又收入在蕭颯著　《走過從前》　臺北市　九
　　　　歌出版社　1988年　頁373-386

唐維敏　〈第十七章 臺灣文學與臺灣電影（1951-2000年）〉　貼於2005年2
　　　　月17日　http://twfilm1970.blogspot.ca/2005/02/1951-2000.html.　瀏
　　　　覽日期2011年12月3日

馬幼垣、劉紹銘、胡萬川編　〈賣油郎獨占花魁〉　收入《中國傳統短篇小
　　　　說》　臺北市　聯經出版社　1979年　頁251-298

焦雄屏編　《臺灣新電影》　臺北市　時報文化　1988年

曾西霸　《電影劇本結構析論》　臺北市　五南書局　2011年

張愛玲　〈沈香屑——第一爐香〉　收入《張愛玲短篇小說集》　臺北市　皇
　　　　冠出版社　1968年

張毅著　《臺北兄弟》　臺北市　爾雅出版社　1984年

張毅著　《我這樣過了一生》　臺北市　中央電影公司　1985年

〈張毅〉　臺灣電影數位典藏資料庫　財團法人國家電影資料館 http://wwwctfa.
　　　　org.tw/filmmaker/content.php?id=515　瀏覽日期2012年12月6日

蕭　颯　《霞飛之家》　臺北市　聯合報　1981年

蕭　颯　〈給前夫的一封信〉《中國時報》人間副刊　1986年10月18-19日
　　　　又收入在蕭颯著　《維良的愛》　臺北市　九歌出版社　1986年　頁
　　　　95-119

羅　穎　〈女兒眼中的張毅和楊阿姨〉《北京晚報》　2013年4月29日

http://news.hexun.com.tw/201304-29/153667466.html 瀏覽日期2013年5月6日

Allen, Graham. *Intertextuality*（London and New York: Routledge, 2011）.

Bal, Mieke. *Narratology: Introduction to the Theory of Narrative*（Toronto: University of Toronto Press, 2009）.

Bluestone, George. *Novels into Film*（Berkeley, California: University of California Press, 1966）.

Booth, Wayne C. *The Rhetoric of Fiction*（University of Chicago Press, 1983）.

Bordwell, David and Thompson, Kristin. *Film Art: An Introduction*（New York: McGraw Hill, 2001）, pp. 62-77. Bordwell, David and Thompson, Kristin 曾偉禎譯 《電影藝術──形式與風格》 臺北市 美商麥格羅・希爾臺灣分公司 2008年 頁72-88

Chatman, Syemour. *Story and Discourse: Narrative Structure in Fiction and Film*（Ithaca: Cornell University Press, 1978）.

Connor, J.D. "The Persistence of Fidelity: Adaptation Theory Today." *M/C Journal: A Journal of Media and Culture*, Vol. 10.2（May 2007）.

Genette, Gerard. "Person," in *Narrative Discourse: An Essay in Method*（Ithaca, New York: Cornell University Press, 1980）, pp. 243-252.

Giannetti, Louis D. *Understanding Movies*（New Jersey: Pearson Education, 2004, 10th Edition）. Giannetti, Louis D 焦雄屏譯 《認識電影》 臺北市 遠流出版社 2005年

Haberer, Adolphe. "Intertextuality in Theory and Practice." *Literatura*, 49.5（2007）: 54-67.

Klein, Michael and Parker, Gillian.（eds.）*The English Novel and the Movies*（New York: Frederick Ungar, 1981）, p. 9.

Kozloff, Sarah. *Invisible Storytellers: Voice-Over Narration in American Fiction Film*（Berkeley, Los Angeles & London: University of California Press, 1988）.

Leitch, Thomas. "Twelve Fallacies in Contemporary Adaptation Theory."

Criticism, 45.2（2003）: 149-71.

Mai, Hans-Peter. "Bypassing Intertextuality: Hermeneutics, Textual Practice, Hypertext." In Plett, Heinrich H. *Intertextuality*（Berlin & New York: Walter de Gruyter, 1991）, pp. 30-59.

McFarlane, Brian. *Novel to Film: An Introduction to the Theory of Adaptation*（Oxford: Clarendon Press, 1996）.

Monaco, James. *How to Read a Film: Movies, Media, and Beyond*（Oxford: Oxford University Press, 4th Edition, 2009）.

Prince, Gerald. "Intertextuality" In *A Dictionary of Narratology*（Lincoln & London: University of Nebraska Press, 1987）.

Reader, Keith A. "Literature/cinema/television: intertextuality in Jean Renoir's *Le Testament du docteur Cordelier*." In Worton, Michael and Still, Judith.（Eds.）*Intertextuality: Theories and Practices*（Manchester and New York: Manchester University Press, 1990）, p. 176.

Rimmon-Kenan, Shlomith. *Narrative Fiction: Contemporary Poetics*（London & New York: Routledge, 2002）.

Shiloh, Ilana. "Adaptation, Intertextuality, and the Endless Deferral of Meaning Memento." *M/C Journal*, *A Journal of Media and Culture*, 10.2（May 2007）.

Stam, R., Burgoyne, R., and Flitterman-Lewis, S. *New Vocabularies in Film Semiotics: Structuralism, Post-structuralism and Beyond*（London and New York: Routledge, 1992）. Stam, R., Burgoyne, R., and Flitterman-Lewis, S　張梨美譯　《電影符號學的新語彙》　臺北市　遠流出版社　1997年

Taylor, Jacqueline. "Narrative Strategies in Fiction and Film: Flannery O'Connor's 'The Displaced Person.'" *Literature in Performance*, 2.2,（1982）: 1-11.

Turner, Graeme. *Film as Social Practice.*（London and New York: Routledge, 4th edition, 2006）. Turner, Graeme　林文淇譯　《電影的社會實踐》　臺

北市　遠流出版社　1997年

Verstraten, Peter. *Film Narratology*（Toronto: University of Toronto Press, 2009）.

今昔對比的時空流轉

——阿盛《萍聚瓦窯溝》日常敍寫的存史意義

黃雅莉

新竹教育大學中國語文學系教授兼系主任

摘要

　　文學必然反映特定歷史時期的生活面貌,「歷史」是在每一個人的日常生活中形成。歷史演變的最終目標,就是讓人們更好的生活,透過對日常生活的書寫與研究,必然可以還原歷史的內涵。本文以阿盛《萍聚瓦窯溝》為本,解讀其日常生活敍寫的精神內涵和存史意義,分別從鄉土、歷史、文化三個面向來考察,以見阿盛散文,從鄉土的角度,再現傳統的人文風情;從歷史的角度,善於捕捉正史所忽略的細節微光,從中演繹真實人性;從文化的角度,阿盛以自己的家鄉新營、中和、永和為考察,體現了都市與鄉土、現代與傳統之間的文化連結。阿盛以日常生活的直面書寫為遠去的鄉土文化與人性人情留下紀錄,當農村漸行漸遠,但鄉土的品格與精神卻以越來越清晰的姿態立在我們面前,啟發我們對往昔人情與文化傳統的深思,尋回那些在世代變遷中,被我們所忽視或遺忘的價值。

　　總之,《萍聚瓦窯溝》就是一部一九五〇年以後至今臺灣人生活的心靈史,對戰後的新生代而言,它是一座銘記臺灣歷史的航標,指引著人們面向遠方,也召喚著人們回歸家園。讓我們見證,過去並不是一片空白,而是現在擁有的憑藉所在。

關鍵詞:現代散文、鄉土、阿盛、戰後新生代、日常書寫、存史

一 前言：阿盛散文的日常書寫

二次戰後以來，臺灣從六〇年代開始從農業社會轉向工業社會，隨著臺灣社會的世代交替而發生的變革與轉型，投射在人們心理，激起豐富而複雜的情感體驗，七〇、八〇年代以來，文學中的鄉土內涵不斷地豐富和變化，九〇年代以來，鄉土散文因為貼近現實生活、刻錄著遊弋於城鄉之間的一種心靈狀態，以其自身獨具品質的書寫，仍然具有不可忽視的存在價值。阿盛出生、成長於鄉村，卻任職、生活於臺北大城，其創作必然涉及到臺灣社會的轉型和變遷。阿盛以城鄉對比的真實生活體驗，貼近地見證了相應的時代。他在社會相對穩定的背景下，細細回憶著故鄉的風俗文化、小人物的故事、日漸消逝的傳統，以雅俗共賞的生動語言，生活流式的敘述結構，提供臺灣散文史上較少出現的創作視角———鄉土日常生活的再現，這種視角使得鄉土文學由小說一體專擅、側重於關注重大的政治事件、歷史進程、社會的變革與矛盾，轉向以散文的舒卷自然之筆對於平民百姓食衣住行、花鳥蟲魚等世俗日常生活細節的關注，它同時為長久以來偏於主觀抒情與高雅韻味的現代散文輸入新鮮的血液，直接從人的自然屬性來展現特定年代中臺灣百姓的生存境況與人性面貌，這正是散文書寫的最重要特質——展現創作主體內在的真實感悟，並追求一種接近生活原貌的描寫。真正的歷史在民間，真正編寫歷史的大都是小人物，因為只有從他們的身上才能體現出具有永恆魅力的日常生活的圖景，只有擁抱平凡的生活才能真正貼近當代人們的心靈。阿盛於二〇一二年底出版的《萍聚瓦窯溝》[1]乃回顧了他中學以來至今成長的生命歷程，而這五十多年的時間也是臺灣社會面臨轉型的時代背景，正如〈我們的山河歲月〉中說：

> 二次世界大戰後，臺灣與其他國家地區一樣出現「嬰兒潮」，一般稱為「戰後新生代」。這個新生代，沒有經歷烽火的無情灼燒，卻在成

---

[1] 阿盛：《萍聚瓦窯溝》（臺北市：九歌出版社，2012 年），以下凡引用本書，不再交代出版時地。

長過程中體認到破敗蕭條的環境；戰爭所造成的種種傷痕，既聽聞亦親見了。他們都接受現代教育，但基本的家庭教養是傳統式的，算是「搭上最後一班傳統列車」的世代——通常概約泛指一九四○、五○年代出生的人。/大約一九七○年代初起，戰後新生代陸續進入社會，正逢上臺灣經濟開始快速發展，鄉鎮農村人口大量移向都會區，尤其是臺北地區。為了就業就學，許多年輕人必須離開故鄉；現代化的工商社會明顯成形，舊有的半農業社會的生活模式實際上已無法維持，年輕人唯有配合時代腳步，奔赴前程。[2]

一九五○年出生的阿盛以身為歷史在場者的角色自居，身處新舊轉型中界，他「目睹了臺灣幾乎一切都無演變為幾乎一切都有，也目睹了集體拋卻舊事物舊觀念並集體追逐新事物新觀念」；在「定心回首時，這才驚覺被時代的巨輪輾失的諸多人事物景將永遠不得再見。於是，提筆追想比對今昔，用文字記錄『曾經』與『現在』」[3]，他以「進城的鄉下人」在創造生活的同時也在創造一種歷史，抒寫人們生存狀態的同時也留存人類的心靈史。

筆者之所以選擇《萍聚瓦窯溝》一書為觀察點，是因為本書是阿盛建立在「城市化進程基礎」上的力作，但特殊之處是本書又非純然的「都市散文」，更多是以回首往昔的「鄉村傾向」而透露其內心的思考，成為遊走在城鄉兩域之間的生活書寫。形式上乃集議論、說理、瑣事之大成的隨筆小品，全書共分為四卷，各卷的主題和內涵從每一卷的標題即可知。第一卷「十八歲，定格」，是阿盛的成長記憶與對親情的懷念，這是經歷了諸多轉折後的生命感悟。第二卷「檳榔波羅蜜」，是阿盛對食物的記憶與體悟。在看似普通的日常去發現它們的有滋有味。第三卷「對不起車前草」，阿盛將自己的審美視角放在普通的自然景物中去發現它們與人類之間共生共榮的關係。看似卑微的小草，仍需要我們付出珍愛。第四卷「曾經歌舞來」，則是阿盛的生命行吟，更多是一種今昔對比下的人世滄桑的流露。鄉土人情、城

2　阿盛：〈我們的山河歲月〉，《萍聚瓦窯溝》，頁246。

3　阿盛：〈我們的山河歲月〉，《萍聚瓦窯溝》，頁247。

市景觀、社會人生、自然現象，在他的筆下皆蔚然成章，阿盛既寫身邊事、心中想，也寫家國事、天下情，貌似平和的閒話家常其實辛辣地令人思味，雖非洋洋大觀的長文，卻能簡煉精悍地自成一家。

作家往往在生活中關注歷史，在作品中表現歷史，呈現一種生活化的歷史書寫。「任何一個歷史時期，文學無不具有自己的特徵，這些特徵並非恆定不變的『本質』，而是與當時的生活相互呼應——儘管這呼應常常是曲折的、間接的。」[4] 筆者試圖在「時空流轉」的大背景下，從「以生為本」這個寫作取向出發，解讀《萍聚瓦窯溝》，探究阿盛創作中所描寫世俗日常生活體驗的內在文化涵義。

阿盛對日常生活的敘寫精神，使我們的研究有了生命的根基，讓我們對散文評析能真正回歸到具體的生活世界，日常生活既是我們研究阿盛散文價值的堅實基礎，也是我們建構存在價值觀的依憑，筆者試圖從鄉土、歷史和文化的三重維度來解讀本書，緣光覓影，順聲求源，從中梳理作家創作的主體意識與五十年來的心路歷程，欲從現實的平庸瑣碎中，透顯出何種更為深層的傳統價值？日常生活書寫之於歷史的存記又有何意義？阿盛置身於文明與傳統的複雜矛盾中，如何為自己找到一種精神家園？透過對這一連串問題的追索，進而肯定阿盛創作在現代散文史上的獨特意義和價值。

全文的思索脈絡共分幾個小節，一、「復甦」：阿盛回顧過往，再現當年的鄉土風情。二、「存史」：沿著時間之維，歷史在個人的記憶中隱約透露出來，浮光掠影地形成了個人生命史與時代變遷史合而為一的「存史」書寫。三、「遊走」：在「存史」的過程中，阿盛不免立足於現在與回顧過往之間，在城市與鄉村之間「遊走」，見證了新舊時代的交鋒、城鄉連結的必然趨勢。四、「審視」：城市化是一場巨大的文化轉變，阿盛從人性的視角去反思因都市化的潮流而產生的人性裂變。五、「調合」：城市經濟化的滲透，也使的鄉下人的思想價值發生了變化，作家透過復歸自然與惜緣重情以覓求二元互補而和諧。六、「回歸與超越」：阿盛已把價值理念轉化為一種日常生

---

[4]　南帆：〈文學、現代性與日常生活〉，《當代作家評論》第 5 期（2012 年），頁 28-36。

活的態度，在日常生活敘述中建構價值觀，一方面在對人們生命與精神之源
的想像性「回歸」；一方面建立了「日常哲學」，在家常中體道的「超越」。
七、「突破」：最後總結阿盛《萍聚瓦窯溝》日常書寫的文學史意義，以小品
之姿，載日常生活之道，實現了以現代散文「言志」精神而復歸古典散文的
「載道」傳統。

二　復甦：記憶中鄉土風情的再見

英國學者邁克‧克朗《文化地理學》中說：

> 地理景觀並非一種個體特徵，它們反映了一種社會的或者說文化的信
> 仰、實踐和技術。地理景觀就像文化一樣，是這些因素的集中體現。[5]

從某種意義上說，「地景就是一種歷史重寫本」[6]，這些空間的過去與未
來，連結了空間裡的人群，成為一種「歷史的重寫本」，重寫本可以再現地
方的自然風情、人際關係、文化內涵以及個人的生存境況、生命感悟等。當
時間冷漠無情地消逝，空間就成了人們回憶的依憑和自我救贖的唯一途徑。
「作為一種神秘的空間體驗，鄉土是土地與人之間不能讓與、竊取、強奪的
神秘所有權」[7]，作家之所以會對特定的空間有所感受，其根源在於「存在」，
以空間探求存在的根源成為文學作品中一個常見的特定主題。以文學反映特
定區域的生活內涵，是很多作家的共同思路，當然這種地域文化特色與作家
本人的心理狀態是相關的，這種心理素質表現為對鄉土依戀。在阿盛看來，
民間風情是文化的展現，是一方地域從地理環境到歷史文化的綜合體現，若
能捉住了生活風情，等於捉住了文化的骨骼，也就捕捉住了一個群落人們的

5　英國‧邁克‧克朗著，楊淑華、宋慧敏譯：《文化地理學》（南京市：南京大學出版
　　社，2005年），頁14。
6　同前註，頁20。
7　傅瑛：《昨夜星空　中國現代散文研究》（合肥市：安徽大學出版社，2004年），頁189。

精神面貌、共同的生活方式。在這一空間裡的所有成員，都呈現了一個地域
的精神特質，還有傳統性和時代性的特徵。阿盛自述：

> 我在嘉南平原上的小鎮新營出生成長，直到一九七三年北上讀大學才
> 離開故鄉。[8]

從地域文化的心理素質來看，阿盛是來自於臺南新營的農村之子，童年
和少年時期的生長地新營，那裡的自然風物、鄉俗人情、歷史遺跡、文化傳
統等在他能夠理解這個世界的時候便開始感染他，日積月累，遂形成他最初
的、也是基本的地域文化的心理素質，即使他早在二十三歲時就已離開故
鄉、遷居城市，但土地、莊稼以及那些回憶中的耕種歲月與人性面貌，始終
難以忘懷。所以常會以「走過從前」者的身分細數過往：

> 太年輕也是可憐，很多人文自然景觀都來不及見到。／會冒煙的火
> 車、長角火牛短角黃牛、清澈的溪河、纏足老祖太、整路的花樹籬、
> 紅瓦屋大聚落、抬頭便見的滿天星、比大火更懾人的鳳凰花……目
> 前，我只好偶爾跟年輕人敘過往諸般美好，並致同情：你們啊，沒見
> 過的太多，實在生不逢時……。[9]

生命紀錄被折疊為個人記憶，在夢回桑梓中流連已然逝去的久遠時光，鄉村
的天空與土地，及四季風物的自然流轉，人文事理的起落消長，映現著祖祖
輩輩父老鄉親繁衍生息的苦樂年華。兒時成長的鄉土是一片最令人心神寧適
的土地，是阿盛不斷回憶的美麗桃源，在阿盛「生逢其時」的慶幸感中流露
出在成長鄉土中所見證的美好而質樸的自然風貌，透過對大自然的熱愛和關
注，形成了一份根深柢固的審美感悟。

又如在〈南北白目〉中透過北、南臺灣榕樹的不同姿態印證「一方水土
養一方人」的定律：

8　阿盛：〈我們的山河歲月〉，《萍聚瓦窯溝》，頁247。

9　阿盛：〈火樹紅英道〉，《萍聚瓦窯溝》，頁172。

南臺榕樹成長極快，不知者很難想像。讀初一時，自溝邊拔起一株榕苗，恰如豆芽，數度換盆後入地，高中畢業，幹粗已不能雙掌合握，末梢則越二樓頂。來北，每事問，始信一方水土養一方樹。尤其是行道榕樹，二三十齡，僅三四公尺；更尤其是總統府前兩行榕樹，種植逾一甲子，至今依然侏儒。做榕做到那樣了無尊嚴，有損家風。總統府之觀瞻應是可以更大雅。……雍容，大樹必要，寬庭必要，地面停俥場真的沒必要。[10]

北、南不同的植物風情，不只是文字記錄下來的現實表象，其中也隱然流露作家的心靈觀照，具有思想的亮度，構成了一道獨特的內心風景，透過鄉鎮與城市各異其趣的植榕景觀，而展現「人情同於懷土」的情感，感受著生命與鄉土之間有一份永恆的情感聯繫。

又如，阿盛從小生活在臺式三合院結構中，深知灶腳對於人們生活的重要：

普通家庭，灶孔一大一小，勤快的主婦能以此應付十幾人、幾十豬的腸胃，其本事，今時來看，實在夠資格被選為人間國寶。我見過許多婦女獨力完成連續兩三天的做醮流水席，就只有一口灶。[11]

灶已成了人們對鄉土記憶的一個重要組成部分，勞苦功高的女性往往憑此處理一大家族的三餐。阿盛以日常生活的工具來象徵舊時代的家庭主婦堅韌能幹的本能，這種令人敬佩的體力與能力，是母愛一代又一代相傳的見證。當作家逐尋記憶中的人事，不自覺中也是對自我心靈有所粘合的一段歷史的回顧：

舊時代農村婦女可敬亦可憐，田事家務之外，還得找薪水，薪水是斫來拾來的，水是肩挑手提的。公婆丈夫兒女永遠優先，自己吃飯永遠最

10　阿盛：〈南北青白目〉，《萍聚瓦窯溝》，頁174。
11　阿盛：〈灶腳〉，《萍聚瓦窯溝》，頁182。

後，看著殘湯剩菜，一邊掛心大鍋洗澡熱水。三餐復三餐，咦，總在
灶邊翻尋鍋巴的兒子們忽焉壯如山了，總被柴煙薰得流淚流涕的女兒
們忽焉美如水了，然而，噫，昨日新婦忽焉老且駝了。……我這半生
經風經浪，如今回顧所來路，最刻骨銘心的記憶卻是，童少年時放學
回家，只要對灶腳高喊：阿母，阿母便會立即應聲：爾腹肚枵也未？[12]

傳統家庭是以男性為中心的夫權與家長制，建立在男權意識的婚姻制度中，
女性在家庭中幾無地位。阿盛以一位男性作家的身分關注舊時代農村婦女的
生存樣貌，此乃普遍而集體的狀態，正由於有女性的自我犧牲、操持家務，
才會有著兒女成長、薪火相傳的生生不息，那份堅忍、奉獻的倫理情操正款
款地流動在阿盛的筆下。阿盛之所以關注於婦女的生存狀態，或許由於從小
對於母愛的安適與依賴而來，母親的溫馨暖熱了阿盛的鄉土回憶，他對於鄉
土鄉俗的愛都被庇護在母愛之樹的綠蔭中。

　　阿盛筆下的種種故鄉的自然風景其實就是一種文化心理背景，一種植根
於心中的審美意蘊。「一方水土養育一方人」，同時這一方水土涵養了一方人
的生活態度，培植了一方人的文化精神。一個地域的價值觀之培植離不開這
個地域的人文傳統作為其深厚而堅實的基礎，否則就會成無本之木、無源之
水。而千千萬萬的人們的行為舉止，有意無意的共同行動，也就透視、折射
出了一個地區、土地的總體和根性。一種精神、習俗，一種價值觀，就是從
日常生活中的小事上體現出來的，形成對所居住的地域的一種真實的表述。

　　對故鄉的眷懷是人類永恆的精神需求，是一條集體無意識的感情溪流，
故鄉的人性面貌與生活畫面留在心中的童年，或者少年和青壯年，也就成了
人們生命的一部分，這就是一種「存在」[13]，「存在」就是在具體的時間和空間
裡的生活，新營對於阿盛，不僅是出生地、成長地，更是生存和精神的「詩
意棲居之所」。**寫作的過程，就是作家自己的情感在經歷著一個鄉土再現的**

---

[12]　同前註，頁183。

[13]　相關理論，可參海德格爾：《存在與時間》（香港：三聯書店，1987年）。

過程，在這裡，出生地已經遠遠超出了地域的觀念，而成了作家穿透歷史、意會生活的出發點。

三　存史：個人與時代共鳴的歷史見證

回首來時路，過去與記憶本源天然的縫合在一起，這便意味著時間的連續性——現在是過去的水到渠成，過去的歷史折射出現在的人世。歷史作為一種過去的存在，並不以探索歷史本真狀態為目的，而是為了在已然逝去的陳跡中尋找與當下息息相通的氣脈。如果說，歷史是以實事求是的嚴謹方式在記錄著從前，那麼文學則是對過往時代生動的錄製者，因為它能以比較真實的感受復現當時人們的行為與思維。阿盛散文的日常敘事，並無意表達政治更迭、民生動盪等重大的社會事件，而是省略了歷史的主體事件，僅僅留下歷史的蛛絲馬跡，那就是老百姓的生活本身。個人的生命史、個體的生活經驗呈現了歷史，歷史出現在個人的經歷之中，營造出一段個人與時代共鳴的歷史。

（一）小我的記憶留存：略帶緬懷的個人史抒寫

阿盛《萍聚瓦窯溝》日常生活敘寫，是立足於自我的視角，濃縮了個人深刻的記憶，在卷一「十八歲定格」中的每一篇，文中的起始皆明記年代，並按時代先後排列，如「一九五六年，我進新營新民國民學校」[14]、「一九六二年，春，我讀國校六年級」[15]、「一九六三年，讀初中」[16]、「一九六七年，在省立新營中學高中部」[17]、「一九六八年，轉到新營南光中學，高三」[18]⋯⋯。在

14　阿盛：〈阿母提去當店了〉，《萍聚瓦窯溝》，頁20。

15　阿盛：〈倒數第一名畢業〉，《萍聚瓦窯溝》，頁23。

16　阿盛：〈便當底下一塊錢〉，《萍聚瓦窯溝》，頁26。

17　阿盛：〈鳥居・銅馬・柏楊〉，《萍聚瓦窯溝》，頁29。

18　阿盛：〈十八歲，定格〉，《萍聚瓦窯溝》，頁32。

創作中明記年份，便有著返身觀照的「寫史」、「存史」的重要意義，正如他所言「值此十七周年，回顧一番，亦繫年紀事之意」[19]，從這個角度看來，《萍聚瓦窯溝》像一部個人史，一部有關一位草根散文家的成長史，他在成長的掙扎中夾雜著低音與高鳴。個人史的書寫是抒情的，從孩提的美好記憶到上學的頑皮，從少年奔競於升學的壓力到對人情世故的體會，及至從高中畢業到臺北求學，躋身大城，成為臺北人，在久遠的記憶中回首，一一掇拾生命的故事。例如〈便當底下一塊錢〉提及當年學校沒有蒸飯設備，有些人自己帶便當，只能吃冷飯，也有些家長會在中午親自送便當到校，或出錢請人代送，阿盛的母親就曾受僱送便當，好幾年，母親騎腳踏車沿路收集約二、三十個便當，定時等在校門口：

> 每次走向母親時，我多少總有點不好意思，很快拿了就離開，並且習慣性摸摸便當布巾底部，母親偶爾會放一塊錢在那裡。我算是懂事的，知道那一塊錢賺得辛苦，母親送便當，一家一個月收費三十元；所以我認真存錢，租書或買書，不用再讓母親為難。[20]

便當、腳踏車、補習費、母親臉上的慚愧、年少時的惡言，常在阿盛的腦海中縈迴，尤其是摸索便當巾底部的一塊錢的畫面對他的影響是怎樣也揮之不去。阿盛與母親的緣份近半世紀，一生勞苦、善良、堅強、隱忍的母親，既是一個獨立個體的形象，也代表著一種鄉村樸素本真的生命，在回憶裡，母親、童年少年、故鄉，融為一體。人生如寄，幾十年來阿盛在外闖蕩奔波，在他的心中始終珍藏著一個精神的故鄉，故鄉裡有他的父母，那是他的根系所在，有父母依憑的日子，遊子總是幸福的，可是如果有一天，父母已飄然謝世，那故鄉一下子就變得遙遠，鄉愁於焉而生：

> 一九八四年，故鄉大火災，父親的骨灰罈八九被大水沖入急水溪了，事後齋堂另換新罈應付，我們兄弟一看，啞然，尤其是我。父親火化

19　阿盛：〈老了一隻書蠹〉，《萍聚瓦窯溝》，頁60。

20　阿盛：〈便當底下一塊錢〉，《萍聚瓦窯溝》，頁26。

後，我負責撿骨裝罈，頭蓋骨置最上，形狀當然記得，新罈中肯定不是他。兄弟以禮祭拜，從此再也不去齋堂。目擊者很多，急水溪數日中浮流著幾十百個骨灰罈，打撈都來不及……，真是天作孽。

一九九五年、一九九六年，母親回到臺北，住我處，白天我陪她，我熬夜寫字，她陪我。她常立窗邊望外，感慨都市這麼大，「將來，這麼多人，要放那裡呢？」她說。我手指遠方，半玩笑：「那裡要蓋一棟大樓，有一百層，改裝就夠用。」她罵我與童少時同樣，歪腦筋太多，怎麼性情總是不改好？那是她最後一次罵我了，兩年後她睡中離去，自此，再也沒有長輩會把我當小孩罵了，可嘆。[21]

一九九八年，我生日後四天，母親辭世。……我這半生，學做人多過其他，雖至今猶常被嫌「不會做人」，但母親的厚道，我確實學到一些。[22]

母親過世十三年了，我一直不想為她寫大篇紀念的文章。我能怎麼寫呢？她在世時，我也沒有敬奉過幾粒「土豆」，她走了，我何必空祭一個「豬頭」。[23]

在這幾段文字當中，流露出與母子之間的親情，對自己未盡孝道的自責。散文中的一句真話，一個真實的細節，其價值遠遠大過一部長篇小說中虛構出來的假想世界，阿盛對於親歷的生活往事、成長的煩惱以及心路歷程，即使是不光彩的一面，或直涉個人的私密空間，總是不諱言、不迴避，敢於直面現實，這也是阿盛散文的魅力所在。

在阿盛個人史的抒寫中，母親是一個重要的陪伴，母親的形象往復迭起地在字裡行間出現，好似沒有母親，便不復有成長之樂、洞悉之明、回憶之甜。母親在阿盛創作世界中的比重遠高於父親，這恰恰與母親在現實中的家

21　阿盛：〈幾度天作作孽〉，《萍聚瓦窯溝》，頁69。
22　阿盛：〈楊母賴氏閃事略〉，《萍聚瓦窯溝》，頁67。
23　阿盛：〈便當底下一塊錢〉，《萍聚瓦窯溝》，頁27。

庭地位相映成趣，或許因為母親身處於權力底層，更能贏得子輩的憐憫之
心。加以「女主內」的分工現象，獲得了與子女更多的相處機會，母親與子
輩之間更易形成持久而真摯的情感聯繫。「卻顧所來徑」的作家，往往不由
自主地在作品中推出母者的形象，以生命的庇護者，堅定地撐起心中的鄉土
眷懷。母愛不僅是一個文化問題，更是生命源頭活水的問題，正如阿盛所
言，有一種性格是始自娘胎、與生俱來的：

> 我從不因做了某些會被一般人認為該羞赧的事而自卑自責，只要是無
> 害無關他人又勢須為之，何愧之有？我不諱言出身貧寒，不完全認同
> 世俗價值觀人生觀，不喜歡老將愛心兩字掛在嘴上，也不理會別人胡
> 亂說東道西，認真說來，這樣的性格，應該是自娘胎裡吸收到的。[24]

> 母親當初很明顯不欣賞我選擇的女友，她婉轉又婉轉的講，卻完全尊
> 重兒子的意思。她針對我的生活態度舉出不該不良的部分，我沒頂撞
> 也沒改善。她勸我務實些，把買骨董的錢用來買房子，我聽進了，然
> 未更加積極實行。我真的明白她所勸告都切中要點，也非天生悖骨故
> 意反道而行，究竟，就是個性影響了我的人生諸般事。[25]

「出生成長背景必然影響一個人的各種觀念」[26]，我是誰？從哪裡來？要到哪裡
去？思考這些問題，便能帶給我們對人生完整且深廣的思緒，阿盛認為自己
不隨俗浮沉、不卑不亢的直率，是母親賜予的，於是就把天生個性和母親二
者聯結成血脈相通的一體，一種獨具特性的個性氣質和生命本源兩者相應而
生，阿盛就是在這種意義上把故鄉上升到生命確證的高度。當阿盛以一種緬
懷與慎微的心情在回顧過往、敘述日常生活，已不動聲色地交代出個人的生
命史，通過一絲絲若有似無的線索，零散在各處交代，讀者可以拼湊出作者
大致的生命史。

24　阿盛：〈阿母提去當店了〉，《萍聚瓦窯溝》，頁21。

25　阿盛：〈南瀛文學獎〉，《萍聚瓦窯溝》，頁71。

26　阿盛：〈歡喜花甲〉，《萍聚瓦窯溝》，87。

（二）大我的時代見證：捕捉正史忽略的細節和碎片

歷史學家的視閾多半集中在帝王將相、權力爭奪上，尋常老百姓的日常生活是沒有資格進入歷史話語。作為一種參照，日常生活有異於深遠的歷史景觀、重大的歷史事件，也不同於傳奇巧妙的情節或曲折的恩怨情愁，日常生活是平庸而低調的，但是如果我們的目光僅僅停留在大事件與大觀念的概括性敘述而不進入日常生活，也無從理解生活的複雜性。阿盛提到自己所寫的第一本長篇小說，背景是一九〇二年南臺灣小地區的反日事件：

> 我不想寫乙未丙申大規模抵抗殖民者的故事，那些材料很多，可是歷史詮釋已定，刻板正義邪惡二元，其餘不見了。我認為「人」沒那麼簡單，「事」也未容易明，讀史因此常有疑難。[27]

生活是複雜的，人與事的好壞善惡都沒有絕對定論，每一個人在歷史之中的作用不同，同時，每一個人對於國家社會制度的貢獻也不同，但是，所有的人生都是歷史的內容，歷史在每一個人手中創造，文學不為政治服務，他關注的是普通人生：

> 我直到成年都被灌輸「反共」，可是，二戰後出生的人，須要或能夠或願意去反什麼共？尤其是喜好文學的，必定深知「百代興亡朝復暮」，政治只是搶過來劫過去的殘暴遊戲，搶到則幾個人了不起，被劫則千萬人起不了。[28]

國民黨一九四九年播遷來臺後，生聚教訓，反共政策雷厲風行，文壇流行反共文學。阿盛身為文學人，明白文學不應為政治服務，他的觀點，在某種程度上，恰恰構成了於反共政策的消極抵制，這時的平凡人物的平凡心境，並不是歷史的主題例證，恰恰是另一方向的思維。

27　阿盛：〈第一本長篇小說〉，《萍聚瓦窯溝》，頁47。
28　阿盛：〈屢初福泉漳〉，《萍聚瓦窯溝》，頁57。

又如〈年號〉一文提及日本領臺時期與二戰結束後，統治者規定凡一九一二年之前出生者，戶籍上一律改為「民國前」幾年，而許多銘文年號則被鑿去或塗抹掩蓋：

> 究實，鑿塗那些年號，沒有必要，歷史不可能因此變更、隱藏。部分著作教科書，將日領時期的紀年改成民國，反倒凸出了眼不見為淨的迴避心虛。舉例：「民國三十三年，日本政府派安藤利吉任臺灣總督」，這是什麼敘述？/尤其是教育，最好莫以鴕鳥心態作出不誠實示範。人世間的謊言夠多了。臺日斷交時，到處聽見「拒買日貨」口號，民間卻只當「反攻大陸」之類標語看待，喊了一陣子，誰也沒有少買日貨。[29]

在此可見有時官方與民間對同一政策是不同調，正史有時並不見得符合事實。這時我們可以看到，大事件、大觀念並非按比例順利地抵達每一個人的心上身邊，許多大觀念或大事件，可被否定、曲解、截留，或產生意料之外的效果。我們可以從細節背後察覺某種通行於普通人之間的生活邏輯。

當我們了解了生活的複雜性之後，便可以思考究竟什麼是歷史。或許有人要問，這些零碎的細節與歷史有何關係？僅僅關注身邊的瑣事而不考慮這個時代的各種大事件，文學又如何與歷史掛鉤？其實我們正可以由瑣事而發現，歷史的種種大事件以及大觀念是如何進入到每一個人的尋常生活。阿盛《萍聚瓦窯溝》中出現的大多是與作者生命相關的人物和事物，但它們都是作為一個個抽樣的符號，是為了表達特定的時代意義而存在的，它代表那個年代人們的生活，反映了一個藏月春秋的人性面貌。正因為「生」與「活」是如此的大不易，阿盛傾心書寫塵世平民的生活史，捕捉那些散佚在正史之外的生活細節微光。

文學若沒有和某一階段的歷史環境結合起來，所有的問題都不會有答案。文化是人類在自然或者社會生活中，形成的經驗。文化的目的不是為了

29　阿盛：〈年號〉，《萍聚瓦窯溝》，頁190。

實現未來某種遙不可及的預設目標，也不是為了返回當初的某種古老本源的
純粹性，文化的目的在於當下的時代，企圖使當下這一時期的人們與社會的
關係調整為最融合的狀態。阿盛的創作，堅守在塵土飛揚的日常生活中。日
常生活充滿了各種豐富的細節，這些細節便是日常生活的實體，這些密集的
細節形成特殊空間，在某種程度上，恰好是歷史內部的另一種力量的揭示。

　　所有的人生都是歷史的內容，歷史在每一個人的手中創造，而非少數人
根據所謂的歷史規律演繹。每一個人都能匯聚在歷史之中，沒有人被拋棄在
歷史之外。阿盛關注普通人生，他提到過去日常飲用水的實況：

> 直到讀高中時，日常飲用煮食洗滌沃樹，都用井水。裝設自來水管的
> 人家極少，可能是供應量不足，可能是為了節省開銷。……夏天，
> 古井邊就是老人小孩們的「浴室」。不論男女，裸上身沖涼，沒有人
> 認為失禮。乳房乾癟下垂的老婦，怡然洗垢梳髮，兒孫嬉玩兼幫忙擦
> 背，其實有趣有情。母親們漧衣漱物淘米，笑語盈盈。……退伍後不
> 幾年，回新營，平房消失大半，到處找不到一口井，另類的滄海桑
> 田，凡有井水飲處即能聞笑聲的時代完全束了。記得那是一九七八
> 年。[30]

　　我們好似隨著時光之船回到了六〇年代，觀看那個年代日常生活的風俗
習性。古井之於老百姓，乃生活的必須品，同時也是人生美好情趣怡然自樂
的表現。人我和諧，沒有太多的遮掩與武裝，沒有太多的禮教束縛。然而，
那樣單純坦率的古井生活很快就消失了，在這裡阿盛點出一九七八年，已不
復再見古井了。

> 我出生在一個許多人都「窮到鬼要抓去」的年代……可以說，我們這
> 世代的人並未貧至無衣食，但吃飽穿暖之外，幾乎全沒有。玩具，自
> 己做，遊戲，自己來，零食，自己想辦法。……例如野草莓、鹹酸
> 草、小番石榴、小蓮霧……皆不用錢，等於老天賞吃的。……窮家小

30　阿盛：〈古井〉，《萍聚瓦窯溝》，頁180。

> 子的人生哲學：無魚，蝦也好，無車，用步輦。所以，有東西入腹是
> 極高原則，合宜或衛生與否便較少考量，於是小孩普遍肚裡都生蛔
> 蟲，其尤悚人者，腹大若婦人有孕。讀小學時，衛生所與學校發給蛔
> 蟲藥，戶戶可領取，其嚴重若此。可是，我今回頭想想，現代人講究
> 吃，不厭精細，真的比以前衛生嗎？以前可沒有農藥、色素、防腐
> 劑……這些比寄生蟲嚴重百千倍。[31]

　　好口味、飢而欲食，這是凡人之所同，但在今昔對比之下，我們在食物
上更講究色香味俱全，但太多的添加物，卻使得我們健康上面臨更多的危
害。這一段又何嘗不是一段今昔發展的飲食史呢？我們對自然口腹之慾加入
太多人為造作，乍看是口感與味覺上的進步，但在某一個層面上卻是嚴重的
倒退。

　　在創作中存史，讓文學性的作品具有信史的價值，實非易事，隨著時間
的流失，當年的人與事失去了溫度和清晰度，歷史的宿命是必然蒙上了歲月
的塵埃。阿盛如何去除歲月的遮蔽而回到從前呢？他的寫作策略就是重視
細節。阿盛在散文中，把握細節的物質性（如用古井水是節省開銷），也顯
現細節的精神性（凡有井水飲處即能聞笑聲），他筆下的細節便關係歷史真
實，且他所捕捉的歷史細節不等於冷僻的史料，而是一種人性和精神的碎
片，例如他透過自己當年親身走過的升學制度而展現那個年代社會向背與人
心趨勢：

> 升學班就是要考初中的班級，校方特選資深優異老師當導師，自四年
> 級起與不考初中的班級劃分，連教室都遠遠隔開。非升學班多少會受
> 到一些大人的輕視，彼時未有「放牛班」一詞，那是多年後才出現
> 的。其實，許多同學只是因為貧窮而無法繼續念書，未必資質差；再
> 說，讀升學也未必是龍是鳳。[32]

31　阿盛：〈天賜兩味〉，《萍聚瓦窯溝》，頁117-118。
32　阿盛：〈倒數第一名畢業〉，《萍聚瓦窯溝》，頁23。

　　這段敘述有助於我們了解臺灣教育制度發展的進程與歷史轉型。阿盛從自身的體驗中再現了當年因升學壓力在學校的正課之餘還有許多附加的課程，師長熱中於為學生大補特補，原本無憂無慮的童年生活就提前結束了。升學考試制度造成了二分法的歧見，校方對於升學班與非升學班有著不平等對待。然而非升學班的學生並不見得是資質差，或因家庭社經背景無法供應他們繼續求學，這是天生的不平等，很多無法繼續升學的孩子便被社會主流給遺棄，被迫成為天涯淪落人。在那個以升學為職志的年代，競爭的壓力沉重，迫使莘莘學子無法過著正常的學校生活：

> 正常放學時間後，補習開始，國語算術，算術國語，其他沒有，初中聯考就考這兩科加作文。早上七點以前到校，晚上九點左右放學，早摸黑，晚摸黑，處處見墳堆，真正有天無日頭，人何寥落鬼何多。學校福利社不賣飯麵，怎麼吃三餐呢？早餐，隨便有沒有，午餐，步行回家吃，晚餐，由家人送到教室，若家人沒有送，自己想辦法活下去。[33]

　　那個年代的學子從早到晚都必須奔競於學業與補習上，無暇旁及其他，更遑論五育均衡、三餐正常。而如今社會快速轉型，人我的關係日益複雜化，資訊發展全球化，生活關係網絡化，經濟市場運行的非規範化，這種種變化帶給我們前所未有的不確定感。這使得原本高學歷所擁有的榮譽地位已不復可見，很多人畢了業所學無用。現代教育講求「自主學習」、「多元學習」、「多元評量」，不再讓學子花太多時間在制式課程上，學生雖有更多元的選擇與替代，但專注的程度早已被各種紛紜的資訊給取代了。得失多少，難有定論。阿盛透過對成長經歷的親身感受，通過系統的記憶選擇、評價，展現了社會轉型之際，人們生活型態的變化，價值觀的轉變，《萍聚瓦窯溝》的存史價值得以擴充和深化。

33　阿盛：〈十八歲，定格〉，《萍聚瓦窯溝》，頁24。

　　阿盛在書中除了為庶民生活存史之外，也以小品文之姿為幾位文壇人物作傳兼品評，如〈遠景沈登恩〉記載：「二○○四年，五月，遠景出版社沈登恩壯年遽逝」，〈清歡有味兩紀情〉記載：「二○○五年，四月，作家、臺灣文學史料研究者黃武忠，因癌症不治」，〈臺灣大字號人物〉記載：「二○○八年，十二月，葉石濤先生老去」，〈永遠的文藝主帥〉記載：「二○○九年，五月，被譽為『紙上風第一人』的高上秦病逝」，〈鍾家好父子〉記載：「二○一一年，八月，文學好友鍾鐵民去世」。……阿盛以閒適之筆，活現了與這幾位文壇大家相處往來的情景，使得作家身影再現。此外，他也以定點定位的視角，為他們作了文學史的評價：

> 鍾理和文學紀念館，是臺灣第一座私辦的文學家紀念館，雖維持不易，從未放棄，鐵明兄可笑矣。兩代文學人，一心寫作筆，難得好父好子。[34]

> 有人形容他（高信疆）是「失去戰場的將軍」，未必恰當，他其實永遠在打不同形式的仗，他一直沒有失去戰場，而今，他離開世間，他的戰績將被永遠記住，他是「永遠的文藝主帥」。[35]

> 葉老（葉石濤）對臺灣文學的貢獻，勿須由我多言。他對後進的提攜付出，也不用我再複述，太多人承他的情受他的教，就算想說也說不完的。斯人不在，斯人永在。[36]

　　阿盛藉由回頭看的真實記憶，敘寫人物的傳記，從交往的情誼來寫傳主的氣度、境界，並為之作了歷史評價，在此不妨借用向陽為阿盛《作家列傳》所寫的序文來說明阿盛此舉的價值：

34　阿盛：〈鍾家好父子〉，《萍聚瓦窯溝》，頁91。
35　阿盛：〈永遠的文藝主帥〉，《萍聚瓦窯溝》，頁85。
36　阿盛：〈臺灣大字號人物〉，《萍聚瓦窯溝》，頁82。

通過阿盛筆下的作家群像，臺灣當代文壇的走向、趨勢，作家的感悟、路線，地圖一樣鋪展開來。因此，把「作家列傳」當成文壇某部分景觀的導覽亦無不可。[37]

阿盛在《萍聚瓦窯溝》中記載幾位辭世的文壇人物、還有現今活躍的作家，雖然並不全面，然而嚐鼎一臠，我們亦可透過阿盛之筆，見證這幾位大家對文壇的貢獻，以及他們的性情與人格風度。

由上述可知，阿盛的敘事往往是由親身見聞的細節推進，類似古井與升學班生活這樣的細節很可能會被關注歷史重大事件和所謂正規的歷史學家所忽視，但作為散文作家的阿盛是不會讓它們從手中滑落。人在日常生活中流露出的細節最能反映出個人實際的生活品質和原始性情，體現出個人對生活的關懷，彰顯著人的生活感受。

在物換星移的滄桑中，帶給阿盛深沉的感懷，他在物質的因素之外，更看重精神價值，回憶有母親相伴的時光，回憶鄉野的已成陳跡的古井景觀，回憶升學的艱辛與社會現況，回憶與文壇大師相處的吉光片羽……**在回憶的潮水中，這一片片泛黃的歷史，不但是作家曾身歷其中的在場證明，同時對於在臺灣生活的人們也有一份存史的價值。阿盛現身說法的成長記憶，在特定的時代氛圍和歷史條件下，自有其特殊意義。在《萍聚瓦窯溝》中，時代歷史在個人的記憶中隱約地透露了出來，浮光掠影地形成了個人經驗中的一部分，並以此而反映了社會、時代的心理，因而個人的生命經驗也就變成了一種具有整合的普遍情愫，歷史出現在個人日常生活的經歷之中。我們可以說，阿盛是用個人的成長、家庭現況來代指時代的衍變、地區的發展，《萍聚瓦窯溝》是個人的，濃縮了個人深刻的記憶情緒；又是超越個人的，成為時代的見證，歷史的紀錄。**

37　向陽：〈用文學改寫臺灣〉，見阿盛《作家列傳》（臺北市：爾雅出版社，1999年），頁7。

四　遊走：城鄉交鋒下的地景思維

「遊走」是阿盛散文中多次出現的意象與姿態，從《行過急水溪》、《如歌的行板》到《民權路回頭》，阿盛的思維一直行走在生生不已流水前行的方向，循著祖父輩曾經推著手推車，踢踢踏踏走過的田野大地。對於遊走的偏嗜也許是源自於幼時在自然大地上奔馳的印象銘記。寄居於城市，更有飄萍之感，遊走的阿盛是一個精神的尋找流浪者，他總是在尋找回家的路，他在尋找一種傳統文化價值：

> 我在大城小鎮之間來來去去，思索新的一切，思念舊的一切。我盡力追溯童年少年，這才明白，新潮流其實早已生發，在我猶懵懂的六〇七〇年代。[38]

> 沿路看街景路樹，中山北路、仁愛路、和平東路、敦化北路等，都有可觀。但整個雙北地區的建築沒幾幢好看，大部分跟砌煙囪一樣。市招則醜到不可開交，萬言難盡。／數千日騎車徒步省下的錢，也許比不上人家玩股票一日所贏或所輸的，但，行過恁多暑寒，感覺皆「秋清」，心清身輕，此皆得之於足下也，這足下是指我雙腳，不是指你。[39]

遊走、行走，不僅是身體或交通工具的運行，更是一種精神的遊走過程，在身體、空間、心理交互作用下，特定的空間就會造就特定的視野而關聯作者的精神活動，可以說，行走的本身已將作者的心靈風景以獨一無二的方式呈現於讀者眼前。從巷弄到街路，從平房到高樓，這是城市空間朝向現代化的表徵，也是社會空間結構轉型的必然趨勢，生活空間結構的轉變，勢必使人們的感覺也隨之發生轉變：「從橫向的縱深到立面的高低，從平視到仰望與

38　阿盛：〈苦楝花現一樹甜〉，《萍聚瓦窯溝》，頁240。

39　阿盛：〈得之於足下〉，《萍聚瓦窯溝》，頁177。

俯視，身體的位移和身體知覺對象和形式的變化」[40]，在一切價值皆以「計算」
為手段的城市生活裡，速度壓縮了風景，物欲異化了風景，使阿盛產生了無
所適從的失落感和置身擁擠空間的隔閡感，他以個人的深沉感知，表現出感
受的裂變，並以「千里之行，始於足下」的「腳踏實地」步行姿態去反思。
散步，賦予了作者的身體心靈有足夠的閒暇去尋找甚至放大故鄉生活與個人
生命理想的關係，探尋故鄉潛含的文化深味。他在尋求一種故鄉所獨有的，
無可被替代的東西，尋找凝聚在風土人情中的一種價值，這就是「生命地
景」，英國學者 Tim Cresswell 說：

> 所謂地景（landscape）是人與地方（place）互涵共生而形成的一個
> 情感性與意義性空間。如果說，地方是一個「有意義的區位」（a
> meaningful location），是人類創造有意義的空間，那麼地景則著重於
> 觀視機制與觀視位置以觀看地方風物，進而開啟感情的認同。……地
> 方是觀者必須置身其中，而地景定義中觀者則位居地景之外。[41]

由此可見，人與「地方」是可以因感情的投入與熟悉習慣等作用，而演
繹出特定的人文意涵與社會關係。「地景」已在人們心中成為一種文化傳統
與歷史脈絡。本節所謂的「地景思維」，則是指抽身而出的觀看。移居臺北
後的阿盛，常透過一種抽身的視角觀看生活的地方，所謂的地理景觀已不是
單純的自然風物景觀，而是具有自我追尋的地理認同。從「空間政治學」的
角度來說，城市規劃是被某種意識形態所支配。在新舊交替、城鄉交鋒的特
殊時空流轉下，鄉土逐漸工商業化與城市化是個不能避免的進程，臺灣經
濟高度發展，促進了城市誇張式的繁榮，城市化進程成為現代文明的重要
標誌。但頗耐人尋味的是，阿盛建立在「城市化進程基礎」上的《萍聚瓦

40　林強、吳麗山：〈巷弄與高樓的空間詩學——當代臺灣現代主義散文空間意象研究之
　　一〉，《揚子江評論》第 4 期（2012 年），頁 90-96。

41　Tim Cresswell 著、王志弘、徐苔玲譯：《地方：記憶、想像與認同》（北京市：群學出
　　版有限公司，2006 年），頁 14、20。

窯溝》一書卻是以「逆城市化」[42]的「鄉村傾向」而透露其內心的掙扎。所謂「逆城市化」，根據周紅莉所云：

> 所謂「逆城市化」的鄉村散文，並不是反「城市化」鄉村散文的簡單指稱，並不是拘泥於鄉村敘事的線性框架，而是與城市發生鏈接，在多元視野中生成豐富的文學樣式。城市是鄉村散文存在的背景，是鄉村散文發生的某種觸媒。就鄉村散文的主體而言，他們身處之地與心居之所生成的矛盾扭結，使城市鏡像中的鄉村書寫因其內在的複雜性和多義性，而強化了文本意味的張力。[43]

這段文字意味著，生活在城市的人們，雖然在物質與生活層面上依賴城市，但在精神世界裡卻無法投入、甚至排斥城市，所以回顧過往的鄉土記憶以獲得精神上的救贖。這種介乎二端的身分使得文本具有複合的意蘊。在《萍聚瓦窯溝》一書中，阿盛在對城市現況描寫時，有意無意地透過城鄉的「二元對立」與「互相對照」[44]來折射出彼此的關係與價值，從書寫鄉土連結到對城市的反思，從對城市的批評過渡到對鄉土的呼喚。阿盛的身分，血脈中「種」有著農人的基因；但卻從「屬」於城市，在城市生活、工作。在城

---

[42] 「逆城市化」，本是地理學術語。本文討論的「逆城市化」並非對地理學術語的簡單挪用，在此借用曹娟、楊祿：〈當代文學創作的「逆城市化」現象〉一文的定義界定：「它是相對於『城市化』而言，以城市文學為參照。當城市的繁榮發展促使它本身及城市文化被寫入到文學寫作中時，城市文學敘事在鄉土中國占有一席之地。然而，城市化進程發展到一定階段，城市文化中的娛樂性、粗俗性、世俗性日漸膨脹與泛濫。這不僅使城市文學難以提高和發展而且導致作家和讀者在文學生產與閱讀中表現出對城市的厭棄、批判、逃離，由此而滋生出對鄉土的回歸與重新發現。我們把這樣一種現象謂之『逆城市化』。」見《湖南城市學院學報》第30卷第4期（2009年7月），頁51-53。換言之，逆城市化並非對城市化的欣然接受，而是內心生發的一種反感與排斥。

[43] 周紅莉：〈論城市鏡像中的鄉村散文書寫〉，《蘇州大學學報》第5期（2007年9月），頁79-81。

[44] 世上的一切事物的內在都存在著既相互對立、又相互依存的兩個側面，它們看似對立的，但又可以互相補充，二者之間存在著互相融合轉化的可能，呈現「對立中的統一」，這就是「二元對立」中的「互相對照互補」。

市，阿盛是一個一方鄉土養成的鄉下人，在鄉土，他又是一位已經移出的暫得溫飽的城市人。對於城市，他只有「在彼」而「不屬於此」的心情，在他靈魂深處，城市是一個「異己」的處所，雖然質源豐富卻讓他內心失落的地方。這種心情，在字裡行間皆可見一斑：

> 一九七三年，我離開南臺故鄉，到臺北就讀東吳大學。認真回想，當時的臺北還不至於讓我太驚訝或難適應。畢業後進報社上班，才見識到臺北日日「換洋裝」的大動作，往往早上還看到的「舊衣裳」，未及黃昏就被脫掉了。令人心膽抖戰的無情，跑百米爭零點一秒的無情。[45]

> 放風箏時，我常想的是如何離開臺北。我真希望放風箏如《紅樓夢》中探春李紈所說的是「放晦氣」，每斷線，心裡也總要學說那句話：「把你這病根兒都帶去就好了。」我就病在不喜歡每平方公里住幾萬人的地方。[46]

> 我沒有因看海而悟出很多哲理。終究，每次都必須從天邊海角回到蒸騰煙塵裡，登山般過日子，雖然多少不得已。[47]

> 大約二十一世紀伊始，北臺灣的房價魔豆式攀升，已完全顯示出「人性之惡不受約束」的畸型現象。……大樓借用歐洲城市王宮之名，曾經流行一時，實在說，俗儈到字典中找不到形容詞，同時反映了集體無自信無創意。想想看，彼此對話如此——你現在住那裡？我住溫莎堡，你呢？我住白金漢宮，老張呢？老張住巴黎，聽說你太太還買了米蘭，恭喜恭喜。哪裡哪裡，老王剛搬到羅浮宮，那真正高級哩。……臺北市房價，一坪（六臺尺長寬，等於兩張標規榻榻米）一百萬、二百萬、三百萬的，不少。鋼筋水泥盒房子，還掛在半空

45　阿盛：〈苦楝花現一樹甜〉，《萍聚瓦窯溝》，頁240。
46　阿盛：〈放風箏〉，《萍聚瓦窯溝》頁153。
47　阿盛：〈天邊海角〉，《萍聚瓦窯溝》頁95。

中，居然有人花幾億購買。一堆所謂的「名人」聚居，逢人便道住豪
宅，聞言可知富半代，根本就不會過日子。幾億元，足以經營一座千
坪莊園了。[48]

　　都市的高房價與高樓層將人從真實的空間抽離，用消費、欲望、時尚諸
種意識形態控制人們心靈，連命名都失去個性，傳統鄉村空間感消失了，而
代之的是被資本和消費意識形態取代的「頂尖」高樓。城市將每個人都架空
在高樓上，樓群櫛比鱗次，接踵摩肩，一扇扇窗子就如同無數雙眼對視或斜
視，每個人都被隔絕在自己的小盒子裡。景觀，作為人類棲息的空間，是人
類對自身生存環境的認可和利用，人們對於區域總體的概括感受，也許來自
於生活態度，或生存習慣，以及主觀情感。阿盛對城市的描寫，實際就是對
城市的非個性化、非情感化、非人格化，也是畸型化、陌生化的照相，同時
流露出他對城市的厭棄情緒。阿盛來自鄉野，但鄉土隨著社會發展變革而發
生異質性變化，他告別鄉土，以「他者」的身分進入臺北生活，出沒於車水
馬龍之中，不免滋生出兩棲人的矛盾心態：渴望歸返而終究無法再度安放自
身於真實的故鄉中，雖漸漸接納多年來在城市生活的一切，但遠去的傳統與
文化卻總在不安地飄動，城市道德倫理觀念的嬗變與走出閉塞保守並未泯滅
的優良品質構成衝擊，使得他的思考，在打上城市文明的烙印之後，靈魂深
處卻隱藏著對鄉土與傳統文化的深情呼喚。

　　城市與鄉土在當代文明中代表著相互對立的兩極，二者之間除了程度之
別以外，還有性質之異，城鄉各有其特有的專擅偏嗜，特有的社會組織和人
性，它們兩者形成一個既相互獨立、又相互補充的世界。阿盛〈萍聚瓦窯
溝〉提及在土城觀風景，介於兩個迥異的地域之間：

　　這是個特異市鎮，連城路越過中和後，路盡分出陰陽二界，正手面
　　是喧喧車馬，倒手面是人何寥落，「陰界」土饅頭未知萬千，「陽界」
　　水泥壁直欲頂天。靠左，人行道上伸手可觸及墓碑，靠右，人行道

上商家櫥窗緊相貼。再近土城，路兩旁一樣荒涼。更近一些，老聚落
在焉，新市區在焉。老聚落的老屋很好看，新市區的新象很耀眼。其
實，捷運永安站地帶以前是「大夜總會」，至今仍有幾座墳未遷。……
區區廿萬小時，溪床翻成鬧市，巨富本貧農，誰能計算得失。[49]

「陰界」的土饅頭與「陽界」水泥壁比鄰而立，老聚落與新市區共處，一街
之隔分劃出兩個不同的世界，意味著城鄉文化的正面交鋒，文明與自然，傳
統與流行的焊接，正構成了阿盛散文游走於兩端的精神內核。於是，阿盛便
以蟄居於城市一隅的角度來眺望鄉村、回首往昔，成為駐守城市的精神流浪
者，也是他在面臨城市與鄉村兩種文化選擇時內心的衝突的體現。

雙和其時還有不少三合院，我一眼立判，是前代小農之家。永和保安
保福路口有一老宅，應屬古之中小地主。我知道終究所有三合院都必
然拆掉建大樓，路過總要停下來看許久。

新北郭園，清代四大名園之一，我見到的近乎廢墟。臺中吳家花園，
髒亂如棄物場，與板橋林家花園一樣，曾經住滿游民貧工軍人。……
這是我在一九七八至一九八〇年所做的紀錄。記錄這些，等於記錄了
一個既久遠亦近在眼前的年代，遠推是一兩百年，拉近不過三十年。[50]

無限風光，因情變換，而古宅老街風華的暗淡與沒落，物質文明的躍進
與奔流，交織在作者的一片惆悵之中，感傷與緬懷、送舊與迎新矛盾對立。
阿盛記錄了一座座花宅古厝正隨著時間的流逝而傾蝕頹倒，物理空間的荒蕪
自然引發心中的滄桑感，古宅與三合院體現了現代社會中存在於人們內心深
處的鄉土精神，它們都是歷史的化身，它們走過從前，正如同錢鍾書所言：
「時間體驗，難落言詮，故著語每假空間以示之」[51]，說明了時間與空間之間的

49　阿盛：〈萍聚瓦窯溝〉，《萍聚瓦窯溝》，頁63。
50　阿盛：〈古豪宅記錄〉，《萍聚瓦窯溝》，頁137。
51　錢鍾書著，舒展選編：《錢鍾書論學文選・創作論》（北京市：花城出版社，1990
　　年），頁264。

通感，是以在阿盛筆下的空間與時間歷史已經合而為一，難分彼此。他通過對空間的發展而展現了時代的歷史脈絡。鄉村城市化已是不可逆轉的趨勢，從某個角度說，鄉土是一個正在崩潰的概念，在速度帶走一切的工業時代、信息時代、經濟主宰一切的時代，彷彿它將要成為過去，只能屬於幾千年前的農耕時代。正因為阿盛是從鄉土社會走出來的，出生與土壤環境已經將某種頑固的基因注入了他的靈魂中，阿盛駐足停看，遊蕩於城市與鄉土之間，既無法融入城市，也無法回歸鄉村，於是，城市在不經意之間成為他看取鄉村的背景與視角，同時也成為他反思批判的對象。因此，我們對於阿盛鄉土散文書寫的評價，必須要放到現代社會文明的過程中去看，透過城鄉對照的視角，阿盛對現代文明的反思都能或隱或顯地在作品中表現出來。

> 當然，無可迴避的，如今我與所有人一樣，三餐零食都跟著潮流西化東化了。單看處處麥當勞、肯德基、吉野家、美而美，便知吾等腸胃已經歷過數千年來最劇烈的一次消化大革命。我常散步鄉村，屢見翁嫗幼童捧搪白瓷杯坐蹲門口喝咖啡。我早非昔日呂蒙，雖土氣仍舊，畢竟活在電腦高鐵時代，不比井底之蛙，猶覺食事變化驚人。[52]

時代在激烈急遽地變化，市民觀念和習俗也在迅速地更替，這使得作家不能不具備敏銳的現代意識。喧囂不寧的城市生活，讓阿盛清醒地體認物欲文明對傳統農村的侵入，時代觀念的變遷和世俗價值的取向與時俱進，在城市化面前，鄉村被漸漸同化永遠是一種宿命。在這裡，傳統與現代的鴻溝、城市與鄉土的對立，都因為時空流轉而成為人人必須接納與適應的事實。阿盛已不動聲色地告訴我們，與時並進，與時偕行，方能不被時代給遠遠地遺落。

五　審視：觀人性異化風景下的反思

上一節我們討論了城鄉交鋒下空間結構的裂變，使得作家有了遊走在城

---

[52] 阿盛：〈土廁與洋食〉，《萍聚瓦窯溝》，頁121。

鄉之間的邊緣人感受。隨著經濟的深入發展也逐漸動搖了城鄉對立的二元結構，城鄉之間呈現出日趨融合的走向，使得鄉下人有越來越多機會接觸到城市化潮流，鄉下人的思想觀念和價值取向也悄悄地發生了變化，他們對財富的欲望被大大地激發了，對現代文明的渴望勝過了一切，以往寧靜的鄉村逐漸躁動了起來。另一方面，多年來的二元體制造成鄉土的貧困和城市的富足的鮮明對比，鄉下人不再願意固守那片祖祖輩輩世世代代耕耘播種的土地，而是力圖透過外在的捷徑，尋找擺脫貧困的契機，城鄉由對立到融合，其實也是人性由知足止知到欲望蠢動的發展：

> 一九八九年，股市山崩盤，兩個遠親自殺，一個朋友被殺。三人都住鄉下，原因都是為錢，年齡都屬中壯。其中賭彩票輸掉房屋田地，其二賭股票大虧而妻離子散⋯⋯一葉知秋，我熟悉的純樸鄉村分明已經被新時代惡浪擊破，且很可能諸多傳統善根終將逐一被拔起。⋯⋯一九七○年代，我沒聽過報社同事談股票，直到一九八○代初期亦然。忽然，像外星人忽然來到地球，特別光臨臺灣，短短兩三年，移山倒海移風易俗，人人見面談股票，市井處處大家樂，聽不懂就落伍了。⋯⋯一九八七年，愛國獎券停止發行，號稱關閘門，實際上已擋不住洪流，股市的翻天巨濤，教人看了舌頭打十二個結。城鄉首度打破久遠的概念性劃分區隔，同心協力玩錢，而，節儉到一文錢打十二個結的時代其實還沒走去很遠。[53]

阿盛站在今昔對比的角度來看股市潮流對人性異化的影響，想到「在鄉下二十年，只見過工人玩四色牌或過年擲骰子，那都是特例，旁觀也會受到大人警告教訓的。但凡人家子弟行騙賭博，必定挨打，比打小偷還嚴厲，鄉鎮裡某人是賭徒某人是騙子，簡直皆如黥墨在臉」[54]，一九八七年，股市翻天巨濤進一步地入侵，短短兩三年，便讓寧靜的鄉村開始躁動不安起來，移風

53　阿盛：〈溫柔虎看猴在跳〉，《萍聚瓦窯溝》，頁44。

54　同前註。

易俗，使得傳統的「鄉土世界」形式也發生了巨大的轉變：「人人見面就說股票，市井處處大家樂，聽不懂就落伍了」[55]。阿盛目睹了鄉村一步步地被城市同化的進程，鄉村城市化一方面推動物質社會的快速發展，成為個體生命所立足的新空間，但另一方面，城市物化與異化的一端也開始在誘蝕著人性的種種美好，資本主義與經濟浪潮帶給人們更多是物質狂歡與精神的緊張。如臺灣當年流行養紅龍以為誇富炫富：

> 養觀賞魚，悅目恰情為要。計較方位容器魚以期發財，雖人性之常，終屬盲目，往往算盡機關，卻弄得心情艱苦記掛。曾經臺灣流行養紅龍，一尾值數十百萬元，你想，飼主能心平氣和嗎？那魚偶或食量減少、游動遲緩，說不定人要發作心臟病。紅龍熱迅速退燒後，大跌價，許多人互訴交惡，當初何必？[56]

鄉下人的生活本為自給自足、知足止足，在簡單穩定的時空結構中，人我關係和諧。養魚觀賞魚原為生活中的閒情雅趣，但如果加入發財欲望或誇富心態，便會使內心失去平靜。養紅龍的潮流來得快，也去得快，造成了負面的效應，城市是以一種外熱內冷的包裝來誘惑人心，欲望的張狂往往是以犧牲人們的性靈道德為代價，阿盛發自內心對日益蕭瑟的鄉土現狀痛惜，也對人心異化的現象感到遺憾。社會歷史的變遷所帶來的往往是整整一個時代的人性變化，這是身處經濟大潮中許多人必須承受的痛苦，是群體性的磨難，更帶著某種時代症候的無奈。

> 網路科技發達，真正讓我們明白了，原來專家們並未空言，現代社會的各種精神類奇怪現象，確實多到超乎普通腦袋所認知。滑鼠的一小步，認清劣質人性的一大步。[57]

---

[55] 同前註，頁45。
[56] 阿盛：〈小錢養魚瑞〉，《萍聚瓦窯溝》，頁150。
[57] 阿盛：〈猴跳牆寶貝〉，《萍聚瓦窯溝》，頁204。

　　尖端與繁華是容易吸引人的，但它也容易將人淹沒；流行與熱門能搭上時代的列車，但也容易令人迷失。社會進入資本主義時代以來，經濟的發展和科技的進步使得人變得盲目自大，時代的外放張揚，使人們的精神世界出現了利欲追求的荒原和黑洞，形成了信仰的缺失，精神的危機，使人們感到茫然。城市化是一場巨大的文化轉變，阿盛對於世代發展下的人性裂變感到無奈，對於城市壅塞的空間更有著逃離、疏離之感，正如論者所言：

> 他的作品與先前前輩們的專注緬懷過去一切相比，多了一份理性的眼
> 光來審視世俗人情，多了一份專業來洞察社會前進的意義。他是以
> 「鄉土意識的邊緣視野」，來對現代中心文明進行反思，從而對現代文
> 明的負面後果展開了批判。[58]

　　批判其實也是懷舊的一種方式，懷舊必然包含了反思，未經反思的創作終究是無意義的。城鄉的關係是《萍聚瓦窯溝》一個重要命題，如果城市化是不可避免的歷史進程，都市文明與鄉土觀念的碰撞也是不得不然的常態，那麼，我們要問的是，作為一種相互的關係，城與鄉之間僅僅只此一種而無融合與互相尊重的可能嗎？阿盛揭示了自然與文明之間的矛盾是可以統一的，兩個不同世代的反差、影響和融合揭示了矛盾對立的調和。以下試論之。

六　調合：從自然與人情覓求二元互補而和諧

　　阿盛展現了城鄉不同的生活背景與迥異的生活習慣、思維方式，但他在表現二者對立反差的同時，更注重的是如何積極尋求矛盾的緩解和調和。他調合的方式一方面是從自然中覓求大地情操以為鄉情依歸，一方面是從人情中彌平新舊時代的斷層，如此一來，他仍然在現代文明中保有自己純樸的自我，透過回憶尋找失去的童年，既看到自然，又看到文明，這樣才能形成完整的對世界的看法。以下即從自然與人情兩方面來論其調合之道。

58　匡瓊：〈從「文化遺跡」看阿盛散文鄉村關懷〉，《文學評論》（2012 年 8 月），頁 43-44。

（一）人與自然和諧相處圖景的恢復性呈現

對於阿盛而言，鄉情更多是在城市化進程中逐漸失去泥土厚實的空虛。土地是人們安身立命的所在，土地和鄉人的命運是習習相關的，對泥土的眷戀已內化為其人格的一部分，然而在工商經濟的衝擊下，從生態環境到倫理道德以及人與人之間的關係都發生重大變化，文明帶給人們豐富的物質環境，同時也破壞了人們的生活環境，加以科技網路的發展，很多東西都可以合成或虛擬，使大自然在人們眼前成了粒子組合，成了一部精密可以還原的機器。

然而，土地帶給人們的歸屬感永遠都不會從人的意識中消失，正如阿盛的簡單比喻：「一隻成年狗即使換主人，也毫無可能忘了舊主的」[59]，在人們與自己周圍自然環境息息相關的聯繫中，隱藏著被人類忽視或遺忘的歸屬感。阿盛在文明的進步與人性復歸的矛盾中掙扎，尋求新的人生模式與生存之道。在阿盛來看，生命中的《聖經》只能是自己居住其上的村莊大地，讀懂它的一草一木，一事一物，把整個一生安置其中，從生存居所到靈魂聖地，當我們把情感寄放在自己生活的地方，這地方就不僅僅是一個地理上的存在，更多被賦予了精神上的家園義涵。所以他經常從自然中覓求大地情操以為鄉情依歸：

> 住高樓，橫樑粗硬，為了順眼，我喜買綠黃間紋的小南瓜，綁蒂掛樑下，讓視線柔和些，延伸使心情柔軟些。／橙紅色的大南瓜，適合置桌上，這瓜厚圓扁，凹凸分明，坐姿穩重，瞧著就有好感美感。[60]

> 我喜愛藝術老盆栽，見則觀賞良久，想像，歲月靜默流過那方尺之盆，而人間已然換代兩三回，蒼老蒼翠背面多少滄浪滄桑？思忖，心樹不免搖搖。[61]

---

[59] 阿盛：〈兩代燒餅〉，《萍聚瓦窯溝》頁168。

[60] 阿盛：〈浪漫瓜〉，《萍聚瓦窯溝》，頁154。

[61] 阿盛：〈老盆栽〉，《萍聚瓦窯溝》頁100。

> 我獨創浴缸養魚法，十餘年只花數千元，一直水族旺盛。但凡看書眼
> 澀、改作業倦累，或被天才兒童型小友氣到牙痠時，便去觀魚。我另
> 自創陽臺魚池，養錦鯉，月飼料費數十元，最高齡一尾，長二尺，
> 十五歲，堪稱魚瑞矣。[62]

當城市文明的喧囂與功利使得阿盛感到生命中不能承受之重時，鄉土的意象
便成為他的精神歸宿。阿盛作為一位堅守土地與人性的鄉土作家，他最為讚
賞臺灣原始自然的風貌，不論是花草、魚鳥、風月，都是大自然賜給人類的
恩寵，他堅持用最簡單、樸實的方式在城市裡坐擁來自鄉土鮮活的動植物意
象，自然世界的一草一木、一物一景都可以成為一方心靈的寄託，於是，阿
盛便通過「精神的還鄉」作為體認自我、觀察世界的途徑。他為自己找到了
一個新的出發點，他通過一種不同於城市生活的的時空經驗去沉澱心境，回
歸生命的從容與平靜，他是通過親近自然的方式，親歷內心那些隱秘的情
感，也得以和過去的自我相逢。他所寫的內容就不再是鄉思、鄉愁等意義，
他表現的是一種大地道德、大地關懷：

> 人最好多識於鳥獸草木之名。孔夫子是對的。看似事小，但可以連結
> 不少人生道理。[63]

> 花樹不會負心，到時總會回報人們，人皆承眾恩接受栽培，未必盡然知
> 仁曉義呢。……也許，全臺「十年樹木」之舉，能夠讓們與「民族幼
> 苗」都真正學習到一些什麼，例如，像樹那樣，多多少少庇蔭他人。[64]

從某種層面上看，阿盛散文所寫的其實是一種人生理念，是作家對於生
活的生命哲學，所以阿盛時時能超越故土，走進大自然，常常借山川風物來
比興寄情，突破了狹隘的鄉情，擴展為對宇宙自然的親和。例如：

62　阿盛：〈小錢養魚瑞〉，《萍聚瓦窯溝》，頁100。

63　阿盛：〈認得鷗鶒蒹葭〉，《萍聚瓦窯溝》，頁196。

64　阿盛：〈廣蔭〉，《萍聚瓦窯溝》，頁106。

> 觀海，宜單獨，宜一伴，宜天晴，宜陰雨，宜日下，宜月上，宜遠
> 眺，宜近觸，唯不宜多人結隊喧嘩岸邊，那不叫觀海，叫玩水，買票
> 進游泳池就可以玩水。／心動欲往海濱時，我不選擇時間。⋯⋯想到
> 傷情處，對海欷歔，啊，負軛人生，犁田一世，如斯而已如斯而已。[65]

對阿盛而言，城市不過是棲身之地，他仍渴望融入野外或遁入「天邊海角」來超脫城市的喧囂，叩問自然與人之間的關係。自然不僅可以帶給我們五官的享受，更重要的是自然界有條不紊的巧妙安排，得以讓我們汲取生活靈思，將生活經驗外化為花草樹木山海，融我為物，物我一體。小中見大，他認為隨順自然、與自然同在，是人們最核心的品性。他所寫的不僅是具體的鄉村生活，更是一種生活哲學、生命哲學，他並不執著地寫「一個人」的鄉土，源於對自然的熱愛，對家園的追尋，自然不僅僅是安放身心、撫慰情感的所在，更是精神回歸的領地。這種對於自然之愛、大地關懷，已上升到了哲學層面，在山海中尋找傷情的撫慰，尋找前進的力量。總有一天，人們在工業化與商品化的大潮激盪之處，終究會明白自然大地仍是我們的生命之源，只有把自然當作與自己一樣的主體，而不是當作異己的客體和索取的對象，才能建立自由、和諧的人與自然的關係。

（二）對昔日淳樸道德與美好人性的緬懷

人類的情感是自然流露在與他人、與世界的互動關係之中，日常生活的書寫本身就是一種社會群體性的互動內涵，群體不只是生活的源頭，更給了我們對溫暖的需求，也為我們尋找過去、現代和未來之間的聯繫提供了一幅生動的地圖。每一個人都以不同方式整合推動歷史的進程，歷史長河也正是在日常生活中得以展現的。當人們的生存方式正處在急遽嬗變和轉型之中，新的情況與問題層出不窮時，對人類的價值規範與傳統信念構成了挑戰，人們如何在現代境遇中克服困難，解決問題，從而向人生的本質邁進的過程，

---

65 阿盛：〈天邊海角〉，《萍聚瓦窯溝》，頁95。

也就是實現歷史本真的過程，可以說，生存的發展就是人們在現實世界中追求超越從而通達自由和幸福的過程，這個過程，人更深刻地認識自己，看到自己生存的各種方式與可能性，並且為生活提供根本性的思維和理念。阿盛明白，對於過往的那一份深愛並不可能阻擋事物發展的自然規律，正如他所言：

> 它（指新時代潮流）是一直往前行的，猶如時代的巨輪不停滾轉，而鄉鎮農村的年輕人搭上它，奔向心中期待的大城，或為更好的生活，或為繁華所誘，或為求學深造。無論得已不得已，都擋不住這巨大的新潮。[66]

進步是人類歷史中不可避免的，既然是不可避免的，那便是自然而然，也是時代的發展規律。江河在流，城市在變，世人一代一代地繁衍，繁衍出城市的進步和文明，也繁衍出許多荒謬和悲歡離合的故事，阿盛以為：

> 單一面向的觀看往往不能察見真相。有些人常將傳統觀念視同退步落後，深入探究後始知不然。所謂進步落伍，一言斷定是不恰當的。人生代代無窮已，我們之所以得有如今，必然來自於許多前人付出的累積，並非我們只靠一己之力就忽然擁有全部了。[67]

在阿盛的認知裡，上一代與下一代記憶將整合為生命共同體，我們對於過去的回憶並非純粹的懷舊，不單單是回望過去，而是在回望的同時實現了現實和未來的雙重能指。傳統文化講究倫理道德的完善和秩序，雖然我們跟隨著現代文明的腳步往前走，但回首也是必須的，傳統文化堅持做人的根性是我們不能棄：

> 我認識的曾高祖，一生都平凡平庸，無勳業無異能無特名，然深受尊敬。非認為老即為寶或年高必德劭，乃因於貴其懂義理有智識。他們教我做人小道理，此足一世受惠。或誰會說：做人的道理，老人無非

66　阿盛：〈我們的山河歲月〉，《萍聚瓦窯溝》，頁248。
67　同前註，頁250。

老式套老古板，科技時代不適用吧？果是，誰能指出，有史數千年來，人性有何變化？我們的人性柢本內質與詩經時代的人了無差別，只一些外在枝葉（人性人生）偶爾換樣子顏色罷了。[68]

作者在成年前的大志即想當曾祖高祖，因為從長輩的風範中瞭解到做人的道理，瞭解到情義的重要。時代雖然在不斷演進當中，但人生的種種正是「古往今來只應如此」，一代又一代的人無一例外地必須面對永恆的人生課題。有一些理念卻是不會過時，那就是上一代所堅持的做人的道理，是永遠不移的天理，是必須要尋回的傳統文化，找到過去的美德，則生活的縱橫裂隙，便能在歲月中彌合，地域文化和倫理文化的結合，便能在更深層次統一現實中文明與傳統的矛盾。

我剛好來得及搭上「臺灣最後一班傳統列車」，深解：人貴在知且敬其所來自。年輕人最好多多去認識前人，免得誤以為一切擁有都是理所當然，反而成了摩登自了漢，不知有恩，無論情義。那就可惜。[69]

我們的上一輩祖先大多與鄉土世界有著天然的臍帶關聯，但我們卻在自覺或不自覺中過早或過快地就擺脫了鄉土，阿盛感慨滄桑變遷，有著對傳統的頌揚。對於鄉土的熱愛必然促使阿盛對兩代人命運關注，正由於阿盛「剛好來得及搭上『臺灣最後一班傳統列車』」，使得以站在新舊交替的界限，平心審視上一代之於下一代的恩澤與賜予，提醒下一代人不要忘了上一代的付出才會有今天的生活光景。也由於他來自於農村，因此不會以保守過時的眼光來看上一代，不會以高人一等的姿態去審視底層人們的生活，而是將自己完全歸入到村民的階層，和他們一起呼吸，彷彿自己就是其中一員。作者不僅真實地描述了上一世代平凡農村人的生存狀態，而且精微地洞察了他們的心靈世界：

---

68 阿盛：〈老無老〉，《萍聚瓦窯溝》，頁194。

69 阿盛：〈苦楝花現一樹甜〉，《萍聚瓦窯溝》，頁245。

他們簡直不會「說話」，講不出什麼「道理」，因此時常被視為保守落伍。這樣歸類顯然流於淺面。／深入思量，他們同樣挺身面對迎頭襲擊的時代巨浪，勇氣不輸給逐浪拚搏的兒女。他們頂多歎息感慨，輕易不動用傳統父母權威，寬容忍讓成全，使得兒女順利搭上新潮「火車」前進。他們通情達理，一生都在付出，不計較兒女的回報。他們何嘗超凡脫俗了無私心，卻是從未強制兒女隨從己意。他們守住稻田老厝，堅持做人須敬業念本，偶爾赴大城「天倫之旅」，還得咬牙裝高興忍受奇醜冷漠的高樓。他們最後一次勉力睜眼時，很可能沒有看見一個兒女立侍榻邊。他們恰似苦楝，荒地瘠土上照樣成長，天生骨子裡帶苦味，恬恬謐謐用盡吃水力氣開花，不搶眼，靠近始嗅覺整棵樹都香甜。他們無學術有智慧，像稻穗，飽滿曉低頭，比一些「讀冊讀到胛脊骿去」的人優秀極多。也許他們不自知如是，我等可不能不知實情如是。[70]

在社會急速發展、人們唯恐跟不上潮流的求新趨勢中，阿盛仍然保持思想的定力，對現實生活與生命本身冷靜的判斷和理解，提醒人們看到，傳統保守的後面，更有動人的人性光輝與堅忍意志。在時尚與流行面前，上一代的老人們顯得過時與落伍，甚至可笑，但時尚只是流動不定的風，他們堅守著的卻是穩紮穩打的根，那是一份善良、質樸、知足、節儉、堅韌。阿盛認為，人與人、上一代和下一代之間必須要相互依賴相互尊重，經受住時光流轉中種種的折磨和考驗，只有正確地接受和包容現實中的一切，才能找到矛盾的統一點，達到二者合而為一的境界。我們這一代與上一代，錯落地走在歷史的路上，也許前後距離會拉的很長，後之視今，猶今之視昔，上一代人們在舊時代裡根深蒂固的舊觀念是不容易改變的，有一些世代變遷的代溝不需要硬性加以彌合，只需要體諒與包容。在這裡，傳統與現代在阿盛超然的人生思維裡獲得了融合，阿盛體認到社會的變遷是一種歷史的必然，他從人類世代傳承和個體生命獨立意義的感悟，來看待代溝與社會變遷的問題。即

---

[70] 同前註，頁243。

使種田的時代已然遠去，上一代的人們的生活面貌我們也不可能再去親歷，但他們努力耕耘過的時空卻延續成今日我們的立足之地，而我們認真去守護的每一方時空，亦將成為下一代生活的依憑。如此一來，舊與新嬗遞的不協調可被寬容了，老與少不相識的鴻溝也可以彌平了。畢竟生活才是最重要的，生生不息與世代延續才是重要的。

作家把現實與過往交織在一起，以現代的視角觀照歷史，這就使得他的散文超出了單純緬懷傳統的範疇，而具有較強的現實感和時代感。阿盛把自己的思想觸角向時代和歷史的深處延伸，這就使他的散文在感情的力度和生活的深度上已達到一個新的境界。在這裡，傳統與現代的鴻溝、城市與鄉土的對立，由於作者以有情有義的思維傾向而獲得融合。

七　回歸與超越：日常生活敘述中的價值建構

人們總是在生存的世界中追求意義，德國哲學家胡塞爾認為「意義是由主體在所生存的世界的實踐中被授予的」[71]，生存意義是生存方式的前提與原則，生存方式是生存意義的展開與技術，本節要討論的是阿盛日常書寫中的價值建構，一方面它來自於生活，內在於生活之中；一方面它又超越於生活，高於生活，故能反省生活、批判生活。

（一）在家的回歸：價值理念轉化為一種日常生活的態度

何謂日常生活？楊建華說：

> 日常生活是以個人的家庭、天然共同體等直接環境為基本寓所，旨在維持個體生存和再生產的日常消費活動、日常交往活動和日常觀念活

---

[71] 胡塞爾著，張慶熊譯：《歐洲科學危機和超驗現象學》（上海市：上海譯文出版社，1988年），頁15。

動的總稱，它是一個以重複性思維和重複性實踐為基本存在方式，憑
借傳統、習慣、經驗以及血緣和天然情感等文化因素而加以維繫的自
在的類本質對象化領域。[72]

日常生活的範圍廣泛，涵蓋著傳統、習慣、血緣、感情等各種文化活
動，它使得每個人與他人互動而成為一個整體，日復一日的時間輪轉，周而
復始的生活模式。在這瑣碎的、庸常、平靜的行為底層，人們的生活姿態和
命運映照出社會集體記憶和生存困境，潛藏著歷史的發展。日常生活是一個
充滿了巨大創造潛能與希望的世界，只要人們肯體驗生命的律動，挖掘生活
的意義。人之所以為人的獨特性乃在於人總要尋找一種意義和價值的存在。
城市生活的浸染使得阿盛有了一個新的視角來打量曾經生活過的地方：

> 住中和已十六年，我還是有飄萍的感覺。然，萍聚也是有緣，我衷心
> 惜緣。在這裡與許多讓我開顏或頭痛的十二生肖談文學，在這裡把
> 一千二百四十八公克的早產女兒養到會用文言文跟我頂嘴，在這裡寫
> 了七本書，在這裡結交無數好朋友……。[73]

阿盛住中和已十六年猶然有著飄萍的感覺，乃是因為對於新營鄉土綠茵
大地的鍾情，但他意識到社會的變遷是一種歷史的必然，生活才是重要的，
人與人、人與土地相遇都是一份緣，即使這份緣未能令人產生回家返鄉的歸
根之感，但畢竟城市也補育了自我的一段生命史，惜緣之心乃為人之必須。
這就是對於所在之時空，安於斯境的全心投入，是一種「在家」的感覺，
「回家」意味著，「回歸到我所了解、我們所習慣的，我們在那裡感到安全，
我們的情感關係在那裡最為強烈的堅實位置」[74]，這分熟悉感在日常生活中的
體驗尤其重要，我們必須與他人建立具強度與密度的人際關係，才會有一份

---

[72] 楊建華：〈『我們的價值觀』的日常生活建構〉，《觀察與思考》第7期（2012年），頁
11-17。

[73] 阿盛：〈萍聚瓦窯溝〉，《萍聚瓦窯溝》，頁64。

[74] 衣俊卿：《現代化與日常生活批判》（北京市：人民出版社，2005年），頁85。

安身立命的支柱。個人往往需要經由回歸來實現內心的成長。對日常生活的回歸，對當下所在的領受接納，也是對生活價值失落的一種反撥：

> 你忙些什麼呢？四季輪轉，多少好風情，你似乎都當成風吹過身，無感百花萬姿之情。／花有情，所以得時便開；人有感，所以得情濟懷。你不在乎桃李杏，也不注視梅蘭菊，等閒青青河畔草更毋庸說了。……你若對花草樹木都無情，如何對人的生命與身邊諸事付出真心尊重？你只是與世浮沉，隨波逐流，大言夸夸。你以為科技可以擺平一切，新潮可以滿足一切，你其實凡不干己事便視而不見。你活在被方寸晶體面板侷限、被亟欲賺取鈔票的人設計出來的虛世界。[75]

對阿盛來說，花草樹木等自然風情是他進入世界的特有方式，向我們展示了一個鮮活的、生機勃勃而又深沉純淨的世界，讓我們在紅塵飄蕩的心靈感到安慰。若你對天意安排的風情都無感、不在乎、視而不見，就是「不在家」，「不在家」不必意味著沒有住所、沒有家庭成員，而是失去與外在世互動的自在聯繫，「不在家」會導致缺乏意義、無所依托、失落安身立命的支柱。日常生活是激發人們尋找驚奇的根源所在，它也是人們從想像世界回來的最終歸宿。人若不斷遠離生活世界，亦即遠離常人的心態和身分，這種遠離會導致人性異化的危機，將使人失去了存在的基礎。因此我們沒有必要把目光轉向日常生活以外的世界，我們沒有必要為了隨俗浮沉而把眼睛望向別的地方，因為生命本質的問題還是導向我們眼前的日常生活世界，這是我們擁有的唯一實在和真實的世界。

都市，意味著工作與受教機會，意味著生活機能，交通便捷，但是寸土寸金，居大不易，有多少錢都不夠生活。然而，生活還有另一種選擇，人在城市，心在自然原野。人生活在世界上是一個永遠的追尋者，我們每個人都在苦苦地尋找著家，現實的和精神的家。一般人更多只是注重家的現實功能，然而，作為一個人來說，他更需要的是一個精神的家園，心靈的家園。

---

[75] 阿盛：〈空把花期錯過〉，《萍聚瓦窯溝》，頁232。

儘管尋找家園是一條無止期的苦路，然而卻是生命中必須面對的。人就是要在自己生活的世界，建構起某種依據，某種希望和道理。在滿足物質欲望的同時，還要尋找精神性的價值，以安身立命，這樣才使我們的人生有了本真的意義。

> 因緣，我入中年忽焉悟覺：何苦為身外物所役？有些物事不妨雞軟卵擲落地，看破。我教學寫作兼差，收入極微，窮到鬼不要抓去，但勉力撐持，還好，如常倚棟樹唱清平調，苦中作樂，無愛即無憂，有忍乃有濟。……我怡情濟濟，讀閒書寫老字，有生有活。[76]

> 我久矣不看電視或部落格等，寧可與學生們玩玩文字遊戲，日日清心，腦袋普通，真正是平常凡人。[77]

人生何處不是「現實」的桎梏，但在「現實」中，也無處不可「實現」價值。阿盛以一自然之子、平民之子自居，以剛柔相濟，能屈能伸，出處有道，進退自如的態度從容不迫地生活。懂得生活的人，才能更好地活著，生出實現價值，生出希望與快樂。這無疑是阿盛在資訊爆炸的時代，得以安身立命、游刃有餘的根本憑藉。

阿盛從日常生活中汲取價值元素，從日常消費、日常交往、日常觀念活動中凝煉出一套處世哲學，通過潛移默化的方式滲透到自己的日常生活之中，成為日常生活的理念。所謂的價值觀，不僅是一個理論問題，更是一個實踐性的問題，人是價值觀的創造與實踐者，日常生活是價值觀的主要實踐形式。一個人的精神素質可以從許多細小的事情上來反映，所以價值觀應該與日常現實相融合，從中提煉出來的一種精神、一種價值觀念

76　阿盛：〈有生有活〉，《萍聚瓦窯溝》，頁148。
77　阿盛：〈猴跳牆實貝〉，《萍聚瓦窯溝》，頁204。

（二）體道的超越：在家常中建立精神之源的「日用哲學」

　　阿盛對於價值的建構常常是借助於日常生活的細節道出，日常生活是人們共同生活的寓所，人類的行為都是從日常生活中學習而來的，它同時也是一個共同體的生活方式，它催動著每一個人，為每一個人提供了生機勃勃的生活。阿盛的寫作以日常生活為主，而現實日常並不意味著對於庸俗的無條件接受，文學也不是日常生活的流水賬。「文學關注日常生活的意義在於批判日常，並且從日常之中發掘出特殊的能量」[78]，「描述生活，批判生活，從日常生活中挖掘深層內涵，借助於批判日常生活來探索理想境界，這正是文學的基本功能之一。」[79] 雖然阿盛寫的多半是一些平常小事，可是人們在閱讀的時候並不感到輕浮，相反的，卻感到了一種沉甸甸的厚重感，雖然沒有什麼奇崛的文字，卻能讓讀者透過平實樸質的描敘，深沉機警的感喟，而領悟到作者深思的人生意境，一種耐人尋味的思索美。本節中特別要提出一談的是在阿盛在日常生活敘寫中所建構的價值觀。

1　食中謀道：飲饌之間的哲思體悟

　　飲食是除了語言之外，一個民族最明顯的文化展現。也許很少有人注意到，在過去幾十年來在臺灣這片土地上最動人的故事，以及最具有多元包容特質的生命力，就展現在每天三餐與宵夜小吃之中，「臺灣味道」已經著著實實地變成思鄉的媒介。世界是一個充滿聯繫的統一體，萬物本源是相通的，阿盛在文中從食物出發，並以這些食物作為他人道關懷的觸角，《萍聚瓦窯溝》二卷標題「檳榔波羅蜜」，檳榔曾是臺灣農村賴以維生具有經濟效益的作物。食檳榔，習慣久遠，已成為人們日常生活的一部分。波羅蜜是南臺灣栽種之果樹，名出自佛典，與涅槃解脫之「般若」音近，作者或有取意於從食物中可以參悟人生，在看似普通的日常去發現它們的有滋有味。「檳

---

[78]　南帆：〈文學、現代性與日常生活〉，《當代作家評論》第 5 期（2012 年），頁 28-36。
[79]　李小娟：《走向中國的日常生活批判》（北京市：人民出版社，2005 年），頁 320。

榔波羅蜜」諸文，盡是阿盛對食物的記憶，具有在地飲食文化的多樣色調，
透過那五彩斑斕的飲食天地，我們可以發現，阿盛其實是在借助日常俗的描
寫，表達一種飲食文化，他善於在極普通的食物中咀嚼人生的況味和意義，
並在吃喝中闡述人生體悟和生活態度，如〈芒果戀〉中：

> 沒藥沒關係，天生人，天照顧，一物剋一物，趕緊吃破布子。破布子
> 和芒果同期生出，鄉鎮到處有，臨用時很方便，拔下數顆生嚼下肚，
> 半時三刻就好了。兩物天造地設，恰如南洋的榴槤與山竹，互相調
> 劑。[80]

芒果與破布子兩種食物恰如天造地設、相對立中的和諧，中毒與解毒的
關係，便是寓示了人生，任何困難必有化解之道。他往往從食物中就能傳
達出人們的道德操守和時代印痕。如在〈好肉羹〉中提出，「道地的庶民美
食，用心做出來的，簡單卻不隨便」：

> 太多的庶民食物太隨便，製作者毫無敬業精神，只想要撈一筆算一
> 筆，既不尊重顧客也不自重本藝，所以，大城的餐飲店張關門頻繁，
> 經常換頭家。大胖肉羹不同，純用精瘦豬肉，裡以魚漿，一塊恰合一
> 口，勾芡湯中摻蛋花，濃而不稠，不油膩亦不滯舌。肉羹連湯佐以白
> 飯、麵條、米粉而食最宜。……想留住顧客，最好謙虛學習他人的敬
> 業敬客精神。[81]

對於食材的實在用心，就是一份待人誠懇的表現。世間之理自在日常之
中，庶民食譜自有人生至理。且看〈天賜兩味〉：

> 再想想，天定生在那年代也不錯，既吃到一些異常美味，又不會忘了
> 貧窮的滋味，這有利於自我調節現世裡很容易偏向的價值觀。[82]

80　阿盛：〈芒果戀〉，《萍聚瓦窯溝》頁114。
81　阿盛：〈好肉羹〉，《萍聚瓦窯溝》頁111-112。
82　阿盛：〈天賜兩味〉，《萍聚瓦窯溝》頁118。

他以為人生要多嘗試，不要因為一時的無知而錯過人生的精彩。由此可見好吃的食物不一定貴，廉價的吃食未必不好，阿盛就是這樣善於將日常食俗有機地穿插於生活品味中，在日常生活細節之中融飲食風味。他通過飲食層面表達了人們融洽親和的關係，表達了自己的日用哲學。鄉土情結是阿盛藝術創作的靈泉，他通過飲食層面抒寫著自己對鄉土的留戀，這其實也是一種美好的人生懷想，一種對鄉音鄉情的銘記。由此可見，飲食不但是對生命的享受，也是對生命意義的追求。

2　自在自適的宿命隨緣觀

宿命論，指的是人的命運天註定，人既不能理解它，也無法改變它。自古以來，文人凡遇到痛苦就歸之於命，宿命論作為一種命定觀，確實有其消極面，然而阿盛作品中除了服從命運之外，也展現了坦然接受的積極意義。阿盛創作以日常世俗為主，他自己也是俗世的一員，但是本身卻完成了一種超越，讓人看到的並不是在俗世中人的痛苦糾纏，而是一種超越功利的瀟灑與自在。阿盛即使遇見生活中的困苦，他都可以透過宿命的觀點來達到自我的和解：

> 十八歲那年，命運似乎隱隱然已真正「定格」。民間彈唱詞常謂「命中注定免相爭，加減算來攏公平」，只是，浮沉半生卻往往深刻覺得心有欠、字即債，兩樣都還得很辛苦。[83]

> 我在校時有什麼美夢嗎？沒有。中文系並非熱門，但永遠會有人出生就注定要讀這系，並且讀必有用。我深信此理，未曾懷疑。臨畢業也沒認真思考就業問題，心意，反正大不了去教書。……我走上寫作路，那是命。畢業，寓居士林，暫無事，買稿紙寫字，投稿。然後，字門一入深似海，從此財神是路人。然而，只好將之當成償付前世積欠字債。[84]

---

[83] 阿盛：〈十八歲，定格〉，《萍聚瓦窯溝》，頁34。
[84] 阿盛：〈一九七三尤加利〉，《萍聚瓦窯溝》，頁39。

「將就」一詞，有兩種釋義。其一，不須太講究食衣住行，學生多少也沒關係，認真與否隨意，反正諸事就這麼順其自然吧，頭過，身就過，想太多也沒用；其二，日就月將，每天都好歹讀些書賺些錢，最好兩者都能經常「進步」一點點。[85]

人牽扯風箏，風箏也牽扯人。當然我曉得生而為人脫不開這樣宿命，牽來扯去，一場遊戲，老天喊停，諸般完畢。所以，我極少牽扯人事。人們密集一處放風箏，往往線纏線，乾著急，我幾次碰上這種情況，皆立咬斷自己的線，放手，毫不猶豫。[86]

出生至今，從未立過大志，我真是天公很公道設定的凡人，祂沒多給一點什麼，也沒一點什麼少給。……凡夫談，聽聽就好，公道寧論。人，出生到老，天公左右之，得失多少，究竟都沒什麼大不了。[87]

斯謂出生須得時，有緣就碰上，人生諸路途其實都是這樣的。……浮生若戲，歡喜就好。[88]

有才如華者，恰若花樹，順天應變，該開花就開花，該結果就結果。季節輪番替換，花果依然開結。[89]

在現實生活中，人們極力想擺脫宿命的安排，所以命中注定的無可奈何感常常構成了自我的否定，然而，在阿盛的認知裡，卻是一份接納涵融的觀照視野，因而形成了對自我的肯定感，有時也流露出樂天知命的積極。宿命感的本質就是對自我有限性的意識，這一意識構成了自我與自我宿命的和解。如此一來，就在原本無奈或缺失的情境中，成了自我和構成自我的條件之間的和諧感，提供了一種哲學的思路。為何阿盛可以透過自我與自我的和

85　阿盛：〈江湖老了一隻書蠹〉，《萍聚瓦窯溝》，頁60。
86　阿盛：〈放風箏〉，《萍聚瓦窯溝》，頁152。
87　阿盛：〈老無老〉，《萍聚瓦窯溝》，頁194。
88　阿盛：〈歡喜花甲〉，《萍聚瓦窯溝》，頁87。
89　阿盛：〈人間留級〉，《萍聚瓦窯溝》，頁130。

解狀態而強化對自我有限性的體認呢？其中的關鍵或來自於血緣根系。因為，人的身分地位皆以血緣為基礎，而出生的家庭背景與親子關係也不是以人的意志為轉移的。[90]

> 任何姓名都好，長輩命名時概皆賦與子孫純然美意，所以相當貴重。有人嫌惡自己姓名，更之改之，等於拋棄無價寶物。若不努力，換名冀轉好運，可能嗎？[91]

　　阿盛以自己的體悟表達他對長輩賦予姓名的獨特看法，自尊自重、認命隨緣觀讓他善於以幽默正向的姿態表達對人生的冷靜思考，如同一位煉金術士，從日常的生活經驗中提煉出思想的閃光。

　　對命運無時不在的關注，使阿盛能在生活中去除功名利祿、虛妄浮躁等各種執著，而走入一種純摯本真的澄明狀態，這種狀態給了人們醒目的大座標而不會迷失，也使得他的思考，從形而下的「生活」、「生存」向形而上的「生命」層次提升，這種由對「生活方式」的體驗到對「生存狀態」的瞭解和對「生命認識」的觀照，意味著人類的生物性意義和自然屬性逐漸遞減，而精神性意義和社會屬性則逐漸遞增。散文創作需要有所領悟與反思，這就是有些學者提倡的「悟道」，正如余樹森所謂：「悟道，亦屬哲學範疇，故散文總與哲學有緣。哲學命題包羅萬象，而其根本蓋在於人身的反思：思索自己在茫茫宇宙，無限時空的位置及命運」[92]。阿盛可謂「鄉土哲學家」，他不只是對具體的生活事件紀錄與描繪，更重要的是他從生存生活和生命的層面上去展現一種鄉土文化。

---

[90] 劉曙輝、趙慶傑：〈血緣與中國倫理的價值本源預設〉，《學術論壇》第11期（2006年11月），頁11。「因為每個人都無法事先選擇自己的生身父母是誰，也無法決定自己的兄弟姐妹是誰。血緣關係對於其中的每個人來說只能是一種既定的事實，而無法改變。既自願不來，也強迫不去。這就決定了血緣的非理性特質。血緣關係的天然性是由它的生物性所規定的，是一種『宿命的』、『先定的』的關係。在這個意義上，家庭中的血緣關係是人類無法選擇也不可能人為解除的。」

[91] 阿盛：〈算命〉，《萍聚瓦窯溝》，頁192。

[92] 余樹森：《散文以審美反思》（北京市：人民文學出版社，1989年），頁7。

六 結語

（一）以小品載日常生活之道，實現了對散文的突破

　　從中國傳統散文創作來看，「載道」和「言志」本是極其重要的兩個方面，它們互為補充與損益，記錄著時代的發展、民族的艱難跋涉，也寫著不同個體的人生體驗與生命追求，共同書寫了五千年的歷史，記錄了時空流轉中的萬千變化，反映了時代光影和人生況味。二十一世紀的今天，當我們回顧現代散文的發展歷程，早在五四新文學運動興起之際，散文便在現代性與傳統性之間、在承擔社會歷史責任的「載道」與展現作家個性的藝術追求的「言志」之間游走，這也表現了現代散文在傳統與現代的交融轉換過程中的艱辛歷程。在小品文論爭的時代，魯迅的雜文與周作人的小品成為二大主張的代表領袖，現代散文在興起之初，即以雜感、隨筆的形態出現，魯迅強調小品的戰鬥職能，以載道為己任[93]，周作人的創作以閒適之筆「言志」，表現作家「個人的藝術」，稱為「美文」[94]。梁實秋、林語堂、蘇雪林、琦君等作家皆是受周作人影響較深，在一九四九前後移居臺灣，承繼著周作人散文風格，對生活瑣事的描寫以及自然生命的思考，尋找平凡生活的趣味性，自性真性坦然自陳。阿盛生於一九五〇年，其創作自然受到當時周作人式的現代散文特有的表現平凡生活趣味雅性風格的影響，寫身邊瑣事與日常生活，有自我的感受與個性。《萍聚瓦窯溝》在阿盛的創作中，篇幅偏向短小，語言精美，時有介乎文白之間的句式迭出，不難發現作者是在追求一種古韻的表現。例如：

---

[93] 魯迅：《小品文的危機》（北京市：北京中國大百科全書出版社，1986年），頁31。「小品文的生存，也只仗著掙扎和戰鬥」。

[94] 周作人：《冰雷小品選・序》（上海市：上海開明書店，1932年），頁2。

　　江湖老了一條漢子，教學老了一隻畫蟲。[95]

　　我有一忘年友，住永和八十餘年矣，退休後書畫自娛，不管藍綠，無論統獨，心中自有一方桃花源。斯亦南陽劉子驥，高尚士也。[96]

　　天作孽，人真的可違之嗎？而人雖渺小，不自作孽就可活，罷，佛曰：何得之有？[97]

　　中國古文善用凝煉的文字營造出闊大優美的意境，阿盛顯然從中汲取了養份，使他的散文呈現為意境深遠，令人回味。然而，和那些一味追求意境以至於走向極端的散文家不同，阿盛在營造意境的同時也充分顧及了散文的敘事和抒情的功能，因此他的散文不但意境深遠，而且親切可讀。全書雖然不乏世俗人生、日生活中的小人小事，但更多時候，則是傳統文人精神氣質、性格修養在當下社會的一種自我展現。在《萍聚瓦窯溝》中，沒有特定的道德來約束人們的行為，只有發自內心的自然、深刻的價值觀。列舉如下：

　　人生有些事馬虎不妨，有些事馬虎不得。[98]

　　唱高調之前請記得先檢查自己的聲帶。……世間利弊相倚，別期望人生諸事「一秆雙穗」大祥瑞。[99]

　　聰敏固然要，拙笨也不可少，為人處事皆然。……真正大才，懂得該伶俐要伶俐，該拙笨要拙笨，該抓緊要抓緊，該鬆手要鬆手。人生一世，這才不白活。[100]

---

[95] 阿盛：〈江湖老了一隻畫蟲〉，《萍聚瓦窯溝》，頁61。

[96] 阿盛：〈萍聚瓦窯溝〉，《萍聚瓦窯溝》，頁64。

[97] 阿盛：〈幾度天作孽〉，《萍聚瓦窯溝》，頁70。

[98] 阿盛：〈南瀛文學獎〉，《萍聚瓦窯溝》，頁72。

[99] 阿盛：〈唱高調之前〉，《萍聚瓦窯溝》，頁200。

[100] 阿盛：〈真正大才〉，《萍聚瓦窯溝》，頁70

樹人必須，樹木必要。樹人關係百年，我等勿須用一張嘴講三代，但可以談談十年樹木之計。……同時，花樹不會負心，到時總會回報人們，人皆承眾恩接受栽培，未必盡然知仁曉義，是吧。[101]

　　全書大多是輕薄短小的小品，但時有點破天機的警語出現。儘管我們渴望厚重博大的作品，對於短小輕薄的作品有所詬病，但快節奏的城市生活，短視性的價值觀念，很難使現代讀者潛心於古典文學或現代的長篇散文中尋求安慰，相反，這種輕薄短小的散文更受讀者的歡迎。從阿盛的創作表現手法看來，他同樣表現出集傳統和現代於一身的包容性。他巧妙地採擷了古典韻味和現代情調，合成一種富有魅力的獨特藝術風格。他的語言敘事簡潔，舒緩有致，文白相間，雅俗互化，很多都是近於口語化的描寫，鮮活明快。他寫鄉村童年的生活，多用自然口語，但他思索現代人對於人生的觀察感悟和思索的作品，更多地採用得益於古代文學的典雅精的筆觸。最終以小品之姿，載日常生活之道，實現了以現代散文「言志」精神而復歸古典散文的「載道」傳統。

（二）在日常書寫中存史、在生活經歷中體道

　　俗話說：「**半生生活活生生，動筆未免先動情**」，歷史的全部演變彷彿是為了奔赴一個最終的目標，就是以史為鑑，能讓人們可以更好的生活。《萍聚瓦窯溝》見證了我們的這個時代，這個社會滄桑的故事和變革，在阿盛的細緻描寫中，我們體會到的是人的自然本性，也體會到了作家的審美理想追求，讓人有一種曲徑自然的感覺，彷彿似水般在流動，動靜相宜。通過對《萍聚瓦窯溝》的研究，我們可以看到傳統天人合一的文化和現代深層生態學之間的內在關係，也可以看到阿盛散文和傳統文化的淵源關係。更可見，傳統與民俗不僅是數千年來歷史文化的產物，而且也是具有現實形態的

---

[101] 阿盛：〈廣蔭〉，《萍聚瓦窯溝》，頁105-106。

存在，從文學風氣轉變角度來看阿盛這種日常生活書寫的價值，我們可見文學已還原到民間本源的生存狀態，關注了生活場景的審美意義，呼喚人們重新審視鄉土傳統文化。阿盛他以一種富有個性的道德感和歷史使命感，以知識份子積極入世的態度，自覺地擔當起日常世俗的代言人，給文壇獻上了一部散發著泥土氣息的散文作品──《萍聚瓦窯溝》，全書以自己五十年來的**所歷所感、所見所聞、所思所悟為主要內容**，以原生態的世俗生存和日常生活為觀照，衣食住行、士農工商、出入進退等生活的許多細節成為內容焦點，小人物的生存體驗得到集中展示，由之而刻劃五十年來臺灣人的普遍生活面貌。阿盛這種客觀再現的寫實散文對小人物日常的生活表述，還原了個體本真的生存狀態，既表現了作家對普通人們生存命運的關注，又體現出對世俗人生的精神關懷，阿盛同時以理性的眼光來透視一個地域的起落興衰與文化衍變，在貌似單薄的小品散文集中，卻表現出一種並不單薄甚至是深刻的歷史文化意識，真正的抒情高手往往是寓情感於敘事之中，作者用自己的人生閱歷和生命體驗，鑄造了一種老辣風趣而又精緻靈巧的風格，既給文壇帶來新的生活挖掘角度，同時又開創了一代新風氣──小品散文寓道，讓讀者見證臺灣社會在轉型之際的多方更迭，阿盛在臺灣當代散文史上的地位與意義不可抹煞。

總之，《萍聚瓦窯溝》就是一部臺灣人生存的歷史圖像，對戰後新生代而言，它是一座銘記生命史的航標，一處心靈的港灣，它指引著人們出征遠方，也召喚著人們回歸家園，對當代眾生而言，這本書何嘗不可以充當在追求更新進步的人們所極須點亮的精神燈塔，幫助大家在前進的同時，依然能回首前人付出的累積，並能不斷調整離軌的生活，激勵我們一路前行，走向真正文明的未來。

離開、流浪，都是回家的一種方式。離開與流浪都屬於現在的時此時刻，而回家是回到曾經存在過的時空，這也許只有在寫作中才可以輕易抵達。寫作以語詞穿越記憶的墜道，抵達那片留存在心靈深處的詩意家園，提取舊時的經驗與昔日滋味的見證，提供來者能時時反顧。由此可見，時空的流轉並不完全是消極的，這並不僅僅是從新舊更替的角度著眼，更重要

的是從過去、現在與未來的關係著眼，看出過去並不是一片空白，而是現在擁有的憑藉所在，詩意往往是當美好的事情逝去時才會生，傳承生命、延續時間、實現永恆何嘗不是幸福與價值的所在。走過從前，立足當下，回望從前，也展望未來，歷史在時空的流轉之中於焉形成。

魯凱族霧台部落文化景觀變遷

Ku ta amaelane ku tangilribatane ku kakwakudhane ki Ngudradrekai ka swavudai

Rungudru Pacekele（巴清雄）

臺灣大學農藝系博士候選人

摘要

　　原住民文化脈絡與所在環境有密切的關連性，而環境變化除了受制於自然律動變遷影響，譬如現在的極端氣候變化，造成地貌、生物多樣性的變異也受制於國家政策、社會與經濟發展以及人為直接或間接的影響。環境的變異也迫使住在其中的原住民族人透過祖先流傳的傳統知識在外部與內部逐步改變、適應以維持文化脈絡的發展。這些文化脈絡產生的變化，異族試圖透過研究、媒體、文字或圖像將產生的有形、無形的變化轉譯成可被理解的知識。而這些文化轉譯產生的結果，往往會受到轉譯者意識型態與對該族群語言、文化認識的深淺體現出不同於原住民族人的想法。

　　原住民居住的房舍、狩獵文化、野外採集、傳統農業、傳統語言，以及物質文化所形塑出的原住民生活，得以證實原住民與大自然環境相互間產生的適應、正面的發展。然而，從荷蘭、清政府、日本、國民政府殖民之後，新的物質、人為的政策，對於原住民所在環境都造成人為嚴重的影響。在不同的殖民時期都能看見、體悟到，原住民的生活與社會結構，甚至思考邏輯，都有潛移默化的質變。

　　在臺灣整個歷史脈絡的發展中，對於一個生活在魯凱族文化變遷脈絡的原住民來說，其文化景觀的變遷對其文化多樣性的永續發展是好是壞？本篇研究將從魯凱族霧台部落傳統建築、植物頭飾以及傳統農業等三個議題來看其文化景觀由人為、環境直接或間接產生的變遷。而這個研究是從一個原住民的角度，利用參與研究、開放性訪談以及文獻資料分析整理，去發現原住民文化景觀變遷對於文化多樣性影響以及原住民如何在景觀變遷中去調適、改變，延續原住民與自然環境關係的傳統知識，間接保存生態物種多樣性以及文化多樣性。

關鍵字：文化景觀、文化脈絡、傳統農業、文化多樣性、傳統知識

一 引言

　　研究者從小至今生活在部落，習得魯凱族傳統文化知識是透過魯凱族語言與生活參與。又因為在外求學，更多接觸主流社會以及研讀相關魯凱族研究文獻。求學與職場階段接觸主流社會不同領域的群體，體悟大部分的人對於魯凱族的認知是透過媒體、老師與文字資料，鮮少有人親自到部落體驗與接觸族人，以驗證親眼所目睹的事實與認知上的原住民文化。以致對原住民文化的獨特性與變遷，產生了認知上的差異，這些差異在不斷的被重複描述時，對於一些現實環境而迫使生活在都市的魯凱族子弟以及關心魯凱族文化的朋友，也間接的灌輸了錯誤的資訊而無從驗證與修正。這些文化的轉譯與事實產生了嚴重的矛盾，造成許多魯凱族霧台部落文化景觀的模糊化，失去了它原有的內涵。

　　文化景觀（cultural landscape）主要是從文化的觀點，看發生過或影響人類歷史的地景。一處文化景觀是一個地理上的地區，包括了與一個歷史事件、活動或人相關的文化資源（cultural resources）與自然資源（natural resources）。有時候，文化景觀是一個人或一群人與土地互動的結果（傅朝卿，2005）。故此，本篇研究以自身為魯凱族人的角度，所經歷、目睹魯凱族在大環境下不同階段建築、植物頭飾、傳統農業產生的文化變遷與適應，檢視魯凱族在臺灣整個歷史脈絡文化景觀變遷以及相關魯凱族研究的文獻論述。

　　魯凱族從研究分類上，可以分為三個亞群，即臺東大南群（卑南鄉東興村）、高雄下三社群（茂林部落、萬山部落、多納部落）、屏東隘寮群（霧台部落、好茶部落、阿禮部落、吉露部落、大武部落、佳暮部落）以及分佈在三地門鄉、瑪家鄉的魯凱族人。隘寮群吉露部落、阿禮部落、好茶部落以及佳暮部落部分居民，因二〇〇九年八八水災造成部落嚴重災害，目前遷居到低海拔的禮納里部落及長治百合部落。而魯凱族在語言分類上又分為茂林語言、萬山語言、多納語言、大南語言、大武語言、霧台語言等六種；其中大武語言與霧台語言都包括在霧台鄉霧台村、大武村、好茶村、阿禮村、吉露村、佳暮村，彼此間語言可以溝通，但是六個村在語言的語調上各有不

同，顯示出魯凱語言多樣性性的特色。

霧台部落[1]位於屏東縣霧台鄉霧台村通往臺東二十四省道路段，分佈海拔平均四百五十至一千公尺，鄰近雙鬼湖自然保育區以及霧頭山自然保育區，因為物種豐富多樣以及免於受到不肖份子入山採集破壞，政府目前停止打通二十四省道建設計畫；也在該區域維持入山管制區以保護生態永續發展，而霧台部落因位於該保護區域附近，所以部落對外接觸受到較多的限制，間接在環境上受到保護與保存文化、物種多樣性；因此，霧台部落在歷史脈絡的變遷上較能看出其質變的軌跡，對於本研究是一個重要的選擇因素。另外，霧台部落是霧台鄉六個村裡人口最多、民宿最多、外來觀光客較多的部落，長期受到觀光產業的衝擊對於部落的影響所產生的變化，族人對於傳統文化的堅持與產業發展誘因所帶給族人的矛盾與衝擊現象是研究部落文化變遷一個重要的參考指標。民國九十八年八八水災在族人有力的巡視環境、適時處理水勢可能衝擊部落的自然災害之下，使部落族人免於土石沖刷的可能性，又因部落長年堅持的傳統農業，得以維繫在災害及需要的物資。顯見族人長年與大自然為伍的密切關係及對所在環境長年變化的觀察、掌握與適應。

二　研究方法與範圍

（一）參與式研究與訪談調查

不同的性別、不同的年齡、不同的社會地位，因為在不同的時代階段、參與不同的事件，都有不同的感受與記憶，對於魯凱族傳統生活在不同階段所產生的不同變化也各有不同的認知。為了能掌握這些差異性，本研究採取不同事件的參與觀察分析文化景觀變遷的脈絡發展，如參與傳統農耕系

---

[1]　霧台村有三個部落組成即霧台部落、神山部落、谷川部落。文章描述的霧台部落即行政劃分的霧台村。

統栽培（圖一）、狩獵採集調查（圖二）、植物頭飾植物（圖三）、文化調查研究、不同祭典儀式參與（圖四）等。參與研究與觀察只限於當時研究者本身所在事件的發生，無法呈現整個魯凱族文化景觀變遷的歷史脈絡而忽略當時事件發生可能的前因後果，而造成的研究的遺漏。為了彌補這些遺漏，透過非結構性的訪談方式進行調查，依照不同年齡、性別、個人在部落的身分地位與個人能力，將訪談的資料進行交叉驗證分析儘可能的收集較完整的資料。因此，個別訪談十八位族人採非結構性訪談（圖五），利用攝影機、錄音、拍照等輔助工具，針對不同的性別、年齡逐一訪談並交叉驗證以取得較完整的魯凱族歷史脈絡的文化景觀變遷。

圖一　傳統農耕系統栽培

圖二　狩獵採集調查

圖三　植物頭飾植物

圖四　不同祭典儀式參與

圖五　農人訪談

（二）研究區域描述

　　臺灣屏東縣霧台鄉屬於魯凱族隘寮群，位於中央山脈南端的大武山區即屏東縣的東北角；東經大浦山分水嶺與臺東縣金鋒鄉和卑南鄉為界，西南與瑪家鄉以隘寮南溪相隔，西北沿隘寮北溪毗鄰三地門鄉，北則接高雄縣茂林鄉的萬山。地勢峰巒起伏，懸崖峭壁，平均高度海拔一千公尺以上，因為地形崎嶇，坡度陡峭，土壤淺薄，可為農業利用之土地極為有限。霧台鄉年雨量較屏東縣一般山區為低，降雨集中於夏季六月至九月之間，冬季從十月至翌年五月之間，雨量很少，為乾季。由於地處高地，年均溫較平地低十度Ｃ左右。平均氣溫約為十七～十八度Ｃ，冬暖夏涼。每當春夏之際，霧台鄉（圖六）幾乎籠罩在縹緲的雲霧中而得名。全鄉總面積約兩百七十八萬七千九百六十公頃，劃分為霧台（vudawi）、好茶（kucapungane）、阿禮（adiri）、吉露（kinulane）、大武（labwane）、佳暮（karamemedesane）等六個村落，計三十個鄰，約八百〇三戶，人口約有三〇一六人，男口約一六四四人，女口約一三七二人（以上數據以每月人口動態總計為準）[2]，居民百分之九十八以上為魯凱族人。

2　屏東縣政府民政處 http://www.pthg.gov.tw/plancab/CP.aspx?s=1285&cp=27&n=11086

　　近年因為極端氣候變化影響，於二〇〇九年八月八莫拉克颱風豪雨重創霧台鄉，造成好茶村淹沒（圖七、圖八）、阿禮村與吉露村地層滑動（圖九、圖十）、佳暮村部分毀損（圖十一、圖十二）而被迫遷離所在環境。然而要強調的是，部落雖然遭地層滑動，但是，長年的耕地卻完好無恙。

　　霧台村（圖十三）包括霧台部落、神山部落、谷川部落，平均戶數兩百九十五戶（62-101年）人口平均約一千三百〇四人（62-101年），而設籍在霧台部落的戶數有兩百一十八戶，人口數有七百一十四位。使用語言為魯凱族霧台語系，除了公務員、教師以外，大部分的居民以農業為主，少數靠零工為生。由於可耕地面積受限、產業發展以及孩童國小畢業之後必須到都市求學，許多年輕父母必須隨著孩子暫居在都市謀生供養孩子求學，以致留在部落從事生產農業的人口大量減少。經過幾次的風災，漸漸有些青壯年在部落取得災後政府補助產業發展工作，透過鄉公所的整合推動傳統農業經濟發展，讓更多青壯年返回部落參與並學習傳統農耕系統的知識。

圖六　霧台鄉各村落（箭頭）分佈位置
資料來源：巴清雄　整理

圖七　八八水災前新好茶部落
資料來源：霧台鄉公所

圖八　八八水災後新好茶部落淹沒
資料來源：巴清雄　攝

圖九　八八水災前吉露部落
資料來源：霧台鄉公所

圖十　八八水災後吉露部落
資料來源：巴清雄　攝

圖十一　八八水災前佳暮部落
資料來源：巴清雄　攝

圖十二　八八水災後佳暮部落
資料來源：巴清雄　攝

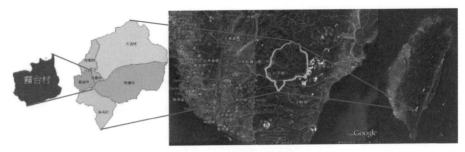

圖十三　霧台村地理位置
資料來源：巴清雄　整理

（三）研究區域傳統領域描述

　　霧台部落傳統領域海拔從四百五十到兩千七百公尺，地勢險峻、海拔溫度差異，淺層的黃土粒岩與板岩為主的地層結構。傳統領域主要分為狩獵區（talwalupane）、農業區（taka-waungane）、部落區（ceke）、採石場[3]（takilrenenegane）以及河床地（walrus）。狩獵區域位於高海拔、離部落較遠的原生林地，除了季節性需要狩獵以外，也是薪材、野生食材、器具材料、植物頭飾材料等採集區域。但是，狩獵文化因為野生動物保育法改變了族人狩獵的社會價值與野外採集的生活習慣。而農業區域主要分佈在部落附近約一公里的範圍；作物栽培的時間與種類隨著海拔高度、氣候而不同。過去傳統農業耕作採取游耕、燒墾方式，農業生產為自給自足目的進行以及野外採集；至於栽培作物主要為小米（becenge）、旱芋（taai）、水芋頭（drulrungu）、玉米（labanai）、高粱（rumagai）、稷（lalrumai）、臺灣藜（baae）、樹豆（karidrange）、芝麻（kulungu）、花生（makapairange）、甘薯（urasi）、長豆（lepelepe）、樹薯（udunku）、南瓜（gulrugulrane）等，野菜採集的食材有竹筍（tuburu）、過溝菜（mwangu）、山藥（tuba）、假酸漿（alabulru）、香蕉（belebele）、芒果（kamadha）等。直到日治時期廢除

3　魯凱族傳統石板採集的區域。

了貴族擁有所有產權的社會規範，並鼓勵栽培水稻、養蠶、種植相思樹等農業政策。臺灣光復後，國民政府實施定耕農業運動，徹底改變了傳統游耕型態（1988，李健堂）。[4] 隨著與外界接觸增加，自給型農業逐漸受到產業經濟的衝擊，但是政府推動種植的紅肉梨、粗梨等果樹，因為沒有產銷輔導規劃而宣告失敗。隨著臺灣各地咖啡產業蓬勃發展以及觀光產業遊客量的增加，族人投入栽培咖啡樹以及愛玉子的人口有逐年增加的趨勢。

三　結果與討論

（一）傳統建築

　　魯凱族霧台部落因為於中央山脈南段，地層結構主要以板岩為大部分。傳統建築主要以茅草、石板、木材、竹子為主要材料。聚落空間配置，頭目家屋位於聚落的中央區塊，所佔面積最大、庭院種植榕樹，是部落集會很重要的場所。其他家屋由頭目家屋往四周延伸，一般家屋空間配置為外院設置一穀倉（kubaw）存放農作物（圖十四），一個為石板屋（talalibi）（圖十五）。聚落依地形蓋建房舍而房舍大小又依個人能力而定，所以每一戶所佔面積與蓋建的房舍大小均有差異。有的家族人口較多，在農事投入的人力也較多，自然作物收成也比較豐富，其家族自然會蓋建儲存作物的穀倉。一九一四年日軍與霧台部落因繳械事件發生嚴重的衝突，事件發生時日軍用火燒毀部落茅草房舍、穀倉。在族人修建房舍時主要以板岩蓋建為主，茅草蓋建的數量則明顯減少。而傳統的石板屋內部空間設計主要分為三個空間即廚房與穀倉所在，二為娛樂空間與睡臥空間、室內葬空間、置物區，三為茅廁。日治時期室內的利用與空間設計有了變化，即禁止族人採室內葬以及茅廁設在屋內。將置甕架往內延伸，增加了睡臥的空間。一九四五年後日本

4　李建堂：〈山地保留地土地利用變遷之研究——屏東縣霧台鄉個案分析〉，《國立臺灣大學地理學研究所碩士論文，1988》，頁 16。

　　戰敗之後，族人逐漸接觸漢人社會，政府原住民的政策改善原住民生活方案推動、鼓勵族人將石板屋蓋建成水泥房舍。初期的水泥房屋，主要是以牆面為水泥結構，屋頂與地板仍採用原來房舍的石板材料，漸漸的有族人蓋建樓房，剩下一樓地板與戶外採用石板。隨著社會發展，本土文化漸漸被重視，推動文化多樣性的概念，政府單位開始重視並鼓勵恢復原住民的文化多樣性，魯凱族部落在無法打掉原有的水泥屋困境下，只好採取石板材料直接貼在原有的水泥屋牆壁上，但是這樣的技術在九二一地震時，牆壁上的石板都因震動而脫落，為此，族人改用卯釘直接將石板固定在水泥牆上，過去採集石板的傳統方式，也因為近代工具引進改變了裁切石板的方式。族人雖然有心採用石板蓋建近代房屋以保留原來石板屋的風貌，但是鄉公所竟然將部落採石場劃定為公共財產，迫使族人要透過申請才能准予採集石材，而申請手續與時間因過於繁複、限制多，影響族人在蓋建的速度，間接的增加了蓋建房屋的時間成本與人力成本；至今，族人對於使用石板建材的意願已經受到太多的限制而寧願採用水泥、鋼構建造房屋。這樣的發展，魯凱族石板屋的特色不但漸入消失的現象，對於引進的近代材料對當地環境的破壞也漸漸浮現，譬如八八水災被迫遷移的部落，鋼筋水泥、鐵片挖屋散落各地，造成生態環境破壞（圖十六）。

　　房屋內部格局設計，因為更多族人接觸外界西洋建築風格以及習得室內設計概念，漸漸有人把這樣的概念融合傳統建材以及文化元素，形成另外一種的石板屋。過去蓋建石板屋需透過部落力量完成的魯凱文化，因為上述蓋建技術需要專門的技術才能完成，於是現行的蓋建都是委託具有現代與傳統技術的族人發包完成（圖十七）。

圖十四　穀倉（kubaw）
資來來源：陳俊仁

圖十五　石板屋（talalibi）
資料來源：巴清雄　攝

圖十六　近代建材破壞生態
資料來源：田家維

圖十七　水泥與傳統融合建築
資料來源：巴清雄　攝

（二）佩戴裝飾規範變遷

　　魯凱族霧台部落為貴族與平民的社會制度，從名字、土地權、家屋雕飾、物質佩戴權都有一定的規範與擁有權。傳統石板屋前桁雕刻是頭目家屋的特權，屋內祖靈柱雕刻也只有頭目家屋才有的。這個象徵身分地位的裝飾，近年因為文化復振以及觀光而有了很大變化。為了迎合、吸引更多觀光客進到部落，霧台部落被納入茂林國家風景區的管轄區之後，茂管處投入相當的經費重新包裝，打破了既有的文化規範，將每一戶家屋的前桁以各種具

象徵性的圖騰裝飾在平民的家屋以凸顯觀光步道沿路的文化藝術美感，步道安全護欄也以水泥製陶甕裝飾；也有依照該戶主人能力以圖像或雕像顯示，如部落長老家屋前的長老雕像，獵人家屋前的雕像或以山豬水泥圖案貼在牆上顯示為獵人。家屋大小不再看出身分地位，完全依照個人能力、藝術天分自行設計蓋建。

　　頭飾佩戴象徵個人在部落的身分識別以及個人對部落貢獻的能力肯定或女子在情感倫理、貞潔的榮耀記號。當家頭目擁有插戴熊鷹羽毛（圖十八），獵人插戴百合花及梔子花的花朵數量象徵獵人獵到的公及母山豬的數量（圖十九），插戴西施花、佩戴五節芒環飾象徵獵到不同的動物種類。獵人所獵得的獵物除了全數分享給部落族人之外，對於所到獵區環境的變化也負有監測的責任，所以獵人佩戴的頭飾榮耀是部落族人對於獵人犧牲個人農事、照顧家人以及對環境監測顧及部落安危所給予並肯定獵人的付出所賜予佩戴的權力。女子自懷胎、幼童、婚前受人愛慕、戀慕而行結親儀式或結拜儀式以及結婚行公開的傳統婚禮，更嚴謹的是必須婚前沒有性行為。唯有如此，才可以取得象徵女子最高榮譽的百合花插飾、額飾佩戴權（圖二十），而百合花插戴在女子頭上與男子頭上的文化意義又有截然不同的榮耀意義。若沒有以上可以取得象徵個人能力、貴族身分的榮耀頭飾，也可以透過家庭或家族在農事顯示能力以取得部落的認同，這種農事能力的肯定唯獨在栽培小米的事上才可以。即每年栽培小米的面積超出個人或家族能力的範圍，小米收成多到必須透過部落的力量進行小米搬運回部落的負重競賽（twatinatina）[5]（圖 二十一），這樣的家族當家主人如wapacekelane或家庭主人，一旦受到部落肯定，可以在部落任何重要場合頭上配戴小米頭飾。而配

5　twatinatina是負重的意思，當該家族小米收成量過多時，會邀請部落的族人協助鄉收成的小米運搬回部落，部落會藉著這個機會進行負重競賽，就是用一特製竹編籃(karadrare)盛裝小米、玉米、地瓜，總重量由隨行的耆老依狀況而定。這個負重競賽的方式主要是看誰背負距離最遠。各部落的耆老都會鼓勵所有的青壯、中年男子參與，而參與的男子會利用這個機會表現個人的負重能力。競賽的過程都會在部落流傳成為佳美的事蹟。

戴的小米穗型大小也有規範，若每年栽培的小米穗形都很大，則佩戴大穗形的小米頭飾；若每年栽培的小米穗型平均較小，則佩戴的小米頭飾的穗形就比較小（圖 二十二、圖二十三）。這些佩戴權以及取得佩戴的規範在日治時期沒有受到影響，反而是在新的信仰傳進來之後及傳統權力核心被政府權力取代之後，形成傳統權力、教會信仰、公部門權力在頭飾權、佩戴權的取得規範，產生了不同角度的看法與堅持。部落族人原本有既定的規範依循，但是因著教會的介入以及公部門權力試圖打破許多的佩戴規範，甚至跳脫既有的規範主導頭飾佩戴的結親儀式。

原本多元、充滿情愛故事性、傳統權力象徵以及個人能力對部落族人所付出的肯定與敬重，卻因為外力的因素，產生現代思維迫使傳統思維產生質變與拉扯，甚至應用外力限制、約束結親過程物質贈與數量的多寡。然而，頭飾的佩戴價值不但是鞏固既有的傳統權力核心價值，也可以透過不同的結親、結拜儀式擴大個人在部落的人脈，形成部落潛在的內聚力，維持部落社會的和諧。也因為大部分的族人仍然願意固守並尊重擁有頭飾佩戴權的家族以及遵循取得佩戴的規範，故此變相的私下直接向擁有頭飾佩戴權的家族行贈送投是稅（swalupu）[6] 取得子女佩戴百合花的權力，而這樣的行為，因為沒有公開進行各項儀式，被認為是違法不被承認。

至於象徵男人對部落付出而行的狩獵能力榮耀頭飾，因為政府限制族人行狩獵行為擔心魯凱族男子插戴的百合花頭飾會因此消失，於是提出將獵人佩戴百合花的榮耀，開放讓所有魯凱男子都插戴一朵百合花，這樣的思維或外力的介入，將使男子佩戴百合不再具有對部落付出能力的肯定價值。近代男女頭飾編製，已經不像以往是自行依照個人能佩戴的權力編製，到現在有專人自行依照個人在藝術天分並自行販賣，但是設計者忽略了購買者具有的佩戴權力而只在乎頭式的華麗與美感，這樣的現象已經很難從頭飾的配置看

---

[6] 所有為了讓女子取得佩戴百合花榮耀的結親、結拜儀式，在雙方在儀式結束之後，各自要從互贈的禮物取少許的小米 (becenge)、小米糕 (abai)、豬肉 (butulu) 送給擁有配戴頭飾權的家族，這個行為稱交頭飾稅 (swalupu)。

出佩戴者過去的歷史與榮耀，佩戴頭飾已經失去它的故事性。

　　植物頭飾的材料選擇考量花色鮮豔、清香、潔白、清涼、可遮陽功能為主，如金鳳花、龍船花、臺灣藜等花色鮮豔，清香如排香草（athape）、艾草、楓香嫩葉（ryarigi）、澤蘭（langi）等，潔白如百合花（baryangalai）、玉葉金花（vatukutuku）、梔子花（tava）等，清涼如香蕉葉子、文株蘭，可遮陽如地瓜葉子、香蕉葉子、白菜葉子等。這些植物頭飾材料以當季現有野生或栽培的植物為主，所以植物頭飾的佩戴種類會隨著不同的季節而替換。隨著族人與外界的接觸，發現有更多花材可以應用在魯凱族頭飾的編織上，增加了更多樣的頭飾花環，除了佩戴具有規範植物以外，在編織上也開始出現將現代花材同具有佩戴規範的植物融合編織，顯出更多樣性的創意頭飾。頭飾材料受限於生長的季節性，所以無法應付族人在佩戴上的需要，所以現在有塑膠製的百合花、萬壽菊或其他花材、紙製材料編製的百合花額飾，雖然這些材料已經不是天然的材料，其榮耀價值仍然為部落所接受。（圖二十四）

圖十八　頭目熊鷹羽毛　　圖十九　獵人榮耀頭飾　　圖二十　女人榮耀頭飾

資料來源：巴清雄　攝

圖二十一　小米負重　　　圖二十二　小米頭飾　　圖二十三　小米頭飾（大穗）
　　　　　　　　　　　　　　　　　　（小穗）　　資來料源：巴清雄　攝

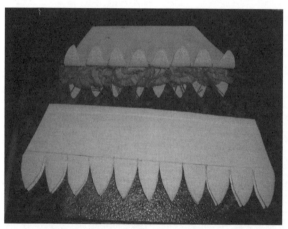

圖二十四　布、橡膠製品百合花額飾

（三）傳統農業栽培變遷

　　傳統土地有大部分、河川、獵區局部為頭目所有，耕地、獵區的使用
權則依個人能力優先為主，若家族或個人沒有土地需要栽培作物時，可以

向頭目租用並且納收成的作物四分之一給頭目，而頭目會將收納的部分作物分享給族人或供養較貧困之家庭，對於頭目擁有的獵區與河川地使用，通常採取團獵或季節性團體捕魚。傳統農業採游耕方式以維持農地的地利，耕地大小依照個人能力砍伐。而傳統的栽培作物主要是小米（becenge）、臺灣藜（baae）、玉米（lapanai）、旱芋頭（taai）、水芋頭（drulrungu）、高粱（rumagai）、甘藷（urasi）、樹豆（karidrange）、長豆（lepelepe）、南瓜（gulrugulrane）等。日治時期對於土地的利用有了大的改變，日本不但鼓勵定耕，也鼓勵種植水稻。但是日本人離開之後，族人仍然維持既有的傳統農耕系統，以自給自足為目的，若有多餘的則彼此分享。至於水稻栽培，因為地質特性不容易保水，灌溉系統又無法長久維護，加上要付出相當的人力照顧農田，也就在沒有專人推動之下漸漸棄耕改種植傳統作物。另外一個原因是，稻米在魯凱族霧台部落的傳統文化裡面，稻米無法在婚禮、結親以及贈與上受到族人的愛戴，也可以說是文化偏好影響栽培的意願。國民政府提出改善原住民生活的許多政策，其中對農業耕地影響最大的就是土地私有化登記，定耕影響了土地地利的消耗，迫使族人花錢引進肥料使用，對於其他推動的從經濟、文化、生態觀光等產業發展，公部門引進果樹栽培如紅肉藜、粗梨等，原有許多的可耕地面積，政府鼓勵造林，使傳統可耕地面積不斷的減少，加上近代咖啡樹的種植面積不斷的增加，然而後續銷售管道以及經營管理沒有徹底輔導，以致未能達到推廣一定的效果。

　　魯凱族霧台部落在許多傳統文化祭典、結婚相關的儀式上，傳統作物仍然是很重要的贈品（圖二十五），尤其在接待遠方的親友或在重要的傳統儀式，傳統食物是很重要且必備的料理（圖二十六），可以看出族人對傳統食物仍有相當的文化偏好。現今魯凱族霧台部落的生活食用已經不再單一是傳統食物，有更多的飯食、麵食以及漢人的烹調方式。為了提升產業經濟，單一作物栽培的方式、使用肥料的技術也漸漸增加。受到臺灣咖啡產業的影響以及觀光的湧入，有越來越多在地生活的族人回部落栽培咖啡樹以及愛玉子。過去一年只栽培一次的小米、臺灣藜，也因為銷售需要改成一年收兩次。氣候變遷也影響過去傳統栽培系統的傳統知識，八八水災之後有更多的

圖二十五　結親聘禮

圖二十六　傳統食物
資料整理：巴清雄　攝

族人為了避開七、八月的颱風季節而將栽培的時間提前一、兩個月。以上種種外部因素影響傳統作物的產量，以至於原本可以自己的傳統作物必須購買進口或其他部落栽培的作物如小米、樹豆、芋頭等。

四　結論

　　魯凱族霧台部落位於海拔約九百公尺封閉型的自然環境，部落族人的生活、文化與自然資源、土地環境產生密切的互動與連結。因所在環境地層板岩多，自然形成魯凱族獨特的石板屋（talalibi），而石板屋、穀倉（kubaw）及其他生活器具不但取自於大自然，也依使用目的、功能選用適合的材料與材質。這些適用的材料都因不同的海拔、濕度、氣候形成不同的物質特性與大小，而要能掌握這些豐富的自然資源特徵與所在環境，有賴耆老的傳承與個人在野外採集、狩獵時透過環境現象的觀察以及使用時發現累積得來的經驗，這種與大自然環境互動產生的文化與傳統知識，因著社會發展引進不同的材料與工具，族人接受新的知識，以及許多政策產生的諸多限制，迫使族人改變、接受不適用於所在環境與文化生活的方式與物質文化。譬如，搗小米的杵、臼材質的選用。搗小米的時候，為了避免杵、臼互相撞擊產生的振動導致臼裡面的小米震出外面。所以臼的材質要選用質地較軟的如芒果樹、

江某等樹種，而杵的材質要選用質地較硬的如櫸木、青剛櫟等樹種，這樣撞擊產生的震波才會彼此相互抵銷，而大大降低了小米震出臼外現象。

不同的海拔不同的林相與植物，有些植物獵區才會出現，是魯凱族植物頭飾很重要的素材，是女子、婦人最喜歡佩戴的植物頭飾材料；也唯有透過男子出外採集、狩獵時才能採集到，而這些植物也就成了男子贈送給心愛女子或太太最好的禮物。調查發現約有一百多種的野生植物被魯凱族當作植物頭飾材料，（2004,巴清雄）顯見魯凱族植物頭飾材料的多樣性，更因為佩戴這些植物頭飾具有的許多社會文化規範而產生部落社會倫理、節制的約束力，是流露親情與愛情的媒介以及社會肯定個人能力的功能，而在植物頭飾編織的花樣上更顯示了魯凱族與生俱來的藝術天分。因著現代權力核心的轉換，不但失去既有的傳統約束力，更因為政治權力介入干預既有的規範以及政策諸多的限制，讓族人與大自然原本正面、有價值的互動，也間接的影響魯凱族整體植物配戴的文化多樣性。

傳統農業生產納入整體經濟發展，顯出其產量、產值不及其他經濟產業。然而傳統作物在魯凱族各項祭典、婚禮儀式、災害物資需要的重要性與必要性。森林管理、農業發展、經濟產業、觀光發展、野生動物保育法間接影響傳統農業的永續發展，甚至有人為了迎合觀光引進許多非在地生產的作物販售。原本多樣性作物的栽培方式，漸有單一作物栽培的現象以及使用化學肥料，這些變化間接衝擊生態環境。野生動物保育法使臺灣獼猴、野豬直接進到族人傳統農業破壞、覓食傳統作物，不但使族人作物收成銳減也早成族人生活的困擾。

魯凱族霧台部落歷史文化脈絡，個人或群體與所在地理環境、自然資源互動密切關聯，形成所謂的文化景觀（cultural landscape）概念。魯凱族霧台部落在整個臺灣社會發展中不斷被國家許多以為對原住民發展有力的政策或可促進魯凱族霧台部落經濟發展策略所驅使，造成魯凱族文化景觀外力、內在的變遷與質變。就臺灣文化多樣性的重要性，有必要維繫魯凱族族人與大自然良性互動所建構的傳統知識與文化，減少來自外力干擾產生的質變。期待魯凱族文化在臺灣社會多元的交會中，因為不同文化互動碰撞出更多元

的文化面相，當族人因為接觸其他文化、吸收，使更多文化元素注入而產生更多樣性的魯凱族文化景觀，也唯有如此，魯凱族文化蘊涵的生命得以永續發展而被活化保存。

參考文獻

巴清雄：《魯凱族植物頭飾之研究──以霧台部落為例》（國立雲林科技大
　　　學文化資產維護研究所論文，2004）

李建堂：《山地保留地土地利用便之研究──屏東縣霧台鄉個案分析》（國
　　　立臺灣大學地理學研究所碩士論文，1988）

傅朝卿：《世界文化遺產最新觀念：文化景觀》（臺南社區大學世界文化遺
　　　產課程，2005）

異己再現的系譜
——十九世紀來臺西人的民族學觀察

陳芷凡

清華大學臺灣文學研究所助理教授

摘要

　　十九世紀來臺西方人形形色色，為數不少的自然史學者、博物學者，體現了最接近「民族學」學科取徑的討論。他們以歐美近代科學知識形成重點——即「分類」概念的確認，建構知識系譜。這些帶著自然史視角的西方旅者，以跨區域的比較視野形塑臺灣原住民面貌，他們希冀以福爾摩沙的案例，進行十九世紀歐洲自然史／民族學論述的補充。

　　史溫侯與史蒂瑞的民族學觀察，擅長將生物比照研究，從中歸納特徵、發現新物種，這也形成他們建構臺灣族群關係的路徑。除了分類，兩人面對當時漢化已深的平埔族、受到基督宗教影響的平埔聖歌……等文化混雜現象，亦表達獨特見解。馬偕以「基督之名」接觸臺灣住民，除了醫療傳教，亦進行北臺灣原住民的分類與說明，並大量地收藏、拍攝傳統服飾、信仰器物、生活用具。傳教士抱持著神學與自然史的雙重觀點，解釋平埔族的混雜姓，也從中發展不一樣的解釋機制，將臺灣微妙的族群關係，歸納至井然有序、分類得宜的自然史學科當中。

關鍵詞：自然史、民族學、史溫侯、史蒂瑞、馬偕

　　咸豐年間簽訂天津條約，臺灣開埠。在這段時間，西方、日本挾帶各自的海洋勢力而來，以貿易、傳教、踏查為名，順著海路，聚集於臺灣，使得十九世紀中葉以降臺灣歷史的特殊性，表現在開港貿易之後西方官員、傳教士以及商人的探險旅行論述（或話語）中，進而延伸至牡丹社事件前後，日本朝野思考臺灣「無人之境」領域的主權議題[1]。這些藉著海洋而來的海外勢力，與清廷思考臺灣後山番地、開山撫番、設省等政策，形成多層次的拮抗與論辯，並影響晚清處理帝國想像與再現政治之命題。異國風情之取得，除了親身體會，多半來自口耳相傳與文獻訊息的傳播，因此，如何詮釋遠東的地理人文、如何談論「野蠻」命題，牽動著西方諸國於跨國貿易、國際主權的多向思考。臺灣原住民於此，於是成為各方勢力斡旋、角逐的籌碼。

　　族群形象面貌之差異，僅是表象，上述複數文化概念的衝撞與交會，以及番情傳播路徑與後續效用，更值得研究者關注。這些思考，不僅說明文化交會的繁複面貌，亦回應了十九世紀清朝、西方歐美人士、日人思索「文明」之歷程，臺灣番情在眾多國度中旅行，經過一段又一段的文化翻譯，在詮釋、改變與創造的過程中，將形成下述問題：什麼樣的番情需要傳播？為何需要傳播？傳播路徑的網絡為何？透過翻譯，形成什麼樣的詮釋資源？此路徑如何與十九世紀國際貿易、政經體系、東亞族群想像的確認有關？外來者的注目，交織列強與遠東周旋的宗教、政治、國際貿易糾葛，使得福爾摩沙「知識」建構與「觀看」方式，上述面向，為筆者這幾年研究取向與思考命題。

一　十九世紀臺灣自然史之建構：民族學的視角

　　西方的自然史知識，可以十八世紀法國博物學家布封（Georges-Louis

---

[1]　Glen Dudbridge ed., *Aborigines of South Taiwan in the 1880s: Papers by George Taylor*（Taipei: Shu Ye Museum of Formosan Aborigines, Institute of Taiwan History, Academia Sinic,1999.）山路勝彥：《臺灣の植民地統治：「無主の野蠻人」という言說の展開》（東京都：日本圖書センター，2004年）。

Leclerc, Comte de Buffon）的三十六冊巨著《自然史》（*Histoire naturelle, générale et particulière*）為代表，包括地球史、人類史、動物史、礦物與植物史等各類範疇，Buffon嘗試以唯物主義解釋宇宙，企圖對長期以來的保守神學提出批評。自然史學科的建置，有賴於生物物種的豐富性與多樣性，因此，在當時歐美列強併吞亞洲之際，自然史學科的思維也飄洋過海，在每個殖民地、根據地上呈現。

美國科學史研究者巴薩樂，將歐洲現代自然科學的向外傳播（特別是非歐洲國家）的過程分為三期：第一期為歐洲博物學者對外探險的「開拓期」（Pioneer Stage），以新近發展的科學理論與分類方法，進行異地的採集與調查。第二期為「殖民地科學期」（Colonial Science），殖民地知識份子忽視母國文化傳統，於殖民主國深造歸來，進行科學、文化領域的改造。第三期為「獨立科學期」（Independent Science），這個階段的知識份子，則在實質內容與工作心態上力圖掙脫殖民地[2]。觀察十九世紀來臺的博物學家，他們在臺的採集與命名，為臺灣自然史研究的「開拓期」，歐洲博物學者藉著傳教士、商人、外交人員、軍事人員等身分，將非歐洲國家視為異域蠻荒，蒐羅當地的標本文物，並將所見所聞寄回國內發表，完成他們對福爾摩沙自然生物的探察，其中，有關人種見解，是成就西方自然史建構的重要環節。

學者陳偉智表示，十九世紀末、二十世紀初期，透過西方博物學家、傳教士、以及日本人類學家之手，形成自然史、人類學與臺灣近代「種族」知識的建構，而這樣的建置，可謂一個全球概念的地方歷史分析[3]，該篇論文之重點，企圖從「種族」知識的角度，思考異己再現議題，並將「種族」知識視為在近代產生、並流通於世界的全球概念（global concept）之一，以此思考十九世紀以來，西方人、日本殖民以及戰後臺灣，如何將島嶼紛雜的人類社群現象，分類編入「種族」知識之過程。陳偉智以伊能嘉矩為例，說明日

---

[2] 張譽騰：〈英國博物學家史溫侯在臺灣的自然史調查經過與相關史料〉，《臺灣史研究》1卷1期（1994年），頁132。

[3] 陳偉智：〈自然史、人類學與臺灣近代「種族」知識的建構：一個全球概念的地方歷史分析〉，《臺灣史研究》16卷4期（2009年），頁1-35。

治初期臺灣種族的分類知識，依據西方近代自然史作為普世皆準的範式，其中又特別是從民族學、人類學——十九世紀發展的學術脈絡而來。在自然史分類原則下劃分的人種學、民族學、人類學等學科建置。其效果在於：

> 並時化全世界的人文差異，依據體質特徵、膚色、語言、風俗習慣、社會組織等原則，分類了人類社群，一方面形成了描述性的博物學知識生產中「種族」的範疇，另一方面，也提供帝國主義對殖民地文明化任務的意識形態基礎[4]

民族學（Ethnology）的研究視角，在於比較與分析文化的多樣性與關聯，進而思索人類族群的起源、分佈、物質文化、宗教、語言與社會結構。十九世紀來臺的西方人士，面對臺灣原住民、平埔族這樣的異己，不全然以嚴謹的民族學論述，作為他者再現的理論前提，但在描繪的字裡行間，顯現了當時盛行於歐洲的自然史分析、統整思維，據此成為一個專屬於福爾摩沙、卻又驗證於全球概念的知識系譜。

十九世紀來臺西方人形形色色，為數不少的自然史學者、博物學者，體現了最接近「民族學」學科取徑的討論。他們以歐美近代科學知識形成重點——即「分類」概念的確認，建構知識、推進科學之學術欲望。十九世紀中葉來臺的自然史學者，以跨區域的比較視野形塑臺灣原住民面貌，他們希冀以福爾摩沙的案例，進行十九世紀歐洲自然史／民族學論述的補充，英國駐臺領事史溫侯（Robert Swinhoe）〈福爾摩沙民族學記事〉可為一例。史溫侯從語言、體質、社會結構進行分析，強化福爾摩沙土著與馬來人種的文化關聯，詳實記錄原住民臉上刺青、服飾配件顏色、材質。這些論述，都成為史溫侯上呈英國皇家地理學會、民族學會的報告資源。生物學者柯靈烏（Cuthbert Collinwood）則是在一八六六年的六月，隨著軍艦抵達蘇澳港，測繪海域，走訪此區 Kibalan 平埔族，描繪住民的面貌與風俗慣習，也察覺

---

[4]　Immanuel Wallerstein et al., *Opening the Social Sciences*（Stanford: Stanford University Press, 1996），pp. 1-32. 同前註，頁 3-4。

Kibalan族與高山原住民的緊張關係,〈拜訪蘇澳的Kibalan,在福爾摩沙的東北海岸〉一文開啟我們對東臺灣的認識。探險家史蒂瑞(Joseph Beal Steere)撰述《福爾摩沙及其住民》,採取與史溫侯相近的多民族比較/分析路徑,書中第二部為文獻回顧,顯示作者參考甘治士、萊特、史溫侯的調查報告。文中收集三段傳唱於水社及埔社的平埔調聖歌、新港文書(番仔契)、生番排灣族手紋、賽德克亞族住屋、穀倉等手繪圖像,為以往西方人士較少留意之處,具有參考價值。

當時一連串的海難事件,使得規劃與興建南岬燈塔,成為國際關注,土木工程師協會會員畢齊禮(Michael Beaaeley),前往南岬,展開一趟尋訪之旅,即〈一八七五年橫越南臺灣打狗到南岬之旅程兼述全島概況〉。畢齊禮一行人經過東港、荊桐腳、楓港、車城、猴洞,試圖與卓杞篤會面,並在族人帶領下尋找適合建造之處。文中提及原住民的反覆無常,再加上沿線部族勢力的消長,都讓這趟尋找之旅增添不少變數。南岬燈塔於一八八三年四月首次點亮,一八八二年至一八八七年擔任A級二等燈塔員、主任燈塔員的泰勒(George Taylor),以數篇文章描繪了新燈塔矗立於南岬之後,因工作所需觀察的地理環境與人文景觀,如〈臺灣的原住民族〉、〈臺灣的生番女祭司〉、〈漫遊南臺灣〉……等。在泰勒的描述之下,我們可以看到多種族群的面容與互動,包括排灣、平原區的平埔番或漢番混血、卑南內陸大平原的知本人,以及散居於東海岸至南岬的阿美族。行文之餘,還輔佐手繪圖像,圖文並茂,躍動了這些歷史片刻。

除了東、南臺灣的行腳,東北部及中部內山區域,亦為領事、海關人員的特定關懷。英國駐淡水領事泰德(E. C. Taintor),一八六九年為了探看何恩(J. Horn)私墾大南澳,他從基隆出發,南下蘇澳再返北至頭城、暖暖一帶,展開對噶瑪蘭風情、語言文化的觀察,撰寫〈北福爾摩沙的土著〉。此篇報告大量運用《噶瑪蘭廳志》、《東征集》等漢籍史料,與自身見解互為參照。此外,英國駐打狗海關代理幫辦的布洛克(T. L. Bullock),選擇中部為行旅地點,與史蒂瑞和甘為霖同行,領略埔里、日月潭及霧社的風土人情,其著作〈福爾摩沙內地的一趟旅行〉提及埔里平埔族、泰雅族及邵族的微妙關係,也指出各部族的現況與危機。

　　然而，若要探究深入臺灣，與原住民、平埔族互動更為長久、密切的西方人，應以傳教士為主。天津條約第八條：「耶穌教暨天主教原係爲善之道，待人如己，自後凡有傳授習學者，一體保護，其安分無過，中國官吏毫不得刻待禁阻。」就此展開臺灣另一波傳播福音的契機。馬雅各（J. L. Maxwell）、李庥夫婦（Hugh Ritchie）、甘為霖（William Campbell）、馬偕（George Leslie Mackay）等傳教士陸續來臺。第一位進入花東海岸的牧師，即為李庥。當時，李庥搭乘戎克船，由打狗繞過南端，抵達卑南平原，這番經驗，使其寫成〈東福爾摩沙紀行〉。雖然不脫環境衛生與醫療傳教等典型敘述，但記載詳實，呈現原住民的風俗慣習、建築用物，可謂卑南平原最早的一份民族學資料。一八七一年被英國長老會派來的甘為霖，除了傳播福音，也是一位著作等身的教會史學家，其著作《荷據下的福爾摩沙》，收錄荷蘭第一位來臺牧師甘治士的〈福爾摩沙報告〉，其傳教腳步，從臺灣府（安平）開始，行至埔里深山一帶，留下了許多與番人相遇的隨筆，於《素描福爾摩沙》展露無疑。稍晚於甘為霖，亦於一八七一年底到達臺灣的馬偕，以「基督之名」接觸臺灣住民，除了醫療傳教，亦進行物種、人種分類與標本收集，其回憶錄《福爾摩沙紀事：馬偕臺灣回憶錄》，橫跨北臺灣教會一八七二年的草創期，也經歷一八八四年的中法戰爭。馬偕進行北臺灣原住民的分類與說明，並大量地收藏、拍攝實物，如部落服飾、信仰器物、生活用具，以及柯玖追隨馬偕行腳，沿途所拍攝的部族照片，均呈現宣教士於自然史、民俗學見解與宗教觀點之間的關切。

　　其他旅行者方面，身分、動機不一，使得這一類文章的題材相當多元。跟民族學命題較為相關者，可謂淡水茶商陶德（John Dodd）。陶德長期居留北臺灣，熟悉當地的自然環境、物產交易、交通網絡與聚落發展。陶德接觸此區域的泰雅族，留下〈福爾摩沙高山族可能來源之我見〉、〈北福爾摩沙高山部落的風俗習慣略覽〉。前者針對語言、體質、根源地等項目，進行原住民來源的推測；後者討論泰雅族抽煙與刺青的慣習。陶德的觀察，側重民族學的範疇，相較於此，巴克斯與柯勒的筆記，再現了複雜的族群氛圍。一八七〇年馬偕和船長Bonham Ward Bax（巴克斯），在淡水會面，在平埔族

頭目的帶領下，一同前往雪山西邊的賽夏族部落踏查。這段雪山之旅，收錄在《遠東海域》，這段遊記，讓我們了解漢人、新港平埔族、賽夏族之間微妙的合作與衝突。而英國商人柯勒（Arthur Corner）的〈福爾摩沙紀行〉，記載從臺南出發至淡水的旅程。柯勒經過集集，遇見了平埔族、泰雅族與日月潭邵族，也到達長老教會宣教最成功的埔社。透過族人對「他者」（其他部族）的描述，巴克斯與柯勒體認更為真實的族群關係。

上述筆者所列的「民族學」觀察，可歸納為相對客觀的自然史、博物學者、一部分的傳教士，以及因應局勢，在政商幹旋之下推導而出的族群關係。前者涉及近代學科建置的觀點，後者則面對歷史底層的實質互動。當然，這幾個他者再現的取徑，並非決然二分，自然史學者如史溫侯、史蒂瑞，面對當時漢化已深的平埔族、以及受到基督宗教影響的平埔聖歌……等文化混雜現象，他們也發展一套詮釋與看待機制，又再如傳教士，抱持著神學與自然史的雙重觀點，解釋平埔族的混雜姓，也從中發展不一樣的解釋論述，以期歸納至井然有序、分類得宜的自然史學科當中。其中觀察，將是筆者撰寫此文的關切點。

二　史溫侯、史蒂瑞的博物──民族學視角

英國博物學家史溫侯受到倫敦大學推薦，參加外交部的領事人員考試及格，於一八五四年擔任中國通商口岸的領事人員，先後任職於廈門、上海、臺灣、寧波等領事館，由於外交領事身分的特殊性，讓史溫侯得以深入當時不被允許的禁地，展開計畫。張譽騰表示，史溫侯是第一個有系統實地調查、記錄、採集標本，並發表臺灣動植物自然史文獻的先驅人物，在臺灣哺乳類、鳥類的分類學上，具有舉足輕重的地位[5]。史溫侯在臺灣的前後時間，雖然只有三年，但他對島上哺乳類及鳥類的研究成果，為後人所繼承。目前所知臺灣六十二種陸生哺乳動物中，史溫侯發表〈臺灣島的哺乳動物〉，就

5　張譽騰：〈英國博物學家史溫侯在臺灣的自然史調查經過與相關史料〉，頁133。

記載了十八種。在臺灣現有約四百種鳥類當中，史溫侯一八六三年的著作《臺灣鳥類學》（*The Ornithology of Formosa, or Taiwan*），記錄兩百零一種，其中一百二十三種學名仍具有效力[6]。除了見證史溫侯的不懈努力，也成為讀者理解十九世紀臺灣自然生態的途徑。一八七六年，由於他對中國及其沿海島嶼動物研究的貢獻，被推選為英國皇家學會會員。

其中，史溫侯有關族群、人種議題的文章如下：（1）為期二十五天的環島之旅，一八五八年發表〈福爾摩沙訪問紀〉（"Narrative of a Visit to the Island of Formosa"）。（2）一八六三年發表〈福爾摩沙民族學記事〉（"Notes on the ethnology of Formosa"）。（3）一八六六年〈福爾摩沙記行附錄〉（"Additional Notes on Formosa"）。這三篇文章，收錄於費德廉（Douglas L. Fix）、羅效德編譯《看見十九世紀臺灣：十四位西方旅行者的福爾摩沙故事》。

同樣是探險家、亦為博物學者的史蒂瑞，美國人，遊歷中南美洲之後轉而橫越太平洋，一八七三年由廈門來到臺灣，展開為期半年（1873年10月至1874年3月）的調查之旅，一八七八年撰成一部書稿《福爾摩沙及其住民》（*Formosa and Its Inhabitants*）。史蒂瑞大學畢業之後，先後探訪南美洲巴西、厄瓜多、祕魯，記錄亞馬遜河一帶的人文風景，並收集古生物學、考古學、動植物學標本。經過太平洋到達中國南部，由廈門搭船來臺灣，半年之後再前往馬來半島、香港、菲律賓群島等地，進行族群與自然博物學的探查，這些歷練，開啟史蒂瑞跨地域的參照視角。一八七五年獲頒密西根大學的榮譽博士學位，擔任該大學「自然史博物館」館長，一八七九年升任動物學及古生物學教授，這些肯定，可與史蒂瑞一生的歷練與貢獻，互為輝映。史蒂瑞這半年於福爾摩沙的停留，不僅接續史溫侯的研究步伐，亦有幾個歷史意義：1.在臺灣的行旅中，他依賴長老教會的人脈進行採集與調查，從臺灣府到水沙連、埔里、大社等地，不僅與當地部族有所互動，或可補充當時臺灣長老教會的人際網絡。2.作為一個自然史學者，史蒂瑞在臺灣蒐集的文

6 　同前註，頁137-138。

物標本、建置的生物命名系統,可與史溫侯互為補充。其詳實記載,有助於後代了解十九世紀日本治臺之前的臺灣狀況。

　　史蒂瑞於一八七三年十月從香港搭船到淡水,再從淡水搭船至高雄,與蘇格蘭傳教士甘為霖、英國駐外領事通譯Bullock會合,三個人結伴到福爾摩沙中部進行傳教與調查。因此,史蒂瑞的臺灣印象,奠基於一八七三年到一八七四年間這六個月。基本上,他將福爾摩沙的住民分為二,一為漢人,並從城牆、市鎮、道路等公共設施、人口、捕魚及養殖魚類、農業、稻米、糖、茶、樟腦、飲食、衣著等面向,形塑所謂的「漢人」面貌。除了漢人,福爾摩沙的另一住民,即原住民:

> 福爾摩沙島上形成兩支不同的原住民族,雖然他們的語言顯示,他們最初是來自共同的祖先。現在人數最多的一支,漢人稱之為生番,意思是尚未開化的野蠻人;另一支原住民族,漢人用平埔番、熟番稱呼他們,平埔番指的是住在平地的原住民,熟番則是指已開化的原住民。在一八七〇年代,平埔番是用來稱呼那些居住在臺灣府附近,以及臺灣府以東的原住民,而熟番則是用來稱呼那些較北邊的原住民。[7]

上述有關熟番、平埔番的界定,不是那樣精準,卻是史蒂瑞展開觀察、形成論述的依據。旅程方面,他先後走訪這五個區域的族群:日月潭水社(邵族)、埔里埔社(烏牛欄的巴宰族)、湄溪生番(賽德克亞族)、大社和內社(巴宰族),最後才到南部崗仔林(西拉雅)、萬金庄(西拉雅)、傀儡番(排灣族),《福爾摩沙及其住民》就是這期間田野調查的筆記。

　　對史溫侯、史蒂瑞而言,任何一項重要的民族學研究,都得仰賴自然史學科的知識背景,諸如某個區域番語/馬來語傳播關係之考察,需要具備專業的地理學、氣象學養,進行區域地質、地形、甚至是沿岸洋流、氣壓、氣

---

[7]　史蒂瑞著,李壬癸校註:《福爾摩沙及其住民:十九世紀美國博物學家的臺灣調查筆記》(臺北市:前衛出版社,2009年),頁211。以下原文援引此書,則標註頁碼在後。

旋因素的考證，自然史與民族學的研究，得以相輔相成。十九世紀西方人帶著不同目的來臺，在「不同地域空間的生物多樣性」思維下，如何成為史溫侯、史蒂瑞這群自然史學者／博物學者的福爾摩沙印記？在客觀的民族學視角與主觀感受之間，讀者找到不同層次的答案。

發表於《皇家亞洲學會中國北部分會期刊》一期二號，〈福爾摩沙島訪問紀〉，是史溫侯第二次來到臺灣，與英國軍艦「剛強號」展開為期二十五天環島旅行的紀錄。由於在短時間環島一周，使得該文獻所展現的福爾摩沙面貌，聚焦於港口附近的人文風景，傾向為一整體印象的勾勒。當他從蘭嶼、火燒島北上，於東部海岸邊遇到的太魯閣族（Tai-lo-kok）、蘇澳熟番（Siek hwan），匆匆一瞥，史溫侯僅留下外表的初步描繪：

> 他們（太魯閣族）的頭髮很短，在前面短髮覆額，後面則鬆散地披著。容貌很多馬來人的特徵，但膚色較馬來人淺得多，也比漢人略淺些。」或是「（熟番）婦女中，有些皮膚是褐色，有些近乎淺色，許多有歐洲人的面相，全無邪眼角。[8]

除了以膚色作為第一印象的判斷外，史溫侯透過翻譯，記錄一些蘇澳熟番（噶瑪蘭）「R」音的語詞，如：「男人 Lárrat、女人 Tarroógan、兒子 Wán-nak、火 La mán、水 Lalóm」……等族群語料。然而，〈福爾摩沙訪問紀〉多半以一種印象式的觀點描繪臺灣原住民，稱生番為「嗜血種族」，讚美蘇澳熟番為「安靜、平和的人種」、宜蘭熟番則是「特別有禮、性情極好，比漢人好得多。」這些描繪，若以民族學研究分析加以檢視，僅能視為印象式筆記，但這些側寫的他者與自我分際，如容貌、膚色、髮式、語言的留意，顯現自然史、乃至於民族學分類原則的雛型。

事實上，這一類容貌、膚色、髮式、語言之分際，常常是十九世紀來臺西人面對異己的第一印象，再如史蒂瑞拜訪福爾摩沙土著的第一站，是日

---

8 費德廉、羅效德編譯：《看見十九世紀臺灣：十四位西方旅行者的福爾摩沙故事》（臺北市：如果出版社，2006年），頁23、25。

月潭的水番（邵族）與埔里熟番，體型、五官、膚色的描繪，雖然是史蒂瑞的第一印象，但水番「五官比漢人好看」，以及「熟番是個比漢人強壯、好看的種族，沒有漢人的習性與特徵」之判斷，顯現當時民族學科的知識論基礎，建立在族群比較的異同之上，即便是第一印象，也充分流露此心理機制。

然而，史溫侯與史蒂瑞的民族學觀察，擅長將生物比照研究，從中歸納特徵、發現新物種，這也形成他們建構臺灣族群關係的路徑。關於湄溪生番（賽德克亞族）的獵頭習俗，史蒂瑞的論述與傳教士相近，認為生番獵頭之因，源於憎恨漢人的報復心理，他們原本居住在肥沃平原，卻被漢人不斷地驅趕入山，生活領域大受限制，為了報復，生番以獵頭作為補償。雖有如此解釋，但史蒂瑞以探索世界族群的背景經驗，作出如下的補充：

> 獵人頭是一項眾多的馬來民族分支所共有的古老傳統，如婆羅洲的迪雅克族（Dyaks）、呂宋島內地的野蠻民族，以及菲律賓許多島嶼的原住民都有這種習性。（頁90）

史蒂瑞認為，傳教士的報復心理，僅能作為獵頭行為的一種解釋，若置於馬來族群分支的古老傳統來看，這些散落在婆羅洲、呂宋島、菲律賓等地的馬來人，也都有相近的獵頭習性。除了獵取頭顱，史蒂瑞觀察南部傀儡番（排灣族）的習俗，發現當地住民為了訓練小男孩的勇氣，令其與骷髏共眠，他提出：「婆羅洲的迪雅克族也有類似的習俗，當地的年輕男孩從小住在寺廟裡，和敵人的頭顱睡在一塊。」（頁152）除了與婆羅洲、呂宋島、菲律賓等東南亞原住民互為參照，史蒂瑞更將比較向度拉向至美國夏威夷。以「禁忌」而言，史蒂瑞拜訪傀儡番時，感知「禁忌」（parisi，排灣語）的無所不在，由於正處於新年、或是種植季節的儀式，這段期間，族人不可把身上的東西贈送、販賣給外人，因此，史蒂瑞原本企圖購買生番服裝、武器、物件的計畫，只得取消：

> 他們（生番）所相信的那套迷信和禁忌觀念，似乎與三明治島民（Sandwich islander，即今日的夏威夷原住民）尚未信仰基督教之前所

盛行的那套相同，而且現在部分的馬來群島原住民部落也還保有同樣的迷信。（頁82）

在史蒂瑞的眼中，臺灣原住民的生命禮俗、文化禁忌，可與夏威夷、馬來群島部分的土著互為參照，這不僅是民族學層次的比較視域，也提供人類多元文化起源探尋之線索。有趣的是，史蒂瑞這段話語，提及信奉基督宗教之後的「全面革新」，他預告了信教之後，土著迷信和禁忌觀念將會改變的前景。

除了這一類跨區域的比較視域，還包括語言。語言——不僅是判斷族群屬性的依據，亦為民族學比較的文化基礎。作者記下許多番語，並嘗試與其他語言、馬來方言進行連結，如「他們以 Tyon 稱呼我，這個詞可能源自馬來語的 Tuan（先生）或漢語的 Tajin（大人）。」（頁38）文中的「他們」，指的是奎輝社一帶的生番，史溫侯並比「Tyon」、「Tuon」、「Tajin」的發音，從中推測該詞語的意義、語源、傳播等文化現象。舉例來說，史溫侯以噶瑪蘭（Komalans／Kapalan）的語言為例，他認為除了「銀、菸草」等普遍的詞之外，找不出與隔壁奎輝社有任何相同之處，奇怪的是，噶瑪蘭的數字念法，卻與被高山隔絕的南方傀儡番（Kales）相似，這其中原因為何？為了持續研究，史溫侯羅列五個部族的數字語料，進行更深入的探討，這五個部族分別是：南方山區的傀儡番、北方山區的奎輝族、東北山區的太魯閣族、東北平原的噶瑪蘭族以及新港平埔族（頁45）。〈福爾摩沙民族學記事〉呈現一張從一到十的圖表，分別註記這五個部族的方言，語料來源計有Sainz神父、Roper船長、印行已久的辭書、以及史溫侯的親身採錄。並比之後，史溫侯作出如下結論：

傀儡番族與噶瑪蘭族的（語彙），就我以前所觀察的，幾乎完全相同。……從有些數目字及其他許多的詞彙上，均證明這些方言跟馬來語有關聯。（頁53）

　　如何驗證部族方言與馬來語有關？史溫侯從字詞發音、意義相似性進行判斷，如一八六六年發表於《（英國）皇家地理學會學報》的〈福爾摩沙記行附錄〉文中述及「蘇澳另有一種獨木舟，前後都呈鳥嘴狀，多為平埔番所使用，無疑是其野蠻祖先所用的式樣，與馬來帆船（proa）的構想略同。在蘇澳『船』這個詞是『burroa』，等於馬來詞的『proa』。」（頁57）這一類簡單、直接的語言對應，不只是史溫侯特有的筆記模式，在世界民族分類的方法中，亦有「語言分類法」，觀點在於：梳理語言上的親屬關係，從中找出族群間親緣關係的源頭[9]，因此，史溫侯並比番語／馬來語、傀儡番／噶瑪蘭番的用意，多少透露這方面的預設。然而，語言作為一種歷史現象，不斷地發展、變動，語言的語法、詞彙、語音也經常發生變化，史溫侯雖以「語言分類法」探查族群間可能的親緣關係，但缺乏更多證據，只能暫時地說明「這些方言跟馬來語有關聯」。語言學的繁複構成，並非此文的關注重點，但試想：該族語言涉及外來語言、新詞累積所造成的語言變化，以及族群遷徙、彼此通婚與貿易的文化混合現象，「語言」帶出複雜的文化關聯，史溫侯、史蒂瑞等博物學者該如何分析、分類，並解釋世界？

　　即使可以「生物多樣性」的觀點，並比、分析世界物種，但諸如語言——涉及人的文化影響與互動的新產品，勢必調整既定的分類概念。史蒂瑞記載三段傳唱於水社、埔社的歌謠，譯者林弘宣表示，這些熟番音樂均為平埔調，其中第一段是臺語聖詩第六十二首一節。史蒂瑞以羅馬拼音的河洛話，進行記錄，中譯者根據發音，翻譯如下[10]。

9　EO.B.勃羅姆列伊、T.E.馬爾科夫主編，趙俊智譯：《民族學基礎》（北京市：中國社會科學院，1988年），頁20。

10　筆者比較另一版本：Joseph Beal Streerem 著、李壬癸編 *Formosa and its Inhabitants*（臺北市：中研院臺灣史研究所，2002），頁33，有關此樂譜紀錄的英文版本，發現英文版本的拼音，與林弘宣中譯版本有別，如第一句上帝創造的「創」，有chong／chhong的不同拼音；而第四句一世稱呼的「稱」，有ching／chheng的註記。

No. 1

出處：史蒂瑞《福爾摩沙及其住民》（臺北市：前衛出版社，2009年），頁57。

　　根據史蒂瑞的判斷，這些歌謠來自北邊熟番基督徒，或許水番不甚了解這些歌詞意涵，但對於旋律的敏感度，已讓史蒂瑞大為驚豔，他表示：「根據我的觀察，全世界的原住民音樂都是悦耳且富音樂性。」（頁61）到埔社時，由於這裡是得上帝解救的部族，禮拜、吟唱聖歌，已是族人生活的一部分，史蒂瑞觀察聖歌曲調，「有的是傳教士所教，但大多數是他們自己的曲調，這些調子是他們的祖先，從前在崇拜偶像時跳舞所用的，如今卻能派上更好的用途。」（頁71）根據史蒂瑞的語意，所謂「更好的用途」，即是將原本族群的曲調轉化為聖歌，而這類歌謠在水社、烏牛欄一帶流傳著：

> 往湖北途中，船夫配合划槳動作，唱出略帶野性之歌，原來這是向北方信基督的熟番鄰居學來的聖歌，而且可能是首讚美甘牧師的曲子。後來在烏牛欄（Ogulan or Auran）聽到同樣的歌曲，只是唱法較溫和而已[11]。

11　此段描述，參見陳政三著：〈史蒂瑞中部內山行——埔里、日月潭見聞錄〉，《1870年代福爾摩沙縱走探險行》（臺北市：五南出版社，2013年），頁26。以下原文援引此書，則標註頁碼在後。

作者的補充，與林弘宣稱其為「平埔調」不謀而合，歌詞是聖經話語，
或是讚美神的頌詞，以河洛話發音，曲調則延續部族傳統，在內容、發音、
以及曲調三種文化屬性的交會下，擁有新的生命。目前有關「平埔調聖樂」
的討論，有三個特質：1. 五聲音階（原住民音樂的共同趨向）、2. 單音音樂
沒有和聲，但加了很少的裝飾音（gracenote）、3. 大多為感傷的短調。由於
平埔族音樂大多失傳，因此，近代由駱維道牧師加以編曲，放入基督教長老
教會通用《臺語聖詩》中的歌謠，成為感受些許平埔調聖樂風采的方式[12]。史
蒂瑞表示：

> 「這些曲子非常奇特，但旋律優美，西方作曲家可在此找到渴望的新
> 譜。祈禱儀式結束，仍然有許多人留下繼續唱歌。」、「一位曾患嚴重
> 天花的小女孩先起音，其他馬上扯開喉嚨跟進。我回饋予主日學校的
> 聖歌，在我尚未離開此地前，他們早已將本土歌詞融入跟我學的美國
> 曲了！」（頁35）

史蒂瑞的觀察，顯現了這些歌謠傳布、形成的現象，雖然這些「融入本
土歌詞於美國曲」、「聖經歌詞融入平埔曲調」在西方人耳中十分奇特，但
卻可能是水社、埔社乃至於烏牛欄一帶族群的生活常態。該如何分類？史蒂
瑞沒有明確標註，但對這類文化混雜之成果，表現極高的讚賞與評價。

史蒂瑞到臺灣府拜訪平埔番，親見現今所謂「新港文書」，上面寫滿羅馬
字。平埔族兩百五十年前與荷蘭人居住在一起，並接受荷蘭人宣教，此族群
保有一些古老的文件，內容似乎是關於財產轉讓和抵押，年代橫跨了清朝雍
正、乾隆、嘉慶年間，即從西元一七二三年一直到一八〇〇年。史蒂瑞表示：

> 我大聲拼讀字母，但就是無法搞懂什麼意思，不過紙上到處有阿拉伯
> 數字，最後面有蓋章、簽名，有的蓋章甚至只用大拇指沾墨烙印。也
> 有漢文蓋章，章印尾端刻著漢字年代，但有阿拉伯數字在上面。乾隆

---

[12] 許雪姬撰：〈平埔調聖樂〉，《臺灣歷史辭典》（臺北市：行政院文建會出版，2004
年），頁250-251。

　　皇帝的名字以羅馬拼音寫出，「年」寫成"ni"，「月」為"goy"，「日」
為"sit"。（頁85-86）

　　此段話語，得知新港文書某些文字以閩南語標註，顯現此地平埔族與漢
人的互動已有一些時日，出現「年」為"ni"，「月」為"goy"，「日」為"sit"
的註記。此外，羅馬拼音書寫的文件，如何與十七世紀來臺的荷蘭人有關？
史蒂瑞推測其中證據，在於字母的標記方式，如書寫「y」時，會在「y」上
面加上兩點，即「ÿ」，看起來像是i和j連寫在一起，從中判定「平埔族保
存不少荷蘭的教化遺跡，所以在與外界影響完全隔絕的時期，仍保有用羅馬
拼音書寫自己語言的能力達一百四十年之久……這批手稿證明荷蘭人引進的
基督教教義書籍，必然仍存在於某些類似的偏遠山村，那些堅持殉教傳統、
追求眞理的平埔人手中。」（頁86-87）

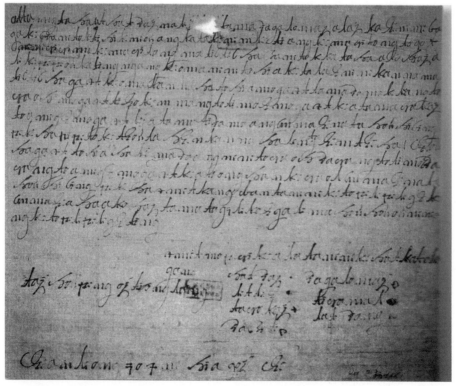

　　資料來源：史蒂瑞《福爾摩沙及其住民》（臺北市：前衛出版社，2009年），頁120。

　　史蒂瑞亦認為，這一類羅馬拼音書寫的知識，與基督宗教信仰共存，而一八七〇年代平埔番容易接受上帝的話語，或許也源於這層傳統。筆者以為，史蒂瑞的推論不無可能，荷蘭傳教士帶入羅馬拼音，進行上帝話語的「文字化」，也藉此傳播，信徒們習得此書寫技巧，製作契約、證明文件，然而，此書寫機制難道與基督信仰共存？事實上，新港文書亦有閩南語標註，且根據史蒂瑞的評估，這些契約多為清領時期平埔族自保而留存，涉及權利移轉，用途可能在於衙門前作為證據。無文字傳統的族群，為了捍衛、明確自身的財產權，使用荷蘭人原本用來傳教的拼音系統，訂立契約，因此，是否存在信仰消失，書寫系統仍舊流傳下來的可能性？其中更細膩的考證，成為一個值得商榷的議題。

三　自然史／神學思維之考慮：馬偕的人種學觀點

　　一八四四年出生於加拿大東部的馬偕，在多倫多、普林斯頓、愛丁堡三所大學完成神學教育，於臺灣開啟長達二十九年的宣教生涯。馬偕創設北臺灣基督長老教會，奠基傳道事業，亦於一八七九年創立淡水馬偕醫館（馬偕紀念醫院前身）、一八八二年創立牛津學堂（真理大學前身）、理學堂大書院（臺灣神學院前身）、一八八四年創立淡水女學堂（淡水中學前身），試圖傳播近代西方知識的系統。除了學堂知識，傳教士的工作都以「人的需要」為出發點，通過醫療、教育、社會服務等事工，向人見證上帝的恩典和愛，馬偕以身作則，以現代醫療技術傳播福音。

　　十八至十九世紀的英國、加拿大長老教會所源出的蘇格蘭教會，經歷了一場由法蘭西斯・哈奇森（Francis Hutcheson）和亨利・荷姆（Henry Home）主導的啟蒙運動，在「以人為本」的前提下，試圖超脫神學的保守領域，紛紛以歷史與社會變遷的觀點，在各個學科之間重新認知「人性」和「道德理念」的本質[13]。相較於封閉神學，此種更為開放的自由主義思想，被引介至加

13　亞瑟・赫曼著，韓文正譯：《蘇格蘭人如何發明現代世界》（臺北市：時報文化，

拿大長老教會的神學機構，其中受訓的傳教士，對於「啟蒙」概念的反思，
更甚於以往。除了從歷史、社會變遷的角度重新省思「人性」，十九世紀英國
自然史的傳播，透過蒸氣印刷機、鐵路運輸網絡擴張、知識稅的降低，以前
所未有的規模、速度、低廉價格打入各階層與地區[14]，這其中包括工匠階層、
激進改革者、福音主義者、牧師／自然史家、中產教育者、女性自然史作
者⋯⋯等，他們正以不同敘事策略，逐一展開對自然史的觀察、研究、出版
及展覽，形成一股熱絡風潮。許多教區牧師，在牧會、講道之餘，亦以撰述
自然史為職志，將信仰與科學結合，匯聚為十九世紀人數眾多的「牧師／自
然史學者」族群[15]。這些革新所帶來的改變，影響甚遠，蘇格蘭青年菁英逐漸
遠離爭議性高、政治意味濃厚的封閉神學，而將精神投注在數學、醫學、法
律、自然哲學等面向，此思維，也促使蘇格蘭神學院提供類似「科學與宗教」
（Science and Religion）的課程，讓學生同時討論這兩層真理。鄭仰恩認為此
一時期來臺的宣教師，如巴克禮、甘為霖、梅監務、馬偕⋯⋯等人，均受其
影響，延續一個重視「啟蒙」的觀點與神學傳統[16]，因此，馬偕的學術養成，
以及他帶給學生們的教學方法，得以在神學／科學兩者間不斷往返與思索。

　　基於這樣的理念，馬偕致力於推動傳道師、醫療工作者、教師、婦女領
袖的培訓，興建牛津學堂、理學堂大書院、淡水女學堂，致力於新式教育的
傳播，也體現知識份子的社會責任。馬偕主導的新式教育，一方面偏重聖經
與教義的講授，另一方面也教授天文、地理、動物、物理、化學、生理衛
生、解剖、醫學和體育；中午帶學生到街上的馬偕醫院幫忙，實際參與醫

2003 年），頁 92-93。

[14] 有關這部分的探討，參閱 James A. Secord, *Victorian Sensation: The Extraordinary Publication, Reception, and Secret Authorship of Vestiges of the Natural History of Creation*. Chicago: Chicago University Press, 2000, pp.24-34.

[15] 李鑑慧：〈挪用自然史：英國十九世紀動物保護運動與大眾自然史文化〉，《成大歷史學報》38 期（2010 年），頁 133。

[16] 鄭仰恩：〈臺灣的「黑鬚番」：馬偕其人其事〉，收錄於：《福爾摩沙紀事：馬偕臺灣回憶錄》（臺北市：前衛出版社，2007 年），頁 345-346。

療工作,晚上則是講道練習[17]。除了書本知識,馬偕帶領嚴清華(第一位弟
子)登觀音山,體驗信仰與大自然的關聯:「用眼明察、用心思索,以了解
自然界蘊藏在海裡、叢林裡、峽谷中的偉大訊息。」(頁39)心眼並用,乃
是在兩種真理層次中感知神的訊息。除了觀察,馬偕於淡水經營一間小型博
物館,放置旅行中所採集的標本,從中建構《福爾摩沙紀事》對臺灣地質、
樹木、植物、花卉、動物分類與說明。馬偕撰述的臺灣自然史,有重點的選
擇,他表示:「為了簡單起見,以下只提及尋常的或不重要的植物和花卉名
稱。」(頁45)「為了使讀者感到興趣而不致於負擔太大,我僅在本書中簡述
山和平原的形成、沉積物及其內容,然後簡單提到改變島嶼地形的一些影響
因素。」(頁39)這些對讀者的考量,顯現了《福爾摩沙紀事》的書寫風格
與基調。提及動物,馬偕認為東方、美洲都具有了解臺灣島上動物的需求,
便在書中簡單羅列哺乳類、鳥類、爬蟲類、魚類、昆蟲類及軟體動物類,以
期從傳教士角度補充臺灣自然史的內容。

　　《福爾摩沙紀事》的人種學大綱分類,也具有同樣關懷。歐美人士面對
海外他者,將依據體質特徵、膚色、語言、風俗習慣、社會組織等要項,既
形成博物學知識生產中的「種族」範疇;另一方面也提供帝國對殖民地文明
化任務的論述基礎[18],這兩種思維任務各異,但都是站在話語權力的制高點,
將人種不同的體質、社會型態轉化為文明/文化的優劣判斷。馬偕於〈人
種學大綱〉中,依循史溫侯、史蒂瑞的自然史觀點,將臺灣北部住民分為兩
類,一類是原住民,包括開化及未開化者,他們屬於馬來亞種(Malayan);
一類是漢人,他們是蒙古人種。漢人來源及人種關係容易追溯,並不會造成
人類學家的困擾,至於臺灣原住民的分類,馬偕有如下的看法:

17　鄭連明主編:《臺灣基督長老教會百年史》(臺南市:教會公報社,1965年),頁60。
18　陳偉智:〈自然史、人類學與臺灣近代「種族」知識的建構:一個全球概念的地方歷
　　史分析〉,頁3。

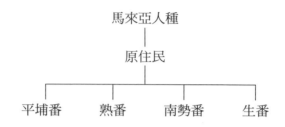

　　這一樹狀圖，並非西方自然史的脈絡，而是依據清廷統治者的判斷，按照族人居住地、服從或抵抗漢人統治的情況，將北臺灣原住民分為四種「番」。住在東海岸平原的原住民，承認漢人的政治、宗教權威，被稱為平埔番（Pe-po-hoan）；住在東海岸南部第二個平原的部族，被稱為南勢番（Lam-si-hoan）。不受馴服的族人，稱為生番（Chhi-hoan）；一些和漢人混雜住在西部的原住民，則被稱為熟番（Sek-hoan），事實上，此樹狀分類依據，後為日治時期伊能嘉矩所批判。此外，馬偕和史溫侯、史蒂瑞一樣，試圖證明臺灣原住民與馬來人種的關係，馬偕於文中列出以下看法：1. 部分部族，如南勢番具有從南方乘船來臺的傳說。2. 外國旅人觀察呂宋、馬來半島、琉球等地土著，從異己特徵、習俗與行為描繪，發覺均與臺灣原住民相近。3. 就洋流而言，橫過臺灣東邊的這股洋流，可以輕易地把馬來群島的船隻帶到臺灣。4. 根據體質人類學的視角，臺灣原住民的頭骨形狀、突額角度，與馬來亞居民同屬一型[19]。讀者可以從這些觀察，得知馬偕——這一位具有「啟蒙」意識的傳教士，如何在部族傳說、特徵習俗、洋流輔助以及體質人類學的對應下，得出臺灣原住民為馬來亞人種的結論。

　　對部族人群單位的分類，奠定於種族型態描述，馬偕以「知識建構」的角度，提出觀察部族社會的心得，如〈生蕃的生活和習俗〉一節，娓娓道來部族的領導制度、屋舍、耕獵、服飾、傳統宗教、飲食以及婦女地位的低下；〈平埔蕃的特性〉介紹部族房舍、萬物有靈的信仰觀；〈南勢蕃的生活〉

---

[19]　這一部分有關馬偕對臺灣人種學的分類與說明，參見馬偕著、鄭仰恩校註：《福爾摩沙紀事：馬偕臺灣回憶錄》（臺北市：前衛出版社，2007年），頁88-92。以下原文援引此書，則標註頁碼在後。

著墨於部族政治、農耕、陶器製造、房舍、服飾、菸草檳榔、公共浴場……
等。面對平埔番的文化衝擊，馬偕運用自身踏察的體會，逐一描述異己「原
本」及「漢化」的物質與精神文化：

> 平埔番在被漢人征服以前所住的房子，其形式與現在所住的非常不
> 同，而且大大優於現在的這種形式。比起目前在這平原處處所見到的
> 漢人房子，地面都是潮濕的泥土地，他們以前那種地面都提高的房子
> 對健康有益多了。（頁196）

> 平埔番原本和一般住在山地的番人一樣是拜自然界的，所以沒有廟
> 宇、偶像或祭司。他們並沒有專屬私有的神的概念，而只相信許多
> 已既存的神靈。……但是自從降伏於文明之軛後，這一切都改變
> 了。……任何一個部落一旦降伏了，首先就是先剃頭以表示忠誠，然
> 後就是教他們建廟宇、豎偶像和神主牌。目前，平埔番的宗教是把孔
> 教的道德觀、佛教的偶像、道教的鬼神崇拜，以及他們原有的自然崇
> 拜儀式和迷信都混在一起的宗教。（頁197）

描繪中的平埔番，按照馬偕的族群分類，為東海岸平原的原住民。我們
可發現馬偕的觀察，特意將平埔族原本與漢化過後的情況，羅列出來，從中
表達褒貶之意，如此作為，凸顯了平埔族與漢人（文明）之間的折衝。

除了書中的文字描述，實物蒐羅，成為馬偕留給後世的另一種資產。早
在西方勢力入臺之際，英國及加拿大為首的外國宣教士，多以「基督之名」
接觸臺灣住民，因為不同層次的需求，產生一連串的收藏行徑。後輩可以藉
由展覽、照片展示，一窺當時臺灣住民的生活樣貌，又或是從馬偕蒐集的自
然界標本、住民用品，察覺其興趣及焦慮所在。馬偕採集各地標本或文化器
物，作為傳教的輔助工具，甚至帶回西方世界，這些都有助於系統說明「文
明」與「野蠻」的差異，並展現宣教的成果[20]。

20　胡家瑜：〈馬偕收藏與臺灣原住民印象〉，《馬偕博士收藏臺灣原住民文物》（臺北
　　市：順益臺灣原住民博物館，2001年），頁67。

　　順益臺灣原住民博物館於二○○一年出版《馬偕博士收藏臺灣原住民文物：沉寂百年的海外遺珍》，此書翻拍許多收藏品，這些實體，開啟後代對馬偕收藏傾向的觀察。物質文化收藏的意義，在於藉著物件遺留，延續保存一些過去的客觀事實，反映採集者的社會互動與價值觀。詹素娟爬梳了馬偕收藏臺灣原住民器物的文化脈絡，發現這三百多件的文物，可分為三類：一、服飾類，以織布和服裝占大多數，亦有大量的服飾配件及首飾，如頭飾、腕飾、胸飾、頸飾、腰帶……等，側重獨特的美感形式與工藝技術。諸如平埔族的婚禮服飾，其紅色瑪瑙珠、紅色玻璃珠等材質，或可追溯海上貿易的路徑，旁及北部平埔族群與漢人、或是菲律賓、南洋一帶住民所建立的物產交換管道[21]。二、信仰相關器物。馬偕的接觸對象，也包括山區及噶瑪蘭的原住民，前者的獵頭習俗，讓他收藏不少獵頭儀式用具，如木柄彎刀、放置頭顱的麻繩網袋、人髮裝飾的獵首器物；後者將焦點置於噶瑪蘭的治病儀式用具，如去除惡靈的小掃帚、畚箕。三、日常生活器物。如農具、瓢壺容器、樂器、煙具等物件[22]，可從中想像十九世紀北臺灣住民的生活輪廓。這些收藏於「加拿大皇家安大略博物館」、「加拿大醫學博物館」共計一百九十二件的藏品，展現馬偕收藏選擇的大致方向：其一、具有美感和技術質感的器物；其二、表現異教野蠻和迷信的器物。不管從自然科學或民族學的角度，將標本作為研究材料，企圖將物質文化作為還原部族面貌的關鍵，實為自然史脈絡中的人種學探索。除了自然史思維，馬偕的收藏主要是為了完成其宗教任務——打破偶像迷信、去除野蠻習俗，自然史與宗教觀點，或者說這兩種「真理」思維，有時各行其道，卻往往重疊，成為十九世紀來臺傳教士面對異己的基本心態。

　　除了物質文化，馬偕於《福爾摩沙紀事》留有照片，與原住民有關的部分，計有〈攜帶武器的泰雅族〉、〈南勢阿美村落〉、〈泰雅族人〉、〈獵首

21　胡家瑜：〈馬偕收藏臺灣原住民器物的文化脈絡〉，《馬偕博士收藏臺灣原住民文物》，頁144-145。

22　胡家瑜：〈馬偕收藏與臺灣原住民印象〉，《馬偕博士收藏臺灣原住民文物》，頁72-73。

勇士〉、〈平埔族織布婦女〉等圖像。這些相片的技術層面，並非本文所能述及，但一八三九年照相機的發明，以及照相技術的開發，都強化了自然史、人種學強調科學思維的「寫實」精神。相較於繪畫，鏡頭下的世界可謂真實，但鏡頭選取之角度，依舊透露拍攝者的關懷與視角，以《福爾摩沙紀事》中〈南勢阿美村落〉為例：

資料來源：Mackay, George Leslie 著、林晚生譯、鄭仰恩校注。
《福爾摩沙紀事：馬偕臺灣回憶錄》（臺北市：前衛出版社，2007年），頁239。

　　房舍前南勢阿美族群男女老幼排排站。詳細物件有：南勢阿美族的茅草、干欄式房舍、被檳榔樹圍繞的住家空間、成年男女及小孩的模樣、南勢阿美服飾、工作器物……等。這些物件，並非拍攝者的隨意瀏覽，而是聚焦於房舍、服飾、人種容貌、生活器物等面向，提拱自然史人種學相當程度的參考依據。這一系列的照片，多半由學生柯玖所拍攝，呈現了馬偕行腳傳播福音的場景，使得拔牙傳道、馬偕與臺灣原住民交會的文字描述，有了視覺的臨場感受。如同馬偕陳列於「加拿大皇家安大略博物館」、「加拿大醫學

博物館」的收藏，這幾張臺灣原住民的照片，彌足珍貴，照片適時地提供一種「氛圍」的感知，諸如族群與空間、族群日常生活的展現，圖像中透露的文化符碼，部分與近代人種學、人類學的田野調查重點，有所對應。

　　閱讀馬偕《福爾摩沙紀事》，不論是人種學的分類與描繪、實品收藏的文化向度、又或是照片所展現的族群氛圍，都在十九世紀自然史情境的當下，與臺灣地理、歷史、地質、樹木、植物、花卉、動物等要項，同時並列。然而，這些分類，雖有其自成一格的自然史背景支撐，但在馬偕眼中，卻是抒發「花草樹木為上帝神奇造化」的喜悅：

> 臺灣的植物學對一個深思的學者，是一個極其有趣的探討對象。對宣教士來說，每一片葉子都是一種語言，每一朵花都是一個聲音。……我們以由衷的喜悅和羨慕之心，高呼：「主呀，祢的作品多麼豐富！祢以智慧創造了一切。地上充滿了祢的美好恩典。」（頁66）

　　在基督教神學中，除了神的直接啟示，透過自然世界的探索，將能認識、印證神的存在，這些方法可以帶領人們認識神的本質，以及神在自然中一切創造、精巧設計的計畫。上述這段引文，是馬偕著作〈樹木、植物和花卉〉這一小節的結語，自然史分類之後對上帝的詠讚，也出現在〈地質〉，山脈降低、海水升高等地殼作用，在馬偕的讚美詩歌中，都屬於上帝之傑作。這一類「俯瞰自然、仰望上主」的敘述模式，透過自然史知識的輔佐，則將讀者情感歸於一切萬物與法則的創造者，因此，自然史與宗教色彩並列，廣為大眾接受與歡迎，同樣地，在馬偕眼中，臺灣原住民之存在，除了豐富世界族群系譜學的光譜，亦為上帝創世的巧思，此論述，交會著理性科學探索，以及熱情感性宗教的信念，形成兩種「真理」互為對話的見證。

四 結語

　　十九世紀末二十世紀初，「種族」意味著「文明」，探求「種族」的起源與互動，則是探求「文明」起源以及歷史上各文明的互動關係[23]。西方自然史的文化脈絡，伴隨歐美諸國的海外擴張，面對異己他者，帝國根據體質特徵、膚色、語言、風俗習慣、社會組織進行分類，一方面形成博物學知識生產中的「種族」範疇；另一方面則提供帝國對殖民地文明化任務的論述基礎。相較於此，清朝分類臺灣番人的向度，雖然亦有「番俗六考」之別，但在分類歸納中並未發展成近代人種學知識。西方歐美如何透過人種學的分判確立世界體系論述？史溫侯與史蒂瑞在「一個是野蠻人與其後裔，他們顯然是馬來型的；另一個是蒙古型商業文明化的中國墾民」前提下，試圖在風俗慣習、語言比對中驗證臺灣原住民與馬來人的關聯；同樣地，在十九世紀理性主義高漲階段，馬偕亦以撰述自然史為職志，人種學方面，馬偕與史溫侯、史蒂瑞看法一致，將臺灣住民分為馬來人種、蒙古人種二類，並在部族傳說、特徵習俗、洋流輔助以及體質人類學的比較中，確認臺灣原住民與馬來人種的密切關係。為什麼史溫侯、史蒂瑞、馬偕等西方知識份子，特別在文中留意近代人種學科的建置？筆者以為，這與自然史知識和西方近代國家建立的原則有關。在這一風潮中，這些人有深厚的學識基礎，並對自然抱有無限好奇，伴隨冒險心境，他們隨船出海、收集標本、記錄見聞、整理分析所得的標本、繪圖撰述，造就一冊冊巨著，詳實記載「遠東」的人事物，呈現給世人。在那樣的年代裡，自然學家是生物學的先鋒，透過物種、人種比較，建構地球驚奇的生物演化史，至今，西方國家均設有自然史博物館，無不利用這些博物館和豐富的收藏資產，教育下一代，介紹自然奧秘，更鼓勵國人進行探索和想像，無疑是西方近代國家建立的環節之一。

　　西方自然史的觀點與研究方法，於日本學術界吸收之後，成為日本「脫

23　此說參見五井直弘：《近代日本と東洋史學》（東京都：青木書店，1976年）；永原慶二：《二十世紀日本の歷史學》（東京都：吉川弘文館，2008年）。

亞入歐」的路徑。十九世紀下半葉，日本在明治維新之初，天皇詔書「五條誓文」提及「廣求知識於世界」，也以帝國大學的建制，引進西方各種學科知識，以及學術背後所涉及的世界想像。然而，與歐美各國不同的是，此階段日本正致力於「近代國家」形成的確認，使得十九世紀末、二十世紀初期的日本人類學研究，牽涉族群「認同」層次、擴及民族國家建構的討論。一八九五年日本領有臺灣，在坪井正五郎的推動，以及伊能嘉矩、鳥居龍藏、森丑之助等人類學專家的參與之下，完成幾項劃時代的調查成果。十九世紀西方人來臺的民族學觀察，其人種分類，為日治時期的人類學者伊能嘉矩提出補充與批評。伊能嘉矩表示，清朝既定的「生番」與「熟番」，基於政治上原住民歸化與否的分類概念，而馬偕的「生番」、「熟番」、「平埔番」、「南勢番」族群判定，則集中於臺灣北部，並非全島式的族群分類[24]。因此，日治時期的人類學者在前者的基礎上，試圖展開更為科學、更周全的種族分判，延伸「種」與「族」的人類學論辯。然而，即使十九世紀來臺西方人士的民族學觀點，受到挑戰，但從自然史思維延伸而來的民族學／人種學的知識建構，可謂史溫侯、史蒂瑞、馬偕……等西方人士面對異己的特定姿態。

　　十七世紀來臺歐洲人，從航海誌、水路紀錄等書寫標誌福爾摩沙的「海洋特質」，這些包括洋流、航海路徑的記載，呈現了臺灣如何透過海洋，與世界產生互動與關連。然而，若探究十九世紀民族學的論述——從生存痕跡標誌與大陸曾經相連的血脈、從動植物與各民族的起源、混種與遷徙，考證彼此可能的親疏關係等等——顯現了此學科「陸地特質」之內涵。除了陸地特質，「分類」已成為自然史知識建構的第一步驟，史溫侯、史蒂瑞乃至於日治時期的博物學者，雀躍於福爾摩沙以及東方國度的物種多樣性，雖然這些博物學家的收藏、分類成果，最後可能淪為貴族炫富、乃至於帝國炫耀榮光的典藏，但他們對自然史論述的初衷不容否定。那麼，「分類」究竟何以

24　陳偉智：〈自然史、人類學與臺灣近代「種族」知識的建構：一個全球概念的地方歷史分析〉，頁13-23。

為惡呢？與分類相應的差別待遇，旁及價值批判，牽涉了知識與權力的相互建構與補充，其中還包括從未質疑直線演化論的知識預設。與這套知識論述相應的權力關係，包括默認殖民的合法性（例如白種人或黃種人的負擔、脫亞入歐的欲望）、迷信資本主義大量消費的單一價值觀。在此脈絡下，當分類的客體為「人」——即十九世紀民族學的建置，我們更需要檢視它的生產或展示脈絡，甚至所致的影響。

「分類」法則，從中驗證生物多樣性，建立秩序，卻也在分類過程中體察文化混雜的現象，論文提及史蒂瑞驚豔於平埔調聖歌、考掘新港文書，前者為平埔曲調外加聖經內容、河洛話拚音，後者混以荷蘭文字、閩南語拼音，以此記載新港社一帶的契約與事項。文化混雜之例，並非是臺灣的特例，然而，十九世紀跨海前來的西方博物學者倡言的生物多樣性，其「多樣」特質，是否在分類原則下涵蓋文化滋長、雜燴之現象？從史溫侯、史蒂瑞的例子，我們可發現這些學者雖已關注臺灣的「現象」，卻未能進一步加以分類分析，而馬偕的人種學視角，延續自然史的思維，從人群／種族的分類，延伸至族群之生活型態，這些從文字描述、標本蒐集乃至於照片寫真，均可窺見其一貫的思維，比較有趣的是，馬偕對平埔番漢化的關注，側重原本族群傳統與漢化改變，刻意凸顯文明之軛、漢化之惡，或藉此鋪陳基督宗教改人性為善、環境為良、一切造化均為神之美意，凸顯馬偕——作為一個傳教士的終極關懷。

筆者以自然史—民族學為例，說明一種知識建構、或可說是生物「定位」的文化意義，將世界萬物定位、分類於所屬範疇之中，形成秩序，並透過展現驚人的生物演化史，宣稱西方歐美世界奠定此學科的能耐，十九世紀西人對臺灣原住民文化的分類，共同建構了行諸於世界的知識系譜。

參考書目

史蒂瑞　李壬癸校註　《福爾摩沙及其住民：十九世紀美國博物學家的臺灣調查筆記》　臺北市　前衛出版社　2009年

李鑑慧　〈挪用自然史：英國十九世紀動物保護運動與大眾自然史文化〉《成大歷史學報》38期　2010年

馬　偕　鄭仰恩校註　《福爾摩沙紀事：馬偕臺灣回憶錄》　臺北市　前衛出版社　2007年

胡家瑜　〈馬偕收藏與臺灣原住民印象〉　收入《馬偕博士收藏臺灣原住民文物》　臺北市　順益臺灣原住民博物館　2001年

許雪姬撰　〈平埔調聖樂〉　收入《臺灣歷史辭典》　臺北市　行政院文建會出版　2004年

張譽騰　〈英國博物學家史溫侯在臺灣的自然史調查經過與相關史料〉《臺灣史研究》1卷1期　1994年

陳偉智　〈自然史、人類學與臺灣近代「種族」知識的建構：一個全球概念的地方歷史分析〉《臺灣史研究》16卷4期　2009年

陳政三　《1870年代福爾摩沙縱走探險行》　臺北市　五南出版社　2013年

費德廉、羅效德編譯　《看見十九世紀臺灣：十四位西方旅行者的福爾摩沙故事》　臺北市　如果出版社　2006年

鄭仰恩　〈臺灣的「黑鬚蕃」：馬偕其人其事〉　收錄於　《福爾摩沙紀事：馬偕臺灣回憶錄》　臺北市　前衛出版社　2007年

鄭連明主編　《臺灣基督長老教會百年史》　臺南市　教會公報社　1965年

Arthur Herman著　韓文正譯　《蘇格蘭人如何發明現代世界》　臺北市　時報文化　2003年

EO.B.勃羅姆列伊、T.E.馬爾科夫主編　趙俊智譯　《民族學基礎》　北京市　中國社會科學院　1988年

Joseph Beal Streerem著　李壬癸編　《Formosa and its Inhabitants》　臺北市　中研院臺史所　2002年

Glen Dudbridge ed., *Aborigines of South Taiwan in the 1880s: Papers by George Taylor*. Taipei: Shu Ye Museum of Formosan Aborigines, Institute of Taiwan History, Academia Sinic, 1999.

Immanuel Wallerstein et al, *Opening the Social Sciences*. Stanford: Stanford University Press, 1996.

James A. Secord, *Victorian Sensation: The Extraordinary Publication, Reception, and Secret Authorship of Vestiges of the Natural History of Creation*. Chicago: Chicago University Press, 2000

山路勝彦 《臺灣の植民地統治：「無主の野蠻人」という言說の展開》 東京都 日本圖書センター 2004年

五井直弘 《近代日本と東洋史學》 東京都 青木書店 1976年

永原慶二 《二十世紀日本の歷史學》 東京都 吉川弘文館 2008年

再現與論述

——臺灣日治時期漢文旅遊敘事策略

林淑慧

臺灣師範大學臺灣語文學系副教授

摘要

　　旅遊散文是因「空間移動」所產生的敘事，在選擇、重組或化約的過程中，文本內容與表現形式皆透露作者的論述位置及視域。臺灣日治時期旅遊散文多登載於報紙、雜誌，如《臺灣日日新報》、《臺灣民報》，或《臺灣教育會雜誌》、《臺灣文藝叢誌》、《詩報》、《三六九小報》、《風月報》與《南方》等刊物。此外，顏國年《最近歐美旅行記》、林獻堂《環球遊記》、雞籠生《海外見聞錄》等人的旅遊散文，或是回憶錄所載留日學生的日治時期記憶，皆呈現知識份子的比較國際觀及文化批判。故從旅遊散文作者視角的變遷、場景意象、現代性、文化迻譯等面向，理解文本於時代衝擊下所形成的情感結構。為探討這些旅遊散文的研究方法，故分析再現與論述的表現方式，以詮釋文本的敘事策略。

關鍵詞：旅遊散文、地景、記憶、敘事、論述

一 前言

　　旅遊具有空間移動的特性，旅遊散文呈現作者與時空情境的關聯。臺灣文學史上的旅遊散文蔚為長流，不論是臺灣在地文人的旅外作品，或世界各地來臺人士的旅遊散文，多蘊含作者的跨界文化比較觀。至於島內不同時期的旅遊散文，則呈現在地文人自我觀看的方式。以往對於旅遊散文的認知，多認為是浮光掠影的模式化書寫；然而，從日治時期報紙、雜誌刊登此類文本，呈現旅遊經驗與文化變遷複雜的互動關係，作品的詮釋因而深具開拓性。藉由旅遊體驗異地文化，並記錄遠離家園的感知，如此的作品不僅為旅行歸返後留下雪泥鴻爪，亦提供讀者進一步理解作者的世界觀。因旅遊散文具敘事性與論述性，透過文本的詮釋，有助於社會文化變遷相對話，並理解旅人複雜糾葛的內心世界。此種文類牽涉移動所引發的文化差異觀察及論述，且藉由刊物的登載而傳播至知識階層，其研究價值實不容忽略。

　　因關注於空間移動及旅遊書寫的議題，曾分析十九到二十世紀臺灣在地文人如蔡廷蘭、李春生、洪棄生、林獻堂等人的旅遊散文，探討其異地記憶及敘事意義。近幾年陸續發表的論文，亦多圍繞於臺灣日治時期旅遊散文的主題研究，分析以報刊雜誌所載旅遊散文的視域與地景意象、旅外論述與迻譯等議題。研究素材包括登載於刊物的旅遊散文之外，並從個人的旅遊文集，或回憶錄的旅日敘事，以理解知識份子的跨界意識。日治時期眾多的旅遊活動影響旅人的文化觀，以臺灣作為地理實體及想像的框架下，對於殖民母國日本為中心的教化提出反思。透過對這些旅行文學的重新爬梳，將能理解殖民地在旅遊上不只是出發或回歸的場景而已，以文化主體而言，更存在歷史脈絡的文化意涵。目前研究日治時期旅遊散文的成果較為有限，若從當時的刊物中蒐尋文本，有助於發掘此議題研究的意義。

　　臺灣日治時期旅遊散文多登載於報紙、雜誌，如《臺灣日日新報》、《漢文臺灣日日新報》、《臺灣民報》、《臺灣新民報》，或《臺灣教育會雜誌》、《臺灣文藝叢誌》、《詩報》、《三六九小報》、《風月報》與《南方》等刊物。此外，個人文集如顏國年《最近歐美旅行記》、林獻堂《環球遊

記》、雞籠生《海外見聞錄》等,或是回憶錄所載留日學生的日治時期記憶,亦呈現知識份子的比較國際觀及文化批判。除文本的研究之外,另參照日治時期的史料以助於理解當時背景,如透過明治三十一(1898)年《臺灣總督府職員錄》資料庫查詢任官歷程,得見日治初期刊登於《臺灣日日新報》旅遊散文作者的身分、學養及經歷等背景資料。這些作者多為地方士紳、頭人或曾任職於總督府所管轄的機構,此士紳階層的旅遊常兼有考察現代化制度及觀摩實業的目的。亦從一九○七年《南部臺灣紳士錄》、一九一二《臺灣實業家名鑑》以及一九一六年《臺灣列紳傳》、一九三七年《臺灣紳士名鑑》,得知多位作者曾獲取功名或具有實業家身分。沿革誌類的文獻包括一九三一年《櫟社沿革志略》、一九三三年《臺灣總督府警察沿革誌》、一九三九年《臺灣教育沿革誌》,收錄諸多社團組織或行政制度沿革的資料。另如《臺灣時報》、《臺灣總督府報》及《臺灣省總督府事務成績提要》等文獻,或是一九四一年杜聰明編《臺灣歐美同學會名簿》,則提供日治時期臺灣留學歐美學生人數及相關資料。有關作者的著述方面,雞籠生除了一九三五年將報刊發表的《海外見聞錄》彙集出版之外,同年出版的《雞籠生漫畫集》、一九四二年《大上海》及戰後一九五九年《百貨店》、一九七四年《傻瓜集》等著作,皆有助於理解作者的生平經歷及創作特色。若蒐集各類型文本,將有助於議題探索的深化;藉由外緣背景的史料,則能拓展跨領域的研究視野。除紙本的史料之外,有些文獻檔案已建置成資料庫,提供研究旅遊書寫者參考及應用。

　　有關日治時期旅遊書寫相關的研究,如當時許多文人藉由到日本旅遊的機會參觀博覽會,故可參考呂紹理(2005)的研究,此書主要從行動者的角度檢視臺灣日治時期的博覽會,如何透過策展者、被展者與觀眾間複雜的互動關係,分析其中權力運作的軌跡,進而理解博覽會所隱含的社會文化意義與象徵。此外,關於日治時期報刊研究的探討,如李承機(2003)、蘇碩斌(2006)分析臺灣日治時期報刊與官方及資本主義的關聯,並探討對於讀者空間想像形成的影響。目前所見以雜誌為素材的研究成果,如又吉盛清(1997)等人論及《臺灣教育會雜誌》發行的緣由及沿革,並分析雜誌的

內容與功能。施懿琳（2007）、柯喬文（2008）等則從社群組織的人際網絡與刊物的關聯，或是文學主題的詮釋等面向，探討《臺灣文藝叢誌》及《詩報》刊物的特殊質性及作品內容的深究。這些論文因關注焦點的不同而各具特色，且呈現其學術貢獻度；然若將焦點集中以日治時期刊物所登載的旅遊散文為研究素材，將發現尚存諸多延伸的主題值得探索。

因臺灣日治初期許多士紳曾受總督府招待而集體至日本旅遊，回顧有關傳統文人的前行研究，有助於理解臺灣總督府攏絡政策與旅遊書寫的關聯。如楊永彬（1996）提到地方士紳多由總督府授予紳章，官方並舉行揚文會、饗老典、詩會等活動，藉以樹立總督府的文化權威；同時以保甲區長制將其納入基層行政體制，進一步控制和動員地方社會。至於探討《臺灣民報》所載旅遊散文作者的議題，若檢視關於黃朝琴的前行研究，多見以其政治社會的經歷，或參與新舊文學論戰的文學觀等面向為主。然因刊物具傳播的功能，其文學生產的模式與媒體的關係密切，目前較少見針對所收錄旅遊作品加以詮釋的研究。臺灣留學生的活動兼具現代性與殖民性，留日敘事因而饒富文化意義。此類研究因涉及如何再現記憶，故可參照記憶研究的成果，如王明珂（1996）以自傳、傳記及口述歷史等史料，探究記憶與人之間的影響、互滲的論述過程，分析個人記憶與社會記憶間的關係。對於處在殖民地之下的文人而言，赴中國旅遊是一種特殊空間場域的移動經驗，此類的遊記常以時代危機、時空轉移的個人情感結構，於私人的論述中流露作者對旅行與回憶複雜互動的思索過程。廖炳惠（2001）曾以吳濁流的遊記為例，分析臺灣另類現代性的議題。黃金麟等（2010）則提到因臺灣在帝國夾縫中求生存的處境，現代性必然扣連到具體的歷史脈絡與客觀條件來討論。現代人不斷地追問主體的意識與行動，這樣界定出來的現代性是一種反思性或反身性（reflexivity）。臺灣日治時期旅遊散文所蘊含的現代性主題，常呈現作者的反思性，其內容多與歷史脈絡對話。至於范銘如（2008）長期耕耘探討文學與空間的關聯性，所分析的文本以小說為主；顏娟英（2000）則蒐羅日本來臺藝術家的論述，並從中分析其風景心境，此類的研究皆提供詮釋文學景觀的參考。

　　旅遊散文是因空間移動而產生的敘事文本，在選擇、重組或化約的過程中，文本內容與表現形式皆透露作者的論述位置及視域。旅遊研究的議題雖日漸熱絡，但仍有多處相關的學術議題尚待開拓。究竟臺灣日治時期的旅遊散文蘊含哪些研究主題？旅遊散文作者的身分及位置為何？旅遊散文的內容與表現形式又傳達作者何種視界？他們如何透過旅遊散文形塑臺灣及外在世界的地景意象？又藉由書寫海外意象透露怎樣的世界觀？當作者至各地旅遊，有哪些目的性的考察及現代性的體驗？他們觀察到哪些文化差異並加以迻譯？甚至發表其文化批判？此類旅遊散文因涉及文學與文化相關的議題，值得細加探究。旅遊散文大多比行旅詩的篇幅長，又因不受格律的拘束，敘事性較為鮮明，且易於論述。臺灣日治時期旅遊散文因階段性、地域性、作者身分及位置等差異而各具特色。本文擬先探討旅遊散文的研究方法，蒐羅日治時期旅遊散文為研究素材，分別舉例探討相關研究主題的詮釋。

二　旅遊散文的研究方法

　　本論文於旅行以及跨國研究上，強調文化體驗和感官的衝擊、空間意象、文化承襲或認同等議題，焦點置於作者、媒介以及報刊雜誌上，例如《臺灣日日新報》、《臺灣民報》、《三六九小報》及雜誌刊物等主要的大眾媒體上的漢文，以探討臺灣、日本與中國文化的差異以及現代化的衝擊。對於「論述」（discourse）的定義，傅柯（Michel Foucault, 1926-1984）認為論述是一種陳述的系統，藉由這種方式，社會的現實可為世人所瞭解、應用且運作，進一步形成主體與客體間的權力關係。透過論述來認知世界並生產意義，進而形成一種隱藏在人際間的權力網絡。論述是各種勢力穿行其間，相互交鋒或較量下所形成的語言表達。因為權力的作用，使得知識的形成必須遵循一系列的規則、標準與程序，也必然涉及各種分類、信念及慣用的方法。[1]「再現」比較強調個人和社群，「論述」則不只是個人的面向。例如將旅

---

[1]　Foucault, Michel. *Power/Knowledge*. (New York: Pantheon, 1980), pp.109-133.

行文學刊登在報章雜誌上，讀者群常受到歷史和殖民勢力的影響。面對臺灣的抗日意識高漲，日本於是試圖積極攏絡臺灣人，漢文即成為媒介之一，其中《臺灣日日新報》、《臺灣教育會雜誌》早期特別增刊漢文版或漢文報。在旅遊文學上，臺灣人被邀請至其他國家參訪，內心受到衝擊後，回國是否表現出對日本人的效忠？而在這樣的意識裡，又有很多挪用和誤解，在此層面又該如何藉由再生產的這個作用，此即是所謂的「論述」。也就是傅柯所說的，作者是歷史條件使其發揮作用，作者是時代的一個產品。

　　一九二〇年代臺灣讀報人口、閱讀的情感和記憶和認知系統，已經產生很大的變化，形成臺灣和日本陌生與親切的情感結構。因此，在歷史化的公共文化中，針對旅遊、日本或外在世界，臺人怎麼挪用領受的結構？又如何重新創造文化？如Anderson所言，在報章雜誌上吸收別人的內容，再用放大鏡觀看，期望做得比別人更完善，以更多方式發揮自己的民族主義。因此，旅遊文學也運用這種方式，希望在臺灣製造出一種比臺灣、日本還要理想的社會。菲律賓、印度以及孫中山先生也是運用這樣的方式，將旅遊經驗變成國家新興的計畫，到國外吸收到的經驗於自己的土地上生根。這樣一種認同位置和場景的互動，變成保存在地文化的計畫，背後是政治和歷史互相交織而成的。日本運用各種方式鼓勵日人來臺旅遊，藉以同化臺灣人。這種經驗在領受、抗拒的情感結構下，被拋棄、被邊緣化以及被同化的經驗裡，如何形成自我的認同和主體性？受到歷史論述的影響下，這些旅行者回到臺灣是否可以轉化自己的思考，成為實業界和商業界的政策？如何使農業、教育和本土產業的發展上，對臺灣有新的貢獻？這個預期層面是「論述」須注意到的面向。[2]

　　就文體而言，散文（prose）有別於韻文（verse），許多散文以推理或論述的形式，拓展到外在世界的「實踐」或「行動」，以及社會活動或個人的

[2]　感謝加州大學聖地牙哥分校（UC San Diego）川流講座教授臺灣研究中心主持人廖炳惠老師，於第八屆臺灣文化國際學術研討會擔任本論文的講評人，不吝給予諸多珍貴的意見，激發詮釋的靈感，提供本文補充論點及修改的參考。

思想。[3]旅遊散文有時以日記體的形式，有些則公開傳播而具聽述的對象。旅人一方面是行動主體，另一方面又不時跳脫出來觀察自己，旅行敘事因而發人省思。就敘事理論而言，敘事者和他所述說故事的關係，可以劃分為同敘事者與異敘事者。同敘事者敘述自己目睹、參與或經歷的故事，敘事者本身就在他所敘述的故事之內。旅遊散文多以同敘事者的方式，隨心所欲闡述其所思所感，由人物談論自身或其他人物，其身體、行為或情感表現，自然比較具說服力。此類文體與敘事學的要素有所關聯，如敘事學不只關切形式，也處理意義、修辭、歷史生產情境等問題；不只研究文本結構組織，也顧及整體與局部的關係和細節的安排。[4]旅遊散文歸屬於散文的次文類（sub-genre），是以記遊寫景為主要內容的散文類型。通常為作者遊歷異地的主觀記敘，有明顯的敘事秩序；且作者脫離日常生活固有的生存空間，為特殊體驗的紀錄。其要件為所記內容必是作者親身經歷，並以記遊為最主要目的；同時需呈現作者心靈活動，若僅是客觀解說，只能視為旅遊指南。[5]以敘事學來探索文本，是將其視為理解和接近世界的手段。因旅遊散文從開頭的旅遊動機，到中間發展的過程，涵括旅遊路線的選擇、旅途中與人物的互動或景點的擇選等。至於結尾則為回歸後的感受與論述，流露作者從離到返的思路歷程，故以敘事學的要素作為旅遊散文的研究方法。

　　許多敘事的展開與人物生命歷程重疊，旅遊最終目的在於認識與回到自我，因而使個人的生命經驗更多彩；旅遊體驗也是主觀的感受，透露旅遊過程的觀察、交流與哲學思索。因旅遊散文敘事結構的特性，故歸納旅遊敘事架構如圖一：

---

[3]　諾思洛普‧弗萊著，陳慧等譯：《批評的解剖》（天津市：百花文藝出版社，2006年），頁387-486。

[4]　翁振盛：《敘事學》（臺北市：行政院文化建設委員會，2010年），頁30-31、92-93。至於異敘事者敘述他人的故事，自己不在他所敘述的故事之內。

[5]　鄭明娳：《現代散文類型論》（臺北市：大安出版社，1978年），頁220-230。

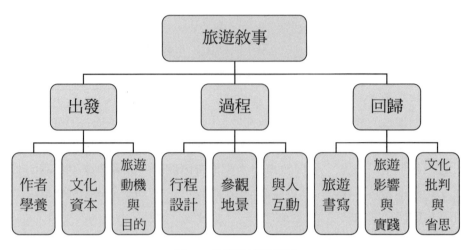

圖一　旅遊敘事架構圖

　　圖一呈現以敘事情節為核心，從旅遊作者的敘事位置與目的，到旅遊場景與心境，或是迻譯與論述等面向，皆呈現旅遊散文的敘事特色。如基隆出生的陳炳煌以「雞籠生」為別號，曾因父親經商而移居中國、東南亞等地，於一九三〇年取得碩士學位後，取道歐洲漫遊。其遊歷路線依次為：美國紐約→英國倫敦→法國巴黎→德國柏林→法國馬賽→新加坡→西貢→上海。原發表於《臺灣新民報》的見聞，後來應許多朋友及讀者的要求方集印成書。情節的賦予將旅遊事件轉變成連續故事中的一幕，也因而將敘事的各部分聯繫起來，成為一個具有內在意義的整體。[6]此《海外見聞錄》受到林獻堂的肯定，讚賞他見聞廣博且善於「留心毫末，詳人之所忽」[7]，可見此部旅遊散文各篇內容的關聯性，隱含作者獨樹一幟的寫作風格。

　　旅遊使人產生轉變，到了遠方才能更了解自己，也是一個經常被提及的悖論關係（Paradox）。度假時能夠享受到自由，透過遠離工作來再造自我，

6　Hinchman, Lewis P. and Sandra K. Hinchman. *Memory, Identity, Community: The Idea of Narrative in Human Sciences*（New York: State University of New York Press, 1997），pp.15-16.

7　林獻堂：〈海外見聞錄序〉，收入雞籠生：《海外見聞錄》（臺北市：臺灣新民報社，1935 年）。

同時可以在旅遊時光中發揮創意。[8]許多作者除了考察及觀摩學習之外，旅遊的重要層面即是一種脫離時間束縛的永恆體驗。如林獻堂暫時脫離島內紛爭而遠赴海外旅遊後，不僅於旅遊散文中將殖民地比喻為「牢籠」，也親身感受到外在世界的相對「自由」，因而更理解自我及臺灣的處境，隱含知識份子對臺灣未來發展方向的思考。廖炳惠於〈旅行、記憶與認同〉歸納旅行研究的重要特質，其中心理符號機制有五個元素，包括：認同、差異、再現、批判、調整。在旅行的過程中，常是一種自我和他人再現的心理機制，於比較、參考與對照別人的文化社會而顯出人我之差別。心理機制將外面的景觀以及引發的情緒變化，以書寫方式顯現內心的人我差異，因此旅行常發展出比較國際觀。[9]若應用於臺灣日治時期旅遊散文的詮釋，常見作者因旅遊活動而思索自己的認同位置。同時在這差異比較的過程，再現文化觀察所得，因此產生對於本土文化現象的批判，進而調整在公共政策上的看法，並提出具體建議。這些皆是研究旅遊多元面向的切入點，茲以圖二歸納旅行敘事的主要意義。

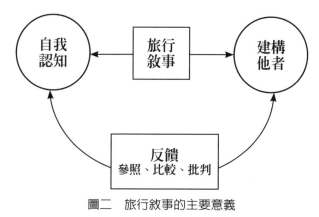

圖二　旅行敘事的主要意義

8　Curtis, Barry and Claire Pajaczkowska. "'Getting there": Travel, Time, and Narrative"'. George Robertson, Melinda Mash and et al. Eds, *Traveller's Tales: Narratives of Home and Displacement*（London: Routledge, 1994）, pp. 199-215.

9　廖炳惠：〈旅行、記憶與認同〉，《臺灣與世界文學的匯流》（臺北市：聯合文學出版社，2006 年），頁 180-181、183-189。

在殖民情境下的旅遊散文，常隱含對自我身分認同的思考，或於異地建構他者；回歸家園後則以參照、比較或批判的方式，反饋至自我主體的建構。如日治時期的刊物所載多篇旅日散文，表面上強調觀摩教育的諸多面向，看似不遺餘力宣揚殖民母國的教育成效，同時亦反映臺灣教育資源遠不如日本的困境。又如《臺灣教育會雜誌》所載國語學校校友王名受的作品，顯現作者關注教育及社會風氣的議題，並對加強臺灣教育的重要性有所認知。此外，《臺灣民報》所載黃朝琴的旅遊敘事，包括留學教育是否能學以致用，畢業後回臺灣是否發揮專長；另一方面，則藉由參觀美國菁英教育及社會教育資源，觀摩學習環境與教育的成果。從留學的準備教育，到留學後回國實習的配套措施，呈現他曾因留學經驗而能關注教育的多元面向。又如此報所載陳俊生〈遊朝鮮所感〉，則是觀察朝鮮教育機構比臺灣更具規模，並批判臺灣教育不盛行的原因之一為抱持舊思維的人阻礙教育的發展。威廉士（Raymond Williams）強調「感情結構」（Structure of Feeling）「不只是一群作家的共同點，也包括特殊歷史情境下，與其他作家的共同點」，故「感情結構」是將結構的對應視為社會特定族群的表現方式。[10] 臺灣日治時期旅遊散文，皆為作者藉由公共媒體強化應重視教育的理念，反映那時代知識份子對人才培育的問題憂心忡忡。這些旅遊散文在旅人自我與他者的映照中，皆感受現代化的衝擊，或處於殖民地之下的諸多困境，因而流露相通的感情結構。

臺灣日治時期的旅遊散文不僅蘊含海外的空間意象，並流露作者觀看臺灣本土的風景心境。人文地理學者艾倫・普列德（Allan Pred）提到：「地方感」概念的形成，須經由人的居住，以及某地經常性活動的涉入。經由親密性及記憶的積累過程，經由意象、觀念及符號等意義的賦予，或經由充滿意義的「真實的」經驗或動人事件，以及個體或社區的認同感、安全感及關懷（concern）的建立，才可能由空間轉型為「地方」。[11] 藉由分析旅遊散文的敘

---

[10] Williams, Raymond. *Problems in Materialism and Culture*（London: Verso, 1980），p. 230.

[11] Allan Pred 著，許坤榮譯：〈結構歷程和地方——地方感和感覺結構的形成過程〉，《空間的文化形式與社會理論讀本》（臺北市：明文書局，1993 年），頁86。

事視角,發掘一些作者以「地方」的概念表達對各類場景的感受,並透露身分位置與場景互動的關聯。如《臺灣文藝叢誌》的作者多為傳統儒學社群,此刊物所收錄的島內遊記多以「園」或「名勝」為主,強調園林的歷史厚度及與人物的互動。文化地景的想像蘊含深刻的時間意識,舉例而言,萊園不僅為霧峰林家的宅第,亦是臺灣文化協會會員聚集的人文空間,透露寄託鬱結之氣於園林的情懷。又如「務茲園」原意是指務求施行更多德政,園林以此命名,表現在地的認同感及歸屬感。此外,文人藉由書寫珠潭等地景,將長時間積累的歷史感受,因不同時代的變遷而賦予新的意義。綜觀這些島內遊記,或展現作者的人生觀與地景間的相互映照,或透露殖民地知識份子的憂心及對於文化保存的關切。

在時代背景與文化脈絡方面,方孝謙(2006)透過西來庵事件、日人的懷柔統治手段等例子,分析臺人如何進行反抗或順從;不僅顯現日人對於不同階層臺人的統治成效,並影響少數知識份子的認同。[12]這些臺灣知識份子在協力或反抗間的光譜遊走,分析其書寫內容,有助於理解他們於日治時期的位置。在文獻研究方面,為蒐尋第一手資料,須先探討作者撰述、主編與傳記等相關書籍。如:顏國年編著及他人所編的傳記,並蒐集顏家的產業發展與婚姻網絡,或是與地方社會的關係等文獻。如顏義芳(2011)探討基隆顏家與臺灣礦業發展及關口剛司(2002)分析三井公司等資料。就田野調查而言,藉由顏國年等人的後代或相關人士的訪談中,得知作者更多的背景資料。如顏國年媳婦施素筠曾於〈夫家成員的穿著〉的口述訪談中,提到顏國年的個人風格:「公公個人相當重視服飾穿著,認為體面的穿著能表徵一個人的社會地位。在顏家的男性中對穿著最考究,還曾到歐洲考察時帶回好幾大箱的西裝禮服、皮鞋、禮帽。」[13]此類家族史、口述史的訪談方法,有助於

---

[12] Fong, Shiaw-Chian. "Hegemony and Identity in the Colonial Experience of Taiwan, 1895-1945". In David De-wei Wang and Ping-hui Liao Eds, *Taiwan Under Japanese Rule, 1895-1945*(New York: Columbia University Press, 2006 年), pp. 160-184.

[13] 葉立誠:《臺灣顏、施兩大家族成員服飾穿著現象與意涵之研究:以施素筠老師的生命史為例(1910-1960 年代)》(臺北市:秀威資訊科技公司,2010 年),頁206。

對這些旅遊散文進行另類閱讀的理解。

刊物學的研究成果，提供思考於公開媒體發表的相關議題。臺灣日治初期大多數報紙為日人所辦，透過具有世界性的報章雜誌，取得現代知識。同時，透過報紙也將殖民地與世界各地疆界模糊化；發生在一個殖民地的事件，當中的主角在世界各地將得到不同的評價。日治時期報紙、圖書等出版品，顯露跨國性及世界主義，縱使對臺人來說不可能是完全自由表達言論的媒體，但對現代性仍有相當的貢獻。[14]回顧《臺灣日日新報》的發行沿革，一八九六（明治二十九）年日人田川於臺北發刊《臺灣新報》，一八九八（明治三十一）年與《臺灣日報》合併，改稱為《臺灣日日新報》。一九〇五（明治三十八）年至一九一一（明治四十四）年將漢文版擴充成《漢文臺灣日日新報》，直至一九四四（昭和十九）年總督府將全臺六家日刊報紙，統合為「臺灣新報」，由總督府獨攬整個新聞事業。[15]《臺灣民報》的前身，可推溯一九二〇（大正十九）年由臺灣留日學生組成「臺灣青年雜誌社」所發行的《臺灣青年》，這份於東京印刷的刊物採日文及漢文並行。發行範圍除了臺灣之外，也在日本及中國沿海流通。一九二二（大正十一）年《臺灣青年》改名為《臺灣》，一九二三（大正十二）年四月創刊《臺灣民報》半月刊，兩年多之後，其發行量成長與臺灣四日刊報紙並駕齊驅，一九二七（昭和二）年七月《臺灣民報》獲准於臺灣印刷。此系列報刊具有開啟民智、呼籲臺民奮起、介紹新知及傳播東西文明等功能。[16]一九三〇（昭和五年）年三

---

[14] Ping-hui Liao, "Print Culture and the Emergent Public Sphere in Colonial Taiwan, 1895-1945". In David Der-wei Wang and Ping-hui Liao Eds, *Taiwan Under Japanese Rule, 1895-1945: History, Culture, Memory* (New York: Columbia University Press, 2006), pp.160-184.

[15] 李承機：〈植民地新聞としての《臺 日日新報》論──「御用性」と「資本主義性」のはざま〉，《植民地文化研究：資料分析》第二號（東京：不二出版，2003 年），頁169-181；蘇碩斌：〈日治時期臺灣文學的讀者想像──印刷資本主義作為空間想像機制的理論初探〉，收於國立成功大學臺灣文學系編，《跨領域的臺灣文學研究學術研討會論文集》（臺南：國家臺灣文學館，2006 年 3 月），頁99-101。此兩篇論文分析臺灣日治時期報刊與官方及資本主義的關聯，並探討對於讀者空間想像形成的影響。

[16] 黃秀政：《臺灣民報》與近代臺灣民族運動（1920-1932）》（臺北市：現代潮出版

月二十九日《臺灣民報》第三〇六期起，改名為《臺灣新民報》。

　　臺灣教育會為使同化教育能順利推行，一九〇〇（明治三十三）年發行機關誌《臺灣教育會雜誌》。[17]一九一二（大正元）年一月第一一七號起改稱《臺灣教育》，直到一九四三年（昭和十八）年停刊，總共發行四百九十八號。[18]《臺灣教育會雜誌》漢文報為殖民者利用漢文的一環，顯現語言與教育對同化政策深具重要性，此誌兼具兩者，故於傳播上亦有特殊的意義。這個刊物從一九〇三（明治三十六）年一月第十號增設「漢文報」附於雜誌後。[19]其目的是為攏絡臺人參與日語教育工作；同時也為增加閱讀群眾以達到教化臺灣人民的目標，使「國語」同化教育能順利推行。

　　一九一八年（大正七）九月二十日櫟社與清水鰲西詩社的聯合會中，蔡惠如深慨漢文將絕於本島，提議設法維持漢文的延續，臺灣文社由此醞釀而生。[20]臺灣文社創立者共同於一九一八年十月擬定〈臺灣文社設立之旨趣〉，並於一九一九年一月一日創刊《臺灣文藝叢誌》於號刊登十二名以櫟社成員為主要班底的臺灣文社設立者，[21]臺灣文社的成立與《臺灣文藝叢誌》創刊，皆是提供古典文學作者發表的場域。

　　《三六九小報》為一九三〇（昭和五）年九月九日由一群臺南文人所創立，發起成員之一王開運曾在創刊號中說明報刊的性質為：「特以『小』標榜，而致力托意乎詼諧語中，諷刺于荒唐言外。」組織成員包括具科舉功名的傳統文人，如趙雲石、羅秀惠等成員；以及受漢文化陶養與公學校教育

社，1987年），頁91-107。

17　蔡茂豐：《中國人に對する日本語教育の史的研究：臺湾を中心に》（臺北市：撰者印行，1977年），頁338。

18　〈編集後記〉，《臺灣教育》第497號，1943年12月，頁69。

19　〈會報〉，《臺灣教育會雜誌》第10號，1903年1月，頁62-63。

20　傅錫祺：《櫟社沿革志略・大正七年（戊午）》，《臺灣文獻叢刊170種》（臺北市：臺灣銀行經濟研究室，1963年），頁12。

21　蔡惠如等：〈臺灣文社設立之旨趣〉，《臺灣文藝叢誌》創刊號（第一年第一號）1919年10月。

的新世代，如南社少壯派成員趙雅福、洪鐵濤等人。[22]每逢三、六、九日發刊的小報，得以維持五年之久。[23]至於《風月報》的前身為《風月》雜誌，一九三五（昭和十）年由臺北大稻埕一群文人發刊，一九三七（昭和十二）年更名為《風月報》。一九四一（昭和十六）年為配合日本南進政策作宣傳，又改題為《南方》，復改為《南方詩集》月刊。綜觀此系列雜誌發行期數、期號相連貫，發行時間長達八年多。此系列雜誌初以通俗文學為主的編輯方針，後期漸轉向為「皇民化運動」宣傳的方向。[24]

另一刊物《詩報》於一九三〇（昭和五）年十月三十日由周石輝等人創刊，是日治時代發行最久的傳統文學刊物。報社早期設址在桃園，後搬遷至基隆，以基隆在地詩人參與編輯為主。《詩報》發行時間長達十四年，共刊行三百零九期，為日治時期極具規模的傳統文學報刊，也是少數戰爭期獲准繼續發行的漢文刊物之一。[25]

《臺灣日日新報》雖主要以日文刊印，但一九〇五年七月《臺灣日日新報》分出漢文欄，此《漢文臺灣日日新報》每日發行量逾四千份，一九一〇年每日發行量逾六千份。臺灣人在一九一〇年代的讀報人口，粗估只有「諸區長、保正、紳商、官吏」約八千人，一九二〇年代為臺灣人報紙購讀層大幅增加的開端。[26]《臺灣民報》正是於日治中期以活字印刷形式印行的，此臺

---

[22] 《三六九小報》，第5號，1930年9月23日。

[23] 江昆峰：《《三六九小報》之研究》（臺北市：銘傳大學應用中文學系碩士論文，2003年），頁158-159。

[24] 林淑慧：〈日治末期《風月報》、《南方》所載女性議題小說的文化意涵〉，《臺灣文獻》第55卷第1期（2004年3月），頁205-237。

[25] 《詩報》的研究，可參考柯喬文：〈基隆漢詩的在地言說：《詩報》及其相關書寫〉，《中正大學中文學術年刊》第二期（2008年12月），頁161-200、陳青松：〈詩報-漢文弛廢振詩學〉（1999年），《基隆市志·文化事業篇》（2001年）、《基隆市志·藝文篇》（2003年），陳青松：《基隆第一·人物篇》（基隆：基隆市立文化中心（今文化局），2004年6月），頁20-22。

[26] 李承機：〈從清治到日治時期的「紙虎」變遷史〉，柳書琴、邱貴芬主編：《後殖民的東亞在地化思考：臺灣文學場域》（臺南市：國家臺灣文學館，2005年），頁15-44。《臺灣近代メディア史研究序說——殖民地とメディア》（東京都：東京大學大學院總

灣人所創辦的報紙，使作者認知不特定、不認識的全新讀者，並以這種新讀者為訴求對象，因而「文學作者的書寫文字」乃形構一個讀書的空間。[27]這些報紙的發行的時間、數量，提供理解當時閱讀市場的資料，並使登載於此類公共媒體的旅遊散文具有傳播性。為分析臺灣日治時期旅遊散文蘊含哪些研究主題，圖三列舉幾個文本作為研究的實例。

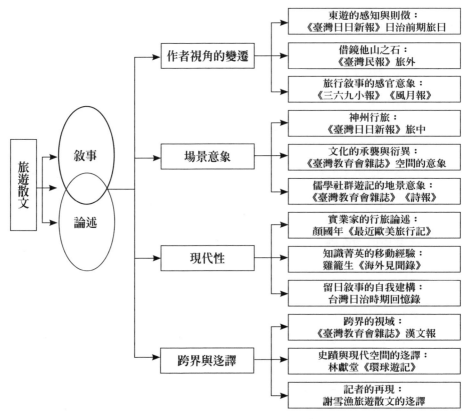

圖三　臺灣日治時期旅遊散文主題架構

合文化研究科博士論文，2004年），頁257-258。

27　蘇碩斌：〈活字印刷與臺灣意識：日治時期臺灣民族主義想像的社會機制〉，《新聞學研究》第109期（2011年10月），頁17。

　　歸納旅行心理符號機制的範疇，包括認同、差異、再現、批判、調整等元素，若應用於旅遊散文的研究，得以詮釋作者因旅遊活動而思索自己的認同位置。在這差異比較的過程，再現文化觀察所得，因此產生對於本土文化現象的批判，進而調整在公共政策上的看法，並提出具體建議。廖炳惠（2001）曾以吳濁流的遊記為例，分析臺灣另類現代性（alternative modernity），指的是臺灣的被殖民經驗，以及嚮往祖國的經驗，發現到一種非中、非日的臺灣的現代另類經驗。對於處在殖民地之下的文人而言，赴中國旅遊是一種特殊空間場域的移動經驗，此類遊記常以時代危機、時空轉移的個人情感結構，於私人的論述中流露作者對旅行與回憶複雜互動的思索過程。[28] 就刊載於《臺灣日日新報》的楊仲佐〈神州遊記〉、黃朝琴〈上海遊記〉為例，他們生長於殖民地臺灣，卻因緣際會前往想像的中國，其旅遊散文透露文化差異下的心理轉折。一些文人因接觸古籍及儒學教育的薰陶，或從長輩口述中原風土的描述，皆形塑關於漢文化的想像；然而，當他們親身踏上中國土地，所見所聞與想像有莫大的落差。他們或從國民意識、教育、衛生、農工商業等面向提出富強論述，或於字裡行間流露對中國的批判及深切期許，其價值觀亦隱含受到日本殖民統治的痕跡。由於臺灣與漢文化的關聯性，旅遊散文的地景與歷史軌跡相映，呈顯古今參照的反思。至於《臺灣文藝叢誌》、《詩報》旅日散文關於文明的論述，透露割捨過去而趨新的理念，亦是儒學社群從傳統社會過渡到現代社會的肆應。有關臺灣日治時期旅遊散文的研究方法，可應用旅遊心理符號機制、敘事與論述的表現方式，詮釋文本的再現策略。以下將從旅人視角與敘事場景、現代性與跨界迻譯等面向，理解作者於時代衝擊下所形成的感覺結構。

---

[28] 廖炳惠：〈異國記憶與另類現代性：試探吳濁流的《南京雜感》〉，《另類現代情》（臺北市：允晨文化實業公司，2001年），頁21。

三　旅人視角與敘事場景

　　臺灣日治時期旅人不僅感受文化差異，且思考改革的諸多面向。從這些旅遊散文作者視角的變遷，以及所描繪的場景意象，皆提供瞭解特殊時代旅人與環境的互動關聯。旅遊散文作者於文化的參照與比較後，進一步提出哪些評論或批判？如《臺灣日日新報》、《漢文臺灣日日新報》所載旅日散文，透露作者的空間感知，又表達對現代文明的憧憬嚮往或省思。至於《臺灣民報》的旅遊散文則多呈現取法現代政經制度，跨界觀摩城市休閒品質。相較於報刊多載考察政經制度的大敘事，在《三六九小報》、《風月報》所刊登的旅遊散文，則多為作者再現個人的感官體驗。旅遊散文的場景與敘事者心境多有所互涉，《臺灣日日新報》刊載至中國的旅遊散文不僅描繪都會的物質文明，內心又產生哪些與想像有所落差的文化衝擊？綜觀《臺灣教育會雜誌》的旅遊散文，一方面藉由地景意象反映與閩南文化的關聯，並承襲風景書寫的傳統模式；另一方面，殖民者如何藉由神社等空間形塑國民性？或利用修學旅行與共進會發揮教化功能？至於《臺灣文藝叢誌》、《詩報》所載島內旅遊散文如何藉由書寫臺灣意象進行自我觀看？當作者到日本及中國又觀察到哪些文化差異？本節就作者視角的變遷、人物場景與心境等面向，探討旅遊敘事策略的特色。

（一）作者視角的變遷

　　臺灣日治時期報刊所載旅遊散文繁複多元，作者常以「我在現場」的方式，記錄各地的文化氛圍。尤其日本殖民統治初期一八九八（明治三十一）年起發行的《臺灣日日新報》，及一九○五（明治三十八）年增刊的《漢文臺灣日日新報》所載的旅遊散文，多見士紳趁博覽會展期赴日觀光的敘事，以及對於長崎、馬關、神戶等港口，或京都、東京及日光等選擇性地景的感知。又因這些作者多擔任街庄長及參事等職，而著重於觀摩殖民母國的農工商業、交通建設、公共衛生、各級學校教育及帝國議會議事堂等層面。例如

葉文暉與許又銘於一八九九年至鹿兒島參訪九州沖繩聯合共進會、一九〇三年黃純青等人參訪大阪勸業博覽會，或林維朝於一九〇七年參觀東京勸業博覽會，皆顯現作者對於現代文明的憧憬嚮往或省思論述。這些旅日散文登載於日治時期發行最久的報刊，頗具公共輿論的傳播意義。其中有些作者為士紳或地方頭人，他們受殖民者攏絡至日本，其旅遊目的及其則傚興產與教育的論述等面向，透露臺灣日治初期旅日散文的敘事視角。

當一九二〇年代知識份子群起參與臺灣文化啟蒙運動之際，旅遊散文亦呈現追求普世價值的功能性。如《臺灣民報》刊載旅遊散文作家在殖民統治重重限制下，有時以象徵的意符隱含身處不公社會的心境。由於作者個人的文化素養，使其所撰的旅遊散文各具風格；這些旅遊散文蘊含作者對異地的感受，亦傳達跨界後的文化觀摩及省思。藉由旅遊親眼目睹公共建築或歷史遺跡，並感受這些地點所具有的公共象徵。《臺灣民報》為臺灣知識菁英所創，具喚起民眾自覺的使命，亦呈現受到外在世界刺激後的內省。刊載於此報的旅遊散文以黃朝琴一九二六年〈旅美日記〉、一九三〇年〈馬來半島的印象〉，及一九二七至一九三一年連續刊載四年的林獻堂〈環球一週遊記〉為長篇代表作。關於旅亞遊記，則如一九二六年陳後生〈遊朝鮮所感〉、一九二八年郭戊己〈南洋見聞記〉，以及一九三三年王添灯〈南洋遊記〉等。從取法現代政經制度、跨界觀摩休閒品質、文化參照的反思與借鏡等面向詮釋文本，藉由自我主體與他者的對話，呈現旅遊散文的敘事策略。這些作品所隱含改革臺灣制度的使命感，與啟蒙大眾的理念，呈顯此類文本所具公共領域論述功能的特質。

臺灣一九三〇年代刊物的出版，常呼應現代都會大眾休閒生活的脈動。《三六九小報》及《風月報》系列雜誌以休閒為主要功能，所載旅遊散文不僅以自然或人文風景為題材，且多具感官意象。因「感官←→記憶←→藝術創作」之間有所關聯，若以敘事學的概念應用於旅遊散文的詮釋，將能理解作者如何透過文本再現個人的感官經驗。此類旅遊散文蘊含在地與跨界敘事的感官意象，故分從在地風景的感官體驗、旅日記憶的表現手法加以詮釋。另一方面，則從刻劃女子的形象、場景與敘事者心境的互涉等層面，分析旅

行敘事的人物與場景。刊登於此類刊物的在地旅遊散文，雖引用漢籍典故的
文化意象，卻藉由具體刻畫臺灣的山水，巧妙為在地化的風景發聲。有些細
描風月場所女子的際遇，或現代女子於職場上的各種形象，則反映男性作者
群以感官窺視的諸多面向。同時，藉由參觀原住民聚落的習俗，記錄文化差
異的觀察，流露日人對原住民同化政策的鑿痕及影響。

（二）場景意象

　　日治時期旅遊散文再現文人對異地的感受，其中《臺灣日日新報》收錄
許多文人至中國的行旅痕跡，究竟報刊所載這些文本作者有何旅中目的？
當參觀中國的城市後，內心可能產生哪些文化的衝擊？從楊仲佐〈神州遊
記〉、黃朝琴〈上海遊記〉的旅遊散文，有助於理解生於總督府統治下的臺
灣文人觀看中國現代化的視角。藉由作者於文本中思索的面向，釐析他們跨
界後的錯綜心理情緒，進一步呈現於臺灣旅遊書寫研究領域上的意義。如這
兩位菁英家庭的作者，一為傳統詩社的文人，一是留日的學生，然皆從國民
意識、教育、衛生、農工商業等面向提出富強論述，流露對中國的批判及深
切期許，呈顯臺灣受日本殖民統治的痕跡。

　　臺灣日治時期雜誌蘊含諸多與閩南文化相關的史料，為研究閩南文化的
重要資源。這些刊物不僅記錄作者對當地文化的體驗，並再現文人對風俗的
感受。其中《臺灣教育會雜誌》為日治時期發刊頗為長久的系列雜誌，且於
一九〇三（明治三十六）年到一九二七（昭和二）年增設漢文報。從地景意
象的承襲、空間文化的衍異兩大面向，探討寺廟意象與閩南文化的關聯，並
檢視八景書寫模式。同時從空間與國民性的形塑、修學旅行與共進會的教化
功能，舉例分析文化承襲與衍異的現象。此誌作者群多是臺灣總督府國語學
校的師生，他們的地景敘事一方面流露承襲閩南文化的意象；另一方面，於
字裡行間隱含殖民現代性的影響。若論析作者空間意識的形成，有助於理解
其觀看臺灣文化的視角，並呈現文本敘事的意義。

《臺灣文藝叢誌》與《詩報》為日治時期發行長久的漢文刊物，且皆以維持漢詩文於不墜為發刊宗旨，在臺灣文學場域上頗具代表性。兩刊物所登載的多篇旅遊散文，敘事範疇涵括臺灣島內旅遊及跨界至中國、日本等地，可作為研究其行旅記憶及地景意象的素材，並理解此社群如何觀看臺灣及海外的地景。這些旅遊散文的作者多受傳統儒學的薰陶，當他們面對儒學價值與現代文明之際，文本顯現衝突或協商的因應方式。不僅探究其挪用典故、參照比較、觸景生情、迻譯轉化等表現策略，又分從儒學社群文藝刊物所載旅遊散文的功能、島內旅遊散文的自我觀看及地方感、旅遊散文再現文化差異等面向，探討旅遊散文地景意象的學術意義。此類儒學社群為主的文藝刊物，所載旅遊散文具有觀看自我及外在世界的作用，並發揮闡釋儒學價值的功能。

四　旅遊散文現代性與跨界迻譯

空間移動的經驗使旅人的意識有所轉變，不再僅受到自然景觀的吸引，有時則因觀察異地都會的發展而對現代性進行反思。同處殖民地的知識菁英由於社會地位、學識背景等因素的不同，其跨界迻譯的敘事策略亦各具特色。透過《臺灣教育會雜誌》漢文報的旅遊散文，可分析國語學校師生赴日修學旅行的教化意義之外；許多作者亦因旅外而感受臺灣與他國的文化差異，並重新思索自身的處境。究竟在日治時期旅遊散文的作者有哪些現代性的體驗？他們藉由書寫海外意象再現哪些文化差異的觀察？旅人參觀各地的紀念物、歷史場景後，又如何迻譯？藉由呈顯現代地景反思哪些處於日本殖民下的生存處境？跨界旅遊開擴作者的文化視角及世界觀，若將旅外散文刊登於報刊等傳播媒體，如此的文本多具有文化迻譯功能。綜觀這些知識菁英旅遊目的性不一，然皆是藉由親身體驗，試圖建立以臺灣為參照面向的旅遊書寫。其中有些旅遊散文記錄個人化的行程，與臺灣總督府排定的東遊則傚之旅或「上國觀光」般的刻板模式有所差異。他們或於產業實務、或於習俗風尚的觀看中，嘗試尋覓臺灣未來的發展方向。有些旅遊散文的主題涵括日

常生活展演到人權、政經體制等層面;且因作者為知識菁英的發聲位置,而
具公領域的影響力。以下舉《臺灣教育會雜誌》漢文報及顏國年、林獻堂、
雞籠生、謝雪漁等人的旅遊散文,或回憶錄中的留日記憶為例,詮釋這些文
本於現代性及跨界迻譯的敘事策略。

(一)現代性

　　現代性是一種存有的狀態與意識,也是一個持續不斷的課題,並對當下
進行反思的過程。臺灣的現代化並非從本地社會內部孕育出來,而是日本殖
民政權為建立與鞏固其權力,強行轉嫁移植的結果。日本帝國引進的現代
化,是為了有效開發臺灣的資源,以利其資本主義的擴張,其真正目的是支
配與剝削,使臺灣人成為從屬的主體。為了有效治理臺灣,殖民政權運用高
度現代化的技藝,奠定其對臺灣的統治。[29]日本總督府於臺灣推行現代化,
是為了配合殖民體制的建立,如此引入的現代性與殖民性關聯密切。體驗異
地文化為旅遊目的之一,藉由遠離家園後的感知與跨界經驗書寫,表達作者
的內在意識及世界觀。臺灣日治時期遠至歐美各國的旅遊者難得留存,目前
所見日治時期最早長篇歐美遊記為顏國年《最近歐美旅行記》,此文緣起於
作者一九二五(大正十四)年旅外而撰。從作者學養、文化資本及旅遊動機
等出發前的面向,到行程設計、參觀地景、與當地人的互動等過程,皆呈現
旅遊與敘事的密切關聯。尤其旅遊書寫、文化批判及省思的議題,更隱含知
識菁英在離與返之後的衝擊。透過敘事者所見歐美社會與本地的差異,因比
較、重溫的省察而理解本身境遇,進而改變自我的視界。作者關注歐美都會
現代性所流露觀摩文化的視角,故分析其敘事策略及表現手法,發掘字裡行
間的象徵意涵。藉由彙錄歐美旅行見聞、觀摩產業實況、文化論述與儒教價
值觀層面,詮釋臺灣日治時期實業家旅遊散文所蘊藏的現代性主題。

---

[29] 黃崇憲:〈「現代性」的多重性/多重向度〉,黃金麟、汪宏倫、黃崇憲主編:《帝國
　　邊緣:臺灣現代性的考察》(臺北市:群學出版社,2010年),頁47。

遷徙不僅具空間移動的特性，亦與記憶書寫有所關聯，如臺灣知識菁英的見聞錄，即呈現作者與空間移動情境的互動。作者移居後的敘事，再現觀察與想像所得，並重新思索其處境。若將敘事研究應用於分析見聞錄，在選擇、重組或化約的過程中，文本的內容與表現形式皆透露作者的敘事位置，並隱含其視域。例如基隆人陳炳煌以「雞籠生」為別號，曾因父親經商而移居中國、東南亞等地，一九三〇年於美國取得碩士學位後取道歐洲漫遊。又於一九三一年任《臺灣新民報》上海支局長，並在此報文藝版及《風月報》、《南方》雜誌，發表諸多深具時代氛圍的文化評論。本文擬就雞籠生的《海外見聞錄》及上海系列為研究範疇，探討作者對於文化差異的觀察或批判。分從知識菁英的空間移動經驗、歐美見聞的比較文化觀、文明與黑暗對比的上海意象等面向加以論述。同處殖民地的知識菁英由於社會地位、學識背景等因素的不同，敘事策略及空間意識亦各具特色。他們因空間移動所產生的敘事文本，多是目睹耳聞或是實地體驗的紀錄，故藉由分析這些殖民時期登載於公共刊物文本的敘事，以詮釋其文學與文化場域的意義。

臺灣日治時期留學日本的記憶，蘊含文化差異的觀察；這些經過時間淬煉的記憶，又因牽涉到空間移動的議題而別具意義。以往研究留學生文學多以小說的分析為主；然而，回憶錄為作者反芻生活感受的書寫，其留日敘事亦為探究自我建構的代表性文本。從殖民地臺灣到日本留學的經驗書寫，多透露從他者的想像而發現彼此的差異影響心理的轉折。探索回憶錄留日敘事情節、人物形象塑造或表現策略，以及空間場景所反映的心境等敘事手法，有助於理解這些知識份子的跨界意識。以日治時期曾到日本留學的楊肇嘉、杜聰明、張深切、陳逸松、劉捷、巫永福、吳新榮等人的回憶錄為研究素材，從作者的敘事位置、形構留日的校園經驗、再現文化差異等面向，將可釐析文本隱喻殖民現代性及衍伸認同議題的意義。

（二）文化迻譯

旅遊散文拓展讀者對異地文化的認識，同時也因作者視角的差異，所傳

達形塑而成的社會想像亦不盡相同。日治時期的跨界書寫牽涉移動所引發的文化觀察、認同議題或風景心境,這些作品藉公共媒體的刊載而得以傳播。《臺灣教育會雜誌》漢文報的修學旅行書寫,隱含殖民現代性的影響;又因日本文人至臺灣從事長期或短期旅行,其旅遊敘事蘊含自然與人文意象,並流露有關臺灣的風景心境。除論析編輯宗旨的變遷與刊載旅行作品的功能、現代文明衝擊下的教育反思、異地文化的比較及修學旅行的地景記憶之外,亦探討日籍作家自然意象的心境與帝國視角下的人文意象。

　　知識份子的跨界旅遊開擴其文化視角及世界觀,旅遊散文則蘊含作者對空間移動的細膩感受,且多具文化迻譯的功能。從「以古鑑今:從史蹟詮釋普世價值」與「觀摩現代:從都會空間反思生存處境」兩個主題面向詮釋,析論文本所載紀念物或場景的象徵,如拿破崙之墓、偉人廟、聖女貞德壁畫、女神雕像及路易十四銅像等紀念物,分析保存帝國積累於民眾心中神聖或俗世的文化記憶。分析法國市政廳廣場、凱旋門、協和廣場等歷史場景,又論及羅馬元老院、龐貝古城,或是與美國獨立有關的波士頓紀念銅碑、象徵和平的費城大榆樹,以及紐約自由女神像的歷史意義。此外,因路易十四所建的凡爾賽宮或埃及金字塔,多使人民受到繁重的勞役與苛稅,故探討林獻堂旅遊過程中親眼所見的公共建築或歷史遺跡,以及引發思索人民應享有集會和言論自由等普世價值。另一方面,亦試圖詮釋林獻堂因觀摩世界城市的現代空間,而抒發於日本殖民統治下生存處境的感懷。例如將白宮與臺灣總督府相類比,並以迻譯的手法論述空間權力對民眾的衝擊。此部旅遊散文中的敘事,隱藏於日本殖民下知識份子內心深沈的悲哀;同時也提出獨立自治的條件,並反思自由、人權等生存處境的意義,蘊含作者欲喚醒民眾自覺的內在意識。

　　藉由分析旅遊散文作者評論文化差異的心理機制,可掌握臺灣日治時期旅遊文學與文化發展的特殊質性。因旅遊散文蘊含作者的國際觀及跨界文化論述,從文本窺探作者內在思想形成的因素,能發掘文化迻譯的多重面向。若以謝雪漁為例,因他是第一位具秀才身分而入臺灣總督府國語學校的人,又由於其記者身分而有較長時期的旅外觀察機會;且其旅遊散文的質量皆可

觀，有別於純粹觀光或早期受總督府之邀而赴日考察的文人。因其島內及跨
界行旅敘事皆發表於報刊而能凸顯其傳播意義。如透過〈內地遊記〉隱含海
外殖民論述、國民性的比較與分析、宣揚儒教宗旨等主題的詮釋，以助於理
解作者現代性體驗及文化認同複雜糾葛的面向。

五　結論

　　旅遊散文為空間移動所產生的敘事文本，此類文體著重旅人再現其觀察
與體驗；不僅拓展讀者對於風景的認知與想像，有些則因登載於刊物而得以
廣為傳播。如日治初期臺灣總督府曾招待士紳赴日旅遊，代表性的文本如李
春生一八九六年回臺後所撰的《東遊六十四隨筆》。此部早期發表於《臺灣
新報》的旅遊散文，記錄士紳對日本風俗文化的觀察，流露於官方安排下的
體驗與感受。因這些旅遊散文皆登載於報刊雜誌，故需留意這些刊物的編輯
機制，包括作者、編者與讀者反應的互動，而形成旅遊散文的場域意義。若
瀏覽臺灣日治時期的旅遊敘事，在領受層面上，許多擔任街庄長的士紳及顏
國年、謝雪漁等人的遊記中，著重衛生、公德心的論述，多流露殖民教化及
現代性對於在地文人的影響。至於抗拒的層面，這些旅遊敘事亦反映臺灣於
日本統治下殖民地的諸多困境，如教育資源不足、教育機會不均等。林獻堂
自認臺灣處於日本邊緣，從美國回臺前，竟發抒「將入牢籠」的感受，隱喻
臺灣未能享有人權及自治等普世價值的議題。顏國年旅遊回臺後，曾於參議
會極力呼籲加強臺灣的建設等；林獻堂亦藉由一新會等組織社團以強化啟蒙
的作用。日人的漢文遊記中，亦以桃花源等烏托邦的修辭，象徵臺灣為樂
土，具吸引日人來臺的目的。此外，藉由臺灣與各國的比較，旅外散文作者
於此公共輿論的版面交會，臺灣成為作者與讀者的想像共同體，而期望形塑
一個更理想的社會。

　　就作者視角的變遷而言，《臺灣日日新報》於日治初期刊載眾多旅日見
聞，作者有些是詩社的代表性文人，有些則是地方士紳、頭人或兼具官方職
務者。此類旅日書寫，透露媒體與被收編於殖民統治下傳統文人間的微妙關

係。他們於日治初期首次踏入日本社會，回臺後紛紛發表改革地方的策略；
但當親見割臺的紀念地景，僅以感慨的方式呈顯世變的傷痛。他們未能嚴詞
批判殖民者武力侵臺的不當，與新文學家批判近代文明及殖民差別待遇的視
角迥然有異。至一九二〇年代《臺灣民報》所載旅遊散文作者多書寫觀摩現
代化對民眾生活品質的影響，並探討如何取法各國制度，藉以思考社會改革
的意義。此報所載旅遊散文呈現的是作者的意識空間，以及臺灣知識份子反
思後的文化實踐。再將時間軸延伸至日治後期，將發現當時都會大眾日漸重
視休閒生活，標榜以休閒為主的漢文雜誌如《三六九小報》及《風月報》所
載旅遊散文，則多藉感官意象再現空間移動的經驗。在場景與人物心境方
面，若比較《臺灣日日新報》所刊登多篇至中國旅遊的經驗，其中楊仲佐
〈神州遊記〉及黃朝琴〈上海遊記〉，分別從國民意識、教育、衛生、農工商
業等面向，提出諸多富強論述。這些文本流露對中國的批判及深切期許，又
呈顯臺灣文人於日本殖民統治下所影響的價值觀。他們以殖民地民眾的身分
前往想像的中國，因親見「神州」與臺灣的文化差異，而將其所受到的文化
衝擊反映於旅遊散文的敘事中。至於《臺灣文藝叢誌》及《詩報》的作者多
為傳統文人，不僅具儒家教化觀，且因旅遊接觸異地而發表文化省思，並藉
由刊物而得以傳播於知識社群。

　　就現代性的面向而言，顏國年與雞籠生等人旅外散文中的離與返辯證，
除了體會彼此外在差異之外，亦流露思索臺灣與歐美文明本質上的不同。
另就日治時期旅遊散文跨界與迻譯的主題看來，《臺灣教育會雜誌》漢文報
作者多是臺灣總督府國語學校的師生，他們的旅遊散文隱含殖民現代性的影
響；至於日籍作家以漢文書寫的旅遊散文，顯現帝國視角下的人文意象，綜
觀此兩類作品實蘊藏雙向移動後接觸他者的省思。一些文人藉由文化迻譯方
式，於報刊媒體分享觀摩都會意象，如林獻堂至海外的觀看，不僅流露個人
的終極關懷，並啟發大眾對普世價值的重視。後殖民論述的特色在於質疑帝
國中心價值體系，強調殖民地文化與殖民勢力文化的差異。若從後殖民的角
度分析日治中、後期一些留日學生返臺後的回憶錄，多呈現思考自我與他者
的差異。他們常批判臺灣於殖民統治下法律制度、教育資源的不平等待遇，

並藉由論述試圖啟蒙民眾。此外，記者的旅遊散文常具備文化的迻譯的功能，如曾任記者謝雪漁的旅遊散文，詳細記載日治時期樟腦、造林等產業活動，及原住民受到文明教化的影響。有時亦記錄菲律賓歷史人物與事件，並登於報刊而廣為傳播，流露於大正時期民主風潮影響下的世界觀。另一方面卻藉由此類文本廣為傳播大東亞共榮圈的理念，或為日本拓展海外殖民構思合理的藉口。當他赴日參加祭孔典禮，回臺後的旅遊散文，提出希冀日本藉由復興儒教，以加強道德教化的效果，此舉無形中亦鞏固統治者的權威。十九世紀末的旅行寫作仍以客觀描述為主，及至現代轉而凸顯旅行的論述性質，其中筆法的暗伏或直陳，非單純報導所見所聞。因此，旅行文學是「自我主體」與「他者」的交鋒。臺灣日治時期的旅遊散文，若從不同時期、地域、階層及主題加以比較，將能發掘各類文本的特色。日治時期旅遊散文蘊含離與返的不斷對話，所蘊含豐盈的主題，值得臺灣文學界持續關注。

參考文獻

（一）史料

臺灣總督府編　《臺灣總督府報》　臺北市　臺灣總督府　1898年
臺灣教育會編　《臺灣教育會雜誌》《臺灣教育》　臺北市　臺灣教育會
　　　　　　　1901-1943年
臺南新報社編　《南部臺灣紳士錄》　臺南市　臺南新報社　1907年
臺灣雜誌社編　《臺灣實業家名鑑》　臺北市　臺灣雜誌社　1912年
臺灣總督府編　《臺灣列紳傳》　臺北市　臺灣總督府　1916年
臺灣總督府編　《臺灣總督府職員錄》　臺北市　臺灣總督府　1917年
臺灣總督府編　《臺灣省總督府事務成績提要》第35編　臺北市　成文出版
　　　　　　　社　1985年
傅錫祺編　《櫟社沿革志略》　臺中市　櫟社　1931年
臺灣總督府警務局編　《臺灣總督府警察沿革誌》　臺北市　臺灣總督府警務
　　　　　　　局　1933年
雞籠生　《海外見聞錄》　臺北市　臺灣新民報社　1935年
新高出版社編　《臺灣紳士名鑑》　臺北市　新高出版社　1937年
臺灣教育會編　《臺灣教育沿革誌》　臺北市　臺灣教育會　1939年
杜聰明編　《臺灣歐美同學會名簿》　臺北市　臺灣歐美同學會　1941年
臺灣新民報社調查部編　《臺灣時報》　臺北市　東洋協會臺灣支部　1971年

（二）專書

又吉盛清　《臺灣教育會雜誌》別卷　那霸市　沖繩社ひるぎ　1996年
方孝謙　《殖民地臺灣的認同摸索》　臺北市　巨流圖書　2001年
呂紹理　《展示臺灣：權力、空間與殖民統治的形象表述》　臺北市　麥田出
　　　　　版社　2005年

林品桐譯 《臺灣總督府公文類纂教育史料彙編與研究》 南投市 國史館 2001年

若林正丈、吳密察主編 《臺灣重層近代化論文集》 臺北市 播種者文化出版社 2000年

范銘如 《文學地理：臺灣小說的空間閱讀》 臺北市 麥田出版社 2008年

黃崇憲 〈「現代性」的多重性／多重向度〉《帝國邊緣：臺灣現代性的考察》 臺北市 群學出版社 2010年

顏娟英 《風景心境──臺灣近代美術文獻導讀（上）、（下）》 臺北市 雄獅圖書公司 2001年

廖炳惠 《另類現代情》 臺北市 允晨文化實業公司 2001年

廖炳惠 《臺灣與世界文學的匯流》 臺北市 聯合文學出版社 2006年

葉立誠 《臺灣顏、施兩大家族成員服飾穿著現象與意涵之研究：以施素筠老師的生命史為例（1910-1960年代）》 臺北市 秀威資訊科技公司 2010年

鄭明娳 《現代散文類型論》 臺北市 大安出版社 1978年

Hardacre, Helen 著 李明峻譯 《1868~1988神道與國家──日本政府與神道的關係》 臺北市 金禾出版 1995年

Halbwachs, Maurice 著 畢然、郭金華譯 《論集體記憶》 上海市 上海人民出版社 2002年

諾思洛普‧弗萊著 陳慧、袁實軍、吳傳仁譯 《批評的解剖》 天津市 百花文藝出版社 2006年

荊子馨 鄭力軒譯 《成為「日本人」：殖民地臺灣與認同政治》 臺北市 麥田出版社 2006年

Foucault, Michel (1980). *Power/knowledge*, New York: Pantheon, pp. 109-133.

Hinchman, Lewis P. & Hinchman, Sandra K. *Memory, Identity, Community: The Idea of Narrative in Human Sciences* ,New York: State University of New York Press, 1997.

Teng, Emma Jinhua. *Taiwan's Imagined Geography: Chinese Colonial Travel Writing and Pictures, 1683-1895*, Cambridge: Harvard University Press, 2006.

Williams, Raymond. *Problems in Materialism and Culture*, London: Verso, 1980.

（三）期刊論文

方孝謙　〈「內涵化」與日據芝山岩精神的論述——符號學概念的試用與評估〉《臺灣史研究》第1卷第1期1994年　頁97-116

林開世　〈風景的形成和文明的建立：十九世紀宜蘭的個案〉《臺灣人類學刊》第1卷第2期　2003年　頁1-38

林玫君　〈日治時期臺灣女學生的登山活動——以攀登「新高山」為例〉《人文社會學報》第3期　2004年　頁199-224

李展平　〈擬古的異鄉情懷——試論中村櫻溪旅臺山水遊記〉《臺灣文獻》第61卷第2期　2010年　頁396-424

柯喬文　〈基隆漢詩的在地言說及其相關書寫：《詩報及其相關書寫》〉《中正大學中文學術年刊》第2期　2008年12月　頁161-199

陳培豐　〈日治時期臺灣漢文脈的漂流與想像：帝國漢文、殖民地漢文、中國白話文、臺灣話文〉《臺灣史研究》第15卷第4期　2008年　頁31-86

張世龍　〈展示中的教化〉《博物館學季刊》第17卷第4期　2003年　頁7-16

顏娟英　〈境由心造——「臺灣的山水」兩篇〉《古今論衡》第5期　2000年　頁112-122。

顏義芳　〈基隆顏家與臺灣礦業發展〉《臺灣文獻》第62卷第4期　2011年6月　頁105-130

（四）專書論文

李承機 〈從清治到日治時期的「紙虎」變遷史〉 柳書琴、邱貴芬主編 《後殖民的東亞在地化思考：臺灣文學場域》 臺南市 國家臺灣文學館 2006年

李承機 〈植民地新聞としての《臺湾日日新報》論──「御用性」と「資本主義性」のはざま〉 收於植民地文化研究編集委員会編 《植民地文化研究：資料分析》2 東京市 不二出版 2003年

施懿琳 〈臺灣文社初探──以1919-1923的《臺灣文藝叢誌》為對象〉 櫟社成立一百週年學術研討會 國立臺灣文學館、國立文化資產保存中心籌備處主辦 2001年12月8-9日

胡錦媛 〈臺灣當代旅行文學〉 鍾怡雯、陳大為主編 《20世紀臺灣文學專題II：創作類型與主題》 臺北市 萬卷樓 2006年

蘇碩斌 〈日治時期臺灣文學的讀者想像──印刷資本主義作為空間想像機制的理論初探〉 收於國立成功大學臺灣文學系主編 《跨領域的臺灣文學研究學術研討會論文集》 臺南市 國家臺灣文學館 2006年

關口剛司 《三井財閥與日據時期臺灣之關係》 臺南市 國立成功大學歷史學系研究所碩士論文 2002年

Fong, Shiaw-Chian. Hegemony and Identity in the Colonial Experience of Taiwan, 1895-1945; Ping-hui Liao, Print Culture and the Emergent Public Sphere in Colonial Taiwan, 1895-1945. In David Der-wei Wang and Ping-hui Liao Eds, *Taiwan Under Japanese Rule, 1895-1945: History, Culture, Memory*. New York: Columbia University Press, 2006, pp.160-184.

Curtis, Barry and Claire Pajaczkowska. "Getting there": Travel, Time, and Narrative. George Robertson, Melinda Mash and et al. Eds, *Traveller's Tales: Narratives of Home and Displacement*. London: Routledge, 1994, pp. 199-215.

老臺北‧民俗

——二十世紀初日本人採集整理歌謠再現的
文學景觀

陳龍廷

臺灣師範大學臺灣語文學系 副教授

摘要

二十世紀初，以總督府暨法院官員為主要成員的「臺灣慣習研究會」進行許多臺灣法律、經濟、宗教、地理、禮俗等調查，早期日本人採集的臺灣歌謠，僅零星散見於各官方性質強烈的出版物。直到一九一七年平澤丁東出版了《臺灣の歌謠と名著物語》，還有一九二一年片岡巖《臺灣風俗誌》，開啟了一種採集整理臺灣歌謠的風氣。相較於一九三六年李獻璋採集整理集結付梓成書的《臺灣民間文學集》，這些早期日本人採集的臺灣歌謠，其採集地點顯然較集中在北臺灣一帶。

如果說李獻璋等人所採集的歌謠是一種「南方觀點」，那麼日本人的「臺北觀點」，又如何將民眾歌聲所蘊含的庶民生活納入他們的視野？這些觀點的形成，是否與日後建立以臺北為臺灣總督府所在地的政治措施有什麼密切的關連？特別是這些歌謠所再現的文學景觀，並非單純由自然環境的山巒、河海所形成的而已。從文化地理學的觀點來看，景觀（landscapes）是由人群的生活實踐所塑造出來的，甚至可以被視為一套表意系統（signifying system）。文學所描述的空間經驗，毫無疑問的，具有一種主觀的特質。借著這些主觀的經驗，我們

可以瞭解人們如何談論他們的地方經驗，他們的生活，以及他們如何看待世界。

　　重新解讀這些歌謠文獻，是很有意義的學術挑戰。本文首先將從互文本性的研究觀點來思考這些歌謠，期許透過文本分析與地理歷史文獻的百科全書式的解讀，可以重新解析這些歌謠所再現的北臺灣文學景觀與庶民生活記憶。最後我們要思考的是，明治維新以來，日本統治者急於脫亞入歐而努力將臺灣建設為現代化都會之際，尤其是臺北街頭處處可見的高聳歐化建築，如果說這些庶民的歌聲能夠展現與「臺灣」相應的特質，或說是一種「臺灣性」，那麼透過這種帝國蒐藏所看到的，是什麼樣的臺灣？

關鍵字：歌謠、臺北、文學景觀、褒歌、臺灣性

一　前言

　　日本領臺後，第四任臺灣總督兒玉源太郎就任，即面對臺灣土匪、生番、疾病、語言障礙、缺乏良港、交通不便等諸多挑戰。當時深受兒玉總督信賴的民政長官後藤新平（1857-1929）主張：在具體政策制訂之前，必須針對各項問題進行徹底的調查與研究（張隆志，2006：40）。在他的生物學政治理念底下，在臺灣推動三大調查事業，其中舊慣調查事業為期最久，成果也最豐碩，在一九〇〇年出版《臺灣舊慣調查一斑》，並陸續以總督府暨法院官員為主要成員的「臺灣慣習研究會」，出版《臺灣慣習記事》（1901-1907），議題涵蓋法律、經濟、宗教、地理、禮俗等。初期日本人採集的臺灣歌謠，僅零星散見於各官方性質強烈的出版物，如《臺灣慣習記事》、《臺法月報》等。但是這些採集者似並未正式署名，僅能看到如「采訪生」或「灣太郎」之類的名字，很難瞭解他們真正的身份。

　　日治時代第一本臺灣歌謠專書《臺灣の歌謠と名著物語》在一九一七年出版。在這本專書裡，也收錄整理了早年「灣太郎」等歌謠採集的文獻，到底「采訪生」或「灣太郎」是否是這位作者的筆名，還有待證實。這位署名平澤丁東的作者，應該就是平澤平七，當時任職於臺灣總督府編修課。他除了這本很經典的臺灣歌謠專書，也在《臺灣時報》陸續發表〈臺湾の民謠〉（1932）、〈漢字の奇味談話〉（1933）、〈臺湾語の流行歌〉（1934）等，都是署名平澤丁東，或許正因為如此，平澤丁東在臺灣文化的領域享有盛名，遠遠超過他的原名。

　　這些日本人收集整理的臺灣歌謠文獻，對於一九三〇年代臺灣人的歌謠採集整理有相當長遠的影響，甚至成書於一九三六年的李獻璋《臺灣民間文學集》，也有部分承襲了平澤丁東。當然李獻璋自己採集整理了很多關於下港、鹽水港、打狗、打鼓山、西子灣、阿公店、屏東等南臺灣的歌謠，很可能與他個人的生命經驗，與曾經移居高雄的生命視野有關。文學景觀的再現與傳唱者所處的位置，有著密切的關係。而採集者置身的空間與視野，也與

歌謠可能的採集整理範圍不無關係。如果說李獻璋等人所採集的歌謠是一種「南方觀點」，那麼相對的，日本人的採集可說是一種「臺北觀點」（陳龍廷，2013）。平澤丁東、片岡巖等日本人歌謠採集地點顯然較集中在北臺灣一帶，包括臺北艋舺、大稻埕、劍潭，南至新莊、板橋，北至士林、關渡、淡水、基隆、三貂。那麼這種「臺北觀點」觀點，是如何將民眾歌聲所蘊含的庶民生活納入他們的視野？而這些觀點的形成，是否與以臺灣總督府所在地的臺北城為政治權力的核心有什麼密切的關連？平澤丁東分析臺灣「俗歌」前兩句的取材（1917：9），而分為天象、地物、動物、植物、人物等五類[1]。除此之外，他還另外列出能片段反映除臺灣歷史的歌謠，他稱之為「時代の片影あるもの」，包括劉銘傳、清法戰爭、還有日軍剛登陸初期等相關內容的歌謠。這些歌謠的討論，平澤丁東自己與學者已經談論很多。在此我們僅討論平澤丁東所提到的地物，雖然他自己分析「地物」時雖僅舉五個範例，其實整個蒐集至少包括二十首。

其次，歌謠所再現的文學景觀，往往必須參照不同時代的歷史空間。透過主觀的文學感受來重構一種地方精神，並非可以任意援引，還必須考慮獨特的歷史脈絡底下，獨特的時空環境，才能瞭解它們如何型塑一種某種地方的感覺結構（structures of feeling）。以往有些過去熱門的文學地景，可能隨著社會變遷而消失。如何回到十九世紀末、二十世紀初的歷史現場，重新解讀這些歌謠文獻，是很有意義的學術挑戰，尤其是古老的地名，可能都必須透過臺灣總督府從一八九八年起歷時六年多完成的《臺灣堡圖》等文獻的比對，才能確定其位置。而時間帶來的地理景觀改變，也是必須小心以對地詮釋。雖然日本人收藏臺灣歌謠的動機，也許有一定帝國高度的視野，但這些歌謠所再現的景觀、風景或地景，並非單純由自然環境的山巒、河海所形成的而已，從文化地理學的觀點來看（Crang，2003），景觀（landscapes）是由人群的生活實踐所塑造出來的，甚至可以被視為一套表意系統（signifying

---

[1] 平澤丁東提到，他受到研究者ハーン氏將日本俗謠取材區分為天象、地文、植物等分類的啟發。

system）。文學再現的空間經驗，毫無疑問的，具有一種主觀的特質。借著
這些主觀的經驗，我們可以瞭解人們如何談論他們的地方經驗，他們的生
活，以及他們如何看待世界。文學作品召喚的地方感，是一種某地獨一無二
的地方精神。藉著十九世紀末進入北臺灣長老會傳教士的馬偕回憶錄、《臺
灣日日新報》、《民俗臺灣》等不同來源的史料，進行的對位式閱讀，不失
為一個瞭解歌謠內涵的途徑。期許透過互文本的分析與地理歷史文獻的百科
全書式的解讀，能深入解得這些歌謠所召喚的地方感（sense of place）。

臺北的人文景觀，成為一種歌謠重要的取材來源，無非是喚醒一種心智
的意象。大致上看來，這些歌謠相關的景觀分為兩種類型，有的僅作為純粹
生活空間的指標，但有的則進入一種修辭學的層次，包括陰性的空間，乃
至地方的臺灣民俗都可能作為一種隱喻（metaphor）。從隱喻來看，這些地
理景觀，無論是來自一種視覺的生活經驗，或者是一種空間的距離，無非都
是一種來源域（source domain）。這些來源域大都是具體的，可以看到的景
觀，或者可以實際經驗到的，而藉著這些客觀的意象，用來傳達出一種抽
象情感。而這些不容易三言兩語就解釋清楚的情感，尤其是褒歌所最關注
的男女情愛等，也就是所謂的目標域（target domain）。古希臘哲學家亞里
斯多德（Aristotle, 384-322 B.C.）的《修辭學》早已論及這些術語。隱喻的
希臘文原意就是轉移（transfer），指的是直接將某物的名詞，轉移到另一個
與它具有某些相似點的物體上（Souriau，1990：1004-1007）。學者曾以數
學的映射（mapping）一詞，來指稱這種來源域與目標域兩者之間的關係。
這個詞彙，本來是指兩個集合中每一個成員兩兩對應的規則。（Kovecses，
2002）索緒爾認為（1985：171）：在語言狀態中，一切都是以關係為基礎
的。而語言各項要素的關係和差別，都是在兩個不同的範圍內展開的。這兩
種不同的範圍，即他在《普通語言學教程》所提出的兩種基礎關係：一種
是線性的、序列的句段關係（rapports syntagmatiques），另一種是存在記憶
裡的聯想關係（rapports associatifs）。雅科布森（Jakobson，1963：43-67），
認為索緒爾所提出的聯想關係，相當於他所稱的選擇；而句段關係，即他
所稱的組合。他更進一步認為組合與組織（contexture）是一體的兩面；選

擇與替換（substitution）也同一種操作的兩種層面。從訊息接收者的角度來看，訊息是選擇自可能的元素，包含句子、詞彙、語音等，所形成的一種組合。由此他提出語言符號的產生原則：組合是根據鄰近性（contigüité）的原理，而選擇則是根據不同層次的相似性（similarité），也就是從各個可以替換的群組當中進行，正好對應了傳統修辭學的隱喻（métaphore）／換喻（métonymie）。

本文首先要釐清日本人採集整理臺灣歌謠的特色，並反省我們可以繼續深入解讀的途徑。其次，分析這些歌謠所再現的生活空間，最後進入隱喻空間的探索。

二　臺灣總督府中央塔樓的觀看

至於作為一個日本人的平澤丁東，為什麼要來收集臺灣歌謠？

對日本知識份子的平澤丁東而言，臺灣除了特殊的南國情調之外，他們收集歌謠的原始動機，無非僅想要瞭解：生活在這種渾然天成情境底下的臺灣人，他們的感情生活難道不會藉著周遭的美麗花朵來傳達情意？如果有，會是哪一種？平澤丁東在該書的在自序裡特別提到，他所感受到的臺灣，有著的獨特鮮明的炎夏驟雨，有著各種鮮豔美麗色彩的花朵，還有特殊的熱帶水果的香蕉、龍眼、鳳梨，檨仔，而臺灣的月亮清澈明亮高掛，「比內地的鮮明清晰」，還有臺灣夏天的早晨，「有著在母國所經驗不到的爽味」。

相對於臺灣這塊土地，平澤丁東毫無疑問地是一個外來者，他抱持的觀點很容易被視為一種「外在觀點」（outsider's point of view），然而他的特殊性，就在於他對臺灣話的深入掌握能力，甚至採集整理了來自臺灣民間歌謠，而且還以觀賞或欣賞的態度，來整理詮釋這些清代臺灣的讀書人可能不屑一顧的東西。

作為一個臺灣人，頭頂臺灣的天空，腳踏著臺灣的土地，嘴巴講著臺灣的語言，隨手拈來臺灣的物產、景觀，手中將這些的詩歌寫下來。這樣的看起來不就是理所當然的現象，到了一九三〇年代黃石輝所掀起的鄉土文學論

戰，而成為眾所矚目的焦點。一九三六年李獻璋採集整理的《臺灣民間文學集》，是在這樣的時代氣氛集結付梓。從鄉土文學論戰所強調的觀點，重新省視平澤丁東等日本人採集整理的臺灣歌謠有多層的意義。

日治時代的臺北城，如同紀念「始政四十週年」的紀錄片《南進臺灣》所呈現的，到處充滿雄偉高聳的官方或半官方的歐化建築。當年的臺灣總督府中央塔樓，在很長久的一段時間裡幾乎是臺北城內最高聳的建物。可能突然剪接到本島人居住的大稻埕、艋舺，很短的幾秒鐘影像，卻讓我們看到一九三〇年代臺灣庶民的生活樣貌，無論是轉動石磨來磨出製粿的米漿，或路邊很認真品嚐小吃的容顏。顯然這部紀錄片的剪接策略，就在於透過差異性的對比，讓觀眾瞭解到日本人如何將臺北城建設為現代化都市的功績，並延伸為帝國南進基地的重要使命。如果說臺灣總督府所在地的臺北城，代表的是殖民現代性的「新臺北」，那麼每天生活在這裡的平澤丁東等日本人，他們最想要知道的、最想瞭解的，卻是在他們習以為常的日本人生活圈之外的臺灣人的語言、歌謠，還有他們的情感。想想如果置身於當年臺灣總督府的中央塔樓，放眼看出去，最吸引他們的，除了自然的大屯山、淡水河、遠方的稻田之外，還有哪一些地方人文景觀吸引他們的目光？

從日本人所收集整理的臺灣歌謠，可以發現這些它們可說是被納入一種帝國檔案。如果單獨閱讀平澤丁東的臺灣歌謠收集，可能看不出什麼意思。但是如果將他視為日治時代對臺灣歌謠收集整理的奠基者，把他放在對後繼者的影響，並透過東方孝義、李獻璋等人的重新詮釋或差異的比較，反而可以看出其特殊意義。諸如李獻璋採集整理的「火車欲行劍潭廟，劍潭落來明治橋；今來為哥給人笑，更再給哥看無著。」這種多少能夠鮮明反映出日本人帶來的現代性景觀，卻似乎很少在日本人的臺灣歌謠收藏寶庫中看到。或許這種差異也可歸諸時代的距離，至少一九一〇年代與一九三〇年代的臺北景觀，還有民眾的生活型態，必然存在巨大的社會變化。這些日本人採集的臺灣歌謠，包括大稻埕、艋舺、劍潭、新莊、板橋，南至新莊、板橋，北至士林、關渡、淡水、基隆、三貂等，應該與以臺北城為核心的日本人活動範圍有關。相對於日本人生活圈的新興與現代，其餘臺灣人聚集的艋舺、大稻

埋等地，顯得都是如此特殊而古老，似可概括地視為一種「老臺北」。臺北
有很豐富多變化的自然景觀，它本身就是一個盆地，穿過盆地的河流包括淡
水河、基隆河、大漢溪及新店溪，而北邊則是大屯火山地形，最高主峰七星
山一千一百二十公尺。大屯山既然曾經是火山，火山噴發停止後，火山口常
會積水成湖，例如向天池、夢幻湖。而沿著淡水河向北走，在出臺北盆地的
邊緣，關渡與觀音山遙遙相對。這些眼睛所感受到的美景，而轉化為歌謠裡
傳達感情結構的基礎素材，應該是很自然的事，例如「大屯山尾向天坡」、
「觀音對面大屯山」、「關渡對面觀音山」等。

其次，從平澤丁東以來，臺灣歌謠的整理，幾乎已建立了一個書寫的慣
例。相對於李獻璋、黃石輝、鄭坤五等臺灣人對自身歌謠的簡略文字紀錄，
日本人對臺灣歌謠收集整理，似乎是將臺灣歌謠是為有待整理的奇珍異寶，
除了將臺灣話文字化作記錄整理之外，並採取假名標音，而且還做簡單的日
文翻譯說明，其目的是為熟悉日文的讀者做介紹。平澤丁東所採集的歌謠，
在每個漢字旁標示假名的標音，以下僅將較特殊的標音放在括弧內：

> 阿君要（ベエ）返阮要留，
> 留君神魂用紙包。
> 等君去後提來解（タアウ），
> 日日看君在阮宅（タアウ）。（平澤丁東，1917：2）

藉著假名的標音紀錄，讀者可試著回復當時的語音，而不會受到漢字語
音的習慣牽絆。但上例的「解」／「宅」同樣標示「タアウ」，可能無法拼出
臺灣語的原有韻味。這樣的缺失，可能是早期的標音規範還不夠明確，而無
法分辨送氣清音／不送氣清音，到了一九三一年東方孝義《臺日新辭書》、
一九三一至一九三二年小川尚義《臺日大辭典》時，已經可以點來區分送氣
與否「タ・ウ」／「タウ」，而且還有聲調的清晰標示。由此可知，日本人對
於如何拼出正確的臺灣語音，並非一蹴可及的，而是長期累積發展出來的。
很有趣的是日本人的臺灣歌謠整理，也曾出現過教會羅馬字的拼音。平澤丁
東所蒐集的這首歌謠，也出現在東方孝義的《臺灣習俗》第十四首。這本

書雖在一九四二年集結出版的，完全沒有假名標音，但其原稿〈臺灣人の文學〉於一九三五年刊登在臺灣總督府的機關刊物《臺灣時報》時，卻在漢字底下標示教會羅馬字，如下：

> 阿君要返阮要留（a kun beh tńg góan beh lâu）
>
> 留君神魂用紙包（lâu kun sîn hûn ēng tsóa pau)
>
> 等君去後提來解（tán kun khì āu theh lâi tháu）
>
> 日日看君在阮宅（jit jit khòaⁿ kun tī góan tau）（東方孝義，1935：42）

雖然延續平澤丁東紀錄臺灣歌謠所採用的漢字，但東方孝義顯然將歌謠文本的關鍵詞彙「解／宅」直接以教會羅馬字「tháu／tau」來標示，在當年日本人的文化圈裡恐怕是獨樹一格的。從平澤丁東開始，日本人所記錄的臺灣歌謠，通常在採集歌謠之後，將歌詞內容以日文翻譯一遍，以作為提供讀者欣賞。然而平澤丁東似乎屬於明治初期具備相當優越的漢字理解能力的知識份子，有時他甚至只是將臺語漢字加上片假名當作翻譯。例如這首歌謠的翻譯如下：

> 主（ぬし）は歸（かへ）らふと私は止める
>
> 主の魂（たなし）紙（ひかみ）まて包み
>
> 歸りなんして後にて開き
>
> 內（うち）で每（まい）日（にち）眺め見ん。（平澤丁東，1917：2）

然而這樣的翻譯，似乎只能將漢字表面的意思以日語來理解。較特別的是「留君神魂用紙包」，深刻地刻劃男女愛戀的思念之情。東方孝義照慣例以日文翻譯放在歌謠之後，不過在此已經不是將臺灣話文逐字翻譯為日文而已，而是以流暢的文字描述歌謠的情境。與其說是翻譯，不如說是一種為現代日本人而做的重新改寫。如下：

> 何時迄も離れずに居たい戀人、然し戀人にも止むを得ね用事もあれ
>
> ば家もある、留めて置き度いが返しもせねばならぬ、身體よりも魂

だ、魂さへ妾が身に引き著けて、又の逢瀬までと、紙に包んで置い
たのがそれ、返り夫られた後から、時々包を開いて魂に物を言ふ、
これならば居ながらに戀人との面會は出來る、茲に至つて可憐な彼
女、惡留めもせず何か知らんがせめて魂でもと包んだ戀々の情、
切々の思、溢れ出づる情操又其の技巧見るべきものがある。（東方
孝義，1935：42）

　　此外，他也將臺灣民間紅頭法術「蓋魂」（カムフヌ）放在括弧內做為
文化參照的理解：臺灣人習俗，為了將重病者的生命留著，法師將病人的生
年月日時記在紙上，與金紙一同放在壺內，壺口以紅布包裹，即保護靈魂之
意。這種不厭其煩的態度，雖然是為便利日語讀者所做的努力，卻也留下相
當清楚而有趣的文化翻譯與詮釋軌跡。

　　同樣這首歌謠，也被李獻璋收錄在《臺灣民間文學集》，但是他僅稍
微改動用字，例如「親像我君在吾兜」（1936：87），反而沒有收錄他稍早
在《南音》〈民歌零拾〉一文採集的「三時五朝提來解／解乎我娘開心頭」
（1932：38）。此外，他雖然有提到平澤丁東的版本，但是並沒有對於歌謠做
任何詮釋，也沒有讓我們對相關的臺灣習俗有更多深入的瞭解。

　　稻田尹〈臺灣歌謠考說〉（1942），對於李獻璋《臺灣民間文學集》所
採集的歌謠「監獄對面是學校，學校對面八卦樓；日頭過午哥未到，知是
先生做對頭」，重新予以歷史脈絡化。他認為這首歌謠裡的「學校」，係指
當時「臺北第一師範學校」的前身「臺灣總督府國語學校」。為了理解相關
的歷史軌跡，他還請教了怒濤[2]、香久忠俊[3]、上田信忠、蔡彬淮[4]、萬華藝旦阿

---

[2]　即林清月（1883-1960），筆名林怒濤、林不老、訴心難，是臺灣醫學界的前輩人物，
　　臺灣總督府醫學校的第四屆畢業生。

[3]　據《臺灣人士名鑑》（1943：80），即郭廷俊，生於一八八二年九月五日。本籍：臺
　　北州七星郡士林庄。住所：臺北州臺北市日新町二之一六四番地。一八九七年總督府
　　國語學校第一附屬公學校畢。一九〇〇年總督府國語學校國語部畢。

[4]　蔡彬淮，萬華出身，曾在臺灣總督府擔任評議會員。據《臺灣人士名鑑》（1937：
　　152）生於一八八六年九月十三日。另據《臺灣人士名鑑》（1943：170）本籍：臺北

炁、雲霞等人，而綜合推斷出這首歌謠應發生在一八九九年或一九〇〇年左
右。日文的歌謠研究，在此幾乎可說是一種具備穿透力的化學溶劑，使得表
面上可能很難以理解的臺灣人的語言、文化，轉化為可理解的、可閱讀的、
可想像的文本。

這種跨文化的翻譯及保留原語音的工作，相當有助於我們對日治時
代文獻的重新理解。如同班雅明（Walter Benjamin）在〈譯作者的任務〉
（1968：71-72）所思考的可譯性（translatability）的問題。他認為如果翻譯
的終極目的是努力達到與原作的相似性，那麼任何翻譯都是不可能的。而翻
譯永遠比原文要晚出現，因此翻譯與其說是源自原文的生命，不如說是延續
了原文的來世生命。作品具備可譯性的特質，並非說它是可以翻譯的而已，
而是說原作固有的特殊涵意（special significance inherent）在翻譯的過程中
展現出來。在這種積極意義裡，翻譯意味著原文的生命獲得了最新的、持續
更新的，最完整的展開。

如何才能理解臺灣歌謠的特殊意涵？平澤丁東站在臺灣總督府的高度，
將這首歌謠放在全書最第一首的位置，除了歌謠散發的臺灣獨特魅力，隱約
也透露了他個人對於老臺灣的興趣。從臺灣總督府編修課的平澤丁東，到臺
北帝國大學東洋文學研究室的稻田尹，不僅意味著拘泥於文字層面的理解恐
怕已不能令人滿足，而如東方孝義引入臺灣文化的深度理解，或稻田尹藉助
於歷史的脈絡化來進行重新詮釋解讀，顯然有其必要性。

三　純粹的生活空間

日治時代的臺灣歌謠，有的只是單純作為一種生活空間的地理意義。這
種生活的空間，有的是家園的指標，也有的是指娛樂休憩的空間。以下我們
將討論這三種類型的歌謠。

與家園相關的歌謠，最明顯而單純的就是傳唱者將自己編入歌裡面，並

州臺北市萬華。住所：臺北州臺北市入船町一之五二番地。

指出自己家的位置。褒歌的女性第一人稱的習慣用語，經常出現包括「我娘」、「小娘」或「咱嫂」。歌謠所唱的「小娘蹛[5]在大稻埕[6]」、「咱嫂在蹛林仔口」，很明顯的就是指唱者與聽者所熟悉的家鄉，當然也可間接讓我們瞭解當年日本人採集歌謠的報導人所居住的地方。例如[7]：

> 鷹爪開花六葉交（kau），
> 北蔥開尾結歸瘤[8]（lâu）。
> 咱嫂在蹛[9]林仔[10]口（kháu），
> 等待幾時到恁兜[11]（tau）。（平澤丁東，1917：45；李獻璋，1936：46）

歌謠裡的鷹爪花，是六片長條形的花瓣花組成，彎曲的花瓣如同鷹爪般，如歌謠所描述的「鷹爪開花六葉交」，鷹爪開花時，花瓣從綠轉黃，逐漸散發濃郁香氣。據片岡巖的紀錄（1921：108）：當年臺灣婦女的裝飾品，有一類生花作為頭髮裝飾的花簪類，包括鷹爪桃花、木樨花、含笑花、樹蘭、玉蘭、春仔花、菊仔花、繡線花、網春花等。傳統臺北婦女頭髮使用的花，而出身艋舺的黃鳳姿記錄了（1943：40）：雞腳蘭、含笑、梔子、茉莉、素馨花、鷹爪桃、薔薇、玉蘭、樹蘭、柴指甲花等。這種鷹爪桃花、也稱鷹爪桃，或鷹爪花，而整體看來，以往臺灣婦女會摘花作為髮的，很多是取其花香，而非果實。北蔥，是臺灣常見的一種草本植物，在冬季會開

5　原文紀錄為「住」，標音トア。
6　木香開花人人愛，小娘住在大稻埕。兄哥無嫌即要來，門口叫聲阮就知。（片岡巖 1921：331）
7　以下舉例，盡量以教育部公佈常用字、《臺日大辭典》為主並參照李獻璋的版本。韻尾標示為羅馬字，而原文標音較特別的，則放在附錄。
8　原文紀錄為「留」，李獻璋版本改為「瘤」。
9　原文紀錄為「住」，標音トア。李獻璋版本將「在住」改為「蹛在」，但詞序不一定妥當，在北臺灣田野調查時，卻時常聽到「在蹛」。
10　原文紀錄為「阿」。這個的漢字旁標音アア。這個漢字應該是排版誤植，對照平澤丁東的翻譯「姉さ林仔口に住んでは居るが」，李獻璋版本已經改為「仔」。
11　原文紀錄為「宅」，標音タアウ。

花。而做食材的蔥,大多取其葉鞘組成的假莖和嫩葉,如果任其生長,最後原先的嫩葉纖維容易老化,而在末稍結為一個圓球狀。

　　無論是鷹爪花或北蔥,這兩種植物都並非很高貴、很豔麗的植物,而是日常生活周遭隨手可及的,花形並非特別漂亮鮮豔,屬於比較樸實的、甚至是卑微的植物。而且他們的共同點,無論是從食用或可欣賞的植物生命歷程來看,都並非可以一直等待的。如果說這些鷹爪花、北蔥是作為一種隱喻,那麼它可能指射的是一種樸實無華,但是不耐等待的女性。她對愛情事業是很大方的態度,不但告知對方自己的居住地,而且還略帶撒嬌的口吻來詢問,什麼時候才可以到對方家?若依照傳統的習俗,男女到對方家並非止於交友階段而已,而是意味著雙方的情感,已經進展到了雙方家長「對看」,甚至嫁娶的階段。至於這位歌謠傳唱者住在哪裡呢?「咱嫂在蹛林仔口」,有趣的是,對照一九〇四年出版的《臺灣堡圖》,確實能夠找到士林附近的林仔口庄,而這顯然是當年其中一位歌謠報導對象自己的家鄉(圖一)。

　　另外,也有以家鄉的信仰中心作為指標的歌謠,例如「十五月娘真是明,關渡媽祖真是顯[12]」(平澤丁東,1917:11)或「十五月娘重倍明,關渡媽祖真是興[13]」(平澤丁東,1917:63;李獻璋,1936:49)。這些歌謠所唱的「關渡媽祖」,至少意味著是他／她所熟悉的宗教信仰中心,他／她曾經為了愛情前去燒香祈願,而且確實如期所願地實現了夢想。媽祖信仰雖然全臺灣到地都有,但是依照田野調查,這些褒歌的傳唱者似乎都很依戀故鄉的信仰中心。他們出身自金山的歌者,大都只唱「金山媽祖」。三芝的歌手也只會以歌謠描述他們到「三芝媽祖」去許願。因此這兩首褒歌也透露了當年歌謠報導人的家鄉特色,是與庄頭的信仰中心連結在一起。

---

[12] 十五月娘真是明,關渡媽祖真是顯。招嫂姻緣嫂不肯,無采兄哥的工情。

[13] 十五月娘重倍明,關渡媽祖真是興。嫂嫂有物共哥敬,咱哥不敢無人情。

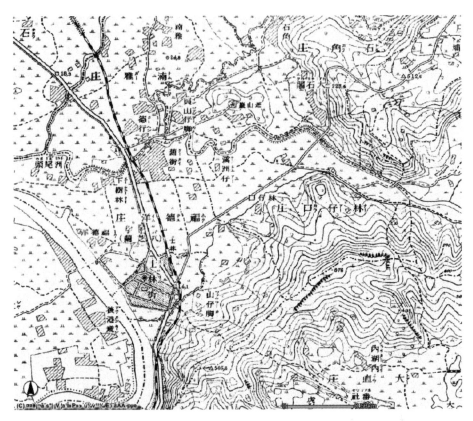

圖一　歌謠採集同時代的臺灣堡圖、士林街的東北方可找到的「林仔口庄」

　　其次，有的歌謠裡的空間，指的是一種娛樂休憩場所。日治時代的艋
舺，似乎有很多風月場所。早年的臺灣文人，如果依照「女子無才便是德」
的傳統標準，他們明媒正娶的大老婆也經常不識字。有趣的是，風月場的藝
旦卻往往具備琴藝彈唱，能詩詞吟風詠月的能力，因而幾乎都成為他們爭
相談戀愛的對象。例如一九〇五年七月二日《臺灣日日新報》，有一篇〈艋
津十年來之花柳界〉，還將艋舺花柳界的藝妓新人品評一番，包括頂新街、
歡慈市、新店、後街、粟倉口、小宮巷、水仙宮口、蓮花池等地，都有該
文作者所稱頌的「一輩新人」。在日治時代，艋舺似乎是臺灣很有名的風月
場所，有的歌謠紀錄的漢字「艋舺花宮大武烈」，看起來似乎很難理解，但

日文翻譯「艋舺女郎屋の數ある花に」（平澤丁東，1917：28），卻似乎將「花宮」視為風月場所。

　　有趣的是，歌謠裡的艋舺情色風情，很多是以「蓮花池」來指射。例如「水錦開花白絲絲，枋橋後尾蓮花池[14]」（平澤丁東，1917：36；60；64；李獻璋，1936：72；93）。蓮花池，在二十世紀初，應該是艋舺重要的地標，其地理位置約在萬華老松國小一帶。當年此地有一大片蓮花池，約十二公頃，是當時文人墨客流連忘返的風景區。但到了一九二○年後，池水逐漸乾涸，而被當時的臺北州廳填平。蓮花池，除了是當年著名景點，也是艋舺有名的花柳界，而早年確實出現過一位頗有之名度的藝妓寶桂，而臺中櫟社的詩人還頗激賞她的才藝。據一九一○年四月八日《臺灣日日新報》報導：「艋舺蓮花池街藝妓寶桂。風流放誕。雅善款客。為臺中諸詩人所激賞。每對客輒誦某詞宗所贈詞。頗能了了。現聞此番櫟社大會。大有雅慕之意。」

　　有一首歌謠將艋舺的風月場所刻劃地很傳神，如下：

　　光景真好龍山寺（sī），
　　艋舺出香蓮花池（tî）。
　　並無一項做為記（kì），
　　用嘴相好無了時（sî）。（平澤丁東，1917：11；李獻璋，1936：74）

　　艋舺最著名的地標當然是龍山寺，而「光景真好龍山寺，艋舺出香蓮花池」的「香」，顯得是一語雙關。香，標音ヒンウ，應相當於hiuⁿ，似乎應該是燒香祭祀的線香。平澤丁東直接翻譯為「艋舺香る蓮花池」，幾乎讀不出什麼意思。外地人如果到艋舺，理應直接到龍山寺參拜，然而這位民間詩人卻是到蓮花池「參拜」。到底要參拜什麼呢？雖然表面上來看，「出香」所對應的目標域似乎有很多可能。但如果從整個文本脈絡結構來看，「並無一項作為記，用嘴相好無了時」，顯然是男女情愛的抱怨，兩情相悅的口頭承諾

---

[14]　水錦開花白絲絲，板橋後尾蓮花池。今咱兄妹能相見，恰好雲開見月時。（平澤丁東
　　　1917：60）

似乎無法令人滿足，他／她還想要更多的更實際的要求。那麼如果從上下文的脈絡來看，「出香」的換喻（metonymy）的意涵，不就是這些男歡女愛？

四　隱喻的空間

艋舺蓮花池，除了我們從當地的地理歷史脈絡，可找到可能的文化意涵，那麼水池、池塘這種陰性的空間，是否也是臺灣民間歌謠常見的隱喻，無論是指射風月場所，或者女性？接下來，還有一首跟水池有關的褒歌：

大屯山尾向天坡[15]（pi），
新街廟口大魚池（tî）。
咱嫂那看那食餌（jī），
咱哥那看那驚死（sí）。（平澤丁東，1917：12；李獻璋，1936：125）

向天坡的「坡」是臺灣常見的地名，並非指山坡，而是陂塘，例如桃園就有很多因二大池塘相連而命名的雙連坡，臺北大蟯峒附近的雙連，可能原先的地形也是如此而得名。臺灣民間詩人所歌詠的「大屯山尾向天坡」，這座大屯山在臺灣雖然不算高山，但是如果在二十世紀初，沒什麼便利交通的情況下，要直接攀爬攻頂這座山體寬平的大屯山，可能也並非輕而易舉的事。不過，山頂視野寬闊，能將整個臺北一覽無遺。有趣的是，民間詩人卻是將大屯山的向天池，與「新街廟口大魚池」相提並論，這裡的新街是哪裡呢？這句歌詞在平澤丁東的採集出現過兩次，而他的日文對譯，一次幾乎與漢字完全一致地譯為「新街廟口大魚の池」（1917：12），另一次譯為「新町寺前の大魚の池」（1917：32），但是日治時代臺北市六四町名（黃得時 2012：374-375；381-387），卻找不到作為地名的「新町」。可見「新町」這個詞彙，只作為日語思考的理解，而非指特地的地名。從地緣關係來看，新街很可能指的是現今的士林。但是士林媽祖廟口不就是士林市場？是否二十世紀初，此地真有大魚池？

15　標音ピイ，相當羅馬字pi。

　　新街，是相對於舊街而來的。士林的舊街「八芝蘭街[16]」，大約在士林舊佳里神農宮附近，清朝早期是臺灣北部物產的集散中心，遠自金包里、淡水、基隆各地販者挑物資到此販賣。一八五九年臺北的漳洲人和泉州人械鬥衝突，燒殺破壞而也被焚毀。事件結束後，當時街民協議要在芝山岩山麓建新街。但地方士紳潘永清極力反對，他認為如果建新市街於芝山岩山麓，萬一泉州人又攻來，祇能退守石角；如果石角再被毀，勢必要退入山邊的下東勢，如此很容易被陷入絕境。於是眾人同意潘永清的主張，於下樹林附近建設新街，並獲得大東街曹厝，大北街板橋林厝、石角的楊厝、魏厝割地籌建。對這次建設新街的計畫，首先表示贊成的是一位張姓人士，他說只要他經濟許可，也要參與新街建設。潘永清立刻答應無償供給他蓋房子的材料，因此張姓住家是當時新街最早蓋好的房子，位於慈諴宮左邊（曹永和，1941：44）。新街落成時，即是以慈諴宮位於市街中心，四面設有街道，即大北街、大東街、大西街、大南街。現今慈諴宮廟前的士林市場，是在一九一四年落成。而一九一四年之前，肉市位於大東街、大南街，瓜市、花市位於大南街，柴市在大北街，而媽祖廟埕則為菜市、魚市（潘迺禎，1941a：42）。

　　「新街廟口大魚池」是否真的有魚池？如果這首歌謠傳唱者記憶所及的時代早於一九一四年，那麼應該指士林市場之前身，即慈諴宮廟前的菜市、魚市。當時那裡是否有大魚池，無法找到史料支持更進一步說明，不過當時此地已經有魚市。魚，在整首歌謠有著巧妙的關鍵意象。看到心儀的對象，二十世紀初的民間詩人卻是從生活中魚的意象出發。「咱嫂那看那食餌」，看到心儀的人出現，她就好像魚遇到了誘餌，越看越被勾引住了，想要海闊天空的自由，卻又擺脫不了誘惑。而面對愛情積極主動的女性，男性卻是越來越害怕的「咱哥那看那驚死」。如果從魚餌的意象看來，大魚池可說是一種隱喻，一種可能釣到異性的地方。而大屯山的向天坡，則是一種換喻，是否意味著如果要獲得這種感情，可能還要付出辛苦攀登的代價，而這卻是男性所擔心害怕的？

16　八芝蘭，據說原自凱達格蘭語Pattsiran（溫泉）而來的。（安倍明義：102）

生活周遭的地形、地貌，在民間詩人的巧妙轉換，很可能都成為一種修辭的技巧，用來傳達不容易講得很清楚的男女情愫。因此臺北近郊的地形、地貌，並非僅充當客觀的描述而已，而是可以充滿主觀的情感。同樣的意象，在另外一首歌謠裡也可以被繼承或改變。雖然無法判斷是否與前一首是來自相同的採集對象，而這首歌謠更鮮明地藉大屯山向天池意象，來傳達一個似乎很不容易達成的男女情愛的願望。例如：

嶐嵧對面雙連坡（pi），
大屯山尾向天池（tî）。
為嫂掛吊[17]恰慘死（sí），
回返家中沒讀書[18]（chir）。（平澤丁東，1917：12）

雙連坡，《臺灣堡圖》記錄的漢字卻是雙連陂，應該是早年當地有著兩個相連陂塘的地形而得其名，現在已簡化為雙連。其位置並非在大嶐嵧的正東方，而是遙遠的東南方。而這位民間詩人與他思念的對象，正好分隔兩地（大嶐嵧／雙連坡），為了愛慕的她念念不忘，比死還痛苦，甚至回到家裡都無法念得下書，所謂「為嫂掛吊恰慘死，回返家中沒讀書」。而「大屯山尾向天池」放在這個脈絡看來，不僅是不易攀登的高山美景，更是不易達成慾望的修辭意涵。由此可知，褒歌常見的「A對面B」的形式，並非單純是一種習慣的地理位置關係表達，從地圖來看也不一定指緊鄰的AB兩地，而是一種主觀的相隔兩地的距離，藉此作為兩地相思的隱喻。諸如此類的隱喻，放在這樣的邏輯底下，這些臺北近郊隔著淡水河的兩地，可能更容易瞭解。例如「滬尾對面八里岔，關渡對面白沙墩」（平澤丁東，1917：44；李獻璋，1936：138）、「觀音對面大屯山」（平澤丁東，1917：62；李獻璋，1936：49）、「關渡對面觀音山」（平澤丁東，1917：36）、「新庄對面是枋

---

17 原文紀錄為「刈吊」，依《臺日大辭典》改為「掛吊」。標音コア テアウ，相當於
　　kòa-tiàu。
18 照平澤丁東標音ツウ，相當於羅馬字chu。但如果對照坡（pi）、池（tî）、死（sí）的
　　韻腳推測，應該是比較偏泉州腔的chir。

橋，劍潭對面犁頭鏢」（平澤丁東，1917：12；李獻璋，1936：42；東方孝義，1942：146-147）。

　　兩地之間的關係，照地理測量來講都只是一種可用數字描述的距離，而民間詩人卻有主觀的感受，有的是越來越遠，有的則是越來越近。這種主觀的感受，與臺灣話語常用「來／去」的動詞型態有關。同樣是到達臺北，而使用不同的動詞也會有不同的感受。越來越靠近說話者的方向，通常使用「你來」；反之，則說「你去」。當說話者說出「你來臺北」或「你去臺北」，顯然是表達他與聽話人之間的距離感，到底逐漸遠離或者越來越靠近。類似這種主觀感受，在 A 與 B 兩地之間，臺灣歌謠裡也經常會採取「A 起去 B／A 落來 B」的形式，來做為男女關係遠離或靠近的隱喻技巧。「雞籠起去是三貂」就是這種遠離形式的歌謠，如下：

　　水錦開花白飄飄（phiau），
　　雞籠起去是三貂（tiau）。
　　娘仔看哥無才調（tiāu），
　　正能共[19]嫂大先梟（hiau）。（平澤丁東1917：38；李獻璋1936：125）

　　男性對女性的感情背叛，他宣稱是因為不被對方看重，這種漸去漸遠的感情，也藉著「雞籠起去是三貂」來做為一種隱喻。臺灣東北角的三貂角，據說是一六二六年五月西班牙人指揮的遠征隊發現的，並以天主教的使徒 Santiago 作為地名，因而臺灣方志有的稱為「三朝」、「山朝」、「三貂」，都可能是源自西班牙語的譯音（安倍明義，1938：114）。三貂，若照世界地理的譯名「聖地牙哥」。詩人的主觀感受，基隆到貢寮的三貂角是一種越來越遠，越來越偏的感受。這種兩地之間的距離關係，可說是他個人感情的隱喻。此外，兩地之間的距離好像越來越近的歌謠，如「艋舺落來大稻埕」的歌謠：

---

[19] 原文漢字「與」，標音「ㄉㄚ」，按語音應該是紀錄為「共」。李獻璋版本改為「給」，不妥。

韭菜開花頭迎迎（ngiâ），

艋舺落來大稻埕（tiâⁿ）。

哥人心肝著按[20]定（tiâⁿ），

別人閒話不可聽（thiaⁿ）。（平澤丁東 1917：51）

同樣是相隔兩地，好像民間詩人所描述的女子是從艋舺到大稻埕，而她所心儀的對象，則是住在大稻埕。但是既然她的心已經有了方向，因此她的心也是向著大稻埕。唯一讓她擔心的是，阿哥會不會受到旁人閒言閒語的動搖，因而只是反覆叮嚀，要他「心肝著把定」。而另外一首，似乎應該是對褒的歌，同樣地採取「艋舺落來大稻埕」的形式，不過卻是站在男方觀點的歌：

水錦開花白縷縷（iaⁿ），

艋舺落來大稻埕（tiâⁿ）。

嫂嫂講話若無影（iáⁿ），

敢能誤哥去空行（kiâⁿ）。（平澤丁東 1917：40；李獻璋 1936：114）

雖然兩人已經交心，但是仍擔心他所遇到的是善於花言巧語的女性。如果她所講的都是騙人的謊言，他費盡心機去艋舺找她，可能也是白費工夫。

五 普渡·做醮的隱喻

相對於日本內地，臺灣也有很特殊人文的景觀，這也是早年如此吸引平澤丁東的緣故。在他收集整理的歌謠，很多關於老臺北各地的宗教民俗，無論是放水燈、搶孤、普渡的豎燈篙，或做清醮等。這些民俗意象放在歌謠裡，並非僅僅是一種客觀的民俗風情寫實而已，也有其特殊的隱喻意涵。諸如臺灣民俗的放水燈等熱鬧意象，是否也與男女的隱喻有關呢？

---

[20] 標音パア，念起來不通。懷疑應該標音為ホア，相當於hōa 。原文紀錄為「把」，而《臺日大辭典》的漢字為「按」。

新街十四放水燈（teng），

鑼鼓打來弄動 kheng[21]。

亦著咱嫂心適[22]興（hèng），

懇求嫂嫂無路用（ēng）。（平澤丁東，1917：28；李獻璋，1936：
117-118）

　　這裡的新街，雖然平澤丁東似乎並沒有確切地指出其地理位置，不過藉
著歷史文獻的百科全書般的解讀，我們應當可確定是指士林，尤其是這裡的
放水燈的日期，更是可在日治時代的〈士林歲時記〉等紀錄找到對應。戰後
的臺灣曾大力提倡「統一普渡」，而使得一般人誤以為七月普渡一定都僅限
於農曆七月十五日當天而已，其實以往臺灣各地的普渡可能都長達一個月。
普渡，在宗教的意義是為了超渡地獄的餓鬼。而在臺灣這塊土地上，以往地
方械鬥或各種戰爭中死亡的無主孤魂，則是普渡主要的祭祀對象。早年各地
各廟宇的都有所謂的「公普」，而也都各自約定的祭祀日期。例如大龍峒保
安宮是七月十二日，艋舺龍山寺是七月十三日，艋舺祖師廟是七月二十日。
（片岡巖：62）而大稻埕城隍廟則是七月二十八日（鈴木清一郎，1934：
448）。按片岡巖的看法，放水燈經常是公普前一天晚上舉行，數以萬計的
燈籠沿街遊行，最後至江邊順流而下，目的是歡迎水府的孤魂野鬼到來。
但實際放水燈日期則並不一致。例如保安宮放水燈是舊曆七月十三（章連終
1943：45），而龍山寺的放水燈，則是七月十二日（黃鳳姿，1942：51）。
無論如何，艋舺、大龍峒等地廟宇放水燈的日期，都非七月十四。

　　相對的，早年做出「祭祀圈」著名理論的學者岡田謙，他所依據田野調
查也包括士林一帶，七星郡社子後港墘的年歲例行祭日，包括了七月十四日
放水燈（三島格，1941：33）。正好與士林街的放水燈同一天，也就是歌謠
所提到「新街十四放水燈」。據一九四〇年代的〈士林歲時記〉，農曆七月

21　原文紀錄「金頃」，標音キエン，相當於 kheng。李獻璋版本改為「隆咚（金頃）」。

22　原文紀錄「心色」，李獻璋版本改為「心適」，與《臺日大辭典》同，sim-sek，指有
　　興趣之意。

十四日當晚的放水燈實況，遊行隊伍經過芝山巖、林仔口等田野、道路，最後士林街媽祖廟，而放水燈就在廟前的江岸順流而下。這些遊行隊伍，包括了路關牌、公普燈、爐主燈、大柱燈、副大柱燈、斗燈、花燈、龍燈、各部落水燈、水燈排、水月燈、彩燈、山水燈、花鳥燈、魚燈、紗燈、火把、內山鑼鼓、玻璃燈、連花燈等（潘迺禎，1941b：15）。在以往還沒有士林廢河道之前，從慈誠宮媽祖廟前順著大南街走幾步路，就會到達基隆河，街底就是土地公廟，當年有一座日治時代就有吊橋，可以跨越基隆河。而放水燈，應該就是在基隆河舊河道。藉著當年的紀錄，可瞭解放水燈的規模是如何熱鬧盛大。

「鑼鼓打來弄動 kheng」，無非是刻劃這種「內山鑼鼓」的音響感受。內山鑼鼓，是農民樂隊的一種，在偏僻的山野間安慰農民，祈求去除邪氣的村落娛樂。內山鑼鼓的樂器包括鼓、小鑼、大鑼、鼓吹、弦仔，除了純樂器演奏外，也可以有合唱，而使用的場合則是元宵節、迎媽祖、五穀王生、放水燈、中秋觀月等。這種內山鑼鼓，可能是士林街、洲尾、湳雅等地的特殊音樂風格（潘迺禎，1941c：23）。由此可知，這種放水燈的遊行行列伴隨的這種內山鑼鼓，是如何富有令人印象深刻的聲響，如歌謠的語言聲音所刻劃的「弄動 kheng」。

這麼富有地方色彩的歌謠，為什麼隨後卻是連結著「亦著咱嫂心適興，懇求嫂嫂無路用」？心適，平澤丁東的紀錄為有點情色意味的「心色」，確實有異曲同工之妙。這個詞彙雖常在臺語的脈絡，指對某事的興趣。例如陳修《臺灣話大辭典》的例句，「有心適無，在人看的」或「做心適的」，指單純快樂的興趣。而男歡女愛的快樂，當然也是一種「心適」。至於「興」（hèng），則是喜好偏愛的，例如「有人興燒酒，有人興豆腐」，也就是指各有偏好，各有不同。當這熱戀中的男性渴望著男歡女愛愉悅的昂揚，是否與大張旗鼓的熱鬧場景有著一種奇特的類似？在鑼鼓喧天的遊行之後，水燈沿河道順流而下，目的在歡迎孤魂前來，但是這些普渡的對象是否會前來享用，還是未知數。同樣的，男女的情慾也不可能只是單方的一廂情願，還需要對方有興致，否則再怎麼懇求恐怕也沒有用。

　　同樣是七月普渡的民俗意象，新街十四放水燈並非孤例，豎燈篙也是民間詩人喜歡引用來表達內心主觀的感受。例如：

> 七月初一豎燈篙，
> 艋舺城內到番婆。
> 阿嫂佮哥有即好？
> 今來放開總是無。（平澤丁東，1917：31；李獻璋，1936：56）

　　公普前數日，負責普渡的廟宇前要豎立燈篙。燈篙有的高數丈，而末稍吊掛一盞燈籠。農曆七月一日開鬼門時，燈篙的燈籠會點亮，目的是讓陰間來的孤魂野鬼認定目標，明白有哪些供應食物的地方可以聚集過來。（鈴木清一郎，1934：449）燈篙到底應該吊多高？燈篙的燈籠，相當於孤魂的信號燈。燈篙如果越高，很遠就能夠看到燈籠的亮光，能吸引的「好兄弟」會越多，而相對的也必須準備足夠的食物才行。因此燈篙的高度，與普渡會場所提供食物的多寡有關。（柴田廉，1923：187）

　　「七月初一豎燈篙，艋舺城內到番婆。」顯然艋舺的這支燈篙，豎立得非常高，可以讓燈篙末稍的燈籠，從艋舺城內到番婆，遠遠地就能夠召喚孤魂野鬼聚集。番婆，到底是臺北的哪裡？目前還沒辦法確定，這個地名是否指天母附近的番婆嶺，或者三芝的番婆林？但無論如何，從艋舺到天母或三芝，都是非常的遙遠。有趣的是，這位民間詩人藉用這樣的意象想要表現什麼？關鍵應該就在於「今來放開總是無」，也許他心儀的對象曾經專屬他一人，或曾經對他甜言蜜語，說他們的感情有多好，但是一旦拋棄了他，是否以後她的追求者，會如同遠遠看到燈篙而聚集來的鬼魂那麼多？「阿嫂佮哥有即好？」如此再回想以往的海誓山盟，似乎別有一番諷刺的意味。

　　老臺北的七月民俗意象，除了放水燈、豎燈篙，還有艋舺搶孤，這些散發著獨特風味的臺灣意象，都可能在歌謠脈絡找到特殊的相似性及其隱喻意涵。如下：

艋舺搶孤[23]龍山寺（sī），

新街廟前大魚池（tî）。

咱嫂做人真有義（gī），

咱今相好等何時（sî）？（平澤丁東，1917：31）

　　雖然日治時代後期的艋舺，似乎已經看不到搶孤，例如鈴木清一郎討論
臺灣「搶孤と搶旗の弊風」時（1934：453-455），提到的著名例子包括海山
郡板橋、土城、宜蘭郡頭圍，並沒有提及艋舺的搶孤，似乎後來艋舺的這類
活動已經逐漸消失了。然而十九世紀末或日治初期艋舺龍山寺的搶孤，都還
是非常活躍的民俗宗教活動。當年的馬偕牧師在北臺灣傳教時，曾經目睹了
艋舺同時有五十座孤棚，他詳細地記錄了包括孤棚、肉山、道士化食、搶孤
等駭人聽聞的儀式場景：

> 七月要祭拜所有的亡魂，是很重要的祭拜月份。臺灣每個城鎮都會找
> 一個空曠的地方，用竹竿搭建錐體型的架子，底部直徑約五到十呎，
> 高度有時可到五時或六十呎。在這架子的四周，從上到下掛滿成串要
> 供給神吃的食物，包括有死鴨或活鴨，或較小隻的家禽、豬肉、魚、
> 糕餅、香蕉、鳳梨等，以及各種美食，而場地四處都掛著數百串的鞭
> 炮。有一次，我在艋舺甚至看到搭建有五十座這樣的架子。這種場面
> 看起來實在可怕。到了晚上，就是招魂的時候，每個架子都被數十個
> 燭火照得通明，然後數個道士就步上一座架高的臺子各就就位，擊掌
> 後敲打大銅鑼，以招亡魂來享用所準備的食物，並讓亡魂有充裕的時
> 間可從「黑暗和陰間」來好好地飽享食物的「靈性」部分，這部分，
> 正合於他們陰間的需要。而在同時，卻有數千個非常不靈性的飢餓群
> 眾，包括乞丐、流浪漢、無賴漢等等，從附近各鄉鎮、市區貧民窟，
> 或躲藏的暗處漸漸擁擠靠近祭祀場，而且人數越來越多，都迫不及待
> 地等著輪到他們吃的時刻。當亡魂享用完靈性的部分，剩下的部分

23　原文紀錄「搶酷」，標音チシウ コオ，相當於 chhiú-ko͘。

就是屬於這群人的，他們可以自由來拿取這部分。只是等的時間似乎
非常久，最後，亡魂像是飽足了，而銅鑼聲再度被敲響，表示輪到這
群人的時刻了。但在第一聲還沒完全響完，全場看到的就是一大堆的
手、腳和舌頭。此時，吼叫聲、咒罵聲、哀號聲四起，像是地獄的鬼
叫。大家衝向各個架子，最先趕到的，就抓著架子的支柱，左右用力
的搖，直到整個架子被拉垮在地上，然後大家就自顧自的搶食物。大
家瘋狂的吼叫，有的跌倒被踩在地上，有的被壓在倒下來的竹架下。
大家像瘋狗一樣的搶來搶去，為的是要得到所垂涎之物。（馬偕2007
〔1896〕：120-121）

　　對十九世紀末的傳教士馬偕而言，臺灣的宗教活動無非充滿令人憎惡的
異教的、瘋狂的特質[24]。包括乞丐、流浪漢、無賴漢等，他們從躲藏的暗處漸
漸擁向祭祀場的步步近逼，還有奮不顧身的攀爬爭奪等，也就是超越民眾日
常生活道德的「搶孤」。但是他顯然很生動地刻劃了這種令他難以理解的荒
謬景象，「看到的就是一大堆的手、腳和舌頭。此時，吼叫聲、咒罵聲、哀
號聲四起，像是地獄的鬼叫」、「大家像瘋狗一樣的搶來搶去，為的是要得
到所垂涎之物。」可說是將參與搶孤的飢餓群眾類比為地獄的餓鬼。無獨有
偶的，平澤丁東將這句歌謠直接理解為「艋舺施饑鬼の龍山寺」，但「施饑
鬼」只是整個普渡節慶的籠統意圖解釋。如果說搶孤如同來自地獄的餓鬼，
對於食物有著極大的渴望，那麼熱戀中的男女渴望著激情，是否也如同餓鬼
般？歌謠提及的「咱嫂做人真有義，咱今相好等何時？」顯然已經從稱讚對
方的好，到更進一步迫不及待地想要發展肉體慾望。這種情慾的熱烈期望，
是否與搶孤場景對食物的瘋狂熱情，有著奇妙的相似性？

24　馬偕曾在艋舺受到年輕人和老年人嚴重的嘲笑侮辱，例如他一八七五年四月二十四日
　　的日記寫到的（偕叡理2012：212）：「由於仇視外國人、驕傲、故作姿態、誇張、無
　　知、自負、迷信、迷戀肉體的偽君子。噢！艋舺，拿著代表勝利的棕櫚枝，但是記
　　著，就在有生之日要看見你因為蒙羞而變得卑微，你現在北臺灣比其他的城鎮更有力
　　量，但是你的力量會失敗。」

除了圍繞七月普渡之外，艋舺建醮也是歌謠裡的意象，例如：

艋舺慶成做清醮，
致重青桶[25]架浮橋。
嫂嫂無媠一步笑[26]，
用心計較沒得著。（平澤丁東，1917：44；李獻璋，1936：58）

做醮，是臺灣各地祈求與感謝神明庇佑地方安泰的祭禮。做醮大致可分為兩大類，臨時舉行的或固定例祭的。固定例祭的，有一年一回、三年一回、六年一回、十二年一回等。而臨時舉行的，如廟宇新建築落成的場合，或水災、火災等厄運而舉辦的。（鈴木清一郎，1934：496）「艋舺慶成做清醮」，指的應該就是寺廟重新整修完成或新建築落成的「慶成祈安清醮」，也就是在一般祈安清醮的基礎上，另外增加「安龍謝土」的科儀。

一般而言，臺灣各地的「做醮」，讓人印象最深刻的，應該就是禁屠、全村落的人都齋戒茹素，如鈴木清一郎所說的「其行事中祭事區域內は禁屠とて雞豚牛羊の屠殺を禁じ」（1934：497），然而，這首歌謠卻提到「青桶架浮橋」，老臺北有出現過浮橋嗎？透過《臺灣日日新報》〈劍潭造橋〉（1899年3月14日）、〈浮橋利益〉（1900年9月8日）等文章，可發現一八九九年臺灣總督府尚未聘請設計師建造跨越基隆河第一代的明治橋之前，劍潭一帶的橋樑還是浮橋。日治時代浮橋的工法，似乎都是採取在浮船、竹筏上架設木板的簡單方式。這首歌謠所提到的「菁桶」，即早期手工藍染的工具之一，浸泡藍染原料的桶子。藍染最主要的原料馬蘭草，臺語稱為「大菁」。這種浸泡藍染原料的「菁桶」到底有多重多深？依據《臺灣日日新報》（1930年9月19日），高雄州岡山郡路竹庄曾經發生，四歲幼女不小心墜落菁桶溺死的社會新聞，可見這種桶子相當深。推測起來，可能

---

25 原文紀錄的「青桶」，很可能與藍染有關。藍色的臺語，也叫做「青」，但如果考慮與藍染原料「大菁」一致性，寫為「菁桶」似乎較妥當。

26 原文紀錄為「無美一部笑」，而李獻璋版本「無美一步笑」。「美標音スイ，相當於sui，依教育部建議用字改。

至少甚至超過一位成年人的高度。而另一首歌謠，也與臺北一帶的藍染產業有關，例如「大菁[27]開花烏紅白，嫂嫂討著大菁客。大菁買銀金瑠瑠，腳骨烏烏凝[28]死人。」（平澤丁東1917：46）可見早年臺灣這種藍染相當普遍，雖然曾經是造就財富的黃金產業，但相對付出的犧牲，就是因經年累月的浸泡而將腿腳染為藍黑。甚至有的地名也與這項產業有關，例如臺南後壁「菁寮」，應該是與保護藍染「菁桶」而搭設草寮有關的地名。

這種以藍染的巨大木桶所搭建的浮橋，是否曾經橫跨艋舺到板橋，不得而知。有趣的是，這些庶民的生活有什麼隱喻的意涵？

民間詩人似乎略帶頑皮的口吻，來調侃他所心儀的女性，形容她的容貌說不上豔麗，而嫣然一笑卻是動人的。即使他所愛慕的女性好像有被嫌棄的意味，但他內心卻很明白自己得不到她的遺憾。表面上看起來是負面的批評，實際上卻是帶著深深的愛慕。就好像臺灣的小生意人經年累月與顧客討價還價，而了悟的生命經驗，最後才結晶的諺語：「嫌貨的，即是買貨的」。如果說這種頗特殊的情感表達方式，是一種想要建立進一步的兩性關係，那麼這種將兩個不同個體的人連結在一起的方式，不也與「青桶架浮橋」有著巧妙的相似性？而這樣的橋樑出現也並非現成的，而是慶祝艋舺有寺廟重新整修完成，或有新建築落成的「慶成祈安清醮」，有著濃厚的祈求與感謝的意味。那麼這位民間詩人是否也在祈求他的愛情事業能夠整修完成，或者新居落成？「做醮」的慶典，祈求與感謝神明庇佑地方安泰的氣氛，連結了一座可能本來不存在的浮橋，可以連結此岸到彼岸，可以連結本來很困難往來的人們，這不也是熱戀中的男女所祈求與感謝的關係？

27　原文紀錄為「大青」，而《臺日大辭典》紀錄為「大菁」或「山菁」。

28　標音ギイヌ，原文紀錄「愁」，筆者懷疑是「凝」（geng）。指很生氣卻鬱積在肚內。

結論

　　想想平澤丁東站在臺灣總督府中央高塔眺望，如果說他採集整理的臺灣歌謠也是一種觀看，那麼這些文學景觀，可再現的老臺北，也許是他有意的安排，如同我們對於視覺影響的諸多反省所提醒我們的，我們看的大多是我們想要看的。那麼這種老臺北的意義，也許就是為了提供日本統治所帶來的殖民現代性的對照。可以肯定的是，平澤丁東對於老臺北，或老臺灣的濃厚興趣。例如他也曾經採集整理了不少「生番出草」相關的歌謠，筆者也研究發現這些庶民的歌聲所吟詠的「生番出草」，卻並非完全僅是負面的、血淋淋的野蠻印象而已，而是有其深刻的隱喻意涵（陳龍廷，2012）。但是我們也發現，對平澤丁東而言，有些臺北的庶民風景，恐怕連他自己也不見得知道其切確地理位置，而可能只是為了其中特殊的民俗風情而收錄的。透過文化詮釋與歷史文獻的深入解讀，本文嘗試將這些景觀都其特殊的文學景觀重新脈絡化，試圖瞭解其地理歷史人文等背景，如上述提及的「新街廟口大魚池」、「艋舺搶孤龍山寺」、「新街十四放水燈」。

　　其次，地理空間Ａ與Ｂ兩地，我們還分析了褒歌常見的「Ａ對面Ｂ」的形式，並非單純是一種習慣的地理位置關係表達，而是一種主觀的相隔兩地的距離，藉此作為兩地相思的隱喻。而「Ａ起去Ｂ／Ａ落來Ｂ」的形式，則是可以用來來做為男女關係遠離或靠近的隱喻技巧。

　　最後，放在民間詩人的想像力，這些景觀並非僅是完全客觀的寫實刻劃而已，而他們想要表達的，可能都是不容易說清楚的男女情愫。中元普渡，或慶成清醮，都可以借來隱喻人間的情愛，無論是期許、感謝，情慾的瘋狂熱情，或者追求者是否會如同餓鬼聚集般，相對於失去愛情之後的人是如何的反諷。

參考文獻

臺灣新民報社調查部編 《臺灣人士鑑》 臺北市 臺灣新民報 1937年

興南新聞社編 《臺灣人士鑑》 臺北市 興南新聞社 1943年

小川尚義 《臺日大辭典（上）》 臺北市 臺灣總督府編印 1931年

小川尚義 《臺日大辭典（下）》 臺北市 臺灣總督府編印 1932年

片岡巖 《臺灣風俗誌》 臺北市 臺灣日日新報社 1921年

平澤丁東 《臺灣の歌謠と名著物語》 臺北市 晃文館 1917年

伊能嘉矩 《大日本地名辭書：臺灣之部》 東京都 富山房發行 1909年

安倍明義 《臺灣地名研究》 臺北市 蕃語研究會發行 1938年

李獻璋 《臺灣民間文學集》 臺北市 龍文出版社 1989年

李獻璋 〈民歌零拾〉《南音》第1期 1932年 頁38

東方孝義 《臺日新辭書》 臺北市 臺灣警察協會 1931年

東方孝義 〈臺灣習俗：臺灣人の文學〉《臺灣時報》4期 1935年 頁33-44

東方孝義 《臺灣習俗》 臺北市 高等法院檢察局通譯室研究會 1942年

柴田廉 《臺灣島民の民族心理學研究》 臺北市 晃文館 1923年

馬 偕 《福爾摩沙紀事：馬偕臺灣回憶錄》 臺北市 前衛出版社 2007年

偕叡理 《馬偕日記I：1871-1883》 臺北市 玉山社 2012年

張隆志 〈從「舊慣」到「民俗」：日本近代知識生產與殖民地臺灣的文化政
　　　　治〉 收錄臺灣文學研究集刊編輯委員會主編 《臺灣文學研究集
　　　　刊》 臺北市 國立臺灣大學臺灣文學研究所 2006年 頁33-58

曹永和 〈士林聽書〉《民俗臺灣》第1期 1941年 頁44-45

章連終 〈放水燈〉《民俗臺灣》第3期 1943年 頁45

陳龍廷 〈臺灣人集體記憶的召喚三〇年代《臺灣新民報》的歌謠採集〉
　　　　《海翁臺語文學》104期 2010年 頁4-37

陳龍廷 《庶民生活與歌謠——臺灣北海岸的褒歌考察》 高雄市 春暉出版
　　　　社 2010年

陳龍廷　〈聽鳥音・半路柵：臺灣歌謠的「生番出草」及其修辭策略〉《文學臺灣》82期　2012年　頁110-123

陳龍廷　〈現代性・南臺灣：1930年代李獻璋歌謠採集的特色〉《高雄文獻》第3期　2013年　頁7-34

黃得時　〈關於臺灣歌謠的搜集〉《臺灣文化》6期　1950年　頁31-38

黃得時　〈臺北市發展史〉《黃得時全集8 論述卷二：臺灣文化上》　臺南市　臺灣文學館　2012年

黃鳳姿　〈艋舺の少女：思ひ出（三）〉《民俗臺灣》2期　1942年　頁48-51

黃鳳姿　〈花〉《民俗臺灣》3期　1943年　頁40-41

鈴木清一郎　《臺灣舊慣冠婚葬祭と年中行事》　臺北市　臺灣日日新報社　1934年

臺灣總督府　《臺灣慣習記事》　臺北市　臺灣慣習研究會刊行　1907年

潘迺禎　〈士林市場について〉《民俗臺灣》第1期6卷，1941年　頁42-43

潘迺禎　〈士林歲時記〉《民俗臺灣》第1期6卷　1941年　頁8-16

潘迺禎　〈內山鑼鼓に就て〉《民俗臺灣》第1期6卷　941年　頁23

稻田尹　〈臺灣歌謠攷說（一）　監獄對面是學校の歌に就て〉《臺大文學》第7期2卷　1942年　頁51-58

稻田尹　《臺灣歌謠集》　臺北市　臺灣藝術社　1943年

Benjamin, Walter. *Illumination: Essays and Reflections*. Trans. By Hnnah Arendt. N. Y. : Schoken,1968.

Crang, Mike著　王志弘等譯　《文化地理學》　臺北市　巨流出版社　2003年

Kovecses, Zoltan. *Metaphor: A Practical Introduction*. Oxford: Oxford University Press,2002.

Jakobson, Roman. *Essai de linguistique générale: les foundations du langage*. Paris: Minuit,1963.

Saussure, Ferdinand de　1985. *Cours de linguistique générale*. éd. par Tullio de Mauro. Paris: Payot

Souriau, Etienne. *Vocabulaire d'esthétique*. Paris: P. U. F,1990.

日治山區空間與山旅文學的形成

——以玉山為例

鄭安晞

中興大學歷史學系／暨南大學兼助理教授

摘要

　　本文以日治時期與「玉山」相關的山區山旅文學為討論範疇，分享其眾人對於臺灣山區空間概念的形成，早期日本官方藉由多次的探險與測量活動，最終確認了玉山高度與所屬山域的界線、範疇。然而，玉山在官方歷年的學術探險調查中，其被攀登次數最多、且成果也最為豐碩；一九二○年代後，由於山區交通的改善之下，再加上官方鼓勵強健民體魄的登山活動，攀登玉山也似乎成了全臺熱門運動。

　　初期所描述的玉山風貌是略帶有探險性質的探險報文、調查日誌或官方文書，卻也也逐漸轉變成山區遊記與具有報導文學性質的文章；相對的，而書寫文章的成員身分也有所轉變，對於玉山的書寫也從較高階政府官員，間接轉變成一般中、下階層的官員、平民、老師或學生，代表著是對於玉山山區概念的移轉與詮釋主體的取代，也逐漸深植山岳文化於全民之中。

關鍵字：玉山、探險、原住民、行旅文學、測量、山區空間、歷史

一　前言

　　在臺灣所有群山裡，玉山為海拔最高的山峰，海拔高度將近三千九百五十二公尺；日治以降，官方為了瞭解玉山，先後派出許多探險隊伍，進入此山區探查。本文之書寫材料源於二〇一二年一月起，因執行內政部營建署所委託《臺灣登山史》的研究與編纂計畫，[1] 在研究團隊歷經一年半的資料搜尋中，所發現大量有關往昔書寫玉山的歷史文獻紀錄，再加上由於當時地形測量技術的限制關係，對於玉山山區周遭的地形認識，時間甚晚，大約要到一九一〇年代。然而，對於玉山的高度測量與山區空間範圍，向來是眾說紛紜，官方的說法也一改再改，因此本文也試著從相關玉山高度的測量文獻，瞭解玉山群峰高度被確認的過程。

　　接下來，藉著閱讀初期日本官方探險隊的探險報文，逐漸瞭解玉山的人文與自然資源。值得一提的是，官方在瞭解玉山山區的過程中，原住民所扮演的角色不像其他山區一樣的重要，一來是玉山群峰的高度非常高，而相對於原住民所賴以生活的部落或社域範圍而言，大約分布高度大約在一千公尺上下，冬天常有積雪的情形發生，因此原住民也鮮少抵達海拔如此高的山區，除非狩獵或遷移上的需求；再加上玉山山區也是鄒族與布農族郡社群傳統領域交接的區塊，過往也有著生存空間競逐的緊張關係，因此在整片廣大的山區並沒有太多原住民聚落的存在，也或許是原住民的領域尚未完全擴張至整個玉山山區，在傳統歷史上只有在陳有蘭溪中游一帶有郡社群東埔社（據說也曾經是鄒族的領地範圍）與鄒族的和社、楠仔腳萬社等處，有原住民的居住事實。當然，隨著一九三〇年代以降的「大規模集團移住」計畫，許多郡社群與巒社群、甚至是部分卓社群被移住到陳有蘭溪的兩岸定居，也改變現今聚落的分布現況。

1　鄭安晞、陳永龍、張素玢、許瓊丰、劉芳瑜等：《臺灣登山史》（總論、紀事、人物、裝備、影像）（臺北市：內政部營建署，2013 年）。

有關玉山的書寫，若單純以官方的探險報文來說，數量已非常多，內容上包羅萬象，從原住民、地質、地形、鐵道、礦物、森林、動植物等不同的書寫範圍與議題。但畢竟上述這些都僅僅是受官方委託所進行的調查報告。因此，本文也試圖從其他日治時期報紙、相關雜誌、刊物中，找尋不以官方調查為目的，而產生的臺灣山區的山旅文學。[2]

二　初期玉山的探險活動

日本領臺後，隨即積極敉平平地之義勇軍行動，並無暇管理山地事務，所以乃仿照清代之撫墾局制度，設置撫墾署，以處理原住民與山區事務；雖成效不彰，不過卻也積極調查山區「蕃情」。最初，日本人的探險活動，帶有「學術」與「殖民地調查」的內涵，由於當時中央山脈的兩翼，皆屬於「蕃地」，因此漢人或政府人士是無法隨便進入山區的，因此都得透過「通事」，作為媒介與原住民來往，這樣的情形從領臺後，將近持續了十五年以上，而往後的每次山區調查都是「武裝探險調查」，當時藉由警察的保護，讓初期的探險調查活動得以順利進行。

根據日文文獻，最早進入山區的人為久留島武彥，他在明治二十九年（1896）七月，在南臺灣從事「南中央山脈橫斷」，活動區域大約在今日新臺東武呂溪流、高雄寶來溪流一帶，這與領臺後日本人最先到達東部的臺東，兩者有很密切的關聯性，也正式揭開了日本人的探險調查登山之旅。[3]對於一個日本殖民母國而言，積極去瞭解、管理與利用新領地的資源（或新殖民地），是必要的手段與做法，而一個臺灣島竟有無法到達的區域與未知的人

2　此文非常感謝評論人臺灣師範大學張素玢教授針對此「山旅文學」提出相關建議，有關山區的文學性作品，其總類非常多且雜，有人用山區紀行文學、山區報導文學、行旅文學等名詞，卻也無法概括所有的山區旅行日誌甚至是登山隨行筆記等，因此筆者暫用「山旅文學」來稱之，把「山岳」跟「旅行」兩字合在一起，姑且不論其「山旅文學」未來發展為何，山區的描述性文學也是另一區塊可探討的領域。

3　吳永華：《臺灣登山小史》（臺中市：晨星出版社，1997年），頁19-20。

群，在當年是一件不可思議的事情。

　　當然，此時日本官方也藉由探險登山，進入原住民聚落，以便瞭解蕃情。領臺隔年，臺灣總督府便派出第一支探險隊伍進入山區，調查原住民與山區資源，絕大多數的探險隊伍都侷限於調查單一原住民族區域的情況，但仍有探險隊伍通過單一或是兩個以上原住民族區域。

　　事實上，初期的登山探險，多數集中在「玉山山彙」附近，因此區塊有全臺最高的山峰，即是現在所稱之「玉山」，在日治前被稱為「摩里遜山」（Mt. Morison），漢人也以玉山相稱。然而，原來的山名也並非「摩里遜山」；鄒族人稱為「八通關」，詞源據說來自鄒族語「バントウンコア（バットンコアンヌ）」『Bantowukoa（Battonkoannu）』，清代「八潼關」、「八同關」與「八童關」等漢音，為其譯音，鄒語的「八通關」乃是稱「玉山」，後來漢人把玉山附近的山彙都總稱為「八同關」。後來「清八通關古道」通過現今的「八通關」草原，光緒十四年（1888），改稱為「八通關」，意義為「四通八達的中央通路」。[4] 後人乃析出了「玉山」、「八通關山」、「八通關前山」與「八通關草原」等不同名稱，目前專指日治時期設立「八通關警官駐在所」的八通關草原，夏末季節，整片草原上開滿波斯菊，是很多愛山人士尋幽攬勝之所。

　　日本治臺後，明治二十九年（1896）九月十六日至十月二日與十月二十六至三十一日，有參謀本部副陸軍步兵中尉長野義虎，他也曾任「埔里撫墾署署長」，同年分別從集集與花蓮玉里，橫斷中央山脈兩次，所走的路線大致與「清八通關古道」與「清集集、水尾道路」吻合。[5] 據說最初踏上玉山的日本人為長野義虎，不過當時包括尾崎秀真等人都曾質疑長野義虎登頂新高山的可能性與否，不過按照其行程時間與四周山頂的展望與描述，應該

4　安倍明義：《臺灣地名研究》（臺北市：蕃語研究會，1938 年）。羅美娥：《臺灣地名辭書－南投縣》（卷十）（南投縣：臺灣省文獻委員會，2001 年），頁 560-561。

5　長野義虎：〈蕃地視察景況報告〉，《臺灣總督府公文類纂》，1896 年 12 月 29 日，乙種永久，第十卷，第十二門，撫墾類，手抄本。

還是有登上玉山主峰。[6]

　　從明治二十九年開始、一直到明治末年，日本官方一直圍繞著「玉山」附近進行探險調查，詳細目的與地點參考（表一），這些早期的玉山的攀登都有留下如日誌般的探險報文，數量多且內容包羅萬象，舉凡原住民、地形、地質、水文、礦產、天文、森林、動植物、道路、鐵道等，都是探險隊的調查目的，而且有時候是混合兩種以上不同的目的在同一次的探險任務中。

表一　日治初期玉山山塊的探險登山簡表

年代		登山者	目的	攀登山岳	結果與備註
1896	9.28	長野義虎	原住民調查	新高山（或新高東山）	初登，曾留下《生蕃地探險談》
	11-12	本多靜六博士、林圮埔撫墾署長齊藤音作	森林測量	新高山（或新高東山）	
1898	12	德人 Stöpel, Karl Theodor	登山	新高山（或新高東山）	外國人的初次登頂，曾著有《Eine Reise in das Innere der Insel Formosa und die erste Besteigung des Niitakayama（Mount Morrison）》（1898/1905）
1899	11	斗六辦務署長熊谷直亮	蕃情調查、山區視察	新高山（或新高東山）	

6　吳永華：《臺灣登山小史》，頁21-22。

年代		登山者	目的	攀登山岳	結果與備註
1899	12	總督府技師齊藤讓理學士、山下三八郎	礦物調查、森林	新高山（或新高東山）	隔年出版臺灣豫察地形圖，著有〈新高登山〉一文
	12	野田螺州		新高山（或新高東山）	
1900	4	鳥居龍藏博士、森丑之助等人	學術研究	新高山	經阿里山之首登，著有〈新高山地方に於ける過去及び現在の住民〉
1901	9.7	森丑之助	地形	新高北山	首登
1903	6	御料局技師秋山謙藏、山下三八郎	森林調查	新高山及陳有蘭溪	
	11-1904.3	殖產局、鐵道部	阿里山調查	阿里山	
1904	4	臨時土地調查局高木喜與四	登山測量	新高山	
	8	森丑之助	地形	新高南峰、主峰	
1905	11	殖產局技師川上瀧彌、技師福留喜之助、國語學校教授永澤定一、測候所寺本貞吉、判官西內金吾郎、殖產局助手中原源治、嘉義警部石田常平、大戶外次郎等	礦物、植物、地質、氣象、動物調查、山區視察	新高山及陳有蘭溪	新高山 經阿里山（天長節登頂，並舉杯祝賀），著有〈新高山探險〉、〈新高山紀行〉與〈新高山探險日記〉、〈新高山頂の植物〉等文

年代		登山者	目的	攀登山岳	結果與備註
1905	11	臺灣日日新報記者尾崎秀真、總督府參事官大津麟平、法院判官藤井乾助等人	山區視察	新高山	趣味登山，著有〈新高山紀行〉
1906	10-11	川上瀧彌及森丑之助一行	植物採集	新高山	山頂設新高山祠
	11	淡水稅關長岩政憲三、斗六辨務署長荒賀直順、森丑之助	山區視察、森林	新高山及陳有蘭溪	著有〈新高山登山雜記〉、〈新高行〉
1907	10	アーノルト	視察	北峰	
	10	中正里、吉田忠、石田常平	森林、山區視察	新高山	
1908	4	丸山佐四郎、中村十一郎	森林	新高山及陳有蘭溪	
	12	野呂寧、志田梅太郎、森丑之助	地理、森林	新高山及陳有蘭溪	著有〈新高山行〉
1909	10	一戶直藏、小倉信吉、大隈鴻一、佐佐木舜一	天文、氣象、植物	新高山、新高北山及陳有蘭溪	
1910	11	志田梅太郎	測圖	新高主峰、南峰	
	11	中井宗三、森丑之助、出口雄三	森林、地質	新高主山	

資料來源：林玫君，〈日本帝國主義下的臺灣登山活動〉，頁49、森丑之助，〈▽ブヌンブヌン蕃地及蕃人〉（二）、曾遊生，〈臺灣見物（五一）〉[7]，鄭安睎整理

7 　臺灣日日新報社：〈臺灣見物（五一）〉，《臺灣日日新報》4版，1916年9月2日。

至於玉山群峰的首登，大致如下：玉山主峰登頂為明治二十九年
（1896）九月二十八日，首登者為長野義虎。[8]新高東山可能為本多靜六博
士、林圮埔撫墾署長齊藤音作首登於明治三十二年十二月，新高西山為明
治三十三年四月，鳥居龍藏與森丑之柱一行人通過時首登，明治三十四年
（1901）七月森丑之助首登新高北山。[9]

三　玉山高度的測量與測繪

日治初期的玉山由於並未進行地形實測的因素下，因此有許多不同的高
度版本，文獻紀錄中有時為一萬兩千多尺（約三千六百三十六公尺），有時
為一萬四千多尺（約四千兩百四十二公尺），礙於當時測量技術的限制，高
度甚至遠比現今的玉山高度（三千九百五十二公尺）還高。從明治二十九
年（1896）開始，官方進行新高山的測量，於同年九月一日完成，其成果發
現玉山比富士山還高。明治三十年（1897）六月二十八日，原名為「摩里遜
山」的玉山，高度為一萬三千九百六十七尺（約四千兩百三十二公尺），由
於比日本國內的富士山高一千五百六十尺（約四百七十二點七公尺），因此
由日本天皇賜名、並改為「新高山」。[10]

明治三十七年（1904）四月，臺灣臨時土地調查局技手高木喜與四進
行登山測量，當時發行兩萬分之一的《臺灣堡圖》，圖中新高山高度為一萬
三千零二十尺（約三千九百四十五公尺），這也是當時官方所制定的玉山高
度。[11]明治三十八年（1905）一月一號，臺灣日日新報的〈本島の高山〉刊
載全島高山，其中新高山一萬三千零二十尺（約三千九百四十五公尺）、玉
山前山一萬一千七百零七尺（約三千五百四十七點二公尺）。[12]明治三十八年

8　吳永華：《臺灣登山小史》，頁22-30。

9　同前註，頁24-25。

10　臺灣日日新報社：〈新高山の名を賜ふ〉，《臺灣日日新報》2版，1897年7月14日。

11　吳永華：《臺灣登山小史》，頁25。

12　臺灣日日新報社：〈本島の高山〉，《臺灣日日新報》3版，1905年1月1日。

（1905）十一月，當時任職於臺北測量所寺本技手，極端辛苦的攜帶山岳用
水銀晴雨計上山測量，並與臺中、臺南、臺東三個測候所同時觀察的結果，
算出最接近的實際高度，當時也不能完全對高度下定論，根據臺中觀測所與
寺本在山上的觀測來推定，玉山高度大約三千九百六十公尺，即一萬三千兩
百尺。[13]

　　根據明治二十八年至大正十二年（1895-1923）的文書記載，玉山有以
下之高度：

表二　不同版本的玉山高度一覽表

編號	高度	出處
1	14,000尺（4,242米）餘	《四十萬分之一臺灣島測察地圖》
2	14,000尺（4,242米）	理學士石井八萬次郎
3	13,700尺（4,151.1米）	農學士齋藤音作
4	13,200尺（3,999.6米）	《日本地質圖說明書》
5	12,900尺（3,908.7米）餘	理學士齋藤讓
6	12,850尺（3,893.5米）	水路部《日本水路志》
7	12,850尺（3,893.5米）	《臺灣諸島志》
8	12,600尺（3,817.8米）	獨逸人ステーベル氏（Stöpel）
9	13,200尺（4,000米）	鳥居龍藏
10	13,018尺（3,945米）	土地調查局技手高木喜與四
11	13,104尺（3,971米）	寺本貞吉
12	13,075尺（3,962米）	野呂寧
13	13,134尺（3,980米）	一戶直藏

資料來源：戶水昇，〈新高山を思ふ〉，《臺灣遞信協會雜誌》[14]

　　根據戶水昇在〈新高山を思ふ〉一文的說法，其中編號第一至八，應該

---

[13]　臺灣日日新報社：〈新高山の高さ〉，《臺灣日日新報》2版，1905年11月16日
[14]　戶水昇：〈新高山を思ふ〉，《臺灣遞信協會雜誌》（臺北市：臺灣遞信協會，1923
　　年），頁1-8。

不是測量到最玉山最高峰，有可能是較低的第三峰東峰，所以高度可能無法採定，編號第九以後則大概都是測量玉山主峰。

臺灣山區的測量從一九〇〇年代起，因為《臺灣堡圖》的測繪，有許多與蕃地接壤的部分，陸陸續續也被畫入地圖中，有些堡圖甚至把隘勇線、隘勇監督所、部落（社）標劃出來。但隨著隘勇線推進，蕃地逐漸開發發展之際，測量山區及調查山區產業也隨之重要，因此於明治四十一年（1908）度預算警察費項下新設蕃地調查費科目，並訂定「蕃地地形測量員須知」[15]管理，同時任命總督府技師野呂寧為蕃地地形測量主任（在蕃務課服務）監督指導測量員繪製蕃地地圖。[16]測量本島的山地，則因原住民的關係，山區的測量也異常地困難，以往不能親自測量的區域，通常只能遠遠的測量，後來藉由「隘勇線推進」的關係，對當時的測量工作助益頗大。[17]

明治四十一年（1908）十二月起，野呂寧技師與森丑之助、志田梅太郎等人，開始進行嘉義與斗六的測量，接著也展開新高山（玉山）的探險，[18]伴隨他們的是蕃薯寮廳的池端警部，在測量完後新高山後，從八通關向東越過荖濃溪上游，再越過關山，十七日左右抵達蕃薯寮。[19]

---

15 「蕃地地形測量員須知」：一、地形圖為縮尺五萬分之一，主水平曲線等之距離為一百尺，圖式準照二萬分之一堡圖原圖。樹林分為針葉林、闊葉樹及混合林。隘勇監督所以支廳、蕃地官吏駐在所以警官派出所之記號表示，但隘勇監督分遣所及隘察不必表示。二、原住民語之地名以「片假名」表示。三、地名儘量收錄，並於返回後請示蕃地事務課長決定。四、測量員應依另附格式之作業日誌每日記載實地之天氣晴雨、測量面積及外勤、內勤、出差、請假情形等後，於每月一日及十六日送請蕃地事務課長檢閱。五、測量員在測量時，應觀察測量地之地勢、氣象、地質、交通情形，樹林種類及疏密大小，竹林疏密大小，適於開墾之地甲數等，記錄其概要，並於測量完畢後騰寫輯錄提出。六、測量員出差至實地測量之前，應與管轄該地之廳警務課長或支廳長接洽有關測量事宜，並向該地之警察官吏瞭解民情及接洽有關作業事宜。七、測量中須要役使擔任護衛之隘勇時，應經監督者同意。陳金田譯：《日據時期原住民行政志稿‧第一卷》（南投市：臺灣省文獻委員會，1997年），頁502-503。

16 同前註，頁502。

17 臺灣日日新報社：〈蕃地測量〉，《臺灣日日新報》漢文版2版，1909年2月2日。

18 臺灣日日新報社：〈嘉義斗六蕃地測量〉，《臺灣日日新報》1版，1908年12月16日。

19 臺灣日日新報社：〈探險隊行〉，《臺灣日日新報》2版，1908年12月23日。

高山之中，尋常攀躋不易。茲為討蕃進步，始得由各面實行踏查，
然向未有探險行動，癖好山岳者，亦祇有攀登思想，而終如彼岸阻
隔，故其進途雖闢，而蕃人之祕境，仍未容易開放，惟督府官吏，前
為強行探險，約窺其輪廓，本報所收之記事寫真，皆此探險諸氏所賜
也……新高山一萬三千七十五尺、南玉山一萬一千十七尺……[20]

　　明治四十二年（1909）十二月初，經過四至九月的雨季，全程約十三
個月的測量期後，完成了新高山的測量，當時測量的先後順序，北從新高
山及阿里山方面屬於嘉義廳管內的部分，南則從阿緱廳管內內本鹿下三
社北部一帶。根據測量後結果，新高山高度為一萬三千零七十五尺（約
三千九百六十一點七公尺），以新高山為中心附近的高山海拔如下：

新高山主峰 一萬三千零七十五尺（約三千九百六十一點七公尺）
新高山南山 一萬兩千七百六十八尺（約三千八百六十八點七公尺）
新高山北山 一萬兩千七百六十尺（約三千八百六十六點二公尺）
新高山東山 一萬兩千八百一十六尺（約三千八百八十三點二公尺）
新高山西山 一萬一千六百九十八尺（約三千五百四十四點四公尺）
新高山前山 一萬零七百零六尺（約三千兩百四十三點九公尺）
秀姑巒山 一萬兩千六百八十尺（約三千八百四十二公尺）[21]

　　當完成新高山附近測量後，野呂寧與高山囑託繼續前往阿緱廳，沿著
隘寮南溪上溯，抵達中央山脈分水嶺上的北大武山，進行測量工作。[22]明
治四十一年（1908）十一月下旬，臺灣總督府技師野呂寧前往新高山進行
山區進行測量，隔年確認新高山（玉山）高度為一萬三千零七十五尺（約

20 臺灣日日新報社：〈臺灣山嶽巨觀〉，《臺灣日日新報》漢文版）5版，1915年5月22日。
21 臺灣日日新報社：〈新高山測量完成 精確なる新高山の標高〉，《臺灣日日新報》2
　　版，1909年12月8日。
22 臺灣日日新報社：〈大武山測量談〉（上），《臺灣日日新報》2版，1909年12月9日；
　　〈大武山測量談〉（中）；1909年12月10日；〈大武山測量談〉（下），1909年12月11日。

三千九百六十一點七公尺）。大正三年（1914）起，日本陸地測量部著手於全臺三角測量。直到大正五年（1916），新高諸峰仍有多種版本，也大多是測量方法不同、天候狀態、測量儀器不同與參考標高不同所導致，相關紀錄如下：

（一）中峰の新高主山

三九八〇米	一戶氏	水銀晴雨計
三九六二米	志田氏	アリテート
三九七一米	寺　氏	水銀晴雨計
四〇〇〇米	鳥居氏	ア式晴雨計
三九四五米	高木氏	アリテート

（二）東峰即ち臺東新高

三八八〇米	一戶氏	比較觀測
三八七七米	ス氏	ア式晴雨計
三九〇九米	齋藤讓氏	ア式晴雨計
三六二〇米	森氏	ア式晴雨計
四一四五米	齋藤音氏	ア式晴雨計
四三一六米	本多氏	ア式晴雨計

（三）北峰即ち斗六新高

三八六〇米	一戶氏	水銀晴雨計
三八六七米	志田氏	アリテート
三八四〇米	森氏	ア式晴雨計
三八一一米	高木氏	アリテート
四〇八五米	大津氏	アリテート

（四）南峰

三八四〇米	一戶氏	比較觀測
三八三三米	森氏	ア式晴雨計
三八二〇米	志田氏	アリテート[23]

23　臺灣日日新報社：〈臺灣見物（五三）〉，《臺灣日日新報》4版，1916年9月5日。

　　大正六年（1917）九月，陸軍測量技師江口氏以及數名石工，二十八日開始登山，並在峰上埋設陸軍三角標。[24]大正八年（1919）五月，陸軍參謀本部江口測量技師從四日起，以約兩週時間，從阿里山往新高山測量，陪行的有河東田嘉義警務課長，為此還組織搜索隊，編制警部補一名、巡查四名、巡查補兩名、蕃人八十名，以協助測量。[25]以兩週時間測量新望嶺、大尖山、鳳凰山、知本山四山之頂，以迴照機、經度機進行三角測量。[26]此為了新版臺灣地形圖而派出的測量隊。大正十二年（1923）三月，經臺灣總督府實測之結果，一萬尺以上的高山有四十八座，其中新高山高度為一萬三千零七十五尺（約三千九百六十一點七公尺）。[27]

　　幾年後，大正十四年（1925），野呂寧在天長節早上修正了明治三十六年（1903）總督府土地調查局利用平板測量的一萬三千零七十五尺，確認了新高山為一萬三千零三十五尺（約三千九百五十公尺），高度則少了四十尺。[28]

　　此後，玉山的高度大概在三千九百五十公尺上下間，已成為日治時期官方所確認的高度。

四　玉山探險文本的出現

　　日治時期有關玉山的學術或藝文作品非常多，有的是官方探險報文、調查報告、登山日誌、報紙、照片、詩、俳句、歌謠、插畫、圖畫、明信片、

24　臺灣日日新報社：〈新高と陸軍測量〉，《臺灣日日新報》2版，1917年9月24日。

25　臺灣日日新報社：〈新高山の測量登山　搜索隊の編制〉，《臺灣日日新報》7版，1919年5月3日。

26　臺灣日日新報社：〈新高山の奉祝と測量　江口陸軍技師の一行〉，《臺灣日日新報》7版，1919年5月11日。

27　臺灣日日新報社：〈臺灣の高山と川　一萬尺以上の山が四十八　十里以上の川十八〉，《臺灣日日新報》7版，1923年3月20日。

28　臺灣日日新報社：〈新高山の標高は　一萬三千三十五尺　前回調査のものより四十尺低くなつた〉，《臺灣日日新報》5版，1925年9月8日。

甚至是電影等等，官方以任何一種可以認識玉山的管道，來書寫與記錄玉山。若以玉山的探險報文來說，最早首推長野義虎的探險報文，他以不同版本發表於多個單位，有〈蕃地視察景況報告〉、〈生蕃地探險譚〉等版本，戰後也有劉枝萬、劉克襄、楊南郡等人翻譯過其作品，算是重量級探險文獻，其描述之準確，堪稱日治初最佳的範本。

明治三十一年（1898）十二月，德國人史坦貝爾（Stöpel）為外國人首攀新高山（東山），其所著的《臺灣島內旅行》與《新高山初攀登記》，於明治三十八年（1905）發表於德國的科學會出版的報告中，多年前臺灣師大地理系也曾將其作品翻譯於的地理系學報中。[29]

明治三十二年（1899）十一月二十八日，臺灣總督府殖產課齊藤讓技師調查新高山，同行的還有產業雜誌社的白川正治一行人。[30]他們從林杞埔出發，到達和社，經過原來殖產課小史中澤周旋下，得以順利進行，山上有一尺的積雪，登頂時溫度華氏三十六度，十二月七日往臺東方面下山，九日抵達太魯那斯社，最後一行人出到樸石閣，下到秀姑巒溪，從大港口庄，沿著海岸線到卑南，北上到新開園，橫斷巍峨的山脈，抵達荖濃庄，接著從荖濃噍吧年附近，溯楠仔仙溪，經阿里關，再從林杞埔出來，然後歸北。[31]齋藤讓前往新高山調查礦物，回途中可惜罹患瘧疾，下抵東埔治療。[32]最後轉往臺南醫院治療。[33]隔年，齋藤讓寫了〈新高山〉一文，共分三期刊登，內文主要講述攀登新高山的路線，以及新高山的地質、地形與氣候，也測量出新高山高度為四千一百四十五米（一萬三千九百三十五尺）。[34]以時間來看，也是很早期的報導文學作品之一。一年後，臺灣總督府齋藤讓技師以理學士為名發表

---

29 吳永華：《臺灣登山小史》，頁24。

30 臺灣日日新報社：〈新高登山〉，《臺灣日日新報》，1899年11月14日，4版。

31 臺灣日日新報社：〈新高登山者の消息〉，《臺灣日日新報》，1899年12月21日，2版。

32 臺灣日玉新報社：〈齋藤技師の病氣〉，《臺灣日日新報》，1899年12月10日，2版。

33 臺灣日日新報社：〈齋藤技師の病狀〉，《臺灣日日新報》，1900年1月27日，2版。

34 臺灣日日新報社：〈新高山（上）〉，《臺灣日日新報》，1900年3月8日，2版；〈新高山（中）〉，1900年3月9日，2版；〈新高山（下）〉，1900年3月10日，2版。

了〈「閑日月」曾遊記 りがくし（新高登山の一週年）〉，連續兩天發表在臺灣日日新報上，算是非常早的短篇新高山遊記。[35]

明治三十八年（1905）十月，臺灣總督府殖產局福留喜之助與川上瀧彌兩位技師與國語學校教授永澤定一，判官西田金吾、側候所技手寺本貞吉、殖產局助手中原源治，嘉義廳警部石田常平、大戶外次郎以下苦力等一行四十多名從嘉義出發，登新高山後，下到八通關，再從東埔社、楠仔腳萬社、牛轀轆、回到林杞埔。[36]這也是第一次官方有計畫與組織的科學性調查，此外此次探險活動也以〈新高山探險〉為題，以第一報、第一信等方式連載於臺灣日日新報中。[37]歸途後，永澤定一教授也以新高山為題，發表於臺灣日日新報上。[38]這次的探險活動成果非常豐碩，歸途後分別以白水、松龍生為筆名，寫了〈新高山紀行〉與〈新高山探險日記〉，前者從明治三十八年（1905）十一月二十一日開始刊登，連載到明治三十九年三月四日，共六十六篇，後者從明治三十八年（1905）十一月二十五日開始刊登，多日連載，再加上川上瀧彌也連載多篇〈新高山頂の植物〉，最後止於明治三十九年（1906）一月二十三日，這兩篇文章的連載，堪稱是臺灣日日新報有史以來最長的山岳報導，舉凡原住民、地質、地形、昆蟲、森林、測量等，是非常珍貴的史料，未來則有必要加以翻譯與出版。

同年（1905），大津法學士、藤井判官、尾崎秀真前往新高山登山，也攀登玉山北山，隔年（1906）六月，尾崎秀真以尾崎白水為名刊登〈新高山紀行〉，這是與山岳工作不相干的業餘登山，沼井鐵太郎稱為臺灣趣味登山

---

[35] 臺灣日日新報社：〈「閑日月」曾遊記 りがくし（新高登山の一週年）〉，《臺灣日日新報》，1900年12月11日，1版；〈「閑日月」曾遊記（續）りがくし（新高登山の一週年）〉，1900年12月12日，1版。

[36] 臺灣日日新報社：〈新高登山の發程〉，《臺灣日日新報》，1905年10月27日，2版；〈新高山探檢〉，1905年10月31日，2版。

[37] 臺灣日日新報社：〈新高山の科學的調查〉，《臺灣日日新報》，1905年10月19日，2版。

[38] 臺灣日日新報社：〈永澤の新高登山談（上）〉，《臺灣日日新報》，1905年11月11日，2版；〈永澤の新高登山談（中）〉，1905年11月12日，2版；〈永澤の新高登山談（下）〉，1905年11月14日，2版。

活動之始，[39]但實際上要安全的在臺灣山區內登山，則已經是二十年後的事情了。

　　明治三十九年（1906），由於先前前往新高山探險活動中，在高山植物上獲得重大成就，並由於當時南部沒有下雨，非常適合前往調查，因此川上瀧彌又再度於十月八日又從嘉義出發前往新高山探險，隨行有殖產局囑託森丑之助，十月二十七日安全回到嘉義，其中在阿里山區域發現大檜木。[40]川上瀧彌回來後也以かはかみ生撰寫了〈新高山探險日記〉。[41]一直到明治四十年（1907）二月一日，共有二十二篇。同年（1906）十一月，淡水岩政憲三稅關長與斗六廳長荒賀前往新高山。[42]回來後也撰寫一篇〈新高山登山雜記〉，內容以其他登山雜記為主，雜揉自己對山的感覺。[43]同行的另一位山田義三郎，也在《臺關》雜誌上留下〈新高行〉一文，以日記方式書寫，描寫行程遠比岩政憲三的文章來的生動，可視為早期的山岳報導文學。[44]此外，山田義三郎也以山田案山子為筆名，刊載了〈新高行〉從明治三十九年（1906）十二月二十日連載到明治四十年（1907）二月一日，共十八篇，內容為《臺關》所刊載〈新高行〉一文的完整版本。

　　最有名的探險活動，莫過於明治四十一年（1908）野呂寧的新高山探險，也為了瞭解地形上，玉山山塊是否為獨立山塊，當年探險隊計有總督府蕃務本署技師野呂寧、測量囑託志田梅太郎、蕃務囑託森丑之助、嘉義廳警部中村喜十郎、巡查榊、巡查補阿里巴，蕃人二十五名（包括嚮導腳與廚夫）。行程如下：十一月二十四日臺北至嘉義，二十五日嘉義至蕃薯寮（今

39　吳永華：《臺灣登山小史》，頁26。

40　臺灣日日新報社：〈本年の新高初登山（川上農學士の再探險）〉，《臺灣日日新報》1版，1906年11月3日。

41　臺灣日日新報社：〈新高山探險日記（一）〉，《臺灣日日新報》3版，1906年12月7日。

42　臺灣日日新報社：〈新高登山者一行〉，《臺灣日日新報》5版，1906年11月14日。

43　岩政憲三：〈雜纂 新高登山雜記〉，《臺關》（微捲），1906年，頁46-51；〈雜纂　新高登山雜記（承前）〉，《臺關》（微捲），1907年，頁57-61。

44　山田義三郎：〈雜纂 新高登山雜記〉，《臺關》（微捲），1907年，頁88-95；山田義三郎：〈雜纂　新高登山雜記（承前）〉，《臺關》（微捲），1907年，頁30-40。

旗山），接洽入山事宜；二十六日蕃薯寮至甲仙埔，二十七日甲仙埔、打鐵山至排剪社，二十八日排剪社至雁爾社，二十九日雁爾社至蚊仔只社，三十日蚊仔只社至勃仔社（嘉義廳）。十二月一日勃仔社至達邦社。二至五日停留在達邦社，六日達邦社至阿里山藤田村，七日阿里山，八日阿里山至塔塔加營地（沙里仙溪），九日塔塔加營地至玉山西南麓，十日西南麓登頂至東麓（斗六廳），十一日東麓八通關，至樂樂。十二日樂樂至楠子腳萬社，十三日楠子腳萬社至集集街，此行確認玉山山脈為獨立的山脈。[45]隔年明治四十二年（1909），臺灣總督府技師野呂寧在《財海》談新高山，並膽成〈新高山行〉一文，此文比較像是官方所使用之探險報文格式，先寫每日行程，再寫重要的旅途所記。[46]從明治四十二年（1909）以後，玉山一帶官方以探險為名的文本，數量明顯較少，也代表整體對於玉山的了解，已從完全未知的狀態，達到全面性了解。

大正二年（1913）十二月，由新高堂發行《臺灣山岳景觀》一書，由蕃界的探險家森丑之助與中井宗三在探險活動中所攝影的，目錄如下：新高山之頂、從東方見到的新高山、新高山的東面、Shirubiya山（雪山）、合歡山、奇萊主山、巒大山的雲、大武山的頂、從南大武山所望大武山、雲海、中央山脈的奇岩、中央山脈的東面、中央山脈的春色、山上的白雲、高山森林、山岳蕃人的住屋、臺灣杉、東埔社蕃人的露營。[47]這也是多年來對於臺灣山岳探險的照片縮影。

日後，僅有大正久年（1920）十二月，專為紀念已故的天文專家一戶直藏博士所寫的〈新高山探險談〉分上、中、下篇，內容則為尋找建設天文臺的地點過程，順便針對玉山附近作調查。[48]大正十四年（1925）十一月，則為開鑿阿里山至新高山的聯絡道路的路線，而展開探險活動。[49]以及昭和八

45　楊南郡譯註：《臺灣百年花火》（臺北市：玉山社出版公司，2002年），頁225-249。

46　野呂寧：〈新高山行〉，《財海》（微捲），1909年1月5日。

47　臺灣日日新報社：〈「臺灣山岳景觀」出つ〉，《臺灣日日新報》2版，1913年12月22日。

48　臺灣日日新報社：〈故一戶博士　萬難を排して決行した　新高山探險談（上）天文臺建設の壯圖も　今は博士を偲ぶ種となりぬ〉，《臺灣日日新報》7版，1920年12月8日。

49　臺灣日日新報社：〈新高探險隊組織〉，《臺灣日日新報》漢文版n4版，1925年11月

年（1933）七月前往新高里山タマホ社（打茅社）探險拉荷阿雷的舊居。[50]
為新高山一帶最後幾次的探險活動，此行也派出隨行記者上田宏堂，以連載
方式報導此行的探險過程，並將拍攝探險過程中的自然美景。[51]昭和十一年
（1937）十二月二十六日，臺灣總督府警務局與殖產局，由安達警部與ナマ
カバン社原住民同行，從東埔進入，先登頂新高北山，後下八通關道路，沿
著中央山脈往南走，最後下抵タマホ社，為調查原住民狀況與未來產業開發
潛力，也以〈祕境裡新高探險記〉為題，連載於臺灣日日新報上。[52]

　　以上，為略述日治初期在玉山山區內具有報導文學形式般的登山日誌，
也兼具學術調查與行旅文學的特性。

五　書寫玉山的形成

　　早期攀登玉山的路線，有些登山客是從阿里山出發，經塔塔加鞍部，再
從玉山西峰，沿稜縱走，登頂玉山主峰；也有的人是從斗六竹山出發，翻過
阿里山山脈北方山嶺，下陳有蘭溪、經和社、東埔、八通關草原，再爬上新
高山；早期的登山路線大多利用清代所開鑿的「八通關道路」為攀登路徑。

17日。

[50] 臺灣日日新報社：〈打茅社探險一行　入社前報大決心　死生有命　萬事聽天〉,《臺
灣日日新報》漢文版n4版，1933年7月25日。

[51] 臺灣日日新報社：〈祕境タマホを探る（7）丹前を著込み　雞のすき燒　七月末と
いふに蕃山の冷涼　同じ酒ても何とも云へぬ味〉,《臺灣日日新報》7版，1933年8
月6日。

[52] 臺灣日日新報社：〈祕境裡新高探險記（1）一行四十餘名の大勢で　前人未踏の地へ
安達警部とナマカバン蕃人が同行〉,《臺灣日日新報》7版，1937年1月20日；
〈祕境裡新高探險記（2）地勢極めて複雜で　稜線傳ひは困難　待たれる自動車道路
の竣工〉7版，1937年1月21日；〈祕境裡新高探險記（3）ラホアレが心盡しの　山豚
で粟酒の滿をひく　緬羊飼育地に有望な草原帶〉,《臺灣日日新報》11版，1937年1
月22日；〈祕境裡新高探險記（4）官憲の鷹懲を山に　逃れたタマホ社一族　相次いだ
事件の參謀格ラホアレ〉11版，1937年1月23日；〈祕境裡新高探險記（完）懷ろ手
で暮せる　豐なラホアレ一家　併し警備上、山地開發の上から　タマホ社の移住が
至當〉,《臺灣日日新報》7版，1937年1月26日。

一直到大正八年（1919），日本官方開始修築「八通關越嶺道路」，幾年後大正十年（1921）完工，它便正式取代清代八通關道路，成為登山者攀爬玉山的主要途徑，方便了往後想登玉山的旅者，因此也陸續產生出許多登玉山的行旅日誌，提供一般大眾參考。

日本國內由志賀重昂於明治二十七年（1894），出版《日本風景論》一書，是一本介紹全日本地理的書籍，書中提到關於登山，並經由其他學者提倡下，造成內地登山熱潮，[53]從一九二〇年代開始，觀光的熱潮席捲日本，從內地的國立公園設置計畫，也逐漸影響到臺灣，日後也催生了「新高、阿里山國立公園」、「大屯國立公園」、「次高、タロコ國立公園」等，後來雖因故暫緩，但也著實認真規劃過國立公園後補地的計畫。

然而，當時許多教育人士為了讓臺灣大眾與學生更加認識新高山的歷史、地理條件與自然生態，從一九二〇年代開始，對於玉山的瞭解也逐漸被臺灣教育界所重視，大正十一年（1922）七月六日，臺北第三高等女學校教諭大橋捨三郎前往新高登山，他也曾發表小公學校用的臺灣地圖，此行為製作新版新高山沿革、名稱、位置與山上植物，新高山登山者與山頂，登山路今昔之難易比較，攀登高山的困難等收入新版登山案內。[54]此外，也同步刊載於《臺灣教育》刊物中，由大橋捨三郎、山田義三郎等人合寫，題名為〈新高山に登る〉，分為三期刊登，內容擺脫遊記方式，以介紹玉山為撰寫主題，分成緒言、新高山（清國時代の記事、西洋の注目、新高山命名記、新高山と富士山、新高山の分峯と其名稱、新高山の位置と標高）、新高登山者、新高山の絕頂（絕頂の感想、新高東山の絕頂、新高北山の絕頂、新高山主山の絕頂、新高南山の絕頂、新高西山の絕頂、各山頂の比較と氣象、頂上の奇觀）。九月由鈴木節與尾崎秀實，也在報上登載〈新高登山〉一文，從五號連載到十號，並在其後刊登多張攀登玉山的圖片。[55]

---

[53] 感謝匿名審查專家提出此一論點，延伸此論文的深度與廣度。

[54] 臺灣日日新報社：〈新高登山版成〉，《臺灣日日新報》漢文版6版，1922年11月14日。

[55] 臺灣日日新報社：〈新高登山（第一信）〉，《臺灣日日新報》4版，1922年9月5日；〈新高登山（第二信）〉，《臺灣日日新報》4版，1922年9月6日；〈新高登山（第三

　　大正十三年（1924）也算是另外一個關鍵年代，當時的學生團體也逐漸走向高山，六月二十八日臺北第一中學校，進行第六回中央山脈橫斷旅行，由新沼與瀨古兩位教諭率領，從臺中出發經二水、內茅埔、東埔，八通關，登玉山，再從大水窟下到玉里，完成橫斷旅行。[56]七月一日，彰化高女的前川校長以下職員率領學生十四人，出發前往新高山。[57]七月廿五日，臺北商業學校見元了發起，前往新高登山，包括原義江（農林）、八谷正義（農林）、岡山章（商工）、鈴木直人（帝大學生）。[58]7月原義江曾與臺北商業學校見元了一同新高山，他以はら生也連載了〈熱風の都をすてゝ新高山へ〉連載於臺灣日日新報上。

　　八月（1924），日本官方開始修築八通關通往新高的「新高登山步道」，全長約二里十九町（約九點九公里）。[59]往後登新高山，有著更好走、方便、時間短的登頂路徑，往後也創造出更多的新高山遊記。九月，則有臺中的實業家前田八十松、調辰二、川崎勘次、藤岡基辰、松本金藏、岡崎克已、福原勇雄等一行十八人，前往新高山。[60]由此可知，攀登新高山已從純粹的官方探險調查，逐漸轉變成一般民眾都可以親近的山。十月，臺灣日日新報社的新高山攝影班一日前往新高山。[61]參加活動的宮本生，也撰寫了〈新

　　信）〉，《臺灣日日新報》4版，1922年9月7日；〈新高登山（第四信）〉，《臺灣日日新報》4版，1922年9月8日；〈新高登山（第五信）〉，《臺灣日日新報》4版，1922年9月9日；〈新高登山（第六信）〉，《臺灣日日新報》4版，1922年9月10日。
56　臺灣日日新報社：〈北一中生　新高登山　歸路花蓮港に出つ〉，《臺灣日日新報》5版，1924年6月28日。
57　臺灣日日新報社：〈これは珍らしい　女學生の新高登山　學生の登山大流行　天候は餘り　好い方でない〉，《臺灣日日新報》5版，1924年7月1日。
58　臺灣日日新報社：〈新高登山と蕃界縱走　見元氏外三名〉，《臺灣日日新報》2版，1924年7月25日。
59　臺灣日日新報社：〈新高の登山道路　開鑿に決定〉，《臺灣日日新報》5版，1924年8月24日；〈新高登山道路開鑿隊寒氣に襲はる〉，《臺灣日日新報》5版，1924年10月1日。
60　臺灣日日新報社：〈實業家登山〉，《臺灣日日新報》漢文版n4版，1924年9月24日。
61　臺灣日日新報社：〈新高山　本社攝影隊　沿道をレンズに納めつゝ下山〉，《臺灣日日新報》n2版，1924年10月10日。

高山の撮影 本社活動寫真班登山記〉[62]連載於報上，在此之前已有臺灣教育會進行過新高山攝影。十月三日，花蓮港廳下鳳林在鄉軍人分會正會員三十名，從花蓮港駐屯大隊借來軍裝，著軍裝登新高山。[63]可見攀登玉山活動逐漸擺脫其探險的面貌，取而代之是登山休閒與活動的興起，當然也是其他交通設施普及與官方的推展有很大的關係。

大正十五年（1926）也是攀登新高山的另一個高峰，五月研究日本本島與世界著名的高山登山家北田氏正三，在山嶽部學生中島哲與中島六左衛門二名陪伴，八日由臺北出發，於桃園搭乘汽車前往大溪、參觀角板山、探訪ガオガン蕃社，[64]十一日和後藤長官一行人前往阿里山。十二日起以新高五峰開始，四名蕃人陪同，由蕃人巡查擔任嚮導，攀登新高山，預定於新高山頂紮營二晚，登頂周圍的東西南北四峰。[65]然而十二日出發後遭遇大雨，除變更預定道路，亦發現下和社溪、出東埔的新道路，歷盡千辛萬苦，終於達成目的，除登頂新高主山之外，亦踏破北山、東山，於十八日山全歸北。[66]北田氏

[62] 臺灣日日新報社：〈新高山の撮影 本社活動寫真班登山記 第一日（十月一日）〉，《臺灣日日新報》n2版，1924年10月12日；〈新高山の撮影 本社活動寫真班登山記 第二日（十月二日）〉，《臺灣日日新報》n2版，1924年10月13日；〈新高山の撮影 本社活動寫真班登山記 第三日（十月三日）〉，《臺灣日日新報》n2版，1924年10月14日；〈新高山の撮影 本社活動寫真班登山記 第四日（十月四日）〉，《臺灣日日新報》n2版，1924年10月15日；〈新高山の撮影 本社活動寫真班登山記 第五日（上）（十月五日）〉，《臺灣日日新報》n2版，1924年10月16日；〈新高山の撮影 本社活動寫真班登山記 第五日（下）（十月五日）〉，《臺灣日日新報》n2版，1924年10月17日；〈新高山の撮影 本社活動寫真班登山記 第六日（十月六日）〉，《臺灣日日新報》n2版，1924年10月18日；〈新高山の撮影 本社活動寫真班登山記 第七日（十月七日）〉，《臺灣日日新報》n2版，1924年10月19日。

[63] 臺灣日日新報社：〈武裝して 新高登山 鳳林軍人分會の在鄉軍人三十名〉，《臺灣日日新報》1版，1924年10月1日。

[64] 臺灣日日新報社：〈北田式一行の登山消息〉，《臺灣日日新報》7版，1926年5月11日。

[65] 臺灣日日新報社：〈新高五峰を踏破すべく 北田氏登山〉，《臺灣日日新報》2夕刊版，1926年5月12日。

[66] 臺灣日日新報社：〈北田氏等の 登山隊歸北〉，《臺灣日日新報》5版，1926年5月19日。

對於新高山的壯麗美景、鹿群、不間斷崩落的亂石、黑色碎石瀑布、甚至是杜鵑等植物，都是一大絕景。[67]大正十五年（1926）七月，臺灣日日新報社又舉辦第二次新高山攝影活動，此次的新高山活動班的作品在新公園與樺山小學校公開，讓世人得以看到仙境般的臺灣山岳，如女神般的美妙。[68]根據統計資料，大正十五年度（1926）新高登山人數則顯著增加，到七月底已有十七個團體，其總人數達三百五十名。[69]此外，包括新高教育研究會舉辦新高登山會在內，由教職員十二名、歸省中等學生八名所組成，為視察蕃童教育、博物地理等調查，蒐集教育上之資料，八月十日出發，預定往返於六日間。[70]

　　八月，臺南州協議會以預算追加方式，以一萬元，開鑿從阿里山上新高山的登山道路，原十一里（四十三點二公里）道路中，預計開通鹿林山以西之處，共計有七里（二十七點五公里），[71]十一月九日，新高登山道路開鑿第一部隊，由阿部警部帶領警察十九名，原住民一百三十五人，頂著寒氣與危險等登頂新高山。[72]十一月十二日臺南州警務部長增田秀吉與荒木郡守、大津警察課長，由北門驛出發，登阿里山赴鹿林峰之新道。[73]十四日，在鹿林山頂

67　臺灣日日新報社：〈北田氏　新高へ　學生と共に〉，《臺灣日日新報》n2版，1926年5月14日，臺灣日日新報社：〈山嶽の權威　北田正三氏の新高踏破（上）眼前の落雷－鹿群－大溫泉の湧出－等々　その壯快なる登山談〉，《臺灣日日新報》2版，1926年5月20日；臺灣日日新報社：〈山嶽權威　北田正三氏の新高踏破（下）間斷なき山崩れ－黑い瀧－東山絕頂白石楠－等々　その壯快なる登山談〉，《臺灣日日新報》5版，1926年5月21日。
68　臺灣日日新報社：〈本社映畫班撮影　新高山映畫公開　三十日夜新公園と樺山校で〉，《臺灣日日新報》5版，1926年7月28日。
69　臺灣日日新報社：〈めつきり殖えた　新高山の登山者　七月中に十七團體　總人員三百五十名〉《臺灣日日新報》2夕刊版，1926年8月4日。
70　臺灣日日新報社：〈新高教育研究會の新高登山　十日出發〉，《臺灣日日新報》2夕刊版，1926年8月10日。
71　臺灣日日新報社：〈開鑿阿里山至新高山々路　來十一月中竣工〉，《臺灣日日新報》漢文版4版，1926年8月22日。
72　臺灣日日新報社：〈開路第一部隊　達新高山上　三唱萬歲〉，《臺灣日日新報》漢文版4版，1926年11月11日。
73　臺灣日日新報社：〈部長登山〉，《臺灣日日新報》4版，1926年11月16日。

舉行開通典禮，隨後攀登新高山。[74]十六日嘉義商工會員因新高登山道開通，組織登山隊前往登山視察。[75]十一月，臺南州喜多知事帶領岩滿地方、西川會計、小山保安、林文書各課長、原、藏原各警部及勸業土木兩課技手各一名，以及嘉義荒木郡守和大津警察課長等人，為探查臺南州新高登山道路完工與產業施設計畫。於三十日由臺南抵嘉義、十二月一日由阿里山入山，[76]二日因降雨，停留阿里山待天候回復，三日午後三時抵達鹿林山避難所，天候雖自早晨以來晴朗，但溫度仍特別嚴寒，同山以東地區盡呈現白雪皚皚之偉大景觀，四日向新高下避難所出發，[77]登上新高主峰後下八通關，[78]於八日回到臺南州。[79]此後，登玉山的路途又方便許多，而這一年也是「臺灣登山史」上重要的一年，此年臺灣山岳會的成立，臺灣的登山史正式進入近代登山時代，在十三本的《臺灣山岳》會刊中，也出現過多篇玉山的文章。

　　昭和七年（1932）十月，官方持續計畫修築阿里山口至新高山登山口的自動車道，[80]新高登山自動車道，花費總經費兩萬元，以高須警部補為開鑿隊長、勝日巡查部長為副隊長，分五班以津田、山中、藤崎、高秋等幾位巡查為各班班長，島人四十名、原住民三十三名，總人員八十名，進行開鑿道

[74]　臺灣日日新報社：〈阿里山新高兩山間道路開通式　十四日舉于鹿林山〉，《臺灣日日新報》漢文版 n4 版，1926 年 11 月 12 日。

[75]　臺灣日日新報社：〈商工會員登山〉，《臺灣日日新報》n4 版，1926 年 11 月 14 日。

[76]　臺灣日日新報社：〈喜多知事　新高へ登山〉，《臺灣日日新報》n2 版，1926 年 11 月 29 日；〈喜多知事一行　新高登山〉，《臺灣日日新報》4 版，1926 年 12 月 1 日；〈喜多知事一行　新鑿道路を　新高初登山〉，《臺灣日日新報》n1 版，1926 年 12 月 1 日；〈喜多知事通嘉〉，《臺灣日日新報》n1 版，1926 年 12 月 2 日；〈喜多知事一行〉，《臺灣日日新報》2 版，1926 年 12 月 3 日。

[77]　臺灣日日新報社：〈喜多知事一行　登山決行　白雪を踏んて〉，《臺灣日日新報》n2 版，1926 年 12 月 5 日。

[78]　臺灣日日新報社：〈今 開鑿された裡新高　登山道路を中心に　國立公園を設計せば將來有望　土地利用策は種種ある〉，《臺灣日日新報》n2 版，1926 年 12 月 11 日。

[79]　臺灣日日新報社：〈知事上府〉，《臺灣日日新報》n4 版，1926 年 12 月 11 日。

[80]　臺灣日日新報社：〈阿里山口　道路開鑿　近日中興工〉，《臺灣日日新報》漢文版 8 版，1932 年 10 月 12 日。

路。[81]隔年（1933）三月十六日，新高山道路正式開通，由臺灣總督府小濱內務局長出席主持，前一天也是鹿林山的高山觀測所落成儀式。[82]登玉山的日程則有更大幅度的縮短。

　　說到玉山書寫，我們也不可忘記警察角色的存在，日治時期的蕃地警察不論在行政管理、醫療、教育與經濟上，在原住民部落中都扮演重要的角色，也有很多警察熱愛登山或其駐守位置就在山區，像《臺灣警察協會雜誌》就有多篇由警察所書寫登玉山的文章，大正十二年（1923）由石崎刀永的〈新高山登山記〉，[83]七月三日，臺南新報社主辦新高登山隊第一班四十三名，從集集出發登玉山。[84]會後來自臺南的竹月生寫了一篇〈新高登り〉的文章，發表於《臺灣教育》，文脈以報導文學手法寫攀登玉山過程，也細膩描寫了玉山的地質景觀、植物與攀登過程。

　　此外，在《臺灣教育》雜誌中，昭和十年（1935）十二月至昭和十一年（1936）一月，由宇佐見生書寫〈南玉山登攀〉，南玉山的攀登始於鹿野忠雄，相關南玉山的描述原本不多，此為相當稀少的文學作品之一，也摒除了以日誌的寫作風格，改以報導文學的方式描述南玉山。[85]昭和十一年（1936）三月，《麗正》刊物中，由服部和彥以日記方式發表一篇〈新高登山旅行紀行〉[86]文章，同時也有中村正〈新高登山部記事〉[87]。十一月一日，《交通時代》刊物中，由台南J.T.B 本莊治郎所寫的〈山旅日記 新高連峰の卷〉，一共分為三篇每月連載於雜誌，此文最特殊之處為，為文圖並茂，除了有附沿途照片外，更繪製有登山簡圖，以六天時間攀登玉山主峰、北峰、東峰，並下八

81　臺灣日日新報社：〈新高道路 山間寒冷 工事漸困難〉，《臺灣日日新報》（漢文版），1932/11/28，8版。

82　臺灣日日新報社：〈高山觀測所は 十五日に開所式 翌日新高道路の開通式 小濱內務局長も臨席〉，《臺灣日日新報》漢文版2版，1933年3月12日。

83　石崎刀永：〈新高山登山記〉，《臺灣警察協會雜誌》（微捲），1923年，無頁碼。

84　臺灣日日新報社：〈新高登山隊〉，《臺灣日日新報》，1923/7/5/03。

85　宇佐見生：〈南玉山登攀〉，《臺灣教育》（微捲），期數不明，頁76-80。

86　服部和彥：〈新高登山旅行紀行〉，《麗正》（微捲），1936年，頁138-143。

87　中村正：〈新高登山部記事〉，《麗正》（微捲），1936年，頁130-138。

通關,算是山旅遊文學的代表作品之一;[88] 幾乎同時本莊治郎又前往雪地的玉山登山,這次從東埔進去,走日八通關道路,攀爬大水窟山、秀姑巒山、馬博拉斯山、玉山,文章也是分三期連載〈山旅日記 新高山冬の卷〉。[89]《臺灣稅務月報》中來自臺南的鳥嘴生所書寫的〈新高紀行〉,頁數多達二十頁,全文也是文圖並茂,雖無日期,但可以從圖片中的新高神祠,可判斷出是一九二七年以後的作品。[90] 昭和四年(1939),《臺法月報》中也有許多攀登新高山的遊記,如來自臺南法友子的〈新高登山〉[91]。

昭和十二年(1937),H生的〈新高登山記〉,[92] 昭和十四年(1939),阿久根徹所寫的〈新高登攀記〉《三洲人會誌》,他從阿里上搭森林火車上山,此文也是有附地圖。[93] 若以刊物來說,由總督府遞信所發行《臺灣遞信協會雜誌》有多篇攀登玉山的文章,及川ふかし所寫的〈冬の新高山-頂上に元旦を迎へて〉,此行與臺灣山岳會的會員德田佐均等十三人一同前往;[94] 由遞信山岳部所刊載〈新高登山記〉,首頁即繪製登山路線概念圖,文中並夾有圖片。[95]

昭和十六年(1941),來自臺北總督府遞信部的佐藤貫一、鰺坂生、佐藤一德等十四名前往新高山登山,其中佐藤一德〈初めて見る新高を讚ふ〉

88 本莊治郎:〈山旅日記 新高連峰の卷〉(一～三),《交通時代》(微捲)(1936/11/1-1937/1/1),頁64-65、61-65、62-65。

89 同前註,72-75、76-78、63-65。

90 鳥嘴生:〈新高紀行〉,《臺灣稅務月報》(微捲),無發行日期,頁38-57。

91 法友子:〈新高登山〉,《臺法月報》(微捲),1939年12月08日,頁47-49。

92 H生:〈新高登山記〉,《臺南州自動車協會會報》(微捲),1937年5月10日,頁56-65。

93 〈新高登攀記〉《三洲人會誌》(微捲),1939年1月26日,頁9-17。

94 及川ふかし:〈冬の新高山-頂上に元旦を迎へて〉,《臺灣遞信協會雜誌》(微捲),1939年1月1日,頁39-46。

95 遞信山岳部:〈新高登山記〉,《臺灣遞信協會雜誌》(微捲),1940年2月22日,頁40-59。

與鰺坂生〈新高山の初日を追ふて〉一同發表於《臺灣遞信協會雜誌》中，[96]

當然，對於何種歷史文獻才可以堪稱為玉山山區的「山旅文學」，事實上可討論的空間很大，未來可討論的空間仍有很多，況且想要在短時間蒐集完所有有關新高山的文學作品，難度也頗高，目前仍然持續在收集相關資料。

六　結論

日治時期的玉山是一個全臺矚目的區域，除了是日本殖民時期最高峰的所在位置外，更是臺灣山脈的心臟地帶，由於礙於當時日治的測量技術發展，玉山的高度總是沒有一個定論，直到大正十四年（1925）以後，才真正確認玉山高度為三千九百五十公尺，此官方的法定高度一直沿用到日治末。玉山初期的探險活動，若以頻率與次數來說，也都是最高的，所留下的探險報文，其目的涵蓋多元，為我們留下許多早期的一手山區的報導史料，更值得後續研究者再深入研究。

基本上，玉山山區的「山旅文學」書寫，撇開官方調查式的探險文章不談，大正十年（1921）則是關鍵年代，由於八通關越嶺道路的修築完成，方便了許多登山者前往八通關，再從八通關登頂玉山。大正十三年（1924）八月，則接續開鑿八通關上玉山的登山步道，接下來是大正十五年（1926）八月，接續開鑿阿里山道新高山的登山步道。短短幾年內，讓攀登玉山的途徑與便利性，大勝以往。昭和七年（1932）十月，甚至修築阿里山口至新高山登山口的自動車道，此後登玉山不再被視為畏途。

一九二〇年代，由日本內地風行而來的山岳觀光熱潮，再加上日本政府鼓勵登山有助於強健體魄的情形下，因此不論是公學校學生、高等學校、商

---

[96] 佐藤一德：〈初めて見る新高を讚ふ〉，《臺灣遞信協會雜誌》（微捲），1941 年 2 月 17 日，頁 61-64；鰺坂生：〈新高山の初日を追ふて〉，《臺灣遞信協會雜誌》，1941 年 2 月 17 日，頁 74-85。

校等，甚至後來的臺北帝國大學都成立山岳部，鼓吹登山健行，也因此在臺灣日日新報上也留下許多連載的登山日誌。再者，由於登山活動的盛行，許多團體也紛紛申請攀登新高山，從大正十五年（1926）後，人數呈現倍增的狀態，因此也留下許多攀登新高山的山旅文學在各種刊物中，如：《臺灣教育》、《交通時代》、《臺灣遞信協會雜誌》等，這些刊物與早期探險文章不同非常不同，幾乎每篇的山旅文學都以山區日誌方式來書寫，再加上攀登地圖與照片（或手繪圖），除了書寫攀登行程外，或多或少都寫到天候寒冷、體力耗盡、地形嚴峻與道路坎坷外，也兼具表達自己對山的情感以及對大自然的崇敬等觀念，這也是這些後期山旅文學的最佳寫照。

　　文末，礙於此文篇幅與相關文獻整理之時間限制，僅就目前所能收集的文章羅列於文中，將來也希望能進一步將這些文章，按其重要性、文學表達、情感等內容稍做排比，並逐篇翻譯成中文，以饗對此議題有興趣的讀者，也唯有對於真實玉山空間的認識與瞭解，才能抽離出歷史與文學的空間想像。

參考文獻

臺灣日日新報社 《臺灣日日新報》 中日文版（1897-1945）

H生 〈新高登山記〉《臺南州自動車協會會報》（微捲） 1937年5月10日 頁56-65

山田義三郎 〈雜纂 新高登山雜記（承前）〉《臺關》（微捲） 1907年3月1日 頁30-40

山田義三郎 〈雜纂 新高登山雜記〉《臺關》（微捲） 1907年1月1日 頁88-95臺

中村正 〈新高登山部記事〉《麗正》（微捲） 1936年3月3日 頁130-138

及川ふかし 〈冬の新高山－頂上に元旦を迎へて〉《臺灣遞信協會雜誌》（微捲） 1939年1月1日 頁39-46

戶水昇 〈新高山を思ふ〉《臺灣遞信協會雜誌》 臺北市 臺灣遞信協會 1923年4月1日7 頁1-8

本莊治郎 〈山旅日記 新高山冬の卷〉（一～三）《交通時代》（微捲）（1937/4/1-1937/6/1） 頁72-75、76-78、63-65

本莊治郎 〈山旅日記 新高連峰の卷〉（一～三）《交通時代》（微捲）（1936/11/1-1937/1/1） 頁64-65、61-65、62-65

石崎刀永 〈新高山登山記〉《臺灣警察協會雜誌》（微捲） 1923年2月25日

宇佐見生 〈南玉山登攀〉《臺灣教育》（微捲） 期數不明 頁76-80

安倍明義 《臺灣地名研究》 臺北市 蕃語研究會 1938

佐藤一德 〈初めて見る新高を讚ふ〉《臺灣遞信協會雜誌》（微捲） 1941年2月17日 頁61-64

吳永華 《臺灣登山小史》 臺中市 晨星出版社 1997年

岩政憲三 〈雜纂 新高登山雜記（承前）〉《臺關》（微捲） 1907年1月1日 頁57-61

岩政憲三 〈雜纂 新高登山雜記〉《臺關》（微捲） 1906年12月1日 頁 46-51

服部和彥 〈新高登山旅行紀行〉《麗正》（微捲） 1936年3月3日 頁138- 143

法友子 〈新高登山〉，《臺法月報》（微捲） 1939年12月8日 頁47-49

長野義虎 〈蕃地視察景況報告〉《臺灣總督府公文類纂》 1896年12月29 日 乙種永久 第十卷 第十二門 撫墾類 手抄本

阿久根徹 〈新高登攀記〉《三洲人會誌》（微捲） 1939年1月26日 頁 9-17

野呂寧 〈新高山行〉《財海》（微捲） 1909年1月5日

陳金田譯 《日據時期原住民行政志稿》（第一卷） 南投市 臺灣省文獻委 員會 1997年

鳥嘴生 〈新高紀行〉，《臺灣稅務月報》（微捲） 無發行日期 頁38-57

楊南郡譯註 《臺灣百年花火》 臺北市 玉山社出版股份有限公司 2002年 頁225-249

遞信山岳部 〈新高登山記〉《臺灣遞信協會雜誌》（微捲） 1940年2月22 日 頁40-59

鄭安晞、陳永龍、張素玢、許瓊丰、劉芳瑜等 《臺灣登山史》（總論、紀 事、人物、裝備、影像） 臺北市 內政部營建署 2013年

羅美娥 《臺灣地名辭書－南投縣》（卷十） 南投市 臺灣省文獻委員會 2001年

鰺坂生 〈新高山の初日を追ふて〉《臺灣遞信協會雜誌》 1941年2月17日 頁74-85

從《星》到《行過洛津》

——覆寫經典的後殖民觀察

沈惠如

東吳大學中國文學系副教授

劉向仁

經國管理暨健康學院通識中心講師

摘要

「陳三五娘」的故事自宋末以來即流傳於泉、漳、潮一帶，可說是當地最為膾炙人口的愛情故事。一九二〇年，與谷崎潤一郎、芥川龍之介齊名的文學作家佐藤春夫來到臺灣旅行，一九二一年他順路到廈門、漳州旅行時，聽聞到這個故事，返回日本之後，查閱了相關的資料，發而為文，撰寫成小說《星》。佐藤春夫的覆寫與「陳三五娘」原來的故事究竟有何差異呢？而這個「差異」又代表什麼意涵呢？《星》以象徵命運的「星辰」貫穿全文，充滿了神秘幽玄的氛圍，主人翁陳三熟諳星象之術，在無數星點中，陳三找到了自己的命運之星，這樣的情節鋪陳，在傳統的陳三五娘中從未出現過。佐藤春夫這個「覆寫」的舉動，極具象徵意味。可視為文化記憶的刮除重寫，無異語言文字的殖民主義。

二〇〇三年，施叔青的《行過洛津》，描寫福建七子戲的伶人許情三次搭船到臺灣洛津，見證了海港起家的洛津五十年興衰，有趣的是，許情橫渡海峽，正是應當地戲班之邀，教唱《荔鏡記》——陳三五娘悲歡離合的故事。小說中

提及洛津第二十任同知盧鴻曾寫過《洛津隨筆》，藉以表達自己的看法，而同知朱仕光本有意寫一部方誌補盧鴻隨筆之不足，但他後來選擇了一個更具影響力的書寫策略──劇本編修。

修編劇本自然是主流論述對邊緣文化的收編及干預，想要對《荔鏡記》劇本道德整飭的同知朱仕光，卻對扮演劇中角色的演員恣意求歡，把這種表裡不一的現象，放在歷史書寫的脈絡中，我們可以清楚的看到臺灣歷史在過去的大陸論述中，被收編扭曲的情況。

透過文化探索的角度，殖民者眼中的臺灣呈現何種風貌？在書寫者心中臺灣如何被想像，在這些書寫中帝國的思維又是如何表現？權力與慾望如何滲透到殖民者和被殖民者的互動模式中？

關鍵詞：星、後殖民、陳三五娘、佐藤春夫、行過洛津

　　《陳三五娘》是傳統歌仔戲四大齣[1]之一，由於故事自宋末以來即流傳於泉、漳、潮一帶，因此在歌仔戲傳統古冊戲或歷史劇中，《陳三五娘》一劇最具閩南地方色彩。一九二〇年，與谷崎潤一郎、芥川龍之介齊名的日本文學作家佐藤春夫來到臺灣旅行，一九二一年，他順路到廈門、漳州時，臺灣某位帶路的小學教師告訴了他這個故事，返回日本之後，查閱了相關的資料，發而為文，寫成了《星》這篇小說。佐藤春夫的覆寫與「陳三五娘」原來的故事究竟有何差異呢？而這個「差異」又代表什麼意涵呢？《星》以象徵命運的「星辰」貫穿全文，充滿了神秘幽玄的氛圍，主人翁陳三熟諳星象之術，在無數星點中，陳三找到了自己的命運之星，這樣的情節鋪陳，在傳統的陳三五娘小說或戲劇中從未出現過。佐藤春夫這個「覆寫」的舉動，其實極具象徵意味。可視為文化記憶的刮除重寫，無異語言文字的殖民主義。

　　二〇〇三年，施叔青的《行過洛津》（臺北市：時報出版社），描寫福建七子戲的伶人許情三次搭船到臺灣洛津，見證了海港起家的洛津五十年興衰，有趣的是，許情橫渡海峽，正是應當地戲班之邀，教唱《荔鏡記》——陳三五娘悲歡離合的故事。小說中提及洛津第二十任同知盧鴻曾寫過《洛津隨筆》，藉以表達自己的看法，而同知朱仕光本有意寫一部方誌補盧鴻隨筆之不足，但他後來選擇了一個更具影響力的權力書寫策略——劇本編修。

　　修編劇本自然是主流論述對邊緣文化的收編及干預，想要對《荔鏡記》劇本道德整飭的同知朱仕光，卻對扮演劇中角色的演員恣意求歡，把這種表裡不一的現象，放在歷史書寫的脈絡中，我們可以清楚的看到臺灣歷史在過去的大陸論述中，被收編扭曲的情況。

　　《行過洛津》不僅為發言權被剝奪的社會底層生靈發聲，更在無形之中戲說了一段精彩的臺灣庶民生活史。這種以小搏大的書寫策略，是施叔青擅長的筆法，試圖在最細微之處窺見史家所未見的生命力，進而跳脫官方的、男性的、以英雄人物為主的史觀，翻轉臺灣社會的歷史形象[2]。

1　亦稱「四大柱」，指的是《陳三五娘》、《山伯英台》、《呂蒙正》、《什細記》四齣傳統老戲。

2　陳芳明：〈情慾優伶與歷史幽靈——寫在施叔青《行過洛津》書前〉，出自施叔青：

　　誠如她自己所說，當她埋沒在一堆史料中不知如何下筆時，猛然有一個聲音告訴她，就以《陳三五娘》這齣戲以及七子戲班的小旦許情為主軸，終於串起散落滿地的珍珠[3]，於是社會的繁華、遷移的滄桑，就在許情身邊的一干小人物如優伶玉芙蓉、珍珠點、妙音阿娟、絃師蔡尋等身上呈現出來。

　　時至今日，小說早已不是純粹抒發情感、陳述故事而已，單是作者的書寫意圖，便可以有「文學史意圖」（書寫者向文學歷史交代的野心和自我期許）、「社會學意圖」（文化霸權的反抗或爭奪）、「商業性意圖」（帶有市場策略性的書寫）等三種[4]，再加上《星》與《行過洛津》都是以「陳三五娘」的故事為切入點，因此，本論文試圖透過文化探索的角度，探索殖民者眼中的臺灣呈現何種風貌？以及在書寫者心中臺灣如何被想像，在這些書寫中帝國的思維又是如何表現？權力與慾望如何滲透到殖民者和被殖民者的互動模式中？

一　由小說到戲劇──《陳三五娘》故事的轉化

　　追源溯流，《陳三五娘》的故事源自於小說《磨鏡奇逢傳》，全書五十回，文字簡潔，成書應在明代光宗以前[5]。故事內容敘述潮州黃五娘的舅家歐家，在元宵節陳列奇燈異寶於堂前，這是潮州富貴人家的習俗，目的是彼此炫耀，凡是遊人墨客經過，都可接受他們的酒肉款待，然後題詠留念。來自泉州的陳三偶然經過，寫下了「煙火詩」一首，展現無比的才華，黃五娘暗自欽羨不已。同年五月，五娘與丫頭益春登樓憑欄摘荔枝，恰巧陳三與書僮宜幹策馬經過，益春慫恿五娘以繡帕包裹並蒂荔枝拋下，然後含情嬌羞入內，陳三春情蕩漾，想起鄉人李翁在潮州磨鏡為業，便前往訪視，並苦求接近五娘的方法。

　　《行過洛津》（臺北市：時報出版社，2003 年），頁 11。

[3]　施叔青：《行過洛津》後記（臺北市：時報出版社，2003 年），頁 352。

[4]　向陽：〈書寫行為的再思考〉，出自第四屆青年文學會議「文學：科技、圖書與消費、閱讀的再思考」引言。

[5]　因其為小說《荔鏡傳》的藍本，而《荔鏡傳》成於光宗年間，說見文後。

　　李翁告知陳三五娘係黃家獨生女，且已許配林家，陳三不為所動，李翁於是教陳三喬裝學徒，至黃家磨洗寶鏡。由於磨鏡是每月一次的例行公事，當五娘聽到磨鏡的鐵板響聲，便叫益春捧鏡而出，益春認出陳三的身分，陳三以老師傅有病搪塞，當接過王家寶鏡後，陳三心生一計，佯裝墜地打破，驚動了五娘及其父九郎，最後協議賣身為奴僕三年，每日負責蒔花刈草、打掃廳堂，趁機接近五娘。

　　起初五娘有所忌諱，對他若即若離，經由益春奔走，始知二人本有婚約，後又解約，至此愛苗逐漸滋長。就在此時，林家一次一次的催婚，迫使陳三、五娘、益春決定私奔至泉州。跋山涉水八百餘里的行程中，陳三風聞其兄必賢瀆職案發，至福建南安，又驚傳陳家被抄，五娘在進退無路、意志頹喪之餘投井自殺，陳三只得隱姓埋名，與益春落籍於南安縣境。

　　這本小說雖然有了陳三五娘故事的完整敘述，但並未在書名標示「荔」、「鏡」兩個重要關鍵。真正成為戲曲所本的應是《荔鏡傳》，此書成於光宗年間，刻於天啟五年，共十回，為李景所做。《荔鏡傳》的版本很多，回目從十回至二十二回本均有[6]，目前考訂較接近真本的手抄本《荔鏡傳》，其回目為「兩員外燈市賽女」、「白馬郎揚鞭鬧街」、「騎樓上五娘彈荔」、「石板埕陳三磨鏡」、「因相思冒名投身」、「為私愿焚香問月」、「咫尺間雙方溺病」、「後花園益春留傘」、「運使府小七傳書」、「長程道兩女私奔」，從回目中我們可以窺知陳三五娘最膾炙人口的片段為燈會、彈荔、磨鏡、賣身、留傘、私奔，而這也成了陳三五娘故事的基型。然而，戲曲異於小說處，在於給予主角唱念做表等抒情性的發揮，《荔鏡傳》顯然已提煉出部分抒情情節，如「為私愿焚香問月」、「咫尺間雙方溺病」即是。另外，第一回寫出益春成為丫鬟的原因，則是運用了改寫、衍生的手法，暗示益春亦非等閒人物，呼應益春在故事中的重要性，這些均提供了陳三五娘戲曲版的參考模式。

6　其真偽之辯詳見陳香之：《陳三五娘研究》（臺北市：商務印書館，1985年），頁35-46。

　　明代末期，《陳三五娘》開始以戲曲的形式出現，現存的明清戲曲刊本有嘉靖丙寅年的《荔鏡記戲文》、萬曆辛巳年的《荔枝記大全》、順治辛卯年的《荔枝記大全》、光緒十年的《荔枝記真本》等。這四本戲曲，均是依傳奇形制寫出，每本四、五十齣，且以團圓作結，符合傳奇大收煞的模式。這四本戲的內容，由於齣數相當，雖有繁簡的分別，卻沒有太大的差異[7]，但是，對整個陳三五娘故事發展而言，則有了許多增刪。首先燈會、彈荔、磨鏡、賣身、留傘、私奔的基調不變，但幾乎在戲曲的前半段便已完成，後半則以私奔途中發生的曲折加以鋪陳，包括林大報官陷害陳家、公差擒拿審問、五娘探監、發配途中遇兄、團圓成婚等等，這顯然是為了篇幅而添加，且為了完成團圓的使命而設計，不過因為四本都是戲曲底本，有一定的引導作用，以致後來地方戲曲的演出方式就不脫此情節結構了。

　　除了情節結構的複雜化外，戲曲本也開始嘗試對男女主角深度刻畫，以求凸顯張力。就陳三而言，嘉靖本的上場詩是「聖學功夫惜寸陰，且將無逸戒荒淫」，是正人君子的形象，而另外三本則有了風流公子的形象，如「論富貴詩書，無比貪風月、逢花酒」（萬曆本）、「榮華富貴非吾願，偷閒花月卻相歡」（順治本）、「雖未得成龍跨鳳，且趁風月遊戲」（光緒本）。其實在小說《荔鏡傳》書末附的〈陳必卿實錄〉中，提到陳三家世不錯，而他「方弱冠，丰姿冠玉」，可見他風流倜儻，又出身書香門第，應當是上述兩種形象的綜合體，因為太過正經的人，與為愛賣身為奴的情況不符，而太過風流，又顯得情感浮泛，不易引起共鳴，可見明清時期的劇作家，對於陳三的形象及性格描述尚在實驗階段。

　　至於五娘，戲曲本與小說原型最大的不同，在於五娘投井的處理。《磨鏡奇逢傳》五娘以自殺作結，戲曲卻把投井擺在五娘得知與林大定親之後，斯時五娘尚未登樓投荔，陳三也還沒磨鏡賣身，可見戲曲存心塑造五娘是個性情剛烈、追求完美的女子，得知自己將所嫁非人，寧可自殺也不願屈就，這

---

[7] 四齣戲的齣目對照表，詳見劉美芳：《陳三五娘研究》（臺北市：東吳大學碩士論文，1993 年），頁83-92。

樣的性格，企圖為後來的私奔打下基礎，確實可見用心，只是死有重如泰山，輕如鴻毛，不到關鍵時刻便輕率投井，雖沒成功，卻未免有些小題大作了！

益春份量的加重，可說是陳三五娘故事演變中的一大特色，如「益春請李姐」、「益春退約」、「益春留傘」等，因為益春居中轉圜的關鍵性至為重要，而且益春青春活潑的少女形象，正可與端莊穩重的五娘做一對照，而五娘礙於形象不能做的事情，益春也可以代勞，這正是古代才子佳人劇中丫頭小姐互補的典型，的確也增加了戲曲的可看性。

清代以後，陳三五娘的故事開始活躍在福建以及臺灣等地的民間戲臺上，包括梨園戲、高甲戲、莆仙戲、歌仔戲、薌劇、潮劇、泉州木偶戲等，均有《陳三五娘》劇目，只是各個劇種的各個版本，添加改易頗多，情節更趨複雜，例如梨園戲有「受累」（益春被逮押入牢獄）、「拷審」（益春受酷刑審訊）等情節，顯然依循加重益春戲份的腳步；高甲戲則結合民間傳說加入《審陳三》、《益春告御狀》等情節；而莆仙戲更依「洪皮陳骨」的民間傳說，把結局訂為益春改姓生子，為陳家留下香火。「洪皮陳骨」的傳說，是說益春生下雙生子，從母姓洪，兄名承求，官翰林院學士，次子承疇，文武雙全，官山海關兵備道，擁有御賜金牌、尚方寶劍，享先斬後奏之權。林大逃奔赴日，承疇追緝報仇，並娶得大日本雪月公主，承求也娶藩王之女，二人一同復姓歸宗。潮州戲增添六娘一角匹配林大，這也常被其他劇種沿用。

除了地方戲曲之外，閩臺民間還有許多歌謠，俗稱「歌仔」，藉由江湖賣藝的人口頭流播，而唱詞記錄下來則成「歌仔冊」或「歌仔簿」，這些「歌仔簿」裡保留了許多陳三五娘的故事[8]，有如同〈陳三五娘歌〉這種保存完整故事者，也有摘述片斷故事者，如〈新編陳三磨鏡歌〉、〈陳三五娘相毛走歌〉、〈陳三掃廳堂歌〉、〈陳三捧盆湯歌〉、〈益春留傘歌〉、〈小七千里送書歌〉、〈全本小七戲弄益春歌〉、〈五娘發願歌十二嘆〉、〈新編黃五娘拋荔枝歌〉、〈新編洪益春受難歌〉、〈新編五娘跳井歌〉、〈益春病囝歌〉、〈洪

8　劉美芳：〈偷情與宿命的糾纏──陳三五娘研究〉，引自《歌仔戲四大齣之二陳三五娘》（宜蘭縣：蘭陽戲劇叢書，1997年），頁9-14。

益春告大人歌〉、〈新編五娘益春相罵歌〉、〈新編小七益春相褒歌〉等，由此可窺知民間流傳的故事細節。

在這些歌仔簿中，最特別的當屬〈陳三歌第四冊益春告御狀〉，內容有益春受神明庇護、陷山賊之手、投水獲救、生子、喬裝上京、假娶秋香、五娘附魂、益春告御狀、李公擒犯、伏誅受刑、春得二孫、陰司相會、轉世投胎等，儼然變為忠良被害、忍辱負重、沈冤昭雪，甚至輪迴果報的模式，符合民間信仰與期望。

從以上敘述得知，陳三五娘故事的轉化，有如滾雪球一般，情節複雜曲折離奇，簡單的說，從燈會、彈荔、磨鏡、賣身、留傘、私奔等基型之後，分為團圓及悲情兩種結局，但在悲情結局中，又有遺恨及補恨兩種結果。

二 「命星」串聯的神祕符碼──佐藤春夫《星》的覆寫意涵

一八九五年日本占領臺灣，成為明治維新政權的第一個殖民地。初期日本人有關臺灣的論述，多出自軍人、探險家或人類學者之手。此後許多文學作家也將臺灣納入寫作的題材當中。然而除了森鷗外親自來過臺灣之外，大多數的作者並沒有實際的經驗，於是臺灣成了一種欲望的想像，既是採風獵奇的陌生異域，也可能成為失意青年另起爐灶的新天地。帝國不僅開疆闢土，創造出海外遼闊的新生地，同時也深入作家的創作意識，開拓出具有異國情調的文學素材，並且不能避免的成為帝國敘事的一部分。

一九二〇年，與谷崎潤一郎、芥川龍之介齊名的文學作家佐藤春夫來到臺灣旅行，寫出了一系列的小說與隨筆。佐藤離開故鄉來到臺灣的原因，據其〈受邀到臺灣〉一文的說法是：

> 我到臺灣去旅行，是在二十九歲的壯年時。那年夏天回到故鄉，在街上無意間和中學時代交情甚篤的舊友偶然相遇……那時剛好有鬱屈難

遣之事，為了排遣這事，我才回去家鄉的。所以舊友的邀約可說是恰
合其時。[9]

也就是說，到臺灣來重要原因是內心的「鬱屈難遣」，這和後來所謂的「讓
妻事件」[10]必然有關。臺灣草萊遍地，語言不同，既不會有人探問個人隱私，
又可藉機尋幽訪勝，排遣鬱悶的心情，於是遠離內地，前進臺灣。

佐藤春夫趁臺灣旅遊之便，順道去了趟廈門和漳州，而《星》便是這趟
旅程的產物。《星》發表於一九二一年三月的《改造》上，是佐藤春夫順路
到廈門、漳州旅行時，臺灣某位帶路的小學教師告訴他的故事。小說情節雖
是來自於聽聞的「陳三五娘」故事，但卻是全新的創作，佐藤春夫對此也特
別強調：

> 這件事後來從有關的書上得知，有一本叫做《荔鏡傳》的清朝的小
> 說，與其載之事完全相同。我也看過此書，我的《星》雖說來源與
> 《荔鏡傳》相同，但那既不是翻譯也不是翻案，而是我獨自的創作。[11]

佐藤春夫為什麼要重寫這個經典故事？除了在廈門偶然的聽聞之外，據其自
述：「後來才知道，那不是傳說」、「後來從有關的書上得知」，可見他後來
下了很大的功夫，做了許多研究，才完成了這篇「獨自的創作」。

文學作品和文化以及帝國的關係，未必要刻意的相互勾連，然而卻可從
文本中明顯的發現其間的關聯性，薩伊德說的好：

> 我仍有意避免提倡將文學和文化以及帝國兩者之間的關聯，發展到一

9　佐藤春夫著，邱若山譯：《殖民地之旅》（臺北市：草根出版公司，2002年），頁
　　367。另外，〈彼夏之記〉，頁339也有類似的記錄。

10　佐藤春夫曾與谷崎潤一郎的妻子千代子夫人產生了戀情。回到故鄉後，為了轉換心
　　境，決定到臺灣旅行。這段感情持續到1930年，其間，他與小川多美結婚，並和谷
　　崎潤一郎恢復友情。但在1930年，他與多美離婚，與谷崎潤一郎夫婦商量後，谷崎
　　潤一郎答應讓出妻子給佐藤春夫。三人聯名對外發表了公開信，為文壇上有名的「讓
　　妻事件」。

11　佐藤春夫著，邱若山譯：《殖民地之旅》，頁369。

種精密周全的理論。而我所希望的，則是這種關聯可以在各種文本中從他們很明顯的位置上產生，並且在其圍繞的情境－帝國－中，去關聯、發展、思慮、擴展或批評。[12]

殖民宗主國介入被殖民國家的文學敘事，並加以改變，這項行為是否意味著：我們宗主國的歷史文化較為優秀，因此必須強行干預，改變部分情節，以符合宗主國的優勢文化。小說與帝國這種密不可分的關係不也正是薩依德說的：「帝國主義和小說相互護持，其程度之深，使我認為若要以某種方式閱讀小說，卻不去處理帝國主義，根本是不可能的。」[13]

佐藤春夫的覆寫與「陳三五娘」原來的故事究竟有何差異呢？這個「差異」又代表什麼意涵呢？讓我們先來比較兩者之間的異同。

從戲劇改編為小說，雖說有較寬廣的想像空間，然而兩者頗有不同：

> （小說）只能借重文字、情節以動人，無有身段、唱功等的輔助。而小說的撰作者必是文人，他可對原故事中為招引聰者觀眾而歧出的枝葉進行芟刈，重理關目。然而一再改編的作品往往：存原味者失新意，重布局者喪其源。[14]

佐藤春夫的《星》以傳奇的體制結構作為小說架構。全文分為五十五折，以象徵命運的「星辰」貫穿全文，充滿了神秘幽玄的氛圍。主人翁陳三熟諳星象之術，在無數星點中，陳三找到了自己的命運之星，陳三向他的命星祈願：

> 我的命運之星啊，請將世上最美的姑娘授我為妻，還有，請讓我美麗的妻子懷胎出生的男孩，成為世上最偉大的人物。（第三折）

---

[12] Edward W. Said 著，蔡源林譯：《文化與帝國主義》（臺北市：立緒出版社，2003年），頁49。

[13] 同前註，頁145。

[14] 劉美芳：《陳三五娘研究》，頁193-194。

這段話被同樣在庭院散心的哥哥聽到，於是兄弟倆有一段精彩的論辯。這段論辯顯示兄弟倆人心性的不同，哥哥祈願自己成為偉大的人物，而陳三認為這僅憑自己努力即可達成，陳三認為自己的祈願無論如何努力也難達成，一定要藉著命運之星的力量才可實現。此處預示了未來陳三悲劇性的結局，此外，最重要的是：將來的孩子會是一個最偉大的人物，這是佐藤春夫特殊的安排，後面會再加以論述。在整篇小說中，「命星」不斷地出現，今試將其分布的篇章及代表的意涵臚列於下：

齣目 頁數	內容描述	代表意涵
第2折 頁9-10	陳三不知從哪學的……陳三於是向著那顆星跪下。	首先連結陳三與星象的關係。
第3折 頁10	我的命運之星啊！……陳三向他的命星所祈願的就是這件事。	陳三的祈願，貫穿全篇，出現數次。
第4折 頁10-11	你真傻，祈求那種事。你簡直是祈求凡人的幸福嘛！……謎樣的天空，無限的深邃。	透過兄弟辯論，顯示： 1. 兄弟之間不同的理念。 2. 陳三的孩子會成為偉大的人物。
第5折 頁11-12	假如你是惡運之星轉世的話……不勝感慨。	預示未來悲慘的結局。
第20折 頁23	我的命運之星啊！……比以前更殷切的祈願著。	陳三再次的祈願。
第31折 頁31	那顆就是我的命星……今夜就正好在我的故鄉的方位上。	陳三、五娘和益春的命運聯繫在一起。
第32折 頁32	朝著因夜空漸漸泛白而光度漸減的那三顆星的方向前進。	未來命運的象徵意義。
第38折 頁37	我的命運之星啊！……就如同全天下的新娘都是如此一般。	星象與生命意義的對照，五娘與益春亦隨之祈願。

齣目 頁數	內容描述	代表意涵
第42折 頁41-42	井裡沉靜的黑色水面倒映著一顆天上的星影。……只有那顆星才知道是怎樣激烈的感情把陳三推到井裡去的吧……。	最後一次仰望自己的命星。
46折 頁45	他也以為弟弟對命星的祈願……他的話卻是一語成讖，令人悲不自禁。	哥哥印證了弟弟惡運之星的命運。
第55折 頁54	我的命運之星啊！……對著自己的命星做如此祈願的陳三。	作者的總結。

　　如同上表，有關「星」的意象與描述有十一折之多，占了相當重的比例，這樣的情節鋪陳，在傳統的陳三五娘中從未出現過。朱雙一在〈臺灣新文學中的「陳三五娘」〉中說：「陳香就認為，該作者以『星』為中心象徵，卻貶抑了原有的『荔』、『鏡』二物。」[15]

　　劉美芳對此亦有不同的看法：

> 至於描寫技巧的論斷，陳香只以「極差」籠統稱述，失之主觀。依《文藝春秋》曾為其出版作品集的角度觀察，佐藤春夫的寫作技巧，應仍有其一定的水準。[16]

　　陳香評論，確如劉美芳所言「失之主觀」，然劉美芳僅因佐藤曾在《文藝春秋》出書，即以此判定其寫作技巧，仍有「一定水準」，亦屬想當然爾的旁證推論。小說價值，仍應回歸文本，依其技巧，給予客觀的評價。以下即根據《星》原文，略論其技巧表現。

15　朱雙一：〈臺灣新文學中的「陳三五娘」〉，《臺灣研究集刊》第3期（2005年），頁91-98。

16　劉美芳：《陳三五娘研究》，頁178。

　　佐藤春夫認為《星》雖參考了《荔鏡傳》，但屬於自己的創作，因此「荔」、「鏡」二物在篇中雖失其功能，然若據此貶抑《星》文，則未見公允。實際上，佐藤春夫以「星」串聯全篇，除了流露出一種神秘的氛圍之外，幾段人生與命運的辯證亦頗具哲理，全篇的布局自有創意。

　　在兩性情慾的描述上，陳三五娘故事中，幾乎完全付之闕如。《星》在這部分，筆調相當細膩，尤其對五娘內在的轉變與掙扎，作者頗能洞悉女性心理，刻劃入微。

　　首先在陳三對天上星辰的祈願中說道：「請將世上最美的姑娘授我為妻」，此後陳三以此為務，展開全文。第八折。陳三在潮州城內的黃府宅第初遇世上最美的黃五娘，佐藤春夫將有名的段落「登樓拋荔」置於此折。之後打破寶鏡，以奴隸之身進入黃家。五娘早已暗中注意這個奴隸，不過這種私密的事也只能說給貼身侍女益春聽。第十三折介紹益春身世，然後是五娘和益春「花朝比美」，從十三折到十九折，佐藤春夫花了相當多的篇幅表現二人不同的美。除了外在的容貌之外，在十八折中還特別強調五娘深知群眾心理，因此在「花朝比美」上略占上風，在此也埋下了伏筆，善於算計的五娘在機關算盡之後，卻自食其果，造成難以挽回的結局。

　　第十九折可說是個關鍵的轉折，陳三覺得益春似乎更美，但也因為自我用情不專而慚愧。這裡除了凸顯陳三的情感在兩女之間的猶疑之外，故事的重心逐漸由五娘移轉到益春的身上。

　　當陳三把實情告訴益春，並表示對五娘的思慕之情時，益春的內心百轉千迴，思緒萬端，卻難以宣洩。第二十六折將三人的情況描寫得極為傳神：

> 益春把自己的意中人悄悄地引導到別的女人的閨房門前之後，她撲倒在自己的臥床上，痛哭了一場。第二天早上，陳三、五娘、益春三人都低垂眼瞼，互相避開對方的視線。益春苦澀、憂懼而悲傷。另外兩人，則是苦澀、憂懼與陶醉。

　　不過五娘並沒有忘記「花朝比美」時的賭注：贏的人可以任其所好地選擇自己喜好的對象，或是接受對方的追求，以之為夫婿。輸的人要服侍贏的人以及其夫婿，當贏者之夫的第二夫人。

　　屢經波折，終成好事的三人，在益春懷孕，丈夫情愛轉移之後，五娘心裡數千次反覆思量的是：「然而，丈夫的愛——那麼深情的丈夫的愛，到底從何時起的，又是怎樣地轉移到益春那裡去的呢？」（第四十折）

　　五娘看不到陳三時，對她思念不已，但見到陳三時，總是牢騷滿腹，怨聲連連。個性軟弱的陳三也受不了這樣滿是荊刺的話語，益發的喜愛益春的溫婉嫻淑了。

　　五娘和陳三的愛情眼看就要崩解了。無助的五娘決定試探丈夫對自己的感情，於是故布疑陣，偽裝成跳井假象，沒想到弄假成真，陳三真的投井殉情，五娘隨後亦投井而死。

　　從益春思緒的轉折，到五娘內在的掙扎、抱怨，佐藤春夫在人性感情的描述上實有過人之處，在戲劇原本略嫌平板單調的陳三夫妻三人的互動模式中，賦予了更深刻的情感。

　　尤其比喻、象徵技巧的運用，與周遭的景物融為一體，相當傳神。例如當五娘和益春提到「花朝比美」這個約定時，益春望著五娘，接下來的這段象徵意味濃厚的描述，預示了未來的發展：

　　　　一隻大蝴蝶從庭院飛闖了近來，在五娘插飾著的金色花朵上飛舞輕狎了一下，又飛了出去。（第二十七折）

當五娘決定和陳三離去時，作者又藉「籠中玉燕」比喻五娘的處境：

　　　　籠中的玉燕突然間揚起明朗的聲調，囀唱了起來。總覺得坐立不安的五娘，像是心血來潮似地伸手把籠口打開了。玉燕吃驚之下，中止了歌聲，站在棲木上呆了半晌，然後，怯生生地跳到籠口探望，再輕輕飛起。這隻被照顧得無微不至、乖巧昵人的黃色小鳥，飛到欄杆上來，唱了一下歌，在五娘輕輕一揮手的瞬間，忘我地飛揚而去。（第三十折）

　　對於五娘和益春的性格，作者常會藉著某些事件，表達批判的態度。例如當五娘決定和陳三去泉州時，對兩人的描述是：

> 五娘現在已下定決心要讓陳三帶著她去泉州了。為激盪的愛慾所牽
> 引，這個滿懷熱情的姑娘，決定毫不眷顧父親的這個家而出走。到是
> 益春對這個養她長大成人的家，躊躇著不忍輕捨。（第二十八折）

顯然益春是更重感情的人。

佐藤春夫《星》中對情慾的描寫，朱雙一也認為有獨到之處，不過仍提
出了批判：

> 作者採擷潛意識心理學，在描寫女性情慾方面有其獨到之處，卻把林
> 玳逼婚等情節完全取消了，原來故事中衝破「父母之命，媒妁之言」
> 的禮教束縛，反對父母貪圖權勢、包辦婚姻的反封建意識，蕩然無
> 存。[17]

既然佐藤春夫已表明創作的立場，自不必處處依傍原著，在新創作的作品
裡，某些部分或許蕩然無存，然某些部分確有可能獨出機杼，評論者實不必
以原著框架一一限定創作者，並以此為評論標準。

第四十九折首次提到了益春的兒子洪承疇。也就是陳三向他的命星祈願
中說的：「請讓我美麗的妻子懷胎出生的男孩，成為世上最偉大的人物。」

以益春子為洪承疇的說法，早有流傳，並非佐藤春夫的想當然耳。以今
所能得見最早的版本《嘉靖本荔鏡記》，重刊於嘉靖四十五年（1566），而
洪承疇亡於康熙四年（1665），以時間推論，益春不可能與洪承疇有母子關
係，然根據《廣陽雜記》所載：

> 洪經略入都後，其太夫人猶在也。自閩迎入京，太夫人見經略大怒
> 罵，以杖擊之，數其不死之罪，曰：「汝迎我來，將使我為旂下老婢
> 耶？我打汝死，為天下除害。」經略疾走得免，太夫人即買舟南歸。[18]

17　朱雙一：〈臺灣新文學中的「陳三五娘」〉，頁91-98。
18　劉美芳：《陳三五娘研究》，頁193-194。

蓋以洪母之貞烈行為，足堪與益春堅貞撫孤的精神輝映，遂緣飾附會，這在民間故事孳乳延展過程中，在所難免。

佐藤春夫採洪承疇為益春子的說法，並無不可，然其中論述卻頗堪玩味。

當清兵攻到都城附近時，天子命令洪承疇伐清，天子是以「當今之世，最偉大的人物就是此人了」的心情，依賴著洪承疇。這正和陳三當年的祈願：「我的命運之星啊，請將世上最美的姑娘授我為妻，還有，請讓我美麗的妻子懷胎出生的男孩，成為世上最偉大的人物。」遙相呼應。

對洪承疇深信不疑的明朝天子已為國殉身，洪承疇卻裝作不知。他要為皇帝報仇，於是獻計給吳三桂以討伐李自成。李自成死後，清順帝極力說服洪承疇仕清，洪承疇也答應了。他的理由是：

> 統治國家的人改了。但是，被統治的百姓是一樣的，仍是那樣子信愛我的帝王的百姓。我必須忍辱而侍奉先帝之民。為此先帝之民的幸福，設定制度。（第五十三折）

洪承疇這堂而皇之的理由是佐藤的想法吧！是佐藤想賦予洪承疇降清的正當性吧！但是這個理由可以說服人嗎？不行，當然不行，佐藤也知道，他舉出了時人對洪承疇非難的言詞：

> 洪承疇是不忠之臣，寵愛他的思宗，到死都一味地以為他是為國捐軀了。思宗聽到他敗降於清時，對於他的生或死連問都沒問，就那麼盛大地追悼他，而他卻不當一回事地活了下來。而今還仕宦於敵國。他的母親是個貞節的夫人，而他卻是個無節的丈夫。（第五十四折）

洪承疇聽到這些話時，完全不加以辯解，只是他時常對自己的內心訴說：

> 我是不是偉大的人物，我無從得知，但是，這種寂寞大概是最偉大的人物所支付的最高稅率的租稅吧！能夠滿心喜悅地去支付它的話，這人就是神仙了。（第五十四折）

「陳三五娘」的故事是臺灣最受歡迎的戲劇，佐藤春夫以日文重新改寫，這個「覆寫」的舉動，極具象徵意味。實無異於語言文字的殖民主義。朱雙一說：

> 佐藤春夫作為一個正在對臺灣實施殖民統治，又對中國東北、華北乃至全國懷有侵略野心的殖民宗主國的作家，這樣寫的目的是很有以此鼓吹殖民地人民向殖民者伏首投降的嫌疑的。[19]

朱雙一的說法頗有見地，佐藤春夫的「覆寫」極有可能帶有某種政令宣導的作用。然而反覆推敲五十四折，也就是時人非難洪承疇的言詞，以及洪承疇自我內心思索這兩個段落。試想一個作者寫這些的目的為何？真的是鼓吹殖民地的人民投降嗎？說不通的是佐藤也舉出了時人非難洪承疇的言詞，也就是說，臺灣的人民不也同樣的會認為投降的人是個無節的人嗎？

因此，更有可能的是：佐藤的這番言詞並不是勸殖民地人民歸順投降的，而是用來安慰那些已經歸順日本殖民地人民，這些人就和洪承疇一樣，抱有極大的使命，但一般人不了解，因此感到孤獨寂寞，所幸佐藤了解，透過這個故事，甚至還能讓更多的人了解，了解這種偉大人物的心聲。這才是佐藤春夫「覆寫」《星》的終極目的吧！

三 劇本編修的隱喻——施叔青《行過洛津》的雙重書寫

《行過洛津》全書採倒敘筆法，故事開始於大清咸豐初年，許情橫渡海峽，從泉州來至洛津，應當地戲班之邀，教唱表演《荔鏡記》——陳三五娘悲歡離合的故事，這是他第三度前來此處。

許情第三次來洛津時，舉目所見，滄海桑田，早已不復當年面貌，除了客觀的全知敘述：「嘉慶中葉許情第一次來時，洛津港口帆檣雲集，海面風

19　朱雙一：〈臺灣新文學中的「陳三五娘」〉，頁91-98。

帆爭飛，萬幅在目，接天無際盛況，已經一去不復返了。」（頁7）之外，更透過許情的眼睛，在舢板上望向洛津城：

> 從南邊往北邊看，洛津溪整條河港的形狀景觀，似乎與他先前兩次來
> 時改變了許多，本來彎彎的，半月型的海岸線，彷彿不再那麼曲折有
> 致了。（頁8）

然而當地景象與許情第一次抵達洛津所見，實有天壤之別：

> 許情回憶第一次抵達洛津時，所搭乘的戎克船直接停泊在東北角溪口
> 入海的石家碼頭，港口桅檣及風帆片片，岸上苦力裝卸貨物往來如
> 梭，海水一直流到石家五落大厝的繁榮景象，如夢一樣，已然無痕無
> 蹤了。（頁15）

洛津由盛而衰的關鍵，當地人相信和五福街的天公爐神秘失蹤有關，這樣的說法除了顯示當時的宗教民俗信仰之外，也蒙上了一層神秘的色彩；不過緊接著而來的兩次大地震所造成的災難，才真正把洛津摧毀殆盡：

> 第一次地震發生於道光二十五年正月，震垮了四千多戶的民房，近
> 四百名男女當場被壓在瓦礫堆中斃命。
> 第二次是道光二十八年十月初八清晨，彰化、嘉義遭到遠較三年前嚴
> 重的震災，洛津死傷無從計數。（頁17）

以致地震後的洛津街頭流傳一句〈竹枝詞〉：「轉眼繁華等水泡，大街今日堪騎馬」（頁19）。

內憂之外還有外患，鴉片戰爭後，清廷被迫五口通商，臺灣外銷稻米的市場被剝奪，致使田地荒蕪。洛津曾以輸出稻米著稱於中國大陸，不過相隔二十幾年，許情看到的洛津居民卻是以蕃薯充飢。鴉片戰爭後，洛津同知曹士桂東來就任，作〈道上行〉七言絕句四首，形容沿途所見：

> 竹籬茅舍結村居，半飽薯芋半飽魚
>
> 漫向台陽誇富庶，蕭條滿眼欲唏噓
>
> 漠漠平原十里沙，一望枯草伴蘆芽
>
> 只緣水潦成沮洳，不藝禾苗不藝麻（頁21）

許情一路走來，眼見洛津衰敗景象，內心自然是無限唏噓；而遙想過去，回溯時光，從第一次以藝名月小桂的童伶身分來臺，假男為女，得到郊商掌櫃烏秋的青睞，隨後曲意迎合石家三公子的種種奇癖，最後甚至還要俯身遷就同知朱仕光的為所欲為。苦趣不堪重記憶，這一趟記憶之旅，和他一路走來所見的衰敗景象重疊映襯，不論是歷史的演進、地理景觀的改變、內心的回溯、記憶的再現、男女角色的扮演、今昔身分的互換以及縱貫期間千絲萬縷的情感糾葛，形成交錯重疊的對位思考，在這種持續不斷的變化當中，充滿了動能、抉擇與爭奪。這是一場永無休止的遷徙，不僅僅是外在環境與歷史的遷徙，更是自我內在靈魂的遷徙。

《行過洛津》的許情是如何認定他自己的身分呢？他認為自己是什麼？他怎樣看待與界定自己？他與什麼認同？他是以誰的方式去認同「我們」？他怎樣看待自己與「他者」的關係？誰形塑了他呢？

許情從小家貧，七歲被母親賣入泉香七子戲班學戲，先唱小生，後改學小旦，十六歲變聲，高音唱不上去，被班主驅逐離開戲班，從此輾轉於泉州幾個七仔戲班，從管理戲籠後臺的雜役做起，後拜梨園界著名的鼓師魚鰍先為師，成為泉州錦上珠七仔戲班的鼓師。

第一次以藝名月小桂的童伶身分來臺，假男為女，許情這種在性別上的流動搖擺、對自我身分的偽裝以及後來的轉變，如果重疊置放在他「過客」的身分上來觀察，那麼游離於中國／臺灣，擺盪於男性／女性二元對立的越界行為，不僅可表明「過客」對自我身分認同的尷尬猶疑，同時更凸顯了階級與慾望、中心與邊緣的權力配置關係。

相對於許情的「過客」身分，烏秋則是站在支配者的位置，這正是黑格爾所謂的主人／奴隸的關係，在這層關係中，奴隸成為依附性的「東西」，

其存在是由得勝的他者（也就是主人）形塑的，如同沙特（J. P. Sartre）所說的：

> 我被他者所擁有，他者的眼光赤裸裸的形構我的身體，把它如此這般的生產出來，用與我永遠不用的方式看它，他者擁有我是什麼的秘密。[20]

這種主人／奴隸的關係等同於後殖民理論中殖民者與被殖民者的關係，兩者之中存在一種矛盾、共生的關係，透過權力的運作，被殖民者在形塑的過程，往往會經過一系列迷人的包裝。

社會及經濟地位的差異，原本就屬於被殖民者的許情更被陰性化，進而陷入了雙重殖民化的悲慘境遇。首先我們看到烏秋以「南郊益順興掌櫃」的社會地位輕易地在地位低下的戲子間做出了選擇——放棄了原本看上的飾演黃五娘的大旦玉芙蓉，選擇了演婢女益春的許情。

戲臺上假男為女的許情，在現實情境中依舊被烏秋以陰性化的身分所擁有，透過食指與嘴唇極具象徵性的撥弄挑逗，自然流洩出一幅活色生香的情欲纏綿場景。

> （烏秋）讚賞許情這一張嘴，兩片經常潮濕、因年輕而殷紅的薄唇，烏秋形容許情的脣形線條像是睡著了的山巒，溫柔地起伏，笑起來小嘴一抿，頰邊的酒窩，迷死他。
> 說著，烏秋伸出食指掰開許情因受到讚賞有點害羞、緊抿的嘴唇。烏秋的食指強行進入他的嘴裡，慢慢的攪動，眼睛露出看玉芙蓉時那種不懷好意的笑容。（頁32）

烏秋不時以「贈與」的經濟手段宰制許情，更利用贈與物的特殊性質，強化許情在現實情境中陰性化身分的認同。例如贈送給許情的定情物是一只蓮花形狀的鉛製粉盒，給他扮戲化妝用；許情得到之後如獲至寶，小心翼翼

20　陶東風：《後殖民主義》（臺北市：揚智文化公司，2000年），頁18。

地捧在手中，始終捨不得用它。

小梨園七子戲的師傅教童伶演戲，行話叫「雕」，所謂「教戲有如雕佛像」；烏秋對許情的形塑靈感得自於懸崖式山毛櫸盆栽，植物可以隨著想望雕塑造型，人也一樣可以，烏秋想把喉音未改的許情，按照自己的審美要求，雕成一個比女人還要女人，一個他心目中理想的女性型態，供他玩賞。

不僅在戲裡扮演女人，在現實生活中，烏秋也要把許情變成女人，不是要穿戲服的月小桂從戲棚走下來，他要許情穿女服，扮成真正的女人。

理想女性美的條件之一，是足下一雙三寸金蓮，纏足的行為展現的是父權社會下，以刺激陽具亢奮的情慾想像，並完全以陽性凝視為唯一基準的審美觀點下產生的一種慘無人道的陰性化過程；與此有異曲同工的則是男性的去勢過程。纏足與去勢，這兩項陰性化的過程許情都經歷過，但對他而言，在性別的認同上卻具有不同的意義。

烏秋要許情穿女服，扮成真正的女人那一晚，許情作了一個夢，在夢中他雙手護住自己的胯間，保護自己，害怕被閹割，害怕被開坊師傅像閹公雞一樣把他給閹了；同時在夢中，許情低頭一看，竟然露出一雙纖纖金蓮小腳。

夢中潛意識顯現的是許情的去勢恐懼，在性別兩極中決定性的一刻，他開始正視自己的性別認同，其中關鍵性的人物是阿娟。

烏秋帶許情來到如意居，因纏足躺在床上攤手攤腳的阿娟，像具沒有生命的傀儡，和他從前一樣。綁蹻和裹腳是一樣的，都是殘忍的女性化儀式，許情看著阿娟，他同時看到了自己。

尤其當他初次看到阿娟兩粒殷紅欲滴的乳頭，除了貪婪渴切的眼光外，還包含著納悶不解。他面對的是一個真的女的，舉手投足每一個動作都流露出自然的美姿，一種有節奏的韻律感。許情跟著師傅所學的，與阿娟的動作對比之下，無一處不是在提醒他的偽裝裝扮。

透過阿娟的真實的女性形象，以及鏡中阿娟和自己的顯影，許情總算看清了自己陰性化的身分：

> （許情）和阿婠肩並肩站在菱花鏡前，鏡子裡的那個顯影——他的影像，看起來古怪而陌生，這個人會是我嗎？許情不自禁地自問。他撫摸著圓圓的肩膀，扁平的胸脯，感覺到鏡子裡的那個人與他毫不相干，與鏡中人凝視的瞬間，他與「她」分離了，他的心和他的身體分隔開來，一分為二。心裡的那個他，清清楚楚地知道他和阿婠不是同類，是不一樣的。（頁212）

如果性別可以越界流動，是男是女可以任意取捨，就像演戲穿戲服一樣，上場下場，穿穿脫脫，一切都是表演，可以隨意把玩，許情在性別的認同上會選擇哪邊呢？

當烏秋雕塑他時，在無形的權力宰制下，許情是自願成為陰性身分的；然而當他透過鏡像發現他與她不同時，他內心想望的又是什麼呢？

> 此刻他希望打散盤在頭頂的髮髻，摘下瑤璫的耳墜，拭去一臉的白粉胭脂，褪下這一身青紫提花大襟女襖，大紅如意的絚邊的大襠褲子，讓自己回到本來的面目。（頁212）

袪除一切的裝扮，他想回到自己的原始面貌，拋棄所有外在環境加諸在他身上的權力運作，他看到了真實的自己。「阿婠」可說是許情改變身分認同的源頭，他和阿婠一像，都是沒有生命的傀儡，綁蹻和裹腳具有同樣的儀式意義，許情看著阿婠，他同時看到了自己，阿婠是許情自我的投射。然而當他看到阿婠的女體及儀態，透過鏡像的折射，他又發現了他和她的不同，於是他發現了真實的自己。

一種慾望自他內心深處緩緩升起，對她的慾望，純粹是男性對女性的慾望，卻無法以真實的身分表明，依然要靠著變裝偷渡自己的感情。最具象徵意義的自然是許情和阿婠扮演〈益春留傘〉，穿著女裝的許情，扮演男裝的陳三，與阿婠扮演的益春演對手戲：

> 陳三的眼睛與益春的眼睛對看，許情的眼睛與阿婠的眼睛對看。在這一刻，許情就是陳三，陳三就是他自己，他把戲台上那個裝模作樣的

> 月小桂置身度外，與他毫不相干，許情從戲裡走出戲外，走出他的角
> 色，走出他一身的裝扮，回到他真正的自己，找回那個隱藏在女服下
> 面，與浮現在上面的正好相反的性別。（頁219）

如果阿婠的身分是臺灣本土的隱喻，許情對阿婠潛藏的慾望，以及他自我身分認同的焦慮、定位與轉化過程，不也正是所有遷移過客所必然會遭逢的心路歷程嗎？

從後殖民的理論來看，許情的舊地重遊，可說是重新喚起歷史記憶，透過自由聯想，把片段的細節與過去的情景結合，藉以戡定當下的問題，從生活與行為中發現隱蔽的意義，哪怕這段歷史記憶充滿了裂痕與縐褶，也正因為這些被肢解的過去是痛苦的組合，對於創傷也就有了更加清晰的認識，就像全書結尾時，許情內心依舊存在著無時無刻的懸念。

根據傅柯（Micheal Foucault）的權力論述，「權力」藉由嚴密的凝視與監控機制，使人在「權力」的制範中被規訓為馴服的心智和身體；「女性主義」學者哈樂薇（Donna Haraway）更提出「設身處地的知識」，主張將「知識」這個對象物描寫成為一個行動者和「動作媒」，必須批判藏身於「知識」體系建構背後的支配權力關係，只有在這樣的意義下，才得以將種族、父權和意識形態的傳統加以重新組構和運作，並從中形成新的概念和想像[21]。這也就是斯圖亞特・霍爾（Stuart Hall）所說的：

> 文化研究開始它的工作的時候，它的任務是撕開人文主義傳統中那些
> 被認為是未言明的前提，必須闡明支撐實踐的意識形態假定，對於人
> 文科學與藝術把自己打扮為中立的知識方式實施意識形態的批判。[22]

知識從來不是中立的，它背後往往隱藏了某種意識形態，在傳達過程中已然建構了權力支配的關係。

---

[21] 廖炳惠編著：《關鍵詞200》「知識權力」條（臺北市：麥田出版社，2003年），頁148。
[22] 陶東風：《後殖民主義》，頁61。

　　洛津第二十任同知盧鴻曾寫過《洛津隨筆》，藉以表達自己的看法，「書寫」正是一種知識的傳達與權力的建構；同知朱仕光有意寫一部方誌，以補盧鴻隨筆之不足，他書寫的理由有兩點：

> 成書之後，當可具經世教化的功能，大清王朝至康熙以降，已充分體認到方誌是輔治之書，大事提倡纂修，撰寫方誌也可明哲保身，乾隆一朝的幾大文字獄，至今仍餘波未了。（頁68）

　　這一段敘述充滿了微妙的政治意涵，「文字獄」本身即是透過權力的展現，強行壓抑知識的嚴酷手段，如果這是異族統治的高壓政策，漢人官吏在逃避這種權力支配的過程，弔詭的卻想用「撰寫方誌」這樣的兩面手法，對宗主國清朝既無殺傷力，對殖民地臺灣卻具有權力書寫的操控意味。

　　同知朱仕光沒有撰寫方誌，他選擇了一個更具影響力的權力書寫策略－劇本編修。泉香七子戲班在天后宮演《荔鏡記》，戲棚上的戲唱到高潮，戲棚下的觀眾也情不自禁，模仿戲中人。陳三、五娘敢於衝破禮教的藩籬，連夜私奔，當時戲迷當中，真的有一對男女假戲真做，把戲劇情節化為了實際行動。

　　同知朱仕光向來以德化洛津風俗為己任，他想效法他的本家，宋代理學家朱熹，這位大儒，一到閩南上任，立即禁止演戲劣風，並且曾經出令限定女子出門必須以花巾兜面，這種遮面巾，當地人稱之為「朱公兜」。

　　「朱公兜」是個象徵：透過禮教的花巾，遮住真實面目的政治干預道具。同知朱仕光的內心也潛存著無數個「朱公兜」：

> 早知應該追隨廈門、澎湖兩地官員，以《荔鏡記》陳三五娘這齣七子戲，太過淫辭醜態傷風敗俗而下令禁演，他尤其佩服這兩地官員的勇氣，對富家大族爭相蓄養戲子的醜態也敢於不畏權勢，明令禁止。（頁119）

　　心思細密的同知朱仕光沒有不畏權勢的勇氣，他精於算計，不敢輕舉妄動，對禁止演戲一事決定從長計議。

同知朱仕光沒有禁止演戲，非但如此，泉香七子戲班反倒進駐了他粟倉同知署廳衙第二進的庭院，陳三五娘悲歡離合的故事占據了他的腦海，假男為女的優伶極盡聲色之美的表演，更令他達到了忘我之境。

這「忘我」之境，實際上才是「真我」的流露，純粹真實的情感讓同知朱仕光暫時拋棄了自己心靈的「朱公兜」，於是天人交戰，真實的情感與道德禮教在他內心拉扯，經過了三天的目眩神迷，他總算清醒了過來，拒絕繼續頹廢墮落。要端正視聽，就先從修改劇本下手。學者宋國誠認為：

> 文化往往被視為一種「反祖求榮」式的回歸方案，這種以知性為典範、以道德為訓誡的方案，不容許任何多元的、混雜的自由思想的存在。這兩種「聖魔二分法」的文化演譯，其結果必然是一個效忠自己文化的民族和另一個文化被鄙視的民族之間難以罷休的戰鬥。[23]

同知朱仕光的修改劇本，無疑正是一種「反祖求榮」式的回歸方案，這段「編修／回歸」的過程，「優越／落後」的霸權敘述俯拾皆是。從一開頭他就對梨園戲的稱謂有意見：

> 「梨園」一詞來自唐明皇坐部伎子弟三百人教於梨園，稱皇帝梨園弟子，本是古代帝王培養藝人的場所，而這名不見經傳的閩南地方戲劇，卻膽敢以梨園為名，同知朱仕光難以苟同。（頁133）

就連翻閱劇本的姿勢，都充斥著文化鄙視的符碼：

> 手拿一把竹尺，挑翻桌上的戲簿，不肯用手指去翻看，那草紙一樣粗糙的黃色紙張，黑筆字體拙劣幼稚，旁邊附著蚯蚓一樣的工尺譜，看起來慘不忍睹，虐待同知朱仕光的眼睛。（頁130）

對於詞不達意的戲文內容，他連看都懶得看了。

23　宋國誠：《後殖民論述——從法農到薩伊德》（臺北市：擎松出版公司，2003年），頁534。

> 喚來廳府中的書吏，囑咐他把戲本重新抄寫一遍，還特別叮嚀不必照
> 原文重抄，而是把其中的泉州閩南土語一律翻譯成官話，授意書吏對
> 戲文中的口語對白只需取其大意，不必忠實原著。閩南這種俚俗的方
> 言一向不被士大夫看中，口白用詞本來就沒有獨立的文字，聽起來更
> 是詰屈聱牙，全然不可解。（頁130）

書吏是位紹興師爺，對泉州土語一竅不通，只好又找了個流落洛津的泉
州文士，進行口述翻譯。從閱讀態度、修辭策略、重新抄寫、省略原文、取
其大意、二手翻譯，這段編修過程背後的意識形態，恰是一個「簡化──劣
等」的不平等權力運作。

書吏與文士的拉扯過程，可說是「中心／邊陲」、「大陸／島嶼」權力
角逐的縮影，泉州文士本身即處在一個「弔詭認同」（paradox of identity）
的狀態中，遊移在「定居與流放」、「精英與世俗」、「正統與民間」雙重區
塊中。

> （泉州文士）體悟到中國一部二十四史，無非是帝王將相的家譜，從
> 此棄筆不寫儒家正統思想的八股論文，把興趣轉向民間俗文學，開始
> 關切庶民生活。（頁131）

文士處心積慮保存庶民生動的口語，書吏卻認為這些不過是鄙俗的糟
粕，看不慣劇中男女主角「品行低劣，語言粗野，面目可憎，難登大雅之
堂」，於是大刀闊斧刪除俚俗的口白，堆砌一些毫無意義的華麗詞藻。

這些經過大事「改良」過的本子稱為「潔本」，「改良」本身是意識形
態支配下的權力運作，可說是隱性的「文字獄」；「潔本」則是臣服於道德
框架下的產物。同知朱仕光將「潔本」重新改寫編制，以符合教化的道德戲
曲，在雙重道德框架下的劇本，成了失去生命活力的行屍走肉。

從「改良」至成為「潔本」的歷程，可說是文化在面對「差異性遭遇」
時所發揮的功能，這種功能會將異文化「安置」在本文化的「價值框架」
裡，使得異文化必須在本文化下被定義、被理解。

批閱戲文，同知朱仕光首先無法接受陳三打破黃家寶鏡，賣身為奴的情節。「賣身為奴」意味著價值認同與身分改變，傳統價值制約下的同知朱仕光自然是無法跳脫「主人／奴隸」的主流論述，對照比較許情與蔡尋的際遇，他們一定能夠體會，甚至羨慕陳三賣身為奴的境遇吧。

至於賣身後的陳三，不時受到五娘的屈辱，這極具戲劇效果的情節，同知朱仕光卻認為是低俗的庶民趣味，畢竟在父權意識操控下的主流論述，男尊女卑天經地義。陰陽顛倒，反向操作的戲劇發展，在同知朱仕光的眼中，會造成社會脫序的嚴重後果。

位居權力核心的同知朱仕光，偶爾也會有虛懸擺蕩，身處邊緣的感覺。身處邊緣固然會有無邊寂寞湧上心頭，但同時也可體會到一種無拘無束的自由，這時內在最真實的情欲開始和外在的道德禮教展開對抗。

在這種「道德／情欲」的論述下，連外在景觀都會產生不同的想像，道德意識高漲時，同知朱仕光腦海中浮現的是冰清玉潔的瓊花；原始情欲在體內竄流時，眼中所見儘是俗艷亂顫的紅彤一片：

> 除了沒有家眷約束，他隔著海峽，身在化外，天高皇帝遠，無形之中，中原儒家的禮制規範逐漸鬆動了，好些在大陸內地不敢想像、不可能發生的情事，在這孤懸的海島，他可以為所欲為擅自作主，結果都變得可能。（頁205）

就這樣，「道德／情欲」的論述，與「中心／邊緣」、「大陸／島嶼」的論述形成有機的連結，在這編織緊密的天羅地網中，透視同知朱仕光的兩項行為——《荔鏡記》劇本的編修以及和許情求歡的過程，呈現出怎樣的意義呢？

四 結論

修編劇本自然是主流論述對邊緣文化的收編及干預，想要對《荔鏡記》劇本道德整飭的同知朱仕光，卻對扮演劇中角色的演員恣意求歡，在道德禮

教的外衣下，潛伏著原始情欲的奔放流動，把這種表裡不一的現象，放在歷史書寫的脈絡中，我們可以清楚的看到臺灣歷史在過去的大陸論述中，被收編扭曲的情況，這種陰性化的過程以及受外在勢力操控，難以發聲的位置，在小說中有一段反覆呈現、極為傳神的意象：

> 那的喚做甚傀儡，墨墨綠兒捏著紅兒粧著人樣東西。（頁298）

同知朱仕光編修的劇本完成了，對於離經叛道、移居外地的男女，他決定給予「敘別發配」的懲罰，以不團圓的悲劇，寫下了「劇終」。

官方的劇本結束了，但臺灣的劇本沒完，而且才開始，在沒有外在力量的干涉下，不同版本的劇本正在迸發。

而佐藤春夫的臺灣之旅，之於個人，可以療傷止痛，可以施展抱負；對文學作品而言，臺灣可以成為一個圖騰，也可以成為記號般的存在，或僅化為一個茶餘飯後的背景，當然也可以充滿幻魅色彩，塑造成一個風情萬種的探險勝地，為帝國的人民增添了一個投射未來希望的場域。

威廉・布雷克（William Blake）曾說：「帝國的根基是藝術與科學，將之排除或貶低，帝國就不在存在。」[24] 也就是說，在帝國主義的運作過程中，文學藝術占據了多麼重要的位置，再看薩依德的說法：

> 我所想要檢視的是，帝國主義的運作是如何超越經濟法則和政治決策而發生，而且——經由偏好可辨識的文化型態之權威，以及教育、文學和視覺與音樂藝術內在的不斷強化——而在另外一個非常重要的層面，亦即民族文化中體現出來。[25]

如同薩依德所言，佐藤春夫的《星》可說在民族文化中具有多重指涉意義，透過經典的翻譯改寫，一種語言上的殖民政策，聯結了中國、日本以及

---

[24] Edward W. Said 著，蔡源林譯：《文化與帝國主義》，頁46。此為威廉・布雷克註解約書亞・雷納德（Joshua Reynolds）的《論述》時說的話。

[25] 同前註，頁46。

臺灣之間的重層關係；更在民間故事中，移花接木，試圖為殖民地人民歸順
殖民宗主國找出正當性，甚至把這種人稱為「偉大的人」。

　　像這種暗渡陳倉的手法，佐藤春夫技巧高妙，運用嫻熟，純就文學作品
而言，列為佳作亦不為過，也正因此，才更值得警惕，當我們在閱讀類似篇
章，察覺其間的某些異狀時，不妨還原當時的情境，也就是放在一個後殖民
的語境中，重新審視，或許會看到不同以往的風景，甚至可以發現更深刻的
詮釋方向。

參考文獻

王德威　《跨世紀風華——當代小說20家》　臺北市　麥田出版社　2002年

王德威　《如何現代，怎樣文學？》　臺北市　麥田出版社　1998年

宋國誠　《後殖民論述——從法農到薩伊德》　臺北市　擎松出版公司　2003年

佐藤春夫著，邱若山譯　《殖民地之旅》　臺北市　草根出版社　2002年

施叔青　《行過洛津》　臺北市　時報出版社　2003年

段義孚著，潘桂成譯　《經驗透視中的空間和地方》　臺北市　國立編譯館
　　　　　1998年

范銘如　《文學地理：臺灣小說的空間閱讀》　臺北市　麥田出版社　2008年

陳　香　《陳三五娘研究》　臺北市　臺灣商務印書館　1985年

陶東風　《後殖民主義》　臺北市　揚智文化公司　2000年

張小虹　《後現代/女人：權力、慾望與性別表演》　臺北市　聯合文學
　　　　　2006年

廖炳惠編　《關鍵詞200》　臺北市　麥田出版社　2003年

朱雙一　〈臺灣新文學中的「陳三五娘」〉《臺灣研究集刊》第3期　2005年
　　　　　頁91-98

沈惠如　〈歌仔戲劇本修編之探討——以《陳三五娘》舞臺演出本為例〉
　　　　　《德育學報》第15期　1999年

李長聲　〈谷崎潤一郎和他的女人們〉《聯合文學》315期　2011年

劉美芳　《陳三五娘研究》　臺北市　東吳大學碩士論文　1993年

劉美芳　〈偷情與宿命的糾纏——陳三五娘研究〉《歌仔戲四大齣之二陳
　　　　　三五娘》　宜蘭縣　蘭陽戲劇叢書　1997年

Clare Cooper Marcus著，徐詩思譯　《家屋，自我的一面鏡子》　臺北市　張
　　　　　老師文化事業公司　2000年

Edward W. Said 著，蔡源林譯　《文化與帝國主義》　臺北市　立緒出版社
　　　　　2003年

Gaston Linda McDowell著，王志弘等譯 《性別、認同與地方》 臺北市 群學 2006年

Gaston Bachelard著，龔卓軍等譯 《空間詩學》 臺北市 張老師文化事業公司 2005年

Mike Crang著，王志弘等譯 《文化地理學》 臺北市 巨流出版社 2005年

從臺灣四種族群語言的互借詞探討
臺灣語言詞彙的融合現象

姚榮松

臺灣師範大學臺灣語文學系兼任教授

摘要

臺灣為多元族群密集的一個島嶼，從十七世紀以來，土著及閩客移民歷經荷、英、清國、日本等政權長短不同的統治，形成土洋夾雜的語言環境。一九四五年以來，以北京話為標準國語的強勢語言政策，使閩、客、原住民語言式微。一九八七年解嚴以來，「國語」以外三種族群語言逐漸復甦，但究其實，共通語（臺灣稱國語，大陸稱普通話，新加坡稱華語）仍屬強勢的主流漢語。

二〇一一年十二月國民政府為慶祝建國百年，由客委會出版《客語外來語，含原閩客國(華)語互借詞》，初次展現多元族群語言的外來語詞彙庫，本文利用這份資料庫進行臺灣地區當代漢語詞彙融合之探討，首先針對教育部「原、閩、客、國語互借詞」的四個借詞表（共兩百二十七個詞）進行分析，以突顯臺灣四個族群百年來語言融合的最新風貌。接著，利用客委會專案調查成果─《客語外來語》六〇四個外來語進行詞音、詞形（漢字）及詞義之分析。

在客家語五十九個族群互借詞中，閩南語佔三十七個，國語二十一個，平埔族語一個，相較於五十個閩南語外借詞來自南島語二十個（其中十三個地名），來自客語三個，國語二十七個，共通點是大量國語借詞。這種入超也表現在原住民語的五十八個漢語借詞，比例是閩南語二十四、客語十一、國語二十三。第三部分分析六〇四筆「客語外來詞」，進行客語外來詞的類型分析，

並比較借詞內部音讀與日語、英語源詞的關係，及其詞形與國語外來語的關聯，也指出了部分來自國語與閩南語的移借詞。材料顯示，新興的當代生活借詞，泰半通過國語借詞再轉為客語借詞的形式。

關鍵詞：臺灣四種族群語言、族群互借詞、外來語、典型轉借外來詞、譯音外來詞、譯義詞

一　前言

　　臺灣為多元族群密集的一個島嶼，從十七世紀以來，土著及閩客移民歷經荷、英、清國、日本等政權長短不同的統治，形成土洋夾雜的語言環境，一九四五年以來，以北京話為標準國語的強勢語言政策，使閩、客、原住民語言式微。迄一九八七年解嚴，「國語」以外三種族群語言逐漸復甦，但究其實共通語（臺灣稱國語，大陸稱普通話，新加坡稱華語）仍屬強勢的主流漢語，閩南語因人口占百分之七十五以上，其活力僅次於華語，原住民屬南島語支，僻居高山，客語多居丘陵地區，或成方言島，無法形成單一的通行腔。一八九五年起日人治臺五十年，已帶來大量英、日語外來語，對四個族語均有一定影響。二○一一年十二月國民政府為慶祝建國百年，由客委會出版《客語外來語，含原閩客國（華）語互借詞》，初次展現多元族群語言的外來語詞彙庫，本文擬用這份資料庫進行臺灣地區當代漢語詞彙融合之探討。

　　本文首先針對教育部「原、閩、客、國語互借詞」的四個借詞表（共兩百二十七個詞）進行分析，以凸顯臺灣多元族群百年來語言融合的最新風貌。接著，利用客委會專案調查成果——《客語外來語》六百零四個外借外來語進行詞音、詞形（漢字）及詞義之分析，由於這份外來詞均有對應的華語、英語、日語詞義（或詞形）對照，容易判斷其借入的源詞，如「米信」（miˋxinˋ）指裁縫車，日語辭義欄作ミシン，英語辭義欄為 sewing machine，可判斷為日語借詞。「先生」音senˊ seˋ，華語詞義為「老師、醫生」，日語詞義也是「先生」（せんせい），應是日語借詞。「菲力」音（fe liˋ）的華、英、日辭義分別為菲力、fillet、ヒレ，詞源屬英語借詞，但客語音讀及詞形均借自華語的「菲力」，因此應屬華語借詞。「漢堡」及「優酪乳」等均為華語借詞，因為英語分別為 hamburger，yoghurt，日語作ハンバーガ及ヨーグル的第三及第二音節帶 g- 之音節已被華語切除。「蛋塔」（音 danˋ taˇ/lonˋ tab）詞形來自華語，詞音則兼有華語／日語（エッグタルト）兩源。「林檎」lin goˋ/limˇ kimˇ華語作蘋果，日語作りんご，詞形則借自日語漢字「林檎」，但又滋生另一依漢字的文讀limˇkimˇ，可視為客語的創新（閩南語

同）。「黑輪」來自日語的おでん（一種麵疙瘩加醬料的食物），華語譯作黑輪，其實來自閩南語譯音，本字應作烏輪，華語的詞形其實借自閩南語，由於有這種多重轉折的音形互動，使得臺灣漢語的外來語顯得多樣化，也無形中顯現臺灣多元族群所融合的詞彙層次的多樣而曲折，有如七寶樓臺。

二　教育部臺灣「原閩客國（語）互借詞表」的分析

　　在西元二〇一一年亦即中華民國百年誕辰之際，教育部由國語推行委員會的一個小組，完成一個「原閩客國（語）互借詞表」，藉以表現臺灣各族群文化互動的軌跡，並研究整理各語之間可靠的「借詞」，呈現臺灣多元文化社會中，各族群接觸與融合的現象。

　　這個互借詞表，各族群由一位委員提出清單，經由主任委員及四語委員[1]彼此複審，並經小組會議決議通過而完成。由於研究時間限制，每語借詞條數各五十至六十筆，總筆數為兩百二十七筆。由於原住民族多達十四族[2]，一位委員只能就其專長進行抽樣選取不同族語，且未包括全部十四族語，難免以偏概全。以下即只是根據行政院客家委員會出版的《客語外來語，含原閩客國（語）互借詞》一書（2011年12月初版 ，頁86-114），分四個表進行初步統計：

（一）原住民族語的五十八個族群互借詞的統計

1　詞目所屬族語的統計。本表共收
　賽德克語（1-27）二十七個
　賽夏語（28、29、32-42）十三個

---

[1]　四位委員是原住民語：林修澈，閩南語：董忠司，客家語：羅肇錦，國語：姚榮松。召集人為曹逢甫。

[2]　來源為行政院原住民委員會原住民分布圖介紹，請見http://www.apc.gov.tw/portal/docList.html?CID=6726E5B80C8822F9

阿美語（31、43-53）十二個

排灣語（30、54-58）六個

合計五十八個

2　互借詞移借來源之統計。

閩南語二十四個

國語二十三個

客家語十一個

　　一般都只知道臺灣南島民族有「九族」，這是日治時期日本官方的界定，後來發現，還有多種平埔族「姿身未明」[3]。此外，住在日月潭的邵族，常被視為是阿里山的鄒族的一部分。二〇〇一年已正名為「邵族」。此後陸續又有三族申請正名，即宜蘭的「噶瑪蘭族」（平埔族）及住在太魯閣地區的賽德克人（原屬泰雅族一支），也已獨立正名為「太魯閣族」，及分布於花蓮縣境內的撒奇萊雅族。據原民會網站[4]的公告，目前已有原住民十四族。

　　姑以目前十四族的南島語，教育部互借小組僅舉出五十八個外來語例，並且集中在賽德克語、賽夏語、阿美語和排灣語，其中賽德克語二十七個占最多數，這二十七個族群互借詞中，集中在閩南語和國語的比例為十比十六。足見「國語」在山地部落，如賽德克的影響深遠。由於地緣關係，新竹五峰鄉附近的賽夏族，主要與客家語緊鄰而處，互借詞表收了九個客家借詞，即：

　　過年（kongien）　　　　肥皂（sako:）

　　頑皮（loman，即鱸鰻）　塑膠（sokaw）

　　沒空（mohan）　　　　　香（hiyong，即客語「香」字，祭拜用）

　　土地公（pakong）　　　　擲杯（sinkaw，即客語聖筊）

　　餅（piyang，客語音biang）

3　李壬癸：《珍惜臺灣南島語言》(臺北市：前衛出版社，2010年)，頁313。

4　http://www.apc.gov.tw/portal/

　　過年（go ngien˘），這是通稱，農曆年稱kongien noka moto:。肥皂音sako:，借自客家語「茶箍」（caˇ guˊ），閩南語音tê-khoo，足見「sako:」借自客語，又客家語「鱸鰻」（luˇ manˇ）不只是頑皮而已，有點接近流氓之義。這個詞是部分借用。「沒空」的中文本字為「無閒」，塑膠讀作sokaw（第二音節閩南語為ka），聖筊sinkaw作為擲杯，由名詞轉動詞。閩南語作「跋杯」，可見sinkaw完全是客語發音。而土地公稱「伯公」更是道地的客家借詞。此外，賽德克人稱「客家人」為「maqay」（即麼介）又更加道地。

　　由以上原民四語對三種漢語之間的分布，充分體現臺灣多元族語之間的互動。而這些借詞有許多還是日常生活的基本詞以及新生事物，前者如賽德克借自閩南語的有：

　　　　　bihung（米粉）　　　　　　bawan（肉圓）

　　　　　bacan（肉粽）　　　　　　basu（巴士）

也有賽夏借自閩南語的如：

　　　　　linging（龍眼）　　　　　paposi（破布子）

　　後者則見於阿美語中有些新生事物如：supau（書包）、soci（手機）、kautiy（高鐵）、ciyyun（捷運）、congtong（總統）等，則多半借自國語。

（二）閩南語五十個互借詞的統計

1　以下先按詞性再依次類區別，詳列這五十個詞於下：
　（1）名詞—三十一個
　　　a　舊地名十三個：打狗（高雄）、阿猴（屏東）、艋舺（萬華）、牛罵頭（清水）、關渡（kantau）、基隆（ke-lâng）、臺灣、大甲、羅東、北投、沙鹿、赤崁樓、大肚
　　　b　動植物四個：麻虱目、九層塔、林菝仔、茗葉

    c 食品一個：饅頭

    d 稱謂五個：媽媽、爸爸、妹妹、老闆、太太

    e 生活指標七個：報紙（新聞）、號碼（號頭）、星期（禮拜）、電影（映畫）、火車站（車頭）、地址（番號）、郵局（郵便局）

    f 營利單位一個：公司（會社）

（2）動詞八個：再見、敲油、遶（lau）、納涼（歇喘）、畢業（出業）、買票（拆車單、拆單）、上班（出勤）、出差（出張）

（3）形容詞七個：阿西、屘、跤梢、馬西馬西、葩／拋䘺、麻煩、馬馬虎虎

（4）量詞一個：個（kô）

（5）連詞二個：（若准）……的話；如果

（6）助詞一個：嗎

    由上項統計，雖然這是經過選取的可靠外來詞的樣本，名詞占五分之三，動詞與形容詞各有七到八個，其他詞類只有四個，這也許是常態分布，名詞之中，舊地名占十三個，均源於平埔族語（未改），祇有屏東和清水，被漢字新地名取代，其他均保留舊名之折痕，如高雄、萬華是通過日譯方式，轉折出新的漢字，其日文漢字音仍切合舊音（如高雄音taka-o）。所以臺灣舊地名保留平埔族語的舊音，這就說明原住民族的先住民身分，漢族是後住民或新住民的身分了。

2 再從「移借來源」統計不同族語所占的比例：

（1）來自平埔族語：十三個地名＋四個詞語（阿西a-se，馬西馬西má-se-má-se，麻虱目muâ-sat-bak，林菝仔ná-puat-á）

（2）來自原住民族語：三個詞，即：

    a 跤梢 kha-sau（13）：低級的，最不入流的，爛貨。（花蓮原住民）

    b 荖葉 láu-hioh（18）：胡椒科植物，其葉可用來包檳榔以食用。（借自排灣語的 za-ngau，見丁紹儀《東瀛事略》）

c 拋儚／馬儚 pha-tái／má-tái：頭腦不靈光，無能。原住民「死亡」
義，西拉雅語 mapatey 或 mapatai，阿美語為 mapatai，布農語為
matad，噶瑪蘭語為 pa:tai，排灣語為 mácai 等。和馬來話詈罵語
「馬底」，音義相近。閩南語祇取兩音節，故稱 pha-tái 或 má-tái。

（3）來自「客家語」者有三個，即

a 屘（bân），屘叔（ban-tsik）指父親最小的弟弟。

b 遶（lau）遊歷一番；如四界去遶遶咧（sì-kè khì lau-lau--leh）指到
處去逛逛。

c 九層塔（káu-tsàn-thah）一種香菜，或謂即羅勒，其花像層層高
塔故名。按四縣腔客語作「七層塔」（qidˋ cenˇ tabˋ／cabˋ）又名
七緣塔，塔或作cabˋ，應是受前字「層」cenv的順同化才把tabˋ變
成cabˋ。按以七層塔為香菜的菜餚是客家菜的特色，閩南菜採用
「九層塔」是晚近一、二十年的習慣。改七為九，頗有玄機。

（4）借自「國語」的詞語共有二十七個（依前項的詞性分類揀出下列六
類。）

a 名詞共十四個

b 動詞七個（八個中扣除一個客語的「遶」）

c 形容詞二個（即：麻煩、馬馬虎虎）

d 量詞一個

e 連詞二個

f 助詞一個

（三）客家語五十九個互借詞的統計

1 以下五十九個客語詞，均是來自臺灣閩南語、「國語」及臺灣平埔族語，
統計其分配比例：

閩南語：三十七個

國語：二十一個

平埔語：一個（道卡斯語：pataw；客語「拔著」：bad dauˇ（bag dauˇ）原意指巫師，後來指「畫符放蠱」，客家人稱所有被符誥所支配為「分人拔著」，後來客家孩童玩「囥人尋」（捉迷藏），做鬼的捉到人就叫「拔著」。）

我們把閩南語的五十個詞和客語的五十九個詞做一個交叉的詞源對照表：

	移	借	來	源
借詞樣品屋	(1)原住民語	(2)閩南語	(3)華語	(4)客家語
客家語借詞	1（平埔族）	37	21	
閩南語借詞	20（含平埔族地名13）		27	3

由上表可見客家語借詞對象之多寡為：閩南語（37）＞ 華語（21）＞ 平埔語（一）。閩南語借詞的對象有些不同，即：華語（27）＞ 原住民語（20）＞ 客家語（3）。閩客均向華語移借大量的詞（27／21），但閩南語和客家語彼此之間的借貸關係卻呈現「單向傾斜」，即客家語向閩南語大量借入，客家語出借給閩南語的辭彙極少（只有三個），閩南語向平埔族繼承了大量地名（13），向原住民族借了七個詞：跤梢、茗葉、葩（馬）襪、阿西、馬西馬西、麻虱目（魚）、林菝仔（後四個屬平埔族語）。客家語向原住民借入一個「拔著」，是道地的巫文化詞，閩客語在大陸原鄉早有接觸，可能存在許多同源的共同詞，但上列三十七個臺灣閩南語借詞，都是經由客語行家羅肇錦教授審查「四縣、海陸客家語的祖地梅州、惠州不說」這個詞，才證明是臺灣閩南語的內銷。

2 以下列出三十七個客語的「閩南借詞」及其閩南語寫法：

A. 形容詞（十四）

編號／詞形	客音（各腔）	閩南語寫法	釋義及附註
1. 大箍	tai kieu´	大箍 tuā-khoo	形容人身體肥胖
2. 打爽	da` song`	拍損 phah-sńg	形容浪費可惜
4. 浩潲 亦作耗潲	hau´ xiau˘	嘐潲 hau-siâu	說謊話、誇大不實
5. 敗勢	pai˘ se	歹勢 pháinn-sè	失禮、不好意思
6. 痴哥	cii´ go´ 四 chi` go` 海 chi˘go˘饒 （十牯→N）	痴哥 tshi-ko	形容男人好色 按：痴哥牯：好色 男，色男。
7. 堵好	du` ho`	拄好 tú-hó	剛好、恰巧
8. 好額	ho` ngiag`	好額 hó-giah	形容富有
10. 葰	qi´	鮮 tshinn	新鮮
11. 暢（A&V）	tiong；cong	暢 thiòng	高興
12. 惝	tiam´	忝 thiám	勞累
15. 慶	kiang´ 各腔	khiàng	很行、很能幹
17. 青暝	qiang´ miang´	青盲 tshenn-mê	瞎眼
18. 好空	ho` kung´	好空 hó-khang	好處
26. 緣投	ien˘ dau˘	緣投 iân-tâu	形容英俊、帥氣

B. 動詞（十）

編號／詞形	客音（各腔）	閩南語寫法	釋義及附註
1. 插鍫	cabˋ xiauˇ	插潲 tshap-siâu	理會、理睬
（11. 暢）	（已見 Adj.）		
16. 糊糊纏	goˇ goˇ diˇ	膏膏纏 ko-ko-tînn	死纏不放
19. 鬥鬧熱	deu nau ngied	鬥鬧熱 tàu-lāu-jiàt	湊熱鬧
21. 勞瀝、勞力	loˇ lidˋ 大埔 looˋ ladˋ 詔安	勞力 lóo-làt	謝謝，按：《四縣》說「恁仔細」，海陸、饒平說「承蒙」，六堆說「多謝」
23. 打拚	daˋ biang	拍拚 phah-piànn	積極進取、努力追求
24. 肚枵	duˊ iauˋ （海、各腔）	腹肚枵 pak-tóo iau	肚子餓。按：四縣及梅州作「肚飢」
29. 多謝	doˊ qia （南四縣）	多謝 to-siā	感謝（參21勞瀝之按語）
44. 弄獅	nung saiˇ（詔安）	弄獅 lāng-sai	專指舞獅 按：其他客家話都說「打獅（daˋ siiˊ）」
45. 跌筊	deuˊ gieuˋ （詔安）	跋筊／繳 puàh-kiáu	賭博。按：其他客家話作「賭徼（duˋ gieuˋ）」
48. 擔	damˇ （饒平、詔安）	擔 tann	挑。按：其他客家話用「核」kaiˋ

C. 名詞（十二）

編號／詞形	客音（各腔）	閩南語寫法	釋義及附註
9. 餡	aˋ（海、各腔）	餡 ann	包在粉蒸食材中的配料（北四縣除外）
13. 糜	moi（海、各腔）	糜 muâi	粥、稀飯（四縣說「粥」）
22. 鱸鰻	luˇ manˇ（各腔）	鱸鰻 lôo-muâ	流氓
25. 菜頭	coiˇ teu（海、各腔）	菜頭 tshài-thâu	蘿蔔（四縣及梅州：蘿蔔 loˇ ped）
27. 麻沙鯭	maˇ sad vad 各腔	麻虱目 muâ-sat-bak	虱目魚
43. 割菜	godˊ coi^ 詔安	芥菜 kuà-tshài（刈菜）	芥菜（其他客家均說大菜 tai coi）
46. 番麥	fanˇ ma 詔安	番麥 huan-beh	玉米（其他客家均說包粟 bauˊ xiugˋ）
47. 物件	miˇ kien 詔安	物件 mih-kiann	物品、東西（其他客家均說東西 dungˊ xiˊ）
49. 後生	heu sangˇ 詔安	後生 hāu-senn	兒子（其他客家話均說「倈仔」lai eˋ 四）
57. 共年	Kung neenˋ 詔安	共年 kāng-nî	同年次（其他客家話均說「同年」tungˇ ngienˇ）
58. 大舌	tai shedˋ 詔安 tai shedˋ 大埔	大舌 tuā-tsih	口吃（其他客家話均說「結舌」giedˋ sad）
59. 耳鉤	ngi^ gieu+ 大埔 ngi^ geuˇ 詔安	耳鉤 hīnn-kau	耳環（四縣、海陸、饒平說「耳環」ngiˋ vanˇ、ngiˊ van、ngiˋ van）

D. 副詞（一）

14. 儘採	cinˋ caiˋ 各腔	清彩 tshìn-tshái	隨便、不講究、馬馬虎虎

以上三十七個源自閩南借詞的例子，多數為各腔通用，但非梅州、惠州原鄉所有，因此可證明是閩客接觸的結果，其中部分海陸與各腔（大、平、安）相同僅四縣保留客語原詞（如肚枵、菜頭），或僅有南部四縣特有借詞（如多謝），或僅有詔安（或加大埔、饒平）特有借詞，如弄獅、跌繳、割菜、蕃麥、後生、共年等約十一個詞（以詔安為準），羅肇錦指出：

> 勞瀝、勞力（大埔、詔安）借自閩南語勞力（ló-làt），意指謝謝，此詞客家語四縣說恁仔細，海陸、饒平說承蒙，六堆說多謝，只有臺灣的大埔、詔安腔說勞力。查臺灣歷史，今大埔腔、詔安腔所在地區豐原、臺中、彰化、雲林一帶，早期有很多漳州、潮州客，現在多變成福佬客，已完全使用閩南語。因此東勢、石岡、新社及二崙、崙背地區的客家語，他們的交際詞彙「謝謝」自然採用與閩南語相同的勞力（ló-làt），轉讀為「勞力（瀝）」loll lad。（行政院客家委員會：《客語外來語，含原閩客國（語）互借詞》，2011 年，頁 101）

　　比較閩客同詞的漢字書寫法，也有許多差異，多半出於約定成俗的寫法，作為詞源的閩南語，本應是正字法的依據，但因客語的語音與詞素均不相同，借詞的用字當歸借方自行調適，並無絕對好壞，以下找出一些用字的對應類型：

1	「打」對「拍」	如：打爽對拍損，打拚對拍拚
2	「糋」對「潲」	如：浩(耗)糋對嘐潲，插糋對插潲
3	「敗」對「歹」	如：敗勢對歹勢
4	「堵」對「拄」	如：堵好對拄好(兩者皆記音)
5	「跌」對「跋」	如：跌繳對跋繳
6	「菶」對「鮮」	如：當菶（很新鮮）對腥臊（單音詞作鮮）
7	「鰡」對「目」	如：麻沙鰡對麻虱目
8	「割」對「芥」	如：割(刈)菜對芥菜(前者純記音)

3. 以下再列出二十一個源自「國語」的客語借詞：

原編號	借詞	詞音	老一輩的客家語
20	一定	idˋ tin	定著 (tin cog)
30	開車	koiˊ caˊ (大埔除外)	駛車 (siiˋ caˊ)
31	買票	maiˊ peuˊ	打單 (daˋ danˊ)
32	北上南下	bedˋ song namˇ haˊ [各腔]	上北下南 (songˊ pedˋhaˊ namˇ)
33	遊覽	iuˇ lam	遊寮 iuˇ liau
34	介紹	gie seu	紹介 seu gie
35	眼光	ngien gong	眼水 (ngien sui) 目水 (mug sui)
36	合作	hab zogˋ	捲手 (ten suˋ)
37	重點	cung diam	
38	月臺	ngied toi	
39	火車頭	foˋ caˊ teuˇ (專指火車頭)	火車嫲 (foˋcaˊ maˇ)
40	車站	caˊzam (專指火車、汽車站)	車頭 (caˊ teuˇ)
41	招牌	zeuˊ paiˇ	看板 (kanˊ bangˋ)
42	池塘	ciiˇ tongˇ (詔安除外)	魚塘、陂塘 (biˊ tongˇ)
50	吧	baˋ [怕不係恁仔吧]	naˊ 或 noˋ
51	爸爸	ba ba	阿爸 (大埔、饒平：阿爹)
52	媽媽	ma ma	阿姆 (aˇmeˊ) 阿母 (aˇmi)
53	再見	zai gien	正來寮 (zang loiˇliau)
54	聰明	cungˊminˇ	精 (jinˊ)
55	貧窮	pinˇ kiungˇ	當苦 (dongˊkuˋ) 無錢 (moˇ cenˇ)
56	烏斑	vu ban	烏蠅屎 (vuˊinˇ siiˋ)

以上可以看到傳統客家的說法有些和閩南語一致。如定著、駛車、拍單（客用打單）、車頭、看板、阿爸、阿母、精、烏蠅屎皆是。其中「紹介」「看板」是源自日語的外來語。臺灣閩、客語除了共有大量源自日語的外來語之外，一九四九年以後大量國語借詞鋪天蓋地而來，導致都會區閩客語下一代，這些正在消褪中的典型客家語詞，將大量被國語詞彙所取代，新借入的國語詞雖用客語發音，已失去客家話的原汁原味了。

綜合以上五十九個借詞的分析，可得到四個小結論：

（1）客家語借詞的對象戰前主要是日語及由日語外來語帶來的西方事物，戰後的大宗是閩南語和國語，可見語言的強勢（人口及等級）影響互借詞的方向，閩南語是人口的強勢，國語是作為高級的官方語言。

（2）客家向閩南借詞以形容詞為大宗，名詞居次，動詞又其次。三十七個閩南借詞中，形容詞十四、名詞十二、動詞十、其他一。二十一個國語借詞則以名詞為大宗，名詞十一、動詞六、其他四。

（3）客家語在借入閩南語時，有直接借詞與對應構形兩種方式，後者形成客語借詞的用字特點，如打爽、打拚、跌繳、麻沙鰌、割菜等在閩南語分別為拍損、拍拚、麻虱目、芥菜等。

（4）客家語借詞的層次以日語借詞為最古，閩南借詞為中青代，國語借詞為新世代，網路語言及東亞日韓新時尚為X世代。

（四）臺灣「國語」中的族群互借詞統計

由本人精選取樣的六十個「國語」的互借詞中，閩南語占五十五個、客語四個，原民語只收一個（馬告）。這也算是一種大閩南語沙文主義，正如同早期香港粵語為僅次於英語的官方語言，閩南語成為僅次於國語的臺灣本土語言，基於人口的優勢，加上族群共榮語言政策取代長期以來的單一國語政策。閩南語作為第二號交際語言，低階語言仍不斷滲透到高階的國語，形成具有臺灣特色的「國語」，關鍵就在媒體與網路的傳播。

1 五十五個閩南語借詞之分析

由於兼收三、四字的短語，因此動詞性詞語居多，例如：出頭天、速配、辦桌、打拚、黑白講、抓狂、凍蒜、參一腳，……。以下依詞性及構詞，並以三十三個例句說明這些詞：

編號	詞目	例句	
1	好康(A)	有這麼好康的事，下次要記得通知我。	好處、好運
2	出頭天(V)	他很努力工作，期待早日可以出頭天。	脫困、轉運
3	三不五時(Ad)	我們全家三不五時會一起出去郊外踏青。	不定時、常常
4	速配(V&A)	他們兩個郎才女貌，真是速配的一對。	匹配、登對
5	鬱卒(A)	最近工作不順，身體又不舒服，覺得好鬱卒喔！	心情鬱悶
6	雞婆(V)	這不是你該管的事，你不要雞婆。	多管閒事
7	切仔麵(N)	公園旁的小吃有切仔麵、炒米粉、魚丸湯、摃丸湯……應有盡有。	一種傳統臺灣麵食小吃
8	白目(A)	有些人講話不會因為場合不同而有所節制，所以常會讓人覺得白目。	因不清楚狀況而說話不當
9	頭路(N)	景氣尚未復甦，有人找了一年頭路，仍然未有眉目。	職業、工作
10	頭家(N)	頭家對我們這些員工很好，所以大家都很賣力工作。	雇主、老闆

編號	詞目	例句	
11	老神在在(A)	快開場了，大家都戰戰兢兢，只有他老神在在。	神色自若
12	辦桌(V)	張家小兒結婚，就在巷口搭棚辦桌，非常熱鬧。	設宴、辦席
13	打拚(V)	看大家這樣打拚，我也要加把勁才行。	努力、奮鬥
14	黑白講(V)	捕風捉影的事情，你可別跟著別人黑白講。	無憑無據亂說
15	強強滾(A)	今天天氣好，夜市裡強強滾，人擠人，非常熱鬧。	人聲鼎沸
16	抓狂(V)	在這緊要關頭，電腦一再當機，我都要抓狂了。	本作「掠狂」，因憤怒、緊張而情緒失控。
17	QQ(V)	珍珠奶茶的珍珠就是要QQ的才好吃。	食物柔軟而有韌性
18	雄雄(Ad)	雄雄想不起來他叫什麼名字。	突然、一時之間
19	怪咖(N)	他行事風格特異，大家都覺得他是怪咖。	奇怪的角色
20	碎碎唸(Vp)	你不要再碎碎唸了，真的很令人厭煩！	喋喋不休
21	凍蒜(N.)	選舉造勢晚會上，大家高喊「凍蒜、凍蒜」，表達對候選人的支持。	「當選」的閩南讀音(國語諧音字)
22	大車拚(Vp)	兩組表演團隊大車拚，互別苗頭，非常精彩。	兩方人馬之間激烈較勁。
23	假仙(V)	明明想吃，還說吃不下，別假仙了。	假裝、虛偽做作

編號	詞目	例句	
24	參一腳(Vp)	他什麼事都要參一腳。	插一腳，涉入
25	馬告(N)	往烏來的路上，可看見許多賣馬告雞湯的店家。	
26	頭殼壞去(Vp)	你是頭殼壞去嗎？居然做出這種違法的事！	表現失態或異常
30	粄條(N)	粄條原本是客家食物，但在臺灣已經融入各種料理中了。	
31	福菜(N)	我們家每次上客家餐館，都會點福菜肉片湯。	
32	擂茶(N)	擂茶是有名的客家點心。	
34	喬(V)	最近會議太多，可能要稍微喬一下，免得撞期。	協調，居中斡旋
37	衰(V)	我今天要什麼沒什麼，找誰都不在，有夠衰。	倒楣
55	阿兵哥(N)	連日豪雨成災，阿兵哥的救援行動從不落後。	
56	莊孝維(Np)	你七早八早猛打電話給我，又跟我說沒事，你是莊孝維嗎？	裝瘋子或將人當瘋子一樣耍弄

以上所舉句例三十三個，有二十八個源自閩南語，漢字則依國語構詞進行對應調整，並非借形（本字）詞。

2　四個「客語」借詞及一個「原民語」借詞，表列如下：

25	馬告	來自泰雅語，即山胡椒，原名makaw，可當烹飪調味料。另：宜蘭山區有一處「馬告生態國家公園」。
30	粄條	（俗寫板條）客家傳統食物，長而寬的白色狀米食。

31	福菜	釀製的芥菜。客家傳統食物。
32	擂茶	以花生、芝麻、茶葉等研磨沖泡成的客家點心。
55	阿兵哥	指服兵役的士兵或泛指穿軍服的人。源自客語。

　　筆者找不到比上面四個更常見的客家詞，因此只列四個，至於「馬告」一詞，還是前國語會編輯林佳怡所建議，我們當時並未向原民會請教，因此有失公道，祇收一個詞點綴，其餘五十五個完全取自個人熟悉的閩南語。「阿兵哥」一詞流行於五、六〇年代，政府為提高軍人愛民形象，常由國軍部隊協助農人收割或出動救災，營造軍民一家形象，「阿兵哥」一詞就成百姓對士兵的暱稱，但稍後有些外省老兵退役了，領了一小筆退休金，便須創業或成家，本省籍的姑娘，較清苦人家才願意嫁給這年紀稍長的「老芋仔」，有一句流行唸謠說：「阿兵哥，錢多多，太太沒有。」至於阿兵哥一詞國、臺、客語三者通用，何以視為客源詞，因為「阿」閩、客共用詞頭，但稱兄道弟，閩南語習用「兄」，客家語習用「哥」，山歌中處處見真章，所以確定是由「客家語」中產生。客家名菜中還有「梅干扣肉」，如果考慮增加客家詞的配量，可以把「梅干」、「扣肉」視為兩條。這是筆者想增補的詞目。

3　音節長短統計

　　由上表所列二十八個（33-5）閩南借詞，音節數由一到四不等，其中雙音節仍居多數。單音節只有二字，即34喬、37衰，都是動詞。全部比例如下：

　　單音節詞在六十個詞中有二個

　　雙音節詞在六十個詞中有三十七個

　　三音節詞在六十個詞中有十七個

　　四音節詞在六十個詞中有四個

四音節已是典型詞組，由於出現頻率較高，因此也酌量收入，它們是：三不五時（3）、老神在在（11）、頭殼壞去（26）、夕戲拖棚（58），兩個是典型成語（三不五時、夕戲拖棚），另兩個口語化的俗語。

三音節的十七個也不妨列出其構詞類型：

(1) 偏正：出頭天（出頭之日），切仔麵〔摵仔麵〕、米苔目〔米篩目〕、阿兵哥、電火球〔電火球仔〕、沒法度〔無法度〕大車拼〔大捙拚〕、沒路用〔無路用〕、黑白講〔烏白講〕

(2) AAB：強強滾〔沖沖滾〕、碎碎唸〔踅踅唸〕

(3) ABB：走透透〔行透透〕、霧煞煞〔霧嘎嘎〕

(4) 動賓：掛保證、參一腳

(5) 諧音雙關：莊孝維〔裝痟的 tsng-siàu--ê〕或寫作莊孝偉、姓名諧音痟 siàu，閩南語的「瘋」，51 還收有一個「起痟」的借詞，意味發瘋。「裝痟的」閩南語原指被當作瘋子，在綜藝節目中常有這類動作。按：「阿兵哥」似為「加綴法」之衍生詞，也可不列入偏正。

4　諧音改字

另一類諧音出自改字，如「雞婆」閩南語本字是「家婆」，即管家婆，閩南語家、雞同音，因此被諧音誤聽做「雞婆」，改讀國語就訛成雞（ㄐㄧ）婆了。

5　記音擬聲

選舉造勢高潮，司儀喊出候選人名字，支持者四應「當選」（túngsuán），用國語記音，即選用「凍蒜」二字，極其響亮。

臺灣「原、閩、客、國語」227互借詞關係表：

	原	閩	客	國	小計
原		24	11	23	58
閩	20		3	27	50
客	1	37		21	59
國	1	55	4		60

三　行政院客委會（2011.9）彙集臺灣客家語五種次方言的《客語外來語》（604筆）的分析

（一）《客語外來語》的借詞來源類型分析

　　這是臺灣官方機構，首次大規模整理本土語言外來語的成果，全套分五冊，語料以客語用字為文本條目，再依四縣、海陸、大浦（即東勢）、饒平（中壢及東勢）、詔安（雲林崙背地區）五腔拼音，並依各腔對應出例句，為了普及全民，所有詞目均以漢字書寫，仍有商榷之餘地。基本上，詞目以漢字書寫，才能進行次方言之對應，有相當之必要，但是臺灣閩、客外來詞的來源主要為英、日語，其次為華語，如何判定其直接來源，應有一定的程序，例如通過「音譯」的手段，觀察何者最為接近，以亞當、夏娃[5]二詞為例：

　　「亞當」一詞四縣音iaˇ dang對應的華語為「亞當」（指聖經上的人物），英語對應詞Adam，日語的譯辭（外來語）アダム。

5　見《客家外來語》(四縣腔) 頁30，宗教信仰7-10，7-11。

	（客）	（英）	（日）
首音節	亞	A	ア
次音節	當	dam	ダム [damu]CVCV結構

「亞」字，三個語言全能對當，必須說明，客語的「亞」音a（閩南語同），如亞軍、亞洲等。第二字「當」客語音 dong 與華語不同音，與英日語也完全不能對應，英語 dam [ㄉㄚㄇ] 韻尾屬雙唇閉口音，日語外來語用片假名表示アダム，即完全符合日語音節化的譯音法則，即由日語羅馬字當拼為 adamu 三個音節，漢語如果從日語借入，必須滿足兩個條件：

（1）應該音譯為三個音節，而「亞當」只是雙音節。
（2）韻尾應為 -m，而非 -ng。

客語是有 -m 尾的語言，因此，不論來自英、日語，均應以收 -m 的字音對應第二音節，既然不能符合第（2）條件，應非從英、日語接收。由於日語音讀有三音節，華語的「亞當」也不是來自日語詞。中文「亞當」為雙音節，自然直接譯自 Adam，但是譯音的時代為一百多年前（清末），清代官話已失去 -m 尾而變入 -n 或 -ng，因此用「亞當」音譯 Adam，在華語是順理成章了。

因此，《客語外來語》（以下簡稱《客外》）「亞當」一詞，各腔均標作 iaˇ dang，完全出於「國語」的音譯，因此視為國語的借詞，並無疑問。「亞」字客語本音「aˋ」，北市客委會二〇〇七出版的《客語詞庫》五十二至五十七條，詞目分別是：亞洲、亞軍、亞麻子、亞鉛、亞鉛餅、亞熱帶，首字「亞」，四腔均作 aˋ，海陸作 aˊ，與「亞當」的譯名有異，可以為證。

再以「夏娃」為例：（宗教信仰7-17）

	四 xia` ua	華語釋義	夏娃
	海 sia` ua		
夏娃	大 sha` ua	英語釋義	Eve
	平 sia` ua		
	安 sia` ua	日語釋義	イブ

夏娃的漢語拼音作 xia` ua，英語 Eve [iv]，日語的羅馬音讀亦為 [iv]，日語的外來語 イブ 完全源自英語，因為是完全的譯音，華語「夏娃」雖然是漢語的意譯詞，並不採音譯。客語的詞形「夏娃」已說明它是不折不扣的國語借詞。至於國語的「夏娃」的來源，岑麒祥（1990:308頁）指出：「源自西伯來語 Hawwāh（英 Eve），原是生命的意思。猶太神話把它加以人格化，說是人類始祖亞當的妻子，是上帝把亞當的肋骨拆出來變成的。」史有為（2004:222）說得更清楚：

> 夏娃，一作厄娃，⋯⋯源自希伯來語 Hawwāh，原意為母性，生命源。「厄娃」來自德、荷、葡語之 Eva，英語作 Eve。

夏娃的別名「厄娃」來自德語等，是因其發音，第二音節作「娃」，因此並非英語借詞，但是華語的「夏」字顯然更接近希伯來語第一音節的 Haw，由於閩方言中古 au 韻字常與 a 為異讀，如孝 hàu → hà（如戴孝），酵音 kànn（如酵母），教 kàu 白讀 kà，膠音 ka，均可以證明漢語把希伯來的 Hawwāh 音譯為夏（xa）娃，是通過方言的譯音。今日國語音夏 xia，是顎化的結果。

以上這組例子的音證，說明要確定《客外》的六百零四條詞目的來源，須要逐條查證，非可一蹴而幾，因此，原想精確統計全部詞目的國語、日語、英語（及其他語源）的比例，目前尚無法達成。以下我們進行三種主要借詞來源的類型說明：

1 來自「國語」的客語外來語

　　《客外》收詞係按詞彙的內容分為二十二類，為了說明《客外》如何大量向「國語」現有外來詞借形並譯音，本文選擇第五類〈疾病醫療〉及第十六類〈教育文化〉。

甲、疾病醫療類（12.01-38）：下列為詞目用字與國語完全相同者（並注四縣音讀為代表，凡音讀加『 』為國語借音。）

　12-01 樂普　『ler` pu`』/ log pu´ （國語釋義：樂普避孕器）

　12-02 凡士林　han´ se lin`/『fan´ sii` lin`』（日：ワセリン）

　12-03 卡介苗　『ka˘ jie` miau´』（英：BCG Vaccine）

　12-04 可待因　ko˘ dai in`（德：kodein）

　12-05 古柯鹼　『gu˘ ker jien˘』（德：kodain）

　12-06 尼古丁　ni˘ ko jin`/『ni´ gu˘ ding』（日：ニコチン） 第一讀依
　　　　日語

　12-07 休克　『xiu ker`』（日：ミョツク）（英：shock）

　12-08 安非他命　『an fei ta min`』（日：アンフエタミン）（英：amphetamine）

　12-11 征露丸／洗羅邦　ziin˘ lu ien˘/se˘ lo bang （日：正露丸せいろがん）
　　　　（英：Seirogan）

　12-13 阿斯匹靈　a˘ sii pi lin`（日：アスピリン）

　12-14 阿茲海默　『a zii hai˘ mo`』（國：阿茲海默症）

　12-15 柏金森　『pa` jin siin』（國：柏金森症，英：parkinson's disease）

　12-17 黴素　mai´ xin （英：erythromycin紅黴素）

　12-18 面速力達母men´so li da mu` （日：メンソレータム）
　　　　（英：mentholatum）

　12-19 海洛因　『hai˘ luo` in』（日：ヘロイン）

　12-21 基因　『ji in』/ gi´in´（英：gene）

　12-22 淋巴腺　lim˘ ba´ xien （日：リンパ腺）

12-23　細菌　vaiˊ kinˋ/ se kiunˇ（日：さいきん）

12-24　荷爾蒙　hoˇ lu mongˋ　（日：ホルモン）

12-26　愛滋　『aiˋ zii』（國語：愛滋病）（英：AIDS）

12-30　福馬林　fugˋ ku ma linˋ [fugˋ maˇ linˋ]　（日：ホルマリン）

12-31　維他命　viˊ ta minˋ [vi da minˋ]（德：vitamin）

12-32　撒隆巴斯　saˇ long pa siiˋ（日：サロンパス）

12-33　盤尼西林　peˇ ni xi linˋ　（日：ペニシリン，英：penicillin）

12-34　碼啡　moˇ fiˊ（英：morphine）

12-35　鴉片　aˊ pienˋ　（英：opium，日：アヘン）

　　本類外來語共收三十八個詞目，如上已列出以「中文」為詞目和國語釋義用字相同者凡二十六個，占百分之六十八點四二，其中直接借用國語音讀者，如樂普（lerˋ puˇ）、凡士林（fanˊ siiˋ linˊ）、卡介苗（kaˇ jieˋ miauˊ）上文音讀均加『　』號，凡十三個，占本類外來語的百分之三十四點二一，正好是國語同形詞的一半。其他部分，音讀有幾種形態：

（1）有些按國語同形詞漢字的客語發音，如：

　　樂普 log puˊ（第二音讀）來自英語詞（Lippes Loop IUD）中的Loop

　　基因 giˊ inˊ（第二音讀）

　　淋巴腺 limˇ baˊ xien（22）

　　征露丸 ziinˇ lu ien（11）

　　維他命 viˊ ta minˋ（兼作viˊ da minˋ，來自日語外來語ビタミン）

　　細菌 se kiunˇ（第二音讀）

（2）有些按國語同形詞，卻按「英語」發音，如：

　　黴素 maiˊ xin 來自英語詞素mycin

　　碼啡 moˇ fiˊ 來自英語morphine（按：日語「モルヒネ」四音節）

（3）有些寫國語同形詞，卻依日譯外來語注音（包括創造新調值），如：

可待因　koˇ dai inˋ（日外：コデイン；英語：codeine 雙音節）

按：依音節數來自日外，按 dai 的主元音，似乎是按德語 kodein 的發
　　音，是一種鎮咳止痛藥。依商務《新編日語外來語詞典 1984/2003.5
　　修訂版，源自德語》。

尼古丁 niˇ ko jinˋ 日外：ニコチン（按：又讀niˊ guˇ ding 為借自國語）

面速力達母（18）

荷爾蒙（24）

撒隆巴斯　saˇ long pa siiˋ（日外：サロンパス）

盤尼西林　peˇ ni xi linˋ（日外：ペニシリン）

鴉片 aˊ pienˋ　（日外：アヘン）

據史有為 2004:101，英語的 opium 源自阿拉伯語 afyūm，因此明代李時
珍《本草綱目》23 作阿芙蓉，後代又作雅片、阿片。日語首音節作ア，
亦別於英文作 o。

（4）有些音讀可能為俗讀，部分音節改讀，不符源詞。如：

凡士林 hanˊ se linˋ（第一讀），英文：Vaseline，日外：ワセリン。首音
節「凡」已不符源詞，把客語凡 famˇ 改讀 han 更不知何故。

征露丸日語作せいろがん，非外來語，英語作 Seirogan，合乎日語音
譯，本書收入第二詞形作「洗羅邦」seˇ lo bang，最後用「邦」不知何據。
此詞似借自英文 Seirogang，但末音節改為「邦」可能因「露」是露西亞
（Russia）之簡稱，借用者可能因國名俄羅斯而改為「羅邦」，否者難以解釋
英語 gan 到客語 bang。

福馬林 fugˋ ku ma linˋ 可以對應日外：ホルマリン，英原詞是 formalin，
用ル（lu）對應英文的 r，到了客語便訛成 ku，才有四音節 fugˋ ku ma linˋ 一
讀，若依國語同形詞只要第二個音讀 fugˋ maˇ linˋ 即可。

由於二十六個詞目均借自國語原有外來語，我們就把這類詞定為國語借
詞。三十八個詞中還有十二個的新增客語外來詞，如下列：

12-09 溼布 xid bu`（華語：冷熱敷，指貼布藥膏；日：しっぷ）

12-10 秀逗 xio` do`（華語：腦筋短路；英：short-circuit）借自國語詞形。

12-12 嗨契搭牯hai ˊ kie kag gu（華語：肺結核；日：肺結核，はいけっかく）

12-16 阿卡進奇a`ka jin ki`（華語：紅藥水；日：赤（あか）チン）

12-20 病院bio ˊ in`（華語：醫院；日：病院びょういん）

12-25 天狗熱tien ˊ gieu ngied（華語：登革熱；日：デング熱（ねつ））
按：德Dengue華譯為「登革」，客語取日語譯音。

12-27 喲多進奇 io ˇ do jin ki`（華語：碘酒；日：ヨード　チンキ；英：iodine）

12-28 注射jiu` xia / zu sa（華語：打針；日：ちゅうしゃする）

12-29 馬拉利亞ma ˇ la li ia`（華語：瘧疾；日：マラリア；英：malaria）

12-36 可列拉ko ˇ le la（華語：霍亂；日：コレラ；英：cholera）

12-37 好帶ho ˊ dai`（華語：繃帶；日：包帶，ほうたい）

12-38 酷斯里ku ˇ sii li`（華語：藥；日：藥，くすり）

以上十二個完全是音譯日語外來語，有些日語漢字如：肺結核、病院、注射、包帶、藥（くすり）均可借為客語外來詞形，本書不借日本用字均取音譯，產生若干四音節詞，詞形奇怪而冗長。（除了「藥」字以外）

乙、教育文化類（16-1~39）

（1）來自國語的同形詞有共三十一個。以下僅列詞目，加「 」為國語借音。其餘念客語。如：

畢卡索、「莎士比亞」、「達爾文」、華盛頓、林肯、羅斯福、「麥克阿瑟」、「引得」、牛頓、「史達林」（兩讀之一）、「馬克斯」、幼稚園、伊索寓言、「伊媚兒」、托福、「多益」、「希特勒」、「辛巴達」、拉丁、「哈姆雷特」（兩讀之一）、「莫札特」、「貝多芬」、「巴哈、「孟德斯

鳩」、「部落格」、麥克風、「愛因斯坦」、「愛迪生」、「福爾摩斯」、「蒙娜麗莎」、「邏輯」。

以上三十一個借自國語舊有的外來詞，其中借國語音讀占二十個，又以人名居多。以客語發音僅占十三個，可見那些專名人人耳熟能詳。

（2）源自「英」、「日」語外來詞共八個：

16-15 派司

16-22 卡多錄古

16-23 啦布咧打

16-30 特斯多

16-33 「當」（可能來自英語down，則可併入第一類）

16-34 「落第」 與英日語詞形無關，借漢語舊詞轉譯。

16-37 歐趴 （日：オールパス（英：all pass），刪末音節「ス」）

16-38 年生 （日：〜年生）

以上新生客語外來詞八個，詞形特殊，「落第」似非外來詞，但華語的「留級」，可視為來自日語「留年」。客語與閩南語均用「落第」，但語意已轉移，指未能升級。

由以上甲、乙兩類收詞稍多（三十八至三十九個）的外來語，其來自國語同形之借詞均在百分之八十五，這兩類詞之所以國語借詞居多，主要是疾病醫療專有名詞居多，這些外來語通行已久，因此音、形均大量倚賴國語，方便講述，至於 教育文化類則歷史上的名人居多，（包括福爾摩斯、哈姆雷特在內，共二十位，自然也多借國語音譯。另外像新生文化教育詞，如：引得、托福、多益、派司（pass）、伊媚兒、部落格等也必借用現成外來詞，所以清一色視為「國語外來語借詞」，而不論其源詞所自，此可凸顯本文所要觀察的族群語言的融合與互動，你儂我儂，分不清你我，但畢竟有些英、

日外來語，主要透過音譯借入，因此產生一些逐字記音的新鮮詞，如：卡多錄古（catalog）、啦布咧打（ラブレター，情書）、特斯多（test）、歐趴（all pass），這些詞如果改用意譯的「型錄」、「情書」、「測試」、「全部過關或通過」，便失去外來語的形，也失去新詞創造的新鮮感。這類多音節音譯詞若太多，初期也會引起閱讀上的困擾。

2　直接來自「日語」的客語外來語分析

湯廷池（1989）把外來詞（loanword）依內容分為五種，即：

（1）轉借詞（borrowed word）或稱「輸入詞」或「借形詞」，是指把外來語的詞彙直接的輸入漢語，不在音譯上做任何改變。這類情形只有文字系統相同的兩種語言（如漢語與日語）才有可能。例如漢語書面語中有許多日語的借形詞，如主場、場所、取消、便所、化粧、身分、見習等。又如漢語 'MTV' 與 'IBM' 這些「拼音詞彙」（按今稱字母詞）也可視為直接來自英語的借詞。

（2）譯音詞，又稱借音詞。是利用本國語的音去譯外國語的音而得來的新詞。這類詞我們上節已分析了不少。

（3）譯意詞，又稱「借義詞」，是利用本國語的義去譯外國語的義，不理會外國語的音。例如：邏輯（logic）是譯音詞，而理則學是譯義詞；其他如：巴士（bus）與公車、坦克（tank）與戰車、引擎（engine）與發動機，皆其例。

（4）音譯兼用詞（hybrid loan-word）又稱「混合詞」，是以部分依音而部分依義的方式去翻譯外國語詞彙。如來福「槍」、卡賓「槍」、吉普「車」、卡「片」、迷你「裙」、龐克「頭」、「蘋果」派等都是。

（5）形聲詞（phonetic compound）又稱「新形聲字」，是利用漢字傳統形聲字的創字法，以「形符」與「聲符」，或「部首」與「偏旁」的組合的方式去翻譯外國詞彙。如一些化學元素名稱氫、氧、氯、鋁、鎂等。

　　湯師也指出，當前外來語，轉借詞和形聲詞均居少數，主要集中在
（２）（３）（４）三類。其實外來語中，「譯音詞」才是主流與大宗，王力
（一九五八）就曾認為「只有借詞才是外來語，而譯詞不應該算是外來語。」
借詞指的就是湯師的（１）（２）兩類。其實（４）也有音譯的成分，應該
算的。現在就根據這五類來分析《客語外來語》中的「日源詞」。

甲、典型的轉借詞

　　1-01　一級棒 id` ji bang`（詞意：指最好的，一級棒的）　　日語：一番
　　　　（いちばん）

　　1-13　大丈夫 dai´ jio` bu`（詞意：沒問題）　　日語：大丈夫（だいじょ
　　　　うぶ）

　　3-04　自動車 ji˘ do` xia˘/ cii tung ca´（汽車）　　日語：自動車（じどう
　　　　しゃ）

　　3-24　飛行機 hi˘ ko ki`/ bi´ hang˘ gi´（飛機）　　日語：飛行機（ひこう
　　　　き）

　　3-27　運轉手 iun zon` su`（司機）　　日語：運転手（うんてんしゅ）

　　3-31　新幹線 xin´ gon xien（指日本鐵路交通工具）　　日語：新幹線
　　　　（しんかんせん）

　　4-51　野球 ia´ kiu˘（棒球）　　日語：野球（やきゆう）

　　4-68　映畫 e` ga˘（電影）　　日語：映画（えいが）

　　4-69　漫畫 mang ga`（漫畫）　　日語：漫画（まんが）

　　4-71　寫真 xia˘ xin`（照片）　　日語：写真（しゃしん）

　　4-78　案內 on nui（招待）　　日語：（あんない）

　　5-03　看板 kan´ bang`（看版、招牌）　　日語：（かんばん）

　　5-12　會社 fi sa（公司）　　日語：会社（かいしゃ）

　　6-11　丸 ma lu`（圓）　　日語：丸（まる）

　　7-03　舍利 sa li`（指佛的身骨）　　日語：舍利（しゃり）

　　7-04　南無 na˘ mo´/ nam˘ vu`（南無，指皈依）　　日語：南無（なむ）

7-05 涅盤 ned` pan˘（指最高境界）　日語：涅盤（ねはん）

7-06 般若 bad` ngiaˊ（指智慧）　日語：般若（はんにゃ）

7-07 菩薩 pu˘ sad`（菩薩）　　日語：菩薩（ぼさつ）

7-08 浮屠 fu˘ tu˘（浮屠）　　日語：浮屠（ふと）

7-22 聖母瑪利亞 seng muˊ ma˘ li˘ ia˘（聖母瑪利亞）　日語：聖母（せいぼ）マリア

8-04 食堂 xiog` do˘/ siid tong˘　日語：食堂（しょくどう）

8-13 水道水 sui` to sui`（自來水）　日語：水道水（すいどすい）

8-18 鳥居 to˘ li i`（神社的山門）　日語：鳥居（とりい）

8-19 神社 siin˘ sa（神社）　　日語：神社（じんじゃ）

9-17 洋服牯 ioˊ fug gu˘/ iong˘ fug（洋服）　日語：洋服（ようふく）

9-24 袈裟 gaˊ saˊ（袈裟）　　日語：袈裟（けさ）

10-05 一等 id` den`（一等）　　日語：一等（いっとう）

11-05 土曜／土嚟比 tu˘ ieu/ doˊ io` bi˘（星期六）　日語：土曜日（どようび）

11-06 日曜／日嚟比 ngid` ieu/ nid` ji io` bi˘（星期日）　日語：日曜日（にちようび）

11-07 月曜／月嚟比 ngied ieu/ ied` zii io` bi˘（星期一）　日語：月曜日（げつようび）

12-11 征露丸／洗羅邦 ziin˘ lu ien˘ / se˘ lo bang（征露丸）　日語：征露丸（せいろがん）

12-20 病院 bio in`（醫院）　　日語：病院（びょういん）

12-28 注射 jiu` xia˘/ zu sa（打針）　日語：注射（ちゅうしゃ）

13-03 月給 ngied gib`/ gied kiu`（月俸）　日語：月給（げっきゅう）

13-11 郵便局 iu˘ pien kiug（郵局）　日語：郵便局（ゆうびんきょく）

14-02 出張 cud` zongˊ（出差）　日語：出張（しゅっちょう）

14-06 休息 kiuˊ kie`（休息）　日語：休憩（きゅうけい）　按：息當作憩。

14-07 宅急便 zaiˊ ziˊ bien（宅急便）　　日語：（たっきゅうびいん）

14-12 退勤 tui kiunˇ（下班）　　日語：退勤（たいきん）

16-12 幼稚園 ioˊ ji enˋ/ iu ciiˊ ienˇ（幼兒園）　　日語：（ようちえん）

18-41 便當 benˊ doˋ/ pien dongˊ（便當）　　日語：弁当（べんとう）

18-49 料理 liau liˋ（料理）　　日語：料理（りょうり）

18-50 昆布 konˋ buˇ/ kunˊ bu（昆布）　　日語：昆布（こんぶ）

18-54 乾杯 kanˊ baiˋ/ gonˊ biˊ（乾杯）　　日語：乾杯（かんぱい）

18-72 壽司 su xiˋ（壽司）　　日語：寿司（すし）

19-01 先生 senˊ seˋ（先生）　　日語：先生（せんせい）

19-02 女中 jioˊ jiuˋ/ ngˋ zung（女中）　　日語：女中（じょちゅう）

19-03 子供 koˇ do moˋ（孩子）　　日語：子供（こども）

19-15 先輩 senˊ baiˋ（前輩）　　日語：先輩（せんぱい）

19-21 辯護士 pien fu sii（律師）　　日語：弁護士（べんごし）

20-01 坪 piangˇ（坪）　　日語：坪（つぼ）　按：借形不借音。

20-02 甲 gab（甲）　　日語：甲（こう）　借形不借音。

21-22 名刺 meˋ xiˇ（名片）　　日語：名刺（めいし）

21-26 蓄音機 jigˋ ku ongˋ kiˇ（留聲機）　　日語：蓄音機（ちくおんき）

21-33 時計 toˇ kieˋ（時鐘）　　日語：時計（とけい）

21-39 望遠鏡 voˇ enˋ kioˋ（望遠鏡）　　日語：望遠鏡（ぼうえんきょう）

21-44 萬年筆 van ngienˇ bidˋ/ vanˊ nen bid ziiˋ（鋼筆）　　日語：万年筆（まんねんひつ）

21-54 燒夷彈 seuˊ iˇ tanˋ（燃燒彈）　　日語：焼夷弾（しょういだん）

22-04 磁石 ziˇ xiag kuˋ（磁鐵）　　日語：磁石（じしゃく）

　　以上是《客外》全書中直接轉借的日語漢字的「客語外來詞」，有極少數的詞目用字有所更動，如1-10把「一番」改為「一級棒」，11-05至07，用「土喏比」、「日喏比」、「月喏比」代替「土曜」、「日曜」、「月曜」是一

種「音譯變體」，這是表現用字者的需要。這些傳統日語漢字詞，都是日人新創的外來概念詞，但不是日語的「外來語」，但卻是客家語由日語「轉借」的典型外來語。

這一類詞屬於客語的基本詞彙，總共有六十三個詞，由日治時期客家族群接受日本教育時，即已融入其語言之中，就就像清末民初，華語中大量的日語轉借詞，由於漢字相同，移借特別容易。這些日語轉借詞保留客家人說日語的調型，也是彌足珍貴的。

乙、新編的日語「譯（借）音」外來詞

這類的日語借音詞，本來保存在口語中，並沒有進入書面語，《客外》為了編寫需要，逐條用漢字譯寫，創造許多新鮮的詞形，讀者需由音識詞，漢字有時兼義，偶具諧音表意功能，但是做為規範之詞形，恐怕還有很長的路要走。絕大部分的新編譯音詞，皆為純粹借音詞，如：

　　1-02 奧嗨喲 oˇ hai io 早安 （借自：おはよう）

　　1-03 寬邦哇 konˊ bang` ua 晚安 （借自：こんばんは）

　　1-05 莎喲娜拉 saˇ io na la` 再見 （借自：さようなら）

　　1-07 摩西摩西 moˇ xi mo xi` 喂喂 （借自：もしもし）

　　1-08 阿里加多 aˇ li ga do 謝謝 （借自：ありがとう）

　　1-09 斯里麻生 siiˇ li ma sen` 對不起；抱歉 （借自：すみません）
　　　　 按：み[mi] 訛音 li

　　1-10 囉多 lo` zo` 請 （借自：どうぞ） 按：借「多」譯 zo 不近，如改
　　　　 用「囉惹」會接近一些

　　1-11 伊啦寫 iˇ la xia i` 請進 （借自：いらっしゃい）

　　1-12 馬鹿野郎 bag` ga ia lo` 混蛋 （借自：ばか野郎）

　　1-14 所得斯 so` dedˇ sii` 是的 （借自：そうです）

　　1-15 所嘎 so` ga` 原來如此 （借自：.そうか）

　　2-10 奧其那娃 oˇ ki na ua` 沖繩（琉球） 原名：沖繩（おきなわ）

　　2-14 露西亞／俄羅 loˇ xi ia／ngoˇ lo` 俄羅斯原名：ロシア（Russia）

3-01 庫魯馬 kuˇ lu maˋ 車 （借自：くるま）

3-03 拖拉庫 toˇ la guˋ 卡車 （日外：トラック 源自 truck）

3-05 里阿卡 liˇ ia kaˋ 人力車 （日外：リヤカー 源自 [rear+car] 指兩輪
拖運車 ）

3-07 他庫西 taˇ ku xiˋ 計程車 （日外：タクシー）

3-08 奧多拜 oˇ do baiˋ 摩托車、機車 （日外：オートバイ）

3-10 速克達 siiˇ ku daˋ （日外：スクーター 源自 scooter）

3-15 扳把 banˋ baˇ 保險桿 （日外：バンパー）

3-17 太亞 tai iaˋ 輪胎 （日外：タイヤ 源自 tire）

3-19 庫想 kud xiongˋ 避震器 （日外：ショックアブソーバー 源自
shock absorber） 按：源詞待考。

3-20 庫拉濟 kuˇ la jiˋ 離合器 （日外：クラッチ 源自 clutch）

3-21 不力器 buˊ led kiˋ 煞車器 （日外：ブレーキ 源自 brake）

3-22 捍多路 hanˊ do luˋ 方向盤 （日外：ハンドル）

3-23 巴庫米亞 bagˋ ku mi iaˋ 後視鏡 （日外：バックミラー 源自 back-
mirror）

3-28 伯古 bag guˋ 倒車（指退車）（日外：バック）

3-29 波多 boˋ doˋ 小船 （日外：ボート 源自 boat）

3-30 刊等那 kanˊ denˋ naˋ 貨櫃 （日外：コンテナ 源自 container, 陸
譯：集裝箱）

3-34 號母 ho muˋ 月臺（ホーム） 按：英文 platform，「號母」似譯自
form

3-35 虎米奇里 fuˇ mi ki liˋ 平交道 （日語：踏切 [ふみきり]）

3-36 嗨亞 hai iaˋ 出租車 （日外：ハイヤー源自 hire car）

以上《客外》詞彙集第三類交通為例，多數為二到三音節詞，此種音譯
只要唸出口即可意會，但要以初通英、日文為條件，對於一般沒有外語背景
者，超過四個音節，在意會與記憶方面，並不是那麼容易，至於一般名車品

牌，如賓士、富豪、保時捷，法拉利，則音譯早已通行。

丙、譯義詞

　　由於《客外》是在國語外來詞的基礎上，進行譯音詞的加工，因此，屬於前述湯（1989）五種類型中的譯義詞，相當有限，以下舉出這些與英、日語源詞都不相當的「譯義詞」，以使本文的分析能充類至盡。例如：

3-02　輕便車（kinˊ penˋ xiaˇ），華語：枱車，英語：lightweight cart，日語：カート。按：「日外」當作「卡多」，本書據英語義譯為「輕便車」。

3-26　落下遮（lag ka saˋ／logˋ haˇ zaˊ），華語：降落傘，英語：parachute，日語：パラシュート。本條詞目是客語的特徵詞，依國語譯詞則當作降落傘。

4-61　臉書／面書（lienˇ su／mien suˊ），華語：臉書，英語：facebook。本條依客語特徵詞應作「面書」，但國語作「臉書」，故兼用之。顯然是據facebook的義譯詞。

4-62　人偶／人公（ninˊ ioˋ／nginˇ gungˊ eˋ），華語：娃娃公仔，英語：stuffed doll，日語：人形（にんぎょう）。按：本條日語音譯外來語iongio在閩南語中常用，通常前加お，形成olingio。本條依客語對應為人偶／人公仔，後者加綴，非純屬音律詞。

12-03　卡介苗（kaˇ jieˋ miauˊ），華語：卡介苗，英語：BCG vaccine。按：依岑麒祥（1990：182）：本條來自法語Bacillus Calmette-Guérin——一種預防結核病的疫苗。簡稱BCG。把結核桿菌放在馬鈴薯培養基上培養，並把它的毒性減弱到無害程度而後製成。這種疫苗最初是由法國醫生卡默特和介蘭共同發明的，所以叫卡介苗。

丁、音義兼用詞

　　可以包含主要帶有補充詞義的類名的正例，還有一些音中帶義的例子。

a. 帶類名的混合詞，如：

　　加菲「貓」（4-11），米「老鼠」（4-13），凱蒂「貓」（4-14），芭蕾「舞」（4-19），康康「舞」（4-24），霹靂「舞」（4-29），保齡「球」（4-48），頂克「族」（4-76），士敏「土」（5-13），烏龍「麵」（18-5），威化「餅」（18-43）。

b. 音中帶義，語帶雙關語，如：

　　汗克治（8-08）指小手帕，原來手帕「可以治汗」。

　　斯履巴（8-10）指拖鞋，這「履」本拖在地，有如一種「巴」。

　　桿弟（4-47）指高爾夫球的服務生或球童，本編作「桿弟」顯指「球童」。英語的釋義為caddie，依日語外來詞「キャディ」至多只能音讀為珈弟，並無鼻音成分，「珈弟」又可指「小珈」，為了密切與球桿相關，即把「珈」強化為陽聲韻candie，桿字可配上，更具詞源的理據性，其實視「桿弟」為義譯詞，即不需以諧音強解。

　　保齡球（4-48）：此球能令人永保青春。

　　康康舞（4-24）：此舞永保健康。

　　馬殺雞（4-44）：「按磨」的施受歷程有如「馬殺雞」（玄想圖）

　　三溫暖（4-01）：此浴舒服多多，故加「三」。

　　做夜來（5-02）：指地下交易，走私。做夜來本義夜間行事。

　　使脫離布（4-37）：指脫衣舞（strip dance）日外來語把strip音譯為「ストリップ」，客語正好諧音為「使脫離布」，脫衣即使人體脫離布料。

　　可迷想（13-04）：指回扣（commission），回扣常使人貪想、迷想。

　　完匹斯（9-25）：指連身洋裝，既然連身，此布可謂完匹。

　　酷姬美麗（9-02）：指口紅，女孩擦上口紅，可成酷姬，更加美麗。

以上這些聯想僅通過漢字表意進行，不須通過語音，較深的聯想如雙關語，有時卻要通過語音才能喚起。筆者不敢確定這些詞目用字初定時有無這種聯想，也許巧合和多慮，建立了這個類型，因怕主觀成分居多，故不多舉例。

　　至於第五類的形聲詞，多屬國語的轉借，並未有客語新造詞，故不立項。
戊、來源類型小結

　　由於客語外來語中包括新舊兩類詞語，其詞目均以漢字表現，舊有外來
語進入國語有百年以上，也有晚近在臺灣地區形成的，但其使用相對穩定，
因此，我們認為這些外來語為本書的基礎，故從詞形上，決定重新分析，將
這些國語同形的詞，視為來自「國語」的外來語，再就本書所採錄的實際音
讀，與英日語的詞源進行比較，以語音對應最接近（尤指音節數相符）者決定
其直接借入的源詞是日語或英語。整體而言，發現客語外來語多數由日語借
入，而借自英語者，多限於臺灣新生的現代科技、文化、教育、醫療等新詞。

　　為驗證這些詞語借入的方式，再依湯廷池（1989）的五種類型進行檢
驗，分析了六十三個日語轉借詞及新增純粹借音詞及其漢字使用的不定性，
並分析了音義兼用的類型，最後能找到的義譯類型例子極少，說明音借外來
語才是客語外來語的主體。

3　《客語外來語》詞目音讀補析

　　我們不能否認大部的「譯音」，並不求精準，只求近似，因此有許多不
規則，例如：

(1) 網球（tennis）從英語對譯華語應為「田尼斯」，日語外來語則
作「テニス」，可標音為「te ni sii」，《客外》忠於日語，故詞目
作「特尼斯」（4-50），由於tennis有兩個n居中，就音節分制應作
ten・nis，日語外來語恐有疏忽，客語的「特尼斯」是忠於日語的。

(2) 球拍（racket）的「日外」作ラケット，客譯作「拉克多」（4-
52），球棒（baseball bat）的「日外」作バット，客譯作「八打」（4-
53），英語韻尾-t，日譯均作ト（to），為何客譯一作「多」，一作
「打」，顯然不一致，且也不忠於兩詞英語源詞的一致性。

(3) 克拉（20-16）是金子的計量單位，本條的英語釋義是karat，日語
釋義作カラット，客語若依日語音譯，應作三音節的「克拉多」，但
本篇仍從國語借來「克拉」，並標兩個讀音：ka la` / ker` la，客讀在

先，國音在後，完全沒有反映原詞第二音節為促聲，忠於日語外來語的「克拉多」也不考慮了。

（4）一詞兩音可能也反映編者定音時的兼存異讀。

英寸（20-09）in`ji`/ in´cun，前者依日語インチ，後者依漢字讀音。

加侖（20-10）ga´lunˇ/ zia lun´，前者依日語ガロン，後者依漢字的國語音讀。

伏特（20-12）vo`do`/ fu´ter`，前者依日語ボルト應作三音節 vo`lu doˇ，卻省去 lu，後者依漢字的音讀，故首音節清濁有別。

這些現象均反映「外來語」的音讀難定於一尊，需要有更多的調查，才能處理漢語這種雙語雙方言的動態結構。

四　結論

本文首先藉由教育部「原、閩、客、國語互借詞」四個借詞表的取樣，進行臺灣多元族語近百年來相互融合的描述，指出各類語言互動的結果，也針對這些分析了相對可靠而特定的移借詞，進行來源及構詞傾向的統計，以說明四個族群語言相互滲透及借貸方向的比重，這些互借詞雖然可以找出移借的痕跡，但整體而言，已經融入各族語，成為自家詞彙的一部分。

本文第二部分（即第四節）則針對客委會首次以官方出版的《客語外來語》的六〇四筆語料，進行客語借詞來源的類型分析，並比較這些外來語詞形與國語詞形的關係，並進行借詞內部音讀與日語、英語原詞音讀的比較，發現客家、國語舊有同形詞以外的新興外來語，仍以日語來源為大宗，這說明日本殖民對臺灣語言的影響之深遠，由於限於該書所列英、日語的釋義用詞，並不能充分反映外來語的源詞，因此，有關英、日詞源比例的統計，本文只以書中第五類（疾病醫療）及第十六類（教育文化）合計七十七個外來語作個起頭，全方位的統計，則有待他日，本文僅是個起頭，而有關外來語的語用調查及語義互動，則是本文後續有待深入的課題。

參考文獻

王　力　《漢語史稿》　濟南市　山東教育出版社　1958年

劉正琰、高名凱、麥永于、史有為　《漢語外來語辭典》　上海市　上海辭書
　　　　出版社　1984年

史群編、丁國楨等修訂　《新編日語外來語辭典（修訂本）》　北京市　商務
　　　　印書館　2003年

湯廷池　〈新詞創造與漢語語法〉《漢語詞法句法續集》　臺北市　臺灣學生
　　　　書局　1989年　頁93-106

岑麒祥　《漢語外來語辭典》　北京市　商務印書館　1990年

姚榮松　〈外來語：廉價的朱古力？或入超的舶來品？〉《國文天地》7卷6
　　　　期　1991年　頁28-36

姚榮松　〈臺灣現行外來詞問題〉《師大學報》33卷 1992年頁330-362。

謝菁玉、陳永禹　〈國語中的閩南語借詞對國語所產生的語意影響〉　黃宣範
　　　　主編《第二屆臺灣語言國際研討會論文選集》　臺北市　文鶴出版
　　　　社　1997年　頁565-583

江俊龍　〈臺中東勢客家方言的外來語〉　黃宣範主編《第二屆臺灣語言國際
　　　　研討會論文選集》　臺北市　文鶴出版社　1997年　頁585-598，。

胡兆雲　《語言接觸與英漢借詞研究》　濟南市　山東大學出版社　2001年

教育部　《國民中小學九年一貫課程暫行綱要》臺北市　教育部　2001年

史有為　《外來詞：異文化的使者》上海市　上海辭書出版社　2004年

行政院客家委員會　《客語外來語（五腔），含原閩客國（語）互借詞》　臺
　　　　北市　行政院客家委員會　2011年

鄧守信　〈臺灣地區外來語的動態結構〉《漢語語法論文集》（中譯本）　北
　　　　京市　北京語言大學出版社　頁521-528　2012年

Granger, C. A. *Silence in Second Language Learning: a psychoanalytic reading*.
　　　　Toronto: Multilingual Matters Ltd. 2004.

Lewis, M. Paul.（ed.）*Ethnologue: Languages of the World, Sixteenth edition.* Dallas, Texas: SIL International. 2009. Online version: http://www. ethnologue.com/16.

中國／臺灣作家的英國地景
——東方主義的殖民論述

陳淑芬

臺東大學英美語文學系助理教授

摘要

「輕輕地我走了，正如我輕輕的來」；徐志摩的一首「再別康橋」，使得英國的劍橋（Cambridge）幾乎成為臺灣旅人／觀光客英國行的必遊勝地（a must）。觀光客（Tourists）對此地景（landscape）像是劍橋的高度評價與讚賞，除了詩人騷客為文外，地景的自然美景像遊劍河（River Cam）的美妙經驗，自是成為劍橋遊客的重要體驗與記憶。風景畫、攝影技術、遊記書籍、遊學與網路盛行，在在改變旅人／觀光客觀、體驗與評估地景。這些新方法與旅行經驗大大改變臺灣旅人／觀光客遊歷英國的發展歷史。臺灣旅人／觀光客在遊歷英國時，對照當地風景、旅遊手冊、遊記書籍、圖文對照的多方觀點與體驗。

本文擬從民初作家像是老舍在倫敦、朱自清坐寓倫敦、徐志摩在康橋，一直到當代政治家胡志強的牛津經驗、當代作家如三毛、吳淡如的倫敦、劍橋書寫，如此下來中國／臺灣作家對英國的地景論述（landscape narratives），也有百年歷史。旅行的這些面貌反映中國／臺灣的知識份子，對英國（colonial Britain）的記錄與描繪，到新興崛起的「臺灣經濟奇蹟」世代的旅行論述，同時記錄且呈現雙方風貌之間的互動（interactions）與轉換（transformations）。清末帝國腐敗中國知識份子遠赴西方（英國）取經，到現在臺灣旅人／觀光客一生一定要去

一次歐洲（包含英國）的志業，中國／臺灣作家對英國的地景論述必定是築夢
（envision）的關鍵。

關鍵詞：英國文學（British Literature）、地景論述（landscape narratives）、
　　　　旅行理論（travel theory）、帝國主義的英國（colonial Britain）、
　　　　「臺灣奇蹟」（Taiwan Miracle）

一　前言

自近代以來，中國文學中最有衝擊性和震撼力的論述，可分為以下兩種：其一是西方先進文明或文學的翻譯作品，像是莎士比亞、易卜生等人的戲劇在中國，所引起的重大影響，甚而促進新文化／文學的起源與啟蒙當時的民眾百姓。其二就是旅行文學或是遊記文學，從晚清王韜（1887）的《漫遊隨錄》、斌椿（1866）的《乘槎筆記》、到康有為（1898）的《歐洲十一國遊記》、梁啟超（1903）的《新大陸遊記》、再到朱自清（1924）的《歐遊雜記》和蕭乾（1983）的《海外行蹤》。此時期的旅行／遊記文學，記錄一個旅行者觀察眼見逐漸變化的歷程：看西方眼光從中國傳統文化／「老子天下第一」的自大自滿（王韜、斌椿者流），到康梁為首所代表的中國知識份子，已從恪守傳統缺少反思的心態，轉為對西方社會的深入思考和對本土文化的反省。

旅行通常意即離開熟悉的環境，到不同樣的地方去。體驗差異也許危及自我認同的固著：質疑「自我」（Self）與「他者」（Other）之間的異同。因此旅行作家如何看待這樣的處境？自我認同意識遭受威脅？或者更鞏固？或者「他者」全然毫無影響力？旅行可以是發現或者重新發現「自我」的身分認同？

觀光是帝國主義、朝聖之旅。是帝國主義建構給東方國家朝聖、膜拜、瞻仰、學習較為文明、開化的先進文化，因此文化和帝國主義結合，宰制東方國家前仆後繼地向西方學習，因此東方國家就如同「被殖民者」，只好符合「殖民者」的要求／規範進行學習，思想也全盤改造，以呼應殖民者宣稱的文明、進步、蠻荒、落後的被殖民者東方，因此得以過著「比較好」的生活。而被殖民者東方，尚應感謝殖民者的恩澤廣被。對於處在帝國殖民論述下的中國／臺灣作家而言，赴西方國家旅遊是一種特殊的文化震撼經驗，此類旅遊文本常以知識份子，背負如何振興衰落故國為己任的憂國憂民，於字裡行間流露作者對旅行與故國複雜互動的思索過程。

自從大眾觀光業（mass tourism）盛興以來，旅行者（travelers）極盡痛苦地要和他們劃清界限，所強調的是兩者之間不同的理念與體驗。雖然如此，但是兩者之間的區別也益形模糊。一則當今的旅行者很難不碰到觀光客，再則他們也想使用觀光客便利的旅遊設施，旅遊景點對於旅行者和觀光客的吸引並無不同。後殖民旅行作家如何看待觀光業與觀光客？觀光客與後殖民旅行作家看待他們所旅行的國度與百姓的差異又是為何？後殖民旅行者對於旅行國度的負面觀點會比觀光客來的敏銳嗎？因此後殖民旅行作家將英國的地景論述再現時，往往不是真正的英國，而是作家眼中的英國。作家眼中的英國，不管是有意或無意的選擇性書寫，並同時混雜作家本身的自述、分析、評論，作家自己的觀察、論述自然影響他們的讀者如何看待英國這個帝國主義國家。在帝國論述下的旅遊書寫，常隱含對自我身分認同／不認同的思考，或於異地成為「學舌之人」，抒發異國求學之苦悶與挫敗；回歸故國後則以對照或批判的方式，如王曾才，宣揚英國的教育成效，卻凸顯臺灣教育資源不如英國的反諷。

愛德華‧薩依德（Edward Said）（1979）的《東方主義》主要是討論西方的伊斯蘭學與近、中東研究的歷史，這個研究模式也適用於西方的東方研究，像是漢學與中國研究。儘管中國的歷史脈絡和伊斯蘭世界的經驗，非常不同。但在西方人的眼裡，同屬東方人，也被納入西方帝國主義的殖民範圍，開始政治、經濟、教育的西化和現代化，西方文化霸權進入東方世界。薩依德提及發生在中東世界的現象，也同樣發生在亞洲──中國、臺灣，「像是美式通俗文化吸引年輕族群、金錢物質至上的世俗觀、年輕學子留學西方的熱潮、知識份子甘為西方殖民主義之買辦等等，因此本土知識份子以西方的學者所建構出來的東方來看待自己的母文化，欠缺深刻反省能力」（《東方主義 11》）。臺灣政界、學術界的菁英莫不以美式文化和理論為馬首是瞻，內化之深遠非中東世界的阿拉伯知識份子所能比擬。「臺灣政治經濟結構越來越依賴西方霸權，在文化學術生產上，也成為西方理論的實驗場所，或是扮演提供許多『土著報導人』（native informant）給西方學術中心

的角色。……而沾沾自喜」，[1]臺灣諸多本土學者與側身於西方學術機構的華裔學者，便是這樣的「學舌之人」。

巴芭（Homi Bhabha）（1994）在〈論猴舌與人〉（On Mimicry and Man）*The Location of Culture* 一文中首先提出「學舌之人」（mimicry）這個名詞。

> 殖民者（the colonizer）要求被殖民者（the colonized）採行統治階層的生活方式與價值觀；採行殖民者的文化禮俗，使得殖民者與被殖民者呈現對等關係。殖民者一方面鼓勵它的被殖民子民學舌（to mimic）一此策略同時也是對被殖民者的鎮壓與控制（to subdue and control）；然而學舌對被殖民者卻永不可能仿真、摹真、成真（produces an exact replica）。[2]

所以「學舌」（mimicry）也是反諷式的妥協，意即被殖民者的「學舌」欲求一種改良的、可辨識的「他者」（Other）成為「稍有不同卻又幾乎相同的臣民，卻又不盡相同」。如此偏見的差異，在於學舌的不完整，像是扭曲的鏡中倒影曲解了被殖民子民的真正身分。然而，瞻仰、膜拜優越的英國帝國主義，卻是貫穿所有知識份子留學英國書寫的文學地景的主要基調。大英帝國曾統治全世界，高高在上、不可一世的威風與霸道。中國/臺灣作家學習英文、留學英國、喝英式下午茶、穿英式服裝等等都是英國文化的認同符號。

當閱讀旅行作家的遊記時，讀者不難發現他們一再援引（make reference to）前人文本（literary texts），尤其是之前時期的作家和旅遊文本。有一些作家尤其特意遵循前人腳步足跡——尋訪，重新體驗他們的旅遊，並且比較差異處。是什麼內容引發這些後殖民旅行作家把這些互為文本（intertextual）的指涉內容（references）。他們如何使用這些素材，尤其是之前時期的前文（pre-texts）？他們先前的文學教育背景又如何地決定他們的所見所聞？[3]

1　愛德華・薩伊德著，王志弘等譯：《東方主義》（臺北市：立緒文化事業有限公司，1999 年），頁 12。

2　Bhabha, Homi. *The Location of Culture*.（London: Routledge, 1994），p.86.

3　感謝政大臺文所范銘如教授暨臺師大臺文所林淑慧教授，於第八屆臺灣文化國際學術

二 研究方法：東方主義的殖民論述

本論文於旅行的研究上，闡述東方主義與帝國文化論述，兼論文化霸權如何宰制中國／臺灣作家的旅遊文本。例如老舍在倫敦、朱自清坐寓倫敦、徐志摩在康橋，一直到當代政治家胡志強的牛津經驗、吳淡如的倫敦、劍橋遊記，自民初至今也有百年的旅遊書寫，以探討百年遊記如何呈現旅遊文學脈絡與帝國文化論述及其衝擊。

（一）東方主義與帝國文化

愛德華・薩依德（Edward Said）在《東方主義》中譴責以美國為首的現代帝國主義的武力強權，在船堅砲利背後的信仰，一直是對東方不平等的想像與再現，這樣的想像與再現，則是植基於西方近代的文化帝國主義。薩依德出生巴基斯坦，美國求學教書的東方主義裡的帝國主義經驗，完全發抒於其《東方主義》與《文化帝國主義》二書，最先指陳殖民帝國如何透過東方主義宰制東方國家的真相，進而探討帝國文化如何呈現，並且闡述西方帝國主義的文化基礎結構，他批評西方文化脈絡如何形成帝國主義，進而禍害全世界，開啟後殖民研究（post-colonial studies）之先驅。根據薩依德的論述，實際掌控東方世界命運的帝國主義者，竟然是源自倫敦大學的「亞非學院」（Oriental and African College）裡的一群自以為是東方通的東方學專家：「（東方學是）一種偉大的帝國義務。……開辦一所像倫敦這樣的（東方研究）學院（後來成為倫敦大學亞非學院），是帝國的必要配備」。[4]

研討會擔任本論文的講評人暨審查人，提供諸多寶貴意見，作為本文論點加強及修改的參考。

4　愛德華・薩伊德著，王志弘等譯：《東方主義》，頁315。

（二）文化霸權

　　以武力為主的帝國主義，在二十世紀消退後，隨之而起的影響世界政治、經濟、社會等領域的便是文化霸權。文化霸權主要是通過市民社會途徑，建立一種真正賦予群眾自由同意的意義，要求人民接受主導的政治、經濟、文化等各種政策。而要達成這樣的目的，在群眾思想建立某種意識形態，就以語言為最有效力之捷徑。陳芳明曾說：「語言的征服，並非只停留在語言層面，而是滲透到黑人的內心。……說法語，也並不只是停留在語言層面，它是開啟黑人未來一切門鎖的關鍵。因為法語的緣故，黑人可以獲得比他的種族還要優越的職位，甚至……被稱讚為……『白人』」。[5] 因此被殖民者／東方國家在文化霸權的宰制下，唯有透過學習優勢語言——英文，當成自己的母語，才能躋身上流社會。因此留學之外的遊學，到英國語言學校學英文，就是隨著對英文越熟悉，就能「話說的像白人」。[6] 為了成為「白人」，落後東方國家子民，無止無盡地精進英文。

二　百年遊記

　　旅行作為一個眼與心的遊歷過程，最具反思性或反觀性，特別是在異國他鄉，所有見聞總在「自我」（the Self）與「他者」（the Other）之間觀照對比：總是看看人家，想想自己的憂國懷故的情緒，此種自覺意識是遊記體驗現代性的一個特點。到了本世紀經過「五四」：白話文運動的洗禮之後，二、三十年代的中國知識份子，所記敘的所見所聞，大大地加強了遊記的文學性。此時期遊記的特徵是抒情性的加強：細節和體驗的敘述風格，尤為細膩，老舍在倫敦與朱自清的《歐遊雜記》即是此例。朱自清開始了微小敘

5　陳芳明：〈膚色可以漂白嗎？〉，《黑皮膚白面具》（臺北市：心靈工坊文化事業股份有限公司，2005 年），頁 15。

6　弗朗茲‧法農：《黑皮膚白面具》，頁 79。

事，流連於西方社會和文化細微之處，從藝術品到建築，從名人軼事到個人
體驗等。

　　知識菁英在離開與返回故國的旅遊書寫，富含文化批判及省思的議題。
透過所見歐美社會與本地的不同，因比較、反省而理解本身境遇與留學國之
落差。

老舍在倫敦

　　老舍（2011）於一九二四年夏天離開北京搭乘輪船到倫敦，老舍一到倫
敦，就感受到中國人受歧視的苦味。初到倫敦，易文思教授給他找了住處，
與許地山住在一個英國人的家裡，離倫敦有十一哩，老舍在這裡與許地山
相會，開始長篇小說創作，得到許地山極大的鼓勵。老舍前後居住過倫敦
的西邊、南邊，與英國人相處有不少經驗。老舍工作的地方是「亞非學院」
（Oriental and African College），是倫敦大學各學院之一。從一九二四年秋天
到一九二九年夏天，老舍在倫大工作了五年。五年的倫大教書生涯，月俸
三十五鎊，老舍按月寄回北京，只留下膳食錢，仍然過著苦日子。除寒暑假
老舍得以離開倫敦幾天，到鄉間或別的城市去玩，不甚充裕的經濟並不允許
老舍隨意到處跑，因為英國的旅館與火車票價都不很便宜。「亞非學院」設
有亞洲、中東及非洲各國的語言學系，主要講授語言，也講授一些國家的文
學或哲學。一個系設有一名教授和兩名講師，教授是英國人，講師中一名英
國人和一名外國人，老舍屬於「亞非學院」聘任的中國語文系的講師。愛德
華・薩依德指陳帝國主義最早在「亞非學院」裡的教授，自有他們一套「東
方體系」，靠著他們片斷對東方的瞭解，一廂情願兀自地講授帝國主義認知
下的「東方學」。[7]

　　老舍在英國五年任教期滿，於一九二九年夏來到歐洲大陸，在德、法、
意等國旅行，主要在巴黎停留了三個月，最後於法國馬賽上了船，僅剩的錢

7　愛德華・薩伊德著，王志弘等譯：《東方主義》，頁315。

只夠買一張到新加坡的三等艙船票，上了船，他的口袋只剩十幾個法朗，就此踏上歸鄉之途。

同處殖民地的知識菁英由於社會地位、學識背景等因素的不同，他們的敘事文本，多是親眼所見或是實地體驗的記錄。

朱自清的倫敦

朱自清（1979）幾篇倫敦所見所聞包括了食衣住行等生活記事。在〈吃的〉介紹了英國的「條兒」（chips；今稱「薯條」）、煎小牛肝兒（kidney pies；今稱「牛腰餅」）、英國早餐：「有麥粥，火腿蛋，麵包，茶，有時還有燻鹹魚，果子」。「午飯頂簡單的，可以只吃一塊麵包（即今所謂「三明治」），一杯咖啡；有些小飯店裡出賣午飯盒子，是些冷魚冷肉之類，卻沒有賣晚飯盒子的」（頁130），幾句話卻清楚明白把英國的三餐介紹詳盡。英國盛行喝的「下午茶」，朱自清也介紹了三家便宜的「茶館」（tea house）：拉衣恩司（Lyons），快車奶房，和ABC麵包房。後兩家沒標英文，不知所指為何？但拉衣恩司（Lyons）一直是英國歷史悠久的品牌，只介紹便宜的，應該是英國生活消費一直以來都太高。朱自清說英國人盛行喝「下午茶」：「每日下午四時半左右要喝一回茶，吃著烤麵包黃油（今稱「奶油」）」（頁132）。他還提到英國人請吃「下午茶」比「請吃晚飯簡便省錢得多」（頁132）。正式一點的「茶宴會」（tea party），還會有「火腿夾麵包，生豌豆苗夾麵包，茶饅頭（tea scone）等等」（頁132）。同篇文章也提到復活節（Easter）的節令食物「煎餅」（pancake）。

朱自清寓居倫敦時，向歇卜太太租房子。因此，在〈房東太太〉一文詳述了當年他住在倫敦北郊芬乞來路（Finchley Road）的狀況。房東太太是個「維多利亞時代」的上流婦人，卻時不我予地需要靠租外國人房子維生，最後甚至賴以生存的房子都不保，頗有大英帝國沒落的寫照。

朱自清〈公園〉一文最早寫海德公園（Hyde Park）的「演說角落」，也提到園中湖水雪萊情人西河女士（Harriet Westbrook）自沉之處。也寫到拜

倫的立像，不愧是文學健將，總是對文學典故多所著墨。他的〈三家書店〉點出倫敦的舊書店街：切列林克拉斯路（Charing Cross Road），介紹英國舊書店的同時，也順便提及英國近代出版業的起源，尤其是今日盛名的劍橋大學出版社（Cambridge University Press）。不脫書生本色的朱自清在〈文人宅〉一文中寫了約翰生博士（Samuel Johnson, 1709-1784）宅、濟慈（John Keats, 1795-1821）博物館、卡萊爾（Thomas Carlye, 1765-1881）宅和狄更斯（Charles Dickens, 1812-1870）博物館。

劍橋／康橋

　　劍橋和牛津曾被稱為英國僅有的兩個「中古時代的孤島」。兩個學校的學生多出身貴族、官宦之後，代表特權階層。他們多畢業自貴族氣候濃郁的「公」立學校（public school），像是伊頓（Eton）或溫徹斯特（Winchester）──英國皇室及首相均出此名門。這一類「公」立學校在英國實際上學費也很「貴族」，如無顯貴背景也甚難擠進去的「私」學校。學生被教養穿戴高頂禮帽，著燕尾服，出席各種正式場合，說話口音也操著有別於一般市井小孩的「公立學校腔調」，是菁英中的菁英。劍橋是由許多學院所組成的。這些學院組成大學，但各有其自身獨立的傳統與特色。每個學院以及它所屬的寄宿堂，提供學生非常優渥的學習、寄宿環境。通常是每人一大間，包括有客廳、書房一隅、臥室，還附有小型廚房，可煮點茶或咖啡待客。

　　劍橋的學制與一般英國大學相似，每學年分為三個學期，除了聖誕節假期與復活節假期外，暑假為時約四個月的「長假」，學生可以好好使用。在校期間，大學為每一個學生指聘兩位指導先生：一位是學院指聘導師，負責生活方面的問題，教導你的做人；另一位是大學系所指聘的指導教師，掌理學業方面的進度，督促學習研究的內容。

　　當代漢裔學者趙毅衡先生說徐志摩是「劍橋神話的創造者」。這「神話」是指劍橋把徐志摩培養成一個著名的詩人，而徐志摩（1926）的《我所知道的康橋》，讓劍橋成為永恆。徐志摩自述到英國的主要目的在於追隨羅

素，放棄了在美國哥倫比亞讀博士的機會，就跑來劍橋了。那裡知道一到劍橋，發現羅素被「三一學院」（Trinity College）給除名了。徐志摩只好先在倫敦大學的「政經學院」（LSE）待了半年，後來得識「國王學院」（King's College）的院士，也是知名作家的狄更森（Goldsworthy Lowes Dickinson）引薦，得了個「特別生」名額——隨意選科聽講，從此開始過起黑方巾、黑披袍的風光歲月。

之後，三〇、四〇年代的英國遊記，因政治因素，所有書籍都是禁書，因此不得見相關史料。

五〇、六〇年代的臺灣，國民政府播遷來臺，臺灣當時還處於戰後不久，政治動盪不安，一般百姓仍然貧窮不已，加上解嚴年代，資訊非常封閉，當時除了留學生有拿獎學金去美國留學，像是求學、旅居美國陳之藩所發表的《旅美小簡》、《在春風裡》等書。而七〇年代掀起臺灣嚮往異國風潮的代表人物，就是三毛。三毛的《撒哈拉的故事》、《雨季不再來》等書，替臺灣讀者開啟異國異色，甚至異國婚姻的浪漫風情，但三毛的書並未述及英國經驗，因此是本文遺珠。

王曾才（1986）在《康河流月去無聲》一書中，自述自己留學生活的「坎坷」經驗。王曾才是一九六一年考上公費留學，翌年前往英國劍橋大學深造。一九六四年公費期限屆滿，返國到臺大任教。一九六七年再以「國科會」經費和其他獎學金再度赴英攻讀並且完成博士學位。王曾才在劍橋大學所設籍的學院也是「三一學院」。

劍橋大學是美國哈佛大學之母，這眾所周知的事實。建立哈佛大學的哈佛先生（John Harvard, 1607-1638）是劍橋大學的畢業生。

牛津

胡志強（2000）的《向塔尖尋夢——我在牛津的日子》一書，是國內少見介紹牛津讀書與生活的書籍。主要是國人得以進入牛津就讀的人數本來就不多，加上願意或是足以為文的學者，當然更是鳳毛麟角。

牛津與大英帝國

雖然牛津和劍橋都是孕育英國統治階級的名校，但是從英國的帝國主義擴張而言，牛津的參與程度似乎更甚劍橋。以大英帝國最盛時期——亦即十九世紀與二十世紀初時那三十年的英國統治階層，像是首相與外交部長，幾乎都畢業自牛津。而當時外派在印度與埃及殖民政府任職統治階層的牛津人，也是劍橋人的兩倍。更有人說，印度在英國殖民期間，有十五名總督來自牛津，只有五名來自劍橋。因此大英帝國的內閣政府等同牛津大學的說法並不為過。[8]

倫敦

愛德華·薩依德（Edward Said）在《東方主義》早就力陳：

> ……從十八世紀中葉起，東、西之間還有兩大因素從中起作用。
> 第一個因素，是在歐洲有系統建立起來的有關東方的知識，這個知識體系在海外殖民地、還有在獵奇下被強化、散布，並被發展中的科學如民族學、比較解剖學、語言學和歷史學所利用；尤有甚者，這個知識體系更經過眾多的小說家、詩人、翻譯家、天賦異稟的旅遊家，被他們所寫的……文學作品增色不少。

在十九、二十世紀西方所關注的範圍內，東方總是被當作比較遜色的對象，或是需要被西方以「更正確」之方法來研究的學問，西方豐富文化知識體系，隨著英國帝國主義的擴張，最澈底的影響就是亞洲和非洲。因此，西方正典（canon）確立「英國文學」在學術殿堂的不可動搖地位。

8　胡志強：《向塔尖尋夢——我在牛津的日子》（臺北市：先覺文化出版有限公司，2000年），頁128。

詩人之隅（Poet's Corner）：「英國文學」的霸權（Hegemony）

余光中（1988）在《憑一張地圖》,〈重訪西敏寺〉中提及西敏寺之南廊為詩人立碑立像，供後人瞻仰徘徊，卻非文學史定論。詩人在此，或實有墳墓，或虛具碑像，情況不一。碑也分兩種：一是地碑，嵌在地上，成為地板；一是壁碑，刻在牆上。雪萊和濟慈僅具壁碑，面積不大，且無雕像。旁邊沙賽（Robert Southey）卻是半身石像，因沙賽曾是桂冠詩人。拜倫也僅有一方地碑，卻是得來不易。他生前言行放浪，鄙薄英國貴族與教會，死後百多年被拒於西敏寺外，淪為英國文學的孤魂野鬼於異邦（義大利）。拜倫像因受拒於西敏寺，故一般供在他母校劍橋「三一學院」的圖書館裡。直到一九六九年，英國詩社才得以大理白石鋪地為碑，為譽滿全歐的才子迎回紀念。

與拜倫同一橫排在其右者，依序是狄倫‧湯瑪斯、喬治‧艾略特、奧登。下一排由左到右為路易斯‧卡洛爾、亨利‧詹姆斯、霍普金斯‧梅斯菲爾。最低一排依序為Ｔ‧Ｓ‧艾略特、丁尼生、白朗寧‧湯瑪斯。新入住的像是狄倫‧湯瑪斯生於一九一四年，卒於一九五三年，詩人早夭，憑添瞻仰者的哀戚與歎息。

「詩人之隅」與國內外文系（或英美系）必修的「英國文學」，著實是殖民者與被殖民者的霸權關係。外文系必須學習的英國作家，外文系學生從不曾去質疑過他們論述的正當性與權威感。英國作家加上第二外語「英語」，幾乎是國內外文系學生的重頭科目，光是學習英語，已經讓非英語系國家的東方子民，快成為英美國的二等公民，遑論挑戰帝國主義的論述意圖與目標！

三 「臺灣經濟奇蹟」世代的旅行論述

在「臺灣經濟奇蹟」的經濟富裕與隨之而來的重視休閒，在口袋厚實的現實條件下，出國旅遊幾乎是臺灣人的「全民運動」。隨著旅遊活動的大力行銷，大型旅行文學獎的舉辦（航空公司結合出版業，如華航旅行文學

獎），加上商業媒體的炒作（書店排行榜、簽書座談會），各式各樣的旅行
書寫，是九〇年代發燒的文學現象與熱潮。旅行文學作為九〇年代特殊的文
學現象，意義為何？實值得加以探討。

八〇年代末起，出國旅行蔚為風潮，不斷累積的異國見聞終於開啟「旅
行文學」此一文類，旅行書寫更於九〇年代達到巔峰。一九九七年起，中
華航空連續舉辦三屆高額獎金的「華航旅行文學獎」，長榮航空也有第一屆
「寰宇文學獎」，在高額獎金的誘因下，加上媒體大肆報導的推波助瀾，「旅
行文學」從單篇遊記到一系列的旅遊書，旅遊書不僅熱賣，是暢銷書排行榜
的常客，這股熱潮不僅豐富此文類的創作成果，同時具現主題旅遊的開展。

旅行經驗的大眾化，使得加入旅行文學的創作者日增，旅行書寫的樣貌
多元而且豐富，過去旅行文學在記錄風景、敘事、抒情，總不脫「寫實」的
文類，遊記的基本公式通常是敘述旅遊時的四季、氣候、名勝、掌故以及作
者當時的心情寫照。

九〇年代臺灣的旅行書寫，已不再侷限於名勝景點停、聽、看的遊記格
局，旅行是生命的必須，是生命治療，是自我主體的建構，異地、異文化是
重新檢視生命的最佳場景，異地、異文化的疏離（alienation）都是重新認識
生命的開始。

四　全球化（Globalization）年代遊記

「全球化」的過程拉近世界各國經濟、政治、社會與文化關係。「全球
化」主要在跨越國際間政治、社經一方獨霸的局面，朝向全球並現於世界同
一舞臺的競技場。「全球化」尋求移除國與國間的藩籬，得以在資本主義下
的世界自由移動——此過程在資訊科技超頻速的發展後，不斷地被累積與變
得更便利性。「全球化」的結果愈來愈朝向思想、文化、價值與生活型態的
國際單一化，同時「全球村」的惡質化（deterialization）也難以倖免。

「全球化」不可阻擋的風潮，加上英語是世界各國經濟、政治、社會與
文化唯一共通的語言，因此提供英國發展觀光業之餘，到英國學道地英語

的遊學團，成為最天經地義的選擇。結合英語學習，英國觀光，順道歐遊的
旅行趨勢，成為最吸引臺灣學子寒暑假的學習行程。臺灣人士大夫觀念根深
柢固，因此短期學習成效不是去英國被檢驗的結果，英國行的必遊勝地（a
must）像是去過了牛津、劍橋，到了倫敦西區（West End）看了西貢小姐
（*Miss Saigon*）、貓劇（*Cats*）、歌聲魅影（*The Phantom of Opera*），才是九
○年代臺灣人英國旅遊的共同經驗。

帝國主義下的東方國家子民，除了上述的文化學習，冀求「猴行」帝國
（英國）藝術文化的浸淫與仿效；若要「話說的像白人」的「仿真、摹真、
成真」，留學之外的遊學，到英國語言學校學英文，就是隨著對英文越熟
悉，就能「話說的像白人」。

吳淡如（2000）的《跟我到天涯海角》一書，敘述英國之旅乃是逃脫自
己人生工作、感情困境的浪跡天涯。吳淡如到劍橋唸兩個月的英語課程，住
在一對英國老夫婦家。學校放假時，她就會想起倫敦「中國城」的烤鴨與叉
燒肉，「……他們在玻璃窗背後高高懸起油汁一滴一滴滑落」（頁198）。倫
敦的「中國城」是海外遊子的心靈故鄉，就算不是在倫敦求學，各城市像是
伯明罕、曼徹斯特、利物浦、愛丁堡都有個「中國城」，一解留學生的思鄉
之情。

九○年代末將「英國文學」旅行進行到最極致的莫過於謝金玄（2001）
的《跟徐志摩去流浪》。謝金玄的足跡從徐志摩的康橋、莎士比亞的倫敦、
珍‧奧斯汀的巴斯（Bath）、哈代的多塞郡（Dorset）、吳爾芙的和尚屋
（Monk's House）、「小熊維尼」的薩色斯郡（Sussex）、「愛麗斯」的牛津、
濟慈「夜鶯歌」的漢普斯德（Hamstead），一直到倫敦貝克街的「福爾摩斯」
和道提街狄更斯的倫敦寓所。謝金玄的英倫文學版圖，最堪稱是「英國文
學」癡迷的代表。

千禧年隨著「哈利波特」的世界風潮，《哈利波特魔法之旅》（2003）
的熱潮風迷全球。倫敦國王十字車站裡的「第九又四分之三月臺」早已成為
全世界哈迷的朝聖之地。霍格華茲學院所在地的哥斯蘭（Goathland）車站，
原是一個又小又黑的蒸氣火車站，現在卻湧進大量大量的觀光客。

五　結論

　　從老舍、朱自清到徐志摩文章，最先開啟描述異國生活之文類，朱文敘述英國食物和英國茶，徐文則是劍橋文化 —— 撐篙的先啟者，之後到劍橋必乘之旅遊活動。三人文筆客觀，開早期遊記記述異國風物人情之先河，是第一代文人作家遊記代表，流於描述英國風情人物，旅人尚未融入留學國社會與文化交流，只是走馬看花。憑心而論，第一代的遊記，只能算是一個旁觀者對英國浮世繪的敘事。

　　真正寫到英國留學內容，要等到第二代臺灣的王曾才。他在劍橋深造，是第一個介紹「導師制」給國人認識 —— 在英國留學，不用上課，只跟隨一位導師學習的制度，強調自動自發的學習精神。這和臺灣被動的學習方式，非常不同，因此王曾才第一次留學英國，並沒有成功。

　　東方國家子民必須到先進的英國（帝國）求學學習，「帶有強烈的科學思想的西方氣息曾經掃過的國度，留下永恆的痕跡，再也不像以前一樣」。[9]東方野蠻民族，必須接受西方的方式教化他們。向英國（帝國）學習，並且感激帝國的教化，因此東方國家最優秀的人才，前仆後繼地前往英國留學。胡志強進牛津之前，已獲南漢普敦大學碩士學位，為何仍在牛津念了七年？著實是東方國家子民資質不如人之帝國心態。余光中根本是膜拜英國文學之神聖殿堂，望之彌高，仰之彌堅。

　　第三代作家的英國地景書寫，在三毛風潮過後，有以嫁給英國人，成為「土著報導人」；或學習英語成為「白人」的遊學式的旅行文學，還是不脫敘述／記載英國為上國的風土民情。時入二十一世紀，不再是帝國的英國，仍是東方國家如臺灣爭先恐後地必須一償宿願的旅行國度。

　　百年的文學地景書寫從遊記到旅行，從殖民論述到「眾聲喧嘩」的嘉年華會式的撤去規章，放縱自我，在溶入他鄉，在旅行中觀察與反省，在異地、異文化重新檢視帝國主義建立起來的東方知識，進而建構自我主體。臺

9　愛德華・薩伊德著，頁314。

灣的旅行文學已能呈現更寬廣豐富的面貌。現在的旅行，是與不同文化的直接互動，在進入二十一世紀的今天，旅行作為跨界文學的思考模式，不應該侷限於帝國主義「白人原罪」的主要論述，以免再次淪為文化殖民，在尊重不同文化並進行交流的前提下，方能保有不同文化的主體性與可貴。

參考文獻

（一）中文書目

王曾才 《康河流月去無聲》 臺北市 九歌出版有限公司 1986年

朱自清 《朱自清全集》 臺南市 大府城出版有限公司 1979年

老 舍 《駱駝祥子‧二馬》 西安市 陝西師範大學出版社 2011年

余光中 《憑一張地圖》 臺北市 九歌出版有限公司 1988年

李家同 《讓高牆倒下吧》 臺北市 聯經出版事業有限公司 1995年

吳淡如 《跟我到天涯海角》 臺北市 皇冠文化出版有限公司 2000年

胡志強 《向塔尖尋夢——我在牛津的日子》 臺北市 先覺文化出版有限公司 2000年

徐志摩 《我所知道的康橋》 臺北市 天下遠見出版有限公司 2002年

徐鍾珮 《多少英倫舊事》 臺北市 大林出版社 1984年

植木七瀨 《哈利波特魔法之旅》 臺北市：尖端出版有限公司 2003年

陳芳明 〈膚色可以漂白嗎？〉《黑皮膚白面具》 臺北市 心靈工坊文化事業股份有限公司 2005年

楊淑慧編 《國境在遠方》 臺北市 元尊文化企業出版有限公司 1997年

愛德華‧薩伊德著，王志弘等譯 《東方主義》 臺北市 立緒文化事業有限公司 1999年

睦澔平 《相遇自是有緣》 臺北市 皇冠文化出版有限公司 1991年

謝金玄 《跟徐志摩去流浪》 臺北市 幼獅文化出版有限公司 2001年

（二）英文書目

Ashcroft B. al. *The Empire Writes Back: Theory and Practice in Postcolonial Literature*. London: Routledge, 1989.

Bhabha, Homi. *The Location of Culture*. London: Routledge, 1994.

Boehmer, Elleke. *Colonial and Postcolonial Literature: Migrant Metaphors*. New York: Oxford University Press, 1995.

Fanon, Franz. *Black Skin, White Masks*. New York: Grove, 1967.

Macleod, John.*Beginning Postcolonialism*. Manchester: Manchester University Press,2000.

Said, Edward. *Orientalism*. New York: Vintage, 1979.

Spivak, Gayatri. "Can Subaltern Speak?" *Marxism and the Interpretation of Culture*. Ed. by Cary Nelson and Lawrence Grossberg, IL:University of Illionis Press, 1988, pp.271-313.

客家鄉新社臺地產業景觀的變遷

溫振華

長榮大學臺灣研究所教授兼所長

摘要

　　本文從長時性的歷程，觀察客家鄉新社台地的產業景觀變遷。史前時代的新石器晚期，有營埔文化人從事燒耕的粗放性農作，對原始景觀之改變有限。十八世紀後期，在水底寮設立軍工場，砍伐樟木以為戰船之用。樟木的砍伐，帶來了連鎖性的景觀變遷，原來茂密的原始林被砍伐，而為田園景觀。林爽文事件後，施行屯制，授予屯丁養贍地，墾植面積擴大。因河階地水源有限，稻作面積不大，以旱園景觀為主。其中以蔗作的影響較大，除蔗園外，在不同河階地間也有醒目的蔗廍分佈。一九一三年大南蔗苗養成所的設立，地景的改變至大。在大南與水底寮，整齊劃一的方形蔗田出現。一九三二年興築完成的白冷圳，帶來農作的改變。除蔗作外，豐富的水源帶來農業發展更多的改變。戰後，隨著蔗作的沒落，花業種植逐漸多元化。原有的蔗苗繁殖場，也因「陽明山計劃」成為新聚落景觀。

關鍵詞：新社、水底寮、軍工場、大南蔗苗養成所、白冷圳。

一　前言

　　新社就日昭和元年（1926）漢人祖籍別調查，有百分之九十五的居民來自廣東潮嘉惠等三府州，因此可謂是個客家鄉（圖一）。該地位於臺中盆地東側的山丘地帶，河階地形發達（圖二）。由大甲溪河床往上較著名的有永居湖河階（海拔四百～四百一十公尺）、下水底寮河階（海拔四百一十～四百二十公尺）、水底寮河階（四百二十～五百一十公尺）、大南河階（四百六十～五百六十公尺）、七分河階（五百二十～五百六十公尺）以及水井子臺地（五百六十～六百二十公尺）。（圖三）高低不一的河階地，加上日夜溫差大、高溫多雨，以及乾溼季節分明的氣候特性，提供了新社臺地產業發展多樣化的自然基礎。

　　本文從長時性歷程，分成史前時代的燒耕粗作、十八與十九世紀伐樟採料與墾殖，二十世紀大南蔗苗養成所設立以及戰後產業多元等時期，以觀察新社臺地產業發展帶來該地景觀的變遷。

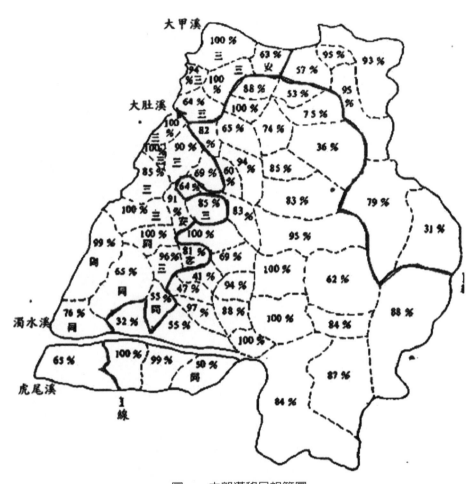

圖一　中部漢移民祖籍圖

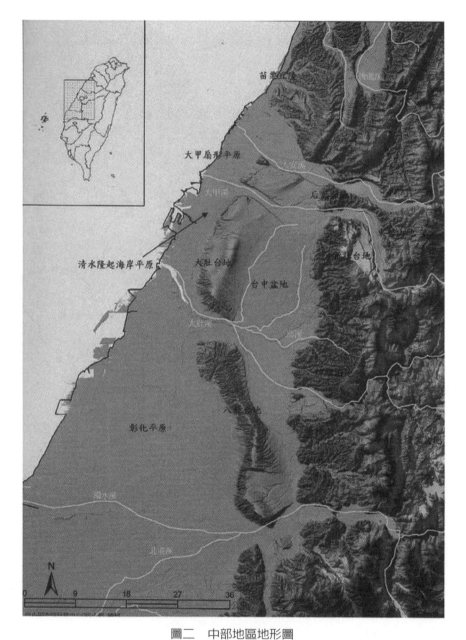

圖二　中部地區地形圖

資料來源：《熟番社會網絡與集體意識：臺灣中部平埔族群歷史變遷（1700～1900）》，
臺北市：聯經出版社。

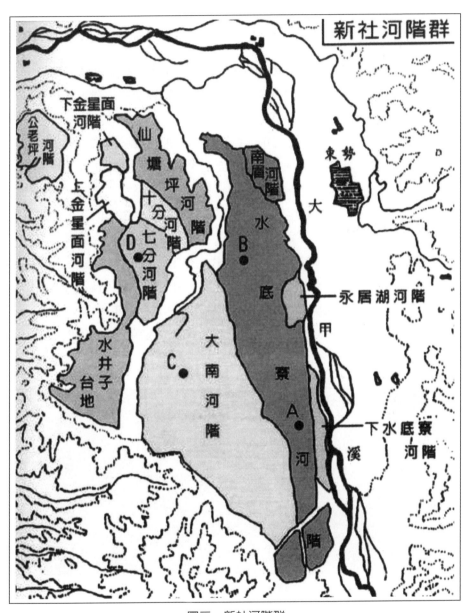

圖三　新社河階群

二　史前時代的燒耕粗作

　　中部地區何時開始有人類活動的遺存？就目前所知以新社臺地為最早。
在永居湖河階月湖遺址，發現的手斧、偏礫石砍器以及石片器，就其形制與
製造方法觀察，應屬舊石器時代的人類留下來的，推估距今約有一萬年（圖
四、圖五）（劉益昌，一九九九年，頁64-65）。因為沒發現文化層，僅能說
明有人在此活動，但未居住。經歷七千至七千五百年後，才在水底寮河階的
水底寮遺址，七分河階的七分遺址發現新石器中期的營埔文化的人類居住的
遺存。（劉益昌，一九九九年，頁86）這時候，在臺地生活的人，除漁獵之
外，已開始行燒耕粗作，不過其範圍不大，就整個原始景觀之影響有限。然
後，在兩千兩百二十至兩千五百二十年間，沒再見到人類的蹤跡。一直到兩
千年前，才有泰雅族出現在臺地南側的人林、白毛臺一帶，留下許多石鋤，
說明他們在附近一帶從事燒耕旱墾。（劉益昌，一九九九年，頁10）

　　綜而言之，新石器時代中期以來，遺址有限，人類粗作的維生方式，對
景觀之改變頗為有限。

圖四　月湖遺址位置

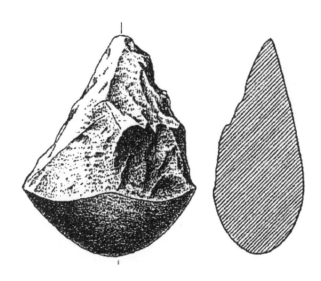

圖五　月湖遺址手斧
資料來源：劉益昌，1999，頁65。

三　十八與十九世紀的伐樟採料與墾殖

（一）伐樟採料

　　十八世紀中期，新社臺地一帶應為泰雅族社的生活領域。清乾隆二十六年（1761）清官方在新社西北的石岡土牛一帶挖掘土牛溝為「番界」，限制界西的人進入界外，多少也限制了漢移民進入帶來的墾殖造成景觀的改變（圖六、圖七）。

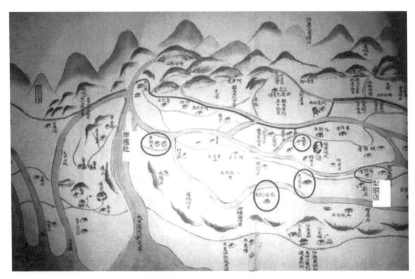

圖六　中部民番界圖

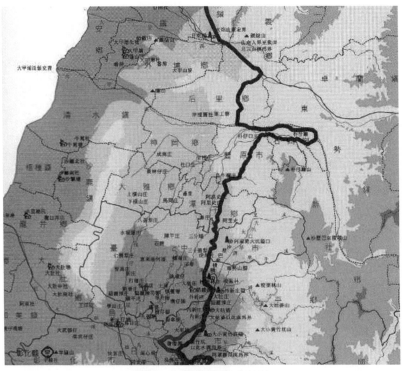

圖七　中部番界圖（GIS）
資料來源：柯志明：《番頭家》。

　　景觀較大的改變，主要始於清乾隆三十年代（1765-1774）在水底寮設軍工料廠，也就是軍工匠進入新社砍伐樟木裁製造船所需的木料，以運往臺南造船。由此亦可推知，時臺地有著豐富的樟木林。之前，軍工料廠設在大甲溪北的后里與溪南的臺中大坑一帶。隨著樟木不斷被砍伐，軍工料廠不斷東移。除新社水底寮新設軍功料廠，東勢角亦有設置。

　　由於在「番界」外採料是官方的行動，許多人也因此藉機矇混進入界外。《岸裡大社文書》就留下非常珍貴的資料；

> 正堂成為墾恩示禁等事。據軍工匠首曾文琬、鄭成鳳具稟前事詞稱，切琬等承充軍匠首督率小匠勤謹辦公，成知凜遵法紀。惟查……朴子頂……等處各山場，現有不法奸民冒稱軍工，在於各處山坑山墩，私越掘番栽種什仔，搭蓋草屋，侵入內山抽藤吊鹿，燒取潤灰，拾取薯根，盜砍番竹，私換番貨，干犯功令不一而足。
>
> 至策應軍工樟木最為緊要，民間拾葉燒炭，殘山雜木盡足任採有餘。近來奸頑庄民炭戶，不遵約束，輒敢冒入辦料，肆行砍燒車運，殘害樟木，混擾軍工。琬等以此種種不法，若不預稟趕逐，誠恐將來生番出沒，貽害非輕，勢得據實稟明叩乞恩准出示嚴禁，票著料差協同各通土，查拘趕逐等情。據此合行出示嚴禁，為此示仰該地鄉保通土管甲民人等知悉。爾等附近沿山庄民務須家喻戶曉，愛惜身家，毋許越出界外山場滋弊，並假藉軍匠名色，殘害樟木私置情弊。倘敢故違，許該附近通土人等即行驅逐，一面指名具稟赴縣以憑究究，該鄉保通土不許縱容狗庇，亦不得借端滋事，致干併究不貸，各宜凜遵毋違，特示。
>
> （乾隆）三十三年（1968）七月十一日給發岸裡社曉諭
>
> （岸裡大社文書，NO.953）

　　顯然，軍工匠進入界外新社砍伐樟木帶來了連鎖性的景觀變化與族群遷移影響。一方面軍工匠人數頗多，在清乾隆四十五年(1780)時在水底寮的軍

工料廠已有軍工匠四、五百人，並搭寮百餘間。(《岸裡大社文書》，no.957)
這個軍工匠相關的組織有軍工匠首、小匠、料差，他們簡易的寮房，形成新
的地貌。其次是隨軍工匠進入後的民人，有冒稱軍工者，隨意砍伐車運，使
得樟木的砍伐變得更為迅速；或偷掘當地原住民栽種，或砍伐竹林，或入山
抽藤吊鹿，更甚者有的築屋長久居住。乾隆二十六年(1760)的「番界」的隔
離影響漸小。此外，隨著匠人的採料伐樟，侵犯原泰雅族之生活領域，為護
匠而有樸子籬社人，由石岡遷移新社形成新部落，新社地名之由來，即源自
此背景。新社因樸子籬社移入，形成的社別有山頂社、加六佛社(大南社)、
水底寮社。

（二）墾殖

新社臺地以採料伐樟為主的事業，在林爽文事件後有所改變。清乾隆
五十二年（1782）十二月林爽文率兩千多人由南投進入新社臺地時，多人
被殺（柯志明，2002年，頁253-254）。同時，因戰亂當地人離散者也頗
多。事件前的清乾隆四十五年（1780），根據《岸裡大社文書》記載，新社
臺地有男女千餘人，「其中漳泉居多，粵人十分之一二」（岸裡大社文書，
NO.957）。說明早期係以漳泉人為多，他們應由大坑或豐原一帶進入新社。
不過事件後，新社逐漸以客家人為優勢。客家人漸居優勢，與墾殖熟番原住
民的養贍地有關。林爽文事件後，清官方實施屯制，全臺有九十三社四千人
之熟番與少數化番被劃歸屯丁。屯丁之收入有屯餉與養贍地。養贍地多數在
原番界外，隨著養贍地之頒授，原番界再向東移。乾隆五十三年實行屯制，
新社臺地有594.74568甲分配予西螺等十四社為養贍地。分配在新社臺地的
族社大都遠離本社。因此，要親自墾荒種植並非易事，招鄰近客家人開墾的
情形頗多。這些開墾者，他們的資本不多，股金小而股數多，是其合股拓墾
建庄的特色。在此以清嘉慶二十一年劉中立等二十二股所立的合約字，來觀
察他們墾闢新社水底寮的梗概：

同立合約劉中立等，今有水底寮崁下與大茅埔附近均為荒區，向來未經墾闢，蒙各屯弁暨屯長等稟請在案，仍備墾約蓋鈐記，付立招佃備本開鑿。其埔四至界址，載明墾約字內。茲因先墾水底寮崁下一帶，招得列位前來合墾，即日公議按作二十二股定額，所有築莊、鑿圳、僱募壯丁一切雜費，隨時照股並派並出。其埔上下肥瘦，隨即拈鬮分給各股經營。公議三年墾成之日，或田或園，照例按甲配租完納屯官；如有贏餘租息，逐一均分。若遇公事，當事出身辦理。股內各宜同心協力，照約遵行；倘或恃強混占，刁違抗約等情，定將該埔份充公，仍不許在莊居住，決不狗情。此乃同心合墾，惟期休咎相關，苦樂均受，各懷和氣，大振基業，則莊旺而業成矣！至於議約條款，登明於後。今欲有憑，特立約字一樣二十九紙，永執為照。

一、議：水底寮崁下埔地，編定二十二股額，花名載明於下，分界址亦載於後。凡股內約字務要當眾蓋記為憑，方得執掌，此照。

一、議：屯弁墾約一紙，公給泰和圖記一領，俱交劉中立執掌，股內要用，自當交出，不得私匿，致誤公事，此照。

一、議：公館莊地惟當事居住執掌，股內不得混爭。所有莊中事務，惟聽當事指揮約束，如違稟究，此照。

嘉慶二十一年八月 日同立合約

劉華先一股	劉鳳元一股
劉中立一股	呂登科一股
劉保寧一股	羅逢水一股
李桃珍一股	黃懋器一股
陳必照一股	林德燕一股
陳光傳一股	林德多一股
陳光受一股	林德長半股
劉　平一股	劉光耐半股
劃文西一股	羅　水半股

> 劉娘鏡一股　　胡應義半股
> 李大枋半股　　蘇接文半股
> 陳　發半股　　黃　義一股
> 林德喜一股　　詹　依半股
> 許　富半股　　張尚臨半股
> 林福安半股

（清代臺灣大租調查書，一九六三年，頁 781-783）

水底寮崁下位在該地養贍地之下，係「番界」外荒埔，漢人不得請墾。不過屯弁、屯長等平埔族社的屯制幹部，可以向官方稟請開墾。其後漢人再向其承墾。本契清楚的說明了這種流程，劉中立等二十二股，為求同心協力，故立約彼此約定，以求互助合作。這種股數多、股金少的開墾組織，反映清後期臺灣沿山地區墾民開墾的特色。開墾者在開墾之初，即建庄作為久居的打算。因此，契中常有「築庄」的現象。隨著漢人的墾殖，漢式屋宅遍布。

　　新社屬河階地，缺乏水源，僅賴食水料溪有限之水源，稻作生產有限，主要是旱作，種植旱稻、番薯、甘蔗，其中以蔗作最重要。

　　因甘蔗之種植，新社在不同的河階地，大都設有蔗廍（圖八、圖九、圖十、圖十一、圖十二）。在此舉水底寮蔗廍為例，以窺新社傳統糖業發展之梗概。

圖八　舊式糖廊

圖九　傳統蔗廊
資料來源：番社采風圖

圖十　水底寮蔗　舊石車

圖十一　傳統榨蔗之石車

圖十二　大南劉家遺留石車

　　水底寮糖廍的經營者為彭田福家族。彭家的來臺祖為彭東旺，祖籍廣東潮州府豐順縣。先在今新竹縣竹東、北埔一帶，第三代的彭財振，由石岡入水底寮。至財振孫春霖，始經營糖廍。由彭春霖至彭田福，共經營三代的糖廍事業。為明瞭起見，茲將彭東旺以來相關族人，臚列於表一：

　　彭財振是彭家遷水底寮的第一代，也是林爽文事件後，水底寮劃為屯丁養贍地後，客家移民拓墾成功者。茲有清道光八年（1828），阿里史屯外委等招彭財振開墾之招墾契，為詳觀其內容，特錄於下：

　　　　立招墾字阿里史業主屯外委潘永元，屯丁首后肉老功，阿己四旦暨眾
　　　　屯丁等。茲蒙前理番憲薛，恩給有養贍屯埔一處，坐土名水底寮，東
　　　　至矮山仔坑止，西至東螺屯止，南至松柏崗大山止，北至下水底寮
　　　　止，四至界址，同踏分明。原丈埔地額二百五十六甲，前經屯弁潘習
　　　　開招得墾佃林阿見開鑿不成，後屯弁阿四老六萬復招墾佃林追，亦開
　　　　墾不成，田業拋荒數載，養贍口糧無所依靠。眾屯丁等本欲自闢，奈

住居遠涉，缺乏工食難以開鑿。是以邀同眾屯丁等實議，前來招墾佃戶首財振等出首承墾，當日面議財振等實備出埔底佛銀五百大員正，即立屯弁丁等親領足訖。其管下養贍屯埔地，隨即踏交財振等自備工本築莊，及架造房屋，開鑿陂圳灌溉通流，開成單季水田。

自庚寅年（道光十年，1830）起，至壬辰（道光十二年，1832）冬止以外，明丈田甲，遞年晚季按屯租粟，每甲二石正。其田園兩租，日後二比不得爭多減少，永遠定例。倘日後承墾人欲回籍，或別創，任從出退。其上年佃人有舊約執出爭阻，及別社有屯隘之番爭收租粟、地界等情，係屯弁丁等一力抵擋，不干承墾人之事。此係二家允願，兩無反悔，恐口無憑，立招開墾字一紙，付為永遠執照。

即日批明：實領到墾契內埔底併銀五百大元正足訖，再照。

道光（戊子）年七月 日

（清代臺灣大租調查書，1963 年，頁 789-790）

表一　水底寮彭家世系

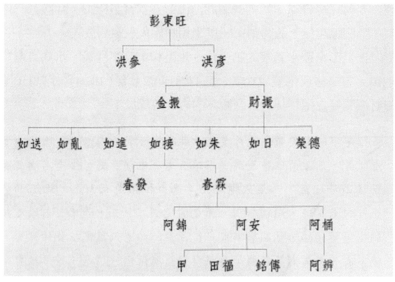

資料來源：根據彭田福提供彭家家譜整理。

從契文中得知在彭財振承墾前，已有林阿見、林追兩墾佃曾承墾水底寮，不過未墾成。這多少說明了水底寮開墾之不易。不過彭財振欲將荒埔墾成單季水田種稻。

彭財振道光八年承墾時，離屯丁制實行之乾隆五十三年，已有六十年。彭財振任墾佃首，出面承墾埔地。彭財振來水底寮後，至第三代彭春霖時，開始經營糖廍。

有關彭春霖之經營糖廍，其孫彭田福有較清楚的記憶。他說糖廍製糖的時間，大約在農曆九月，當時晚稻尚未收成。因此，在榨蔗一陣後，必須停下來收割稻子。榨蔗之人工，除伐蔗工人，以及牛婆二人外，皆由自己家人擔任。看牛的是自家的小孩。一次由二頭牛拉動，牛隻外邊一眼，用黑布蒙住以免牛驚嚇。每榨滿糖汁一桶即換牛，共有牛七、八隻輪流換班。換班後糖廍前面有池塘讓牛涼身，並有蔗葉餵牛。熬糖的木材，以山木為好，燃燒較均勻。在熬糖前一個月上山伐木，切成兩尺長。

甘蔗的種植，形成臺地重要的作物景觀，蔗廍的圓椎造型，成為特殊的地景。新社蔗廍一直經營到日治時期，因石岡區和盛里之「土牛赤糖會社」改良廍成立後，其功能始被取代（溫振華，一九九七年，頁72-77）。

四　二十世紀大南蔗苗養成所

日本據有臺灣之初，本身仍是半工半農的國家。糖除是食料外，也是工業原料，日本為促進工業化，因此對糖的需求甚殷。由於糖是臺灣傳統重要的產品，因此糖業之經營，成為日本統治之初即甚為重視的產業。蔗糖之生產涉及兩個重要的過程，一是甘蔗的種植，一是蔗糖的製造。

甘蔗的種植，也涉及甘蔗的品種與種植技術。日本統治之前，臺灣的甘蔗品種，據傳係一六六一年鄭成功之部將劉國軒遣人至福建攜來的竹蔗。日人以竹蔗栽植過久，品質不佳，易染病蟲害，產量低。於日明治二十九年（1896）自夏威夷引進玫瑰竹（Rose Bamboo）及拉海納（Lahaina）兩品種，大量繁殖。迄大正二年（1913）大南庄蔗苗養成所設立時，玫瑰竹蔗已取得絕對的優勢（王啟柱，一九五八年，頁91-92）。

　　不過，明治四十四年（1911）、大正元年（1912）的連續暴風雨，玫瑰竹蔗因抗風力弱，損失慘重。再加上大正元年（1912），因紅腐病（Red rot）與萎縮病（Sereh）的病蟲害之發生與蔓延。總督府對甘蔗的品種，遂加重視。在警覺到栽培單一品種的危險性後，思考育成耐暴風雨之優良品種，以適應臺灣環境。大南蔗苗養成所，就在這樣的背景下發展起來的（臺灣總督府殖產局蔗苗養成所，一九二三年，頁1-3）。

　　大南一帶適合高地苗圃之設置，並非在大正二年時才受到注意的。其實明治三十七年（1904）、三十八年（1905），民政長官後藤新平與糖業專家新渡戶稻造，即曾實地踏查大南一帶。不過，當時臺灣甘蔗農業尚未起步，在重視甘蔗工業的時代中，蔗苗養成所之議，尚未成熟。不過，明治四十二年（1909），日本實業家松岡富雄，於馬力埔設置約十甲之蔗苗苗圃，種植之蔗苗供應糖業試驗場及其他各地的製糖會社試種，成效頗佳（臺灣總督府殖產局蔗苗養成所，一九二三年，頁4-5）。

　　明治四十四年後的連續大風雨，促成對蔗種之重視，對蔗苗養成所之設立影響至大。日大正二年（1913）月，糖務課長金田事務官、糖務課吉田技師，以及糖業試驗場右田、金子、三宅等技師，至馬力埔、大南、水底寮、仙塘坪等各庄實地踏查，完成七百三十甲農場設置之計劃。農場計畫用地，全為民有地，因此委託臺中廳長收買，並開始土地調查。同時，九月總督府有「蔗苗養成所設置」之訓令發布。十月，著手土地之購買。接著十一月十日大南庄事務所成立。居民對官方之強制購買不滿，於十一月二十二日警察與地方居民遂起衝突，視為「馬力埔事件」。由於這個事件，使原來預定購買的目標無法達成，在大南、馬力埔、仙塘坪、水底寮四庄收購了三百七十八甲後，就告一段落。接著先就已購買的林地原野開墾整理，以種植蔗苗。次年（大正三年）一月，首先從大目降糖業試驗場移入優良品種二十四種。二月仙塘坪也設事務所，仙塘坪苗圃為輸入苗圃，種植自夏威夷輸入的蔗苗種，至三月已有二十五種輸入種種植。同年十二月至次年（大正四年）三月，在大南、水底寮購買一百五十二甲，設立水底寮苗圃，又大南庄一部分割予大南庄第二苗圃。四月蔗苗養成所二分為大南庄第一苗圃、大

南庄第二苗圃,與水底寮苗圃、仙塘坪苗圃組成大南庄蔗苗養成所(臺灣總督府殖產局蔗苗養成所,一九二三年,頁5-6)(圖十三、圖十四)。

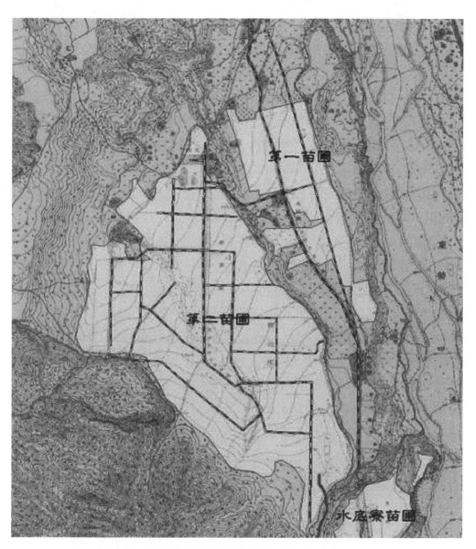

圖十三　蔗苗養成所鐵道套疊大正堡圖 Google map

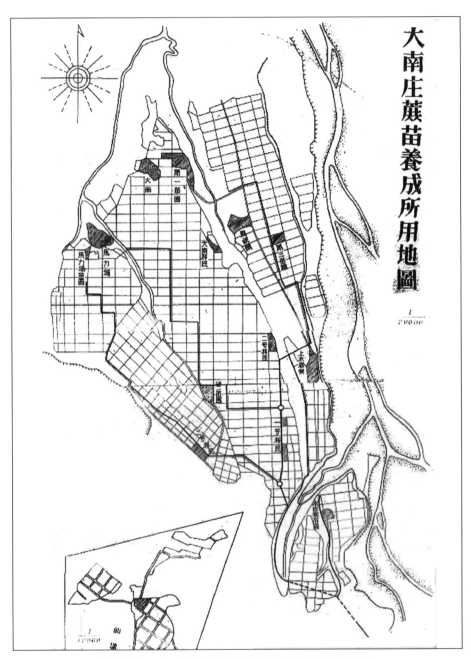

圖十四　一九四〇年大南庄蔗苗養成所苗圃分布圖

　　養成所的土地，以後仍有陸續購入，至大正八年（1919）前後九次購買。至該年年末，大南庄蔗苗養成所之總面積達一千多餘甲，形成一大農場。經林木砍伐而開墾整地，則是陸續進行（表二）。

表二　大南庄蔗苗養成所土地開墾概況　　　　　　　　　單位：甲

回數		1	2	3	4	5	6	
年度		大正四年（1915）	大正五年（1916）	大正六年（1917）	大正七年（1918）	大正八年（1919）	大正九年（1920）	合計
場所		大南庄之南部水底寮矮山坪	大南庄	大南庄第二苗圃	新社、鳥銃頭水底寮	大南庄	大南庄	
面積	原野	2.9	87.13	19.11	23.64	1.47	0	134.25
	粗林	22.84	3.59	8.59	4.24	22.68	0	61.94
	密林	2.80	27.82	13.74	16.17	20.37	54.84	135.74
	茶園	10.00	3.84	16.65	6.54	4.12	0	41.15
	石山	0	51.88	0	6.22	5.44	0	63.54
	其他	0	0	0	0	0.84	0	0.84
合計		38.54	174.26	58.09	56.81	54.92	54.84	437.46
受委託者		佐野組	高石組	鹿島組	野川組	桂光風	黃大昂	

資料來源：臺灣總督府殖產局：《蔗苗養成所事業報告》，頁33。

　　甘蔗之品種，以爪哇小莖種為主，其主要品種在早期種植株樹，如表三：

表三　大南蔗苗養成所爪哇小莖種種植面積（1915-1919）

單位：株

	大正四年（1915）	大正五年（1916）	大正六年（1917）	大正七年（1918）	大正八年（1919）
合　　計	646,434	17,128,783	18,618,417	26,833,025	19,207,731
爪哇36號	0	2,594,394	6,953,998	9,039,465	8,250,374
爪哇105號	0	476,570	1,701,631	5,575,750	4,593,731
爪哇143號	46,198	4,106,058	6,458,911	6,533,850	2,606,600
爪哇161號	0	77,100	61,386	326,400	1,452,600
爪哇210號	511,886	5,460,316	74,308		
爪哇234號	0	2,164,316	2,823,895	5,207,120	2,223,880
爪哇240號	88,350	564,036	135,901	40,720	80,545
爪哇277號	0	1,686,059	408,287	108,720	0
ストライプドチェリポン	0	0	100	1,000	0

資料來源：臺灣總督府殖產局：《蔗苗養成所事業報告》，一九二三年，頁237。

　　大南蔗苗養成所的甘蔗栽成數段後，綑綁運載予蔗農種植。不過，因蔗苗養成之需，養成所相關的土地，規劃成井然有序的地塊，成為臺地新景觀。

　　隨著需要較多水量灌溉的爪哇大莖種成為主流品種後，爪哇小莖種被取代。大莖種因需水灌溉的因素，促成了白冷圳的興築。白冷圳於日昭和三年（1928）十二月興工，昭和七年（1923）五月完成，該圳入水口在今天輪發電廠對岸的大甲溪，出水口在新社圓堀。導水長十六點六公里，主要工程有倒虹吸工三座、渡槽時四座、隧道二十二座。白冷圳的興築，使新社一帶有固定豐富的水源，為後來新社多元產業立下基礎。（圖十五、圖十六、圖十七、圖十八、圖十九、圖二十、圖廿一、圖廿二）

圖十五　白冷圳入水口

圖十六　入水口處神社

圖十七　白冷圳沈砂池

圖十八　白冷圳圳道

圖十九　抽藤坑虹吸管

圖二十　矮山坪吊橋

圖廿一　水泥梘橋

圖廿二　圓堀附近整地

五　戰後產業多元化

（一）從「大南蔗苗養成所」到「種苗改良繁殖場」

戰後，原日本時代的蔗苗養成所，隨著糖價之低落，於民國三十四年
（1945）十二月改為「省政府農林廳種苗繁殖場，除舊有蔗苗圃外，逐漸趨
向多樣化種苗生產。四十一年（1952）更名為「農林廳種苗繁殖場」，民國
七十年再改為「農林廳種苗改良繁殖場」（沈再發，一九九八年，頁1-2）。
一些新的種苗有的先在新社種植，對於新社農業多元化有助益，較著名的棉
花、蜜梨、枇杷。由於新社鄉氣候、地形等自然條件之特性，也吸引外地人
來此從事花果種植的試驗，帶動新社農民的跟進與農業的多元發展。

　　茲以表十之民國九十一年（2000）十二月新社鄉農會資料，觀察新社農產之多樣化（表四）：

表四　新社鄉農特產產地、產期以及栽培區

作物別	栽培面積（公頃）	生產期（月）	栽培地區
甜蜜桃	200	1-5	全鄉
三月桃	30	2-4	全鄉
福壽桃	50	2-5	全鄉
鶯歌桃	20	6-8	崑山、東興、福興、月湖
梅	150	3-5	中和、茄苳寮、福興
桃接李	5	4-5	中和、福興
番石榴	10	4-10	大南、東興、永源
新興梨	150	6-7	全鄉
豐水梨	150	6-7	東興、月湖、中和、福興
明福梨	10	6-7	永源、東興、協成
楊桃	10	7-9	東興、大南、慶西
葡萄	450	7-9	全鄉
愛文芒果	10	8-9	慶西、東興
椪柑	450	11-12	崑山、中和、二櫃
枇杷	450	12-4	復盛、大南、永源、福興
鳳梨釋迦	50	7-2	大南、永源
花胡瓜	20	5-10	馬力埔、新二村（永源）
稜角絲瓜	75	5-11	崑山、東興、永源
四季豆	30	5-11	東興、新二村、協成
蘿蔔	70	6-2	新二村、水井（永源）
甜椒	4.4	6-10	水井（永源）

作物別	栽培面積（公頃）	生產期（月）	栽培地區
苦瓜	67	6-11	東興、協成
豌豆	10	11-12	全鄉
黃薑	15	1-4	中和、福興、東興
老薑	15	3-4	中和、福興、東興
香菇	200	5-10	全鄉
芥菜	10	11-12	全鄉
辣椒	10	全年	全鄉
川七	5	全年	崑山、中正、東興
檳榔	1000	全年	全鄉
聖誕紅	1	11-1	復盛
虎頭蘭	5	11-3	崑山、大南
文心蘭	5	全年	新社、崑山
火鶴花	1	全年	協成、大南

資料來源：徐炳乾、吳長錕：《戀戀白冷圳》，二○○○年。

由上表可觀新社農特產之多元化，有水果、蔬菜、花卉等。檳榔樹栽培面積最廣達一千公頃，占百分之二十六點七五；其次葡萄樹、椪柑、枇杷各有四百五十公頃，各占百分之十二點零四；新興梨、豐水梨、明福梨共三百一十公頃，占百分之八點二九；甜蜜桃、三月桃、福壽桃、鶯歌桃共三百公頃，占百分之八點零二；香菇兩百公頃，占百分之五點三五。

（二）「陽明山計劃」與新聚落

民國四十五年（1956）五月為配合「陽明山計畫」，種苗繁殖場奉命撥出三百七十三餘公頃耕地安置新移民，新聚落以「新村」在臺地成立，形成新的聚落景觀。

（三）九二一大地震災後重建與文化產業的摸索

　　九二一大地震的大災難，讓新社人深思白冷圳的歷史及其存在的意義。白冷圳深受重創，經搶修於該年十二月一日恢復通水。不過次年兩次豪雨造成嚴重土石流災害，重建過程困難重重，乃有民國八十九年（2000）五月的「白冷圳復活運動」，並組成「白冷圳重建推動委員會」，積極爭取白冷圳之重建。在爭取重建之過程中，經相關部會主管人員協調，成立「白冷圳社區總體營造促進會」爭取重建白冷圳事宜。該會除了敦促白冷圳硬體的重建，同時也以白冷圳作為鄉民認識自己生活社會的起點，進而透過活動深化人們對新社自然人文的認識，同時透過媒體宣傳，讓更多的人了解白冷圳的歷史，以及挖掘白冷圳流域的自然人文景點。

六　結論

　　新社臺地自一萬年前有人活動以來，其大改變有三：一是伐樟墾殖，二是蔗苗養成之設立，三是白冷圳之興築。前期改變初期的原始林狀態，次者改變了產業的結構與聚落紋理，後者提供生存的發展潛力。九二一大地震後成立的「白冷圳社區總體營造協會」，成為新社的良心，潛移默化的努力從事白冷圳文化景觀的推動，以提升文化產業的視野。

參考文獻

王啟柱　〈臺灣之甘蔗引種與蔗糖業〉《臺灣銀行季刊》第101期　1958年
　　　　頁90-134

何鳳嬌　〈日據時期臺灣糖業的發展〉《國史館館刊》復刊20期　1996年
　　　　頁71-94

芝田生　〈大南庄蔗苗養成所灌溉工事概說（一）〉《臺灣の水利》3卷4號
　　　　1933年7月

芝田生　〈大南庄蔗苗養成所灌溉工事概說（二）〉《臺灣の水利》3卷5號
　　　　1933年9月

芝田生　〈大南庄蔗苗養成所灌溉工事概說（三）〉《臺灣の水利》4卷3號
　　　　1934年5月

沈再發　《臺灣省政府農林廳種苗改良繁殖場機關誌》　臺中市　農林廳種苗
　　　　改良繁殖場　1998年

柯志明　《番頭家：清代臺灣族群政治與熟番地權》　臺北市　中研院社會學
　　　　研究所　2001年

洪麗完　《熟番社會網絡與集體意識：臺灣中部平埔族群歷史變遷（1700-
　　　　1900）》　臺北市　聯經出版社　2009年

翁佳音　〈一九一三年馬力埔事件的探析〉《異論臺灣》　新北市　稻香出版
　　　　社　2001年　頁147-172

徐炳乾、吳長錕　《戀戀白冷圳》　臺中市　新社鄉白冷圳社區總體營造促進
　　　　會　2002年

劉益昌　《存在的未知》　臺中縣　臺中縣立文化中心　1999年

溫振華　《臺中縣蔗廍研究》　臺中縣　臺中縣立文化中心　1997年

溫振華　《大茅埔開發史》　臺中縣　臺中縣立文化中心　1999年

溫振華　〈臺中縣客家人的分布（1920年代）〉《中縣文獻》8期　2001年
　　　　頁1-3

彭城堂大南五福 《劉氏宗親族譜》 自印 1999年

新社鄉誌編纂委員會 《新社鄉誌》 臺中市 大社會文化事業出版社 1998年

臺灣大學編 《岸裡大社古文書》 臺灣大學研究圖書館藏

臺灣銀行編 《清代臺灣大租調查書》 臺北市 臺灣銀行 1963年

臺灣總督府大南庄蔗苗養成所 《三十年回顧》 臺中市 吉野商會臺中支店
    1944年

總督府殖產局蔗苗養成所 《蔗苗養成所事業報告》 臺北市 臺灣總督府殖
    產局 1923年

總督府官房調查課 《臺灣在籍漢民鄉貫別調查》 臺北市 總督府官房調查
    課 1928年

殖民政府的「第一客」

——一八九七年總督府初次客家調查與日治時期客家認識的關聯性 *

許世融

臺中教育大學區域與社會發展學系助理教授

摘要

　　日本治臺後，為更深入了解臺灣「土人」以外的其他族群，陸續進行多項種族調查，在統治進入第三年時，進行一項關於本島「喀家族」的調查。這個匯集全島各地方機構的調查表，羅列當時調查所得的客家族群戶口數、分布地區；同時有不少地方還附上文字報告，記錄其調查所得的客家源流、族群特性、閩客關係等。調查資訊並非完全正確，不過對於其後日本治臺官員或在臺知識份子撰寫有關客家族群特性時，似乎造成若干影響，此後的「廣東人」成為客家人的代名詞當與本次調查息息相關；而不少書寫於二十世紀上半的書籍，提及臺灣客家的描述，與此調查所述甚為相似。

　　本文的目的有二：其一，整理此調查報告，以解明日治初期臺灣客家人大

---

* 本文承國科會計畫補助研究經費（計畫名稱：語言、地理、歷史跨領域研究：臺閩粵族群與語言之互動－族群政經文化勢力與語言整合的關係，計畫編號：NSC 102-2410-H-142 -003 -MY2），中央研究院人社中心地圖與遙測影像數位典藏計畫室提供《全臺臺灣堡圖》，特申謝忱。

致分布概況及其所占比例；其二：藉由報告內容來探究領臺初期日本官學對於臺灣客家族群的認知，以及其後的戶口調查何以用廣東人取代客家之因。

關鍵詞：喀家、客家、廣東人、土人、族群

一 前言

　　隨著清政權在臺灣的建立，對於同屬漢移民一支的「客」有較多元的記載。以往研究者多半會以清代方志或相關官員奏摺內容為文本加以分析，來理解「客」的本質。如李文良使用清代的方志資料，來探究清初臺灣關於客家書寫的面貌及其社會經濟背景，歸納清初被稱為「客家」之人，具有五項共同文化特徵；[1]陳南旭則認為清代文獻上的客可以歸納出相對於土著的客、基於省籍差異（閩主粵客）的客、指涉特定群體，且和漳州人、泉州人存在文化差異的客三種意涵。[2]近年來施添福為了釐清客家名稱來源，開始回溯到歷史名詞上的客家，提出了「本貫主義的『客家』」與「方言主義的客家」兩大分類方式，認為客家的名稱是漸由本貫主義轉向方言主義，同時原鄉的客家原是一個污名化的稱呼，但透過進入當地的基督教傳教士的正面記載與傳播，使其意義扭轉，並為多數操客家方言者所接受。[3]

　　本文並非著眼於檢討上述說法的適宜與否，但藉由現階段的研究成果，使筆者產生一個疑問：如果連廣義漢族政權的清政府對「客」之認知與紀錄都如此紛雜，在後代留下那麼多疑團，則十九世紀末入主臺灣的異族日本，又是如何理解並統治這群漢移民中的「異類」？而日後正式公文書，如戶籍登記簿、臨時戶口調查內容登載的「廣東」或「廣東人」又是如何被選擇出來？

1　這五項特徵是：「好事輕生、健訟樂鬥」、「聚眾而居」、「出賣勞力維生」、「無家無室」、「祖籍為廣東潮州府，特別是大埔、程鄉、鎮平等山區縣分」。他同時認為這是出自「非客」的閩南地區漳泉籍民之手，反映出康熙末年源自於土地秩序即將崩壞所造成的族群緊張關係。參見李文良：〈清初臺灣方志的「客家」書寫與社會相〉，《臺大歷史學報》第31期（2003年6月），頁141-168。

2　陳南旭：〈再探清代臺灣文獻中的「客」及人群指稱詞〉（桃園縣：中央大學客家研究所「第十屆「客家研究」研究生學術論文研討會」論文集，2010年），頁235-268。

3　施添福：〈從「客家」到客家：一個族群稱謂的歷史性與地域性分析〉、〈從「客家」到客家（二）：客家稱謂的出現、傳播與蛻變〉，《第三屆「族群、歷史與地域社會」學術研討會論文》（臺北市：中央研究院臺灣史研究所，2011年）。

　　為此，筆者在《臺灣總督府公文類纂》中找到一批有關殖民政府對客家的調查，主檔案保存在明治三十年（1897）的「本島居住喀家族ノ戶口及住居地取調表」卷宗當中，但相關調查則可上溯到前一年的「廣東人種取調ノ件(元臺南縣)」、「廣東人廣西人戶口等取調報告(元臺南縣)」等。本文目的，即在分析這一系列有關早期客家的調查內容，並結合其他日治初期的官學記載，以明瞭殖民政府對客家稱呼的流變，以及早期治臺官員的客家觀點。以下將先分析此調查的基本內容，進而從各地方的文字報告中探究當時日本官員的族群概念。

二　調查過程

（一）調查源起

　　根據原臺南縣保存的公文顯示，這個調查最初是由總督府學務部長伊澤修二發起，目的在了解臺灣的住民特質，以便進行教育工作。明治二十九年（1896）十一月二十七日，伊澤以「學第六三三號」發函臺南縣知事磯貝靜藏：

> 本島的土人有許多從中國大陸泉漳二州移居，但也有來自廣東地方者。其言語風習各異，終究難施行同一教育。若廣東人在本島居多數的地區，將來國語學校學生及講習員等有必要以廣東語來教導之。[4]

　　學務部要求的調查內容，包含各堡里以廣東人為主要住民的街庄社數、廣東人的戶數概略、廣東人人口數概略，[5]同時要求調查員必須就數個問題加以調查，撰寫在備考或獨立報告中。根據原臺南縣保留的「打猫南堡事務係

---

[4]　「廣東人種取調ノ件(元臺南縣)」內第1113號、學第633號，《臺灣總督府公文類纂》9733冊，明治29(1896)年12月2日。

[5]　學務部要求統一製作的表格如下：

劉廷輝二就取調タル大要」，雙方的問答情形如下：

> 問：聽說廣東人當中分為福老、本地、客家三個種族，那麼移住打猫
> 南堡及打猫東下堡的屬於何種族？
>
> 答：悉皆客家族。
>
> 問：上述移住者是以屯田兵般的組織型態移住呢？還是個人隨意渡臺
> 呢？
>
> 答：移住者有許多是因商業目的而渡臺，並非以屯田兵般的組織型態
> 移住。
>
> 問：然則何以會特定居住在某些地方？
>
> 答：此等人渡臺後，找尋朋友知己，在其近旁構築住屋，自然而然集
> 中在特定地方居住。
>
> 問：與一般人民的交往情形如何？又從事何種職業？
>
> 答：與一般人民時相往來，並未隔絕，職業等方面也無太大差異。[6]

透過保留的問答文件，知道此調查並非憑空想像，而是有相當可信度。當然
也有部分僅是口頭問知無廣東人移住者，如大榤榔西堡、大榤榔東下堡即是。

（二）調查過程

調查當時全臺計有三縣（臺北、臺中、臺南）、一島廳（澎湖），其中

何縣島廳（何支廳）管內廣東一覽			
堡（里）名	主トシテ廣東人ノ居住セル街庄社數	廣東人ノ戶數概略	廣東人ノ概略
何堡里	何個	何品	何人

參見「廣東人種取調ノ件（元臺南縣）」內第1113號、學第633號，《臺灣總督府公文
類纂》9733冊，明治29（1896）年12月2日。

[6] 「廣東人廣西人戶口等取調報告（元臺南縣）」，《臺灣總督府公文類纂》9758冊，明治
30（1897）年2月25日。

臺北縣轄淡水、新竹、基隆、宜蘭四支廳，臺中縣轄苗栗、彰化、埔里社、雲林四支廳，臺南縣轄安平、嘉義、鳳山、恆春、臺東五支廳，學務部應是直接發文各縣知事及支廳長，由其下令調查。以臺南縣為例，該縣在十二月二日接獲公文後，翌日即由內務課長發函警察課長，要求調查直轄管內的廣東移民，以備將來教務相關的種種需要；[7]十四日臺南縣警察署長警部紫藤靜回函給臺南縣警部長豐永高義，報告臺南警察署直轄之內的廣東人計四十二戶、一百七十九人；[8]接著十二月十六日，安平警察分署長也回函報告安平分署管內廣東人主要分布在效忠里，計九戶、二十六人；[9]同日關帝廟警察分署長則回函報告境內無廣東人部落；[10]十二月二十日，蕃薯藔警察分署長警部石井定隆回函報告該署所轄內廣東人分布在羅漢外門里，計十四庄、四百五十五戶、一千八百九十四人，噍吧哖分署管內則無廣東人部落；[11]警部長豐永高義彙整後，於同月二十三日回函內務課長竹下康之，[12]翌年一月四日，臺南縣內務課由庶務係主任深水草擬回稿，至此調查任務告一段落。[13]

[7] 「廣東人種取調ノ件（元臺南縣）」，《臺灣總督府公文類纂》9733 冊，明治 29（1896）年 12 月 3 日。

[8] 「廣東人種取調ノ件（元臺南縣）」臺警第 2805 號，《臺灣總督府公文類纂》9733 冊，明治 29（1896）年 12 月 14 日。

[9] 「廣東人種取調ノ件（元臺南縣）」安警發第 812 號，《臺灣總督府公文類纂》9733 冊，明治 29（1896）年 12 月 16 日。

[10] 「廣東人種取調ノ件（元臺南縣）」，《臺灣總督府公文類纂》9733 冊，明治 29（1896）年 12 月 16 日。

[11] 「廣東人種取調ノ件（元臺南縣）」臺警第 3172 號、蕃警第 554 號，《臺灣總督府公文類纂》9733 冊，明治 29（1896）年 12 月 20、22 日。

[12] 「廣東人種取調ノ件（元臺南縣）」警發第 1880 號，《臺灣總督府公文類纂》9733 冊，明治 29（1896）年 12 月 23 日。

[13] 「廣東人種取調ノ件（元臺南縣）」內文第 1113 號，《臺灣總督府公文類纂》9733 冊，明治 30（1897）年 1 月 4 日。

三 調查內容分析——日治初期臺灣客家人的分布與面貌

前述調查結果，除安平的資料併入臺南縣外，其餘各支廳、島廳、直轄單位皆有單獨報告，總計有十六個行政單位的資料；而各支廳及縣直轄皆以堡里鄉為統計調查單位，總計有六十四個統計單位。[14]以下將就這六十四個統計單位所呈現的客家人口與面貌加以分析。

（一）一八九七年的客家人口概略

根據各地方單位統計，一八九七年時，全臺共有廣東人五萬四千三百零六戶、三十萬三千一百三十三人；廣西人二十二戶、一百二十人。其中廣西人僅在基隆廳基隆堡（零戶、八人）、彰化支廳燕霧下堡（二十一戶、一百零五人）、臺南城市內（一戶、七人）三處出現。換言之，總督府設想的客家人仍以廣東人為主。

這個統計數字占當時臺灣人口的比例為何？由於首度臨時臺灣戶口調查始於一九〇五年，前此並無精確人口數字，不過一八九七年起，《總督府統計書》已有以堡里為單位的年度人口資料。

如果利用當年底《總督府統計書》登錄的全島人口，約略可看出這些有客家人調查數據的堡里，其客家人占全島人的比例：

---

14 雲林支廳僅有文字報告無調查表；臺東支廳南鄉、奉鄉、蓮鄉、廣鄉的資料分為兩筆，由於關於客家族的描述並不一致，視為兩個統計單位。

表一　一八九七年客家人占本島人比例

廳名	堡里名	廣東人戶數	廣東人人口	全島戶數	全島人口	廣東人口／全島人口
臺北縣	桃澗堡	5,131	36,181	13086	90,383	40.03%
淡水支廳	八里坌堡	99	550	4,564	28,228	1.95%
淡水支廳	芝蘭三堡	37	200	5,925	29,779	0.67%
新竹支廳	竹北一堡	9,973	61,692	18,957	95,132	64.85%
新竹支廳	竹北二堡	7,844	50,511	13,689	82,470	61.25%
新竹支廳	竹南一堡	3,275	16,481	5,956	29,096	56.64%
基隆支廳	基隆堡	6	32	3,683	19,009	0.17%
宜蘭支廳	本城堡	18	62	2,777	12,380	0.50%
宜蘭支廳	羅東堡	2	4	1,727	9,311	0.04%
宜蘭支廳	頭圍堡	1	5	4,170	19,218	0.03%
宜蘭支廳	浮洲堡	1	1	826	3,901	0.03%
宜蘭支廳	員山堡	7	39	2,252	11,537	0.34%
宜蘭支廳	紅水溝堡	4	26	1,431	7,289	0.36%
宜蘭支廳	利澤簡堡	3	33	1,528	7,605	0.43%
宜蘭支廳	清水溝堡	1	2	508	2,793	0.07%
臺中縣	揀東上堡	5,290	29,553	9,673	53,742	54.99%
臺中縣	揀東下堡	16	105	6,135	31,758	0.33%
臺中縣	大肚上堡	4	6	3,646	19,776	0.03%
苗栗支廳	苗栗一堡	7,146	29,418	9,920	56,900	51.70%
彰化支廳	馬芝堡	40	105	11,733	50,916	0.21%
彰化支廳	線東堡	64	204	6,932	30,721	0.66%
彰化支廳	燕霧下堡	341	1,028	3,447	15,015	6.85%
彰化支廳	武東堡	737	3,543	5,500	28,323	12.51%
彰化支廳	武西堡	2,374	10,883	5,020	22,213	48.99%
埔里社支廳	東角堡北角堡	109	858	1,730	7,958	10.78%
埔里社支廳	北港溪堡	16	96	144	501	19.16%

廳名	堡里名	廣東人戶數	廣東人人口	全島戶數	全島人口	廣東人口／全島人口
埔里社支廳	五城堡	10	70	82	3,739	1.87%
埔里社支廳	集集堡	12	83	707	3,046	2.72%
臺南縣	羅漢內外門莊	450	1,894	3,180	14,199	13.34%
臺南縣	安平	9	26	1,344	6,080	0.43%
臺南縣	臺南城市內	92	443	10,642	43,924	1.01%
嘉義支廳	嘉義西堡	75	343	7,792	30,338	1.13%
嘉義支廳	打猫東下堡	70	320	2,285	8,422	3.80%
嘉義支廳	打猫南堡	647	2,497	4,526	18,651	13.39%
鳳山支廳	港西中里	1,329	5,633	7,988	37,797	14.90%
鳳山支廳	港西下里	2,195	13,711	6,189	31,341	43.75%
鳳山支廳	港東中里	1,349	7,067	5,909	28,012	25.23%
鳳山支廳	港西上里	2,717	14,797	4,418	22,372	66.14%
鳳山支廳	港東上里	1,917	10,418	3,990	19,695	52.90%
鳳山支廳	港西中里	266	1,249	7,988	37,797	3.30%
恆春支廳	宣化里	38	191	246	1,854	10.30%
恆春支廳	興文里	143	715	511	2,818	25.37%
恆春支廳	至厚里	5	34	147	676	5.03%
恆春支廳	永靖里	142	710	234	1,373	51.71%
恆春支廳	安定里	54	251	79	409	61.37%
恆春支廳	長樂里	65	369	62	314	117.52%
恆春支廳	治平里	20	101	31	175	57.71%
恆春支廳	泰慶里	8	42	68	137	30.66%
恆春支廳	咸昌里	30	180	51	389	46.27%
臺東支廳	南鄉	15	50	1,775	8,452	0.59%
臺東支廳	新鄉	20	56	556	3,617	1.55%
臺東支廳	奉鄉	34	130	2,194	11,553	1.13%
臺東支廳	蓮鄉	22	50	1,607	6,728	0.74%

廳名	堡里名	廣東人戶數	廣東人人口	全島戶數	全島人口	廣東人口／全島人口
臺東支廳	廣鄉	21	55	1,179	6,842	0.80%
澎湖島廳	媽宮	10	29	2,749	12,357	0.23%
澎湖島廳	西嶼	2	5	1,563	7,486	0.07%

說明：

1. 本表不含基隆廳基隆堡（零戶、八人）、彰化支廳燕霧下堡（二十一戶、一百零五人）、臺南城市內（一戶、七人）三處的廣西人統計數字。
2. 廣東人口係二月份的調查資料，本島人總數則是當年十二月的調查資料，兩者間恐有些微落差，如長樂里的客家人口竟比總人口多，尚待進一步查證。
3. 埔里社支廳的廣東調查中之東角堡與北角堡，應係埔里社堡埔里社區與西角區之誤，故該欄係以調查表中的東角堡北角堡數字相加與埔里社堡相比對。
4. 臺東支廳的奉鄉等四鄉則把相同單位人口相加與總人口比對。

資料來源：

1. 「本島居住喀家族戶口及住居地取調件」內縣第兩百零六號，《臺灣總督府公文類纂》一萬一千零九十四冊，明治三十年五月一日。
2. 臺灣總督府民政部文書課編：《臺灣總督府第一統計書》（臺北市：臺灣總督府民政部，1899 年），頁 19-20。

　　這個統計數字容或不完全精確，如長樂里總人數還少於該里客家人，可能源自調查時間的落差，也可能調查有誤；不過整體說來，相當程度反映了日治初期客家人主要分布地區，其中新竹支廳竹北一、二堡及竹南一堡、臺中縣揀東上堡、苗栗支廳苗栗一堡、鳳山支廳港西上堡、港東上里、恆春支廳永靖里、安定里、長樂里、治平里皆有過半的客家人；而臺北縣桃澗堡、彰化支廳武西堡、鳳山支廳港西下里、港東中里、恆春支廳興文里、泰慶里、咸昌里等地也都有四分之一以上的客家人。進一步搭配文字報告，當更能清楚觀察日治初期客家人分布概況。

（二）分布區域

　　除了統計數字外，各縣或支廳也呈上寬嚴不一的文字報告，本小節將以這些調查報告中的文字敘述為基礎來勾勒出當時的客家聚落所在。

1 臺北縣

　　臺北縣轄境計有直轄（桃澗堡）、淡水支廳（八里坌堡、芝蘭三堡）、新竹支廳（竹北一堡、竹北二堡、竹南一堡）、基隆支廳（基隆堡）、宜蘭支廳（本城堡、羅東堡、頭圍堡、浮洲堡、員山堡、紅水溝堡、利澤簡堡、清水溝堡）等的統計資料，其中桃澗堡、竹北一、二堡、竹南一堡是客家人的集中處。

　　桃澗堡中，埔頂林厝角庄、下庄仔、廣興村、八塊厝庄、洽溪仔庄、青埔仔庄這五庄為閩客雜居；銅鑼圈庄（庄中有少數熟蕃）、淮仔埔庄、五崁店、泉水空、龍潭坡北街、龍潭坡南街、崎下庄、烏樹林庄、竹窩仔庄、黃泥塘庄、三洽水庄、○○坑尾庄、打牛崎庄、崗下庄、石謙仔庄、三角林庄、三坑仔庄、八張犁庄、九座寮庄、四方林庄、大坪庄、十一份庄、東勢庄、山頂頂庄、麻園屈、細湖仔庄、湳背庄、社仔庄、南勢庄、金雞湖庄、中壢新街、中壢舊街、三座屋庄、舊社庄、双聯碑庄、上水尾庄、下水尾庄、北勢庄、芝芭里庄、興南庄、后寮庄、石頭庄、崁頭埔頂庄、廣興庄、高山頂庄、上內壢庄、下內壢庄、安平鎮庄、霄裡庄、霄裡街、官路缺、下庄仔、南興庄、西尾庄、鎮平庄等五十四街庄都是廣東人。[15]

　　另外有幾個散居處所，如淡水支廳芝蘭三堡散居在各庄內，與一般人民無異；[16]散居地點大致為：芝蘭三堡中的小基隆、新庄（此兩地主要為永定客人）、石門庄；八里坌堡中的新庄、山腳庄、內店仔街庄、五股庄、崎仔腳庄、義學下庄等地。[17]基隆支廳當中金包里、三貂、石碇三堡管內沒有，而基隆堡僅有六戶，分別是：新興街二戶、潭底溪街一戶、福德街一戶、哨船頭街二戶。[18]

---

[15]　「本島居住喀家族戶口及住居地取調件」內縣第206號，《臺灣總督府公文類纂》11094冊，明治30年5月1日，頁232。

[16]　同前註，頁236。

[17]　同前註，頁234、235。

[18]　同前註，頁243。

宜蘭支廳管內族群分布調查如下：

> 宜蘭剛開始時，有漳、泉、廣三籍之人移住，分界墾破，浮州堡為泉
> 界，清水溝堡北城庄、紅水溝堡之鹿埔庄及員山堡等各處為廣界，其
> 餘皆係漳界。大致上臺人皆稱廣東人為客人，尚未聽到有所謂喀家族
> 者。而閩人（漳泉）與粵人（廣）爭鬥的事實雖在噶瑪蘭廳志中有記
> 載，但由於現今粵人之數如前表所示減少，在交際上也不被認為有些
> 許的阻隔，風俗上雖稍稍有異，但言語則可說能夠互通，但廣西人則
> 開蘭以來，一戶的移住者也沒有。[19]

至於客家人雖各堡皆有，但本城、頭圍、員山、紅水溝堡並未明確指出
分布地；其餘則有羅東街（羅東堡）、柏腳廍庄（浮洲堡）、北方澳（利澤
簡堡）、北投庄（清水溝堡），但人數與戶數皆不多。

新竹支廳的竹北一、二及竹南一堡是客家大本營，戶數最少的竹南一堡
有三千兩百七十五、最多的竹北一堡有九千九百七十三，總人數合計達到
十二萬人以上，所以並未細分何街庄為客家聚落。

2 臺中縣

主要集中在揀東上堡的東勢角庄、罩蘭庄及鄰近各庄，人數將近三萬
人；另外揀東下堡的楓樹腳庄、上員林庄及附近各庄，以及大肚上堡牛罵頭
街有零星分布；苗栗支廳集中在苗栗一堡，人數將近三萬人，二堡及三堡則
無客家人統計。[20]

彰化支廳的馬芝堡集中在下廍庄、大廉庄，線東堡在彰化街及西門口庄、
西勢仔庄、過溝仔庄；燕霧下堡散在員林街、大三角潭庄、小三角潭庄、三
條圳庄，武東堡在蕃仔崙庄、大饒庄、萬年庄、廣興庄、挖仔庄、出水庄、
柴頭井庄，人數多達三千五百四十三人；武西堡為彰化支廳客家人最集中之
處，人數超過萬人，主要分布於大埔心庄、湳港西庄、瓦磘厝庄、大溝尾庄。[21]

　　埔里社支廳的報告提到，除北港溪堡和集集堡散居各地外，東角堡散居埔里社附近、北角堡集中在刣牛坑庄（水尾庄）、五城堡位於木屐囒社東端。[22] 不過本支廳並無東角堡及北角堡，而是埔里社堡分為埔里社區、南角區、西角區、北角區；文中既提及東角堡散居埔里社附近，則東角堡當係埔里社堡的埔里社區；北角堡集中在刣牛坑庄，則應指西角和北角區。

3　臺南縣

　　臺南縣直轄的廣東人並不多，關帝廟分署、噍吧哖分署無統計數字回報，安平分署管內廣東人主要分布在效忠里，計九戶、二十六人；[23] 臺南警察署直轄的廣東人則有四十二戶、一百七十九人。[24] 至於蕃薯藔警察分署管內則有不少廣東人，分布在羅漢外門里，計十四庄、四百五十五戶、一千八百九十四人，[25] 有不少由六堆移居而來。嘉義支廳散在嘉義西堡、打貓東下堡、打貓南堡，其中打貓南堡人數兩千四百九十七最多。

　　鳳山支廳分布在港東及港西各里，是新竹以外的另一大本營，六堆及附堆人數加總超過五萬人；恆春支廳各里都有客家人，但人數都不多，也未特別標明住在何庄；臺東廳也是五個鄉都有，但沒有較詳細分布地。

4　澎湖島廳

　　媽宮澳有十戶分布在媽宮城內，西嶼澳則僅有兩戶五人分布在漁翁島。

22　同前註，頁254。

23　「廣東人種取調ノ件 (元臺南縣)」安警發第812號，《臺灣總督府公文類纂》9733 冊。

24　詳細分布區域如下表：

街名	大塭	草湳塭	草花街	打銀街	竹仔街	武館街	觀音亭街	公界內街	總爺街	王皇街	外宮後街	南勢街	打掠街	內南河街	合計
戶數	3	5	9	1	2	1	1	1	1	1	3	4	6	4	42
人員	10	20	30	2	10	2	5	2	2	2	10	20	52	10	179

參見「廣東人種取調ノ件 (元臺南縣)」臺警第2805號，《臺灣總督府公文類纂》9733 冊，明治29（1896）年12月14日。

25　「廣東人種取調ノ件 (元臺南縣)」臺警第3172號、蕃警第554號，《臺灣總督府公文類纂》9733 冊，明治29（1896）年12月20日、22日。

　　為了能更具體呈現客家人在日治初期的分布概況，筆者將上述文字敘述
中的相關地名一一找出，並標示其概略族群分布情形如下：

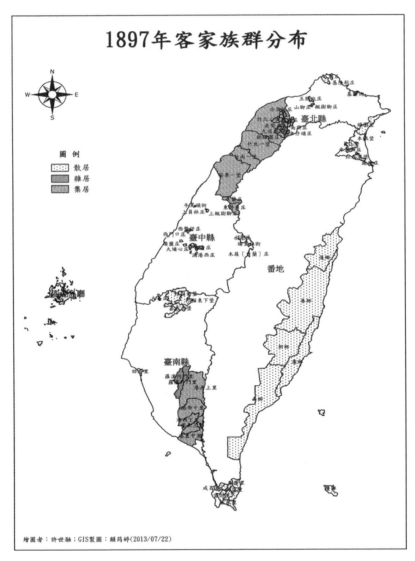

圖一　一八九七年客家族群分布

資料來源：「本島居住喀家族戶口及住居地取調件」，《臺灣總督府公文類纂》11094冊，
　　　　　明治30年5月1日。

（三）客家人的面貌——職業與交友狀況

1　職業

　　根據此調查，日治初期客家人的職業與其他福老人並無太大差異，多數以農、商、苦力為主。特別標明不同行業的有：新竹支廳，當地客家人以務農為主，兼營樟腦、砂糖、苧麻、茶的製造；基隆客家人主業為開設商店；宜蘭廳除農、商、雇工外，利澤簡堡尚有從事漁業者；彰化支廳武東堡還有讀書人；臺南縣客家人職業頗為多樣化，羅漢內外兩門莊以農商為業，其中往往有文學之士，土地的秀才、教師等概由此中出；安平則從事漁業、商業，或擔任外國人等的雇員營生；至於臺南城市內則以商工業或傭夫為業。

2　交際情形

　　由於多數地區客家人是散居在福老人中間，因此兩者間的關係不算惡劣，有些地方如臺北縣語言風俗與其他人民無異；淡水支廳的永定移民雖言語有異，但女子同樣纏足，與福老人結婚，彼此不設障壁；比較特別的是新竹支廳客家人，因為近山，所以通婚對象是高山族；而埔里社支廳東角堡社交上與一般人民無隔離之狀，唯結婚仍限於同族之中。

3　宗教信仰

　　學務部並未要求此項調查，不過彰化支廳特別提到這個部分。根據該廳調查，日治初期本地有不少客家人信西教：線東堡彰化街廣東人有三十二戶西教信者、燕霧下堡員林街有八戶、武東堡有四十一戶、武西堡有五十七戶。調查報告並未說明所謂西教為何，不過應當指天主教無疑。天主教在一八五〇年代末期由郭德剛神父重新傳到臺灣，初期傳教地點多半在高屏一帶，不過到了一八七二年，傳道員阿成哥先後在彰化竹仔腳、羅厝傳教；一八七五年羅厝人士涂心、黃過枝、劉鎮、劉江四人南下高雄，敦請道明會神父到羅厝傳教，天主教正式在羅厝設立傳教據點，並成為中部第一個天主

教會。[26]教會成立後，本地教徒增加並不快速，累計從一八七六到一八九七年間，在教會領洗的總數有四百五十八人，但其中有一百零八人是臨終洗，換言之，即使一八七六年開始以來信教的人皆未亡故或他遷，總計到一八九七年也不過三百五十人（參閱表二）。而一八九七年的調查中，武西堡客家人有五十七戶西教信徒，隔鄰武東堡客家人也有四十一戶，合計兩堡客家人信奉西教者高達九十八戶，如果每戶以三點五人計算，即有三百四十三人，幾乎是當時羅厝天主教徒的總和。由此推測，羅厝天主教會的信徒，當以當地客家人為主力。

4 移民方式

發起調查的官員想像中的喀家族是「以屯田兵般的組織型態移住」，可是實際調查結果，以此形式來臺的並不多。由文後的附表來觀察，真正提及此型態的僅有臺南縣羅漢內外兩門莊「組織六堆，以備寇賊，爾來成屯田兵之型態」；[27]鳳山支廳六堆各里以「如屯田兵般的組織移住」。[28]另外臺北縣直轄和淡水、新竹、苗栗、嘉義、恆春等支廳都明確回答是「非屯田兵型式」；[29]臺東支廳提到當地客家人是「隨吳光亮前來的兵士或百姓」；澎湖島廳是「同治十三年時擔任文官護衛兵士而渡來」；[30]彰化支廳則語焉不詳的提到「原如屯田兵般的組織，在農閒時習兵，但久經年所，近時全成農、商、工、苦力或讀書人」。[31]換言之，這種屯田兵般移住模式的認知，與多數客家人移民臺灣的實況並不相符。

---

26 楊惠娥：〈天主教在臺灣中部之傳教——以羅厝教會為例〉（臺南市：國立成功大學歷史研究所碩士論文，2003年），頁45。

27 「本島居住喀家族戶口及住居地取調件」內縣第206號，《臺灣總督府公文類纂》11094冊，頁259。

28 「廣東廣西人戶口表報告ノ件（元臺南縣）」，《臺灣總督府公文類纂》9774冊，明治30（1897）年3月1日，頁186。

29 「廣東人廣西人戶口等取調報告（元臺南縣）」，《臺灣總督府公文類纂》9758冊，明治30（1897）年3月1日，頁34。

30 「本島居住喀家族戶口及住居地取調件」內縣第206號，《臺灣總督府公文類纂》11094冊，頁269-271。

31 同前註，頁251。

表二 一八七六～一八九七年羅厝天主教會領洗人數

年別	一般洗					臨終洗					年度				
	成男	成女	幼男	幼女	總計	成男	成女	幼男	幼女	總計	成男	成女	幼男	幼女	總計
1876	18	10	7	22	57	3	2	1	0	6	21	12	8	22	63
1877	8	1	5	18	32	5	1	2	4	12	13	2	7	22	44
1878	9	7	3	6	25	1	0	1	2	4	10	7	4	8	29
1879	2	0	4	5	11	1	0	0	1	2	3	0	4	6	13
1880	1	0	2	1	4	2	0	2	2	6	3	0	4	3	10
1881	2	4	3	2	11	0	2	0	2	4	2	6	3	4	15
1882	1	0	6	2	9	0	1	1	1	3	1	1	7	3	12
1883	0	0	4	8	12	1	0	3	0	4	1	0	7	8	16
1884	2	3	3	2	10	0	0	0	0	0	2	3	3	2	10
1885	2	3	8	2	15	1	0	1	0	2	3	3	9	2	17
1886	3	0	4	6	13	0	1	0	1	2	3	1	4	7	15
1887	0	1	3	1	5	1	0	0	1	2	1	1	3	2	7
1888	3	0	2	6	11	0	0	1	1	4	3	0	3	5	12
1889	3	0	2	6	11	1	4	0	1	6	4	4	2	7	17
1890	0	0	6	0	6	2	0	1	0	3	2	0	4	0	9
1891	0	0	6	5	11	2	2	0	0	4	2	2	6	5	15
1892	10	2	6	12	30	3	0	1	3	7	13	2	7	15	37
1893	2	2	9	10	23	6	2	4	2	14	8	4	13	12	37
1894	3	0	1	4	8	2	1	2	2	7	5	1	3	6	15
1895	1	2	4	6	13	3	4	1	4	12	4	6	5	10	25
1896	8	1	4	3	16	0	0	3	1	4	8	1	7	4	20
1897	0	1	9	7	17	0	0	0	0	0	0	1	9	7	17
累計	77	37	98	138	350	35	21	24	28	108	112	58	122	166	458

資料來源：楊惠娥：《天主教在臺灣中部之傳教——以羅厝教會為例》（臺南市：國立成功大學歷史研究所碩士論文，2003年），頁170。

四 日治初期領臺學官的客家認識

（一）喀家、客家、客人、粵族與廣東人

　　總督府對臺灣客家人的認識，應當來自光緒年間駐清國日本領事館二等
領事上野專一。上野先後兩次奉命從上海和福州領事館專程來臺視察，第
一次於光緒七年（1881），惟旅行內容並未公開，無法得知；第二次於光緒
十七年前來，三年後（1894），他將報告原件重新整編，題為《臺灣視察復
命書》，分為二、三、四號共三篇。[32] 其中第四號〈臺島生蕃風俗〉，在介紹
パイワン、デポン、アミヤス、平埔蕃等四種蕃族外，接著提到臺灣的客家
人：

> 除右邊敘述的四種族外，還有稱為客家（ハカ　　）的支那人以外的種
> 族。此客家若從吾人的眼中看來，與支那人並無相異之處，但普通支
> 那人將其視為完全另一種族。一如其名，是從他方而來的客人。然
> 而，溯其淵源，其起源之所，此種族完全是從南廣東邊遷移而來，惟
> 何時渡臺尚不得而知。又有一說，此客家為元末之人，最初從山東
> 逐漸遷移至華南。支那人中，有不少人將廣東的客家（ハカー）、四
> 川、貴州、雲南邊的苗子、海南島的李家、福建北部的狗頭蕃、浙江
> 溫州地方的蛋家等同視為化外之民。
>
> 臺灣各地方有頗多此類客家，與純粹的支那人常不相合，爭鬥不絕；
> 而客家種族的居住所在，恰好介於生蕃地和支那人居住地之間，專門
> 從事農作，支那人俗稱其為內山客人。[33]

上文中的「支那人」係指臺灣的優勢漢人族群福老人，文中交代這些支那人

---

32 楊南郡譯註：《臺灣百年花火——清末日治初期臺灣探險踏查實錄》（臺北市：玉山
　　社，2002年），頁48。
33 上野專一：《臺灣視察復命書・第四號》（無出版資料，1894年），頁122、123。

是一六八二年前後從福建、廣東等地逐漸移入，奪取生蕃住處。[34] 這段話儘管不長，將客家視為「支那人」以外的另一種族也不完全正確，卻成了日治初期統治者了解客家的重要源頭。明治二十八年七月參謀本部所編輯的《臺灣誌》，有關生蕃風俗，即來自上野的第四號〈臺島生蕃風俗〉，所以文末同樣附錄客家的說明，除客家之下附注「一稱哈喀」之外，全部照抄上野的說明。[35]

明治二十九年（1896）二月，地理學者小川琢治刊發《臺灣諸島誌》，〈總說〉對支那人的介紹是：

> 移住本島的支那人是福建及廣東地方的人民，即閩人、粵人；閩人早在鄭氏驅逐荷蘭人占領本島以前即已居住於此，為明朝遺民，風俗淳良；別有粵人，即客仔（ハッカ）Hakkas 種族，由廣東東北山地移來，拓地作田，壓制蕃人，不僅不惜與之相鬥，甚至往往興起騷動，反抗支那政府。性格剽悍勤勉，不排斥與蕃人雜婚，客仔的村落遂大大的蔓延於島內，尤以北部及南部的山地最多，現今反抗總督府命令的島民以此種族最多。[36]

到了〈住民〉一章，又闢專項討論客家：

> 支那移民中，有稱為客家‧Hakkas（一作客仔或哈喀）的種族，其容貌風俗，一見之下，雖與其他支那人並無異處，但其他支那人卻將其看做另一種族。此種族大多居於廣東地方，當地土著將其視為外來種族而加以排斥，客家之名肇因於此。此種族的特性為剽悍勤勉，能耐勞役、忍受困苦，因此在與粗暴的蕃民交界之處建立村落，並壓制蕃

34　同前註，頁 125。

35　參謀本部：《臺灣誌》（東京都：八尾書店，1895 年），收錄：《中國方志叢書‧臺灣地區》105 號（臺北市：成文出版社，1985 年），頁 71-81，其中客家部分的敘述在頁 80-81。

36　小川琢治：《臺灣諸島誌》（東京都：東京地學協會，1896 年），頁 24。

人，蠶食其地、擴張疆域。且此種族不排斥與土人結婚，因而繁衍甚快，在支那移住民中膨脹尤速。清法戰爭期間，在劉銘傳麾下博得驍勇之名的兵卒，據說即此種族。[37]

小川還進一步引述曾在支那傳教的法人ピントン之記載來探討客家之特性，有關風俗方面：

> 蓋稱為客家Hakka的種族為廣東省的住民，為該省中三種人民之一。三種族為福老（ホクロ）Hoklo、本地（ブンチ）Punti、客家（ハッカ）Hakka，此三種族當中，本地一如其名為土著的住民，福老與客家被本地人看作是賤民，同樣不屑一顧。福老是從福建省當中接近廣東省的地方移居而來的人民，客家宣稱其祖先來自寧化〈福建省西部〉石壁，現在住的地方為廣東省東北部的嘉應州，根據其口傳，移居此處已將近一千年。（中略）
>
> 現今客家全部住在嘉應州的五個縣，旁及四鄰各州，雖然也有住在廣東、廣西的其他地區，但常常視嘉應州為其故鄉。嘉應州為廣東溯東江到福建的必經之處，多山嶽，不過長樂、興寧（嘉應州州治所在地）等地的附近有平原，方便開墾耕田，男女皆從事耕作勞役，女子絕不纏足。（中略）客家女子並不像其他支那婦人一般留在家中，而是出外勞動，故體格強壯，不亞於男子，因而其子孫亦擁有強壯體格。由於在山間的瘠田耕作，與沃野的住民相競爭，體格更為強壯，更加能忍耐勞苦，現今不但壓倒土著人民，占據全嘉應州，漸漸向外擴張，蠶食四鄰各縣，與本地人住處相接，往往引起兩者間的鬥爭。[38]

在有關客家村落方面，則有如下的描述：

> 由客家集結而成的村落，在北部地區有許多位於臺北到新竹苗栗的

---

[37] 同前註，頁167-168。

[38] 同前註，頁168-171。

山中，南部地區有許多在臺南到鳳山的近山地區，近來對抗我師，輕
舉妄動的土匪大致上屬於此種族。此種族性好爭鬥，屢次對清廷引此
騷動，《臺灣府志》中引述《玉圃筆談》提到：「南路淡水〈指鳳山
附近〉三十三莊皆粵民墾耕，辛丑變後，客民〈閩人呼粵人客仔〉與
閩人不相和協，再功加外委、數至盈千，奸良莫辨，習拳喜勇格鬥，
倚恃護符，以武斷於鄉曲，保正里長非粵人不得承允，而庇惡掩非，
率狗隱不報，余時飭所司調劑而檢察之，報滿擬陳請將外委多人，分
發閩廣各標營差操，能者授以職，不堪委用者斥還本籍，不惟可清冒
濫，亦以殺其勢也」。由上述可以見到鳳山附近客家的跋扈，支那官
吏窮於應付之情。[39]

至於「喀家」名稱首見於臺南民政支部鳳山出張所所長兼臺灣總督府法
院鳳山支部審判官柴原龜二。明治二十八年十一月十五日，柴原命令雇員上
野左京、陸軍通譯井上良藏，以及臨時雇員李燿章，隨同南征枝隊巡視河東
（按：淡水河〔即高屏溪〕以東）。歸廳後，上野向柴原提出一份詳細的復命
書；[40]不久，這份復命書的內容便出現在〈鳳山出張所明治二十八年十二月
月報〉當中。其中有一小節「喀家二関スルコト」提到：

所謂喀家係廣東移住民之總稱，在管下港東上、中里、港西上、中、
下里之間的七十餘庄，形成不完全的屯田兵體制。其性剽悍，各庄築
堡壘、設城門、掘壕溝、密植竹藪，構成要塞。平素調製丁年簿，
臨事逕攜兵器而起。推其起因，係康熙五十一年（按：應為六十年之
誤）朱一貴之亂，喀家獨講義氣，自備兵糧，討伐亂賊有功，清帝褒
賞之，允許在西勢庄建忠義亭，其後彼等自稱義民，相互團結，仿照
屯田兵體制，以象徵六軍的前堆、後堆、中堆、左堆、右堆、先鋒堆

39 同前註，頁 171-172。

40 〈明治二十八年十二月中鳳山出張所行政事務報告（臺南民政支部）〉，《臺灣總督府
　 公文類纂》27 冊，明治 29 年 3 月 4 日，頁 232。

等六堆稱呼之。各堆設總理及監事，而整體六堆再置正、副總理各一名，管理軍務，威振於他族。昔日劉永福兵敗，彼等頑冥不靈，仍稱唱義，嘯集堆民，據火燒庄抗拒我軍。十一月二十六日之戰，一敗塗地，魂飛魄散；加以得知馬關條約內容，方大夢初醒。旬日間管內肅清，不見任何反抗者。由於當時六堆正副總理，火燒庄住民邱阿六，於十二月三日，親蒞南征支隊軍門，表達歸順之意，蒙司令官赦免免其罪，因而本月十日，率舊部下二十名地方有名望者，來司令部謝恩，本官親自接見，並說明由於馬關條約，臺島歸日統治之理由，及日本之政體，同時諭示不可讓喀家組成稱為六堆的屯田兵體制。[41]

翌（1896）年的出張所報告，柴原進一步提出他在新庄仔及新埤頭各住一宿觀察到的客家特質，諸如：「勇猛誠實、守義不畏死」、「敬業勤勉，每天自清晨開始勞動，且女了與男了同樣從事耕作、搬運等劇烈勞動」、「較愛乾淨，通常設有浴室，以桶盛水洗滌身體，屋內並設有廁所」等。因此他建議日後招募土兵，能與內地兵士同樣遵守紀律，以守護南陲者，非客家莫屬；加以客家習慣於本島氣候，是勤勉不怠惰的勞動者，故島南開拓的第一策應是贏得客家的心悅誠服，則客家對帝國的忠誠，將如以往對清朝一般。[42]

不過柴原呈給總督府的報告中，提到客家所用的名稱也不一致，在一月十四、十五日使用的是喀家，十八日則改用客家（十六、十七日以生蕃為主，未提及客家），[43]可以推斷，「喀家」與客家應是同義的異體字。

換言之，不論「客家」、「哈喀」，或者「喀家」，應當都是英文Hakka轉為日文片假名「ハカー」或「ハッカ」的譯音，這一名詞在十九世紀下半透過在中國的傳教士使其名稱向西方世界傳播。[44]而前述三個在臺最早提出

41　同前註，頁229-230。

42　〈明治29年1月中鳳山出張所機密報告（臺南民政支部）〉，《臺灣總督府公文類纂》27冊，明治29年5月5日，頁286-287。

43　同前註，頁275-277、286-288。

44　施添福：〈從「客家」到客家（二）：客家稱謂的出現、傳播與蛻變〉，《第三屆「族群、歷史與地域社會」學術研討會論文》（臺北市：中央研究院臺灣史研究所，2011

客家稱呼的官員或學者中，上野專一是駐福州與上海二等領事、小川琢治直接引述法國傳教士ピントン所記載的客家特性及稱呼（Hakka〈ハッカ〉）；至於柴原龜二在明治二十一年（1888）從日本唯一的帝國大學法科大學畢業後，再遊學英國劍橋大學及德國波昂大學、柏林大學研究法律及史學，回國後在內閣法制局任職，後來也曾擔任律師，臺灣總督府設立後，先被任命為臺南縣參事官，因各地抗日隊伍並起，未能赴任所，只能在北部監督或協助地方行政事務的推進及從事法案起草工作；及總督府改為軍事機關後，臺南縣改稱臺南民政支部，下設民政出張所，因鳳山出張所長島田祐信辭職不願赴任，乃改任命柴原龜二為鳳山出張所長，後並兼臺灣總督府法院鳳山支部法官兼院長；翌（明治二十九）年四月，因復行民政，改名鳳山支廳，他改任鳳山支廳長，[45] 由於豐富的歐洲留學經驗，有理由相信他的客家名稱及概念應當也曾受西方傳教士影響。[46]

　　綜上所述，在日本治臺初期，透過部分官員、學者的著作，「客家」或「喀家」一詞進到統治者的印象中，但相關稱呼則頗不一致。柴原龜二本身的報告日記中喀家、客家、粵族、粵民、廣東人不斷交互出現，[47] 其他官方或民間文獻亦然。[48] 此外，日治初期關於臺灣的著作還頗流行粵族或客人的稱

　　年），頁3。

[45] 陳文添：〈川島浪速失意的臺灣歲月〉，《臺灣文獻別冊》37期（2011年6月），頁13-14。

[46] 不過在1897年8月18日，連同他在內的七個人都被以監守自盜的罪嫌扣押，是日治時代官吏貪污事件的嚆矢。參見「典藏臺灣」網站，網址：http://catalog.digitalarchives.tw/item/00/29/5c/c2.html。下載時間：2013.07.19。

[47] 如1897年1月1日的〈鳳山縣管內治政一班（元臺南縣）〉第四項標題為「喀家族」，但第六項「人種及人情」則將管內人種概分為閩、粵兩族，內文則全以粵民稱呼六堆地區的客家人；在明治30年4月29日柴原龜二函覆杉村濬代理內務部長有關其與川島浪速會面狀況時，則使用廣東人。參見「鳳山縣管內治政一班（元臺南縣）」，《臺灣總督府公文類纂》9785冊，明治30年1月1日，頁51-52、56-57；陳文添，前引文，頁14-16。

[48] 如記載1895年日軍攻臺戰役的「中港日誌」9月3日的記載當中便提到「尖筆山防禦線附近的村莊係由廣東人所組成」；1897年鳳山支廳管內名望資產家調查報告中，住在港西中里火燒庄，資產一萬元的邱阿六即註明是「喀家族組織六堆的大總理，名聲

呼。明治三十一年（1898）石阪莊作編寫的《臺島踏查實記》將臺灣的族群分先住人，即蕃族；閩族（福建省古代有閩族之名，故稱之，其中多為泉州府、漳州府人）；粵族（廣東省古稱百越，惠州府、潮州府人特多）三類；進一步解釋粵族是「多赤貧、男女具耐勞，侵入山間無人之地從事墾稼，閩族以自己為先入者，故稱粵族為客人，其部落稱為客庄」。[49]明治三十二年村上玉吉《臺灣紀要》第三篇「人文」將臺灣的種族分為支那移住民、熟蕃人、生蕃人三類，其中支那移住民又分為閩人（福建省出身）、粵人（廣東省出身）。對粵人則有如下解釋：

> 當本島落入清國之際，懷抱一種感慨而移住者即為粵人，此屬性格剽悍勤勉，屢與蕃人相鬥，壓制並掠奪其地，且動輒反抗清政府，清國政府遂設法困之，禁止其自由渡臺。其後與蕃人雜婚，遂背上客仔（ハッカ，從內山客人之意而出）之名，此等支那移住民現今居住之地為脊髓山脈以西一帶與東海岸的部分。[50]

書中並列出一張族群分布簡圖，不過圖中標示的是「客家」而非「客仔」。

最高的人物」；北部新竹支廳以「廣東、廈門人種」來稱呼臺灣的兩大漢移民族群；田代安定關於南部的調查提到「潮州庄附近環繞著精於土地開墾的廣東人部落」，「南炎坪原野的熟蕃受到閩粵兩族的勢力壓迫，漸次往內山遷徙」。以上參見「中港日誌」，《臺灣總督府公文類纂》51冊，明治28年11月1日，頁34；「鳳山支廳管內名望資產家取調報告ノ件（元臺南縣）」，《臺灣總督府公文類纂》9774冊，明治30年2月1日，頁25；「新竹支廳管內狀況報告（臺北縣）」，《臺灣總督府公文類纂》23冊，明治28年7月9日，頁208；「臺南鳳山兩縣下殖民地調查田代技師外二名報告」，《臺灣總督府公文類纂》302冊，明治31年5月17日，頁117、166。

49 石阪莊作：《臺島踏查實記》（臺北市：株式會社臺灣日日新報社，1899年），頁192-193。

50 村上玉吉：《臺灣紀要》（東京都：警眼社，1899年），頁93-94。

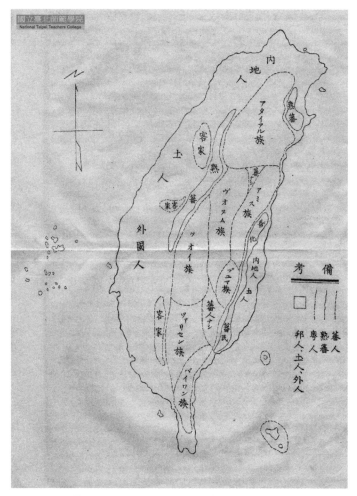

圖片出處：村上玉吉，《臺灣紀要》（東京都：警眼社，1899年），頁94；本圖取自原國
立臺中圖書館「日文舊籍數位典藏」服務網；下載時間：2010年6月20日。

　　多種名詞交錯使用的狀況，也清楚體現在這份調查中。在公文標題上，
總督府學務部使用的是「本島居住喀家族戶口及住居地取調件」，不過原臺
南縣保存的則是「廣東人種取調ノ件」以及「廣東人廣西人戶口等取調報
告」；在調查結果方面，總督府原先設想的喀家族包含廣東廣西人，不過實
際上廣西人相當稀少，僅二十二戶一百二十人；在名稱上，各支廳回報中稱

為喀家族的更是少數，明確有此稱呼的僅鳳山支廳所屬數個里；語焉不詳，未正面肯定或否定此稱呼的有埔里社支廳東角堡（按：當指埔里社堡）、嘉義支廳、臺東支廳、[51]恆春支廳；[52]正面否定此稱呼的有淡水支廳八里坌堡、芝蘭三堡、基隆支廳基隆堡、宜蘭支廳羅東堡、頭圍堡、臺中縣揀東上堡、揀東下堡、大肚上堡、苗栗支廳第一堡、雲林支廳、澎湖島廳；進一步提出其他名稱的有新竹支廳（客家或客人）、宜蘭支廳（客人）、苗栗支廳（客人）、彰化支廳馬芝堡、線東堡、燕霧下堡、武東堡、武西堡（皆稱為客人）、[53]臺南縣（通常稱為客家或客人，其稱為粵人是因為原來的粵國）。

透過調查反映的結果，在有關喀家名稱上有兩點可注意者：其一，原先設定的喀家族涵蓋了廣東及廣西人，但調查結果，臺灣的廣西人如鳳毛麟角，幾乎無足輕重；其二，喀家的稱呼，若非鳳山支廳的特有名稱，便是柴原別出心裁從外國傳教士的 Hakka 改編而來，在島內少有聽聞，用來稱呼這群不同於土人（福老）的漢移民，顯得相當格格不人。

---

[51] 臺東支廳的調查出現了兩種截然不同的說法，一說「廣東人原稱為喀家族」，另一則說「廣東人並無稱為喀家族者」，是否跟調查中所提到的移民來源不同有關，前者提到廣東人由前山或漳、泉州，或廣東嘉應州潮州等地移住臺東，專門從事農業，與一般人民交際；後者則是臺灣總兵吳光亮開闢臺東之際，或兵或農商，隨吳光亮前來。「本島居住喀家族戶口及住居地取調件」內縣第 206 號，《臺灣總督府公文類纂》11094 冊，頁 269。

[52] 恆春支廳提到「廣東、廣西兩省之語言亦與惠、潮、嘉同，故並稱客人，喀家族與客人，其意相同」，附和了總督府的調查名稱，卻未直言恆春有無此稱呼。同前註，頁 266。

[53] 不過彰化支廳在其調查表下又有一段話：「管下現住廣東人及廣西人皆稱為客人，即喀家族。原如屯田兵般的組織，在農閒時習兵，但久經年所，近時全成農、商、工、苦力或讀書人，與其他漳州、泉州人交通無異，唯少數奉西教者異其道，依政治及生活上的需要而往來，此外則與一般人民交親輯睦。又廣東人、廣西人在漳州、泉州人之後移住，言語不通，但以其驍勇，漳泉人敬之，稱其為客人。」同前註，頁 251。

（二）先來後到造就福老與客家的差異

這個調查雖是針對客家，不過淡水、新竹、恆春三支廳也同時提到福老族群，透過對這兩個族群的描述，約略可以看出當時治臺官員對於臺灣族群定義的認知以及何以稱為客之因。

日治初期官方將本島住民中的優勢族群福老人認定為土人，由於來臺時間較早，遂以主人自居，視晚到的客人（喀人、廣東人）為客。根據淡水支廳報告如下：

> 喀人即客人，是較早由清國渡臺的人民對較後渡臺的清國人的指稱語，以自己為主人，稱彼等為客人之義。主人的土語為「和老」（也有寫做「父老」）人，客人的土語為「喀人」。然則和老人是指何處的人呢？原來當鄭成功割據本島時，由於附隨之人皆福建省中漳州、泉州之人，彼等是除了從來土著之人民，亦即生蕃之外，由支那本土移住本島的支那人中最古老者。鄭成功死後，其子鄭經由清朝治下本土各地遷來本島的人民漸多，前渡的人民都將此等稱之為「喀人」，自己則稱為「和老人」。而對於此等新來的清國民，不問其同省或異省，只要不是泉州、漳州的人，悉皆附上「喀人」的稱號。例如由福建省汀州縣（筆者按：應為府之誤）來的也呼之為「永定喀人」，亦即居住在小基隆、新庄其他地區的人，蓋用來稱呼汀州縣永定府（按：應為「汀州府永定縣」）之人。其他雖然有廣東喀人、照安（按：應為詔安）喀人、潮州喀人、興化喀人等種種名稱，要言之，不外是對泉州、漳州以外的新來的人民所冠上的名稱。又此等永定喀人原是為了從事農業而渡臺的人，與其他的人民無何等的差異，唯與和老人言語有異，故言語有異時，得以將之稱為喀人，女子也同樣纏足，與和老人結婚，彼此之間不設障壁。[54]

54　同前註，頁234、235。

上述報告可以歸納出幾個重點：一、福老人（又稱「和老」，也有寫做「父老」）是指鄭成功時代隨之而來的漳、泉人，是漢人中來臺最早者，故以主人自居。二、客人（土語為「喀人」）是鄭經時期由清朝治下本土各地遷來者，只要非來自漳泉，一律稱為客人，所以有永定喀人，還有廣東、詔安、潮州、興化等喀人，其來臺時間較前者晚，遂被漳泉人冠上「喀人」之稱。三、較特別的是永定喀人，其言語與福老有異，但生活習俗差別不大，彼此間可通婚。由此可見，淡水支廳用來判斷福老與客家的依據主要有二：一是來源地，二是來臺時間。福老人來自漳泉，來臺較早，故以主人自居；客人來自漳泉以外之地，來臺稍晚，故被前者稱為客人或喀人。至於語言因素似乎沒有那麼重要，只在文末稍提及永定語言與漳泉有異。

再看新竹支廳報告：

> 管內並無廣西省人居住地，皆來自廣東省潮州府、嘉應州各縣，全係以開墾為目的而移住，迄今已歷一、二百年，專門從事農業，兼營樟腦、砂糖、苧麻、茶的製造，是一性情豪爽、富義氣之種族，較福建人稍強悍，（中略）並無屯田兵之組織。當管內的客家或客人常指廣東人，是相對於福建人自稱號老人的稱呼。
>
> 先前臺地為鄭成功渡臺後，持續招引福建同省人前來開墾，占居濱海之地，其後由廣東省移來的住民則在山邊開墾，現居於內山附近。由於移住當初已有先後之別，亦即先來的福建人，頗有主人或較古老之意，因而稱之為號老人；後到的廣東人則有新來之意，因而有客人或者客家之稱。[55]

其重點有二：一、福老人是指鄭成功時代隨之而來的福建省人，由於先來，占居濱海之地，頗有主人或較古老之意，因而稱之為號老人。二、客人皆來自廣東省潮州府、嘉應州各縣，並無廣西省人，係以開墾為目的而移住，迄今已歷一、二百年，由於後到，有新來之意，因而有客人或者客家之

55　同前註，頁239、240。

稱。換言之，福老與客人的稱呼有兩層不同意義：一為來源地的差別；二為時間上的先後。

至於恆春支廳調查報告如下：

> 客人：廣東惠州府、潮州府、嘉應州三處之人，有許多到福建省漳州府、泉州府二處擔任客商，其言語與漳泉人不同，因而漳泉之人稱呼惠、潮、嘉地方之人為客人；廣東、廣西兩省之語言亦與惠、潮、嘉同，故並稱客人，喀家族與客人，其意相同。
>
> 學老人：大凡漳、泉之土語，文字與音不同，因而來自他處者，要學其話甚難，甚至到老也不能學通，即因土音難學，至老未能通曉，因而稱漳泉二州之移民為學老人。[56]

恆春支廳調查中，對於福老稱為學老，筆者於三年前前往惠州沿海一帶調查時，尚可聽到此稱呼，是否因語言較難學純屬見仁見智，不過該支廳提到一個不同於前面兩個支廳的觀察，即語言的差異是福老與客家畫分的依據。

大致說來，根據這份報告透露的消息，日治初期的官員認為臺灣福老與客家的區別，除語言之外，先來後到是頗為明顯的決定因素。在其他報告中也可看到類似陳述：澎湖島廳報告提到廣東人多數是同治十三年（1874）擔任文官護衛的兵丁渡海前來的；[57]彰化支廳提到：「廣東人、廣西人在漳州、泉州人之後移住，言語不通，但以其驍勇，漳泉人敬之，稱其為客人。」[58]

---

[56] 同前註，頁266。
[57] 同前註，頁271。
[58] 同前註，頁251。

五　結論

　　總督府之所以從事客家族調查，除公文上提到的教育需求外，也可能與客家尚武特質有關。在乙未抗日中，客家人堅持到劉永福內渡之後尚未罷手，讓南進支隊印象深刻；翌（1896）年初，客家地區又出現不少流言，諸如：政府打算把全體喀家遷至日本 地島嶼、不允許土葬、嚴禁辮髮纏足等，以致當地民心動搖，[59]逼得所長柴原須親自巡視安撫。

　　而在進行調查之初，官方設定的客家人是以「屯田兵」模式集團移住的「喀家族」，惟調查結果似乎適得其反。初期總督府有意將上野等人習自西方傳教士建構的Hakka（喀家、客家）名稱帶進島內，[60]用以指涉土人以外的另一漢移民族群，但實際調查顯示，此稱呼在臺幾乎很少被用到；同時原先認定的喀家包含廣東及廣西人，但調查結果廣西人卻出奇的少，這帶給當時治臺官員一個印象：所謂的Hakka（喀家、客家）專指廣東人，民間多稱為客人。既然臺人對客家之名稱如此生疏，實際客家人又以廣東人居多，那麼官方用語何妨就以「廣東人」名之。因而在一九〇一年一項名為「關於本島發達之沿革調查」中，所有縣廳及辨務署，一無例外的皆以「廣東人」來取代客家人。[61]一九〇五年首度的臨時臺灣戶口調查記述報文，更明確的將兩者合而為一：

> 本島人依人種分之，得為蒙古與馬來兩種，而其蒙古人種，係即三百年以前移住之民。而依其原住地大別之，可為閩族，即福建住民，與粵族，即廣東住民，均係漢人，而閩族尤為最古，其數甚多，分布亦

59　〈明治29年1月中鳳山出張所機密報告（臺南民政支部）〉，《臺灣總督府公文類纂》27冊，頁275。

60　同前註。

61　許世融：「臺灣最早的祖籍、族群分布面貌——1901年「關於本島發達之沿革調查」統計數字的圖像化」，語言與地理歷史跨領域研究工作坊，《第十屆語言與地理歷史跨領域研究工作坊會議論文集》（臺中市：語言與地理歷史跨領域研究工作坊，2013年），頁4-9。

廣，但至粵族，其移住年所未久，其數亦少，一名謂之客人，或客家
族者，蓋因是故。而前者多屬泉、漳二州之民，後者多屬惠、潮二州
之民。[62]

撰寫報文的人顯然將福建人＝閩族＝漳、泉之民；廣東人＝粵族＝客家族
（客人）＝惠、潮之民。這種見解在日治時代討論有關住民種族的著作中常
可見到。如：「本島人分為漢人種與蕃族，前者更依其原產地分為閩族（福
建地方住民）、粵族（廣東地方住民）」；[63]「閩族來自福建省泉州、漳州及其
附近，占總人口的八成，粵族稱之為福老；粵族從廣東省潮州、惠州及其附
近移來，較前者為遲，現時約當總人口的一成三，閩族稱之為客人。」；[64]「島
內閩族與粵族被認為在言語、習俗、體格、氣質上有差異」。[65]日治初期殖民
政府關於客家的幾種異體說法，包含客家、喀家、哈喀等，經此調查後，不
再使用，廣東人或粵族成為此後指涉客家的普遍稱呼。

　　再者，各地調查中，提到閩客差異，除語言外，先來後到也是重要劃分
因素之一，客家因晚到被稱為客，成了日治時期官學的一個普遍認知，伊能
嘉矩即以此解釋清代漢人之所以依據祖籍居住在不同地理空間之因素；[66]前
引作品也不乏相類似的意見。

　　此外，這份報告雖非完整，也讓我們略窺日治初期客家樣貌：人口約
三十萬人上下，集中分布在新竹支廳竹北一、二堡及竹南一堡、臺中縣揀
東上堡、苗栗支廳苗栗一堡、鳳山支廳港西上里、港東上里、恆春支廳永靖
里、安定里、長樂里、治平里等地；而臺北縣桃澗堡、彰化支廳武西堡、鳳
山支廳港西下里、港東中里、恆春支廳興文里、泰慶里、咸昌里等也有四分

62　臺灣總督府總督官房統計課：《明治38年臨時臺灣漢譯戶口調查記述報文》（臺北
　　市：臺灣總督府總督官房統計課，1909年），頁55-56。

63　臺灣實業界社編：《臺灣常識是れは便利だ》（臺北市：臺灣實業界社營業所，昭和5
　　年），頁313。

64　武內貞義：《臺灣》（臺北市：南天書局，1996年），頁35。

65　臺灣實業界社編：《臺灣常識是れは便利だ》，頁48。

66　李文良：〈清初臺灣方志的「客家」書寫與社會相〉，頁142。

之一以上的客家族群。而透過清領時期的長期混居及通婚，客家的言語風俗、職業等早與多數福老無異。

附錄　一八九七年喀家族面貌調查表

縣廳	堡里	移民方式	職業	其他	居住型態	稱謂
臺北縣	桃澗堡	非屯田兵式	農、商、苦力	語言風俗與其他人民無異	五庄散居；五十四庄皆廣東人	
淡水支廳	八里坌堡	非屯田兵式				無喀家族稱呼
淡水支廳	芝蘭三堡				散居各庄	無喀家族稱呼
新竹支廳		非屯田兵式	專門從事農業，兼營樟腦、砂糖、苧麻、茶的製造	與蕃人結婚	設隘防蕃	客家或客人
基隆支廳	基隆堡		開設商店	無固定資產及住所	散居各庄	無喀家族稱呼
宜蘭支廳	本城堡		商業或雇役			
宜蘭支廳	羅東堡		商業		散居羅東街	稱廣東人為客人，尚未聽到有所謂喀家族者
宜蘭支廳	頭圍堡		商業			
宜蘭支廳	浮洲堡		雇工		柏腳廊庄	
宜蘭支廳	員山堡		農業		散居各庄	
宜蘭支廳	紅水溝堡		農業		散居各庄	
宜蘭支廳	利澤簡堡		漁業		北方澳	
宜蘭支廳	清水溝堡		農業		北投庄	
臺中縣	揀東上堡		農業		東勢角、罩蘭及鄰近各庄	無喀家族稱呼

縣廳	堡里	移民方式	職業	其他	居住型態	稱謂
臺中縣	揀東下堡		農業		楓樹腳、上員林及鄰近各庄	無喀家族稱呼
臺中縣	大肚上堡		農業		牛罵頭街	無喀家族稱呼
苗栗支廳	第一堡	非屯田兵式	農業	常與一般人交際		無喀家族稱呼,僅稱為客人
彰化支廳	馬芝堡		農業	與一般人交通無異	下廍庄、大廉庄	皆稱為客人
彰化支廳	線東堡		農、商、苦力	三十二戶西教信徒	散居彰化街及西門口庄、西勢仔庄、過溝仔庄	
彰化支廳	燕霧下堡		農、商業	員林街八戶西教信徒	散居員林街、大三角潭庄、小三角潭庄、三條圳庄	
彰化支廳	武東堡		農、商、工及讀書人	四十一戶西教信徒	蕃仔崙庄、大饒庄、萬年庄、廣興庄、挖仔庄、出水庄、柴頭井庄	
彰化支廳	武西堡		農、商業	五十七戶西教信徒	大埔心庄、湳港西庄、瓦磘厝庄、大溝尾庄	
雲林支廳				與一般本島人無異		無稱為喀家族的移住民
埔里社支廳	東角堡		農業	社交上與一般人民無隔離,唯結婚仍限同族中	現住埔里社附近	未正面說有或無,只說「原稱喀家族者現住埔里社附近」

縣廳	堡里	移民方式	職業	其他	居住型態	稱謂
埔里社支廳	北角堡		農業	社交上與一般人民無隔離	現住刣牛坑庄	
埔里社支廳	北港溪堡		農業	同上	散居本堡各地	
埔里社支廳	五城堡		農業	同上	住在木屐囒社東端	
埔里社支廳	集集堡		農業	同上	散居本堡各地	
臺南縣	羅漢內外兩門莊	組織六堆以備寇賊爾來成屯田兵型態	農、商、秀才、教師	與福建人交際親密		通常稱為客家或客人，其稱為粵人是因為原來的粵國
臺南縣	安平		漁業、商業，或擔任外國人雇員		散居各處	
臺南縣	臺南城市內		以商工業或傭夫為業	言語、風俗與一般人民無異	散居各處	
嘉義支廳		非屯田兵式	商業	與一般人民交際，職業無異		雖是喀家族，但因商業目的隨意渡臺
鳳山支廳	港西中里港西下里港東中里港西上里港東上里	如屯田兵般的組織移住	農業			廣東人稱為喀家族
恆春支廳		非屯田兵式	農業為主、商業次之			

縣廳	堡里	移民方式	職業	其他	居住型態	稱謂
臺東支廳	南鄉、新鄉、奉鄉、蓮鄉、廣鄉		農業	與一般人民交際		廣東人原稱為喀家族
臺東支廳	新鄉、奉鄉、蓮鄉、廣鄉	隨吳光亮前來的兵士或百姓	農商	與一般人民交際		廣東人無喀家族稱呼
澎湖島廳	媽宮	同治十三年時擔任文官護衛兵士而渡來		與一般土民無異	散居媽宮城內	廣東人無喀家族稱呼
澎湖島廳	西嶼	同上		同上	位於漁翁島	同上

資料來源：據「本島居住喀家族戶口及住居地取調件」、「廣東人種取調ノ件（元臺南縣）」、「廣東人廣西人戶口等取調報告（元臺南縣）」之調查內容整理而成。

日治時期新竹州客籍移民聚落社會的建立
——以美濃南隆農場為例

王和安

成功大學歷史學系博士候選人

摘要

　　日治時期新竹州移民為臺灣島內移民史乃至於客家研究上之重要課題，涉及產業經濟、文化與信仰、語言、族群關係、聚落發展等各層面。移民之足跡遍及臺灣北部宜蘭三星，中部南投埔里、魚池，南部高雄甲仙、六龜、美濃，東部花蓮吉安、鳳林、玉里、臺東池上、關山、鹿野等地區。本文就日治時期日資為主之三五公司，為開發旗下美濃南隆農場的事業，乃由新竹州先後招募客家人南下拓墾；藉以討論新竹州移民與聚落社會形成及其發展關係。

　　「三五公司」是一個具有強烈國家色彩的機構，因臺灣總督府為實行對岸經營政策而設立；公司之負責人愛久澤直哉聘請白石喜代治為南隆農場管理者，其所經營之土地多達四千餘甲，區域跨越旗山街內手巾寮、美濃庄內金瓜寮、中壇、龍肚、吉洋等一街一庄五大部落。新墾地大多以開基初期的戶數命名，或以地形、建築特色為名之聚落，如手巾寮、金瓜寮、八隻寮、武隻寮、大濫（中壇庄一半）、三降寮、九穴、上九寮、下九寮、龜山、溪埔寮、吉祥、外六寮、上下清水、大頂寮、內六寮等地。

　　在地之美濃人通稱南下的新竹州客家人為「臺北人」；當地流傳之客家諺語：「有妹莫嫁溪埔寮庄，食飽飯每日開石崗；三日二日還過得，日長月久苦難當。」「有妹莫嫁十穴庄，三盤蘿蔔二盤薑；吃了幾多渾泥水，開了幾多石崗田。」描述了日治時期美濃南隆農場開墾初期之辛勤。

關鍵詞：日治時期、三五公司、南隆農場、新竹州移民、聚落社會

一 前言

　　日本殖民統治時期（以下簡稱日治時期）新竹州移民為臺灣島內移民史乃至於客家研究上之重要課題，涉及產業經濟、文化與信仰、語言、族群關係、聚落發展等各層面。客籍移民之足跡遍及臺灣北部宜蘭三星，中部南投埔里、魚池，南部高雄甲仙、六龜、美濃，東部花蓮吉安、鳳林、玉里、臺東池上、關山、鹿野等地區。以北部宜蘭地區的研究成果而言，黃雯娟聚焦於「邊區環境特性及國家政策」，以釐清國家與環境如何形塑三星地域的區域特性。[1]謝美玲認為三山國王之信仰反映出地方社會族群界線日趨模糊，以及在臺灣民間信仰中，「祖籍神」轉變成「地方守護神」之課題，並討論客家移民「福佬化」之過程。[2]陳茂泰、吳玉珠藉由客家移民至玉蘭（今宜蘭縣大同鄉境內）從事林業，而後發展茶葉，討論客家移民與地方產業轉型之關係。[3]在中部方面，邱正略探討日治時期埔里的人口變遷、產業發展、交通建設、改善生活機能措施等各方面的改變，詮釋埔里與臺灣整體的時代脈動關係；[4]林珍慧則闡述了中寮鄉之客家移民後裔之在地網絡的發展，及其客語流失的狀況與因素。[5]曾應鐘則探討國姓鄉客籍移民之心路歷程，以深度訪談法，為其之歷史記憶訴諸於文字，如遷徙原因、開採樟腦及守隘過程等。[6]

1　黃雯娟：〈日治時代宜蘭三星地區的區域發展〉（臺北市：國立臺灣師範大學地理研究所博士論文，2004年）。

2　謝美玲：〈宜蘭地區客家與三山國王信仰之演變〉（宜蘭縣：佛光人文社會學院社會學研究所碩士論文，2004年）。

3　陳茂泰、吳玉珠：〈玉蘭客家移民與茶園開發過程〉，《宜蘭文獻雜誌》59期（2002年9月），頁5-52。

4　邱正略：〈日治時期埔里的殖民統治與地方發展〉（南投縣：國立暨南國際大學歷史學系博士論文，2009年）。

5　趙志豪：〈客家文化傳遞中學校與社區的角色探究——以南投縣國姓鄉為例〉（南投縣：國立暨南國際大學公共行政與政策學系碩士論文，2010年）。

6　曾應鐘：〈從遷徙轉業翻身探究客家人的生命意義—以國姓鄉為例〉（嘉義縣：南華大學生死學研究所碩士論文，2009年）。

　　臺灣東部方面，鄭全玄論述東臺灣在地理上與臺灣開發史上的特殊性，官方力量與政策一直同時扮演著促進與限制的角色。[7]邱苡芳則透過清末及日治時期各項人口統計資料的整理，描繪出花蓮各族群在不同時代背景下的分布狀態及變遷的情形。[8]邱秀英以花蓮縣吉安鄉五穀宮為主題，論及東部的客家移民多由南北客匯集而成。[9]姜禮誠探討花蓮客家的義民信仰之分布與狀況。[10]江美瑤以日治時期臺灣東部關山、鹿野地區的移民為例，探討臺灣東部族群組成複雜之移民社會的社會空間特性與族群分類及族群融合。[11]呂嵩雁以客家人遷徙至臺東後，由語言為主體，探討客家話與閩南語、原住民語、國語，以及不同腔調的客家話間（如海陸腔與四縣腔），論述客家話在音韻、詞彙等方面的演變。[12]另外，以東臺灣客籍移民為主題之研究尚包含黃學堂、[13]孟祥瀚、[14]吳育臻、[15]黃桂蓉、[16]廖經庭等之研究。[17]

---

[7]　鄭全玄：《臺東平原的移民拓墾與聚落》（臺北市：五南圖書，2002年）。

[8]　邱苡芳：〈花蓮地區之族群分布及族群關係——晚清迄日治時期〉（花蓮縣：國立花蓮教育大學鄉土文化研究所碩士論文，2006年）。

[9]　邱秀英：《花蓮地區客家信仰的轉變——以吉安鄉五穀宮為例》（臺北市：蘭臺出版社，2006年），頁54、90-91。

[10]　姜禮誠：〈花蓮地區客家義民信仰的發展與在地化〉（花蓮縣：國立東華大學臺灣文化研究所碩士論文，2012年）。

[11]　江美瑤：〈日治時代以來臺灣東部移民與族群關係——以關山、鹿野為例〉（臺北市：國立臺灣師範大學地理所碩士論文，1997年）。

[12]　呂嵩雁：《臺灣後山客家的語言接觸現象》（臺北市：蘭臺出版社，2007年）。

[13]　黃學堂：〈日治時期臺東地區的客家移民〉，《臺東文獻》復刊10（2004年10月），頁3-29。

[14]　孟祥瀚：〈日據時期臺灣東部人口增加之研究〉，《興大人文學報》第21期（1991年3月），頁179-206；孟祥瀚：〈日治時期花蓮地區客家移民的分布〉，收於賴澤涵主編：《客家文化學術研討會論文集》（臺北市：行政院客委會，2002年），頁129-160。

[15]　吳育臻：〈日治時代的糖業移民聚落初探——以移民寮和農場寮仔為例〉，《環境與世界》4期（2000年11月），頁41-57。

[16]　黃桂蓉：〈移民與永興村的形成與發展——從日本移民到客家移民〉（花蓮縣：國立花蓮教育大學鄉土文化學系碩士論文，2008年）。

[17]　廖經庭：〈鳳林地區日治與戰後客家移民之比較研究初探〉，《客家研究》2卷1期（2007年6月），頁127-172。

　　就南部地區的研究而言，溫振華討論高雄州與其他州間的人口流動，以及高雄境內的流動狀況，比較各州人口移入高雄州之情形。[18]張二文介紹三五公司南隆農場的自然環境與開墾過程，並調查農場轄境內庄名與現今聚落的對照。[19]王和安討論甲仙、六龜地區客家移民與樟腦業開發之關係，就臺灣山區開發政策包含「移民」、「衛生」、「理蕃」、「樟腦」等要項著手，討論一八九五年之後，從新竹州移出之客家移民如何進入甲仙、六龜地區之過程、移民規模及其與當地樟腦業發展的關係。[20]就林秀昭以「人口推拉理論」、「在地化現象」、「義民爺信仰」來探討日治時期桃竹苗客家族群南遷高雄地區之議題。[21]劉正元以高雄沿山兩溪流域地區福佬客歷史遷移的個案，來探索福佬客的族群認同變遷過程，並以社會與信仰重置的觀點，來討論福佬客的族群界線變遷機制。[22]簡炯仁、陳謹英、林秀昭等由推拉理論層面探討客家人移民高雄港市的人口概況與聚落分布，以及高市客家人與義民爺信仰的關係，描述客家人「在地化」的現象。[23]林明怡則透過田野調查與口述訪談，透過田野調查方式，訪談客籍移民後裔，歸納其遷徙原因，與原鄉、移居地之「推力」、「拉力」之關聯性。[24]

　　上述研究反映出「島內移民」研究的多樣性，包含產業、拓墾、信仰、

18　溫振華：〈日據中期高雄地區的人口流動（1920-1931）〉，《臺灣經驗（二）──社會文化篇》（臺北市：東大圖書股份有限公司，1994年），頁293-307。

19　張二文：〈日治時期美濃南隆農場的開發與族群的融合〉，收於賴澤涵主編：《客家文化學術研討會論文集》（臺北市：行政院客委會，2002年），頁223-262。

20　王和安：〈日治時期南臺灣的山區開發與人口結構：以甲仙六龜為例〉（桃園縣：國立中央大學歷史研究所碩士論文，2007年）。

21　林秀昭：《臺灣北客南遷研究》（臺北市：文津出版社，2009年）。

22　劉正元所論述「福佬客」之定義為：係指已經不使用客家話，改用福佬話的客家人。詳見：劉正元：〈福佬客的歷史變遷及族群認同（1900年迄今）：以高雄六龜里、甲仙埔之北客為主的調查分析〉，《高雄師大學報》28卷1期（2010年6月），頁93-112。

23　簡炯仁、陳謹英、林秀昭：《高雄市客家史》（高雄市：高雄市文獻委員會，2009年）。

24　林明怡：〈北部客家人南遷之探討──以高雄縣杉林鄉為例〉，發表於國立臺中教育大學臺灣語文學系「語言文化分布與族群遷徙工作坊」籌備小組主辦「2009臺灣的語言方言分布與族群遷徙工作坊」（高雄市：國立中山大學文學院，2009 2月19日）。

族群關係等議題並與「新竹州移民」有其密切關係。因此，本文就日治時期三五公司，為開發旗下美濃南隆農場的事業，乃由新竹州先後招募客家人南下拓墾之情形為例，藉以討論新竹州移民與聚落社會形成及其發展之關係。所謂之「島內移民」，係指臺灣島內之人口流動及遷移行為；「新竹州移民」則為具有遷移行為之新竹州住民，由所屬之新竹州行政區域（今桃竹苗地區）往外向其他州廳遷移，如高雄州、臺東廳，而大規模之遷移行為則發生在日本殖民統治時期。

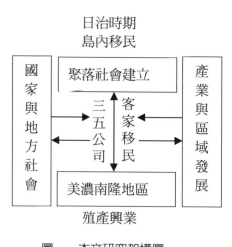

圖一　本文研究架構圖

　　本文架構如圖一所示以南隆地區為立足點，探究日本殖民當局在「殖產興業」的目的下，支持三五公司開發南隆農場，並招募新竹州之客籍移民南下拓墾，進而建立聚落，論述國家與地方社會、產業與區域發展彼此之間相互的因果關係。

二　島內移民與臺灣聚落社會

　　一八九五年日本統治臺灣後，當局為求殖產興業，進而引發島內移民

之課題，然戰後亦有陸續的移民現象產生。一九一〇年之《臺灣日日新報記載》：

> 我帝國嚮未有殖民地，有之則自我臺灣始。而帝國經營殖民地之經驗，其得之亦即自我臺灣始。臺灣為帝國南方之屏藩，其重要視諸滿韓無別。近者帝國經營臺灣之大方針既定，所施為事宜，成效卓著，特如諸凡產業，勃然而興。……而在西海岸之餘地，曠無人住者，尚為不少，將妥查何者為適，一併行之。然則本島之移民事業，自今以後，督府當局將注全力為之。[25]

綜觀日治時期，日本殖民當局為有效開發臺灣島內的各項資源，包括樟腦、糖業、林產等，進行各種措施與政策，其中與資源開發甚密且不可或缺的主要因素，即為「勞動力」（labor force），絕大多數的勞動力是以「本島人」為主力，並且以新竹州的移民為主；西元一九二〇年（大正九年），日本治臺殖民政府劃分行政區域，分臺灣為數州，而今天的桃園、新竹、苗栗等三縣之主要區域屬新竹州一帶的行政區域範圍。[26]

本文即討論日治時期及戰後客籍移民的生活及其與地方社會融合之情形，包含生活上、文化上的轉變，即針對客籍移民現象作長時間脈絡發展之觀察。就臺灣社會經濟史的角度而言，新竹州自日治時期以來，即為臺灣島內各州人口外移最多的一州[27]：此現象與殖民母國之治臺政策息息相關。因此，新竹州客籍移民所呈現的歷史意涵，以非單純統治者與被統治者之間的

---

[25] 〈就移民言〉，《臺灣日日新報》漢文版第2版，1910年（明治四十二）1月15月。

[26] 王和安：〈日治時期臺灣島內新竹州移民之研究〉，頁3-4，發表於國立交通大學客家文化學院主辦之「第二屆臺灣客家研究國際研討會」（新竹市：交通大學，2008年12月20-21日）。

[27] 根據陳彩裕之統計有關《臺灣人口動態統計》，歸納出從一九一〇年至一九三〇年之間，遷出人口數多於遷入人口數之州廳為臺北州和新竹州，而新竹州在這二十一年之間就有101,273人的淨流出人口，而其他州廳，均為遷入人口數多於遷出人口數。詳見陳彩裕：〈臺灣戰前人口移動與東部（花蓮）的農業成長〉，《臺灣銀行季刊》34卷1期（1983年3月），頁155-157。

上下關係，而是被殖民者如何藉由統治方針或殖民政策來回應殖民體制並改善其經濟地位與條件，此課題值得進一步省思與詮釋。[28]他們在臺灣北部宜蘭山區，中部南投地區的林業開發、彰化二林的蔗糖事業，南部嘉義中埔、大埔、高雄甲仙、六龜之樟腦業和美濃南隆農場之蔗糖業，以及東部花蓮、臺東的產業開發上，扮演相當重要之角色。客籍移民離開原居地至外地開發產業，在工作告一段落時，有部分移民回至原鄉、部分則轉往其他地區或留下定居。[29]上述情形，反映出日治時期臺灣島內移民的發展脈絡，與移民地區聚落社會之建立與成形。

然而，就現今美濃聚落成形而言，可以說包含清代六堆客家拓墾瀰濃地區（屬右堆範圍）與日治時期三五公司經營開發南隆地區之發展過程。清代六堆客家的移墾方式多藉由祖嘗（祭祀公業）型態，由各宗族集資購地，以同族子弟共同拓墾，而拓墾所得再由派下族人分得。[30]而美濃之瀰濃、龍肚、九芎林、竹頭背、中壇等庄在清代時即已有規模性地建庄，而在中壇、龍肚等以降的南方原野卻仍是一片石礫地，岩石裸露，茖濃溪從大小龜山一帶竄

---

28 戴國輝認為：「世界史上的任何殖民體制是包括有主體、客體雙方面的既綜合又是整體的體制。因而若是忽視客體方面的歷史條件及政治、社會、經濟發展之階段，尤其是忽略或經是被殖民統治前夕，客體方面所具的條件及所達到的生產力發展階段的話，當然不可能深入且全面地掌握殖民地統治史的全貌。」「即使在世界史的發展上，正由於當時臺灣的社會經濟已存在殖民主義者所不能完全扼殺的深厚的地主階層和向資本主義發展的萌芽生機，因此其後日本資本主義在經濟面的接木運作遂得實現。雖在重新分配國民所得等上面有了明顯的民族及階級的差別待遇，惟『殖民地的經濟發展』的具體化亦已藉而出現於臺灣。若無上述之認識，則無法全面瞭解『日本之臺灣統治史』，同時，若僅站在統治者史觀，則科學的臺灣史之構想亦即無法建立。」詳見：戴國輝：《臺灣史研究：回顧與探索》（臺北市：遠流出版公司，1985年），頁30、76。

29 林呈蓉：〈日據時期臺灣島內移民事業之政策分析〉，《淡江史學》第7、8期合刊本（1997年6月），頁172-174。黃學堂：〈日治時期臺東地區的客家移民〉，《臺東文獻》附刊10（2004年10月），頁8-15。王和安：〈日治時期南臺灣的山區開發與人口結構：以甲仙六龜為例〉，頁137-172。

30 陳祥雲：〈清代臺灣南部的移墾社會：以茖濃溪中游客家聚落為中心〉，收入於賴澤涵主編：《客家社會學術研討會論文集》（臺北市：行政院客家委員會，2002年），頁57。

流原野，至夏季雨水暴漲，更是氾濫，無人居住亦無法耕作；只有在地勢較高的地區金瓜寮、手巾寮、和興庄、清水巷、吉洋等地尚有零星住戶。[31]換言之，由於荖濃溪氾濫與地質問題，而使得南隆地區這片土地在清代時，尚屬「番界」內的平原卻無法進行有效的拓墾；而必須至日治時期，殖民統治當局以現代化的國家力量，致力於水利工程，改善農業環境，以吸引日方資本家的資金進駐，而收開發土地之效。[32]由於三五公司南隆農場的開發，移民

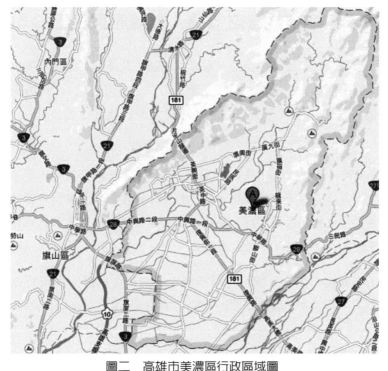

圖二　高雄市美濃區行政區域圖
資料來源：google map 網址：https://maps.google.com.tw/

---

[31]　美濃鎮誌編纂委員會：《美濃鎮誌》上冊（高雄縣：美濃鎮公所，1996 年），頁 58。
[32]　王和安、康詩瑀：〈日治時期新竹州移民之神農大帝信仰及其傳布：以美濃著名鸞堂輔天五穀宮的發展為例〉，頁 69-70，發表於國立屏東科技大學客家文化產業研究所主辦之「2012 六堆歷史文化與產業學術研討會」，會議日期：2012 年 10 月 19 日。

的移住，進而帶動了此區聚落之成形與發展。因此，有關清代六堆客家拓墾
之論述與認知，在南隆地區是否可以成立，值得進一步討論。誠如吳進喜在
《高雄縣聚落發展史》中提到：「高雄縣在一波波的漢人移民浪潮推動下，逐
漸發展出各式各樣的聚落，……各個時期的歷史文化背景與政策方向，也會
對聚落發展過程產生一定程度的影響，甚至會主導聚落的發展方向，因此探
究高雄縣的聚落發展，事實上等於在回顧高雄縣的歷史發展過程。」[33]

三 國家與地方社會之發展：總督府與三五公司

今美濃區位於高雄市中南部，東鄰六龜區，北連杉林區，西毗旗山區，
南界屏東縣高樹鄉、里港鄉，全域面積一百二十平方公里。[34] 位於美濃南隆
地區的輔天五穀宮內至今仍然供奉著「愛久澤直哉往生蓮座祿位」（見圖
三），據《美濃庄要覽》的記載：

> 五穀廟，大正十五年建設於美濃庄中坛、吉洋兩部落間，祭祀五穀農
> 神，依地方人士之請求建立，一般農村的信仰，是農村部落的永久祭
> 神。其後有數次的整修，為現在講堂國語講習所教室及民風作興會館
> 等所在；有裨益於一般社會教化，……。[35]

輔天五穀宮的創立，與日治時期應三五公司之招募而由新竹州南下拓
墾的客家人，有其密切關聯；當時南隆農場負責人白石喜代[36]治答應撥出現

---

[33] 吳進喜：《高雄縣聚落發展史》（高雄縣：高雄縣政府，1997 年），頁 1。

[34] 蔡文彩編纂：《重修臺灣省通志卷三住民志聚落篇》（南投市：臺灣省文獻會，1997
年），頁 454。

[35] 美濃庄役場：《美濃庄要覽》（高雄縣：ケーケー印刷株式會社，昭和十三年[1938
年]），國立中央圖書館臺灣分館典藏，頁 108-109。

[36] 白石喜代治氏，熊本縣人，明治二十八年渡臺，明治三十年擔任臺中縣雲林支廳書
記，明治三十二年轉屬臨時臺灣土地調查局，三十八年擔任苗栗廳稅務課長，四十二
年屬總督府工事部書記，四十三年官界退休後，任三五公司南隆農場主事。為人具有
相當之修養，通曉內外情勢，口才俱佳。在經營事業方面，能夠大刀闊斧，將在偏僻

圖三　愛久澤直哉往生蓮座祿位
資料來源：王和安拍攝。（2013 年 4 月 20 日）

在廟址為建廟用地，並附加廟前田地約一甲三分作為維持香火之用。[37]愛久澤直哉為三五公司之負責人，日本兵庫縣人。西元一九〇九年起，日本殖民當局開始官營移民事業，開辦了私營農場，日本農民移植事業雖然失敗，然日本資本家擁有土地這一事實，卻已確立；合資會社三五公司所開設之源

的鄉村的南隆農場，因一時經營陷入悲觀而轉營成功。大正九年十月當選為高雄州協議會員。詳見臺灣大觀社編：《最近の南部臺灣》（臺南市：臺灣大觀社，大正十二年 [1923 年]），頁 51。

[37] 黃森松編著：《美濃鎮輔天五穀宮甲戌年太平福醮紀念誌》（高雄縣：輔天五穀宮福醮委員會，1996 年），頁 67-68。有關輔天五穀宮的建廟沿革與源由，可參見王和安、康詩瑀：〈日治時期新竹州移民之神農大帝信仰及其傳布：以美濃著名鸞堂輔天五穀宮的發展為例〉，頁 61-110。

成農場（今彰化縣二林鎮一帶），其所有地約三千甲，南隆農場占地約四千甲。[38]而無論是作為資金的來源，或作為勞動力的來源，寄生於地主制對當時的日本資本主義都是不可或缺的，日方資本家大半是地主兼資本家。[39]一九一〇年後，三五公司逐漸結束於對岸之事業，在三菱的支援下，於新加坡栽植橡膠，事業重心移轉至南洋，但與臺灣之間仍有一定關聯，一九三〇年受聘為總督府臨時產業調查會委員，而其在臺經營之源成農場，至一九四〇年代仍為傳統糖廍中規模最大者。[40]依照鍾淑敏的研究指出，愛久澤直哉於東大畢業後進入三菱會社，一八九〇年任臺灣總督府囑託（相當於今日的約聘人員），以「北守南進是帝國國是，也是帝國殖民政策的根基、臺灣統治的根源」的觀點與後藤新平契合。[41]

一九〇五年（明治三十八年）之《臺灣日日新報》記有：

> 港西上里手巾寮庄原野官有地千五百町，手巾寮庄□吉洋庄，一大平原。從前亦有試開墾者；若設備適宜之水堤水圳，則可為良水田，運搬頗利便，殆為該廳下（蕃薯寮廳）一最有望之開墾地也。[42]

---

[38] 矢內原忠雄著，周憲文譯：《日本帝國主義下之臺灣》（臺北市：海峽學術出版社，2003 年），頁 29、150。

[39] 井上清著，宿久高等譯：《日本帝國主義的形成》（臺北市：華世出版社，1986 年），頁 84。

[40] 愛久澤直哉於東京帝大畢業後，入三菱會社，一八九〇年轉任臺灣總督府專賣局囑託。因整理石油空罐使專賣局年增 2 萬円收入，獲後藤新平賞識，奉命前往新加坡等地調查鴉片原料及吸食等問題。一九〇一年臨時臺灣舊慣調查會成立時任第二部部長，負責農工商產業經濟方面的調查。明治三十五年（1902）年，在總督府的支援下於廈門成立「三五公司」，以執行總督府福建樟腦專賣及潮汕鐵路等對岸經營政策，總督府企圖用經濟力的擴充代替武力侵略，愛久澤氏所領導的三五公司，可說是後藤新平時代執行總督府此一意志的代理者。詳見：鍾淑敏撰文：〈愛久澤直哉〉，許雪姬總策畫，《臺灣歷史辭典》（臺北市：行政院文化建設委員會，2004 年），頁 0944；鍾淑敏：〈明治末期臺灣總督府的對岸經營〉，《臺灣風物》43 卷 3 期（1993 年 9 月），頁 230。

[41] 鍾淑敏：〈明治末期臺灣總督府的對岸經營〉，頁 223。

[42] 〈本島開拓之餘地（七）〉，《臺灣日日新報》漢文版第 3 版，1905 年（明治三十八）11 月 8 日。

「從前亦有試開墾者」係指日本熊本縣人津田靜一為了細川侯爵家的事業，依屯田兵方式取得土地的開墾許可，但因每年雨期荖濃溪洪水為患，耕地流失，加上給水及排水設施欠缺，拓墾經營不易，一直處於失利的狀態。[43] 倘若將水患作有效的控制後，「則可為良水田」。因此，「在明治四十一年（1908）創設竹子門水力發電所及獅子頭水利組合以來，原野的開拓安全有了保障，明治四十二年，申請開墾許可，並收購農場區域附近之民有地」。[44] 殖民當局引荖濃溪水從事發電，使用後的餘水則導入灌溉。[45] 在水患與灌溉的問題，獲得解決後，其次要面對的課題，即為土地之取得。

　　三五公司欲開發美濃南隆農場的第一步，需先確立該地區之土地所有權為其所有，徵收土地的問題涉及官方與美濃當地居民之意願。一九〇九年「計設南隆農場，其所屬之土地多係未開墾地，對官有者已請官給墾，不久將能批准，又個人所屬者，亦既向業主買收。」[46] 然而在徵收土地的過程中，日方與當地客家人產生摩擦，致使美濃人不願承租開墾，因此農場負責人白石喜代治為了顧全農場開發，減少或緩和與當地住民之衝突，故而招募新竹州客家人，不以美濃客家人為主力，亦有其可能性。[47] 在地之美濃人稱新竹州的客家人為「臺北人」，「臺北人」則稱當地美濃人為「下南人」。[48] 三五公司在取得南隆農場的開發經營權力後，並招募新竹州移民進行拓墾工作。另外，據一九一六年（大正五年）《臺灣日日新報》之〈南隆農場近況〉記有：

> 現下耕種佃人，土著居民及日本移民，約七百戶，內兩百戶係由苗栗廣東人部落地方諸招佃者。……招佃分甲乙二種，強而壯者，一人可

43　美濃鎮誌編纂委員會：《美濃鎮誌》上冊，頁58。

44　旗山郡役所：《旗山郡要覽》昭和十二年（臺北市：成文書局，1985年），頁78-79。據昭和十二年（1937）高雄市南報商事社印刷本影印。

45　旗山郡役所：《旗山郡要覽》昭和十二年，頁68。

46　〈南隆農場〉，《臺灣日日新報》漢文版第3版，1909年（明治四十二）12月9日。

47　王和安、康詩瑀：〈日治時期新竹州移民之神農大帝信仰及其傳布：以美濃著名鸞堂輔天五穀宮的發展為例〉，頁74。

48　美濃鎮誌編纂委員會：《美濃鎮誌》上冊，頁68。

以耕種一甲。就中苗栗地方所招徠之佃人，比阿緱廳下同族佃人，其
勤勉勞力，增長十分之二以上，蓋有望之勞人也。[49]

由上述可知，新竹州移民在南隆農場之佃農戶數約占有三分之一強，所謂之
「同族佃人」，就統治者而言，無論是「臺北人」或「下南人」同係屬客家
人；且就殖民當局認為，「其勤勉勞力，增長十分之二以上，蓋有望之勞人
也」，以工作效率而言，故喜以移民為開墾之主力。如前所述，南隆用地約
四千甲，依照據昭和十二年（1937）《旗山郡要覽》之記載，「所有地面積
有二千四百餘甲，全部以佃耕為主，佃農大部分由新竹州來的移住者。連同
農場附近之山林共一千七百餘甲的相思樹造林亦有相當之績效，公司社運日
益興隆。」[50]

四 南隆地區聚落社會之建立

「二○一二全國炎帝神農氏文化祭暨慶祝南隆開莊一百年」之慶典系列
活動由美濃輔天五穀宮主辦，二○一二年十一月十一日，全臺各地以神農大
帝為主祀神的五穀廟陸續來到美濃共襄盛舉（見圖四）。五穀宮主委張貴琦
表示，藉由此慶典慶祝南隆開庄一百年，緬懷先民拓墾時的辛勞與精神。[51]日
治時期南隆農場人民開墾的狀況及各庄生活情形，由一般俚諺可窺其一二：
「有妹莫嫁溪埔寮庄。食飽飯每日開石崗；三日二日還過得，日長月久苦難
當。」「有妹莫嫁十穴庄，三盤蘿蔔二盤薑；吃了幾多渾泥水，開了幾多石
崗田。」上述兩則所講的是在南隆開墾之初辛勞的狀況；如溪埔寮與十穴原
是荖濃溪河床地，石礫滿布，開墾過程備嘗艱辛，需整平石礫沙地之後才能

---

[49] 〈南隆農場近況〉，《臺灣日日新報》漢文版第5版，1916年（大正五）02月18月。
1909年（明治42年），臺灣行政區由二十廳改為十二廳，美濃地區被劃歸於阿緱廳轄
區管轄。

[50] 旗山郡役所：《旗山郡要覽》，昭和十二年，頁79。

[51] 黃森松編撰：《輔天五穀宮廟志》（高雄縣：輔天五穀宮管理委員會，2012年），頁1。

圖四　二○一二全國炎帝神農氏文化祭暨慶祝南隆開庄一百年，祭拜炎帝神農氏三獻禮。資料來源：王和安拍攝（2012年11月11日）。

耕作種植。[52]農場土地大多為石崗地，白石喜代治曾任苗栗廳稅務課長，知曉北部苗栗客家人擅墾石荒地，乃招募南下拓墾並提供土地器具等。[53]

依照郭肇立對聚落的定義：「一個社會的、空間的、生態的，與擁有文化自明性的生活共同體；聚落是有意義的集體居住單元，關係著認同感與地

52　美濃鎮誌編纂委員會：《美濃鎮誌》上冊，頁66。

53　黃森松編輯：《美濃鎮慶祝輔天五穀宮建廟七十週年太平福醮紀念誌》，頁146。張二文：〈日治時期美濃南隆農場的開發與族群的融合〉，頁243。吳秀靜：〈客家區域發展歷程：以高雄縣美濃鎮南隆部落為例〉（高雄市：國立高雄師範大學客家文化研究所碩士論文，2007年），頁27-28。邱坤玉：〈漢人移民的設庄發展與祭祀圈：以三隆的設庄與信仰調查為例〉，收於高雄師大客家文化研究所編輯委員會編：《客家社會與文化學術研討會論文集2007年》（臺北市：文津出版社，2008年），頁167-168。鍾肇文：〈客家人移民美濃鎮史〉，《六堆風雲》101期（2003年6月），頁24-25。

域文化的發展，在此生活共同體中，漸次建立起溝通與符號、社會倫理、相互維繫的情感機制」。聚落一詞在觀念上，可以是一種人類生活的共同體，並無須尺度上大小的差異；可係指是一個城市，亦可是一個鄉鎮，或更簡單的鄰里。[54] 而藉由南隆地區的發展史而言，新竹州移民與其聚落社會之建立及成形，足以反映至少兩個課題，其一為美濃聚落在大高雄地區發展的歷史意義；其二為移民與地方社會發展之間的關係。如輔天五穀宮副主任委員吳和禎先生提到：

> 早期五穀廟附近至外六寮一帶（今吉洋里外六寮），鮮少人煙，未有機械化，以人力為開墾，……我父親十七歲從苗栗銅鑼南下，日本人搭了三間茅草屋為居住地，並借錢給父親來買農具，以人力來開墾荒地。目前與苗栗的親友還有聯繫，每年還要回苗栗祭祖掃墓。[55]

新墾地大多以初墾時期的戶數作為命名，如三降寮、外六寮等；另如手巾寮為當時許多苦力在挖掘溝渠，人人手上都配戴手巾擦汗，並且搭寮屯居，寮內外散落許多手巾，故而得名。[56] 手巾寮舊名為「樹根寮」，就地方社會的歷史記憶而言，由「樹根寮」到「手巾寮」，這樣一個地名轉換過程，反映出此區拓墾初期的經過與艱辛。[57] 南隆聚落轄區包括現今旗山區廣福里以及美

---

[54] 這個生活共同體，基本上包含四個部分：第一，是這群人建立的活動交往關係。例如，社交關係、親屬關係、經濟關係、宗教關係、政治關係等，以及建立以上各種關係的溝通系統、符號或語言。第二，是此生活共同體所需具備的實質空間。例如，建築、城市等場所得以棲息、社交、並思考自我的從在。第三，是以上實質空間與生態環境的平衡，與有機共生的問題，讓人造環境納入大自然的生態環境。第四，是整體價值觀合文化上的意義。因為人是歷史性的動物，有記憶的；同時也是文化性的動物，有差異的、自明性的、有情感的社群。詳見：郭肇立：〈傳統聚落空間研究方法〉，收於郭肇立主編：《聚落與社會》（臺北市：田園城市文化，1998年），頁8。

[55] 吳和禎先生，五穀宮副主任委員，現年七十六歲，小學畢業，職業：務農。王和安、康詩瑀訪問，口訪時間：2012年9月13日。

[56] 呂順安主編：《高雄縣鄉土史料》（南投市：臺灣省文獻委員會，1994年），頁125。

[57] 依照內政部所建制之「臺灣地區地名查詢系統」記有：「『手巾寮』應為『樹根寮』的訛音，清末方志上雖記載為『手巾寮』，日治初期契約書上以『樹根寮』記載。不

濃區中壇里、德興里、獅山里、龍山里一部分，加上清水里、吉和里、吉洋里、吉東里的全部，面積十分廣闊。[58] 依照張二文的調查，南隆農場移墾聚落與現今地名的對照可參照表一。

　　從北部客家移民的經驗來看，當時私人資本獨占的情形，與人口壓力造成原本生活惡劣的環境更形困頓，南方遼闊的平原和充沛的水源誘發移民的念頭，舉家大小南遷的結果是透過家族、親戚的遊說，一批批的移民來到南方；一九二〇年，移民人數計一千兩百九十三人，共兩百二十三戶，一九三八年（昭和十二年）南隆農場僱用人有八百四十戶，總達六千六百餘人。[59] 當時，美濃庄包含美濃、中坛（今中壇）、金瓜寮、吉洋、龍肚、竹頭角等地區，「本島人」（即漢人）戶口數為三千八百五十三戶，人口數為兩萬五千四百一十五人。[60] 新竹州移民人口數占當時美濃總人口數四分之一強。

表一　南隆農場部落庄名

移墾部落名	光復後另名	移墾部落名	光復後另名
中壇庄	祿興庄	吉洋庄	鎮興庄
金瓜寮	德興庄	下溪埔寮	中興庄
三降寮	南興庄	大頂寮	龍興庄
清水港	盛興庄	溪埔寮	南興庄
和興	和興庄	十穴	永興庄

管是閩南語還是客家語，這兩個地名的發音都很相近。由於附近的平原鄰近楠梓仙溪、美濃溪、吉洋溪等河道，夏季暴雨來臨，山區洪水一沖而下，巨量砂石、殘根枯樹隨著暴漲的河水覆蓋於農地之上，在此開墾的先民利用樹根搭寮開墾，名為樹根寮。」「臺灣地區地名查詢系統」之查詢網址：http://placesearch.moi.gov.tw/portal_m9_page.php?button_num=m9&cnt_id=56526&q_county=&q_township=&place_type=&keyword=%E6%89%8B%E5%B7%BE%E5%AF%AE 瀏覽日期：2014年4月1日。

58　張二文：〈日治時期美濃南隆農場的開發與族群的融合〉，頁233。

59　美濃鎮誌編纂委員會：《美濃鎮誌》上冊，頁66。

60　美濃庄役場：《美濃庄要覽》，國立中央圖書館臺灣分館典藏，頁15。

移墾部落名	光復後另名	移墾部落名	光復後另名
八隻寮	和興庄	上九寮	吉清
日本寮	復興庄	溪埔寮	吉豐
四隻屋	四維庄	五隻寮	
石橋庄		內六寮番人寮	吉東
五穀廟	太平庄	龜仔頭	
二十一隻屋	福興庄	頂溪埔寮	吉安
下九寮	永盛庄	九坑	義和庄
		手巾寮	廣福里

資料來源：張二文：〈日治時期美濃南隆農場的開發與族群的融合〉，頁237。

　　綜上所述，探究新竹州移民南下至南隆農場拓墾之因，可分為新竹州移民本身與南隆農場的經營兩方面作討論。首先，就移民本身而言，依照現有口述與研究成果，移民為了生活與就業機會而南下。其次，就農場經營而言，白石喜代治曾於苗栗任官而知曉知道他們有開墾拾荒地之經驗，並擁有較高之工作效率；另外，可能是由於在收購土地的過程時，引起中壇、金瓜寮一帶部分美濃在地人的不滿，然為減少不必要之困擾，故而以多數之新竹州人為主力。[61]因此，移民南下後，與在地美濃人的互動情形，即所謂之「南北客關係」，則有進一步論述之必要。然而要討論「新竹人」（係指來自於新竹州，即今桃竹苗地區之客家人）與「美濃人」彼此之間的關係，則可從移民彼此間的聯繫組織或交流網絡作為切入，較能作整體性之論述。就當時的人群分布而言，新竹人與美濃人確實會有地域上的區別，新竹人多分布於南隆地區一帶，即中壇以南之地區；而在地美濃人則位於瀰濃、九芎林、龍肚一帶，即中壇以北之地區。中壇地區則可歸屬於南遷的客家人與世居於美濃的客家人混居地區。「臺北人」與「下南人」彼此間於日治時期往來甚少，下南人對臺北人的態度有所謂之「交南莫交北，交北惹不得」，北部客

61　除了新竹州移民至南隆拓墾外，尚有來自高樹、內埔、竹田的六堆客家人，以及同山、田寮、旗山一帶的閩南人。美濃鎮誌編纂委員會：《美濃鎮誌》上冊，頁64。

家人之嫁娶對象仍選擇原居地之客家人。[62]然根據筆者實地口訪得知，亦有部分移民往來居住於當時的「美濃庄」與「旗山街」，因此，上述人群的空間分布，屬於為了研究上論述之需要而所做之區別，並非絕對。而自戰後移民及其後裔與當地人已有不少通婚例子產生，有的因工作而結緣，有的則為相親說媒。

就移民彼此間之網絡組織，可就農場行政以及移民本身兩個部分來談。首先，就農場行政部分而言，依照《美濃鎮誌》記載：

> 南隆農場開墾招佃後，部落已有吉洋、上溪埔寮、下溪埔寮、外六寮、九寮、大頂寮、上九寮、內六寮、下九寮、二十一隻屋、四隻屋、和興庄、上清水、下清水、八隻寮、五隻寮、五穀廟、三降寮、十穴及屬旗山街管轄的手巾寮等地。各部落有管理委員，委員的產生是由部落內德高望重之士擔任。各委員會則每年在手巾寮行政中心內開二次委員會，會議由白石喜代治主持。當時白石喜代治亦任高雄州參議員，權位之高令旗山郡官員均要敬重他。會議中委員們均可提出意見、互相討論，白石喜代治的新規定也透過開會交於委員帶回部落傳達與執行；而委員則無改選行終身職，委員之戶籍多半是本地人，偶爾有少數新竹州的客家人。[63]

當時南隆農場設有部落會議，以作為經營者與佃農間往來交流之平臺，而亦為部落與部落間的定期交換意見之場所。然而，管理委員以當地美濃人居多，卻是耐人尋味；如前所述，南隆地區以新竹州移民為絕大多數，按理說管理委員之席次亦會占大多數才是，可是卻以本地人居多，因此，細究日本人經營者之心態，就地方勢力之均衡而言，日人在某種程度上會有其取捨與制衡。另尚有一情形為，這些「本地人」可能多數是已經由新竹州地區將戶籍遷入美濃，而成為「美濃人」。

62　美濃鎮誌編纂委員會：《美濃鎮誌》上冊，頁68。
63　美濃鎮誌編纂委員會：《美濃鎮誌》上冊，頁66-67。

圖五　南隆農場管理者白石　　　圖六　白石喜代治長生蓮座祿位
　　　　喜代治　　　　　　　　資料來源：王和安拍攝。（2012 年 9
資料來源：「國家文化資料庫」，網　　月 13 日）
站建置管理單位：行政院文化部。

　　其次，就南隆地方社會之聚落發展而言，輔天五穀宮的創建，在新竹州
移民彼此之間的聯繫網絡上，扮演極其重要之平臺。五穀宮之建廟源起為
六寮羅阿東（苗栗銅鑼人），約於一九一九年於內六寮住處創堂，供奉三恩
聖主畫像，[64]除畫像外，另有服祀（客語用法，國語意為「供奉」）三角令旗
（三恩主令旗），早期之供奉三聖恩主之香斗（客語，即香爐）與神位（客
語，即神明令牌）今仍供奉於六寮羅家祖屋。[65]五穀宮之主祀神神農大帝之
香火則來自於苗栗公館五鶴山五穀宮，廟宇落成後，乃由羅阿東為堂主，劉
炳芳為住持，童坤華為助理，辦理庶務，羅正保為經生，參拜人員逐漸增
加，每月初一、十五，遠近信徒均不怕風雨來參拜誦經，每月初一、十五兩

64　黃森松編著：《美濃鎮輔天五穀宮甲戌年太平福醮紀念誌》，頁 67-68。
65　王和安、康詩瑀訪問：〈吳和禎、羅貴水、羅新發口述訪問記錄〉，吳和禎，男性，
　　1936 年生；羅貴水，男性，1944 年生；羅新發，男性，1929 年生，（2012 年 9 月 13
　　日，高雄市美濃區輔天五穀宮，未刊搞）。吳和禎先生為五穀宮副主委，羅新發先生
　　為副堂主，羅貴水先生亦為副堂主。羅阿東先生為羅貴水先生之祖父。

夜，遠近信徒前來參拜誦經並聽法話，誠為農村一座精神依托的集會場所，一九二六年時連起三年建醮。[66]

圖七　輔天五穀宮建廟第一任堂主羅阿東先生
資料來源：王和安 拍攝（2013 年 5 月 9 日於六寮羅家祖屋）。

66　黃森松編著：《美濃鎮輔天五穀宮甲戌年太平福醮紀念誌》，頁 68、73。

五 結論

　　本文就日治時期日資為主的三五公司,為開發旗下美濃南隆農場的事業,自新竹州先後招募客家人南下拓墾;透過田野調查與口述訪問,藉以討論新竹州移民與聚落社會形成及其發展之關係,並試圖詮釋當地住民對於這段歷史記憶的詮釋。就歷史脈絡而言,移民與地方社會的互動呈現出何種關係?當產業開發告一段落時,為數不少的移民選擇定居下來,顯示出他們對於地方社會逐漸產生認同並日趨融合。如今日美濃之中壇、吉洋、手巾寮、外六寮一帶,新竹州移民後裔占大多數;中壇地區則可歸屬於南遷的客家人與世居於美濃的客家人混居地區。

　　南隆地區在日本殖民當局致力於殖產興業的背景下,新竹州客籍移民的進入帶動區域發展與聚落的建立。就地方社會的發展而言,移民與產業開發有其密切關係,如美濃南隆地區的稻米、蔗糖業與甲仙、六龜的樟腦業等。島內移民的歷史脈絡其實反映出臺灣開發史上一連串整體的開發過程,如聚落社會的建立與發展與現今行政區劃的關係密不可分。移民帶動了地方的繁榮,透過地名演變可以見證臺灣歷史的發展軌跡。以南隆地區為例,探討美濃客庄歷經清治、日治兩時期的聚落社會之轉換,由清代屬於帝國邊區社會,而到日治時期為臺灣資本主義化的農場經營,生產糧食供應母國發展之過程,進而論述在臺灣社會經濟史上的角色及其意義。另外,就「南北客關係」而言,他們並非屬於對立或互斥的兩群人,不能用「閩客關係」或「原漢關係」的概念來理解「南北客關係」,而他們之間的互動過程及其歷史意義,為筆者日後研究著力之處。

參考文獻

井上清著，宿久高等譯 《日本帝國主義的形成》 臺北市 華世出版社
　　　1986年

王和安、康詩瑀 〈日治時期新竹州移民之神農大帝信仰及其傳布：以美濃
　　　著名鸞堂輔天五穀宮的發展為例〉 發表於國立屏東科技大學客家
　　　文化產業研究所主辦「2012六堆歷史文化與產業學術研討會」 會
　　　議日期2012年10月19日 頁61-110

王和安、康詩瑀訪問 〈吳和禎、羅貴水、羅新發口述訪問紀錄〉 吳和禎
　　　男性 1936年生 羅貴水 男性 1944年生 羅新發 男性
　　　1929年生 高雄市 美濃區輔天五穀宮 2012年9月13日 未刊稿

王和安、康詩瑀訪問 〈張貴琦口述訪問紀錄〉 男性 1947年生 2012年9
　　　月13日 高雄市 美濃區輔天五穀宮 未刊稿

王和安、康詩瑀訪問 〈劉慶雲口述訪問紀錄〉 男性 1950年生 高雄市
　　　美濃區輔天五穀宮 2012年9月13日 未刊搞

王和安 〈日治時期南臺灣的山區開發與人口結構：以甲仙六龜為例〉 桃園
　　　縣 國立中央大學歷史研究所碩士論文 2007年

王和安 〈日治時期臺灣島內新竹州移民之研究〉 發表於國立交通大學客家
　　　文化學院主辦「第二屆臺灣客家研究國際研討會」 新竹市 國立
　　　交通大學 2008年12月20-21日 頁1-26

矢內原忠雄著、周憲文譯 《日本帝國主義下之臺灣》 臺北市 海峽學術出
　　　版社 2003年

江美瑤 〈日治時代以來臺灣東部移民與族群關係——以關山、鹿野為例〉
　　　臺北市 國立臺灣師範大學地理所碩士論文 1997年

吳秀靜 〈客家區域發展歷程：以高雄縣美濃鎮南隆部落為例〉 高雄市 國
　　　立高雄師範大學客家文化研究所碩士論文 2007年

吳育臻 〈日治時代的糖業移民聚落初探——以移民寮和農場寮仔為例〉

《環境與世界》4期　2000年11月　頁41-57

吳進喜　《高雄縣聚落發展史》　高雄市　高雄縣政府　1997年

呂順安主編　《高雄縣鄉土史料》　南投市　臺灣省文獻委員會　1994年

呂嵩雁　《臺灣後山客家的語言接觸現象》　臺北市　蘭臺出版社　2007年

孟祥瀚　〈日治時期花蓮地區客家移民的分布〉　收於賴澤涵主編　《客家文化學術研討會論文集》　臺北市　行政院客委會　2002年　頁129-160

孟祥瀚　〈日據時期臺灣東部人口增加之研究〉《興大人文學報》第21期　1991年3月　頁179-206

林呈蓉　〈日據時期臺灣島內移民事業之政策分析〉《淡江史學》第7、8期合刊本　1997年6月　頁165-187

林秀昭　《臺灣北客南遷研究》　臺北市　文津出版社　2009年

林明怡　〈北部客家人南遷之探討──以高雄縣杉林鄉為例〉　發表於國立臺中教育大學臺灣語文學系「語言文化分布與族群遷徙工作坊」籌備小組主辦　「2009 臺灣的語言方言分布與族群遷徙工作坊」　高雄市　國立中山大學文學院　2009　2月19日

邱正略　〈日治時期埔里的殖民統治與地方發展〉　南投縣　國立暨南國際大學歷史學系博士論文　2009年

邱秀英　《花蓮地區客家信仰的轉變──以吉安鄉五穀宮為例》　臺北市　蘭臺出版社　2006年

邱坤玉　〈漢人移民的設庄發展與祭祀圈：以三降的設庄與信仰調查為例〉　收於高雄師大客家文化研究所編輯委員會編　《客家社會與文化學術研討會論文集 2007年》　臺北市　文津出版社　2008年　頁159-191

邱苡芳　〈花蓮地區之族群分布及族群關係──晚清迄日治時期〉　花蓮縣　國立花蓮教育大學鄉土文化研究所碩士論文　2006年

姜禮誠　〈花蓮地區客家義民信仰的發展與在地化〉　花蓮縣　國立東華大學臺灣文化研究所碩士論文　2012年

美濃庄役場　《美濃庄要覽》　高雄縣　ケーケー印刷株式會社　昭和13年（1938年）　國立中央圖書館臺灣分館典藏

美濃鎮誌編纂委員會　《美濃鎮誌》　高雄縣　美濃鎮公所　1996年

張二文　〈日治時期美濃南隆農場的開發與族群的融合〉　收於賴澤涵主編
　　　　《客家文化學術研討會論文集》　臺北市　行政院客委會　2002年
　　　　頁223-262

郭肇立主編　《聚落與社會》　臺北市　田園城市文化　1998年

陳茂泰　吳玉珠　〈玉蘭客家移民與茶園開發過程〉《宜蘭文獻雜誌》59期
　　　　2002年9月　頁5-52

曾應鐘　〈從遷徙轉業翻身探究客家人的生命意義——以國姓鄉為例〉　嘉義
　　　　縣　南華大學生死學研究所碩士論文　2009年

黃桂蓉　〈移民與永興村的形成與發展——從日本移民到客家移民〉　花蓮縣
　　　　國立花蓮教育大學鄉土文化學系碩士論文　2008年

黃森松編著　《美濃鎮輔天五穀宮甲戌年太平福醮紀念誌》　高雄縣　輔天五
　　　　穀宮福醮委員會　1996年

黃森松編撰　《輔天五穀宮廟志》　高雄縣　輔天五穀宮管理委員會　2012年

黃雯娟　〈日治時代宜蘭三星地區的區域發展〉　臺北市　國立臺灣師範大學
　　　　地理研究所博士論文　2004年

黃學堂　〈日治時期臺東地區的客家移民〉《臺東文獻》復刊10　2004年10
　　　　月　頁3-29

溫振華　〈日據中期高雄地區的人口流動（1920-1931）〉《臺灣經驗（二）
　　　　——社會文化篇》　臺北市　東大圖書股份有限公司　1994年　頁
　　　　293-307

廖經庭　〈鳳林地區日治與戰後客家移民之比較研究初探〉《客家研究》2卷
　　　　1期　2007年6月　頁127　172

旗山郡役所　《旗山郡要覽》昭和十二年　臺北市　成文書局　1985年　據
　　　　昭和12年（1937）高雄市　南報商事社印刷本影印

臺灣大觀社編　《最近の南部臺灣》　臺南市　臺灣大觀社　大正12年
　　　　（1923）

臺灣日日新報社編　《臺灣日日新報》　臺北市　臺灣日日新報社　明治31

年-昭和12年（1898-1936年）

趙志豪　〈客家文化傳遞中學校與社區的角色探究——以南投縣國姓鄉為例〉
　　　　　南投縣 國立暨南國際大學公共行政與政策學系碩士論文 2010年

劉正元　〈福佬客的歷史變遷及族群認同（1900年迄今）：以高雄六龜里、甲
　　　　　仙埔之北客為主的調查分析〉《高雄師大學報》28卷1期　2010年
　　　　　6月　頁93-112

蔡文彩編纂　《重修臺灣省通志卷三住民志聚落篇》　南投市　臺灣省文獻委
　　　　　員會　1997年

鄭全玄　《臺東平原的移民拓墾與聚落》　臺北市　五南圖書公司　2002年

戴國輝　《臺灣史研究：回顧與探索》　臺北市　遠流出版公司　1985年

謝美玲　〈宜蘭地區客家與三山國王信仰之演變〉　宜蘭縣　佛光人文社會學
　　　　　院社會學 究所碩士論文　2004年

鍾淑敏　〈明治末期臺灣總督府的對岸經營〉《臺灣風物》43卷3期　1993
　　　　　年9月　頁197-230

鍾肇文　〈客家人移民美濃鎮史〉《六堆風雲》101期　2003年6月　頁22-
　　　　　26

簡炯仁、陳謹英、林秀昭　《高雄市客家史》　高雄市　高雄市文獻委員會
　　　　　2009年

陳祥雲　〈清代臺灣南部的移墾社會：以荖濃溪中游客家聚落為中心〉　收入
　　　　　賴澤涵主編　《客家社會學術研討會論文集》　臺北市　行政院客家
　　　　　委員會　2002年　頁57-96

臺灣客家電影敘事之族群文化與音像再現

——以《茶山情歌》、《源》、《童年往事》為探討核心

黃儀冠

彰化師範大學國文系暨臺文所副教授

摘要

　　本文從客家文化的視角切入，探討客家族群意象與影像傳播之間的關係，試圖爬梳臺灣電影對於客家族群的形象再現，以及客家族群播遷與歷史敘事之形構，以《茶山情歌》、《源》、《童年往事》為例。透過本文的探析，此三部客家影片分別呈顯客家族群意象在時代脈絡下的變化，《茶山情歌》的山歌紀錄呈現出原音客家，以純樸紀錄性的音像風格，傳遞本真性（authenticity）的客家鄉土。《源》則代表政宣電影的國語（華語）客家，展現黨國教化之文化形塑。《童年往事》表現外省移民客家敘事，呈現客家族群在離散變遷過程中複雜的認同變貌，各自不同發聲位置展現時代變遷下客家影像敘事風貌。

關鍵詞：客家電影、族群、客家意象、茶山情歌、源、童年往事

一　前言

　　臺灣電影一直以來受到整體政治環境以及流行文化所牽引，其敘事內容、美學形式與產製環境在國民政府接收臺灣之後，受到國語政策推行及官方藝文政策的主導，在五〇年代以反共政宣為主軸，推出許多大型製作的反共影片及抗日影片，六〇年代李行導演等人則提倡健康寫實，開啟鄉土意象的視角，但其對鄉土的詮釋大多以中華文化論述視角予以詮釋。在大中華的論述與七〇年代鄉土文學風潮所帶起的新電影，臺灣電影的論述多著重在七〇、八〇年代之後臺灣所建構的鄉土認同與寫實視角。歷來在臺灣電影研究上，多注重臺灣新電影裡的長鏡頭的電影美學，或者是臺灣新電影的導演個人風格，對於臺灣電影史料的論述多著重在臺語片的分析與整理，甚少從客家文化的視角切入，探討客家族群與影像傳播之間的關係，本文試圖爬梳臺灣電影的影像裡對於客家族群的形象，以及客家族群播遷的記憶。[1]

　　本論文試圖要從客家文化視角去檢視臺灣電影，其中可能要面臨的問題是：是否有所謂的「客家電影」？「客家電影」又該如何定義？從臺灣社會對於客家族群的界定，從官方政策、高等教育建置、大眾媒體機構等面向來看，臺灣社會所認定的「客家社群」，若非「文化客家」（cultural Hakka），便是「語言客家」（linguistic Hakka）。「文化客家」者，將客家生活形態視為人類文化學的研究標的，蒐羅、分析、研究客家社群的飲食、衣著、建築、藝術等文化內容；「語言客家」者，以血統上是客家人，並且母語是客家語言者，近年來，則以「客語」作為劃分社區界線的主要依據，並以客語教學為擴大客語社群的教育策略。若以「語言客家」作為客家影像的認定標準，那麼自五〇年代臺灣戰後所出現的客語電影只有四部，一部是在一九七三年劉師坊所執導的《茶山情歌》，另一部是在一九九三年由周晏子所執導的《青春無悔》，其餘在劇情片裡只有零星出現客語片段，如在侯孝

1　筆者於2006年承接客家委員會之研究計畫，曾撰述《客家文學電影與客家族群的影像再現》之研究計畫專題報告，本論文乃延伸此專題研究計畫之相關論題。

賢導演的《童年往事》。在解嚴之後，各族群母語運動的風起雲湧，再加上
客委會的成立，近年來則有官方支持的客語史詩大片《一八九五》（2008），
以及黃玉珊個人獨立製片的文學改編客語電影《插天山之歌》（2007）。另一
方面若我們以「文化客家」作為一個閱讀觀看的視角，試圖從歷來的臺灣電
影（以劇情片為主），則我們會發覺到有些電影片段述說客家族群的歷史記
憶，生活空間，文化內涵，但是甚少有學者從客家觀點切入作探討。相較
於臺灣電影研究裡對於臺語片的重視，[2] 客語片、或者客家族群在電影中的呈
現，無疑地在電影論述中呈現弱勢的情況，本文則嘗試從臺灣電影裡連結客
家族群的影像再現，以及其客家族群的身分認同與文化意象。

　　臺灣在一九七〇至八〇年代這段時期，正值各種文化思潮及新舊意識形
態不斷的交鋒辯證，臺灣的文化場域糾葛著複雜的家國認同，以及族群、階
級、性別的種種差異，還有現代化生活裡離鄉背景的疏離感，對商品消費的
空洞感，交織在一九七〇至八〇年代的文化語境中。從族群或社群的觀點而
言，客家文學的研究在近幾年有許多專家學者相繼投入，成果已漸漸豐碩，
然而在客家族群於電影音像再現這方面的論著，近來雖已有些研究成果，但
針對較早期臺灣影像中的客家文化，則關注較少。[3]筆者延續之前的研究，希
冀透過客家文學改編而成的電影，以及臺灣電影當中客家族群影像再現，兩
個方向進行研究，以期能豐富客家文化與影像的研究。第一部以客語發音的
影片是劉師坊於一九七三年所拍攝的《茶山情歌》，這部影片是以採錄當時
客家山歌，並以客家採茶場景作為敘事主體。這第一部的客語影片透過賴碧

2　關於臺灣臺語片的文化論述請參閱：黃仁著：《悲情臺語片》（臺北市：萬象出版
　　社，1994年），本書論及臺語片類型：「臺語片中的文學作品」、「取材社會新聞的刑
　　案片」、「戲曲電影篇」、「民間故事篇」等等，以類型作為臺語片文化意象的劃分。
　　另一位學者廖金鳳所著：《消逝的影像——臺語片的電影再現與文化認同》（臺北
　　市：遠流出版公司，2001年）則以文化符碼及再現體系作為論述焦點，對於本土電影
　　文化的符碼化及知識體系作論述上的辯證。

3　參見筆者客家委員會之研究計畫《客家文學電影與客家族群的影像再現》之相關論
　　述。成果報告參見客家委員會全球資訊網站 http://www.hakka.gov.tw/ct.asp?xItem=2757
　　3&ctNode=1878&mp=1869

霞的編劇，再現竹苗地區山歌的唱和，也留下珍貴的影音資料，值得進一步
探析。一九八〇年中央電影公司所拍攝《源》，此片改編自張毅所撰寫的同
名小說，則展現早期初民拓墾歷史，並開發臺灣第一口油井作為其敘事主
軸，牽涉到傳統儒家知識體系與現代性機械化之間華洋文化交鋒，頗值得深
入探討。一九八五年侯孝賢的《童年往事》則描述一九四九年之後「外省客
家敘事」，講述外省客籍族群世代之間的文化認同。本文試圖從客家文化，
以及族群傳播的觀點再探討七〇至八〇年代的臺灣電影，以剖析影像所呈現
的客家族群遷徙與文化認同經驗。此三部電影或承續民間山歌與客家文化，
或回溯客家拓墾與歷史小說，或描繪外省流離家族史與客家敘事之間的關
係，皆有跨界及互文之特質，故本文亦從各種不同文本之間的互涉、跨越、
交界之間開展其思考的面向及客家議題。

二　臺灣電影中的客家意象

　　臺灣在二〇〇四年與二〇〇五年由桃園縣文化局委託「桃園縣社區營
造協會」舉辦「客家影展」，先後放映十二部臺灣電影，從一九七三年《茶
山情歌》到二〇〇二年張作驥導演的《美麗時光》，主辦單位從「文化客
家」的觀點出發，選擇十二部或有客語發音、客家族群呈現，或者客家庄影
像，以影片內蘊有客家文化意涵者選入於此「客家影展」中。[4] 近來兩部客家
電影《插天山之歌》、《一八九五》，已有相當的客家意識，製作之初也以客
家歷史為主要敘事觀點，而且全片大多為客語發音，《插天山之歌》是黃玉
珊導演獨立製片，《一八九五》則是由官方行政院客家委員會所出資，這兩
部電影即為彰顯客家族群下製作的客家電影，一方獨立製片，一為官方色
彩，一為個人敘事，一為歷史大敘事，在即將跨入新世紀時，兩部客家電影
的對照比較實是一個值得深入探究的課題。本文並非認定其餘十二部電影就
是客家電影，因為其中《小城故事》僅有三分鐘客家大戲的片段，而《在那

4　十四部電影的相關資料及客家意涵，請參見本文附錄。

河畔青草青》只片段有客家庄的影像，再如《魯冰花》雖是改編自客籍重要作家鍾肇政的小說，可是整部電影並沒有凸顯客家意識，僅有部分片段呈現客家常見的產業——茶園。不過，透過這些電影可重新檢視臺灣影像對於客家族群、客家文化的再現。文化本身並非是有形可看見的，唯有透過再現的過程，文化才得以透過具體的形象顯露出來，而被認知，被建構。客家文化需要經由社群成員，透過行動及文本表述出來，以往在臺灣電影的論述上，缺乏對客家文化視角的關注，另外，影像工作者也甚少從客家意識、文化的角度去出發。但是在歷來的臺灣電影裡，我們可以窺見七〇年代、八〇年代乃至九〇年代，影像中所隱含的客家族群敘事，及客家文化意象與空間場景被再現出來，成為臺灣劇情片中對於客家文化的詮釋與建構。本文透過昔日臺灣電影對於客家族群及客家文化的呈現，可以了解臺灣電影工業在不同世代，不同的社會文化脈絡裡，影像對於客家傳統、族群形象是如何記憶？如何想像？又是如何建構？這些影片當然不乏大中華論述，及大中國意識，以及漢語強勢文化凌駕於客家意識之上，然而其彌足珍貴之處在於客家族群的歷史敘事，以及二、三十年前臺灣客家庄空間影像記錄。透過對臺灣客家影像再現的探討，上述的十四部電影（影展十二部再加上《一八九五》、《插天山之歌》），可以大略分為三個與客家文化再現有關的議題：

（一）客家文學與電影改編：客籍作家作品改編為電影

1. 鍾理和小說《原鄉人》與李行電影《原鄉人》
2. 鍾肇政小說《魯冰花》與楊立國電影《魯冰花》
3. 吳錦發小說《秋菊》與周晏子電影《青春無悔》
4. 鍾肇政小說《插天山之歌》、《八角塔下》與黃玉珊電影《插天山之歌》

（二）臺灣電影中的客家族群影像再現與歷史敘事

1. 早期客家族群的播遷與拓荒歷史：陳耀圻導演《源》
2. 日治時期客籍抗日英雄敘事：張佩成導演《大湖英烈》
3. 外省客家族群的敘事：侯孝賢導演《童年往事》、《冬冬的假期》
4. 客家族群五〇年代白色恐怖的歷史敘事：藍博洲《幌馬車之歌》與侯孝賢電影《好男好女》
5. 客家族群於一八九五乙未割臺的抗日事蹟：李喬劇本《情歸大地》與洪智育電影《一八九五》

（三）臺灣電影中的客家文化意象與客家空間影像：以新竹、苗栗、美濃為主

其中《茶山情歌》描繪茶園採茶配合山歌互為唱和的片段，以及公館五穀廟大拜拜的翔實影像紀錄，以及《青春無悔》再現美濃客家菸樓為代表。在這十四部電影裡，雖然有些電影的敘事角色並未刻意凸顯客家族群身分，但在影像空間的呈現上多以客家庄為主要敘事場景。影像裡客家文化意象呈現出苗栗、新竹、美濃客家的聚落與民居，以及人文特徵、族群互動、變遷與調整的軌跡。

概觀這十四部影片以客籍作家作品改編為電影，以及客家族群歷史敘事為主。鍾理和先生在一九五九年所創作的〈原鄉人〉，由李行導演於一九八〇年根據其作品拍攝成《原鄉人》，是一部講述文學家鍾理和的傳記電影。電影中的劇情情節是張永祥根據鍾理和的文集加上日記等資料改編而成，事後鍾肇政先生再根據電影劇本寫成《原鄉人》小說，而在鍾理和先生的小說創作裡亦有一篇作品名為〈原鄉人〉，此電影拍攝之前及之後所輻射出去的相關文本，彼此之間可謂形成互文的文本，形成互相參照指涉的現象。從鍾理和小說到電影《原鄉人》，並參酌鍾肇政《原鄉人》，我們可以再進一步探析臺灣客家人面對大陸原鄉的種種情意結。鍾肇政先生一九六〇年所作

〈魯冰花〉透過孩童的眼光所描繪的色彩世界，來挑戰成人的既定觀念，以及當時僵化的美術教育，其所改編成的兒童電影《魯冰花》（1989）亦成為深具教育意義的影片。吳錦發是成長於鄉土文學論述，隨著本土意識萌發而崛起的一代。[5] 其所創作的《秋菊》（1990）雖以愛情故事為主軸，但在其言情敘事底層，則以野菊形象來比喻客家族群流徙變化的文化認同，其敘事場景由城市到鄉村，其認同的視角從客家到福佬，從本省到外省，可視為客家族群認同的一個縮影。新生代導演周晏子在一九九三年將《秋菊》改編為電影《青春無悔》，拍攝場景選擇小說背景美濃鎮，而且大部分以客語發音，是臺灣電影史上客家影像的重要突破與嘗試。而最近的兩部客家電影則改編兩大德高望重的客籍作家文學作品，《插天山之歌》（2007）是改編自鍾肇政自傳小說《八角塔下》及同名小說《插天山之歌》，影片中有他在日治時期求學的親身經歷，以及抵抗殖民的意識。《一八九五》（2008）則改編自李喬《情歸大地》劇本，由官方支持拍攝，將原先李喬作品中黃賢妹的視角，改為以吳湯興、姜紹祖為主，加上原住民、閩南人共同抵禦日本接收臺灣，營造族群合作抵抗帝國侵略的想像共同體，並嘗試拍攝出客家大敘事的史詩電影。

　　臺灣電影呈現客家母語及客家族群形象，侯孝賢的《童年往事》描述一群外省籍客家人族群認同流動的文化經驗，影像呈現出第一代的國族認同與第二代國族認同之間的變化。《冬冬的假期》則是描繪出客家人的形象與記錄苗栗縣銅鑼的鄉土影像。侯孝賢導演在一九九五年的作品《好男好女》取材自客籍作家藍博洲的《幌馬車之歌》，其文學作品是述說一群在白色恐怖陰影下被遺忘的客籍青年，從湮滅的歷史裡重新建構被消音被迫害的受難者，侯孝賢的電影重新改編角色，以現代的年輕人與歷史中的青年對話，現實與過去虛實交錯的電影剪接手法，拍攝成《好男好女》。綜合上述所言，歷來臺灣電影在客家族群上的呈現擺盪在大中國論述、臺灣意識、客家文化

5　彭瑞金：〈應是屬於荖濃溪的作家──吳錦發〉，收錄於《吳錦發集》（臺北市：前衛出版社，1991年），頁303。

之間，往往客家族群的聲音及文化被抑制與壓縮。九○年代之後客家影像呈現較大的突破，《青春無悔》嘗試以美濃在地化客家意識及客家視角去呈現客家族群在現代生活的處境及認同危機。而《插天山之歌》、《一八九五》更直接標舉為「客語電影」，顯見其客家意識與文化之彰顯。

在解嚴前後的這段時期，正值各種文化思潮及新舊意識形態不斷的交鋒辯證，臺灣的文化場域糾葛著複雜的家國認同，以及族群、階級、性別的種種差異，還有現代化生活裡離鄉背景的疏離感，對商品消費的空洞感，交織在八○年代之後的文化語境中。但是此種多元而豐富的當代文化現象，作為學術研究分析的對象時，往往對於福佬族群著墨甚多，但對於客家文化的關照相對不足。本文試圖在七○至八○年代擇取三部電影作為深入討論的文本，探索臺灣電影如何在不同時代脈絡，對客家影像有不同呈現，時代氛圍及社會環境對於導演、編劇等影像工作者有不同的文化刺激，對於客家文化的詮釋遂產生不同的文化視角。本文的研究範疇以附錄所示的十四部電影為出發點，以六○至七○年代最早的客語電影《茶山情歌》，七○年代末期至八○年代初的電影《源》，八○年代臺灣新電影時期的《童年往事》為例，探討臺灣客家影像在不同世代影像創作者如何再現，如何詮釋客家文化意象。

三　客語文藝片：賴碧霞《茶山情歌》

臺灣第一部以客語為主，表現客家歌謠與庶民生活情景的電影《茶山情歌》，由雷文、賴碧霞[6]所製作，於民國六十二年（1973）上映。其電影劇本的創作，主要由賴碧霞口述，彭雙琳寫稿，並商請導演劉師坊執導，彭嘉

6　賴碧霞，1932年出生，祖籍廣東，為竹東橫山大山背人，自光復後第二年起，開始學唱客家山歌，曾任新竹、苗栗電臺的廣播播音員，畢生致力於客家民謠山歌的演唱，並對客家民歌之蒐集、保存記錄、推廣、教學傳承等工作投注頗多心力。其編寫之歌詞以客家山歌及民謠小調貢獻最多，內容貼近常民生活。以其獨特嗓音，贏得國寶級「山歌皇后」之美譽，並於2008年獲客家終身貢獻獎。參見陳怡君編著：《山歌好韻滋味長：賴碧霞與她的客家民歌天地》（桃園縣：桃園縣文化局，2007年）。

艷、張貞國、黃銘輝領銜主演，[7]賴碧霞亦在影片中飾演男主角宏彬的母親。幕後配音主唱有賴碧霞、游春蘭、曾桂英、許學傳，合力演唱多首膾炙人口的山歌。此部影片與客家山歌密切相關，山歌以口傳方式傳唱於山野之間，大抵是喜好唱歌之人在山野間自娛娛人的消閒遣興，清中葉之後，臺灣北部客家人在桃、竹、苗陸續形成客家聚落，客家山歌遂開始傳唱。「山歌」一詞泛指庶民百姓在村田鄉野間所唱的民間歌謠，其意涵與「歌謠」、「民歌」、「民謠」實異名同義，而其最早的形式可追溯至古典詩詞中竹枝詞的形制及內涵。白話的山歌歌詞通常產生於中下階層平民百姓，保有庶民生活體驗，及趣味橫生的俗諺、口頭語，並隨興的創作，而有各種不同的版本，並隨時代變遷保持其活力與感染力。曾永義教授曾對歌謠類別提出「論歌謠類別，則有山歌、小調兩大類。小調以其曲目見分野，山歌以其腔調為畛域。」[8]故山歌有鮮明的地方特色，以及隨腔轉韻的靈活性，反映中下階層百姓的情感，具有純樸、機智、開朗、逗趣的特色。

本片敘事主線以一位大學畢業生宏彬（劇本原稿為鴻彬）從城市回到故鄉展開，由於宏彬對收集民謠有興趣，一心想推廣民謠，再加上想暫時避開父母媒妁之言所要進行的婚姻大事，所以從臺北回到故鄉苗栗，進行蒐集客家民謠，採集民俗文化的工作。在鄉野間與廟會二次邂逅少女美華，村中青年阿呆暗戀美華多年，發現宏彬與美華愛苗滋生，遂憤而夥同朋友阿明、阿狗，將宏彬打落山崖，幸好美華輸血相助，緊急送醫治療，經由美華的悉心看護，二人朝夕相處，墜入情網。病癒後，宏彬奉父母之命回臺北相親，美華知悉後，誤會宏彬移情別戀，幸而經過雙方父母的協調，兩人誤會冰釋，最後有情人終成眷屬。本部片融合客家風情、山歌唱和、閩南歌曲配樂以及通俗的言情片等元素，混融客、閩多元音樂曲風及影片類型。

本片的開拍緣起於賴碧霞於一九五〇年代為鈴鈴唱片錄製客家民謠唱片，類型廣泛，包括勸世文、民謠小調、相褒對答、笑科劇、三腳採茶戲、

7　同前註，頁80。

8　參見曾永義：《俗文學概論》（臺北市：三民書局，2003年），頁604-605。

客語四句聯等等。其中一九六三年錄製的客家傳統民謠《茶山情歌》唱片，由賴碧霞與明朗（呂金守）對唱的閩、客語混合笑劇（按：唱片上標名為「客家採茶歌劇」）相當賣座，由於這張專輯的廣大迴響，使賴碧霞有製作成電影《茶山情歌》的構想，[9]於是在一九六五年她以此專輯為底本，編寫客語電影《茶山情歌》，以苗栗公館五穀廟及頭屋茶山為拍攝場景。整齣電影劇本，主要由賴碧霞口述劇情內容，彭雙琳協助編寫劇本及歌詞。劇中有多首山歌，其歌詞內容主要配合劇情需求，其歌詞旋律以〈平板〉、〈山歌子〉為主，另加上〈桃花開〉等客家小調。陳君玉在〈臺灣歌謠的展望〉評析臺灣客家山歌：「山歌大抵是好唱、能唱的人，在心有所感之下，率直編唱出來歌曲。採茶和相褒性質相近，前者是以客語唱出的字音，後者則要兩人對等唱和。山歌、採茶、相褒傳自大陸，流入臺灣後脫胎換骨而鄉土化，所唱的字音隨方言自由轉變，不受拘束，音韻也流露出自然的鄉土美，心靈口巧的人都能隨心所欲自由暢唱。」[10]此片亦呼應當時六〇至七〇年代地方性客家民謠比賽的盛況。一九六〇年代，苗栗地區舉辦了數次全省性客家民謠比賽，引起民眾廣大的迴響。一九六三年的比賽於苗栗廣播電臺音樂臺舉辦，每人需準備兩首歌，一是指定曲，一是自選曲，指定曲由苗栗栗社詩人賴江質出題：

> 十五夜月十分光，民謠比賽在苗疆，好音鼓吹中興兆，中廣臺前意氣揚。
> 月到中秋份外光，月圓花好春無疆，民謠唱出中興頌，老少安懷四海康。

參與比賽者在指定曲上，必須另編一首歌詞，來與上述歌曲「應和」，也就是「對山歌」之意。[11]客家山歌與文學上的聯繫，在於其編作歌詞時注意客語音韻，並關照到詩律與詩格，客家山歌三大調（老山歌、山歌子、平板），

9　參見鄭榮興、蘇秀婷、陳怡君：《賴碧霞客家民謠藝術》（臺中市：文建會文化資產總管理處籌備處，2010年），頁10。

10　轉引自莊永明：〈臺灣歌樂的諍友〉，《臺灣百人傳》（臺北市，時報文化，2000年），頁17。

11　參見鄭榮興、蘇秀婷、陳怡君：《賴碧霞客家民謠藝術》，頁48-49。

其詩的句數字數，多以四句七言二十八字的形式為主，偶有混合四言、七言的情形。在修辭學上，多以同音異字等諧音，或者同音異義等手法表現雙關語或比喻。賴碧霞曾指出：「客家民謠是一種口頭文學，是語言表達，用喉音形成的文學，對事、物、景、覺、想、歷史等用音表現出來，其中情歌大部分都用雙關語來表達，所以歌詞裡常出現有諧音、同音異字、隱喻，或雙關語，即是用某種事物來影射出別種意義，所以很多有涵意的歌詞會使人入迷。」[12]除了民間俗文學對於山歌的影響，以及一般印象中「哥與妹對唱山歌」之傳情達意外，臺灣本地的客家山歌還常穿插「抗議」、「諷刺」、「挖苦」等意涵。《茶山情歌》的山歌片段即融合臺灣客家山歌裡的「相褒對答」、「笑科劇」。一九五〇年代初期，茶園工作還很盛行「相褒對答」的演唱，由採茶姐與採茶工之間的對唱，或者跑江湖的賣藥團以機智口才和觀眾即興「對答」。「笑科劇」裡幽默逗趣的詼諧風格，與三腳採茶戲裡的「棚頭」有異曲同工之妙。[13]

影片安排一位從臺北到鄉下收集山歌資料的知識份子宏彬，他帶著相機作採風式的紀錄，這個角色象徵臺北看天下的視角，相機的景框則帶著觀光客的凝視，[14]加上他到處蒐羅客家山歌的資料，可詮釋為知識系譜中人類學風俗學的田野調查。故影像鏡頭帶有旅行者的目光以及民俗學的知識建構，也象徵臺灣現代化的視角考察苗栗頭屋茶山地區的風土民情與山歌文化。透過宏彬的視角引領觀眾欣賞茶山風光，苗栗公館鄉五穀廟大拜拜的盛況，以及山歌對唱。《茶山情歌》有三個主要的山歌場景大致上都是一唱一和，對山歌的情況，以下分述幾個主要的山歌唱和影片片段：

12　參見賴碧霞：《臺灣客家民謠薪傳》（臺北市：樂韻出版社，1980年），頁29。

13　參見鄭榮興、蘇秀婷、陳怡君：《賴碧霞客家民謠藝術》，頁81。

14　John Urry 所著：《觀光客的凝視》（*Tourist Gaze*），分析旅行中看的意義，此種凝視是種生產性、創造性的行為，正是旅行者的凝視創造想像中的「他者」，此種凝視帶有權力的欲望，所塑造出的他者滿足旅行者對世界的理解和對自我位置的安放，也生產出旅遊地的種種標誌符號。參見 John Urry, *The Tourist Gaze*, Sage Publications Ltd., 2002.

第一個主要場景是茶園：採茶妹與宏彬、阿呆

> 阿呆：人影未到大門前，額頭先到大廳邊，
> 　　　舊年一點相思淚，至今流未到臉邊。

> 小玲：看哥滿面似文章，亂打圓圈不計行，
> 　　　昨夜在介花下過，黃蜂錯認舊家鄉。

原本客家民謠乃隨口唱來，在田野間工作的茶農、牧童，為了解悶忘憂，看到採茶女便唱歌逗她們，而擅於山歌的採茶女也不甘示弱的對唱反擊回去，此便是「對山歌」，傳唱於廣東、廣西一帶的劉三妹就是非常擅於唱「對山歌」，使她成為唱山歌採茶妹的代稱。此種對山歌的歌詞大多是無傷大雅的挖苦或嘲諷。[15]在電影中穿插知識份子宏彬來到茶園收集資料，採茶女們輪番上陣與之對山歌，視為以山歌來「單挑」。

> 春蘭：遠看一個讀書哥，行前來看像豬哥，
> 　　　夜裡關在豬欄內，日裡出來滿山搜（尞）。

> 宏彬：阿妹摘茶唔摘茶，煩惱少爺係誰齊（家）。
> 　　　阿哥姻緣無傷（你）份，了跌（忒）人工摘無茶。

> 小玲：阿哥生來唔成猴，可比深山枯樹頭。
> 　　　一下斧頭一多片，小妹看到無貪頭。

> 宏彬：阿妹唔俠假真經，阿哥唔係那種人。
> 　　　小姐可比瘦猴肉，阿哥可比食齋人。

這類山歌大多以〈老山歌〉曲調來演唱，古代在兩山頭之間要互傳歌聲，你一來我一往的對唱，其音要牽拉得較長，故需要以老山歌來「牽聲」，以原

15　參見郭坤秀：《桃竹苗客家山歌研究》（臺北市：文化大學中文研究所碩士班，2004年）。

音真聲唱得高亢而綿長。影片中兩相對歌，採茶妹努力挖苦嘲諷宏彬這個讀書哥，宏彬則將之轉為「交情歌」，古以歌謠來傳達心意，並試探對方，如宏彬唱道：「阿妹摘茶唔摘茶，煩惱少爺係誰齊。阿哥姻緣無傷（你）份，了跌（忒）人工摘無茶。」歌詞意指採茶阿妹不專心摘茶工作，煩惱那個少年郎是誰？這個少年郎的姻緣沒有你的份，阿妹白白思春，浪費了採茶勞動力，摘不到茶。接著小玲唱道：「阿哥生來唔成猴，可比深山枯樹頭。一下斧頭一多片，小妹看到無貪頭。」則以這個少年郎是個浪蕩子，如同深山枯樹頭，斧頭砍下散成片，無法成材，採茶妹根本沒有什麼好處，意指對阿哥根本看不上眼。此處一來一往，以「相罵」或「交情」歌謠以挑戰或競技的方式輪唱，直到對方辭窮，有時夕陽已西斜，大家已要收工，即相約明天繼續「拚歌」。這番輪唱下來，宏彬占得上風，其他採茶妹央求最會唱山歌的美華下場與之對歌，一拚高下。

宏彬：千里姻緣一線牽，月光按靚月半天。
　　　阿妹可比大河水，肚渴怎得到河邊。

美華：隔山打鼓不知音，汶水不過唔知深。
　　　新買鍋子難則水，唔知阿哥那樣心。

宏彬：阿妹有情哥有心，鐵尺磨成繡花針。
　　　阿妹係針哥係線，針行三步線來尋。

美華：水子汶汶等到鮮，石頭按（恁）硬摧到綿。
　　　萬般事情心莫急，黃藤上樹慢慢纏。

宏彬的第一句「千里姻緣一線牽」從互相拚場，挖苦嘲諷的對山歌，到訴說情意的對情歌，阿妹比作大河水，內心的渴求需要感情的滋養，而美華的唱詞則以隔山打鼓不知音，不過汶水（混濁之水）不知多深，新鍋子不知裝多少水，如同不知阿哥是否真心誠意？最後宏彬以針線比喻兩人的情苗滋生，妹有情而郎有心，確定追求的心意。美華則以混濁的河水要等到清澈，石頭

很硬要捶打到如粉狀，都需要時間的付出，萬事莫心急，感情要如同黃藤上樹慢慢纏，才能穩固又緊密。幾段的山歌呈現民間文學裡取材日常生活及自然景物來作譬喻。男女主角因對唱山歌而開展一段情緣，此影段茶園的對山歌，乃客家民謠裡典型的結構，用「相罵歌」起始，由「交情歌」作結的劇情。

第二個唱和山歌場景，影片裡安排幾段在醫院裡，主要角色與醫院的病患在花園散步，彼此「和山歌」的唱和情景。以彰顯山歌在日常生活中抒情之作用。醫院診所內二人至三人輪番接唱：

> 美華：花園池內蓮花紅，也有蝴蝶並蜜蜂。
> 　　　有緣千里來相會，無緣對面不相逢。
>
> 宏彬：對面看到蓮花紅，想愛採蓮路難通。
> 　　　誰人出心做條路，給咱早日好成功。

第一段是男女主角接續茶園的邂逅，在醫院中美華為護士，悉心照料被惡霸打傷的宏彬，兩人互唱情歌以訴衷腸，以採蓮作比喻，此是山歌常用的同音取譬，蓮有「憐惜」之意，亦有「連結」之喻意，傳遞男方希望能早一日贏得芳心，共結連理。接著醫院療養的病患及採茶妹春蘭等也加入一同對唱，旁邊則有許多觀眾一同欣賞同樂。

> 病患：正月思戀正思戀，打扮三妹，打扮三妹，打扮三妹過新年。
> 　　　打扮三妹來飲酒，杯杯飲乾，杯杯飲乾，杯杯飲乾過新年。
>
> 美華：二月思戀正思戀，打扮三妹，打扮三妹，打扮三妹入花園。
> 　　　打扮三妹花園嬉，手攀花枝，手攀花枝，手攀花枝望少年。

歌詞中的三妹，即是指擅於唱山歌之劉三妹，正月時節打扮光鮮過新年，春天時節思戀歌，入花園遊玩手攀花枝，代表春華正茂，也代表期盼愛情，故「手攀花枝望少年」。接著病患先生與春蘭合唱有關病子之歌：

> 春蘭：正月裡來新年時，娘今病子無人知。

病患：阿哥問娘食什麼，愛食豬腸炒薑絲。

合唱：食什麼，炒薑絲，愛食豬腸炒薑絲，（啊喲）炒薑絲。

病患：二月裡來是春分，

春蘭：娘今病子亂昏昏，

病患：阿哥問娘食什麼，

春蘭：愛食果子煎鴨春。

合唱：食什麼，煎鴨春，愛食果子煎鴨春。

歌詞內容是在談女性懷孕時特別想吃什麼東西，女性懷孕俗稱「病子」，為了孕育下一代，因而身體有很大的變化，懷孕期的不適，飲食的改變，特別想吃客家風味的菜餚。另外，歌詞傳遞出阿哥殷勤的關心問候，娘子身體及口味的變化，也傳達出夫妻之間的恩愛情意。不過放在電影片段中是在醫院療養院中，採茶妹和病患兩人一時興起對唱山歌，或許也藉「病子」擴展對所有病患的關心，讓療養中的病人開心。

　　一九七三年所製作的《茶山情歌》，除了主要以山歌來貫穿整部影片，達到發揚山歌文化的功效外，在當時臺語片、國語片盛行年代，此客語片獨樹一幟，在客家鄉親中獲得很大的迴響，片中主唱賴碧霞等人也隨片登臺，到臺灣各地巡迴演唱山歌，宣傳電影《茶山情歌》。根據賴碧霞的回憶：「《茶山情歌》是臺灣第一部客語電影，因此在客家庄上映也特別賣座，當時票房更勝過邵氏公司出品，由樂蒂、凌波主演的黃梅調電影《梁山伯與祝英台》。」[16]當時臺港之間文藝活動互動頻繁，電影工作人才常互動交流，根據筆者的蒐羅，香港邵氏公司也曾有袁秋楓導演的《山歌姻緣》，及羅臻導演的《山歌戀》。此種影片的拍攝是以當時風行的音樂片類型為主，一首首山歌的對唱與回應串連起一段情感故事。但當時香港公司為了獲得臺灣影片配額，大多製作「國語影片」，所以這兩部邵氏電影雖以山歌為名，但全片是

16　參見徐亞湘：《賴碧霞客家山歌專題研究計畫及影音保存計畫》（桃園縣：桃園縣文化局，2004年），頁18。

國語配音，男女主角歌曲皆以國語演唱，歌曲形式也多為小調。相較之下，《茶山情歌》則為原汁原味的客家山歌，故當時《茶山情歌》影片票房賣座，與邵氏公司所製影片相比，其受觀眾歡迎的程度，可謂不相上下。

　　從影片類型來剖析《茶山情歌》，它一方面是擬仿香港歌舞音樂片的形製，以山歌對唱生動捕捉客家文化，另一方面則擬仿臺語片通俗劇與愛情文藝片的混合模式。一九五〇至一九七〇年代臺語片盛行，臺語電影因其與庶民社會的親近性，捕捉到了臺灣社會經歷現代化時在倫理、道德價值觀、意識形態上的擺盪與掙扎。一九五〇至一九七〇年代不論是臺語片或國語文藝片其類型都接近於西方的通俗劇。[17]在文藝片的類型混融於日治時期，以及五四以降的文藝意涵，後與言情敘事通俗劇合流，形構成電影的文藝模式。臺灣電影脈絡下「文藝片」包含「家庭倫理片」與「浪漫言情」兩個次類型，而美國電影的通俗劇類型在敘事上則也少不了家庭元素。臺語電影的文藝片在敘事上兼具倫理親情與浪漫言情兩大敘事軸線，事實上與美國通俗劇電影頗有互通之處。[18]這部客語片則結合臺語文藝片與通俗劇常有的兩個主軸「家庭倫理」與「浪漫言情」，並融入臺灣社會面對現代性的議題。主角宏彬大學畢業，父母想要以「相親」方式促成婚事，但影片則以山歌唱和再現兩段自由戀愛（宏彬與美華，春蘭與阿呆），宣告著傳統媒妁之言的退場，現

---

[17] 文藝片援引通俗劇（melodrama）類型慣例，並更鮮明地寓言化（allegorize）了面對資本主義現代化在追求慾望上的挫折及道德上的含糊曖昧。如同紀登斯（Anthony Giddens）所言，現代性在本質上的「反思性」（reflexivity）破壞、顛覆了理性，造成了不確定性、斷裂性與動盪感。在現代性要素的新資本主義秩序下帶來了階級劃分、階級剝削、失業等不同於過往封建制度的狀況。通俗劇先是讓好人被無法控制的力量綁縛、脅迫造成衝突，藉此刻畫現代性下的惡劣環境和不安全感，最後再以建立一個善惡分明的烏托邦的再神聖化過程（resacrilization）來化解。Thomas Elsaesser、Peter Brooks 等學者皆指出通俗劇是資本主義現代化的產物。參見 Ben Singer,*Melodrama and Modernity:Early Seensational Cinema and its Contexts*, New York: Columbia University press,2001.

[18] 文藝片與通俗劇相同之處：感傷力（pathos）、折騰人心的戲劇張力（overwrought emotion）、道德價值觀的極端化（exaggerated moral polarization）、煽情的官能主義（sensationalism）等。同前註。

代戀愛模式的自主性。女主角原本為茶園的採茶妹，接受護校教育之後選擇護士的職業，也傳達客家女性工作不僅止於傳統採茶工，也可選擇現代化的職業。在言情敘事上兩段自由戀愛，春蘭與阿呆是自然山野裡發乎情的純樸情感，其山歌的對唱，歌詞也較質樸無華，如：

> 春蘭：山又明（喲），水又清，山明水秀好風光（哪噯喲）。
>
> 　　　阿哥牽牛，妹採茶，（合唱）實在真快樂。
>
> 春蘭：阿呆哥。
>
> 阿呆：叫我做什麼。
>
> 合唱：快樂，快樂，真快樂，兩人好情意，好情意。

兩人的唱和詞意淺顯，傳達一般百姓於山林田野間自然情意滋生。而他們兩人出現的場景空間則與鄉土意象緊密連繫，影像上兩人對唱情歌時：阿妹採茶，阿哥牽牛，意象呼應鄉土符號。此類符碼呈現客家鄉土庶民自然生發之情感，田野鄉情，生育繁衍，全任天然。相對而言，美華與宏彬的戀情則有較複雜因素糾葛，牽涉更多現代性的意涵，包括一是鄉下女孩，一是城市青年，有城鄉差距。另一兩人的家世背景、身分學歷也有差異，宏彬大學畢業，出身臺北中上階級家庭，影像呈現居家裝潢較為西化，客廳有鋼琴，西式桌椅茶几，顯現為城市時尚的消費型態。美華護校畢業，出身苗栗貧瘠鄉村，居家則為一般傳統客家圍屋，大廳是供奉神明與祖先之處，屋外尚有成堆柴木，顯示其生活形式及空間為農家田園。兩人共同興趣是在收集山歌，唱山歌，透過對唱山歌而愛苗滋生（文藝元素），最後美華提出一個條件才答應宏彬的求婚：收集山歌出國競賽，有所成就，才能回鄉娶她。影片結局男主角的父母來到美華家，告知宏彬其山歌資料已獲得國際認同，並贏得比賽，為國爭光，他們向美華父親提親，以比賽獎金下聘，同意宏彬迎娶美華，有情人終成眷屬。影片結局將家庭倫理與言情敘事綰合在一起，在不違背雙方父母之命下，完成戀愛結婚的終身大事，此乃通俗劇慣有的結構，影片雖呈現資本主義下現代性的矛盾與問題：如傳統婚姻與自由戀愛，城鄉差距與階級身分差異，但通俗劇並未真正揭露社會問題，最終仍服膺於倫常秩

序之下，並輔以鄉野山歌的文藝價值及為民族國家爭光等微言大義，形構出臺灣文藝片的特色。

《茶山情歌》這部拍攝於一九七三年早期客語片，將當時竹苗地區的茶園風光，以及當時客家人在採茶時對唱山歌的民情風俗，透過一位知識份子外來的眼光，以照相機之眼作了質樸影像的紀錄。觀眾隨著宏彬的目光一遊茶山風光，聆賞多首山歌，在兩段戀情呼應著自主婚配的現代性議題，在男女主角兩者階級身分，知識位階差異下，透過一首首山歌的吟唱，知識份子珍惜質樸山歌文化的保存與紀錄，並體認其民間藝術的價值，一如珍愛女主角以及所連結的鄉土情感，並借喻著山歌文化出國比賽得獎，也扣連當時國家文藝政策下發揚固有文化之精神，使得山歌／國族，鄉土／女性之間的符碼互喻形成同構的關係，在主角宏彬愛鄉土文化如同愛上採茶妹，並要肩負民族使命將山歌發揚光大。這部《茶山情歌》的探析讓我們得以一窺客家山歌文化，以及它連結臺灣文藝片特有的言情敘事結構，在言情之外融入家國文藝政策以及鄉土符碼。

四　原鄉意象：陳耀圻《源》

原鄉意象往往包含豐饒的土地意象，而傳統上大地之母的意象，即傳遞出母土與母性、鄉土等意象、意涵的重疊。回鄉象徵回歸安全家庭，回歸母親溫暖懷抱。正如張寧對原鄉的闡釋：

> 原鄉往往是一種被對象懲惡了的複雜的情感意象──它是家、是祖先流動的血脈，是一種根植在每一個「原鄉人」生命中的文化記憶，也許用佛洛伊德的觀點來看是一種回歸母體欲望的象徵。[19]

---

[19] 張寧：〈尋根一族與原鄉主題的變形──莫言、韓少功、劉恆的小說〉，《中外文學》第 18 卷第 8 期（1990 年 1 月），頁 155。

此種追溯本源、回歸鄉土的渴望，透過時空距離在原鄉作品裡的重要性，束縛、壓抑、困苦等負面印象被美化或排拒於書寫之外，而溫馨、美好的一面則成為作家構築原鄉世界的素材，起著撫慰心靈的作用。原鄉作品的書寫是取他鄉的經歷史回看故土的一切，從而用選擇性的符碼構築原鄉的意象。此種選擇性的符碼所建構的鄉土，早已不只是地理上的故鄉，更隱含作者追溯生命本源、尋找生活意義、重建人間倫理的理想。[20]

「懷鄉」不只是空間上對生存地域的認同，有時更是一種時間上追本溯源的渴望。這種渴望擴大而言，是對家族血緣的追溯、對祖先的懷想。此外，懷鄉常表現為童年鄉土經驗的懷想，對個體生命起源的追尋。陳玉玲〈女性童年的烏托邦〉認為，童年記憶歷經時空距離與反覆書寫，已構成隔絕於成人現實世界的心靈烏托邦。[21]隨著歲月流逝與不斷反芻，童年的鄉土遂成為作家內心深處純潔的淨土，而傳統文化價值也成為作者生活觀照的源頭。

電影《源》（The Pioneers），拍攝於一九八○年，由王道、徐楓、石雋、林月雲、周丹薇等人主演。本片是根據張毅連載於《新生報》的同名小說改編而成的，描寫一百多年前，由大陸渡海來臺的移民，攜手同心、闢疆拓土的血淚故事。《源》本身即有尋根溯源之意，講述先民拓墾彰顯臺灣連結大陸，同為中華民族共同體之意涵，是中影公司第一百部作品，投資最大，耗時最久的鉅片之一。演員王道將戲中男主角演的入木傳神，徐楓更把中國婦女堅貞賢淑的形象表現得栩栩如生。影片的技術和內涵都值得稱道，因而被影評人協會評為年度十大佳片第二名。民國六十八年中影與外國展開合作。陳耀圻以六千萬元鉅資拍攝《源》片，引進日本技術，聘請歐美著名演員約翰‧菲力普勞等參加。[22]當時有幾部電影是以尋根探源的敘事視角呈

20　王德威：〈原鄉神話的追逐者——沈從文、宋澤萊、莫言、李永平〉，收入《小說中國》（臺北市：麥田出版社，1993年），頁249-277。

21　陳玉玲：〈女性童年的烏托邦〉，《中外文學》第25卷第4期（1996年9月），頁104-106。

22　參見臺灣電影資料庫 http://cinema.nccu.edu.tw/cinemaV2/film_show.htm?SID=2795，檢閱日期2011年5月2日。

現。諸如：《唐山過臺灣》、《源》、《香火》、《原鄉人》等片，《源》片及《香火》均在意識型態上肯定臺灣與大陸之血緣關係，同時肯定早期移民之貢獻。[23]

　　《源》影片敘事情節按照時間順敘，描述大陸人民橫跨驚險黑水溝移民到臺灣的歷程。清朝有大量的閩粵居民遷徙至臺灣，至乾隆年間，移民人口漸多，因而產生土地資源缺乏與分配不均之問題，在經濟利益及文化衝突下，閩客衝突及械鬥時常發生，概據史料記載，在下淡水地區，高達十二次。[24]影片描述客家人來到臺灣，懷抱著對海上蓬萊仙島的想像與寄望，先在北臺灣登陸，由於平地的土地資源有限，因而前往其他偏遠地區拓荒。在臺灣早期移民史，由於土地的開墾客家人與閩南人、原住民產生糾紛，在臺灣北、中、南皆有劇烈的衝突。《源》改編自張毅同名小說，描述早期客家先民來臺，前往山區及偏遠地帶墾殖的歷程，以及與閩南人、原住民等族群之間的衝突。此部拓荒敘事以廣東客家人吳琳芳開墾並發現石油作為主要敘事軸線。今筆者檢閱「淡新檔案」，發現此敘事乃來自於歷史史實，根據史料所云：

> 竹南二保芎蕉灣雞瓏山腳墾戶吳琳芳戶丁吳永昌為強霸祖業，擁塞泉油，號天給示諭止，以免滋鬧事。昌先祖吳琳芳，咸豐年間給墾，與隘夥邱大滿開闢出礦坑白石下一帶山場，內有天地生成泉油三窟，每日計出泉油六十餘斤。[25]

---

23 民國五十至六十年代（1960s-1970s）是政宣電影盛行的年代，所謂「政宣電影」，就是主政者將電影當宣導政策，啟迪民智的工具。根據黃仁的研究，二二八事變後，因為政府極須溝通本省人與外省人之間的感情，強調本省人的祖先都是從大陸移民，因而政府發動各公營片廠，多拍「尋根電影」，於民國六十九年拍攝完成的「源」片，也是在這波政宣電影風潮下所產生的。參見黃仁：《電影與政治宣傳》（臺北市：萬象圖書公司，1994年）。

24 參見徐正光編：《臺灣客家族群史──社會篇》（南投市：國史館臺灣文獻館，2002年），頁15-116。

25 參閱淡新檔案ntnl-od-th14408-019：「（一四四〇八。一九）。墾戶吳琳芳、戶丁吳永昌為強霸祖業，擁塞泉油號天給示諭止以免滋鬧事（竹南二堡墾戶吳永昌稟委員蔡崇光

檔案記載吳琳芳的後代吳永昌上書給當時的縣吏，闡明先祖拓墾之辛勤，並得到邱大滿等人的協助，在出礦坑白石下一帶山場，開採出泉油三窟，然近日受到蔡崇光等人糾集洋人黨眾將泉口堵塞，希望上位者能予以協調排解，以免聚眾滋事。張毅於一九七九年《臺灣新生報》連載小說《源》，即以此史實為依據，鋪陳為一部長篇鉅構的廣東客家移民拓墾小說，小說書寫的形構與策略，即呼應自七〇年代鄉土文學中對於懷鄉尋根的訴求，然而與五〇、六〇年代國家右派文藝中的反共懷鄉文學又有不同的思考路徑，小說主角吳霖芳雖追本溯源，其先祖乃來自於廣東嘉應州，但來到臺灣開發拓墾，在苗栗開發石油之「源」，最後在臺灣開枝散葉，其鄉土文學的意涵在此展露，扭轉懷念大陸的「原鄉」，轉而關懷臺灣在地的歷史與鄉土民情。張毅的小說與此段史事記載成為中影電影《源》一片主要的敘事題材，取材於真實人事物，也使電影具備歷史敘事大片的雄心。主角名字由史實的吳琳芳改為同音異字的吳霖芳，文本敘寫改編史實的轉化中，雖取材於歷史但又添加許多作者的虛構與想像。[26]

小說與電影的敘事主線相近：主角吳霖芳上山開墾，來到今日苗栗一帶，由於當地原住民常與漢人發生嚴重的衝突，原住民「出草」祭祖靈的文化信仰令漢人膽顫心驚，因此為了與原住民保持友善，透過通譯邱苟的協助，以付墾租的方式，達成與原住民之間的協議。吳霖芳與屯墾居民一同搭建具守備功能的石頭圍牆與柵欄，使得移民於此的客家族群得以安居及進行拓墾，此地也因而得名為「石圍牆」。今在苗栗縣志中有〈石圍牆記事〉亦能獲得史料上的證實。在影片中所搭建的移民屯墾聚落即名為「石圍牆」，據考證乃為今日苗栗公館石牆村（訪查當地居民仍習慣稱之「石圍牆」）。[27]

糾引洋人黨眾塞泉請縣給示諭止）」。成文日期：光緒7年10月17日（1881年）。

[26] 史料記載其人物名為「吳琳芳」，但張毅在創作小說，以及後來中影根據小說所改編的電影皆命名為「吳霖芳」，本文在討論小說及電影文本時，依據作者的創作及影片字幕皆作「吳霖芳」。

[27] 筆者於2006-2007年曾執行行政院客家委員會計畫，引領學生一起從事客家影像的研究。當時考證出石圍牆即為公館鄉石牆村，當時所建的柵門與石牆，柵門已無跡可

從此之後，吳琳芳與移居的客家族群在石圍牆的保護下，開發偏遠而貧瘠的
土地，男性勤奮農作，女性則嘗試織布藍染的技術。在開發土地的過程裡，
吳霖芳發現一種神奇的黑水，一點火即會燃燒，通譯邱苟教導他這種黑水的
用途，並告知此為「地油」，「三步之內，一點火苗，它就起火」。吳霖芳上
書清朝官吏以進行開採，地方士紳杜老師借閱古籍《天工開物》，以及西方
洋人工程師的技術，成功地鑽取臺灣的第一口油井。《源》一片中發現火油
的番界即位於今日苗栗後龍溪流域的「出磺坑」（又名為「出礦坑」）。

　　《源》片除了尋根敘事作為情節主軸外，對於當時客家人與原住民之間
衝突，以及清末進入現代化的進程皆有所觸及，東方傳統與西方現代化之
間，漢人與洋人之間的衝突，透過要運用西方技術鑿井的過程，呈現出來。
由於土地資源有限，當漢人入侵到原住民的地域時，往往發生劇烈的衝突
事件，而原住民以血祭祖靈之「出草行動」，亦令漢人畏懼，不敢越雷池一
步。吳霖芳在無意間發現「地油」，即位在番界，當他越過番界採油時，周
圍原住民突襲，幸得通譯邱苟的協助，使衝突不致擴大。在清末原漢之間的
衝突層出不窮，在此我們可看到客家拓墾歷史過程，原客之間的糾葛及爭
鬥。另外，影片描述開採石油的艱辛過程，除了面對原住民的襲擊，如何鑽
取石油是另一項重大的挑戰，影片呈現主角請教地方有識之士，並參閱古籍
《天工開物》，了解古人即有此鑽取之智慧。影片後半段主角借重外國人的工
程技術，並呈現外國洋技師及其女友，來到臺灣生活磨合的過程。一開始暴
雨傾盆，牛車陷落泥中，動彈不得，似乎喻示著從西方的馬車到臺灣的牛車
之間，外國人與漢人文化格格不入。洋人開放的風俗不為東方保守傳統所接
納，再加上對於漢人民情風俗與生活習慣隔閡，語言亦無法順利溝通，造成
雙方許多衝突與誤解。例如：當地漢人婦女認為小孩被外國人驚嚇到，需要
拿一件外國人的衣服焚燒，以達收驚之效，然而外國人覺得是迷信的作為。
再者，外國工程師看到客家婦女吳霖芳的兒媳婦（月春）在艷陽下日日工
作，因此做了一頂草帽送給她，卻被吳霖芳以不成體統而拒絕。另外，影片

　　尋，石牆剩下庄北門號一五九號的鄧民開先生正門前的一段，已不若往昔樣貌。

也試圖呈現族群融合，如：撫墾首領吳端娶原住民妻子席孚洛，顯示當時客家人與原住民通婚的現象。而來協助鑿井開油的外國人漸漸融入東方生活，雖然中間經歷許多中西之間磨擦與文化衝突，影片一方面展現洋人在適應異鄉生活時，以口琴吹奏民謠以傳達思鄉之情，另一方面則以中國過年節慶來凸顯洋人逐漸融入華夏文化。在中西文化交流中，西方人是以技術取勝，帶來理性與科技，而中華民族則透過儒家文化與博大精深的古老智慧感染洋人，此所演繹與承襲的仍是「中體西用」（中學為體，西學為用）之觀點。故在影片中呈現洋人盧瑪與士紳女兒在過年時節，穿中式旗袍，背景音樂則是西方的 folk song，以西洋民俗風的樂曲與舞蹈搭配中國節慶與服飾，象徵西方與東方跨文化的互動，影片呈現一種中西文化交流的想像。

《源》這部影片乃中央電影公司服膺政府政策所拍攝的政宣電影，強調尋根溯源的意涵，以及國語影片的特質。雖受限於政策宣導及電影檢查法等束縛，無法在語言上呈現多元文化互動（如：閩南語、客語、原住民語，頂多是洋人英語的穿插），但改編自小說並取材於史實的「再現」，影像傳播上來自於大陸廣東客家的族群意象及文化元素，仍大量地呈現於影片中。影片敘事開展於吳霖芳追溯童年往事，描述其先祖渡海來臺的艱辛，強調原鄉尋根的意涵，故事的主人翁來自廣東嘉應州（今廣東梅縣），對照歷史，確有大批臺灣客家族群的先祖其籍貫來自於嘉應州，影像傳播藉此召喚海峽兩岸鄉土之親。另外，影片人物如吳霖芳的母親（歸亞蕾所飾）、江婉、月春等女性所穿著的服飾為客家藍衫，而女主角家的福生染坊，場景布置長幅的藍染布，以及吳霖芳開闢土地所形構的客家聚落「石圍牆」，皆形構客家意象與元素。整體而言，此片在歷史敘事、衣著設計、聚落場景呈現客家的文化與相關元素。

此部影片另一特點是凸顯客家女性的堅毅形象。吳霖芳的太太江婉，由徐楓所飾。徐楓在當時臺灣的影壇乃著名的俠女，其不屈不撓及巾幗之風頗深植人心，因而在《源》這部影片也發揮徐楓不讓鬚眉的形象特質。女主角江婉出身於藍染坊商賈之家，父親為殷實商人，身為富家千金，江婉從小備受寵愛，她一心向學，熱衷讀書識字，受到下人以傳統觀念揶揄她，但她不

為所動，依然勤奮讀書，並教導吳霖芳識字。此顛覆客家傳統男性晴耕雨
讀，而女性一向識字不多，只需作家務及照顧家人的刻板形象。江婉掙脫傳
統觀念的束縛，並跨越貧富階級的差異，承受著眾人的訕笑及鄙視眼光，她
不循媒妁之言，決定自我的婚姻，不顧一切地追尋自我，並鼓起勇氣追隨吳
霖芳到山區拓墾。婚後江婉下田耕種，任勞任怨，並試著製作藍布衫，經營
染坊，身邊有一位原住民女孩席孚洛作為其得力的助手。此呈現原客之間和
諧共處，互助合作之情況。由於江婉親嘗染料，內外勞務纏身，身體虛弱，
最後難產而死，其所詮釋的犧牲奉獻客家女性形象，令人印象深刻。另一位
客家溫婉女性是月春，她身為吳家的媳婦日日勤奮操持家務，遵循客家女性
美德，雖然丈夫長年不在家中，但她仍盡心侍奉公公，照顧小叔，耕田、洗
衣、祭祀準備等工作全仰賴她，江婉過世之後，她延續片中客家女性堅毅
形象。

　　《源》這部影片建構早期移民「石圍牆」客家聚落的場景，呈現客家族
群胼手胝足地拓墾的先鋒精神，清朝時期來臺的先民聚落場景，今日已不復
見，只能藉由地方方志及歷史文獻去尋訪，考察出乃位於苗栗公館鄉的石牆
村，今日石牆村的活動中心前有一指示牌，說明歷史上吳琳芳帶領屯民開墾
及名為「石圍牆」之由來。而史實人物吳琳芳所開採「地油」之處，則位於
苗栗後龍溪流域出礦坑，現為中國石油公司所有，設有一座油礦陳列博物
館，紀念出礦坑的第一號古油井，旁有紀念碑，碑上的文字即記載著臺灣第
一口油井之源起，吳琳芳等先人開採石油之艱辛過程。[28] 二〇一〇年客家電視
臺，重新拍攝《源》這部史詩鉅著，改編為電視劇，於苗栗取景，張毅小說
也重新結集出版，未來可將連續劇與電影兩者針對《源》這部小說改編的異
同，以及不同媒介之間的詮釋與轉化作互文比較。

---

28 《源》故事發生地於苗栗，舊稱貓裡，位於今日苗栗公館。吳琳芳所開採石油，則位
　　於後龍溪流域。出礦坑（出礦坑）及石圍牆的田野調查及實地探戡，由聯合大學語傳
　　系陳敏勤、陳采蘋、石耀宇同學協助執行，以及客委會專題計畫補助，筆者在此一併
　　致謝。

以下將客家影像元素予以表列：

（一）客家遷移與拓荒

影像	秒數	客家元素分析
	00	陳耀圻導演所拍攝的《源》即是記錄客家先民來臺的一部史詩電影。
	44秒—50秒	牛車上的婦女穿著客家藍衫服飾，此批遷徙是要到山上拓荒的隊伍。
	1分40秒 — 1分55秒	「各位，我們是從海邊上來。」這句話說明了準備遷徙的這群人屬於從大陸移民過來的族群。
	5分18秒 — 6分33秒	這是吳霖芳回憶他們全家渡海來臺時的記憶，廣東嘉應州是他的家鄉，是他不能忘記的原鄉。
	10分20秒 — 10分48秒	江婉身上所穿的即是客家藍衫。

影像	秒數	客家元素分析
	10分48秒 ｜ 10分50秒	福生染坊是專門染「藍染布」的染坊。
	25分35秒 ｜ 26分14秒	邱苟告知吳霖芳「地油」會起火。 這是客家人與原住民的相處情況。

（二）客家人與原住民之間的衝突與融合

剪輯	秒數	客家元素分析
	27分06秒 ｜ 27分36秒	墾荒首領吳端娶原住民妻子席孚洛，說明客家人與原住民的通婚。
	27分36秒 ｜ 28分50秒	客家人與原住民的衝突，導因於客家人占據了原住民的領地。
	28分51秒 ｜ 29分00秒	吳霖芳提出付墾租的條件。 在苗栗公館的《石圍牆記事》中曾提到，吳霖芳帶領墾荒的人付墾租，並建立石圍牆。

剪輯	秒數	客家元素分析
	29分02秒 ｜ 29分06秒	石圍牆正在搭蓋的情況。
	29分07秒 ｜ 29分09秒	客家聚落屬於集村建築，因為要團結起來抵禦外敵，所以皆會有「圍屋」或「圍龍屋」的建築形式出現。
	30分19秒 ｜ 30分55秒	徐楓在戲中的勞苦戲份很多，不過也表現出了客家婦女勤於耕作，吃苦耐勞的傳統美德。
	37分48秒 ｜ 37分58秒	客家大戲的演出，是許多客家庄重要慶典不可或缺的大眾娛樂。

（三）客家族群聚落與洋人之間的合作與衝突

影像	秒數	客家元素分析
	41分16秒 ｜ 41分44秒	吳霖芳與杜老師在《天工開物》中找到開挖石油的方法。

影像	秒數	客家元素分析
	1小時30分29秒 | 1小時32分59秒	客洋衝突起因於彼此的不了解與風俗的差異。
	1小時33分51秒 | 1小時34分28秒	洋人眼中看見的客家婦女是辛苦的，但是這裡也說明了客家婦女無怨的為家庭付出。
	1小時46分51秒 | 1小時48分04秒	客家的正廳屬於家族共同使用的活動空間，都是族人用來祭祀祖先的地方，很少供奉其他神明。
	1小時48分04秒 | 1小時53分11秒	吳霖芳終於開採到石油，他所開採的油礦坑，就是今日的苗栗出礦坑（出礦坑）。
	1小時55分49秒 | 1小時56分09秒	客家的傳統三合院建築，門前有禾埕，是客家建築中一個多用途的空間，農忙時禾埕可供曬穀、堆放農作物，晚上還可乘涼聊天、聯絡感情，遇有婚喪喜慶及祭祖時，禾埕亦為請客、舉行儀式的場地，具多功能用途。

影像	秒數	客家元素分析
	2小時01分46秒 | 2小時02分00秒	取之鄉里，用之鄉里。庭蔭完成父親的遺志，將石油開採出來，讓家家戶戶都能夜夜通明。也造就了石圍牆的傳奇故事。

圖片資料來源：《源》：中影公司出品，1980年。

　　另外，尋根敘事與客家意象，在七〇年代末，八〇年代初尚有文學家鍾理和傳記電影《原鄉人》，本片中雖探討客籍鍾理和對原鄉中國與臺灣鄉土的認同問題，但在當時大中華論述底下，所呈現的客家元素主要以鍾平妹來呈現，如影片開場時，鍾平妹以客家藍衫，以及客家婦女頭飾等裝束出場，另外則是回到臺灣之後，幾場在美濃山區的場景，鍾平妹的農作生活，以及當地農民生活情景，仍保留著當地客家的風味。不過，《源》、《原鄉人》皆屬於「國語」影片，其敘事內容也隱含「追根溯源」、「飲水思源」等黨國教化之色彩。《源》藉由臺灣第一口油井的開採，回溯先民渡海來臺的移民歷程，採油之源與血緣之源互為比喻，點出臺灣／大陸同根共源之歷史。《原鄉人》則藉由文學家鍾理和的人生旅程，受日本教育長大，因嚮往祖國而到中國大陸，最後又回到臺灣。其影片觸及中國與臺灣鄉土的認同，以及身分的定位。此類國語電影尋根敘事之「再現」，建構在以下幾項特質：鮮明的情節與敘事結構；主要的角色是由明星所擔綱；攝製農村及勞動生活的場景時運用實景與攝影棚景搭配；在美術效果上，為了配合彩色攝影，對於畫面的色調、燈光皆作特別的設計與安排；雖以臺灣農村為背景，人物屬於勞動階級，但是不論旁白或人物對白皆以國語作配音。依據這幾項特質關於健康寫實電影的表現形式，其「寫實」的意涵是透過影像的場面調度，對於現實世界加以轉化之後再呈現於銀幕上，而這個經由轉化過後的電影敘事世

界，明顯地與它所企圖想呈現的現實世界有相當程度的落差。[29]

　　總而言之，陳耀圻《源》、李行的《原鄉人》雖已觸及客家元素，以及臺灣鄉土，希冀建構一種寫實的影像美學，然而其敘事結構隱含著大中國的意識型態，對於臺灣農村的生活描述與勞動階層經驗的呈現仍帶有黨政教化的色彩。尋根敘事電影仍是透過影像敘事達到召喚國族認同，促進鄉鎮建設和推行國語等等目標。這類的影像在大中華的敘事架構下，對鄉土的「再現」，是理想化的寫實，其內涵大多隱含著肯定人性光明面，社會積極進步等主題意義，以期運用影像達到社會教化的功能。

五　母性鄉音：侯孝賢《童年往事》

　　臺灣多元複雜的文化反映在語言問題，母語的議題在七〇年代鄉土文學的呼籲裡，日益顯得重要，但是電影對此問題的回應，尚要在八〇年代才反映在影像作品上。在臺灣新電影開啟的八〇年代，侯孝賢導演所執導的《戀戀風塵》、《悲情城市》使他成為以鏡頭說臺灣故事的代言人。從《兒子的大玩偶》（1983）開始，童年記憶與回歸鄉土成為侯孝賢電影的主要題材，另外，現代化的主題也一直存在於侯孝賢的作品之中，只不過在八〇年代的社會政治氛圍中，這個主題總是被掩蓋在國家認同的論述之下。

　　除了對現代化的反省之外，侯孝賢為廣東梅縣人，他是客家人，在他的電影中，觸及客家影像及元素：如《冬冬的假期》（1984）則述及城市小孩冬冬暑假時到客家苗栗外公家，所經歷的成長敘事。《童年往事》（1985）述及外省客家族群於一九四九年之後播遷到臺灣的身分認同問題。《好男好女》（1995）則以苗栗客籍作家藍博洲報導文學作品《幌馬車之歌》為本，拍攝客籍青年鍾浩東於國民政府執政期間所遭受白色恐怖的迫害。侯孝賢作為外省客家移民的第二代，面對大陸原鄉，以及父祖輩在國共戰爭之後來到

29　廖金鳳：〈邁向「健康寫實」電影的定義——臺灣電影史的一份備忘筆記〉，「一九六〇年代臺灣電影健康寫實影片之意涵」專輯，《電影欣賞》第72期(1994年11、12月)，頁43-44。

臺灣的歷史，第一代的客家移民到第二代之間，其對文化認同及歷史記憶，成為《童年往事》這部電影所觀照的課題。再者，朱天文與侯孝賢之間的合作，也給侯孝賢許多拍片的題材，朱天文的母親劉慕沙，為苗栗客家人，母親的童年，以及朱天文小時候到外婆家過暑假的童年，皆轉化成為朱天文筆下的兒時記趣。往昔的研究者，忽略客家文化在侯孝賢與朱天文兩人作品中的呈現，筆者希冀能再檢視侯孝賢電影與朱天文的文字，從客家文化研究的視角，再探《童年往事》青少年的敘事，說明影像與文字之間互文的關係，以及朱天文文字上童年鄉愁如何轉化為鏡頭上凝視的鄉土。以下就從《童年往事》對於客家族群影像、客家鄉音化作朱天文的文字與女性歷史記憶再深入探究。

《童年往事》主要是以男主角客家人阿哈咕[30]成長歷程為敘事文本，朱天文說：「民國七十四年春末侯孝賢開拍《童年往事》，七十六年仲春拍《尼羅河的女兒》，這兩部都是直接寫成劇本，小說則是後來再寫的。」[31]可知這兩篇短篇小說皆是類同故事大綱，可謂是以影像來引導出文字敘事的作品，而其敘事者，一個是男性敘述聲音「阿哈咕」的童年往事；一個是女性敘述聲音「林曉陽」的青春記事，這兩個不同性別，不同口吻的敘事聲音，也分別展現臺灣從五〇至八〇年代由農村鄉土走向商業資本化的變遷。侯孝賢一九八五年的電影作品《童年往事》大致上被公認是描述五、六〇年代臺灣歷史文化經驗的經典作品，當年尚處於戒嚴的緊張氛圍裡，陳國富便寫道：

> 《童年往事》的記憶成為時代的記憶，民族的記憶，當片尾代表新的一代的四兄弟凝視著祖母的屍體，那彷彿長達一世紀的凝視見證了另一個世紀的逝去，電影找到了最後的觀點，而被注目的對象是觀眾。[32]

---

30 朱天文的小說，以及電影字幕出現男主角的名字時，有時以「阿哈咕」、有時是「阿孝」、還有「阿哈」、「阿孝咕」等，本文為貼近客家語言，以「阿哈咕」為主。「咕」為客語稱呼小男孩，客語稱小女孩為「細妹」。

31 朱天文：《朱天文電影小說集》(臺北市：遠流出版社，1991年)，頁8。

32 陳國富：〈《童年往事》——時代的記憶〉，收入焦雄屏編著：《臺灣新電影》(臺北市：時報文化，1990年)，頁140-143。

這個記憶的形式是以「阿哈咕」的成長過程與家庭變動為故事主軸，透過「阿哈咕」的眼光來看臺灣社會的變遷，與成長的經驗。此片有濃厚的自傳式色彩，以導演侯孝賢自己的成長經驗來詮釋戰後的臺灣社會與自身認同的轉化。侯孝賢所詮釋「鄉土式」的臺灣風貌，與官方式的臺灣與中國圖像的描繪，有很大的不同；卻也延續了七〇年代鄉土文學風潮與本土論述的傳統，在電影影像上建構出另一種「本土」的國族形象，結合社會上尋溯臺灣鄉土的思潮。同時，《童年往事》所處理的外省客家族群來臺後生活及認同轉變，也在臺灣身分認同的問題上，提供一個詮釋的視角。

《童年往事》陳述的是來自大陸的外省客家族群如何在臺灣社會生根，轉移認同；劇中以阿哈咕的成長過程作為軸心，家族成員的關係與凋零為故事發展的脈絡。小說文本以第三人稱旁觀視角，男性的敘事口吻講述阿哈咕家三代同堂，原為廣東梅縣人，屬客家族群，國民黨遷臺後全家都到臺灣。電影開場白是導演侯孝賢的畫外音旁白：「我父親是廣東梅縣人……」，鏡頭攝入一個日式房子，拉門窗格內是小孩子在嬉戲的聲音，影像上的自述更增添其自傳性的色彩。小說一開頭登場人物是年長的祖母，電影影像先是凝視著小鎮的大樹，畫外音遠遠傳來阿婆在找她最疼愛的孫子「阿哈咕……阿哈咕……」，但是時常找不到回家的路。這位最年長的阿婆一心想回老家去祭拜祠堂，念念不忘家族的根源在廣東；但卻無法理解由臺灣到廣東梅縣，不只是地理上的遙遠，更有複雜的政治因素隔絕著兩地。影像裡客家祖母與母親都操著客家語，姐姐則是國語、客語混用，阿哈則國語、臺語混用。在影像上強調阿婆在臺灣，面臨無法與他人溝通的困境，說的話外人不能懂，離家找阿哈咕也會迷路；與臺灣呈現著疏離隔絕的狀態，隨著阿哈咕的長大，阿婆終於陷入無法與任何人溝通的狀態，寂靜的死去。阿哈咕的父母一代，也始終認為回大陸老家是遲早的事，因此購買家具以方便丟棄為原則，未能料到最後竟死在這南方的島上。

到阿哈咕這一代，「故國」成為遙遠陌生的地方，同學把「反攻大陸」當作玩笑話，平日阿哈咕所使用的語言也以福佬話為主，而不是原來的廣東客家母語；臺灣對阿哈咕而言，才是熟悉的家鄉。在經過三代後，阿哈咕家

族終於在臺灣落地生根，把臺灣當作家鄉；在身分認同上也自「大陸人」轉化為「臺灣人」。在《童年往事》裏的觀點是阿哈咕的回憶，父祖一輩的觀念與認同隨著死亡而凋零，臺灣成為阿哈咕的母土與故鄉，以及身份認同之所在。焦雄屏指出：

> 片中的人物與行為讓我們看到臺灣自一九四九年以來的變化，政治上的本土繫根意識，由老一代的根深柢固鄉愁……中一代的抑鬱絕望……乃至下一代的親炙土地與臺灣意識成長……清清楚楚呈現世代變遷中的政治意識變化，上一代的鄉愁與大陸情懷，隨著時代凋零，全片雖環繞著阿孝咕的成長推展，卻一直未脫離這個自片頭就設立的政治基調，而且隱約呈現對這些年代的惋嘆及悲哀。[33]

《童年往事》的影片意義無論是「另一個世紀的逝去」，「隨著時代凋零」，或是「結束了過去的歲月」，評論者認為該片傳達外省族群對於臺灣土地的認同，把這個認同的建構過程以政治隱喻的方式，將片尾祖母的逝世做為舊時代結束的象徵。與其說這種詮釋所採取的觀點立基在影片六○年代「真實的時代紀錄」，不如說它其實是八○年代的歷史建構。《童年往事》對話的互文對象，其實是面對八○年代臺灣政治發展的文化氛圍，從這個角度而言，侯孝賢在他描述對童年及青少年回憶時，他的電影變成了臺灣轉換成現今社會的隱喻，可以被解讀是具有詹明信所說的政治潛意識下的國家寓言（national allegory）。這部電影也正在參與一個歷史及空間建構的過程。焦文所談的「本土繫根意識」其所隱含的意思是懷鄉的上一代並沒有去親身實際的接觸到臺灣這塊土地，而在臺成長的下一代卻聽到了土地的召喚，實際與這塊土地產生親切的互動。[34]

---

33 焦雄屏：〈《童年往事》——臺灣四十年〉，收入焦雄屏編著：《臺灣新電影》，頁305。

34 李振亞：〈歷史空間／空間歷史〉，收於沈曉茵等編：《戲戀人生：侯孝賢電影研究》（臺北市：麥田出版社，2000年），頁113-139。

在《童年往事》的詮釋中，由於以阿哈咕的男性視角作為論述的主軸，所以少有論述者以性別觀點再切入這部影片，以下筆者就嘗試從性別論述的觀點，再探《童年往事》父系國族的認同建構，與母姐以身體、感官形構記憶所形成的互文對話，以及對於下一代阿哈咕的影響。

在電影影像裡，先是畫外音男性聲音獨白，倒敘父親如何來到臺灣，接著影像裡幾段陳述歷史的片斷標誌出線性的父性時間：父親以父系宗族系譜講述伯父秋明的死亡，建元堂哥的出生，廣播傳出戰爭的消息；建元堂哥死亡在兩岸的戰事「八二三砲戰」；阿哈咕成長之後在軍人之友社打彈子，與社內的老兵起衝突，原因當天是副總統出殯之日，老兵顯然認為在國殤之日，卻在打彈子消遣作樂此舉是大不敬；最後影像裡出現父親的自傳，又與片頭侯孝賢回溯家族歷史的聲音相互呼應，回顧這個家族如何在國共對立的背景下來到臺灣的歷史記憶。這些陽性敘述的父性時間觀點，將人物的出生、死亡以及其他生命中重要的事件連結到國家歷史的重要事件上，公共政治的歷史與個人敘事的網絡所產生的糾葛看似將男性與臺灣的國族命運連結在一起，但是上一代對陳誠過世視為國殤，強迫下一代聽廣播收音機的葬禮訊息，並對國旗立正，阿哈咕這群年輕人卻是將軍人之社的空間視為消遣遊戲的空間，對於「效忠領袖」、「居安思危」等反共意識在下一代的認同裡已逐日消逝。此種父性的時間意識在影像裡以線性敘事呈現，並且將個人生命史與大敘事裡的國族史互相聯繫，展現出陽性敘事的特色。

電影和小說敘事者皆以阿哈咕為主，透過阿哈咕的視角，穿插家族三位女性在臺灣的生活，祖母、母親、姐姐，正具體而微地呈現三代客家女性的處境與身分、認同。恰與父系國族歷史觀形成互文參照。客籍母親的回憶則是環繞在家鄉剛出嫁時，面對新環境、新人事的生疏、不適感，對母親而言，離開原生家庭就是離開故鄉，嫁到婚約家庭裡就要不斷調適對他鄉的陌生感，甚至是對自己丈夫的疏離感，母親對姐姐以客語說道：「你爸很嚴肅，一轉屋家就看書，無聲無息。我才嫁過來的時候，還叫我讀英文，看不識再問他。」對於新嫁娘的生活，是清苦、拮据的日子，記憶裡最深刻的並不是國共戰爭的對立局勢，反倒是身體感官的記憶：「轉梅縣睡阿婆給的老

眠床，被臭蟲咬得要死。」接續的日子對母親而言，則是生育的重責，母職的操勞，她的子宮先後孕育過六個小孩，生到第二個小女孩阿琴，被婆婆嫌棄淨生女兒，後來二女阿琴在當時醫療情況差又交通不便的情況下早夭。對女性而言，生產生育的身體記憶才是刻骨銘心，這個身體承載著母性空間，通過身體的記憶，家的定義也不斷在變更與重建。離開原生家庭，到婚約家庭，養育生子之後，隨著丈夫來到臺灣，在臺灣重建家園。大陸的前塵往事彷若變成是不堪回首、回歸的過往，其記憶清晰連結著喪女痛楚與新嫁娘時期的疏離感，透過身體孕育才與夫家有根深柢固的連結，此種記憶模式與男性懷鄉敘事呈現的性別觀點有所不同。

《童年往事》更多的客家意象是從祖母、母親和姐姐身上看到客家人的文化特質。如祖母對於客家婦女的觀念，母親的刻苦耐勞，姐姐的犧牲奉獻。當年阿哈咕考上省立鳳中時，影片出現下列的對話：

> 阿婆：「給你（阿婆打開布包著的錢，拿一個銅板給阿孝）。」
> 阿婆：「你真行。」
> 姐姐：「阿孝就是靠聰明跟運氣，他從小運氣就好……，我是 41 名考
> 　　　上的，算術還考 100，好可惜喔！都不能唸一女中，要是那時
> 　　　候唸一女中就好了。」

當年阿哈咕（阿孝）父親先在臺北工作，所以姐姐聯考考上今日北一女中，但由於家境貧困，無法供給她讀書，只能去讀有公費的師範學校。影像呈現姐姐低頭哭泣的模樣，雖然心有不甘，但還是為家庭犧牲。阿婆心目中最看重阿孝，但對成績優異的姐姐，則常以傳統觀念的客語叨唸：「女孩子不用讀太多書」，只要「田頭地尾」、「灶頭鍋尾」及「針頭線尾」三項「婦工」作好就完成女性的任務了。在客家文化中有所謂的「學會三尾好嫁人」，除影片中所談到的三項之外，有時再加上「家頭教尾」，「四尾」或諧音「四美」的庭訓，即為客家女性的四項重要婦德婦工。女性未出嫁前要能學會這四項本事：清晨即起，照顧一家大大小小事情，看顧年幼及年長者（家頭教尾），意即出嫁之後能將家務處理得井井有條，上侍翁姑，下撫幼子。然後

在田裡勞動農務（田頭地尾）、烹煮料理三餐（灶頭鍋尾）及織布縫（針頭線尾），即是客家婦女所需具備的工作技能，故阿婆常叮念姐姐，只要「三尾作得」就好了，不用讀太多書。[35]母親以客語談及：「妳教了幾年書，還不是嫁作人婦」，所以在有限的家庭資源下，只能讓姐姐放棄一女中，而要栽培男孩讀書作大官。姐姐的記憶呈現大時代顛沛流離之下，犧牲小我，成就家庭，無法上大學的遺憾與無奈。

祖母以客語說：「女孩子讀那麼多書做什麼？灶頭鍋尾、針頭線尾、田頭地尾，三尾都會了，這樣就可以了。」（影像取材《童年往事》，中影公司出品，1985年）

侯孝賢曾提及：「我拍戲很希望能拍出當下人的神采，我覺得這是很重要的元素。……那是描寫一個動亂的時代，人很瘦的眼神裡，充斥著不安跟認命，那是我們這個年代很難找到的角色，現代人演不出那種對生命默認的神情。」[36]由於時代的動盪，造成生命的許多無奈時刻，這也就是在《童年往事》裡透過祖母的懷鄉心情，母親的叨叨絮絮，姐姐的升學阻礙，傳達出一整代人對於生命的憾恨。

老一輩的外省族群其時空意識被放置在過去（離鄉）──未來（返家），這兩個時空點不斷地流浪游移，在臺灣寄居的一切都是暫時的，是為未來返鄉所做的準備，但是不斷擱置的反攻大業，使得這群來到臺灣的外省

---

[35] 「家頭教尾」、「田頭地尾」、「灶頭鍋尾」及「針頭線尾」此四項婦工，稱為「四尾」或諧音稱為「四美」，就好比是客家人的庭訓一樣。所謂「家頭教尾」，就是要客家婦女她們養成黎明即起，勤勞儉約，舉凡內外整潔，灑掃洗滌，上侍翁姑、下育子女等各項事務，都料理得井井有條的意思。所謂「田頭地尾」，就是指播種插秧，駛牛犁，除草施肥，收穫五穀，不要使農田耕地荒蕪的意思。所謂「灶頭鍋尾」，就是指燒飯煮菜、調製菜、湯、審別五味，樣樣都能得心應手，學就一手治膳技能，兼須割草打柴以供燃料的意思。所謂「針頭線尾」，就是指對縫紉、刺繡、裁補、紡織等女紅，件件都能動手自為的意思。引自陳運棟：《客家人》（臺北市：聯亞出版社，1978年），頁17-18。

[36] 參見《青春叛逃事件簿──1983-1986侯孝賢經典電影系列》（臺北市：三視影業，2001年）。

女孩子讀那麼多書做什麼

灶頭鍋尾

針頭線尾

田頭地尾

群落，不斷地延遲返鄉的欲望，心理亦遭逢不斷的失落感。[37]但是阿哈咕的客家祖母，來到臺灣之後維持著母語鄉音（客語），時常在桌上剪銀元，雖身在異鄉，但延續著客家族群文化的日常生活習慣，時常以脫離現實性的思考邏輯，要帶著阿哈咕「轉去大陸」。無論身處在日式房屋內，或臺灣鄉野，祖母以自己的客家思維與文化重建其安身之所，也開啟了母性空間的重構，以及精神返鄉的可能。如當阿哈咕考上省立鳳山中學，祖母鄭重帶阿哈咕展開返鄉之旅：

> 祖母收拾包袱，有兩件衣服，一包麻花零食，很鄭重的邀阿哈咕陪她回大陸：「同我轉去大陸吶，阿哈咕，帶你去祠堂稟告祖先考中啦。這條路，一直行，行到河壩過梅江橋，就進縣城，全部是黃黃的菜花田，很姜。行過菜花田，彎下何屋，就是我們等的屋子咧。」

37　對於外省一代返鄉的精神失落，相關研究可參見趙彥寧：《戴著草帽到處旅行：性別／權力／國家》(臺北市：巨流出版社，2001年)。

他跟祖母走著那條回大陸的路，在陽光很亮的曠野上，青天和地之間，空氣中蒸騰著土腥和草腥，天空刮來牛糞的瘴氣，一陣陣催眠他們進入混沌，年代日遠，記憶湮滅。祖母不明白何以這條路走走又斷了，總也走不到。但是菜花田如海如潮的亮黃顏色，她昨天才經過的，一天比一天更鮮明溫柔了。有火車的鳴笛劃過曠野，像黃顏色劃過記憶渾茫的大海，留下一條白浪，很快歸於無有。[38]

朱天文的文字敘事在此盡可能保留母性鄉音，如：「全部是黃黃的菜花田，很姜」，描繪在祖母想像返鄉地圖裡，其客語發音的「很姜」，即是指「很美」的。在電影這場祖母帶阿哈咕展開返鄉之旅的片段，也傳述各種感官的記憶與想像。沿路上侯孝賢的鏡頭展現臺灣鄉土景致，明亮溫柔的陽光照在鄉間的小徑，樹影及草香似乎透露鄉土的一份閒情。祖母和阿哈咕到小吃店吃冰，順便問店員，「梅江橋在那？」年輕的店員無法聽懂她濃重客家語音，以閩南語頻頻問著「什麼橋？什麼橋？」還順便問坐在旁邊另一位年紀大的阿婆：「她是在問什麼橋？聽不懂……」祖母雖然無法以言語與其他臺灣人溝通，但是她卻只是莞爾一笑，並不以為意。此時影片畫外音插入淡淡抒情音樂，在少數侯孝賢引用音樂的片段，伴隨著祖母的懷鄉之情，隨音符與自然風景搖曳，現實政治的無奈及悲憤被沖淡與化解。接著祖母突然在這戶外場子，開心地用三顆芭樂拋擲玩耍起來，鏡頭明朗溫暖的色調，與抒情樂音的伴奏，使得這趟返鄉之旅雖然鄉音無法溝通，常常在迷路之中，在臺灣鄉野自然的撫慰下，反而有種意外的驚喜與新鮮感。

　　由祖母所開啟的返鄉歷程，展現客家母性空間的鄉土想像，與父親的回憶式的國族想像，呈現出性別差異。父親的國族想像是線性時間性的，他的家／國是連綴在一起，腦海中的浮光掠影，以國族歷史大事為經，以家族父祖的、兄弟傳嗣為緯，所構織的家鄉記憶是父系家譜式，子孫傳遞、血緣綿延具線性時間意味；客家祖母的返鄉歷程與鄉土記憶卻是空間性的，充滿

38　朱天文：〈童年往事〉，《朱天文電影小說集》（臺北市：遠流出版社，1991年），頁43。

顏色，氣味等感官記憶，非線性的、斷裂式的，「路走走又斷了，總也走不到」，但是沿途的菜花田、土腥草味等嗅覺的知覺，使這段返鄉之路具象而有真實感。在祖母失智迷途中，返鄉既現實又虛構，路的延伸與斷裂，如同記憶拼圖，海峽兩岸只隔一條水，故鄉如在眼前卻又望穿秋水，此亦象徵父系國族的線性時間傳續，如五〇年代的口號「一年準備，二年反攻，三年掃蕩，五年成功」所建構的返鄉路是不復可行。

我們在侯孝賢的鏡頭裡看見他對臺灣鄉土，大自然的田野山林和村落型社區的渴望及依戀，以鏡頭避免都市化的影像，全力營造一種「前現代」時期的臺灣形象。我們在片中看到的盡是臺灣鄉土的明媚風光：紅磚、綠樹、碧竹、木造的日式建築、米黃色的榻榻米，在透明、溫暖、明亮的光影之中，臺灣鄉土並不匱乏單調，反而景致嫣然，也因此祖母雖找不到回鄉路，但是在鄉土母性的歡快自在的空間中，祖母仍然得以愜意自得。這部影片裡找不出任何現代都市的暗示或象徵，此種對現代／後現代都會型消費的刻意刪減，是侯孝賢八〇年代初期主要的隱喻及主題。這種對臺灣鄉土的凝視與依戀，使得在侯孝賢鏡頭詮釋底下，記憶與想像中的亮黃菜花田，以及現實世界中的土腥味、草腥味和芭樂相互交織錯雜，祖母的返鄉之路有了一幅新的家鄉語境。李振亞所言：

> 因為在阿婆的理解裡，它一開始就已然是回鄉的路了。這就是阿婆為什麼那麼高興的原因，她成功的走出了魯賓遜式的孤絕狀態，雖然依舊臣服於歸鄉的意識形態，但是她能夠將現居的環境與家鄉的環境關連在一起……[39]

此種重新的建構，以及空間感的互文關聯，開啟日久他鄉是故鄉的可能性，也開啟下一代臺灣新故鄉的空間感。[40]朱天文小說結尾時，阿哈咕的記憶與觀點是：

---

[39] 李振亞：〈歷史空間／空間歷史〉，頁127。
[40] 范銘如：〈臺灣新故鄉－五〇年代臺灣女性小說〉，《眾裡尋她——臺灣女性小說縱論》(臺北：麥田出版社，2002年)，頁2。

> 畢竟，祖母和父親母親，和許多人，他們沒有想便在這個最南方的土
> 地上死去了，他們的下一代亦將在這裡逐漸生根長成。
> 到現在，阿哈咕常常會想起祖母那條回大陸的路，也許只有他陪祖母
> 走過的那條路。以及那天下午，他跟祖母採了些很多芭樂回來。[41]

相同的，電影也在三個後輩子孫凝視祖母的過世身軀，旁白緩緩道出子孫懷念祖母那條歸鄉之路中，宣告一個世代的結束，而另一個世代的新生。

在《童年往事》這部影片裡，其時空背景是一九五〇至六〇年代的臺灣，當時的國共敵對讓臺灣內部仍處於一種戒嚴時期閉鎖狀態，而政治上肅殺的白色恐怖陰影也仍籠罩在臺灣的整體氛圍。無法返回大陸的祖母，透過在臺灣實際經驗的旅行：返鄉——迷路——回家，重新建構在臺灣鄉土家園的記憶。雖然這部電影是傳述一九四九之後外省客家（唐山客家）的家族故事，但在多元文化的語境裡，我們不能排除外省客家（唐山客家）的記憶及影像進入臺灣客家文化的建構中，因為唯有臺灣客家論述、外省客家論述、福佬客家論述都能被吸納及詮釋，客家的文化主體才得以豐饒，並展現其多元包容的文化特色。所以《童年往事》這部電影所建構的外省客家族群播遷的記憶，我們清楚看到上一代父母、祖母仍操持客語，文化價值觀上仍是大中國意識，但是下一代的客家子弟阿哈咕則操著閩南語或國語，唱著閩南語歌曲，客家文化及語言在第二代外省客家人身上已經漸漸消失及勢微，阿哈咕融入臺灣社會的過程雖然認同臺灣鄉土，但是卻被福佬化，這部影片反映著外省客家族群在臺灣落地生根的複雜身分認同，並再現出客家族群在八〇年代主流的中華論述及庶民閩南文化中，漸漸失去其族群認同系譜，下一世代則轉化與再生為鄉土臺灣的成長記憶。

六　結論

透過本文的探析，此三部客家影片分別呈顯出以下特質：

---

[41] 朱天文：〈童年往事〉，頁61-62。

（一）原音客家

　　早期電影一九七三年的《茶山情歌》其電影以音樂的形式，全片以客語發音，以具客家特色的山歌收錄於影像中，此種類型受到當時香港電影文藝歌舞片類型，以及臺語片敘事風格之影響，結合音樂片與客家族群敘事。此片以一位知識份子回家鄉，收集民歌，故影片呈現素樸而純真的田野調查方式，記錄地方山歌的再現，影片的類型與音像的處理呈現出客家寫實的風貌。

（二）國語（華語）客家

　　一九八〇年中央電影公司在尋根探源的製片政策下，製作電影《源》，此片改編自張毅所撰寫的同名小說，內容闡述先民至苗栗地區墾荒並開鑿第一口油井的故事，其中客家人、漢人與原住民皆在片中有所呈現，並有現代化開始時華洋相處之情節，各族群拓墾史，以及東方西方之交流與想像。《源》則強化黨國教化下的國語政策，以「純正」國語配音的方式展演一段客家拓墾的故事，同時兼負宣傳尋根溯源之意識形態，強化兩岸系出同「源」之緊密連繫。

（三）外省移民客家

　　一九八五年侯孝賢的《童年往事》則描述一九四九年之後「外省客家敘事」，講述外省客籍族群世代之間的文化認同，電影有頗多片段以客語、閩南語發音，解構從一九四九年後黨國教化下國語政策，凸顯族群遷徙過程，認同經驗的複雜性，以及八〇年代各種族群街頭抗爭下母語現聲的議題。

　　透過這三部影片呈現客家族群文化在時代脈絡下，原音客家（山歌紀錄）呈現本真性（authenticity）的客家鄉土，國語（華語）客家則展現黨國教化之文化形塑，而外省移民客家則呈現客家族群在動盪離散過程中複雜的認同變貌，各自不同發聲位置展現時代變遷下客家影像敘事風貌。

附錄

十四部客家影片（劇情片）羅列如下：

片名	出品時間	導演	語言	客家族群敘事與客家文化意象
茶山情歌	一九七三	劉師坊	客	山歌音樂影片
小城故事	一九七九	李行	國	場景設定在苗栗三義木雕產業，敘述一位受刑人與啞女的愛情故事，有客家大戲的片段
原鄉人	一九八〇	李行	國	客籍作家鍾理和的傳記敘事
源	一九八〇	陳耀圻	國	清朝時期廣東地區嘉應州客家移民到臺灣，並在苗栗地區開採石油的拓荒敘事。有客籍婦女染藍布衫的片段。客家族群與原住民族群爭執石油開採權衝突爭執的場景。英商提供技術開採石油，洋人居住在客家聚落內亦引起華洋衝突。
大湖英烈	一九八一	張佩成	國	客籍抗日英雄羅福星的傳記敘事，對於日治當時閩客抗日的事蹟多有著墨。
在那河畔青草青	一九八二	侯孝賢	國	影像敘述一位臺北來的代課老師與小鎮女老師的愛情，影像中有客家聚落的鄉土呈現及對現代化生活的反思。
冬冬的假期	一九八四	侯孝賢	國、臺	小男孩冬冬在暑假時回到苗栗銅鑼的一段經歷，有客家聚落及客家日常生活場景的呈現。
童年往事	一九八五	侯孝賢	國、客、臺	以客家少年阿哈咕成長作為敘事主軸，呈現外省客家人在國共戰爭後移居到臺灣，上一代懷鄉反共，下一代落地生根的敘事。

片名	出品時間	導演	語言	客家族群敘事與客家文化意象
魯冰花	一九八九	楊立國	國、臺	根據客籍作家鍾肇政原著改編。
青春無悔	一九九三	周晏子	國、客、臺	影片敘述一位美濃客家青年愛上家鄉女工的愛情敘事。全片主要以客語發音,場景設定在美濃,呈現多個菸田空間。
好男好女	一九九五	侯孝賢	國、客、臺、粵、日	以客家青年鍾浩東受到白色恐怖迫害為敘事主軸,以後設手法呈現歷史與現實交錯。
美麗時光	二〇〇二	張作驥	國、客、臺	客家青年小偉與朋友阿傑面對都會現實,混跡幫派街頭,在客家人,閩南人,外省人共同蝸居在都會生活空間。
插天山之歌	二〇〇七	黃玉珊	客、國(客語發音)	改編自鍾肇政《八角塔下》、《插天山之歌》。影片刻劃日治時期客家山區生活。
一八九五	二〇〇八	洪智育	客、國、臺	改編自李喬劇本《情歸大地》,講述一八九五年客家族群抗日故事。以吳湯興、姜紹祖事蹟為主,有苗栗及北埔天水堂等客家場景。

臺灣東部地區客家文學論析[1]

王幼華

聯合大學華語文學系教授

摘要

　　本文首先討論花東地區客家文學的範圍，界定作家與作品的內容，分析相關作家使用文字的情形，包括：客語漢字、漢字擬音、族群特色詞彙等。其次整理花東地區客籍作家對所謂「臺灣客家文學」的質疑，並敘述其反對的理由。第三指出花東地區客家作品的四個特色：一、由西部到東部艱苦來去的旅途書寫，東部地區特有山水景觀的描繪。二、移民後山的原因及在地發展的故事，其中大部分為西部的挫敗經驗與在地經營的過程。三、與其他族群互動的記述。因各族群人數相當，彼此間互動頻繁，福老人、外省人、原住民等都成為作品中重要書寫對象。四、前山親族間往返的鋪陳。來自西部的移民，通常會在祭祖、婚喪喜慶時相聚。然而道路阻隔，交通不便，往往一去無返。對前山故鄉的思念，親人的難以相聚，不捨與感傷是寫作的主題之一。本文嘗試對東部客家文學發展，做一整體性的觀察與闡發。

關鍵字：臺灣客家文學、花東地區客家、客語漢字

---

[1] 本文為客家委員會委託國立聯合大學客家學院101年「東部客家研究：回顧與展望」採購案，案號：1016336，子計畫二「語言與文學」之部分研究成果。

前言

　　有意識凸顯臺灣客家特色的書寫，基本上起源於一九八〇年代風起雲湧的客家運動，這個運動的主軸，可說是一種抗拒式的論述（counter-discourse），所謂「抗拒論述」廖炳惠（2003）的解釋是：透過抗拒主流的意識型態，在文本和「論述」中尋找其矛盾、衝突與漏洞，運用重新解讀或解構的方式，「把被壓抑的女性、庶民與沒有身分、沒有發言權、沒有再現的主體重新加以闡明。」[2] 由於解嚴及強人政治的鬆綁，所謂「臺灣文化主體性」的議題不斷提出，本來寧願隱藏身分的客家族群，卻面臨被忽視，覆蓋，甚或消滅的境況。是故不得不撐起「客家」的旗幟，為自己的族群尋找發聲的場域，爭取應有的權力。分析二十年餘來客家運動表現的內容，至少有三個特點，其一是以「臺灣客家」為旗號，切斷一九四九年以後「中國客家」溯古追源，回歸故國的模式。其二是抗拒「福老沙文主義」[3] 對臺灣語文的霸權論述，力爭客家在臺灣的正當性與重要性。其三是不再向主流文化靠攏，轉朝發展具有辨識性、獨特性的文化。[4] 誠如 Chris Barker（2009）所說：「主體性和身分／認同是某一條件下才會產生的文化產物。」[5] 臺灣的客家有識之士，在面臨瓦解的重重危機下，不得不挺身而出，進行客家書寫與族群標誌的建構。紀登思（Baron Giddens）（2009）認為「自我身分／認同的構成，有賴於支撐起一種有關自我的敘述的能力，從而建立自傳式的、連續性的一致性的感覺。」[6] 二十餘年來，臺灣的客家文學在這方面的成果甚有可觀，不斷累積之下逐步建構出可被認知與認同的模式，成為臺灣文學重要的一環。

---

[2]　廖炳惠：《關鍵詞200》（臺北市：麥田出版社，2003年），頁52。

[3]　福老的「老」一般寫做「佬」，經客委會建議，因「佬」具有歧視意，故改為「老」。

[4]　王幼華：〈吳子光家族的移民經歷與族群記述〉，《考辨與詮說——清代臺灣論述》（臺北市：文津出版社，2005年），頁269-318。

[5]　Chris Barker 著，羅世宏等譯：〈第六章：主體與和身分／認同〉，《文化研究理論與實踐》（臺北市：五南出版社，2009年），頁200。

[6]　同前註，頁201。

然而,之前的論述泰半集中在西部地區,有關東部的相關研究及資料蒐集,一直未被整體性的整理與論述,實為臺灣客家文學整體面貌的缺憾。本文即著力於此,期望能做出具體成果。

有關客家文學定義的討論,已有張良澤、鍾肇政、李喬、范文芳、羅肇錦、黃恆秋等人的討論與畫界。其中以黃恆秋的界定較為妥善適體,為本研究的立論基礎:

(一)任何人種或族群,只要擁有「客家觀點」或操作「客家語言」寫作,均能成為客家文學。(二)主題不以客家人生活環境為限,擴充為臺灣的或全中國的或世界性的客家文學,均有其可能性。(三)承認「客語」與「客家意識」乃客家文學的首要成分,因應現實條件的允許,必然以關懷鄉土社會,走向客語創作的客家文學為主流。(四)文學是靈活的,語言與客家意識也將跟隨時代的腳步而變動,所以不管使用何種語文與意識型態,只要具備客家史觀的視角或意象思維,均是客家文學的一環。[7]

由以上的定義及範圍來看,運用的是「擴大版圖」的做法,以臺灣為範圍,自我設限度低,包含非客家族群所寫的有關客家的作品,標誌出一條「客家文學」的道路,同時建立了「臺灣客家文學」的主體性。然而需要注意的是:林央敏(1997)《臺語文學運動史論》一書中認為,黃恒秋是受到一九八八年臺語文學運動的啟蒙,才開始以客語寫新詩,也從此開啟了一個書寫的範疇。換言之,黃恒秋對客家文學的論述,事實上是源起於對臺語文學浪潮興起後,產生的族群文學自覺,並進行的區辨與建構的行動。[8]

就東部客家族群來說,是來自由西部到東部或由南部到東部的二次、多次遷徙,形成的聚落或散居模式。顯示了「遷移/聚集」、「聚集/適變」

7　黃恒秋:《臺灣客家文學史概論》(新北市:愛華出版社,1998年),頁31。黃文另有列有「可供篩檢的雛型」共七項,詳見其書。

8　同前註。林央敏認為黃恒秋是受到1988年臺語文學運動的啟蒙,才開始以客語寫新詩的。見:林央敏:〈本卷:臺語文學運動之六〉,《臺語文學運動史論》(臺北市:前衛出版社,1997年),頁108。

及「適變／發展」三個特徵。在文學上來說，作家書寫的內容包括家族遷移故事、客家文化傳承、居地理環境、風土民情、族群互動、社會發展等。

一 作家與作品

（一）東部客家文學的範圍

在一九八〇年代「臺灣客家運動」啟動之前，在臺灣的「客家」族群是沒有被凸顯的，相關的論述主要是以「中國的客家」為範圍，主政者鼓勵「中國客家」與「臺灣客家」的連結，其目的在使被日本統治五十一年的臺灣，在血統上、文化上回歸中國。「臺灣客家運動」形成力量及共識後，以「臺灣」為主體的客家創作、論述才被獨立出來，進而成為一種可以區別的特色。[9] 就花東地區客家文學的創作而言，其起步較晚，寫作方式與思維模式和西部作品相仿。[10] 若由張良澤於一九八二年提出「臺灣客家文學」一詞開始，經過了多年的醞釀與爭論，黃恆秋於一九九〇年出版第一本客家詩集《擔竿人生》，宣告臺灣客家文學的成立，到一九九三年花蓮的葉日松才正式開始「客家詩文」的創作。其後一九九四年張振岳，二〇〇六年黃永達，二〇一二年方梓陸續積極的、有意識的創作客家文學作品。本文採取黃恆秋對臺灣客家的定義，對東部客家文學先做如下界定：

表一　東部客家文學表

界　　定	作家與作品	作品認定
1.客家籍　2.在地　3.客家書寫	葉日松、張振岳	狹義1
1.客家籍　2.不在地　3.客家書寫	黃永達、方梓	狹義2

9　王幼華：〈客家族群的定位與文學史撰述〉，《考辨與詮說——清代臺灣論述》（臺北市：文津出版社，2005年），頁269-318。

10　本文所謂的「東部」，指的是花蓮縣市與臺東縣市兩個行政區域。

界　　定	作家與作品	作品認定
1.客家籍　　2.在地　　3.華語書寫	宋子鰲、張采香、彭春錦、張七郎、黃文星、邱雲峰、楊文友（以上為傳統詩文）、邱上林、黃瑞玲	廣義1
1.客家籍　　2.不在地　　3.華語書寫	余阿勳、陳雨航、吳鳴（彭明輝）、吳德亮（德亮）	廣義2
1.客家籍　　2.在地 3.涉及客家書寫	劉惠萍（民間故事研究）	廣義3
1.非客家籍　　2.在地 3.涉及客家書寫	林炬璧、藍國揚、林韻梅、林建成	廣義4
1.非客家籍　　2.在地 3.涉及客家書寫	許秀霞（民間故事研究）	廣義5

＊說明：客家書寫指的是作家以華語夾雜客語漢字、漢語拼音、漢字擬音等方式，表現客家語言、文化、生活等特色者。在地指的是該位作家居住花蓮、臺東。不在地指的是該名作家出身花蓮、臺東但已移居臺北等外地，然其作品頗多述及出生地。[11]

　　必須加以說明的是：若以嚴謹的客家文學定義，則花東地區的作家僅有葉日松、黃永達、張振岳與方梓四位。其餘皆無法認定為客家作家，作品數量亦不多。較為廣義的界定，事實上也較符合實際狀況。例如方梓父親祖籍為福建泉州，母親曾女士為苗栗縣三義人，方梓在文學表現上有很強的女性主義思想，也能說很流利的客家話。本文以其明顯的客家特質，將其列為客籍作家。如藍國揚的父親為光復後來臺的廣東籍軍人，母親家族為新竹遷至玉里的謝姓客家移民，因為父親在大陸的故事無可追溯，其作品中對母親家族做了許多記述。〈日據時代的謝家王朝〉一文，述說母親家族由日本時代的破落戶，到成為富有之家，六十餘年發展的故事，十分動人。[12]

---

[11] 狹義與廣義的分類法，係依2012年11月8日花蓮縣鳳林鎮「焦點座談會」參與委員發言記錄修改。

[12] 本文收集資料期間東華大學中文系劉惠萍教授2012年11月18日E-mail信件，建議王文進、李永平、魏貽君、甘耀明、吳豐秋、林宜澐等似皆可納入討論。然以上作家或

（二）作家與作品論析

　　就以上的論列客家文學發展及定義的相關文獻，是東部客家主要的文本，這些著作具有基礎性與規範性。在東部客家文學的承上節內容可概分為五類：

第一類

　　花東客家籍作家所寫的作品，作品未包含客家意識與元素。這樣的作品又可分為兩類：

　　（1）傳統詩文作品：如：花蓮市張采香（原籍廣東陸豐，號紅葉山人、十足先生等）、臺東市黃文星（美濃龍肚鄉，移居臺東後改名賴雙喜），寶桑吟社社員邱雲峰（苗栗銅鑼庄人，移居臺東）[13]、楊文友（苗栗人，移居臺東）等詩人作品集[14]。隨父宋安邦（屏東內埔）遷至成功鎮的宋子鰲（1905-1989），著有《隨筆雜記》、《宋氏家譜》，其中亦有部分漢詩作品。[15]又如壽豐鄉彭春錦（1904-不詳）號雲鶴，新竹客家人，一九三七年遷至壽豐鄉開中藥店營生。

　　這些作家以傳統的漢文（以下統稱為華語）來表達，張采香的詩作所存甚少，泰半見於鳳林鎮張七郎手錄的《雜抄手稿》。張七郎《雜抄手稿》文學成分不多，內容以酬贈之作為多，用語較浮泛，亦未結集成冊，故不列入討論。〈東遊日記〉於明治三十六年（1903）《臺灣日日新報》連載，知

停留過短，或未有相關作品；或本身亦不能確定為客家籍，故暫不列入討論。

[13] 邱雲峰（阿皇），曾為栗社社員，昭和十三年（1938）時年四十六歲，遷臺東經營精米所。見黃紅炎編：《瀛海詩集》（臺北市：臺灣新民報社，1940年），頁425。

[14] 楊文友（阿增），曾任教職，後學醫，於花蓮、臺東公私立醫院任職。見黃紅炎編：《瀛海詩集》，頁431。

[15] 許秀霞：〈做客「成功」、成功作客──臺東縣成功鎮客家家族記事〉，臺東大學《人文學報》第2期（2011年12月）。《隨筆雜記》、《宋氏家譜》為自刊本。本書採錄有宋安邦詩作一首「徐步登雲入九天，慶榮杞筆意如妍。瀾波海外聲相應，可恨鰲頭占一先。」參見其書頁142。

名一時。較為有意義的作品是五絕五首〈感嘆詞〉，這五首的內容是敘述一生無所成就的悲哀，如「出世有何益，謀為百不成。累人間累己，愧死當餘生。」、「舉頭還自愧，一世妄為人。」等，文字淺白，詞意顯豁。[16] 黃文星（1872-1958）的〈黃文星抗日經過苦衷詞〉則為一篇七言古詩（編者標為俚詞），詩長一百五十八句，一千一百零六字，四句為一韻。[17] 這篇作品歷敘自己參加抵抗日本接收的戰爭，參與潮州阿猴、後壁林之役。失敗後流亡到臺東，隱姓埋名，飽嚐艱苦，終於累積財富經營有成，也慶幸在晚年看到臺灣重回中國懷抱。黃文星流亡到臺東時多次改名如：李阿妹、潘阿來等，因機緣入贅賴家，改換姓名為賴雙喜，以水泥業為生。大正年間因天皇登基，解除「土匪身分」。之後以經營漁業致富，是知名的「臺東三賴」之一。因與執政者關係良好，應當地政府之聘，擔任臺東首任「壯丁團團長」。光復後受表揚，獲贈「忠義衛國」匾額。[18] 這篇作品有其時代意義，黃文星處在兩度改朝換代之間，其發展與自處之道，是很值得深究的材料。這篇作品用詞十分口語化：

> 當年血壯氣方剛，聞著清廷割土鄉。招伴結義為抗日，屏東敵戰險傷亡。……竭力更生男子志，堅心奚愧養蘭芽。不怕風霜月影斜，披星戴月種桑麻，空空拍手無他計，奮發庸工漸起家。[19]

〈黃文星抗日經過苦衷詞〉以達意為主，風格純樸的作品，符合作者的知識背景，亦為稀少的重要的歷史文獻。

來自苗栗縣的邱雲峰、楊文友則參加寶桑吟社的擊鉢吟，在《詩報》、《南方》、《風月報》發表了寫了許多詩作。相關作品大多為擊鉢吟課題，較

---

16 見黃憲作：〈花蓮地區的傳統文學〉，《國文天地》（臺北市：國文天地雜誌社，2001年），頁86-87。

17 見曾紀棠輯：《臺東縣志‧文教志》（臺東市：臺東縣政府，1963年），頁896-898。

18 黃學堂撰：《臺東縣史‧人物志》（臺東市：臺東縣政府，2001年），頁153-154。

19 曾紀棠輯：《臺東縣志‧文教志》（臺東市：臺東縣政府，1963年），頁896-898。

無個人情志的發揮。[20]彭春錦在壽豐鄉寫有許多聯語及詩作，表現傳統漢詩的素養，然而作品存世不多。[21]

（2）現代作家與作品：包括有吳鳴、邱上林、吳德亮、余阿勳、陳雨航等。這些作家都為客家籍，作品數量可觀，但都以熟練的華語書寫，較未凸顯客家身分與思維，作品中僅使用少量或未使用客家語詞。

第二類

花東客家籍在地作家，其作品具有客家元素。如葉日松、張振岳、黃瑞玲等。葉日松由一九九三年開始創作客家詩文作品，一九九六年出版的《回故鄉看晚霞》，一九九七年《一張日誌等於一張稿紙》等即以華語夾雜客語漢字的方式書寫。張振岳（1994）則在《臺灣後山風土誌》、《富里鄉志》記述了客家人的遷移及民間傳說，也以相同的方式介紹了客家俗諺、歇後語、諺語、故事（詳見下節）。葉日松、張振岳兩位作家，在之前的作品裡並未凸顯客家特色，仍以華語書寫或原住民的調查研究為主，客家意識的出現是在一九九〇年代本土意識與客家運動萌興之後。張振岳《臺灣後山風土誌》出版於一九九四年，葉日松在一九九三年後對客語詩投注大量的心力，其後有關客語詩作創作不斷，逐步累積蔚為大觀。

葉日松（1936-不詳）出生於花蓮富里鄉，是東部地區最重要的客家詩人，且是有意以「客家意識」來創作的作家。葉日松的客語現代詩懷抱著「使命感」，呈現「客家人的生活樣貌與內心感受」，著意「發揚客家文化的精神與內涵」。他從生活中尋找詩的靈感，寫土地與鄉情、滿懷感恩與讚頌，在詩作中隨處書寫客家印記。內容包括親情的浸潤與歌詠、生活的記實與記趣、自然的歌頌與抒懷、鄉土的頌讚與傳播、傳統節慶與民俗信仰等。

---

[20] 見昭和十五年（1940年）二月《風月報》（102期），頁30、昭和十七年（1942年）四月《詩報》（269期），頁9、昭和十七年（1942年）五月《南方》（151期），頁36等。

[21] 中華綜合發展研究院應用史學研究所：《壽豐鄉志·文化篇》（花蓮縣：壽豐鄉公所，2002年），頁725。

近年來還致力於詩作與產業結合，用文化行銷花蓮特產和各地的風景名勝名產，以及描寫客家義民精神，以音樂劇的形式，以文學為基礎，結合民間信仰。[22]葉日松客語現代詩的形式結構不一，較長的詩有分章節、段落，其篇幅有長有短，敘事詩如〈話故鄉畫故鄉——學校園个故事〉更長達百餘句。另外，葉日松的客語現代詩中也有化用「客家山歌」的語言風格，承繼客家山歌的風貌與內涵。例如：

〈山海戀情〉
海登不了山／山下不了海／佢兩儕都用沙灘浪花／做化身／日日夜夜／相會在浪漫多情海岸／歲歲年年／傳達彼此个愛戀

注釋
1.兩儕：兩個人。
2.个：的。
3.佢：他。
（引自《百年詩選》）[23]

〈阿爸阿姆个叮嚀像山歌像家書〉
阿爸阿姆空手來後山／家庭貧苦無錢好讀書／佢个書在田中在菜園／在山頂在河邊／汗珠做烏墨／鑊頭係水筆／一行行一叢叢／一頁頁一坵坵／勤勉做功課／一年透天無停鉈／從後生做到老（下略）

注釋
1.个：的。
2.佢：他。
3.鑊頭：鋤頭，烏墨：指黑墨汁。

---

22 左春香：〈葉日松客語現代詩研究〉（臺北市：臺北市立教育大學中國語文學系研究所碩士論文，2008年），略有修改。

23 葉日松：《百年詩選》（臺中市：文學街出版社，2011年），頁298。

4. 水筆：毛筆。

5. 無停鈍：沒有停止，沒有休息。

（引自《百年詩選》）[24]

上列兩首是以華語夾雜客語漢字所寫成的，為了擔心非客語閱讀者有困難，因此在詩後加註解，以利了解詩意。[25]葉日松對客家的關心開始很早，一九八五年「世界客屬協會花蓮客屬協會」成立後，一直都熱心參與相關的活動，其客家意識與身分認同，始終非常堅持。

黃瑞玲家族原居花蓮縣玉里，祖父輩來到臺東縣長濱鄉開墾，便出生於寧埔村，現居臺東市。寫有〈歲月潮浪間——范雲昭的故事〉一文，記述了自己母親大半生的故事，字裡行間充份顯現客家女子在阿美族部落生活奮鬥的故事，其中描述與族人融和一體互相扶持的歷程，十分感人。[26]

第三類

花東客家籍遷移外地的作家，回寫花東客家的作品。如黃永達（2006）《戀戀客家：連連客庄》、黃永達（2008）《北迴線上：來去東客》[27]、陳雨航（2012）《小鎮生活指南》、方梓（2012）《來去花蓮港》等。黃永達（2006）的《戀戀客家：連連客庄》、（2008）《北迴線上：來去東客》屬於自傳性及介紹性的文章，裡面有很多客家特有的風俗習慣、曲藝及用語。與陳雨航相似，花蓮是他成長的地方，直到花蓮高中畢業後才到臺北就學，他的成長經

---

24 同前註，頁175、176。

25 吳鳴1990〈芋仔番薯〉、1991〈牛筋草〉兩篇散文，都有同樣的做法，在文後對客家語文加註。〈芋仔番薯〉有兩個註解「頭擺」，是從前的意思，「著肉雄」，是做怪、耍脾氣等的意思。〈牛筋草〉則有九個註解。

26 林韻梅編：《建國百年——當代臺東文選》（臺東市：臺東縣後山文化工作協會出版，2011年），頁63、67。本文原載2008年臺東文化處出版《靠岸東臺灣—十二位臺東人的微型傳記》。

27 黃永達的《北迴線上：來去東客》（2008年）一書大部分出自《戀戀客家：連連客庄》（2006）年，許多部分為重述或修改後的作品。

驗也經常成為重要的客家書寫資產。不同的是《戀戀客家：連連客庄》書中附錄的〈總會看到一隻白鶴仔〉（散文）、〈愛講四縣的阿姑〉（小說）是以華語夾雜客語漢字的得獎作品。[28]黃永達使用方式較不純熟，但勉力而為仍值得肯定。如：「喔！這隻白鶴仔，毋知係山前該口大埤塘唇的樹林底肚『大家人屋』，走來到這後山的無喔？」[29]，「阿達咧想起讀書該恁多年，看四姑，和四姑打嘴鼓，講這講該的日仔，就一陣心肝肚艱苦，鼻孔酸酸，目珠紅紅……？」。[30]

文中「這隻白鶴仔」、「這後山」的「這」、「和四姑打嘴鼓」的「和」，以及「無喔」等字，都應有更適當的用語。

陳雨航原籍為高雄縣美濃，父親因工作移居花蓮，故自幼在此長大。在考上大學以前，花蓮的種種是他生命史中難忘的印記，因此在二〇一二年出版了近似回憶錄的長篇小說《小鎮生活指南》，其場景就在花蓮市（鎮）。然而小說沒有出現有關客家族群意識的內容，而是以臺灣人的意識來涵括「在地人」。有趣的是小說中主要人物是「外省族群」，有不少描述「在地人」與外省族群間的互看對望。

方梓的《來去花蓮港》則不同於陳雨航的視角，小說中的角色包括福老族群、客家族群，因為時間起始於日本時代，也包含有華語、福老語、日語、客語混雜的語言。在描述客家族群人物方面，運用份量甚多的客語漢字的方式來表達，貼切的表現了客家移民在花蓮的處境，亦忠實的呈現客家語言的特色。這種符應語言現象的作品，擬真的顯示了的彼時的語境。其使用情形舉例如下：

---

28 黃永達：《戀戀客家：連連客庄》（臺北市：全威創意媒體公司，2006年）。〈愛講四縣的阿姑〉為1998北美客家語文文化基金等合辦的小說獎二等獎，〈總會看到一隻白鶴仔〉為2000年北美客家語文文化基金等合辦的散文獎第二名。

29 同前註，頁93。

30 同前註，頁110。

（1）華語混合日語

「私妊娠したよ。」回三叉庄的前一晚她才對阿賢說起懷孕的事。

「本に？それは素晴らしいことだ！真的？這太好了！」（阿賢高興的坐不住，像個小孩似的，和平時的斯文穩重完全兩樣。[31]

（2）客語混合華語

「佢管別人講嘛，自己過自己的生活，俚不怕，俚就兮此種命仔，嘛人愛講隨在伊。佢去彼遠嘛人照顧你喔？」。

「大哥啊，舊年伊轉來，俚又同伊講，伊講伊會安排，俚想無啥問題。」[32]

（3）福老語混合華語

「是啊，查某人喔菜仔命啦，隨風飛，嫁尢就對尢走，有影啦嫁出去佮去花蓮港無啥差別，佮父母割腸割肚，攏是要吃苦啦。」挍好面，阿枝嫂邊插去白粉邊回應著。」[33]

（4）福老語、客語、日語混合

「呷飯喔，食飯囉，御飯を食べるよ！」飯館的人在門口喊著。[34]

（5）福老語、客語混合華語

「娶這個客婆仔亦攏一個對轎後客婆个囝仔。」看到素敏阿根婆也無好臉色。「歹心性的客婆猴，講話咿咿哦哦聽攏嘸，一定是詛懺我。」[35]

這樣的書寫表現了多元發聲的實景，跨越了族群的限制。根據二〇一二年十一月二十三日於國立臺北教育大學的深度訪談，方梓對母親的生命歷程及客家婦女的堅忍特質，具有很深的體認。《來去花蓮港》很大一部分寫的

---

[31] 方梓：《來去花蓮港》（臺北市：聯合文學出版社，2012 年），頁 62。

[32] 同前註，頁 32。

[33] 同前註，頁 18、32。

[34] 同前註，頁 70。

[35] 同前註，頁 222。

便是母親的故事，她不似男性作家好以歷史事件、政治變動等大敘述作為小說的框架及背景，以女性的思維，著眼於描述種種生活細節。她認為經營良好的日常生活，是撐起家庭最重要的力量。一個穩定的家庭，才能支援男人式的奮鬥，協助男人「創造」歷史。

上列各族群語言書寫方式，用字遣詞容或有些待斟酌之處，然而作者將彼時的語言狀況，做了多樣的呈現，是非常貼近真實情況的作品。

余阿勳一九三五年出生於花蓮鳳林，自幼家窮困，四歲喪父，初中一年級時母親過世，臺東師範畢業後，曾志願至綠島教書。一九六〇年到日本早稻田大學求學，再到教育大學研究所深造。返臺後任職於傳播界。一九八三年因氣喘病，病逝東京。余阿勳翻譯及著述甚多，是非常典型的勤奮的工作者。[36] 他的《涓涓集》是他自己創辦的新理想出版社出版的作品集。此書共收錄三十五篇各類文章，其中有不少是自傳式的作品，這些作品包含了一些客家元素。例如〈青青草〉、〈勞碌的影子〉等。[37]

〈青青草〉為《涓涓集》中第一篇作品，一開始作者便用「大角古」來稱呼飼養的牛，通篇也以自己放牧這隻牛為中心，敘述人與牛之間互動的細節。「大角古」是標準的客語的華語書寫。[38]「古」字應寫作「牯」，為公牛的意思。〈勞碌的影子〉是篇紀念母親的文字。他的母親以賣水菓、採茶等勞務維生。不會說福老話，遇到福老顧客只能「哇──哇──哇──」比手劃腳，遭人嘲笑也只能陪著笑，他很難忘母親那副不知所措的表情。[39] 作者寫出了閩客族群言語不通造成互動扞格的難堪之處。余阿勳作品中很少運用客家元素來寫作，相關作品中的客語詞彙及族群隔閡，是一種自然的流露與寫實呈現。然而不同處在於不避諱表現自己是個客家人的身分。

36　胡子丹：〈大角古〉，《傳記文學》第44卷第1期（臺北市：傳記文學出版社，1984年），頁52。

37　余阿勳：《涓涓集》（臺北市：新理想出版社，1975年）。

38　同前註，頁1。

39　同前註，頁7。

出生於壽豐鄉的吳鳴（彭明輝），在一九九二年出版《我們在這裡分手》一書中寫出自己是客家人之後，他就不避諱的在文章中註明自己的客家身分。[40]一九九五年出版《歷史花蓮》，二〇〇三年出版《來去鯉魚尾》及《豐田和風情：花蓮縣壽豐鄉豐田村古蹟之旅》，其中不少有關客家移民的記述。一九九四年十二月九日所寫的〈雁歸來——一個客家子弟的族群認同〉，文中對自己的客家認同，做了懇切的反省，其中由面對其他強勢族群刻意掩藏地扭曲自我，到坦然面對的心路歷程，很具有代表性。

吳德亮二〇〇九年的《客鄉找茶：兩岸客家茶文化特展專書》是針對客家人製茶的特色做報導，文章知性感性兼具，作者以其客家子弟的身分，對本身族群的製茶運作模式，敘述十分深入。李雅琳《客家文化》四十六期中有一篇專訪〈吳德亮——難忘媽媽的味道〉，吳德亮訴說了最難忘的客家美食：茶理雞與艾粄，也推薦了兩種客家人的茶葉：東方美人茶、酸柑茶。可以見到客家飲食文化對他的影響。[41]

邱上林一九九二年《不朽的約定》，二〇〇〇年《縱谷飛翔》兩書是對花蓮地區投注深情的記述與報導，其他有關老照片的收集和介紹式的攝影集，都環繞在自幼生長的區域。陳雨航、吳鳴、吳德亮、邱上林作品中的「客家成分」甚少，如吳鳴對客家運動或思維有所批判，然其作品中仍有不迴避的家族敘述與客家詞彙。如林雙不在〈從出生到永眠的泥土依戀——細讀吳鳴的《泥土》〉（1982）一文指出，作者用了如「過身」、「駛牛車」、「園頭園尾」、「軟腳鞋」等方言語詞，並指出「軟腳鞋」應為「軟腳蝦」較為恰當。不過這些詞語是閩客語通用的「方言」，並非客家獨有的詞彙。[42]由此也可以看出吳鳴很早便將「鄉土語言」，運用在作品之中。

---

40 吳鳴：《我們在這裡分手》（臺北市：聯合文學出版社，1992年）。

41 吳德亮同時也寫新詩，也攝影及繪畫，才藝甚多樣。

42 林雙不：〈從出生到永眠的泥土依戀——細讀吳鳴的《泥土》〉，《明道文藝》73期（1982年），頁145。客籍作家對客家沒有好感，甚或撰文批判的亦有前例，如呂赫若及早期的宋澤萊等，宋澤萊在知道自己可能為詔安客後，態度有很大的改變。

第四類

　　在地非客家籍的作家描寫花東客家的作品。如林韻梅（1997）《發現後山歷史》、（1999）《走過後山歲月》，林建成（1996）《后山代誌》第三輯、（1997）第四輯等，林炬壁（2001）《花蓮講古》。林韻梅、林炬壁記述的是東部客家人開墾事蹟、人物傳奇等。林韻梅（1995）的《後山歌聲》、（1997）《發現後山歷史》、（1999）《走過後山歲月》等系列作品，是以文學之筆鋪寫由荷蘭、清領、日本時代到光復後的臺東。將歷史文獻，人物訪談，實地勘查等連綴成文學作品。《發現後山歷史》裡有關客家人的記述有〈王忠到卑南〉[43]、〈新開園遺事〉兩則。[44]〈新開園遺事〉的內容較多，文中對族群之間為生存不得已的競爭與互相殺戮，有寬容的看法：「大家是為着生活，不是特地故意的。所以漢人、客人、卑南、阿美斯，大家若是攏會當過日，就未為爾生。」[45]作者在這本書中使用了許多福老語漢字以及日語漢字擬音，但對客家的記述則沒有類似的表達，這應該是對客家族群及語言不熟悉之故。文中有一特殊之處，便是將漢人與客家人分開記述，將客家人與原住民並列，或許是主觀認知上客家人不屬於漢人。這樣的觀點其實存在許多「臺灣福老人」，長久以來的刻板印象中。

　　林炬壁《花蓮講古》第九十五則「源城原是客人城」講的是清代來臺開墾的客家人，其後因種種原因由西部遷來，聚集而居而有此名。[46]兩百五十二則「饒永昌其人其事」，敘述苗栗人饒永昌遷來此地，以經營樟腦業致富，曾任鳳林區長。他以對待工人苛刻聞名；但頗具手腕，與日本人關係甚佳。其子亦娶日本女子為妻。[47]兩百九十八、兩百九十九、三百零一三則是記頭份東興人徐秀香的故事。徐秀香原在饒永昌工廠工作，離職後自行經營農事，曾返回頭份，帶領同鄉親戚徐慶昌、林玉雙等人到花蓮，從事採收甘蔗等工

43　林韻梅：《發現後山歷史》（臺北市：玉山出版社，1997年），頁61。

44　同前註，頁165、166。

45　同前註，頁166。

46　林炬壁：《花蓮講古》（花蓮市：花蓮市公所，2001年），頁59。

47　同前註，頁141。

作。這些同鄉都因努力在地耕耘，家業興隆。林玉雙曾任光復鄉鄉長，為地方知名人物。[48]

　　一九九四年開始「後山文化工作協會」編寫的《后山代誌》期刊（共出版五期），對客家的記述不多，一九九六年的第三輯林建成寫的〈後山第一的三合院〉，介紹前關山鎮長彭盛煥的老宅。彭盛煥家族一九四二年由楊梅分兩批遷徙來臺東，逐漸起家後，成為地方仕紳。[49]〈後山的老太合城堡〉說的是賴阿傳家族龐大事業發跡的故事。[50]一九九七年的第四輯續寫〈後山早期的石油大亨——賴金木傳奇一生〉，賴金木原為臺北內湖地區的客家人，日本時代到臺東開設第一家加油站，擔任首位臺東街助役（副市長），富甲一方。他以「換番」貿易致富，經營得法，擁有近百甲土地與四艘機械船，積極參與地方事務，頗孚眾望。[51]

第五類

　　東部地區民間文學。採錄這類口傳文學有三本主要的著作：二〇〇二年張振岳的《富里鄉志・藝文志》，二〇〇七年許秀霞的《臺東客家族群傳說故事研究》，以及二〇〇九年劉惠萍的《花蓮客家民間文學集》等三本。這些在地的作家們或學者，意識到客家族群的重要性，在其著作中特別加以書寫、輯錄，為東部客家文學整理了可貴的資料。

---

[49] 吳淑子主編：《后山代誌》第三輯（臺東市：臺東縣立文化中心，1996年），頁57-59。
[50] 同前註，頁60-63。
[51] 吳淑子主編：《后山代誌》第四輯（臺東市：臺東縣立文化中心，1997年），頁189-194。

表二　東部客家民間文學

編輯者與作品	書寫方式	內容
張振岳，《富里鄉志‧藝文志》，頁533-549	1. 華語 2. 客語漢字擬音 3. 國語注音	1. 地區性的特殊客家俗諺 2. 一般俗諺（客語部分，包括諺語、俚語、歇後語） 3. 客語傳說 4. 客家故事
許秀霞，《臺東客家族群傳說故事研究》、《逐鹿傳說──東臺灣文化地誌》	1. 華語	1. 人物傳說 2. 地形風物傳說 3. 神鬼靈驗傳說 4. 客語歌謠、俚語
劉惠萍，《花蓮客家民間文學集》	1. 華語 2. 客語漢字擬音 3. 漢語拼音 4. 客語音標 5. 國語翻譯 6. 註明講述者為四縣腔或海陸腔[53]	1. 傳說 2. 民間故事

　　這三本著作收錄的資料大致可分為兩類，其一是由原居地帶過來的，這些地方包括桃竹苗及高雄、屏東地區的客家民間文學。這些民間文學又可分為：源自中國原鄉，與福老、原住族群互動，以及在地接合產生的。其二則是因移居東部地區，與當地人、事、物接觸後產生的。鄭振鐸曾說「俗文學」具有六項特質：一、是大眾的。二、是無名的集體的創作。三、是口傳

---

[52] 據本書的「凡例」說客語字詞、難字、客語音標及聲調符號的用法，主要參考：1. 臺北市政府客家委員會2006年出版《客語詞庫》。2. 臺北市政府民政局，客家委員會2003年出版《現代客語詞彙彙編》。3. 教育部2008年出版《教育部臺灣客家語常用詞辭典》。見其書頁3。

的。四、是新鮮的，但是粗鄙的。五、是其想像力往往是很奔放的。六、是勇於引進新的東西，[53] 上述所錄的內容不脫這六項特質。就東部民間文學來說，具有在地性質的內容，是比較有意義的。而這三本編著都包含有這樣的特色，但內容並不多。整理如下：

張振岳《富里鄉志・藝文志》中〈地區性的特殊客家俗諺〉收錄有下列三則俗諺：

1. 十條牛牯九條裂鼻，十對公婆九個伙計。
2. 日掘月掘，屎臀朘朘。日聊月聊，長衫窈窕。
3. 請人莫請女人客，講係五十鬥一百。講到歡喜笑納納，講到苦情就攎鼻慅壁。[54]

第一則俗諺，反映了開拓東部田野的艱辛，第三則是對女某些不恰切舉止的嘲諷。第二則來自國民政府後唐山客（外省客）所引入，暗喻某些人們日常生活裡不良的行為，與本地較無關係。

客家故事有兩則：吃番膏、番鞭的故事。長工拜黃瓠的故事。都是在花蓮富里鄉這個區域特有的俗諺及故事。[55]

許秀霞的《逐鹿傳說──東臺灣文化地誌》以傳說故事為主，包括人物傳說、地形風物傳說、神鬼靈驗傳說、客語諺語、俚語等。這些資料以人物事蹟報導最多，如臺東市的〈傳奇客家女打造「後山傳奇」美食館：劉玉嬌〉，敘述劉玉嬌成功經營美食館的歷程，鹿野鄉〈粄條絲絲繫故鄉──200哩粄條店〉說的是陳宜平的故事。關山鎮〈公工鎮長曾玉崙〉、〈蒙總統召見的黃應添醫師〉。成功鎮〈一門三傑──宋安邦、宋子鰲、宋賢英〉、〈東海岸第一商店：「廣恒發商號」創始人──溫泰坤〉、〈「柑仔山統領──宋番古」〉等。此外在臺東市收錄了一首反映當時生活特色的的諺語：

---

53 鄭振鐸：《中國俗文學史》（臺北市：臺灣商務印書館，1972年），頁4-5。
54 張振岳：《富里鄉志・藝文志》（花蓮市：富里鄉公所，2002年），頁533-534。
55 同前註。

> 十個晡娘，九個夥計；十個生病，九個馬拉痛；十個牛麻，九個滑
> 鼻；十個女人，九個答滴。[56]

這首與張振岳《富里鄉志・藝文志》收錄的內容部分類似，應該是當時十分
流行的諺語，兩個地方都有流傳，只是文字略有差異。另一首是關山鎮的順
口溜：

> 阿貴頭的油車，三不二時敲（kok）。阿宜仙，賣藥貴。阿廉仔，煮麵
> 打爛鑊。電火榮介雜貨店，變來變去。黃應添手術，死堵煞（sot）。
> 玉崙仔做鎮長，巴介野鹿。羅筱霞介怪手，一支腳照常敲（kok）。[57]

書中所介紹的關山鎮很有特色的人物，這個順口溜是以客語漢字來記述的，
唸起來具有客家族群獨有的韻味。另外有產業開發、族群互動、宗教發展等
內容，為客家族群在臺東地區的發展留下不少紀錄。

　　劉惠萍的《花蓮客家民間文學集》採錄了傳說、民間故事兩項。民間故
事沒有看到原生自花蓮地區的故事，傳說中的〈水尾个由來〉、〈掃叭頂个
傳說〉、〈玉里客人城个由來〉、〈玉里大禹里个由來〉等皆為在地的傳說。
其餘如〈黃巢个故事〉、〈丁蘭个故事〉，還有許多節日由來、十二生肖、憨
婿郎等都屬於中國傳統民間故事，不是此地獨有。

二　對客家文學的質疑

　　對客家運動及客家文學的創作，並非所有客家籍作家都抱持贊同的態
度。基本上「臺灣客家文學」是在一九八〇至一九九〇年代間被「界定」與
「規範」出來的，在不斷的討論和探索之下，有了一個並不嚴謹的定義。對
這樣的「界定」與「規範」意見並不一致。質疑的包括彭瑞金、宋澤萊、陳

56　許秀霞：《逐鹿傳說──東臺灣文化地誌》（臺北市：秀威資訊印刷出版，2009年），
　　頁21。

57　同前註，頁104。

若曦等，以及堅持臺灣語即為「福老語」的洪惟仁、林央敏、方耀乾等。[58]東部客家籍作家，對此也表達不同的看法。例如散文家吳鳴，雖然對自己的客家身分認同，但對需要以成立「行政院客家委員會」的方式，來保護客家人或客家文化並不是很贊成。他認為客家人應該平等的與各族群的人競爭，不應受到特別的保護和照顧。對書寫來說，也強調不須刻意書寫這樣的文字。他認為從小到大的經驗裡，客家話中有四縣較強勢，海陸、饒平、大埔等較弱勢的現象。現在的客家話以四縣為主，文字也以四縣為主，是不能代表臺灣所有客家族群。[59]

陳雨航的創作迄未提及自己客家身分，近作《小鎮生活指南》僅在第九章提到鄰居有位苗栗來的羅姓客家人，因為同講四縣話，和主要人物永明的父親便有所往來。[60]他的作品在族群描述上簡化的分為「臺灣人」、「外省人」與「原住民」而已，作為以寫實為主調的作家，族群間的差異，是無法迴避的問題，他表現了其間的差異，並沒有刻意描繪其間的不諧與爭執。彭瑞金很早便發現這位作家的特色，〈陳雨航小說的理與路——評《天下第一捕快》〉中說：「他似乎很自然地隱去一個統一的可以讓人追索的鄉土根源」，小說對他來說只是純粹的藝術表達，不是生活或生命的再現，作品中是「無我的」，所以客家身分或語言，並不重要。這樣的看法，或許可以部分解釋陳雨航一直未將客家元素加入創作的原因。[61]

吳德亮對這個議題在接受謝筱琳專訪時，謝筱琳曾問：您是花蓮的客家人，不知為何沒有投入客語詩文或歌謠的創作？他的回答如下：

　　創作不一定限定用哪種語言，因為語言只是溝通的工具。我不覺得用

---

[58] 有關客家文學書寫的必要，在1930年代已有非常多的論辯，1980年代之後的討論，是這個議題的再現。詳見王幼華：〈客家族群的定位與文學史撰述〉，《考辨與詮說—清代臺灣論述》，頁269-318。

[59] 見2012年12月11日國立政治大學與吳鳴深度訪談稿。

[60] 陳雨航：《小鎮生活指南》（臺北市：麥田出版社，2012年），頁286。

[61] 彭瑞金：〈陳雨航小說的理與路——評《天下第一捕快》〉，《書評書目》94期（1981年2月），頁69。

　　客語寫的作品，會比用所有人都懂的文字所創作的作品更能表達客家精神。[62]

他認為硬是為客家語言，擬造了一堆新字，對編者及讀者都是負擔，特意遷就只以方言發音的書寫，讀起來十分拗口，所以寧願選擇十幾億人口都讀得懂的中文寫作。有些作家如鍾理和、鍾肇政、李喬、王禎和作品中的福老語、客語不多，但很自然，他覺得這樣就好。雖很反對刻意的方言寫作，不過他認為有很多客語歌很感動人，如「山狗太樂團」顏志文的歌詞幾乎就是詩了。吳德亮認為文學要讓越多人接受越好，語言只是媒材，只要令人感動就是好作品。[63]這是他對客語文學創作比較完整的看法。

　　邱上林祖籍為詔安，自述自幼沒有族群意識，也不覺得那是個問題。在創作上認為客語詞彙太少，不似中文是非常成熟的表達工具。目前可以看到的客語詞彙，詰屈聱牙，就是客家人也看不懂，無法使用，更何況是其他人。現在所編的客語字典也不敷使用，所以在創作上不主張用客語。他看到現今的許多客語創作大部分是回憶童年，表現鄉愁，沒有辦法表現出現代感，這是很大的侷限。[64]邱上林自述曾與詩人陳黎討論過寫作時使用「臺語」的問題，結論是仍以華語創作為宜，「臺語」包括福老語和客家語，兩者發展都不成熟，詞彙不足，能閱讀者少。[65]

　　陳雨航、吳鳴、吳德亮、邱上林對自己客家身分認同，然而對客家政策及客語漢字、漢語拼音、漢字擬音等書寫方式，表現了質疑的態度，且認為其題材、內容不足。閱讀及寫作者皆受到侷限，能發展的空間很不大。這種困境與事實上與推動「臺語（河洛語）創作」面臨的境況十分相似。

62　謝筱琳：〈專訪吳德亮——任情天地，詩書茶畫〉，《幼獅文藝》9期（2007年），頁61。

63　同前註，頁61、62。

64　2012年11月8日鳳林鎮焦點座談會發言記錄。

65　同前註。

三　東部客家文學題材的特點

　　就本文的觀察，東部地區的客家文學為西部客家文學論述確立後的擴散、響應，是故較少建構初期抗拒與悲情的成分。他們的創作大多呼應前行者如黃恆秋、杜潘芳格、李喬等構築的寫作模式，沒有特殊之處，僅在用詞用語上略有不同而已。又因東部地區各族群人數相當，受到福老的壓迫感較少。故其抒情、感性成分較多，統整本研究調查的相關作品，依其寫作的題材可歸納出其特點有四：

　　其一，由西部到東部艱苦來去的旅途書寫，花東地區特有山水景觀的描述。

　　到花東的交通一直都是相當阻滯的，來回路途的艱辛歷程，是作家經常書寫的重點。如黃永達，《戀戀客家：連連客庄》說花蓮港尚未開港之前，客家人都從南濱利用竹筏搶灘登陸，在「七腳川」安頓下來，之後才往吉安、稻鄉、永興等村前去。[66]國民政府來臺後，穿越在大山大海間的蘇花公路、北迴鐵路、花蓮輪變成主要的方式。方梓《來去花蓮港》描述了三代人，在近百年逐漸變化的時空裡，到花蓮坐船、坐車、搭火車到乘坐飛機的經驗。來來去去旅途間所見的大山大海，漫長而沉悶的種種細節，是當時旅行者難以忘懷的。

　　山水景觀方面葉日松的作品中寫了花蓮六十石山、赤柯山、安通溫泉、羅山瀑布、秀姑巒溪、林田山等地區，[67]以詠讚、凸顯、介紹等各種手法敘寫。除了鄉土之愛以外將其特殊性、豐富性，將故鄉展現在讀者之前。其中〈秀姑巒溪個人生風景〉[68]、〈秀姑巒溪四重唱〉[69]、〈在空中看花蓮〉[70]數首，最能表現這在山海之間一方淨土的特色。

66　黃永達：《戀戀客家：連連客庄》，頁92。
67　邱如君：〈鋪衍與回音——試論葉日松的縱谷地景書寫〉，收入葉日松主編：《鋪衍，在縱谷的回音之間》（臺中市：文學街出版社，2010年），頁15-48。
68　葉日松：《百年詩選》，頁262-265。
69　同前註，頁266-270。
70　同前註，頁301、302。

　　黃永達《戀戀客家：連連客庄》〈第一篇　中央山之麓、太平洋之濱〉講到鳳林鎮的房子除了街道外，大部分房子都朝向東邊大海，因為西方為大山，隔擋視線空間。[71]住在花東縱谷的人，看到的真正是「日頭落山」，西部的人看到的是「日頭落海」。[72]由於地理環境的特殊性，花東的人表現了與西部不同的視角。

　　其二，移民後山的原因及在地發展的故事，其中大部分為西部的挫敗經驗與在地經營的過程。

　　吳鳴〈芋仔番薯〉及[73]〈牛筋草〉兩篇散文記述因在西部（新竹縣湖口）找不到好工作，難以謀生，他父親在一九四六年帶領懷孕的母親及孩子，來到鯉魚尾（壽豐鄉）投靠大伯。做長工、當佃農，組插秧班、割稻班，慢慢的在這小小的、荒涼的山村建立家庭，養活一家。[74]文中寫到開墾荒田，種植番薯的經歷，是那個時代很常見的情形。其後二〇〇六年六月在「吳鳴部落格」中的〈姆媽和佢生活的年代〉、〈祖父和他的兒孫們〉等作品，更詳細的書寫了何以舉家遷至東部的原因及家族親戚間，恩怨交織的故事。[75]

　　張振岳《臺灣後山風土誌》〈第五輯　客家風土誌〉的專章中，報導了東部地區移居此處客家人的腳踪。其中一篇是訪問一位居住在玉里鎮春日里的老伯母，這位老伯母說因為昭和十年（1935）苗栗發生大地震，家屋全倒，無法生活，跟著父親移居東部。父親原來是做木匠，不會農事，來這裡後木工的技能無用武之地，只好以農事維生。她為了家庭能生存下去，學會了耕種、下田種種技能，自信樣樣不輸男人。[76]黃永達《戀戀客家：連連客

---

[71]　黃永達：〈第一篇　中央山之麓、太平洋之濱〉，《戀戀客家：連連客庄》，頁42。

[72]　同前註，頁60。

[73]　吳鳴：〈芋仔番薯〉，《我們在這裡分手》，頁55-61。原刊1990年5月25日《首都早報》副刊。

[74]　吳鳴：〈牛筋草〉，《我們在這裡分手》，頁105-109。原刊1991年10月20日《中國時報》人間副刊。

[75]　引見吳鳴部落格 http://blog.roodo.com/wuming/archives/2006-07.html2013.2.20檢索。

[76]　張振岳：〈開荒歲月負重擔——後山客家父女群像〉，《臺灣後山風土誌》（臺北市：臺原出版社，1994年），頁228。

庄》較有整體性的看法，他說每個「來花祖」背後都有感人甚至鼻酸的故事：「有的人在老家生活太困苦、有的人跑路、有的人躲債、有的人是為了愛……」[77] 所謂「來花祖」指的是客家移民在花蓮「在地化」的；拋錨定位的特殊用語。

方梓《來去花蓮港》的阿音在開往花蓮的船上觀察到，在舺板上的人，大多數是男人：

> 阿音知道這些人和阿南一樣，都是希望到花蓮港打拼開山開田，開出不一樣的人生。[78]

阿南自述祖先由福建泉州到臺灣開墾，在大溪中庄落腳，生活了兩三代，後來的一些資產被宗族敗光，只好再一次遷徙到花蓮港。[79]

藍國揚〈日據時代的謝家王朝〉講到母親家族因為經營布的生意失敗，伯公便隻身到花蓮玉里鎮重新開始。由助手開始做起，經營多年後，事業有成，便返回新竹將整個家族四代遷來花蓮。[80] 在玉里的布莊生意甚佳，曾在大街擁有三間店面，興盛一時。

其三，與其他族群互動的記述。因各族群人數相當，彼此間互動頻繁，福老人、日本人、外省人、原住民等都成為作品中重要書寫對象。

張振岳《臺灣後山風土誌》〈第五輯客家風土誌〉調查了花、東二縣的客家移民的宗教信仰、二次移民的腳踪、客家婦女形象等。[81] 其中長濱鄉寧埔的寧城宮三山國王廟的發展，跨越清末、日本時代到國民政府，由邱姓客家人帶入，逐漸轉變為潘姓西拉雅人主導的信仰，非常具有族群影響及滲透

---

77 黃永達：〈第一篇　中央山之麓、太平洋之濱〉，《戀戀客家：連連客庄》，頁41。黃永達的叔公太、叔婆太就是為了不被容許的愛情，相偕逃到花蓮的。
78 方梓：〈寒窯送做堆〉，《來去花蓮港》，頁56。
79 同前註，頁90。
80 藍國揚：〈日據時代的謝家王朝〉，《綠色的血液》（臺東市：臺東縣立文化中心，1999年），頁90-95。
81 張振岳：〈第五輯 客家風土誌〉，《臺灣後山風土誌》，頁198-230。

融合的代表性。[82]在〈翻越重山原是客——尋訪客家移民的腳踪〉一文中談到在花蓮地區主要還是以福老人為主,「福老客」的現象很明顯。客家人扮演「雙面人」的情形很普遍。不過在二次移民潮裡福老人、客家人一起來到東部,在共同墾荒的歲月裡「產生相互珍惜追求共存的意識」,福、客與原住民之間有鬥爭、攻伐之事,同屬漢人的族群彼此間則沒有重大衝突。[83]這點也是和西部地區福、客長期衝突不斷,互爭資源,缺乏休戚與共的觀念相當不同。

黃永達《戀戀客家:連連客庄》中說從小生長在鳳林,只知道有海陸、四縣的客家話與阿美族的話,也看到「鳳信天主堂」聚集了許多阿美族人,聽到他們的歌舞。但從來不知道何謂「國語」,對福老話也沒有什麼印象。鳳林是客家人最多的地方,強勢語言就是客家話,黃永達由兒童到青少年時期,使用的都是客家話。因為環境的封閉,族群意識較為受限。[84]

方梓《來去花蓮港》小說中非常多各族群的敘述,〈決定一起生活〉一節敘述客家寡婦初妹嫁給離過婚的河洛人李安平,之後共同生活的一節,最能表現族群互動的特色。李安平的母親只會說河洛話,對客家媳婦勤儉刻苦的生活態度不滿。初妹向阿眉(美)仔學習採摘野菜,撈捕河中魚蝦以貼補生活等細節,不見容於家道中落的婆婆,卻找到維持家計的資源,充分呈現了族群間不同的價值觀。[85]

黃瑞玲寫母親范雲昭從小生長在長濱鄉寧埔村,和部落裡的阿美人相處十分融洽,由於家庭窮困,除了自己努力以裁縫等技能謀生之外,也受到阿美族人許多的協助,相互扶持,走過人生大部分的旅程母親能說流利的阿美族語,「她早已將自己融進部落裡。」[86]

82　同前註,頁198-203。

83　同前註,頁206-208。

84　黃永達:〈第一篇 中央山之麓、太平洋之濱〉,《戀戀客家:連連客庄》,頁60-67。

85　方梓:〈決定一起生活〉,《來去花蓮港》,頁216-253。

86　黃瑞玲:〈歲月潮浪間——范雲昭的故事〉一文,引見林韻梅編:《建國百年——當代臺東文選》。

其四，與前山親族間往來互動的描述。來自西部或南部的移民，與親族仍有千絲萬縷的連繫，通常會在祭祖、婚喪喜慶時相聚。然而道路阻隔，交通不便，往往一去無返。對前山故鄉的思念，親人的難以相聚，其間的不捨與感傷是寫作的主題之一。葉日松這類作品甚多，其中〈去新竹掛紙〉十分感人：

> （二）年年清明節　捱毋會無記得　轉去新竹掛紙　去看阿爸阿姆　去看
> 阿公阿婆　去看所有個祖先
> （三）捱帶等　思念個心情　一路閱讀祖先個歷史　一路畫出祖先個腳印
> 從花蓮到新竹[87]

「掛紙」是客家人掃墓的特殊用語，葉日松在清明節回去新竹老家，祭掃來臺各個祖先的墳墓，並追溯家族歷史，表現了孺慕之情。

黃永達《戀戀客家：連連客庄》講到，本來祖先居住在新竹縣湖口員山仔，因祖父經商失敗，祖母過世，再娶繼室後，相處困難，父母移居花蓮鳳林鎮。黃永達成長後，在西部工作，經常回湖口、楊梅「行親戚」，也參與「紅瓦屋」宗祠「豪暢堂」祭典。父母在鳳林居處雖簡陋，每逢年節，仍會仿楊梅祖祠的做法，用紅紙寫上祖先名諱，貼在牆壁上，用桌子當香案，恭敬的祭拜。[88]

以上四點是與西部地區客家作品差異性較大的部分，這些不同點在客籍作家：葉日松、黃永達、方梓、吳鳴及花蓮在地作家陳黎、林炬壁、林韻梅等書中皆具這樣的特點。

87　葉日松：《百年詩選》，頁288。
88　黃永達：〈第一篇　中央山之麓、太平洋之濱〉及〈第五篇　戀戀客家：連連客庄〉，《戀戀客家：連連客庄》。

四　結論

　　就花東客家文學的現象而言，有著「遷移／聚集」、「聚集／適變」及「適變／發展」三個特徵，這三個特徵可在兩個方面呈現。其一是作家的家族及自身在東部遷移、聚集、適變、發展的過程。其二是在文學作品中以特有的客家詞彙，敘述這樣的經歷。如黃文星〈黃文星抗日經過苦衷詞〉，葉日松《生命的唱片：葉日松散文選》、《秀姑巒溪介人生風景：客家詩集》、《記憶的南風輕輕吹：玉里采風錄》、《因為有愛：ㄣ恩介心正保有溫度》，吳鳴（彭明輝）《我們就在這裡分手》、〈雁歸來〉，方梓《來去花蓮港》，黃永達《戀戀客家：連連客庄》、《北迴線上：來去東客庄》，張振岳《臺灣後山風土誌》、《富里鄉志》以及藍國揚、黃瑞玲等的相關作品，皆敘述了家族遷移故事，自身的發展，客家文化傳承，居地理環境，風土民情，族群互動，社會變化等。

　　吳鳴、邱上林、吳德亮、余阿勳、陳雨航等客家籍作家，雖並未強調自己客家的身分，或者根本上質疑以客家語文書寫的價值，否定「客家政治」存在的必要性，然而對自己的客家身分並不掩飾，且在記述中或多或少的運用客語書寫。

　　至於林韻梅、林建成、林炬壁等非客籍作家，學者許秀霞、劉惠萍的花蓮、臺東民間文的調查與記錄，也豐富了這個區域的客家文學。

　　就東部客家文學的創作來說是仍待努力的，其書寫內容及人數皆顯不足。尤其是臺東地區，從事客語創作的更少。然而由於客家運動的興起，族群意識的萌發，帶動了創作與研究的風氣，未來是可以預期的。如前所言臺灣客家文學是以抗拒論述（counter-discourse）的面貌被呈現與凸顯出來的。東部客家文學受到西部的影響，由吳鳴一九九〇年的〈芋仔番薯〉、一九九一年〈牛筋草〉啟動，葉日松一九九三年的創作作為正式的萌發，發展二十餘年來，已有相當的成果，其後應該在拓展與紮根方面努力。東部地區事實上是需要投注更多人力與關注的地方。這個領域的發掘與論述，在臺灣整體客家文學研究是不可缺少的一環。

參考文獻

（一）專書

黃拓榮主修 《臺東縣志》 臺東市 臺東縣文獻委員會 1964年

鄭振鐸 《中國俗文學史》 臺北市 商務印書館 1972年

余阿勳 《涓涓集》 臺北市 新理想出版社 1975年

邱上林 《不朽的約定：報導卷》 花蓮縣 花蓮縣立文化中心 1992年

張振岳 《臺灣後山風土誌》 臺北市 臺原出版社 1994年

藍國揚 《綠色的血液》 臺東縣 臺東縣立文化中心 1999年

林炬璧 《花蓮講古》 花蓮市 花蓮市公所 2001年

葉日松 《客語現代詩歌選》 臺北市 武陵出版社 2001年

張振岳 《富里鄉誌》 花蓮縣 花蓮縣富里鄉公所 2002年

中華綜合發展研究院應用史學研究所 《壽豐鄉志》 花蓮縣 花蓮壽豐鄉公
　　　　所 2002年

吳　鳴 《來去鯉魚尾》 臺北市 紅樹林文化 2003年

廖炳惠 《關鍵詞200》 臺北市 麥田出版社 2003年

臺東縣後山文化工作協會編 《文學臺東》 臺東縣 臺東縣後山文化工作協
　　　　會 2003年

黃永達 《臺灣客家讀本：臺灣客家史地、語文、社會、曲藝、建築》 臺北
　　　　市 全威創意媒體 2004年

葉日松 《臺灣故鄉情：客家詩集》 臺中市 文學街出版社 2004年

黃永達 《臺灣客家俚諺語語典：祖先的智慧》 臺北市 全威創意媒體
　　　　2005年

王幼華 《考辨與詮說──清代臺灣論述》 臺北市 文津出版社 2005年

黃永達 《戀戀客家：連連客庄》 臺北市 全威創意媒體 2006年

黃洪炎編　《瀛海詩集》　臺北市　臺北新民報社　2006年

葉日松　《秀姑巒溪介人生風景：客家詩集》　花蓮縣　花蓮縣政府　2006年

國立東華大學觀光暨遊憩管理研究所　《瑞穗鄉志》　花蓮縣　花蓮縣瑞穗鄉
　　　　公所　2007年

教育部國語推行委員會　《臺灣客家語常用詞辭典》　臺北市　教育部　2008年

黃永達　《北迴線上：來去東客庄》　臺北市　全威創意媒體　2008年

葉日松　《因為有愛：亻恩介心正保有溫度》　花蓮縣　花蓮縣吉安鄉公所
　　　　2008年

許秀霞　《逐鹿傳說──東臺灣文化地誌》　臺北市　臺東大學　2009年

Chris Barker著，羅世宏等譯　《文化研究理論與實踐》　臺北市　五南出版
　　　　社　2009年

吳德亮　《客鄉找茶：兩岸客家茶文化特展專書》　臺北縣　臺北縣客家事務
　　　　局　2009年

劉惠萍整理　《花蓮客家民間文學集》　花蓮縣　花蓮縣文化局　2009年

葉振輝　《玉里鎮志》　花蓮縣　花蓮縣玉里鎮公所　2010年

林櫻蕙　《葉日松的花蓮故鄉情──以現代客語詩作為例》　臺中市　文學街
　　　　出版社　2010年

邱如君　《鋪衍與回音──試論葉日松的縱谷地景書寫》　臺中市　文學街出
　　　　版社　2010年

林韻梅　《建國百年──當代臺東文選》　臺東市　後山文化工作協會　2011年

葉日松　《百年詩選：葉日松獻給中華民國建國100年的紀念專輯：客語詩
　　　　歌精選集》　臺北市　行政院客家委員會出版　2011年

方　梓　《來去花蓮港》　新北市　聯合文學出版社　2012年

陳雨航　《小鎮生活指南》　臺北市　麥田出版社　2012年

（二）期刊論文

風月報　〈臺灣古典詩〉《風月報》102卷　1940年　頁30

詩　報　〈臺灣古典詩〉《詩報》269卷　1942年　頁9

南　方　〈臺灣古典詩〉《南方》151卷　1942年　頁36

彭瑞金　〈陳雨航小說的理與路──評〈天下第一捕快〉〉《書評書目》94期　1981年　頁65-70

林雙不　〈從出生到永眠的泥土依戀──細讀吳鳴的〈泥土〉〉《明道文藝》73　1982年　頁142-145

石永貴　〈文學的苦行僧：余阿勳〉《傳記文學》44期　1984年　頁50-51

黃憲作　〈花蓮地區的傳統文學〉《國文天地》16期　2001a　頁77-81

〈花蓮地區的傳統文學〉《國文天地》17期　2001b　頁86-89

謝筱琳　〈專訪吳德亮──任情天地，詩書茶畫〉《幼獅文藝》645期　2007年　頁58-65

李雅琳　〈茶香、美食處處皆鄉愁──吳德亮難忘媽媽的味道〉《客家文化季刊》22期　2007年　頁46-47

（三）會議論文

邱上林　〈回歸與前溯──尋找語言的詩人葉日松〉　發表於「第三屆花蓮文學研討會」　花蓮縣　花蓮縣立文化中心　2005年11月19日

林櫻蕙　〈葉日松的花蓮故鄉情，以現代客語詩作為例〉　論文發表於「客家文化研討會」　花蓮縣吉安鄉公所　2009年08月22日

邱如君　〈鋪衍，在縱谷的回音之間──試論葉日松的地景書寫〉　論文發表於「第五屆花蓮文學研討會」　花蓮縣　花蓮縣文化局　2009年10月17日

（四）博、碩士論文

林淑媚　〈花蓮地區詩歌研究1945-1989〉　宜蘭縣　佛光大學人文社會學院文學系研究所碩士論文　2006年

左春香　〈葉日松客語現代詩研究〉　臺北市　臺北立教育大學中國語文學系
　　　　研究所碩士論文　2008年
李詩瑩　〈臺東文學發展研究（1921-2010）〉　彰化縣　國立彰化師範大學臺
　　　　灣文學研究所碩士論文　2011年
蔡芳霞　〈葉日松山水田園詩修辭之研究〉　花蓮縣　國立東華大學中國語文
　　　　學系研究所碩士論文　2011年

（五）其他

許秀霞　《臺東客家族群傳說故事研究》　行政院客家委員會獎助客家學術研
　　　　究計畫研究成果報告　2007年
劉惠萍　《花蓮客家民間文學採集與整理（一）》　行政院客家委員會獎助客
　　　　家學術研究計畫研究成果報告　2007年
劉惠萍　《花蓮客家民間文學積極傳承人調查與研究》　行政院客家委員會獎
　　　　助客家學術研究計畫研究成果報告　2008年

平埔族之文化受殖軌跡

以三貂社歌謠之著錄、譯介為例

楊克隆

修平科技大學博雅學院專任助理教授

摘要

　　傳統歌謠端賴採集、著錄的過程才能成為書面文獻。在田調學理尚未完備、田調知識普遍缺乏的一九六〇年代之前，知識界採錄歌謠之動機、目的，將直接決定歌謠之採錄方向，舉凡此首歌謠是否採錄？使用何種語言寫錄？如何詮釋譯介？以及歌謠著錄前之篩選、改作、節錄等權力之行使，均為知識界採集歌謠過程中「知識權力」之展現；反之，歌謠報導人除被動提供歌謠原始素材之外，對於歌謠文本之書寫、詮釋完全無權置喙，不僅使弱勢者的歌謠成為被書寫的「客體」，甚至易淪為被利用的工具。歌謠文本內容所呈現的生活樣貌，究竟與歌謠報導人的實際生活面貌，相關性如何？其間又存在哪些差異？乃成為一項頗值探究的文化論題。

　　本文以三首凱達格蘭族歌謠文本為研究對象，這三首歌謠先後於「日治時期（1936）／國府初期（1958）」被「日人（石坂莊作）／漢人（王詩琅）」分別以「日文／華文」譯介於「《科學の台灣》／《臺北文物》」的文化刊物中；隨著兩者著錄年代與譯介者國族之不同，不僅兩者所著錄之歌謠文本各有取捨，其書寫、譯介與傳播之目的亦有顯著的差異。本文即以此三首歌謠之著錄、譯介為例，探究歌謠文本背後知識界「無形之手」的權力運作，透過對王

詩琅／石坂莊作雙方在著錄、譯介的過程中，刻意隱諱、凸顯、形塑平埔族歌謠的探討，不僅呈顯兩者均意圖透過對平埔族歌謠之譯介，以歌頌漢、日對平埔族「教化」之成果，並得以之管見平埔族之文化受殖軌跡。

關鍵字：歌謠、殖民、平埔族、凱達格蘭族、翻譯

一 前言

一九三六年，基隆聞人石坂莊作[1]遣其員工漢人宗壬癸至雙溪下游，向時年七十八歲的三貂社老婦人潘氏腰習得〈迎北白川宮能久親王之歌〉、〈大年初一至廟遊玩歌〉、〈送年輕夫婦前往福州歌〉等三首三貂社歌謠。同年七月一日，宗壬癸除於「基隆神社大祭」慶典中演唱三首歌謠，並透過放送局廣播宣傳；隨後，石坂莊作將三首歌謠以片假名拼音、平假名翻譯，撰成〈ケタガランの蕃歌〉一文，發表於標舉博物發展、科學研究的「臺灣博物館協會」所刊行的機關雜誌《科學の臺灣》[2]。

一九五八年，王詩琅[3]以「一剛」之名將〈ケタガランの蕃歌〉以華文拼音、譯介，並刊載於臺北市文獻會機關雜誌《臺北文物》[4]；該篇譯文將〈迎

---

[1] 石坂莊作（1870-1940），日本群馬縣原町人。曾任原町小學教員，後進入日本近衛工兵中隊，參與「甲午戰爭」；一八九六年三月任職「臺灣日日新報」，一八九六年至一八九八年間，前往臺灣各地進行調查工作，後出版《臺島踏查實記》以著錄調查所得；一八九九年十一月，定居基隆，創辦以販賣度量衡專賣事業的「石坂商店」，成為基隆地區富商。對於臺灣文教事業貢獻卓著，一九〇三年二月，先創建臺灣最早的夜間學校「基隆夜學校」；一九〇九年十月，創設臺灣第一座現代化公共圖書館「石坂文庫」，被譽為「臺灣圖書館之父」；一九三〇年二月，為提升臺灣女性社會地位，更創設「基隆技藝女學校」，傳授女子裁縫、手工藝等技藝。

[2] 石坂莊作：〈ケタガランの蕃歌〉，《科學の臺灣》4卷5期（1936年11月），頁21-22。

[3] 王詩琅（1908-1984），臺北市萬華人。一九二七年，因參加無政府主義組織「臺灣黑色青年聯盟」而被捕入獄；一九三一年，涉及「臺灣勞動互助社事件」再度入獄。一九三四年，參加「臺灣文藝協會」。一九三七年，於上海日本陸軍宣撫班工作，一九三八年，被徵調赴廣州，擔任日軍《廣東迅報》編輯；戰後，擔任國民政府軍委會廣州行營臺灣籍官兵總隊政治教官；一九四六年，返臺擔任《民報》編輯，兼任國民黨臺灣省黨部幹事、臺灣通訊社編輯主任；一九四八年，辭去國民黨黨務，開始從事臺灣民俗文化研究工作，並主編臺北市文獻會機關雜誌《臺北文物》；一九六一年，協修《臺灣省通誌》、編輯《臺灣文獻》；一九六六年，擔任《臺灣風物》編輯。一九八二年，獲「國家文藝獎」；一九八四年，獲第二屆「臺美基金會人文科學獎」。

[4] 一剛：〈凱達格蘭族的蕃歌〉，《臺北文物》6卷1期（1957年9月），頁113。王詩琅另有多篇凱達格蘭族相關研究刊載於《臺北文物》，例如：〈圭母卒社番邊大直〉2卷4期（1954年1月），頁34。〈凱達格蘭族的源流及分布〉5卷2、3期合刊本（1957年1

北白川宮能久親王之歌〉以「據說是歌頌乙未割臺日軍登陸澳底，不過這是
否日人授意的製作，當然不得而知。」[5]為由刪除不錄，而僅譯介、著錄〈大
年初一至廟遊玩歌〉、〈送年輕夫婦前往福州歌〉兩首歌謠。三首三貂社歌
謠先後於「日治時期／國府初期」被「日人／漢人」分別以「日文／華文」
譯介於「《科學の臺灣》／《臺北文物》」的文化刊物中；隨著兩者著錄年
代與譯介者國族之不同，不僅兩者所著錄之歌謠文本各有取捨，其書寫、譯
介與傳播之考量亦有顯著的差異。

　　歌謠是透析庶民生活觀點、建構庶民生活史的重要材料，喜好歌唱的平
埔族因缺乏著錄歌謠的文字能力，使其歌謠大多湮滅無存；三首歌謠經石坂
莊作、王詩琅著錄、譯介之後，至今未見相關的文化研究論述。本文即以上
述三首歌謠文本為研究對象，以殖民文化觀點探討下列三項議題：首先，爬
梳史料文獻，探究歌謠報導人所屬三貂社之受殖軌跡及漢化進程。其次，平
埔族的受殖遭遇究竟與被著錄的歌謠文本所呈現的樣貌有何相關？準確度如
何？透過三首歌謠的著錄、譯介過程，探討殖民者如何透過「無形之手」的
文化權力運作，假「採集」受殖者歌謠之美名，透過有意識的篩選，刻意凸
顯、隱諱受殖者歌謠，以符合其所欲形塑的異族形象及殖民成效。復次，透
過對歌謠文本內涵的探討，窺探三貂社主體文化淪喪的漢化訊息，達成「以
史析謠」、「以謠證史」之歌謠研究目標。

　　此外，本文亦是筆者透過平埔族歌謠探討其受殖軌跡的系列論文之一。
此前，筆者已先後完成黃叔璥《臺海使槎錄》於一七二〇年代所著錄的
三十四首平埔族歌謠，以及光緒年間所著錄的〈貓霧捒社番曲〉等兩篇研究
論文[6]；本文延續該項研究議題，期透過對一九三〇年代所著錄的三首三貂社

　　月），頁25-28。〈北部平埔族的傳說〉6卷3期（1958年3月），頁63-65。〈大雞籠社
　　的平埔族人口〉6卷3期（1958年3月），頁100。

5　一剛：〈凱達格蘭族的蕃歌〉，《臺北文物》6卷1期（1957年9月），頁113。

6　楊克隆：〈十八世紀初葉的臺灣平埔族歌謠：以黃叔璥〈番俗六考〉著錄為例〉，《文
　　史臺灣學報》創刊號（2009年11月），頁3-55。楊克隆：〈清末平埔族〈貓霧捒社番
　　曲〉文本內涵之探討〉，《修平人文社會學報》16期（2011年3月），頁1-40。

歌謠,以持續挖掘平埔族不同年代／族社的歌謠所透露的受殖軌跡,希望持
續透過此類歌謠的研究,蓄積研究成果,日後再以時間／區域為座標,歸納
平埔族歌謠文本所透顯其受殖文化類型之異同,以建立系統性的族群歌謠
研究。

二 三貂社簡介

　　臺灣平埔族歷來各家分類不一,伊能嘉矩(1904)、移川子之藏
(1930)、張耀錡(1951)均將北部地區的平埔族統稱為「凱達格蘭族」[7],據
此,則三貂社即屬凱達格蘭族。一九八〇年代以來,隨著許多新證據、材料
的陸續出現,學者對臺灣平埔族的族群分類產生諸多修正,李壬癸(1991)
即從語言學的觀點,認為凱達格蘭族可再細分為臺北及桃園地區的巴賽
(Basay)、雷朗(Luilang),以及宜蘭市附近的哆囉美遠(Trobiawan)及冬
山河附近的里腦(Linaw)等支族;[8]據此,則居於臺灣北海岸一帶的三貂
(St.Jago)、金包裹(Taparri)、大雞籠(Quimaurie)等三個平埔聚落群,同
屬凱達格蘭族的「巴賽支族」。[9]巴賽支族地域範圍甚廣,黃叔璥(1736)稱
以小舟從蛤仔難「行一日至山朝,次日至大雞籠,又一日至金包裹。」[10]
　　依據荷蘭東印度公司的戶口資料,一六五四年三貂社共計九十二戶、
三百六十人,[11]規模上屬於較大型的部落;十九世紀末,伊能嘉矩採訪三

7　伊能嘉矩:《臺灣蕃政志》。移川子之藏:《日本地理大系・臺灣篇・臺灣の土俗、人
　　種》。張耀錡:〈平埔族社名對照表〉,《文獻專刊》2卷1、2期合刊(1951年6月),
　　單冊。

8　李壬癸:〈臺灣北部平埔族的分類及其語言根據〉,《臺灣風物》41卷4期(1991年12
　　月),頁210。李壬癸:〈臺灣平埔族的種類及其相互關係〉,《臺灣風物》42卷1期
　　(1992年3月),頁220。

9　李壬癸:《宜蘭縣南島民族與語言:宜蘭縣史系列,語言類1》(宜蘭縣:宜蘭縣政
　　府,1996年),頁258。

10　黃叔璥:《臺海使槎錄》(臺北市:臺灣銀行,1957年),頁140。

11　中村孝志著、吳密察等編:《荷蘭時代臺灣史研究(下卷)社會・文化》(臺北縣:

貂社，當時有一百零六戶、五百零四人（男兩百八十一人，女兩百二十三人），是當日淡北最大的平埔族部落。[12] 三貂社是由舊社庄、遠望坑庄、福隆庄、南仔吝庄等四個聚落群所組成，早期漢人泛稱此地為「三貂四庄」[13]，原社址約位於今貢寮鄉龍門、雙玉、福隆等三村，以及瑞芳鎮南雅附近；[14] 宋錦秀（1996）指出在乾隆中葉梅州吳姓拓墾此地之前，三貂社擁有的土地範圍廣及「三貂嶺以東今雙溪、貢寮鄉境的整個三貂地域；最北極於鼻頭、南雅、深澳海岸一帶，最南極於淡北與蛤仔難之交。」[15] 十八世紀末以來，隨著漢人入墾侵占日益嚴重，遂於道光年間被迫由「舊社」敗退至雙溪河下游南岸的雙玉村建立「新社」。

　　一九六〇年代位於雙溪河口北岸的貢寮鄉「龍門舊社遺址」被發現，遺址年代距今約四百至兩百年前，屬於十三行文化晚期的舊社類型；從地緣關係推測，該遺址應是十七世紀以來三貂社先祖之遺留，代表三貂社在道光年間遷居「新社」之前生活內涵的文化斷面。一九八一年八月，曾對該遺址做過兩次試掘，除了出土陶瓷片、銅器、鐵器、貝殼、獸骨之外，亦發現一座側身屈肢的人骨墓葬。[16] 在二〇〇四年最新的考古挖掘中，發現鐵器數量明顯多於石器，鐵器內容包括釘、鏃、針、片、棒、渣，甚至出現青銅製成的手環、線圈，以及各式骨製裝飾品。[17] 凱達格蘭族的十三行文化是目前唯一確認

稻鄉出版社，2002 年），頁 26。

12　伊能嘉矩：〈淡北及宜蘭方面平埔蕃的創社與分布〉，收於伊能嘉矩原著、楊南郡註：《平埔族調查旅行》，頁 150。原載《東京人類學會雜誌》148 號（1898 年 7 月）。

13　伊能嘉矩原著，李榮南譯：〈清領以前的臺北地方〉，收於臺灣省文獻委員會譯編：《臺灣慣習記事》6 卷 6 號（1906 年 6 月），頁 239。

14　宋錦秀：〈嘉慶之前三貂鹽寮地域史的建構〉，《中央研究院臺灣史研究》3 卷 1 期（1996 年 6 月），頁 112。

15　同前註，頁 113。

16　蘇仲卿等：《鹽寮地區附近陸上之生態調查研究》（臺北市：中央研究院國際環境科學委員會中國委員會，1988 年），頁 40-43。

17　陳有貝：〈臺灣東北角龍門舊社遺址的發掘與意義〉，《臺灣博物》24 卷 2 期（2005 年 6 月），頁 80。陳有貝：〈從淇武蘭與龍門舊社兩遺址看族群研究〉，《國立臺灣博物館學刊》58 卷 2 期（2005 年 12 月），頁 27。

擁有煉鐵技術的臺灣史前居民，在貢寮鄉核四廠區亦發現煉鐵遺址，出土鐵渣及煉爐殘片[18]，據此可知三貂社於史前時期即具備煉鐵技術。此外，由三貂社遺留至今的雕刻品，亦可見其工藝已達相當水準[19]。

　　一六三二年，Esquivel神父對巴賽人日常生活有下列的描述：「他們以捕魚、狩獵、曬鹽、製造弓箭、房舍、衣服，以及耕種土地的鐵器為生。……他們也到各村社去購買稻米與玉米作為食物，自己則不從事這方面的耕種。」[20]黃叔璥《臺海使槎錄》（1736）亦稱凱達格蘭族人：「多不事耕作，米粟甚少，日三餐俱薯芋；餘則捕魚蝦鹿麂。採紫菜、通草、水藤交易為日用，且輸餉。」[21]三貂社社址在雙溪下游至出海口附近，正可充分利用濱河、近海的地理特性，以水生資源供應、甚至透過交易維持日常生活所需。前引兩段引文，除可見巴賽人近海維生、不事耕作的經濟特性，亦可見其具備濃厚的商業貿易性格，張燮（1618）、郁永河（1698）分別以「富而慳」[22]、「人性巧智」[23]來形容與三貂社同屬巴賽人的雞籠、金包裏人，即顯見巴賽人錙銖必較的商人特質。

　　南島民族的分布地區幾乎都在島嶼，且擴散區域甚廣，足見其在數千年前就已擅長航海；[24]陳第〈東番記〉雖稱南部西拉雅族「居島中，不能舟；酷畏海，捕魚則於溪澗，故老死不與他夷相往來。」[25]然而，位處北部沿海地

18　蘇仲卿等：《鹽寮地區附近陸上之生態調查研究》，頁48。

19　臺灣省文獻會編：《臺灣省通志・同冑志・平埔族篇》（臺中市：臺灣省文獻會，1972年），頁72。

20　翁佳音譯：〈西班牙、荷蘭文獻選錄〉，收於黃美英主編：《凱達格蘭族書目彙編》（臺北縣：臺北縣立文化中心，1996年），頁107。

21　黃叔璥：《臺海使槎錄》，頁136。

22　張燮：《東西洋考》「雞籠淡水」條，收入臺灣銀行經濟研究室編：《諸番志》（臺北市：臺灣銀行，1961年），頁89。

23　郁永河：〈番境補遺〉，收於郁永河：《裨海紀遊》（臺北市：臺灣銀行，1959年），頁57。

24　李壬癸：〈臺灣南島民族的遷移歷史：從語言資料及現象所作的探討〉，《臺灣史田野研究通訊》22期（1992年3月），頁24。

25　陳第：〈東番記〉，收於（明）沈有容：《閩海贈言》（臺北市：臺灣銀行，1959年），

帶的巴賽人卻擅長航海操舟，他們經常沿著海岸線與鄰近地區進行交易，具
有極為顯著的航海貿易性格。[26]明萬曆四十六年（1618）張燮《東西洋考・雞
籠淡水》記載：「厥初，朋聚濱海。嘉靖末，遭倭焚掠，稍稍避居山後。忽
中國漁者從魍港飄至，遂往以為常。」[27]即指出十六世紀中國人與北臺灣平埔
族往來交換貿易頻繁的狀況；康熙五十四年（1715）北路營參將阮蔡文〈淡
水詩〉亦賦曰：「踰嶺渡雞籠，蟒甲風潮駛；周圍十餘里，其番稱姣美。風
俗喜淳良，魚鹽資互市。」[28]更呈現十八世紀初北海岸巴賽人以小舟載運魚鹽
互市的近海貿易景象。此外，貢寮鄉澳底遺址出土「洪武通寶」的明代古
錢[29]，劉益昌（1995）亦由考古出土的漢人陶瓷、玻璃器、金屬器，指出舊社
類型的人們無疑有著頻繁的島內與海外交通，[30]此均顯見巴賽人早與海外有
貿易往來的事實。可能是巴賽人與外人商業貿易往來頻繁，促使巴賽語成為
西班牙統治區內平埔族人的共通語言，De los Angeles（1636-1642居臺）的報
告即指出：「西班牙人統治的區域有一種共通語言，叫做巴賽，通行到產金
的地區哆囉滿。這種語言沿淡水河居住的人都懂得，儘管他們都有自己的方
言。」[31]

頁26。

26 劉益昌：〈再談臺灣北、東部地區的族群分布〉，收於劉益昌、潘英海主編：《平埔族
    群的區域研究論文集》（南投縣：臺灣省文獻會，1998年），頁22。翁佳音：〈近世初
    期北臺灣的貿易與原住民〉，收於黃富三、翁佳音編：《臺灣商業傳統論文集》（臺北
    市：中研院臺史所籌備處，1999年），頁66-73。

27 張燮：《東西洋考》「雞籠淡水」條，收於臺灣銀行經濟研究室編：《諸番志》，頁84。

28 阮蔡文：〈淡水詩〉，收於（清）周鍾瑄，《諸羅縣志》（臺北市：臺灣銀行，1962），
    頁268。

29 李亦園：〈從文獻資料看臺灣平埔族〉，收入李亦園：《臺灣土著民族的社會與文化》
    （臺北市：聯經出版社，1982年），頁72。

30 劉益昌：〈臺灣北部沿海地區史前時代晚期文化之探討〉，收於劉益昌、潘英海主
    編：《平埔族群的區域研究論文集》（南投縣：臺灣省文獻會，1998年），頁12。

31 李壬癸：〈臺灣北部平埔族的種類及其互動關係〉，收於潘英海、詹素娟主編：《平埔研
    究論文集》（臺北市：中央研究院台灣史研究所籌備處，1995年），頁33-35。

　　三貂社，原自稱「Kivanowan」（基瓦諾灣）。一六二六年五月西班牙提督安東尼奧（Anttonio Carreño de Vades）率軍意圖進據臺灣北部，五月十一日，遠征船隊到達臺灣三貂角外海，將此地以該國天主教聖城Santiago命名；[32]清治時期仍沿用Santiago之名稱，然漢譯所使用的文字則略異。高拱乾《臺灣府志》（1694）、藍鼎元〈檄淡水謝守戎〉（1722）寫作「三朝社」[33]；周鍾瑄《諸羅縣志》（1717）、黃叔璥《臺海使槎錄》（1736）、劉良璧《重修福建臺灣府志》（1741）、范咸《重修臺灣府志》（1746）均謂「山朝社」[34]；余文儀《續修臺灣府志》（1764）、陳培桂《淡水廳志》（1871）則稱「三貂社」[35]。無論「三朝」、「山朝」、「三貂」，均為Santiago之諧音。

　　由「自稱」「Kivanowan」的原社名，到外來者「Santiago」、「三朝」、「山朝」、「三貂」等稱呼、書寫，均顯見部落命名權的喪失，除反映三貂社史前時代的結束，更透露族群互動之頻繁、資源爭奪之衝突，以及國家行政力量強勢介入的受殖狀態。

三　三貂社受殖史

　　巴賽人所居住的北臺灣濱海地區，是近代東南亞貿易圈重要的中繼站，十七世紀中葉更先後成為西班牙、荷蘭北臺灣的商業、軍事樞紐。在十七世紀短暫的六十年間，即先後受殖於西班牙（1626-1642）、荷蘭（1642-1662）、東寧王朝（1662-1683）、清國（1683-1895）等四個快速更迭的殖民

32　中村孝志：〈十七世紀西班牙人在臺灣的佈教〉，收於吳密察等編：《荷蘭時代臺灣史研究（下卷）歷史、文化》，頁139。

33　高拱乾：《臺灣府志》（臺北市：臺灣銀行，1960年），頁223。藍鼎元：〈檄淡水謝守戎〉，收於藍鼎元：《東征集》（臺北市：臺灣銀行，1958年），頁25。

34　周鍾瑄：《諸羅縣志》，頁31。黃叔璥：《臺海使槎錄》，頁135。劉良璧：《重修福建臺灣府志》（臺北市：臺灣銀行，1961），頁64。范咸：《重修臺灣府志》（臺北市：臺灣銀行，1961年），頁73。

35　余文儀：《續修臺灣府志》（臺北市：臺灣銀行，1962年），頁70。陳培桂：《淡水廳志》（臺北市：臺灣銀行，1963年），頁61。

政權，被強制歸化進入「國家體制」之後的巴賽人，不僅未獲得實質的經濟利益，卻反而飽受日益沉重的生存壓力。

　　平埔族原有其行之久遠的社會體系與風俗習慣，他們對於殖民者所帶來另一套文化價值體系，往往會因適應不良而痛苦不堪。十七世紀以來，隨著殖民帝國的陸續進入，以及閩粵移民之移墾，使平埔族由原本處世無爭的生活模式，瞬間淪為殖民經濟的一環，他們由島上無憂無慮的主人，快速成為遭受統治者、殖民買辦、閩粵移民三方剝削宰制下的弱勢族群，導致其經濟生活日漸困窘，統治者除透過政治、經濟、文化、司法、軍事等優勢力量，並透過與殖民買辦、閩粵移民合謀的利益互惠關係，完成對平埔族經濟的普遍支配。[36]

（一）帝國統治

　　一六二六年西班牙進據臺灣北部，正式揭開三貂社的受殖史。西班牙殖民方式主要是以傳教為主，一六三二年，天主教多米尼克（Dominican）教派的基洛斯（Quiros Cartas）神父到三貂角傳教，時值天花流行，五日之間，即有一百四十一名受洗；同年，加爾西亞（Juan Garcia）神父來臺，並於三貂角建造「聖多明我（St. Domingo）教堂」，並駐宣教師負責教務之推廣；一六三五年，該教堂獲馬尼拉管區議會正式承認，[37]三貂社成為傳教士報告中的「教化區」。西班牙統治期間，在統治區內的部分平埔族人還學會西班牙語，一六四八年歐佛華德議長在致總督及評議會的文件中，提及「許多

36　楊克隆：《臺灣殖民文化及其歌謠書寫研究：以女性、平埔族為論述主軸》（高雄市：高雄師範大學國文學系博士論文，2011 年），頁 84-118。

37　中村孝志：〈十七世紀西班牙人在臺灣的布教〉，收於吳密察等編：《荷蘭時代臺灣史研究（下卷）歷史、文化》，頁 172。方豪：〈臺灣的天主教〉，收於中華文化出版事業委員會編：《臺灣文化論集（三）》（臺北市：中華文化出版事業委員會，1954年），頁 466。

北部土著會讀西班牙文，將羅馬天主教傳教書利用在宗教或其他主題上。」[38]
天主教神父Iacinto de Esquivel更指出：「有些人說西班牙語驚人地流利，連
髒話都會說」[39]。

　　一六四二年八月，荷蘭人進據臺灣北部，終結西班牙殖民統治；九月，
位於北海岸的巴賽三社與荷蘭人訂約獻地，統治者贈與荷蘭旗；[40]然未久即
反叛，荷蘭遂於一六四四年九月降服噶瑪蘭各部落之後，於回師雞籠途中，
往征三貂社[41]。

　　西班牙統治方式幾乎是以宗教代替行政，在統治區內的巴賽人仍具高度
自主權；荷蘭則以經濟掠奪為主、傳教為輔，雖其實際有效統治區以臺南五
大社為主，然相對於西班牙統治時期則較嚴苛，一六四二年十月十日，金
包里「酋長」及三貂社「酋長」之子，即因未依指示提供新鮮食物給荷蘭軍
隊，以及對指揮官命令不完全照辦，而遭荷蘭統治者吊死。[42]東寧王朝雖對平
埔族的統治方式雖較荷蘭人酷烈甚多，但其對北臺灣的經營並不積極，故巴
賽人的生活未受到顯著的影響[43]。

　　清領初期對北臺灣的治理亦不積極，康熙三十六年（1697）郁永河欲
往北投採硫，時任臺灣府知府靳治揚、臺灣海防同知齊體物、臺灣府經歷
尹復、鳳山縣典史戚嘉燦均勸道：「君不聞雞籠、淡水水土之惡乎？人至即
病，病輒死。凡隸役聞雞籠、淡水之遣，皆欷歔悲嘆，如使絕域；水師例春

---

[38] 甘為霖英譯、李雄揮漢譯：《荷據下的福爾摩莎》（臺北市：前衛出版，2003年），頁339。

[39] 李壬癸：〈臺灣北部平埔族的種類及其互動關係〉，收於潘英海、詹素娟編，《平埔研究論文集》，頁35。

[40] 詹素娟、張素玢：《臺灣原住民史：平埔族史篇（北）》（南投縣：臺灣省文獻會，2001年），頁93-96。

[41] 臺灣省文獻會編：《臺灣省通志·同胄志·歷代治理篇》（臺中市：臺灣省文獻會，1972年），頁5。

[42] 江樹生譯註：《熱蘭遮城日誌（第二冊）》（臺南市：臺南市政府，1999年），頁33。

[43] 潘英：《臺灣平埔族史》（臺北市：南天書局，1996年），頁92-98。

秋更戍，以得生還爲幸。……雞籠、淡水遠惡尤甚者乎？」[44]可見清初淡北仍被官方視爲惡途絕域，更遑論位於淡北最偏遠的三貂地區。康熙一代，於臺灣設一府三縣，而淡北地區所隸屬的諸羅縣雖轄域遼闊，然《諸羅縣志》（1717）所載該縣漢人所居坊里僅四里、九保、十七莊，街市最北僅及「半線街」，郵遞傳舖最北則爲僅置舖兵三名的「大肚舖」，[45]足見康熙末年之前北部漢人不多的族群人口分布狀況。

康熙末年以降，清國開始將統治觸角延伸至淡北地區。在武備方面：康熙五十一年（1712）始置「八里坌汛」，康熙五十七年（1718）設淡水營守備（正五品）駐於八里坌，雍正十年（1732）陞淡水營守備爲都司（正四品），[46]雍正十一年（1733）更添設千總一員、把總兩員。[47]在文治方面：雍正元年（1723），析原諸羅縣北境爲彰化縣及淡水廳；雍正九年（1731），爲加強對淡北的控制，而增設八里坌巡檢（從九品）駐於八里坌，成爲臺北、基隆地區最高文官；乾隆三十一年（1766）八里坌巡檢移駐新莊，五十四年（1798）更新莊巡檢爲縣丞（正八品）。[48]由國家行政區劃的調整、文官的擴編、武備的添置、公署之移駐、品秩之提升，不僅透露淡北地區移民大增、耕地快速向北開闢的殖墾盛況，也暗示淡北地區快速被納入國家有效統治範圍的區域發展趨勢。

三貂地處淡水廳（南起大甲溪，北至三貂嶺）極北端，是淡北通往噶瑪蘭的必經孔道，其南有「文峰直插，上與天齊」[49]、「雙烽遙峙，高不可極」[50]的山朝山，《臺灣府輿圖纂要》即謂：「三貂近接雞籠，爲淡、蘭關隘；蠶叢鳥道，實爲一夫當關、萬人莫敵之勢。」[51]足見三貂地區軍事地位的重要；

44 　郁永河：《裨海紀遊》，頁16-17。

45 　周鍾瑄：《諸羅縣志》，頁29-32、42-44。

46 　陳培桂：《淡水廳志》，頁204。

47 　余文儀：《續修臺灣府志》，頁370。

48 　丁紹儀：《東瀛識略》（臺北市：臺灣銀行，1959年），頁4。

49 　蔣毓英：《臺灣府志》（南投縣：國史館臺灣文獻館，2002年），頁19。

50 　敕撰：《清一統志臺灣府》（臺北市：臺灣銀行，1960年），頁14。

51 　臺灣銀行經濟研究室編：《臺灣府輿圖纂要》（臺北市：臺灣銀行，1963年），頁74。

加以三貂地區自乾隆年間，已漸有墾民零星開墾，隨著漢人在淡北地區的快速墾拓、嘉慶年間移民大量湧入噶瑪蘭、噶瑪蘭於嘉慶十五年（1810）納入清國版圖，以及乾隆五十二年（1787）林爽文事件、嘉慶年間蔡牽等海盜騷擾臺灣沿海，上列諸事均直接導致位處淡北、噶瑪蘭交界的三貂地區之軍事邊防要衝地位愈形重要。清國遂於嘉慶十年（1805）設「大三貂港口汛」，置把總（正七品）一員，兵三十名；道光四年（1824）更置「三貂汛」，設「千總」（正六品）一員[52]，兵五十名；[53]嘉慶二十年（1815）添設「三貂嶺舖」，設舖司一名，舖兵四名，以負責公文郵傳之遞送。[54]統治者對淡北三貂地區一連串積極的政治、軍事措施，勢必對三貂社日常生活的控制形成直接且深遠的積極影響。

康熙三十三年（1694）高拱乾《臺灣府志》稱：「湯泉，在諸羅縣雞籠山後野番三朝社內。」[55]可見，三貂社此時尚屬未歸化的「野番」；及至康熙五十六年（1717）周鍾瑄《諸羅縣志》已謂：「雞籠社，額徵銀二十二兩五錢七分九釐二毫（內山朝、金包裏社餉銀附入合徵）。」[56]可見巴賽族在此之前已對清國統治者納餉，三貂社並於乾隆二年（1737）正式「歸化」清廷[57]。

平埔族在歸化清廷之後，除必須承擔較漢人繁重的「番餉」，還要面對官員、屬吏、兵丁、衙役失時、無酬的過度役使，清帝國的統治不僅瓦解了平埔族傳統平等、無役使的社會結構，更將平埔族蹂躪的遑遑不可終日；[58]此種不符於國家體制的過度剝削，雖偶獲少數治臺官員的同情甚且為文詬

52 臺灣銀行經濟研究室編：《清宣宗實錄選輯》（臺北市：臺灣銀行，1964年），頁20-21。

53 蔣師轍：《臺灣通志》（臺北市：臺灣銀行，1962年），頁672。

54 陳培桂：《淡水廳志》，頁57。

55 高拱乾：《臺灣府志》，頁223。

56 周鍾瑄：《諸羅縣志》，頁99。此時三貂社附入雞籠社納餉；後與大小雞籠、金包裏、毛少翁、北投等社附入北港社納餉。陳培桂：《淡水廳志》，頁90。

57 劉良璧：《重修福建臺灣府志》，頁83。

58 楊克隆：《臺灣殖民文化及其歌謠書寫研究：以女性、平埔族為論述主軸》（高雄市：高雄師範大學博士論文，2011年），頁85-91。

病[59]，卻僅是毫無助益的口惠；然乾隆五十四年（1789）所實施的「番屯」制度，卻將對平埔族的勞役剝削行為直接納入國家動員體制，使之成為公開、合法的剝削制度，由乾隆末年到光緒年間的百餘年間，三貂社被編入武勝灣小屯，有屯丁二十一名[60]，由官府賦予防禦「生番」、警戒地方治安，以及接受官方徵調、公務差遣等任務，清政府則撥付未墾荒埔給屯丁以為養贍埔地。然而，由於該政策草率成章，導致養贍埔地往往離社隔遠，甚至有「隔屯番數十里、百餘里者」，屯丁因無法「裹糧負耒，棄家往耕」[61]，而只能招佃承墾；漢佃又往往抗欠田租，甚或將土地侵占，加以吏治腐敗，導致屯餉常遭官弁短折剋扣，不僅使「番屯制度」難以貫徹，屯丁的養贍埔地亦難逃遭漢佃侵吞的命運。[62]荒謬的是，在統治者君臨臺灣之前，臺灣寸土盡皆「番地」，「番屯政策」不過是統治者將原屬「番人」所擁有的「番地」「賞賜」給「番人」，全然不用增兵、籌餉，便可「免費」取得役使平埔族的「正當權力」，甚至連屯丁執役所需的軍械亦由屯丁「自行製備，報官點驗」[63]。論者多稱「番屯制度」為清廷之「護番政策」，恐不然也，該政策制定之初衷或具有護「番」之心，然「番屯制度」最後的走向卻證明朝廷及從中侵漁牟利的官弁才是「番屯制度」真正的受益者，而「為王前驅」的屯丁非但無法獲得實質的經濟利益，卻反遭致更大的族群災難；統治者透過「番屯政策」的實施，輕易將平埔族強制納入國家動員體制，擔負危險性極高的軍役工作，甚至使其淪為清廷用以防備漢人、「生、熟番」變亂的統治工具。

---

[59] 例如：高拱乾：〈禁苦累土番等弊示〉，收入高拱乾：《臺灣府志》，頁249。陳璸：〈條陳經理海疆北路事宜〉，收入陳璸：《陳清端公文選》（臺北市：臺灣銀行，1961年），頁15-16。

[60] 臺灣銀行經濟研究室編：《清代臺灣大租調查書》（臺北市：臺灣銀行，1963年），頁1047。

[61] 陳盛韶：《問俗錄》（南投縣：臺灣省文獻會，1997年），頁61。

[62] 周璽：《彰化縣志》（臺北市：臺灣銀行，1962年），頁225-226。

[63] 臺灣銀行經濟研究室編：〈軍機大臣會同兵部等部議奏福康安等奏請臺灣設置番屯事宜摺〉，收於臺灣銀行經濟研究室編：《臺案彙錄壬集》（臺北市：臺灣銀行，1966年），頁7。

（二）漢人入墾

　　乾隆以降，漢人對臺灣北部之開發已漸及山地，三貂地區原為「人跡之所不經，往往以化外置之」[64]的邊陲地帶，亦逐漸淪為漢人染指侵吞之地。早在乾隆三十年（1765）前後，三貂即有梅州客語系吳福生前來拓墾舊社的「頂店仔」[65]（今龍門村十鄰附近）地區；乾隆三十五年（1770）七月，巴賽三社共立承祖所遺蜂仔峙鹿場之土地契書，載明先前該地曾遭「鄰番引佃開墾」，經向官府控訊索回後，為免土地再遭「鄰番」或漢人侵越，並解決三社生計之困頓，故將該筆土地租予漢佃蕭秉忠墾耕。[66]該紙契書不僅顯見巴賽三社極為密切的土地關係，更透露巴賽三社因經濟生活陷入困頓，已嘗試將土地租予漢人耕作的訊息。

　　乾隆三十八年（1773）漳州府漳浦縣人吳沙（1731-1798）渡海至淡水廳，「吳沙者初渡臺為人執役，不自適意，尋寄寓三貂社。……沙久住其地，間闌出物與番交易。」[67]吳沙於乾隆四十八年（1783）移居三貂地區，除娶得三貂社女子[68]，並從事與噶瑪蘭交易的「番割」事業。乾隆五十二年（1787）淡水同知徐夢麟為防「林爽文黨」逃遁後山，而前往三貂地區堵截，因探知「三貂有吳沙，民番素信，可堵賊，毋使遁入。」[69]故界以堵截之責，遂令吳沙「遍諭該處生番擒獻逆匪」。[70]由此得見，吳沙在三貂地區已經營頗深，且極具地方影響力。同年（1787）吳沙即自組墾號，企圖前往噶瑪

64　柯培元：《噶瑪蘭志略》（臺北市：臺灣銀行，1961年），頁89。

65　宋錦秀：〈嘉慶之前三貂鹽寮地域史的建構〉，《中央研究院臺灣史研究》3卷1期（1996年6月），頁108-109。

66　黃美英主編：《凱達格蘭族古文書彙編》，頁121。

67　柯培元：《噶瑪蘭志略》，頁89。

68　伊能嘉矩原著、溫吉編譯：《臺灣蕃政志》（臺北市：南天書局，1997年），頁565。

69　姚瑩：〈噶瑪蘭原始〉，收於姚瑩：《東槎紀略》（臺北市：臺灣銀行，1957年），頁70。

70　臺灣銀行經濟研究室編：《欽定平定臺灣紀略》（臺北市：臺灣銀行，1961年），頁848。

蘭拓墾，「民窮蹙往投者，人給米一斗，斧一柄，使入山伐薪抽藤自給。人多歸附。」[71]吳沙將流民集中於入蘭孔道的三貂地區，從事伐薪抽藤的工作以自給。宋錦秀指出，吳沙以三貂為淡北進取噶瑪蘭之前哨站，因缺乏拓墾三貂的主觀意圖，故吳沙家系除於「遠望坑隘」有墾地之外，在三貂地區缺乏具體可觀的拓墾成果，因而其對三貂土地的拓墾意義並不如梅州吳福生系密切。[72]然整體而言，在乾隆五十年代之前，三貂地區漢人的土地墾拓尚微。

乾隆五十一年（1786）林爽文事件，除凸顯三貂地區邊防要衝的重要地位，更為淡北漢人「流入」三貂提供極有利的歷史因素，進而直接促使三貂地區的區域發展。[73]乾隆五十三年（1788）來臺剿辦的福康安建議將三貂地區漢人已私墾土地「准一例升科。自此次清查後，立石定界，永禁偷越。」[74]清代官方習慣以立石「番界」企圖永禁漢民偷越「番地」，卻無法有效遏止漢人移民越界私墾的違禁行為，故在保護平埔族土地權的實質作為上，官方只能透過立石「番界」，一再重申故令，卻又自毀前令，以致「護番」政策缺乏實際的作為及成效；平埔族的土地權終在治臺官員縱容私墾、漢人有恃無恐兩相夾擊之下，終難逃不斷出典、杜賣的命運。[75]

福康安此項建議後交「軍機大臣議行」，乾隆五十五年（1790）臺灣知府楊廷理會稟指出：

> 三貂居淡水之極北，在山巖層疊之中，曲澗深溪，地無連袤沃土，踰崖越嶺，地亦鳥道紆迴。現查所耕之地，自一、二畝而至六、七畝不等，非近山根，即臨溪壑，高窪不一，片段畸零，春漲秋潦，沖決無定，故所植類多芒蔗、地瓜，並無稻糧菽麥……。今三貂僻在海隅，

71　姚瑩：〈噶瑪蘭原始〉，收於姚瑩：《東槎紀略》，頁70。
72　宋錦秀：〈嘉慶之前三貂鹽寮地域史的建構〉，頁133-134、108-109。
73　同前註，頁132-133。
74　臺灣銀行經濟研究室編：《清高宗實錄選輯》（臺北市：臺灣銀行，1964年），頁611。
75　楊克隆：《臺灣殖民文化及其歌謠書寫研究：以女性、平埔族為論述主軸》，頁107-112。

地本磽瘠，且墾無定所，種無常時。[76]

同年九月，閩浙總督伍拉納亦以雷同文字奏報朝廷[77]；該年十一月，始詔三貂地區前此偷墾之地「免其升科、查議」[78]。據此得見：首先，及至乾隆五十五年，漢人進入三貂地區拓墾耕作者尚寡，且此時三貂地區農耕條件不良；其次，對三貂地區先前漢人違法私墾之地的就地合法，直接促使漢人大量湧入該地。

溫振華指出，若視嘉慶元年（1796）吳沙集團進入噶瑪蘭地區為淡北開發告一段落之指標，則該年之前居淡北東北之貢寮（三貂社主要地域）應已有某種程度的拓墾。[79]平埔族與漢人所簽訂的土地契書，是觀察平埔族社會經濟變遷的重要線索。由三貂社遺留的土地給墾、杜賣契書，得見漢人拓墾三貂社土地的時間，及其傳統文化快速淪喪的漢化進程。以《臺灣總督府檔案平埔族關係文獻選輯續編》、《清代臺灣大租調查書》為例，兩書共收三貂社給墾、杜賣土地予漢人之契書共計三十八張，經刪除重出者一張，共得三十七張[80]。這些契書透露以下訊息：首先，立契年代最早為嘉慶十二年（1807），至遲為明治三十四年（1901），立契年代在嘉慶年間者（1807-1820）計二十七張（百分之七十二點九七）、道光年間者（1821-1850）計八

---

[76] 臺灣府知府楊廷理等：〈會稟〉，收入臺灣銀行經濟研究室編：《臺案彙錄甲集》（臺北市：臺灣銀行，1959年），頁42-43。

[77] （乾隆55年）閩浙總督伍拉納：〈奏為籌議臺灣新設屯所分撥埔地事宜摺〉：收入臺灣銀行經濟研究室編：《臺案彙錄甲集》，頁9。

[78] （乾隆55年）軍機大臣等：〈軍機大臣會同兵部等部議奏前案摺〉：收入臺灣銀行經濟研究室編：《臺案彙錄甲集》，頁22、26。劉還月：《尋訪凱達格蘭族》（板橋市：台北縣立文化中心，1998年），頁72，稱乾隆53年，頁81，稱乾隆56年，均誤。

[79] 溫振華：〈清代臺灣淡北地區的拓墾〉，《臺灣風物》55卷3期（2005年9月），頁18。

[80] 劉澤民編：《臺灣總督府檔案平埔族關係文獻選輯續編（上冊）》（南投縣：國史館臺灣文獻館，2004年），頁33-65。臺灣銀行經濟研究室編：《清代臺灣大租調查書》，頁395-396、402-403、407-410、414-418、424-425。兩書共得三十八張，扣除重出者一張，計得三十七張。重出者為：《臺灣總督府檔案平埔族關係文獻選輯續編（上冊）》，頁49，編號058；《清代臺灣大租調查書》，頁415-416，編號75。

張（百分之二十一點六二）、同治九年（1870）、明治三十四年（1901）各僅一張（各百分之二點七），足見從嘉慶中期至道光的四十年間，是三貂社土地權快速流失的年代，此時漢人對三貂地區始有大規模之墾拓。其次，契書所載土地流失之因有「離社隔遠、乏力自墾」、「眾番逐年公項無徵」、「番黎貧苦，無力開墾，歷年延欠番丁餉無可借收」、「乏銀完公項、丁餉」、「乏銀費用」、「公項缺乏」、「眾番貧苦，逐年累次番丁餉銀無可措繳」、「口糧無資」，除第一項導因於「番屯制度」官方所授養贍埔地離社隔遠、無力棄家往耕之外，其餘均與三貂社生活陷於貧困密切相關。復次，契書多由三貂社土目立據，足見三貂社的土地權概念是以社群為基礎。

　　依據上述土地契書得見嘉慶、道光年間為三貂社土地快速拓墾的年代。道光元年（1821）姚瑩旅次見聞所撰〈臺北道里記〉即描述三貂轄地區「藤極多，長數十丈，無業之民，以抽藤而食者數百人。」[81]足見，此時三貂嶺一帶已聚集數百漢人以抽藤為利；此外，該地早期製腦漢人亦多，今貢寮鄉仍有「苦寮」、「苦蘭」等舊地名，均與設寮煮腦的樟腦事業密切相關[82]。前述農墾、抽藤、製腦業的興起，必然對三貂地區自然景觀、生態環境造成嚴重破壞，亦可推知漢人因此地足堪謀食而湧入該地；道光十四年（1834）《淡水廳志稿》記載「三貂社」已屬「芝蘭堡」所屬的三十二個漢人街庄聚落[83]，顯見此際漢人入墾三貂地區已達相當規模；道光十七年（1837）《噶瑪蘭志略》更指出：「山朝社、蛤仔難諸地，耕種樵採所不及，往來者鮮；今則已墾荒聚居矣。」[84]漢人移民的大量湧入，必然使三貂社承受極大的生存壓力，遂引發埔／漢關係的緊張，道光年間三貂社與梅州吳姓移民發生械鬥，三貂社被迫自「舊社」故地退往田寮洋「新社」（今屬雙玉村）居住[85]；另外，

81　姚瑩：〈臺北道里記〉，收入姚瑩：《東槎紀略》，頁91。
82　林興仁主修、盛清沂總纂：《臺北縣志‧開闢志》（臺北市：成文出版社，1983年），頁1331。
83　鄭用錫：《淡水廳志稿》（南投縣：臺灣省文獻會，1998年），頁49-50。
84　柯培元：《噶瑪蘭志略》，頁120。
85　林興仁主修、盛清沂總纂：《臺北縣志‧開闢志》，頁1330。

宋錦秀（1991）根據日治時期戶籍資料及田野調查，發現除田寮洋外，卯澳、萊萊兩地（今屬福連村）亦可見三貂社後裔。[86]漢人墾民在「乞食趕廟公」之後，立刻以土地所有者自居，而設私隘以防泰雅族人出草，同治十年（1871）《淡水廳志》即謂：「三貂嶺隘，民隘（按：爲漢人所立）。在芝蘭堡三貂社民番交界處，……今設隘丁十名。」[87]十九世紀末，伊能嘉矩踏查三貂社，即感嘆道：「爾來漢人一波波的侵占行爲，在淡北方面迫使原先獨占其地的平埔蕃，敗於生存競爭，淪落爲孤立的弱勢族群。」[88]

（三）傳統文化淪喪

　　三貂社除遭受漢人墾民侵占之外，社租亦遭官府吏役侵吞，溫振華、戴寶村即據道光二十一年（1841）「金雞貂租穀曉示碑」[89]的記載，指出巴賽三社因遭受衙門差役聯手舞弊侵吞社租，遂導致三社經濟生活的困頓[90]。此外，三貂地方「道路險遠，向爲藏匿奸匪之藪」[91]亦時遭盜匪侵擾，由咸豐六年（1856）淡水廳同知唐均發給三貂新社之曉諭碑文，可知三貂社時遭「藉名差役」的匪徒「假公行劫」[92]，官府胥吏共謀侵吞、地方治安不良，均對三貂社經濟造成極大損害。面對土地權喪失、經濟生活困頓等巨變衝擊，傳統習俗、文化信仰亦必隨之失落模糊。首先，埔／漢長期相處、交流，雖使兩者產生文化的「合成」現象，但由於文化強、弱勢差異極大，使兩者「文化合

86　宋錦秀：〈日據末期鹽寮地區聚落概說：兼述三貂田寮洋一帶的平埔人〉，《臺灣史田野研究通訊》21期（1991年12月），頁73。

87　陳培桂：《淡水廳志》，頁50。

88　伊能嘉矩：〈淡北及宜蘭方面平埔蕃的創社與分布〉，頁162。

89　基隆市文獻會編纂：《基隆市志》（基隆市：基隆市文獻會，1958年），頁3-4。

90　溫振華、戴寶村著：《淡水河流域變遷史》（臺北縣：臺北縣立文化中心，1998年），頁41-42。

91　臺灣銀行經濟研究室編：《欽定平定臺灣紀略》，頁863。

92　淡水廳同知唐均：〈嚴禁藉差假公行劫碑記〉，收入何培夫主編：《臺灣地區現存碑碣圖誌・臺北縣篇》（臺北市：國立中央圖書館臺灣分館，1999年），頁293-294。

成」極不對等；易言之，「漢文化」影響平埔族甚多，而平埔族文化對「漢文化」的影響極少，而使「漢文化」對平埔族的影響幾近於文化併吞。許倬雲以世界古文明為例，認為異質文化在發展為同質文化的過程中，可能發生取代、共存、趨同、異化等情況；[93] 若以臺灣平埔族被同化之歷程、結果而論，數百年來平埔族文化的變遷模式以被漢文化「取代」的成分居多。

再者，帝國殖民者的統治機心，亦是導致平埔族傳統文化淪喪的重要原因。殖民者習慣以自己的文化模式來評價受殖者的異文化，並將兩者的文化差異機械化切割為（我）優／（他）劣，進而透過文化詮釋的霸權機制，以「他者」的角度，刻意將獵首、裸體、文身、鑿齒等部落引以為傲的傳統文化，大量「複製」到以「文明」自居的各式文獻中，不斷批判、恥笑、撻伐異文化，並無視於這些部落文化所隱含的特殊宗教禮俗與部落精神象徵，而將之塑造成部落野蠻、落後的例證，使受殖者成為行為乖戾、不可理喻的對象，以便將殖民行為美化為提攜野蠻異族的懿行善舉，用以加強殖民統治的合理性。

早期臺灣舊志文獻對於史前時期淡北地區平埔族之社會生活、文化風俗，缺乏親身經歷的直接描述，且多屬輾轉傳抄之作，更遑論對單一族、社的詳實書寫。以清代三貂社所屬淡水廳的地方志《淡水廳志》為例，該書成書於同治十年（1871），其所言淡南、淡北之「番俗」，即分別抄襲乾隆元年（1736）《臺海使槎錄》中的「北路諸羅番九」、「北路諸羅番十」[94]；兩書相隔的一百三十五年之間，正是北部平埔族快速被同化的時刻，詳記「通、變」是史家載史之要務，惜對百餘年間淡水廳下平埔族風俗之巨變竟毫無著墨，此種對「番俗」輾轉複製、抄襲的情況在清代臺灣舊志文獻中極為普遍[95]，間接導致今日欲探北部平埔族文化淪喪之進程，缺乏充分、明確的

---

93 許倬雲：〈接觸、衝擊與調適：文化群之間的互動〉，收入臧振華編：《中國考古學與歷史學之整合研究》（臺北市：中央研究院歷史語言研究所，1997年），頁71。

94 黃叔璥：《臺海使槎錄》，頁130-133、135-137。陳培桂：《淡水廳志》，頁304-306、310。

95 例如：周元文《周府志・土番風俗》（1712年）全文抄自高拱乾《高府志》（1694

時、空資料足資參考。明萬曆四十六年（1618）張燮《東西洋考》有「雞籠、淡水」一節，此書雖「非親身經歷，且傳抄嚴重，價值較小」[96]，但在史料嚴重缺乏的情況下，此書亦具有難得的文化價值；黃叔璥《臺海使槎錄》（1736）「北路諸羅番十」亦為十八世紀初描述凱達格蘭文化的專篇。兩書相隔一百一十八年，此間正是淡北平埔族開始受殖、與外人接觸逐漸頻繁的年代，透過兩書內涵之相互參照、比對，亦得稍見凱達格蘭文化在受殖初期的風俗習慣，已產生許多趨於「漢化」的轉變，其中飲食文化即為顯例，漢人傳統除以雞為「牲禮」，雞肉更為宴客時必備的佳餚，《東西洋考》卻謂雞籠、淡水平埔族人「見華人食雞、雉，輒嘔。」[97]然《臺海使槎錄》卻已謂：「雞最繁，客至殺以代蔬。俗尚冬瓜，官長至，抱瓜以獻，佐以粉餈；雞則以犒從者。」[98]若《東西洋考》此條所載正確，則可見十八世紀初凱達格蘭族飲食已漸有漢化的傾向。

　　殖民帝國透過有計畫的「內地化教育」，刻意將惡劣的殖民行徑包裹上「教化」的美麗糖衣，不僅藉以掩飾受殖者被無盡剝削的痛楚，更將殖民者自私、貪婪、冷酷的剝削行為，美化為「提攜」野蠻異族的道德使命、文明啟迪的懿行善舉，使殖民者充滿機巧的「內地化教育」，全然喪失教育的「啟迪」本質，而淪為殖民地的「奴化」教育。十七世紀以來，三貂社陸續遭逢西班牙、荷蘭、東寧、清國、日本的殖民統治，其中統治期間最久、成效最顯著者為清治時期，其中又以「儒化教育」、「王化政策」最具指標意

年）；陳文達《鳳山縣志・番俗》（1720 年）亦本諸《高府志》而稍改之。《范府志》（1746 年）、《余府志》（1760）兩書的〈風俗志・番社風俗〉文字全同，且與王瑛曾《重修鳳山縣志・番社風俗》（1764 年）文字均本於《臺海使槎錄》。甚至有年代相隔百餘年卻仍抄襲舊志者，例如：周璽《彰化縣志・風俗志・番俗・雜俗》（1835 年）全文均抄襲周鍾瑄《諸羅縣志・風俗志・番俗・雜俗》（1724 年）；沈茂蔭《苗栗縣志・風俗考》（1893 年），全文亦皆抄自《臺海使槎錄》（1736 年）。

96　潘英：《臺灣平埔族史》，頁 229。

97　張燮：《東西洋考》「雞籠、淡水條」，收於臺灣銀行經濟研究室編：《諸番志》，頁 84。

98　黃叔璥：《臺海使槎錄》，頁 136。

義。如前所述，三貂社在康熙五十六年（1717）之前已輸賦納餉，並於乾隆二年（1737）正式「歸化」，「儒化」、「王化」等「內地化教育」必然亦對三貂社形成重大影響。清帝國於雍正十二年（1734）開始普設「社學」對已「歸化」的平埔族施以「儒化教育」，「社學」教育之教材、方法、目標，均與中國傳統士子無甚差異[99]，「一體同風」的教育模式，使平埔族儒化教育進展快速，及至道光年間專收「番童」的「社學」已喪失功能，而改為埔／漢兼收的普通義塾[100]，足見「儒化教育」成果之斐然。

此外，「王化政策」則以薙髮結辮、賜姓最具象徵意義。道光末年淡水同知史密稱：「番性最直，最重薙髮，髮一薙則一直到底。……歸化之誠與不誠，以髮之薙與不薙為斷；不薙則懷反覆之根，薙則已改熟番。」[101]可見，薙髮結辮亦被視為平埔族遵從王化、臣服於統治者的重要象徵；乾隆二十三年（1758）臺灣道楊景素諭令平埔族一體「薙髮結辮」，正式將平埔族納入「王化」之中；此項政令不僅具強制性，乾隆二十九年（1764）《重修鳳山縣志》即謂：「初，各社番眾尚有未盡奉行者，後縣官集土官訓諭之，今盡遵制，彬彬乎衣冠文物之風矣！」[102]此外，楊景素同時亦「恩賜」平埔族三十九個姓氏[103]，以加速推波「王化」的成效；平埔族在統治者強勢政權，以及漢人優勢經濟的雙重壓力下，逐漸接受賜姓以隱藏族群身分並融入漢人社會。平埔族由傳統有聲無字的「親子連名制」，轉變為早期契書所載傳統名制的漢字書寫，最終喪失原本名字，而改以漢人的姓名制，此正標示平埔族在「賜姓」過程中，逐漸失去族群意識的主體淪喪現象。

「儒化教育」、「薙髮結辮」、「接受賜姓」等王化政策的成功推展，勢

---

99 楊克隆：《臺灣殖民文化及其歌謠書寫研究：以女性、平埔族為論述主軸》，頁179-181。

100 伊能嘉矩原著、溫吉編譯：《臺灣番政志》，頁521。

101 史密：〈籌辦番地議〉，收入丁曰健：《治臺必告錄》（臺北市：臺灣銀行，1959年），頁254-256。

102 王瑛曾：《重修鳳山縣志》（臺北市：臺灣銀行，1962年），頁85。

103 伊能嘉矩原著、臺灣省文獻會編譯：《臺灣文化志（下卷）》（臺中市：臺灣省文獻會，1991年），頁329-330。

必導致平埔族內在價值體系的衝突、崩解，進而加速其生活習慣的「漢化」速度，使平埔族快速「入中國則中國之」，達成統治者所企盼「頓革昧離舊習」、「昭中外同風之盛」[104]的同化效果。平埔族歷經數百年「中國之」的文化浸淫，使其生活方式已與漢人無甚差異，道光十四年（1834）鄭用錫《淡水廳志稿》即稱：「淡水番黎，……舊志採錄諸條，其間所言番俗，類皆有奇奇怪怪，耳所未聞、目所未悉。今自大甲以上，雞籠以下諸社，生齒漸衰，村墟半多零落，即諳通番語者，十不過二、三，至飲食、服飾、器用、婚嫁、喪葬之類，採訪者欲即當日所傳，以證今日所見，大都半從漢人風俗。」[105]歸化將屆百年的三貂社勢必亦難例外。今三貂社供奉祖先牌位的祖祠「山西祠」，門口兩旁有「臺灣礦業我先行，繩文歷史我開基」的對聯，橫批則為「德澤披被史上無名」（見圖一），道盡三貂社文化傳統沒落的滄桑。依據三貂社傳說其祖先來自 *sanasai* [106]，劉還月稱：「漢人把它翻成山西，企圖製造中國文化淵遠流長的假象。」[107]恐不盡然，而應與英國人類學家古立弗（P. H. Gulliver）所提出「結構性健忘」（structural amnesia）密切相關。「結構性健忘」是指弱勢族群為解決生存難題，選擇掩飾、遺忘族群記憶，而將傳統歷史記憶重新選擇、拼貼、重組，以建構一套新的集體記憶，用以快速適應社會環境的變遷；[108]平埔族在殖民統治者、強勢漢人的龐大壓力，以及充斥傲慢偏見的文化環境中，「結構性健忘」已成為自存之道，十九世紀末，伊能嘉矩踏查三貂社，該社竟有「社蕃」口出「吳沙是我們平埔蕃社的開基祖」[109]的話，足見吳沙進入三貂社百年之後的十九世紀末，三貂社漢化已極深。

---

104 黃叔璥：《臺海使槎錄》，頁171、94。

105 鄭用錫：《淡水廳志稿》，頁161-162。

106 伊能嘉矩：〈淡北及宜蘭方面平埔蕃的創社與分布〉，頁156-157。

107 劉還月等：《尋訪凱達格蘭族：凱達格蘭族的文化與現況》（臺北縣：臺北縣立文化中心，1998年），頁135-136。

108 王明珂：〈集體歷史記憶與族群認同〉，《當代》91期（1993年11月），頁14-17。

109 伊能嘉矩：〈淡北及宜蘭方面平埔蕃的創社與分布〉，頁153。

　　一八九八年伊能嘉矩已指出「三貂社現在幾乎全盤漢化了！……三貂社的固有語言，今日已成死語。」[110]一九三六年淺井惠倫在三貂新社向年邁的潘氏腰採集巴賽語，其中包括約一千個單字[111]，李壬癸依據當時所採錄的傳說資料「句子都不太完整，且頗多重複」，判斷潘氏腰「母語能力似乎也欠佳」[112]，然潘氏腰已是此時極難尋得尚具母語能力的報導人（見圖二）。平埔族人為融入強勢的漢人社會，不得不學習漢語，導致母語的快速流失；日治初期伊能嘉矩對臺灣平埔族進行語言調查，發現除噶瑪蘭、巴則海兩族尚使用自己的母語，其餘多已「漢語化」[113]；母語不僅是族群文化的載體，更是族群認同度的重要指標，故母語之存續與否攸關族群存亡，母語的消失及傳承的困境，均是族群文化認同感消失的結果，透露平埔族固有文化淪喪、失根的訊息。

　　三貂社失落的族群認同意識，直到一九八〇年代始見復甦。一九八〇年代鹽寮地區被臺電劃為核四廠預定地，貢寮地區興起反核四運動，該運動不僅是對非核家園的生態反思，隨著核四廠附近平埔族遺址的發現，亦促使核四廠預定地的平埔族歷史文化開始受到臺灣社會的關注，更直接引發凱達格蘭族的族群認同及復名運動，貢寮地區的三貂社後裔是該運動初期的主力，不斷透過尋找祖先歷史、復振族群文化的活動，努力重建族群認同意識，對一九九〇年代以來臺灣平埔族的族群自覺、文化認同、學術研究均產生極為深遠的關鍵影響。

---

[110] 同前註，頁151、153。

[111] 土田滋：《臺灣平埔族の言語資料の整理と分析》（東京都：Department of Linguistics，1991年）。另題：Linguistic materials of the Formosan sinicized populations Ⅰ：Siraya and Basai。

[112] 李壬癸：《臺灣原住民史：語言篇》（南投縣：臺灣省文獻委員會，1999年），頁210-211。

[113] 梁志輝、鍾幼蘭：《臺灣原住民史：平埔族史篇（中）》（南投縣：臺灣省文獻會，2001年），頁31-32。原載《東京人類學會雜誌》154號（1899年1月）。

四 歌謠文本透露之文化受殖內涵

　　本節試圖探討石坂莊作、王詩琅著錄、譯介三貂社三首歌謠所顯示的文化受殖內涵，除管窺三貂社主體意識淪喪的族群文化訊息，亦探究兩人著錄、譯介三貂社歌謠之意識。

（一）對「他者」歌謠著錄／譯介心態之差異

　　　〈迎北白川宮能久親王之歌〉[114]
　　　從海上登陸的稀客，上岸了！上岸了！好開心！好開心！他們是心地善良的人！團長是偉大的人。部落平穩，衷心感謝。

〈迎北白川宮能久親王之歌〉是描寫一八九五年五月三十日日本近衛師團長北白川宮能久親王登陸澳底之際，三貂社以歌舞熱烈歡迎能久親王蒞臨的情況，石坂在著錄譯介這首歌謠之前，已先指出歌謠的時代背景：「第一首歌是描寫距今四十一年前，已故的北白川宮能久親王殿下登陸澳底時，他們狂喜歌舞的情形。」[115]著錄這首歌謠以稱頌征臺首領、粉飾太平的政治意圖至為明確，茲分述如下：

　　首先，「國家神道」不僅是日本終戰前國家統一的宗教信仰，亦屬國家機器的重要環節，日本各地均普設神社以灌輸臣民忠君愛國的思想；日本領臺之後，殖民統治者亦企圖以「國家神道」信仰來「教化」臺灣人，明治二十九年（1896）七月先將「延平郡王祠」更名為「開山神社」，明治三十四年（1901）於圓山興建全臺位階最崇高的「臺灣神社」（後升格為「臺灣神宮」），並興建「明治橋」以方便機關、學校前往參拜，日治時期地位重要的殖民官員初抵臺灣，均應先至「臺灣神社」參拜，大正十二年

---

[114] 譯自：石坂莊作：〈ケタガランの蕃歌〉，《科學の臺灣》4卷5期（1936年11月），頁21-22。

[115] 同前註。

（1923）裕仁皇太子「行啟」臺灣亦是以「臺灣神社」為首站公開行程[116]。

能久親王是日本帝國第一位在海外陣亡的皇族，日治時期能久親王被神格化，成為殖民政府的宣傳樣板，「臺灣神社」即主祀「天照大神」（神道最高神祇）及「靖臺之神」能久親王，總督府並以能久親王官訂薨逝日（10月28日）為「臺灣神社例祭日」（國定假日）；一九〇一年十月二十七日能久親王遺孀富子妃親臨「臺灣神社」的「鎮座祭」，昭和元年（1926）富子妃再度參列「臺灣神社」大祭，[117]為此臺北市役所特聘古山榮三郎作詞、一條慎三郎作曲，創作〈北白川宮大妃殿下奉迎歌〉[118]；二戰期間，殖民官方色彩濃厚，具有強烈皇民化宣傳色彩的「臺灣放送協會」[119]為加強皇民化宣傳而發行「島民歌謠」，「島民歌謠」亦刊載由矢野峰人作詞、古賀政男作曲的〈北白川宮能久親王殿下御事蹟奉讚歌〉[120]；一九二三年四月二十日，裕仁皇太子亦專程參觀官定能久親王薨逝地點的「北白川御跡所」（詳見：圖三）。綜上所舉，不僅可知殖民政府對能久親王的重視程度，亦得見能久親王在殖民地臺灣具有極崇高的政治象徵意義。

〈迎北白川宮能久親王之歌〉旨在描述能久親王征臺之際，三貂社熱烈歡迎的狀況，採集地是能久親王征臺的登陸地點，日治官方早在一八九六年即於當地設置以花崗石打造的「北白川宮征討紀念碑」；能久親王既是「臺灣神社」最具政治象徵意義的人物，本首歌謠於一九三六年採集之後，隨

---

116 「皇太子裕仁行啟臺灣」是一場日本帝國精心籌畫的殖民成果秀。一九二三年四月十六日（一八九五年馬關條約簽訂之前日）於基隆港登岸，展開為期十二天的巡臺行程；次日（四月十七日，馬關條約簽訂日）即前往抵臺首站公開行程「臺灣神社」參拜。

117 臺灣教育會編：《北白川宮能久親王御事蹟》（臺北市：臺灣教育會，1937年），頁78-79。

118 臺北市役所編：《北白川宮大妃殿下奉迎歌》（臺北市：臺北市役所，1926年）。

119 呂紹理：〈日治時期臺灣廣播工業與收音機市場的形成〉，《近代中國》151期（2002年10月），頁325。

120 臺灣放送協會編：《島民歌謠：北白川宮能久親王殿下御事蹟奉讚歌》（臺北市：臺灣放送協會，1941年）。

即於該年被選在七月一日「基隆神社」大祭中演唱，並透過隸屬統治機器的「臺灣放送協會」以廣播方式公開對外唱播宣傳，其政治的教化、宣傳意圖的機心至為明確。

其次，傳統歌謠端賴採集、著錄的過程才能成為書面文獻。在田調學理尚未完備、田調知識普遍缺乏的一九六〇年代之前，知識界採錄歌謠之動機、目的，將直接決定歌謠之採錄方向，舉凡此首歌謠是否採錄？使用何種語言寫錄？如何詮釋譯介？以及歌謠著錄前之篩選、改作、節錄等權力之行使，均為知識界採錄歌謠過程中「知識權力」之展現；反之，歌謠報導人除被動提供歌謠原始素材之外，對於歌謠文本之書寫、詮釋完全無權置喙，不僅使弱勢者的歌謠成為被書寫的「客體」，甚至極易淪為被政治宣傳、文化詮釋所利用的工具。石坂莊作指派其員工宗壬癸赴三貂新社向潘氏腰習得三首歌謠，並於「基隆神社」大祭中透過電臺唱播宣傳，其後又將三首「蕃歌」譯介於以「科學」為名的雜誌中，此均得見石坂莊作是此次歌謠採錄工作的「積極」推動者。石坂莊作早年軍旅隸屬近衛師團工兵中隊，曾實際參與一八九五年的「日清戰爭」，時近衛師團指揮官即是能久親王；戰後，石坂莊作因於基隆地區經營由總督府「特許專賣」的度量衡事業而致富，據此得見石坂莊作之意識形態必與殖民政府有著極高程度之契合，否則豈能獲此豐厚的「特許專賣」利益？石坂莊作致富後，對殖民地基隆地區的文教事業著力頗多，舉凡公共圖書館、夜間學校、女子技藝學校均有前衛且深遠的貢獻；一九九〇年九月基隆文化中心主辦「基隆市地方文化特色展」，該展選列十二位對近代基隆文化富有貢獻者，其中外國人僅石坂莊作入選[121]，足見其對基隆地區文教事業之現代化貢獻卓著。「建設」殖民地絕非殖民者的統治目的，而僅是殖民者用以輔助掠奪剝削、洗腦愚民的統治措施得以順利遂行的必要步驟；殖民地若缺乏殖民者的「建設」，的確會使「現代化」進程遲緩，但當稱頌具殖民意識的石坂莊作對殖民地現代化貢獻的同時，亦應正

---

[121] 宇治鄉毅原著，何輝國譯：〈石坂莊作與石坂文庫：以日本統治時期臺灣先驅圖書館之軌跡為中心〉，《臺灣學研究通訊》2期（2006年12月），頁101。

視其難以擺脫的殖民意識，特別是對殖民地「異族」的歌謠採集，著錄者的採集心態將直接攸關歌謠的採錄方向內容及詮釋譯介。這首歌謠由習唱傳承、神社祭獻唱、廣播宣傳、著錄譯介，均見石坂莊作宣揚殖民帝國教化「異類」豐碩成果的強烈企圖心。

綜上所述，得見〈迎北白川宮能久親王之歌〉的政治宣傳意圖至為明確。此意圖在一九四五年臺灣政權轉移之後，亦隨國族、政權之差異而產生著錄、譯介的不同取捨。一九五八年王詩琅譯介石坂莊作〈ケタガランの蕃歌〉一文，即質疑這首歌是否為日人政治考量下的「偽造」，而不加以譯介。東、西方學者均普遍認為統治者對音樂的操控將有助於使國家保持和諧的秩序[122]；歌謠平易近人、深入庶民社會，在智識普遍不高的年代，歌謠對政令之宣導、愚民之遂行，皆具極佳的功效，因此，編寫甚或偽造歌謠使其傳唱民間，以達宣傳統治意識形態的政治目的，歷來即是統治者極為普遍的統治之術。日軍攻取臺灣之初，為使地方平靜，偽造歌謠以安民心，亦屬合乎常理。若是，則此首歌謠應非日人直接偽造，而是授意通曉巴賽語者所造；此外，一八九五年能久親王征臺之際，潘氏腰年三十七歲，及至一九三六年石坂莊作採錄這首歌謠時，報導人潘氏腰已成三貂社唯一有能力使用巴賽語傳唱母語歌謠的老嫗，若再輔以本首歌謠之內容指涉，可推知授意偽造時間當在日治初期。

前段推論尚待更多論據以資印證。然而，即使為達政治意圖而偽造歌謠古來多有，仍不宜將這首歌謠直接視為政治意圖的必然偽造；筆者認為能久親王登陸鹽寮之際，三貂社以歌舞歡迎亦非全然不可能，茲分述四項理由如下。

首先，能久親王於征臺的兵馬倥傯之際，若能與三貂社「蕃」歌舞同樂，以製造昇平之象，亦屬極為常見的政治手腕。與能久親王同期來臺的首任臺灣總督樺山資紀（1895年6月-1896年6月）即曾觀賞原住民歌舞以取樂，佐倉孫三《臺風雜記》（1903）即記載：「樺山總督愛番奴，一夜張

122 楊克隆：〈臺灣戰後反對運動歌曲的壓抑與重生：以解嚴前後的反對運動歌曲為例〉，《臺灣人文》2期（1998年7月），頁61-65。

宴,使番奴踏舞。奴大嬉,男女六、七人,攜手成一團,而飛躍盤旋,驪聲如雷。其狀與我盂蘭盆踊著酷相肖,唯謠音怪奇,使人噴飯耳。」佐倉對此評曰:「聞北海番奴有熊踊者,與南蠻踊舞,好一對奇觀矣。」[123] 早期日本亦賤視北海道愛奴族為「番」,佐倉將其「熊祭」與臺灣原住民舞蹈並舉,行文充滿殖民者鄙視受殖者文化的傲慢與偏見。樺山以殖民總督之「尊」,「紆尊降貴」地賞玩受殖者的歌舞,其族群拉攏、懷柔宣傳的政治目的,絕對高於取樂。又如大正十二年(1923)皇太子裕仁訪臺之際,總督府為展現「理蕃」成效,除宣布將「生蕃」更名為「高砂族」,並刻意安排「高砂族」表演歌舞向裕仁致敬(詳見:圖四)亦是顯例。

其次,觀察日治初期臺灣住民對日本統治者民心之向背,不可單以所謂「民族大義」的角度視之,此際臺灣住民絕非一致「抗日」,無論埔、漢均各有所思,而各有親日、抗日之分。喜安幸夫即謂:「當時臺灣人也並非全部都是抗日勇士。……想盡辦法避免捲入此激變社會者,亦不乏其人。……,居民為求早日恢復治安,乃掛起自己做的日本國旗,來歡迎日軍。……當義勇軍前來時即掛黑旗,日軍來時連忙換上白旗。他們把旗幟換來換去。」[124] 臺灣社會習以「舉順風旗」[125] 來譏刺投機取巧、見風轉舵者,但此亦是「亞細亞孤兒」自救的生存方式之一。例如:日軍攻陷彰化之際,霧峰林家即遣葛竹軒至彰化投誠,日軍進攻東勢角途經葫蘆墩,林家除盛情出迎、款待,亦擔任日軍護送、嚮導工作不遺餘力,甚且率私募隘勇協助日軍攻下大埔城;而埔里城外西北角之平埔族,亦於一八九六年七月埔里抗日事件中,給予日軍極大的協助,並與日軍建立良好關係。[126] 若能將政權巨變年代的民眾選擇,視為「生存利益」的考量與抉擇,也就不會單以二分法的道德史

---

[123] 佐倉孫三:《臺風雜記》(臺北市:臺灣銀行,1961年),頁58。

[124] 喜安幸夫原著:《臺灣抗日祕史》(臺北市:武陵出版公司,1997年),頁83。

[125] 吳瀛濤:《臺灣諺語》(臺北市:臺灣英文出版社,1975年),頁230。陳主顯:《臺灣俗諺語典:臺灣俗諺的七情六慾》(臺北市:前衛出版社,1997年),頁399。

[126] 國史館臺灣文獻館編、王學新譯:《埔里社退城日誌暨總督府公文類纂相關史料彙編》(南投縣:國史館臺灣文獻館,2004年),頁21-27。

觀、民族情緒來論斷抗日／迎日的功過是非，戴國煇（1999）即認為評論人物「不需要先以道德史觀來下是非論斷，反而是從深入當年的生活者意識來考察。」[127] 況歌謠究屬底層庶民心聲，更不應單以漢人的民族意識來論斷其真偽及存在價值，特別是臺灣近四百年來政權更替快速，無論是西班牙、荷蘭、東寧王朝、清國、日本，對平埔族而言均屬「異族」統治，對於主體意識淪喪的平埔族人而言，一八九五年清國／日本政權之轉換其意義並不似漢人重大；反之，平埔族早期為反殖民武裝抗爭付出極慘痛的血腥代價，早在康熙三十八年（1699）郁永河已稱：

> 自紅毛始踞時，平地土番悉受約束，力役輸賦不敢違，犯法殺人者，
> 勦滅無孑遺。鄭氏繼至，立法尤嚴，誅夷不遺赤子，併田疇廬舍廢
> 之。……今大肚、牛罵、大甲、竹塹諸社，林莽荒穢，不見一人。諸
> 番視此為戒，相率謂曰：紅毛強，犯之無噍類；鄭氏來，紅毛畏之逃
> 去；今鄭氏又為皇帝勦滅，盡為臣虜，皇帝真天威矣！[128]

可見，統治者一連串的血腥屠戮，已漸使平埔族恐懼畏服，而被「馴化」為逆來順受的受殖者，平埔人為求生存，對不同殖民政權「送往迎來」、「委屈求全」早已是數百年來不得不練就的生存法則。

復次，在西班牙統治時期（1626-1642）僅三貂社和Kimaurij是極少數與統治者關係較為友好的村落[129]；一六四二年八月，荷蘭人進據北臺灣，九月，當荷蘭遠征隊從基隆經陸路探查通往哆囉滿的採金路線，途中遇見數名三貂社人拿著食物歡迎他們的到來，隨後並帶領他們前往部落，且留宿一晚。[130] 此應與巴賽人長期對外商業貿易，與外界往來較為頻繁，而擁有較開

---

[127] 戴國煇：《臺灣史探微：現實與史實的相互往還》（臺北市：南天書局，1999 年），頁116。

[128] 郁永河：《裨海紀遊》，頁36。

[129] 詹素娟、張素玢：《臺灣原住民史：平埔族史篇（北）》，頁94。

[130] 吳佳芸：《從 Basay 到金雞貂：臺灣原住民社群關係之性質與變遷》（臺北市：國史館，2011 年），頁51。

放的眼界及族群觀,故對「異族」相對亦較缺乏尖銳的敵視感。

最後,能久親王所轄近衛師團於澳底登陸之際,並未遭受明顯抵抗;[131]「曾喜照所募土勇兩營守澳底;成軍甫三日,遇敵不敢戰,均逃散。」[132]「寇至,喜照既不能迎擊,而全軍皆潰散,甚至該軍哨兵作敵人鄉導。」[133]可見日軍登臺之際,駐守澳底的清軍未戰即潰散。潘氏腰曾孫潘耀璋[134]據其叔父描述聽自潘氏腰晚年的口述,指出日軍先將三貂社末代頭目潘金山「押走」,令其招募部落三十餘人,前往三貂灣去協助日軍登陸並背負軍需用品;此後,潘金山擔任日軍嚮導,帶領日軍一路由貢寮、雙溪,及至到瑞芳才回來。[135]對此口述說法,林勝義[136]曾反駁道:「日本登陸鹽寮戰七暝七日,已經戰kah無法度,阮e祖先看講按呢攔戰loe去,人會死了,hit e時間(三貂)新社真濟勇士攏去參加抗日。……抗戰七暝七日e時間,人員死傷真濟。……若是潘金山去引日軍入臺e話來講,鹽寮就免抗戰七暝七日啊啦,攔而且日本e主將嗎boe死ti鹽寮嘛。」[137]事實上,日軍登陸之際,鹽寮並無「抗戰七暝七日」的事蹟,更無日軍主將陣亡於此的史實,此說類於戰後在

---

131 黃昭堂原著、廖為智譯:《臺灣民主國研究》(臺北市:前衛出版社,2006年),頁75。

132 俞明震:〈臺灣八日記〉,收入臺灣銀行經濟研究室編:《割臺三記》(臺北市:臺灣銀行,1959年),頁7。

133 思痛子:〈臺海思慟錄〉,收入臺灣銀行經濟研究室編:《臺海思慟錄》(臺北市:臺灣銀行,1959年),頁9。

134 潘耀璋(一九三四-二〇〇八)是臺北縣貢寮鄉雙玉村的三貂社後裔,師範學校畢業後,從事小學教育工作三十餘年。小學校長退休之後積極尋訪全臺各地的凱達格蘭族族裔。一九九六年成立「臺北縣凱達格蘭族協會」,並擔任創會會長,二〇〇〇年參與創立「臺灣平埔原住民協會」,對凱達格蘭族文化之復振貢獻卓著。

135 黃美英編:《三貂社凱達格蘭族口述歷史》,頁232-234。

136 林勝義,三貂社後裔,曾任「臺灣原住民文化聯盟」創始總召、「凱達格蘭民族文化遺址重整委員會」主委,自組「原住民凱達格蘭三貂新社潘氏祭祀公業民族工作室」,並擔任秘書長。對於凱達格蘭族的祖先來源及文化歷史,提出頗多新穎的詮釋,指出凱達格蘭祖先來自外星球,主張七星山的史前巨石雕作遺跡為「凱達格蘭王朝」所遺留的遺址。

137 黃美英編:《三貂社凱達格蘭族口述歷史》,頁236。

鹽寮設立「鹽寮抗日紀念碑」[138]之無稽，可見潘耀璋口述當較可信，若此，足見三貂社除未抵抗日軍登陸，甚至還（被迫）予以協助。

綜上所述，得證能久親王登陸鹽寮之際，三貂社亦有以歌舞歡迎的可能性；但究竟是出於自願的心悅誠服，還是表面的虛與尾蛇、委屈求全，則尚待更多史料以供徵驗。但無論如何，若以這首歌謠有統治者偽造之嫌為由，即將之刪除不錄，絕非保存歌謠資料的正確做法；筆者推測以王詩琅對臺灣文獻保存之認知與貢獻當不至此，而恐與一九五〇年代臺灣的政治、文化氛圍密切相關。一九五〇年代臺灣除「白色恐怖」對文化界造成極大心理壓力之外，文物的「去日本化」更對日治時期的史蹟、文獻造成極大的破壞，大量日治時期文物遭毀壞，碑文的日本年號被填平或鑿毀，「北白川宮征討紀念碑」戰後遭搗毀即為顯例，一九五九年毛一波整理臺灣民間有關能久親王「橫死」的傳說即有八種之多[139]，此雖多屬附會無稽，但此亦是痛惡征臺「元凶」的心理投射；身處此時代氛圍之下的王詩琅，即使欲譯介這首以歌頌「征臺元酋」為內容主軸的歌謠，亦極可能因心有顧忌而僅以「是否日人授意的製作，當然不得而知」的伏筆一語帶過而暫棄不錄。

（二）漢化之呈顯

〈大年初一至廟遊玩歌〉、〈送年輕夫婦前往福州歌〉等兩首歌謠則透露三貂社在宗教信仰、服飾裝扮的漢化訊息，茲分述如下：

1 宗教信仰的轉變
宗教具有安定心靈、整合人際關係的社會功用，也常是指導民族文化、

---

[138] 位於鹽寮海濱公園，此地原有一八九六年四月以花崗石打造的「北白川宮征討紀念碑」，用以紀念日本首次登陸臺灣之事蹟；戰後此碑遭搗毀，一九七五年於原址建造「鹽寮抗日紀念碑」。鹽寮是日軍登臺的首站，該碑以鹽寮「抗日」為名，名不副實，日軍自鹽寮登陸時，並未遭遇抵抗。

[139] 毛一波：〈能久親王橫死的傳說〉，《臺灣風物》9卷2期（1959年8月），頁5-9。

思想的哲學源頭，因此，一個民族的傳統文化、生活面貌，均與該民族的宗教信仰息息相關；當民族固有宗教信仰淪喪之際，也正預示著傳統思想體系正逐漸遭受外來思想取代的事實，近代平埔族宗教信仰的轉變，即透露此一訊息。

平埔族原為泛靈信仰的民族，崇信神祇、靈魂、精靈三者，他們認為人與萬物皆有靈，靈魂與形體結合產生生命，肉體會因死亡而腐朽，靈魂卻能永續不滅；靈魂有惡靈、善靈之分，惡靈是必須禳除的災病根源，而善靈則是祭祀祈求的對象，其中尤以祖靈崇拜最為濃厚，他們深信祖靈會依據子孫行為善惡以降福禍，因此每年部落均舉辦祖靈祭以祈求族人的平安。[140]李亦園歸納平埔族之祖靈祭有三大類型，南部西拉雅族為特殊的「祀壺」信仰，中部為「走鏢」儀式的「賽跑型」，北部祖靈祭則以歌舞飲宴為主；[141]可見，平埔族祭祀祖先的宗教活動極為頻繁，然或因其祭祀程序、內涵均與漢人社會明顯不同，故周鍾瑄《諸羅縣志》（1717）誤以為平埔族社會「無祭祀，不識祖先」[142]；黃叔璥《臺海使槎錄》（1736）著錄〈澹水各社祭祀歌〉[143]即為凱達格蘭族的祭祖歌謠，歌詞中祈求祖先保佑「年年好禾嫁」、「好收成」、「捕鹿亦速擒獲」，足見此時祭祖活動仍與傳統耕獵經濟密切相關[144]。依據三貂社口述歷史稱「番仔典」的祭祀活動每年舉辦兩次，一次為正月中旬的「祭祖」，一次則為八月中旬的「慶收冬」，活動中各家出菜，部落男女老幼齊集歡宴，唱歌、飲酒、跳舞通宵達旦；祭祖時使用數支「瓶子」，瓶內置酒，並插上甘蔗，並以麻糬、酒、檳榔為祭品；[145]十九世紀末，伊能嘉矩稱三貂社仍遵守每年祭拜祖先的舊俗，然祭祖時間為農曆十一月。[146]

[140] 李亦園：〈從文獻資料看臺灣平埔族〉，《大陸雜誌》10卷9期（1955年5月），頁25。
[141] 李亦園：〈臺灣平埔族的祖靈祭〉，收於李亦園：《臺灣土著民族的社會與文化》，頁30-47。
[142] 周鍾瑄：《諸羅縣志》，頁174。
[143] 黃叔璥：《臺海使槎錄》，頁137。
[144] 楊克隆：《臺灣殖民文化及其歌謠書寫研究：以女性、平埔族為論述主軸》，頁360-361。
[145] 黃美英編：《三貂社凱達格蘭族口述歷史》，頁100-102、113、115、119、128。
[146] 伊能嘉矩：〈淡北及宜蘭方面平埔蕃的創社與分布〉，頁152。

漢人文化的浸淫、經濟生活的壓力，使三貂社逐漸減少了面對祖靈信仰的機會，依據口述歷史資料[147]推估部落祭祖活動至遲於一九四〇年代晚期即已消失，此正代表部落原始信仰的全面瓦解。

前文提及西班牙統治時期三貂社已有天主教信仰，Juan Garcia 神父並曾於三貂地區建造天主教 St. Domingo 教堂。康熙中晚期之後，隨著漢人開始大規模移墾臺灣北部，淡北平埔族亦隨之融入漢人的道教信仰中，康熙五十一年（1712）干豆門（關渡）主祀媽祖的「靈山廟」（今關渡宮）「落成之日，諸番並集」[148]，藍鼎元（1721）亦稱：「干豆門媽祖宮廟祝林助，……能通番語」[149]，寺廟是漢人社會凝聚社會力量的重要場域，廟宇之興建代表漢人地方勢力的形成，由「諸番」熱烈參與廟宇落成、廟祝「能通番語」等訊息，得見此際凱達格蘭族已開始接觸道教的媽祖信仰。三貂新社所在地的貢寮區雙玉里有主祀媽祖的「慈仁宮」（俗稱「新社廟」、「番仔媽祖廟」），據三貂社口碑稱該廟「大媽」係由族人潘三枝的曾祖母潘鼓自海邊石縫間拾得，最初在廟現址之西側搭建草寮奉祀，後再將神像請入「公廨」與「祖靈」同厝奉祀，咸豐九年（1859）因公廨老舊，遂於廟現址的東側擴建成石材廟，該廟另奉祀源自基隆八斗子的王爺公。[150]一九六四年，復於現址重建鋼筋水泥的廟宇，一九六九年竣工。廟宇的建立除標誌著平埔族宗教信仰的轉變之外，亦透露平埔族思想、行為模式已趨漢化；今日慈仁宮內許多樑柱仍為咸豐時期石材廟之遺留，見證三貂社道教信仰的軌跡，例如門樓石雕有「三貂社屯目潘國殷合屯丁二十一名全叩」（詳見：圖五）的字樣，可見此係由咸豐年間三貂社屯目、屯丁共同捐獻的石雕，除可間接印證清代的屯丁制度，亦可由建廟、捐錢的宗教行為，證實三貂社當日已有濃厚的道教信仰；另神龕上方光緒八年（1882）「德被海天」牌匾落款為「紳耆民番暨信士等敬立」（詳見：圖六），除可見光緒年間慈仁宮已是田寮洋地區

---

[147] 黃美英編：《三貂社凱達格蘭族口述歷史》，頁 100-101、115。

[148] 周鍾瑄：《諸羅縣志》，頁286。

[149] 藍鼎元：〈檄淡水謝守戎〉，收於藍鼎元：《東征集》，頁25。

[150] 黃美英編：《三貂社凱達格蘭族口述歷史》，頁128、306。

埔、漢的共同信仰,亦間接透露道光年間三貂社自「舊社」敗退田寮洋「新社」之後,漢人更進一步蠶食鯨吞進逼「新社」的訊息。

十九世紀中葉以來,隨著西方傳教士來臺佈道,使平埔族的宗教信仰亦產生劇烈轉變。馬偕(1844-1901)指出曾於三貂新社建立一座使用石頭、灰泥建造,有玻璃窗、光線良好的「賓威廉紀念教會(Burn's Church)」,教堂由一位「平埔蕃」擔任傳教士,信徒則涵蓋平埔族及漢人;[151]現今該教堂遺址已無從查考,但仍可證明十九世紀末三貂地區平埔族除了漢人道教信仰之外,亦有相當程度的基督教信仰。

短暫百餘年之間,三貂社由傳統的祖靈信仰,先後受到西班牙天主教、漢人道教、基督教信仰的影響;十九世紀以來類似此種宗教信仰劇烈變遷的狀況,普遍存在於其他各處平埔族的宗教信仰經驗之中[152],道光十七年(1837)來臺的吳子光即稱:「同治中,英夷航海至者,以耶穌之說聒群番,番大悅,遂將神主斧以斯之,竟至廢祀。」[153]即透露清末中部平埔族由道教信仰轉為基督教信仰的宗教變遷。

現今三貂新社最具祖先崇拜意識的「山西祠」亦充斥漢人信仰的痕跡。平埔族原無祠堂,興建「山西祠」公祠乃仿效漢俗設公廳祖祠以祭祀祖先的制度,該祠堂正門刻製門聯,祠內設置上香祭拜之用的石造香爐,香爐內插著香,兩旁均置燭臺,此均是宗教信仰漢化的具體呈現。「山西祠」名稱充滿漢人意識,近年在該祠門口正上方新豎「巴賽祖師廟」的五字牌匾(詳見:圖一),已隱約透露近年巴賽族族群認同感逐漸醒覺的訊息。

〈大年初一至廟遊玩歌〉透露一九三〇年代三貂新社道教信仰的訊息。歌詞如下:

---

151 馬偕原著,林晚生譯:《福爾摩沙紀事:馬偕臺灣回憶錄》(臺北市:前衛出版社,2007年),頁7、211-212。

152 陳志榮:〈噶瑪蘭人的宗教變遷〉,收於潘英海、詹素娟主編:《平埔研究論文集》,頁78、96。

153 吳子光:《臺灣紀事》(臺北市:臺灣銀行,1960年),頁34。

〈大年初一至廟遊玩歌〉[154]

今天是大年初一，我的孩子、我的孫子，一起來玩吧！寺廟以石壁砌成，柱子上雕塑有龍。寺廟很豪華，大家都知道這間廟，各地的人都來參拜這間廟，讓我等一齊來玩吧！

綜而言之，這首歌謠透露兩項三貂社宗教信仰漢化的訊息：首先，平埔族原無廟宇，亦缺乏興建廟宇的技術，他們深信祖先靈魂仍遊於人間，故建造名為「公廨」的小屋，以為祖靈休憩之所，此種小屋建築極為簡單，不同於漢人雕梁畫棟、富麗堂皇的廟宇、祠堂；此外，平埔族亦無「龍」的圖騰信仰。這首歌謠整體充滿對寺廟的認同，足見漢人在宗教、信仰、建築等方面，已對三貂地區形成文化綜攝（syncretism）的現象。其次，大年初一入廟祈福是臺灣漢人的傳統習俗，這首歌謠言及大年初一闔家相聚，結伴共遊廟宇的歡樂景象，然平埔族無曆法而以農作收成為一年，《諸羅縣志》即謂：「無曆日，不識歲，時以稻熟為一歲。不知庚甲，問其年幾何，茫然也。……以月圓為一月，不知有閏。」[155]歌謠言及大年初一共遊廟宇，則透露宗教信仰、曆法紀年均已漢化的訊息。

2 服飾裝扮的轉變

〈送年輕夫婦前往福州歌〉透露三貂社服飾裝扮的漢化，以及對閩省省垣福州的傾慕與嚮往，歌詞如下：

〈送年輕夫婦前往福州歌〉[156]

某處的美麗女子，芳齡十八到二十二正值青春，垂著宛如燕尾般的頭髮，十分美麗。臉上塗抹白粉，嘴唇點上口紅，身上配戴著香玉，戴著手環與戒指，穿著鮮豔的鞋子，一步一步遠行去乘船。心裡感覺好

---

[154] 譯自：石坂莊作：〈ケタガランの蕃歌〉，頁22。

[155] 周鍾瑄：《諸羅縣志》，頁163。

[156] 譯自：石坂莊作：〈ケタガランの蕃歌〉，頁22。

似天色突然陰沈，無法從臺灣步行到福州。

「重飾輕服」是臺灣原住民族極普遍的衣飾特色。平埔族早期多使用各類天然植物為原料，製造各式頭飾、耳飾、額飾、胸飾及手鐲等裝飾品，花環即是平埔族舉行重要祭典或牽曲時必配戴的飾物；[157] 後則透過交換管道取得琳瑯滿目的瑪瑙珠、螺錢、草珠、漢人耳環等飾物，[158] 遂成為集會場合必備的裝飾品；北部濱海地區考古出土大量瑪瑙珠、玻璃珠等飾物；[159] 十三行文化晚期的舊社類型，裝飾器物亦常見瑪瑙珠、陶珠及玻璃器；[160] 龍門舊社遺址則出土數量頗多以各式帶穿裝飾品為主的骨器；[161] 上述遺址發掘足證巴賽人珠貝飾品的普遍使用。黃叔璥《臺海使槎錄》著錄洪雅族南北投社（今南投市、草屯鎮）〈賀新婚歌〉即唱道「我裝珠飾貝，慶賀新婚」[162]；《臺海使槎錄》亦指出「北路諸羅番十」的衣飾：「番婦頭無妝飾，烏布五尺蒙頭曰老鍋。項上掛瑪瑙珠、螺錢、草珠，曰眞仔贊。耳鑽八、九孔，帶漢人耳環。」[163] 由此可見，此時凱達格蘭族人多以烏布蒙頭，頸項掛上各式珠飾串環的項鍊，甚至耳鑽八、九孔以穿戴漢人耳環。十九世紀末伊能嘉矩踏查三貂社時，仍可見以管玉狀的瑪瑙串珠當頸飾，並使用以串珠綴成的頭飾及耳飾，此外，仍留存著開襟有袖的衣服，上面再披上相當於披肩的「方布衣」。[164]

相較於對飾物的重視，平埔族對服裝則不甚注重。張燮《東西洋考》稱

---

157 李莎莉：《臺灣原住民衣飾文化》（臺北市：南天書局，1998年），頁62-63。

158 詹素娟、張素玢：《臺灣原住民史：平埔族史篇（北）》，頁140。

159 李亦園：〈從文獻資料看臺灣平埔族〉，收入李亦園：《臺灣土著民族的社會與文化》，頁72。

160 劉益昌：〈臺灣北部沿海地區史前時代晚期文化之探討〉，收入潘英海、詹素娟主編：《平埔研究論文集》，頁10-12。

161 陳有貝：〈臺灣東北角龍門舊社遺址的發掘與意義〉，《臺灣博物》24卷2期（2005年6月），頁80。

162 黃叔璥：《臺海使槎錄》，頁117。

163 同前註，頁136-137。

164 伊能嘉矩：〈淡北及宜蘭方面平埔蕃的創社與分布〉，頁152。

雞籠淡水平埔族原「男女推髻於腦後，裸逐無所避；女或結草裙蔽體。……手足則刺紋爲華美。」[165] 裸體刺紋向爲中國來臺文士所鄙夷，康熙三十六年（1697）當郁永河友人盛讚府治附近的「四社番」「勤稼穡，務蓄積，……居處禮讓，故其俗於諸社爲優。」郁永河卻因其依舊「被髮、不褌」而評論其風俗依舊「殊可鄙」[166]；道光十七年（1837）來臺的吳子光（1819-1883）亦認爲「番丁皆肉袒，私處用木皮遮蔽，鬚眉畢現。今則稍知愧恥矣。」[167] 平埔族與漢人接觸之後亦漸習漢人服風，張燮《東西洋考》已描述淡水雞籠的平埔族人「見華人，則取平日所得華人衣衣之。長者爲裏衣，而短者蒙其外；凡十餘襲，如襆帷，颺之以示豪侈。別去，仍掛於壁，裸逐如初。」[168] 郁永河亦曾訕笑平埔族初習漢人服飾不倫不類的滑稽感，詩云：「梨園敝服盡蒙茸，男女無分只尚紅；或曳朱襦或半臂，土官氣象已從容。」自注云：「土官購戲服爲公服，但求紅紫，不問男女。」[169] 康熙五十四年（1715）北路營參將阮蔡文〈後壠詩〉亦描述後壠社服飾風俗的轉變，其云：「亦有一二人，公然戴高冕；……大有古人風，所惜雙足跣。」[170] 上列諸例均足見清初平埔族對漢人服飾的仿效雖未盡備，但其學習漢人穿著的趨勢已蔚然成風。服飾穿著不僅是外在的裝扮行爲，更透露內在文化的認同趨勢；郁永河《裨海紀遊》（1697）稱平埔族的外觀與漢人「狀貌無甚異，惟兩目拗深瞪視，似稍別。」[171] 狀貌、膚色與漢人無甚差異的平埔族極容易透過服飾的漢化而在外觀上形同漢人，更進而「融入」漢人社會成爲「隱性族群」，清代臺灣民間社會即流傳「平埔一穿上褲子，漢人就不能輕視」[172] 的話，足見服飾在

---

[165] 張燮：《東西洋考》「雞籠淡水」條，頁83。

[166] 郁永河：《裨海紀遊》，頁17-18。

[167] 吳子光：《臺灣紀事》，頁34。

[168] 張燮：《東西洋考》「雞籠淡水」條，頁83。

[169] 郁永河：《裨海紀遊》，頁45。

[170] 阮蔡文：〈後壠詩〉，收入黃叔璥：《臺海使槎錄》，頁134-135。

[171] 郁永河：《裨海紀遊》，頁33。

[172] Albrecht Wirth：〈臺灣之歷史〉，收入臺灣銀行經濟研究室編：《臺灣經濟史六集》（臺北市：臺灣銀行，1957年），頁50。

平埔族漢化過程中所扮演的關鍵地位。

　　相較於平埔族的「重飾輕服」，臺灣漢女每逢佳節則必「盛裝艷飾」或入廟祈福，或出遊觀戲，康熙五十六年（1717）《諸羅縣志》即指出：「婦女過從無肩輿，則以傘蒙其首；衣服必麗，簪珥必飾，貧家亦然。村落稍遠，則駕牛車以行。……不艷飾不登車，其夫親爲之駕。」[173]康熙五十九年（1720）陳文達《臺灣縣志》亦稱：「婦人探親，無肩輿，擁傘而行；衣必麗都，飾必華艷。女子之未字者亦然。」[174]〈送年輕夫婦前往福州歌〉即描述女子盛裝外出的狀貌，其中舉凡梳理整齊的燕尾般髮型、臉敷白粉、唇點口紅，身配香玉，手戴手環、戒指，足著鮮豔繡鞋，均屬漢女盛裝之狀，而與髮無妝飾、烏布蒙頭、「女無脂粉，不施膏沐」[175]、「足不知屨」[176]的平埔族傳統裝扮截然不同，服飾裝扮的漢化之跡已至為明顯。歌謠雖未明確指出該盛裝女子究竟是漢人還是平埔族人，但若是平埔族女子，則顯見三貂社服飾妝扮漢化之狀，若為漢人女子，則透露三貂社對女子的審美標準已與漢人無異的主體文化淪喪之漢化訊息。

　　歌謠除透露三貂社對漢人服飾的仿效之外，亦間接表露演唱者對福州的傾慕。福州除是臺灣建省（1885）之前的省垣所在，更是閩浙兩省的政、經中心，除福州將軍、閩浙總督、福建巡撫等重要官署均設於福州，清代臺灣文武官員亦多由閩省督撫自該省官員揀選調補[177]，導致臺灣官員及所屬幕僚充斥曾宦遊福州的人士，故臺灣歷來即有「無福，不成衙」[178]之說。此外，臺灣歌謠〈懷胎經〉[179]唱道：「十一十二歲勤苦攵讀書，十三十四歲進秀才，

[173] 周鍾瑄：《諸羅縣志》，頁149。

[174] 陳文達：《臺灣縣志》（臺北市：臺灣銀行，1961年），頁59。

[175] 周鍾瑄：《諸羅縣志》，頁156。

[176] 郁永河：《裨海紀遊》，頁34。

[177] 臺灣銀行經濟研究室編：《清聖祖實錄選輯》（臺北市：臺灣銀行，1963年），頁141-142。

[178] 吳瀛濤：《臺灣諺語》，頁176。

[179] 黃文博：〈不孝三頓燒：喪禮中勸世歌的倫理觀〉，《臺灣風物》41卷1期（1991年3月），頁134-136。

十五十六歲結完親，十七十八歲福州中舉人，舉人轉來門口來豎旗，風吹旗葉龍虎相交纏。」〈韮菜蔥〉[180]亦唱道：「璁菜蔥，十二欉，生吾四姊妹蓋成人；大的嫁福州，第二的嫁風流，第三的嫁海口，第四的嫁內山；大的轉來白馬掛金鞍，第二的轉來金涼傘，第三的轉來金交椅，第四的轉來切半死！」兩首臺灣早期歌謠即透露福州是臺灣士子成就功名、女子高攀婚姻之地的訊息，此均足見清代福州對臺灣的重要影響，更進而導致臺灣人對福州的傾慕與嚮往。本首歌謠旨在描述為年輕夫婦遠行福州送行，歌謠雖未提及「夫妻遠行福州」的目的，但正當年輕夫婦乘船前往福州之前，卻「心裡感覺好似天色突然陰沉」，究竟是對風信靡常的黑水溝之險產生恐懼？亦或是對離鄉背井前程難卜的焦慮？……此雖不得而知，但歌謠演唱者卻對年輕夫婦的福州行深感欽羨，整首歌謠除以旁觀者的角度，以漢人審美觀盛讚女子的美貌與裝扮之外，亦透露對年輕夫婦所欲前往的福州充滿傾慕與嚮往的訊息。

五　結論

數百年來，閩粵移民對土地的蠶食鯨吞，以及殖民帝國的強取豪奪，導致平埔族經濟生活之困頓，而步向族群式微、文化淪喪之途；三貂社即是近代平埔族受殖處境的一個縮影。喜好歌唱的平埔族，理應擁有數量眾多的族群歌謠文獻，可惜卻因缺乏文字著錄而多湮滅無存，一九三六年由石坂莊作著錄、譯介的三首三貂社歌謠，深具平埔族文化的史料價值。本文透過對三貂社史料文獻的爬梳，不僅探討三貂社受殖軌跡及漢化進程，亦以之徵驗於三首三貂社歌謠文本。

三首歌謠文本除反映三貂社漢化現象，亦透露無論是日治時期石坂莊作將三首「蕃歌」以「日文」拼音、譯介於以「科學」為名的雜誌當中，或是戰後王詩琅將前文「選擇性」譯介為「華文」，均可見歌謠文本背後知識界

---

[180] 李獻璋：《臺灣民間文學集》（臺北縣：龍文出版社，2006年），頁21-22。

「無形之手」的權力運作，兩人各透過隱諱、凸顯的篩選方式，使用當日的強勢語文以塑造三貂社的「蕃歌」，使弱勢平埔族的「蕃歌」成為被書寫的「客體」，甚至淪為政治宣傳、文化詮釋可資利用的工具。

圖一　「巴賽祖師廟」（山西祠）外觀。

圖二　三貂新社老嫗潘氏腰。（一九三六年拍攝）。
資料來源：臺灣大學數位典藏資源中心（http://www.darc.ntu.edu.tw/）

圖三　一九二三年四月二十日，裕仁臺南參觀由「北白川御跡所」擴建的「臺南神社」。
資料來源：翻拍自臺北市役所：《行啟紀念寫真帖》（臺北市：臺北市役所，1923 年）。

圖四　一九二三年四月十八日，裕仁於御泊所（總督府官邸）前觀賞臺灣高砂族的
　　　歌舞表演。
資料來源：翻拍自臺北市役所：《行啟紀念寫真帖》（臺北市：臺北市役所，1923年）。

圖五　慈仁宮門樓上方「三貂社屯目潘國殷合屯丁廿一名全叩」石雕文字。

圖六　慈仁宮正殿上方有光緒「壬午年」（一八八二）「德被海天」古匾；落款「紳
　　　耆民番暨信士等敬立」。

參考文獻

（一）書籍

丁曰健　《治臺必告錄》　臺北市　臺灣銀行　1959年

丁紹儀　《東瀛識略》　臺北市　臺灣銀行　1959年

土田滋　《臺灣平埔族の言語資料の整理と分析》　東京都　Department of Linguistics　1991年

中村孝志著、吳密察等編　《荷蘭時代臺灣史研究（下卷）社會・文化》　臺北縣　稻鄉出版社　2002年

中華文化出版事業委員會編　《臺灣文化論集（三）》　臺北市　中華文化出版事業委員會　1954年

王瑛曾　《重修鳳山縣志》　臺北市　臺灣銀行　1962年

甘為霖英譯、李雄揮漢譯　《荷據下的福爾摩莎》　臺北市　前衛出版社　2003年

伊能嘉矩原著、楊南郡譯註　《平埔族調查旅行》　臺北市　遠流出版社　1996年

伊能嘉矩原著、溫吉編譯　《臺灣蕃政志》　臺北市　南天書局　1997年

伊能嘉矩原著、臺灣省文獻委員會譯編　《臺灣慣習記事》　南投縣　臺灣省文獻委員會　1990年

江樹生譯註　《熱蘭遮城日誌（第二冊）》　臺南市　臺南市政府　1999年

佐倉孫三　《臺風雜記》　臺北市　臺灣銀行　1961年

何培夫主編　《臺灣地區現存碑碣圖誌・臺北縣篇》　臺北市　國立中央圖書館臺灣分館　1999年

余文儀　《續修臺灣府志》　臺北市　臺灣銀行　1962年

吳子光　《臺灣紀事》　臺北市　臺灣銀行　1960年

吳佳芸　《從Basay到金雞貂：臺灣原住民社群關係之性質與變遷》　臺北市

國史館　2011年

吳瀛濤　《臺灣諺語》　臺北市　臺灣英文出版社　1975年

李壬癸　《宜蘭縣南島民族與語言：宜蘭縣史系列，語言類1》　宜蘭縣　宜
　　　　蘭縣政府　1996年

李壬癸　《臺灣原住民史：語言篇》　南投縣　臺灣省文獻委員會　1999年

李亦園　《臺灣土著民族的社會與文化》　臺北市　聯經出版社　1982年

李莎莉　《臺灣原住民衣飾文化》　臺北市　南天書局　1998年

李獻璋　《臺灣民間文學集》　臺北縣　龍文出版社　2006年

周鍾瑄　《諸羅縣志》　臺北市　臺灣銀行　1962年

周　璽　《彰化縣志》　臺北市　臺灣銀行　1962年

林興仁主修、盛清沂總纂　《臺北縣志‧開闢志》　臺北市　成文出版社
　　　　1983年

姚　瑩　《東槎紀略》　臺北市　臺灣銀行　1957年

柯培元　《噶瑪蘭志略》　臺北市　臺灣銀行　1961年

范　咸　《重修臺灣府志》　臺北市　臺灣銀行　1961年

郁永河　《裨海紀遊》　臺北市　臺灣銀行　1959年

唐　羽　《貢寮鄉志》　臺北縣　貢寮鄉公所　2004年

馬偕原著、林晚生譯　《福爾摩沙紀事：馬偕臺灣回憶錄》　臺北市　前衛出
　　　　版社　2007年

高拱乾　《臺灣府志》　臺北市　臺灣銀行　1960年

國史館臺灣文獻館編，王學新譯　《埔里社退城日誌暨總督府公文類纂相關
　　　　史料彙編》　南投縣　國史館臺灣文獻館　2004年

基隆市文獻會編纂　《基隆市志》　基隆市　基隆市文獻會　1958年

敕　撰　《清一統志臺灣府》　臺北市　臺灣銀行　1960年

梁志輝、鍾幼蘭　《臺灣原住民史：平埔族史篇（中）》　南投縣　臺灣省文
　　　　獻會　2001年

陳文達　《臺灣縣志》　臺北市　臺灣銀行　1961年

陳主顯　《臺灣俗諺語典：臺灣俗諺的七情六慾》　臺北市　前衛出版　1997年

陳培桂　《淡水廳志》　臺北市　臺灣銀行　1963年

陳盛韶　《問俗錄》　南投縣　臺灣省文獻會　1997年

陳　璸　《陳清端公文選》　臺北市　臺灣銀行　1961年

喜安幸夫　《臺灣抗日祕史》　臺北市　武陵出版公司　1997年

黃叔璥　《臺海使槎錄》　臺北市　臺灣銀行　1957年

黃昭堂原著、廖為智譯　《臺灣民主國研究》　臺北市　前衛出版社　2006年

黃美英主編　《凱達格蘭族古文書彙編》　臺北縣　臺北縣立文化中心　1996年

黃美英編　《三貂社凱達格蘭族口述歷史》　臺北縣　臺北縣立文化中心
　　　1996年

黃富三、翁佳音編　《臺灣商業傳統論文集》　臺北市　中研院臺史所籌備處
　　　1999年

楊克隆　《臺灣殖民文化及其歌謠書寫研究：以女性、平埔族為論述主軸》
　　　高雄市　高雄師範大學國文學系博士論文　2011年

溫振華、戴寶村著　《淡水河流域變遷史》　臺北縣　臺北縣立文化中心
　　　1998年

詹素娟、張素玢　《臺灣原住民史：平埔族史篇（北）》　南投縣　臺灣省文
　　　獻會　2001年

臧振華編輯　《中國考古學與歷史學之整合研究》　臺北市　中央研究院歷史
　　　語言研究所　1997年

臺北市役所　《行啟紀念寫真帖》　臺北市　臺北市役所　1923年

臺北市役所　《北白川宮大妃殿下奉迎歌》　臺北市　臺北市役所　1926年

臺灣放送協會編　《島民歌謠：北白川宮能久親王殿下御事蹟奉讚歌》　臺北
　　　市　臺灣放送協會　1941年

臺灣放送協會編　《臺灣省通志·同胄志·平埔族篇》　臺中市　臺灣省文獻
　　　會　1972年

臺灣放送協會編　《臺灣省通志·同胄志·歷代治理篇》　臺中市　臺灣省文
　　　獻會　1972年

臺灣教育會編　《北白川宮能久親王御事蹟》　臺北市　臺灣教育會　1937年

臺灣銀行經濟研究室編 《臺灣經濟史六集》 臺北市 臺灣銀行 1957年

臺灣銀行經濟研究室編 《臺案彙錄甲集》 臺北市 臺灣銀行 1959年

臺灣銀行經濟研究室編 《割臺三記》 臺北市 臺灣銀行 1959年

臺灣銀行經濟研究室編 《臺海思慟錄》 臺北市 臺灣銀行 1959年

臺灣銀行經濟研究室編 《諸番志》 臺北市 臺灣銀行 1961年

臺灣銀行經濟研究室編 《欽定平定臺灣紀略》 臺北市 臺灣銀行 1961年

臺灣銀行經濟研究室編 《臺灣通志》 臺北市 臺灣銀行 1962年

臺灣銀行經濟研究室編 《臺灣府輿圖纂要》 臺北市 臺灣銀行 1963年

臺灣銀行經濟研究室編 《清代臺灣大租調查書》 臺北市 臺灣銀行 1963年

臺灣銀行經濟研究室編 《清聖祖實錄選輯》 臺北市 臺灣銀行 1963年

臺灣銀行經濟研究室編 《清宣宗實錄選輯》 臺北市 臺灣銀行 1964年

臺灣銀行經濟研究室編 《清高宗實錄選輯》 臺北市 臺灣銀行 1964年

臺灣銀行經濟研究室編 《臺案彙錄壬集》 臺北市 臺灣銀行 1966年

劉良璧 《重修福建臺灣府志》 臺北市 臺灣銀行 1961年

劉益昌、潘英海主編 《平埔族群的區域研究論文集》 南投縣 臺灣省文獻
會 1998年

沈有容 《閩海贈言》 臺北市 臺灣銀行 1959年

劉澤民編 《臺灣總督府檔案平埔族關係文獻選輯續編（上冊）》 南投縣
國史館臺灣文獻館 2004年

劉還月等 《尋訪凱達格蘭族：凱達格蘭族的文化與現況》 臺北縣 臺北縣
立文化中心 1998年

潘　英 《臺灣平埔族史》 臺北市 南天書局 1996年

潘英海、詹素娟編 《平埔研究論文集》 臺北市 中央研究院臺灣史研究所
籌備處 1995年

蔣師轍 《臺灣通志》 臺北市 臺灣銀行 1962年

蔣毓英 《臺灣府志》 南投縣 國史館臺灣文獻館 2002年

鄭用錫 《淡水廳志稿》 南投縣 臺灣省文獻會 1998年

戴國煇 《臺灣史探微：現實與史實的相互往還》 臺北市 南天書局 1999

　　　　年
藍鼎元　《東征集》　臺北市　臺灣銀行　1958年
蘇仲卿等　《鹽寮地區附近陸上之生態調查研究》　臺北市　中央研究院國際
　　　環境科學委員會中國委員會　1988年

（二）期刊

一　剛　〈凱達格蘭族的蕃歌〉《臺北文物》6卷1期　1957年9月　頁113
毛一波　〈能久親王橫死的傳說〉《臺灣風物》9卷2期　1959年8月　頁5-9
王明珂　〈集體歷史記憶與族群認同〉《當代》91期　1993年11月　頁6-19
石坂莊作　〈ケタガランの蕃歌〉《科學の臺灣》4卷5期　1936年11月　頁
　　　21-22
宇治鄉毅原著，何輝國譯　〈石坂莊作與石坂文庫：以日本統治時期臺灣先
　　　驅圖書館之軌跡為中心〉《臺灣學研究通訊》2期　2006年12月
　　　頁82-101
呂紹理　〈日治時期臺灣廣播工業與收音機市場的形成〉《近代中國》151期
　　　2002年10月　頁115-134
宋錦秀　〈日據末期鹽寮地區聚落概說：兼述三貂田寮洋一帶的平埔人〉
　　　《臺灣史田野研究通訊》21期　1991年12月　頁64-77
宋錦秀　〈嘉慶之前三貂鹽寮地域史的建構〉《中央研究院臺灣史研究》3卷
　　　1期　1996年6月　頁97-142
李壬癸　〈臺灣北部平埔族的分類及其語言根據〉《臺灣風物》41卷4期
　　　1991年12月　頁214-197
李壬癸　〈臺灣平埔族的種類及其相互關係〉《臺灣風物》42卷1期　1992
　　　年3月　頁238-211
李壬癸　〈臺灣南島民族的遷移歷史：從語言資料及現象所作的探討〉《臺
　　　灣史田野研究通訊》22期　1992年3月　頁23-33
李亦園　〈從文獻資料看臺灣平埔族〉《大陸雜誌》10卷9期　1955年5月

頁 19-29

翁佳音　〈近世初期北臺灣的貿易與原住民〉　收於黃富三、翁佳音編　《臺灣商業傳統論文集》　臺北市　中研院臺史所籌備處　1999年　頁 66-73

張耀錡　〈平埔族社名對照表〉《文獻專刊》2卷1、2期合刊　1951年6月

陳有貝　〈臺灣東北角龍門舊社遺址的發掘與意義〉《臺灣博物》24卷2期（2005年6月）　頁 78-83

陳有貝　〈從淇武蘭與龍門舊社兩遺址看族群研究〉《國立臺灣博物館學刊》58卷2期　2005年12月　頁 25-36

黃文博　〈不孝三頓燒：喪禮中勸世歌的倫理觀〉《臺灣風物》41卷1期　1991年3月　頁 129-153

楊克隆　〈臺灣戰後反對運動歌曲的壓抑與重生：以解嚴前後的反對運動歌曲為例〉《臺灣人文》2期　1998年7月　頁 57-86

楊克隆　〈十八世紀初葉的臺灣平埔族歌謠：以黃叔璥〈番俗六考〉著錄為例〉《文史臺灣學報》創刊號　2009年11月　頁 3-55

楊克隆　〈清末平埔族〈貓霧捒社番曲〉文本內涵之探討〉《修平人文社會學報》16期　2011年3月　頁 1-40

溫振華　〈清代臺灣淡北地區的拓墾〉《臺灣風物》55卷3期　2005年9月　頁 15-41

臺灣排灣族住居文化景觀之研究

——以屏東縣春日鄉七佳部落為例[1]

陳淑美、郭東雄

屏東縣民生國小教師、力里國小教師

摘要

　　屬於南島民族系統之下的臺灣原住民族住居文化，長久以來被忽略與漠視。然而住居文化體現族群對於生態環境適應與展現善用自然資源的珍貴知識，更因為各族群發展出來的住居文化各具特色，增添臺灣多元文化社會精彩內涵。

　　本文以排灣族七佳部落為研究對象，採用文獻分析、深入訪談與參與觀察之研究方法，探究排灣族住居形式和形塑文化空間景觀的關係，並且從時間脈絡中分析影響住居形式和文化空間景觀的變化因子，從中梳理出排灣族住居文化的變遷脈絡與適應方式。據此理解傳統排灣族住居形式之文化空間特色，為了適應環境建構住居建築的知識系統，在追求健康、自然、生態的時代潮流中，提供傳統排灣族住居文化與現代住居文化之對話機會。

關鍵詞：排灣族、住居文化、主體性、空間景觀

---

[1] 本文發表於2013年9月7日第八屆臺灣文化國際學術研討會臺南場，感謝評論人對本文結構與書寫方向的建議。

一 前言

　　每個族群長期生活在不同的生物與物理環境，產生獨特的民族學知識，分別適用於其獨特的生活方式。現代西方經濟體系與自然資源利用的主導下，我們不但眼睜睜地看見生物多樣性逐漸喪失，也看見原住民族文化多樣性日漸淪喪。文化是人類為適應環境而創造的一種共同生活經驗。從民居建築表現出當地環境的特質、人文的傳統與創新、物質與精神、理智與情感、人類與大自然，以及地區與地區之間、民族與民族之間的橋樑。人類為了滿足生活上的需要，營造各種不同機能的建築物，雖然它們沒有生命，可是以地理學觀點來看，建築與聚落可視為有機體，隨著它的成長，外表的型態有變化，內部的結構也會有變化。更由於人口的繼續不斷增加，聚落的機能也會改變。世界上有許多聚落正在成長，也有許多聚落正在沒落。

　　欲認識原住民社會與文化通常透過現有民族學、人類學的研究結果；或是經由原住民藝術文化展演、體育運動競技表現等管道，進入原住民社會與文化的場場。然而，以上所呈現出來的原住民都是建立在以「他族」的視角探索原住民的觀點中所建構出來的「原住民想像」。極少有從原住民本身的觀點來論述「原住民」，即使有也僅是利用「他族」所熟悉的文化、語言、文字等表現方法來描述自己。而這樣的研究，真的就是接近或著就是「原住民觀點」嗎？一般人對於生活周遭的地理空間觀念早已經習慣於主流社會所制定的規則，諸如以國家制定行政區域概念的地理、主流社會文化所制定的文化、地名、空間與區域相關之具體尺度規則。

　　空間是獨立自主而有其內在邏輯的，但是與其他社會文化現象或要素必須共同一起運作而不可分，尤其是與人的活動不可分。故空間的存在是建立在對於人的客觀性與主觀性活動的描述上（Lefebvre，1991）[2]。於此本文定義「排灣族石板屋聚落之日常生活觸及的自然環境為場域，在這個場域之中，他們所建構出來人與人、人與社會、人與自然所形塑並實踐力行的排灣族社

---

[2]　Lefebvre, H. *The Production of Space*. Oxford: Blackwell, 1991.

會文化空間。」研究者自身是排灣族人，面對少數族群文化的流失，深深覺得必須投入個人有限的能力，希望透過訪談碩果僅存的部落耆老，以及整理彙整大量文獻資料中，同時透過長期以來的深入調查與實踐過程中為自己的傳統文化盡一份綿薄之力。

二 七佳部落住居文化景觀形塑

一個地方的意義形成，是來自於個人生命歷程與環境間所累積的互動。地景的意義常常會包含某些所有權的感情。所謂所有權是一種心理與現象，是人們和某種特定環境間有一種不尋常的、特殊的關係存在之感覺。這種心理上的所有權之特質有許多的名稱，可以稱為領土（territory）、親屬關係（kinship），或是以某一景色的局內人（insider）或局外人（outsider）來作為區分屬於個人的、群體、或整個社區。本研究依據七佳部落變遷過程中，影響部落文化空間景觀的重要時間和空間的記憶，整理如下：

七佳石板屋（tjuvecekadan）部落位處中央山脈深處，保留了完整的排灣族傳統石板屋聚落[3]，在一九五八年未遷村前仍舊維持傳統的生活模式，甚至一九八一年林道開通與外界連絡改善之後，變遷的情形也未如想像中的劇烈，諸此因素讓研究者有幸能以在地人（local people）的角度審視部落的文化空間。且因七佳部落石板屋聚落格局的完整性、時間列序跨越部落自主時期、日治時期、國民政府時期的時間縱軸分界，因此在排灣族文化空間的深度描述上能清晰完整呈現。

關於七佳部落名稱由來，部落耆老口述：

「a timitja se tjuvecekadan. na kemasi padain ni tjen na padakilj. Saka patjavat itjen na pasa kaviangan. Au kimaya miyazek a caucau. Inika seqacuvung ta paquzip ta caucau. Saka patjavat itjen na pasa

---

[3] 屏東縣七佳部落現存有五十間傳統石板屋，從有形的文化表徵到無形的文化表徵皆完整的保留下來。文化部2010年已列為世界文化遺產潛力點之一。

kaljevuan. Kinaququan na ljakeljek kuabal kata vungaljit izuan nan a se kinaiman. Atja kinaizuanan izua I vecekadan. Avan nu tjasipungadan tua tjuvecekadan aya.[4]」

（七佳部落排灣族族語稱為「tjuveckadan」（中央的意思）。其名稱由來主要是因為祖先從發源地（padain，現在的瑪家鄉高燕部落）移居到舊佳平（kaviyangan，現在泰武鄉佳平村）後，先祖再遷徙到舊歸崇（kaljevuan，新七佳社區東南方山坡地部落遺址），當時kaljevuan部落是由 ljakeljek（力里部落）、kuabal（古華部落）、vungaljid（望嘉部落）、kinaliman（歸崇部落）等聚居該地，當時七佳部落位置正好位於中央地區因此得名。）（如圖一）

　　再依排灣族部落分布範圍為界，現在七佳石板屋部落所在位置，大約就是排灣族傳統領域的中心地帶，故稱為「tjuveckadan」（中央之地）。到了日治時代，為方便管理與統治，多數原住民部落仍舊延續傳統族語的稱呼，因此按原來部落名稱再予以簡化為「tjikatang」（契卡丹），直到一九四九年國民政府遷臺，將日治時期的稱呼以閩南語發音之音譯命名為「七佳村」。

---

[4]　報導人 sa masatjang（高明燦，1942年生），2011年7月22日訪談。

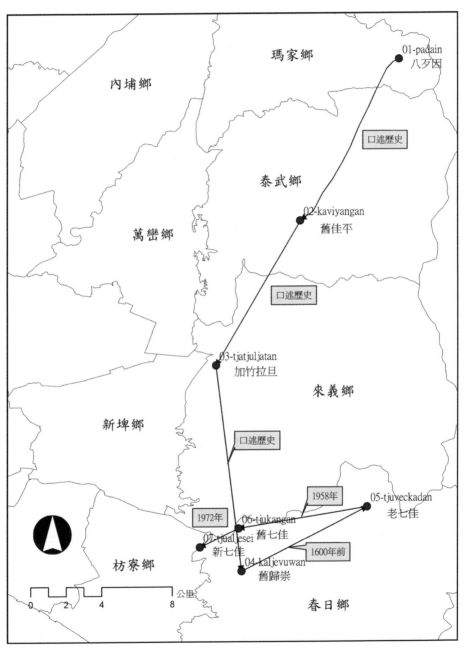

圖一 七佳部落社群遷徙歷程
資料來源：郭東雄繪製

　　七佳部落按照部落移動遷徙時間列序依「老七佳」（tjuvecekadan）[5]、「舊七佳」（tjukarngan）[6]、「新七佳」（tjualesi）[7]三個聚落構成，分別說明其各部落所維持之時間與環境：

（一）老七佳部落

　　根據部落長老口述[8]：

「a tjaucike na amaljemaljeng na kesi izuk itjen na patagilj aya. satje patjvat a sema kinaiman. na maqepu a maka mazazangljan tazua i kinaiman. saka azua tjapaisiyan na masalut kata maljeveq avan nu kemasi tazua nga aya. mazazangljan na se cuvecekadan ti cuimɯtjuq vaik itjen na qemaljup muita cavilj. napu anema a tjaqaqaljupan tasicuayan. izua vavui、sizi、takec、venan、cumai. tjemameq avac nu navaik a qemalju. izua ita qatau. qepu ta caucau aui vaik a qemaljup a mazazangiljan. ka tjemaljun tia matju ta panamnam manu inika vaik anga vatu. mali nu viaten inika miauwag aya. aka avan nu tjalja tjengayan na mazazangljan. manu sikaljava azua. sipu kizazau tua macitilj. vaik a gemtjem a caucau. pidanga qatau inika mapaumalj timatju. mangtjez anga na qemaljup mavan na sipakivataq tua puingau. manu tjemaucike a zua pinetja na cemas ta nanguaq a patjavat itjen na se tjuveckadan aya. sapatagilj a maljava maka amaljemaljeng. masau amaka na kiqepu . azua punemanga avac saka setjaljikelji anga tjen i maza seljenguaq qaca zaljum puqaqaljupan. patagilj na kemasi ta qinazavan na vatu a sapai na umaq. azuma nakipaingulj ta mamazangljan.

---

[5]　距今超過四百年，荷蘭時代即存在（1624 年以前）。

[6]　1960 年自老七佳遷入，又因 1972 年風災遷出。

[7]　1962 年自舊七佳遷入至今。

[8]　報導人：顏明發，2001 年 2 月 4 日去世，1998 年訪問。

mamau tu iniung a mamazangljan.kacuai naga mangetjez alja tjagan na kemasi kuljaljau kata lja qeutu a kemasi vungaid. na kitav aya tjaucike. kemasi tazuanga patakilj amiazak a se tjuvecekadan.」

（七佳部落原來是從平地發源[9]，然後再遷到舊歸崇（kinaiman），當時舊歸崇部落是由許多的排灣族頭目所居住的地方，從老人們的口述中我們也可以知道，每年所舉行的豐年祭（masalut），和每五年舉行的祖靈祭（maleveq）都是由舊歸崇所開始發展的。後來，由於七佳地區是我們頭目家族（tjuimutjuq）所占領的獵區，因此每到農閒的時期就帶領七佳部落的族民到七佳地區狩獵（qemaljup），七佳地區當時擁有豐富的野生動物諸如：野豬、山羊、山羌、水鹿、熊等等，因此每次去打獵都能夠滿載而歸，然後回到部落的時候，受到部落的族人景仰與愛戴。有一天，大頭目又召集族人去狩獵，當一行人到了七佳地區一處聚水深潭（panamnam）的時候，突然大頭目的獵犬停止前進，怎麼催促也不為所動，而且那隻獵犬正是大頭目最喜歡的，因此族人就商討對策，後來決定由一人負責看護，其他的族人就繼續打獵。日子一天過一天，獵犬似乎沒有想要移動的樣子，當頭目一行人打獵回來見到如此的情形，就吩咐一人繼續看守，其他人就回到部落請巫婆施法問神，經巫婆的轉述神明意思得知獵犬是神明託付，希望族人全數遷移到獵犬倒臥之處。之後頭目也召集族長、貴族、勇士的意見，大家都認為七佳地區獵物豐富，林木繁盛，水源豐沛，是一個遷徙建立部落的好地方。當時族人築屋的過程是：大頭目在獵犬倒臥的水潭邊構築房屋，然後族人以大頭目的房屋為圓心作一環狀的排列。主要的用意是保護頭目，其次是祭典的舉行召集族人方便。不知過了多久，tjagalan 頭目和 qeudu 頭目帶領屬於他的族人從舊古樓和舊望嘉遷徙到七佳部落，從老人家的傳說得知這兩個頭目是入贅而來

9　傳說中本部落原本居住於平原地帶，後來遷徙至山地的原因有：一、外族入侵，被迫入山。二、躲避瘧疾或其他傳染病。三、山地獵物多，資源不虞匱乏。

的，因為他們的領地靠近七佳部落，所以就帶領他們的族人遷徙到七佳部落，也因為他們的加入使得部落的家屋與人口都增加，也因此七佳部落的勢力範圍擴展不少。）

老七佳部落行政區域屬於屏東縣春日鄉，位於春日鄉鄉境北端，背山面谷正居七佳溪與力里溪之間，部落北面有南久保山（一千五百五十公尺），南偎力里山（一千一百七十公尺），東靠石可見山（一千六百二十一公尺），正西方則遠眺林邊溪出海口，天氣晴朗時甚至可眺望臺灣海峽上的離島小琉球。部落西北面隔著七佳溪谷與對岸古樓社相對，背面則遙望力里部落（如圖二）。

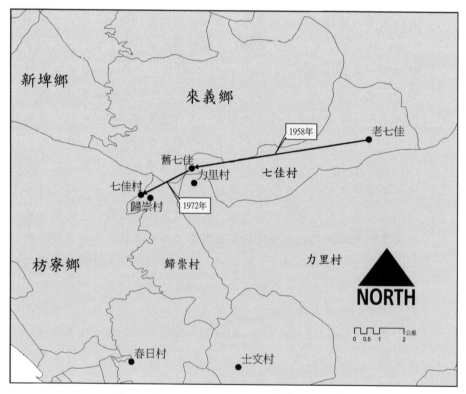

圖二　老、舊、新七佳石板屋部落地理位置圖
資料來源：郭東雄繪製

　　老七佳部落呈南北走向，位於面北的山坡，海拔約五百七十公尺之山腹地帶，早期對外交通依賴步道，目前依靠狹窄的七佳林道，遇雨季則容易引起落石坍方而交通中斷。七佳石板屋部落在排灣族中屬於深居山林，其地形呈現略向西北傾斜之山腹緩坡地，櫛比鱗次的石板屋沿著等高線連棟排列，錯落之間有如埋藏在綠色叢林中的寶藏（如圖三；照片一；二）。

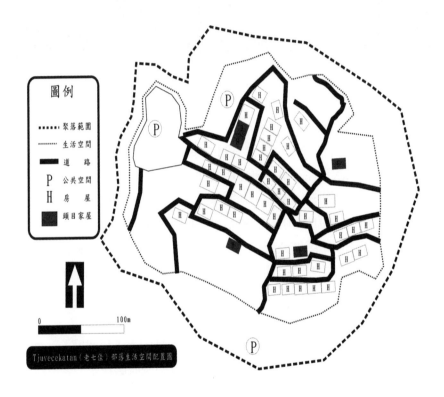

圖三　老七佳石板屋部落空間配置圖
資料來源：郭東雄繪製

照片一　老七佳石板屋　　　　　　　　照片二　沿等高線排列之石板屋
郭東雄拍攝（二〇〇六年十二月三十日）　　郭東雄拍攝（二〇〇五年九月一日）
地點：屏東縣老七佳部落　　　　　　　地點：屏東縣老七佳部落

　　依據春日鄉公所五十年五月五日春鄉民字第一九九五號函報屏東縣政府，有關七佳部落移住計畫書需移住之理由為：

　　一、現住地位居深山距離平地甚遠，人文落後地勢險峻，土壤貧脊多係礫質不適耕種，且耕地有限無法擴張生產糧食，實不敷當地居民人口食用。

　　二、交通不便距離鄉公所約二十四公里以上，僅靠穿岩截山開設小道，連汽、機車等交通工具均不能通行，而每年六至九月間常因下雨不絕，洪水暴漲、交通斷絕，而被困在深山中生活極苦，當時交通要道僅通行人遇溪流則靠舊吊橋聯繫。

　　三、老七佳部落位居海拔五百七十公尺的高山上，氣候寒冷，而每年六至九月間即有暴風雨，造成房屋毀損甚鉅，實不適於居住。

　　四、在政府扶助原住民實施定耕農業促進增長改良農耕方法，依照五年計畫使原住民到到平地化政策，並選擇具備移住條件的適地為移住地，以解決原住民經濟上的需求並達成政府施政目標。

　　屏東縣政府依據其函報之內容轉呈省政府核定，並於一九六一年六月十七日省政府民政廳原則准予移住，惟移住地點省府指示，應選定山地保留地內安全可靠之適宜地點，因為原計畫內擬建築民房大部分係接近河川地帶，實不相宜，於是省府要求縣政府，如確實需使用該原定之河川地，則需

由縣政府派技術員詳細勘測重定計畫在報省府核定，並強調在未經核定之前請鄉公所約束民眾不得擅自遷移。當時，族人深居山林，對他們而言早已習以為常，惟政府推行山地住屋改善計畫，雖部分住戶反對，但由於山地交通不便，且與外界隔絕，終於還是同意遷住舊七佳。

（二）舊七佳部落（照片三；四）

舊七佳位於來義鄉與春日鄉交界之力里溪南岸，西臨南和大橋，東接基哇卡拉堪山（tjiwakalakan），一九七二年遭逢強烈颱風莉泰侵襲，大洪水沖毀了大部分民宅，而後方之山坡亦因大量雨水沖刷引起土石流破壞原有之部落。至今僅從遺留下來之斷垣殘壁與模糊的地景大略瞭解當時部落之全貌。而日治時代所興建之灌溉甘蔗園之水圳，也貫穿舊七佳部落，如今水圳中溪水清澈見底，作為臺糖大餉營農場灌溉與新七佳部落居民日常生活使用。

因為一九五八年政府實施山地平地化政策，強迫族人離開老七佳部落，族人決定遷到目前來義鄉南和部落對面之河階地，和老七佳距離約有十公里左右，地名為「tjukaljangan[10]」。直到一九七二年七月因強颱莉泰侵襲，導致山崩土石流破壞，將舊七佳完全摧毀，危及部落人民生命財產，因此在鄉公所的協助之下，再次遷村到現居地「tjualjesi[11]」（新七佳）。

10　意思是有硬砂岩之地。
11　意思是有青剛櫟的地方。

照片三　力里溪南岸舊七佳遺址
郭東雄拍攝（二〇〇九年四月十四日）
地點：屏東縣來義鄉南和村

照片四　日治時代建造力里溪水圳源頭
郭東雄拍攝（二〇〇九年四月十四日）
地點：屏東縣力里溪

（三）新七佳部落（照片五）

　　力里溪從東邊流出隨著山勢遞減，每當大雨洪水所挾帶之大量土石，日積月累形成林邊溪沖積扇。因而形成廣大之沖積平原，早期住在tjualjesi當地之住民為白鷺部落（se pailus）遷入開墾，後來多人相繼遷入共同開墾生活。繼之，從事山產買賣之平地人，也陸續移入並將此地稱為「加禮寮」，使該地成為原漢混居之處。

　　七佳部落尚未遷至新七佳時，「加禮寮」是七佳部落族人買賣山產與補充生活物資的集散地。此處原隸屬枋寮鄉玉泉村，屬經濟部臺灣糖業公司屏東場南州糖廠的甘蔗地，因為一九七二年莉泰颱風的水患，迫使七佳部落族人再次遷村，於是選定該地作為遷村用地。目前七佳部落共同居住民眾有七佳、力里、白鷺、歸崇、外省及平地等不同文化背景之人口組成，形成一個多元族群融和的現代化聚落。七佳社區位於力里溪畔並依偎在低矮的小丘陵下，與歸崇村比鄰而居，與來義鄉南和村僅一水之隔，和枋寮鄉玉泉村也相距不遠，所以在交通的便利性改善不少。然而隨著遷村的位置與舊部落越來越遠，且與異族文化的接觸亦越來越頻繁，因此傳統七佳部落文化的傳承與保存值得重視。

照片五　現代化的新七佳社區
郭東雄拍攝（二〇一二年十一月二十日）
地點：屏東縣七佳社區

　　造成七佳部落文化空間景觀變遷主要受到近代（1960-1972）遷徙歷程
的影響。從生活空間的探討，七佳部落在目前行政區域的劃分，舊七佳、新
七佳都是位於力里村的行政區域內，七佳部落形成飛地（Enclave）性質存
在，不論是土地記憶、耕作地、狩獵場等七佳社群傳統領域，目前都因為遷
村而脫離平常的生活場域，族人為維繫舊有的傳統生計活動，仍需跨越異族
領域再回到老七佳部落才能具體實踐真正的七佳部落文化。簡瑞宏（1995）
認為就傳統住居文化而言，七佳居民生活模式之轉型，主要受到平地化與現
代化的影響，一方面因為外來勢力的入侵，如現代營建技術、現代化家電設
備及其他現代化的產品與制度之影響；另一方面則因為當地居民到外地工作
或接受教育，受到平地文化氣息之渲染所致。[12]

三　排灣族住居文化空間景觀特色

　　「空間和地方」為地理學研究的兩大主題，任何地理區都有「空間性
及地方性」，傳統地理學者搜集「地理區的客觀的自然或人文地理資料」，

---

[12]　簡瑞宏：《排灣族原住民居住空間構成之研究——以屏東縣七佳聚落為例》(臺中市：
　　逢甲大學建築及都市計畫研究所碩士論文，1995 年)，頁 62。

說明地理區的空間性和地方性，而能深入理解自然環境的屬性與特質，再就人文實察洞悉人與環境的關係以及人如何利用空間而發展地方。地理感（sense），由識覺環境的感官（sensory organs）對環境產生價值意義（make sense）。藏於人的心靈深處的地理感，都是他對於環境經驗所演化形成的價值觀，這價值觀終必以行為表達在生活環境之中，因為人絕不可能完全與實在的時空環境脫離關係。[13]

　　針對上述各時期七佳部落區位呈現的特質，在老七佳石板屋部落、舊七佳部落文化空間景觀資料之搜集，主要從訪談老人家口述傳統部落生活模式和遷村後的文化調適，並檢視現有舊照片的影像內容來推論；新七佳部落則增加青年世代的個人觀感。綜合說明文化空間內蘊的景觀意義，以及對於部落族人（不同世代[14]）的地方記憶描述（如表一）。

　　綜合（表一）文化空間景觀元素，因為自日治時代起七佳部落經歷二次遷村，各地方住居時間多寡與形塑文化空間的象徵性地景，以老七佳而言，座落在山腹的聚落，沿等高線排列的石板屋，空間尺度擴展到耕地、獵場、溪流與鄰近部落等具有象徵性，目前部落族人仍然持續利用的空間；其次隨著一九六〇年代策劃性遷村來到舊七佳，從深山遷徙到淺山地區環境變遷下族人發展的生活適應方式；最後在七佳部落現代化社區的建構中，各年齡層因為生活空間的差異，在文化空間識覺表現上呈現多元的文化空間認知。

---

[13] Yi-Fu Tuan 著，潘桂成譯：《經驗透視中的空間和地方》(臺北市：國立編譯館出版，1998 年)，頁9。

[14] 此內容以老、中、青三代之表述意義為主。『老年』定義為：年齡六十歲以上，熟悉老七佳、舊七佳、新七佳的族人。；「中年」為出生在老七佳、成長經驗在舊七佳為主的族人；「青年」則是出生在新七佳的族人為主。

表一　七佳部落文化景觀及意義

部落	建造時間	照片	文化景觀	象徵	各世代間地方意義
老七佳部落（tjuvecekadan）	部落口述約五百年以上歷史		石板屋	1.起源 2.認同 3.休閒	老：成長經驗，生命的源頭。 中：模糊印象，但具經濟發展可能性。 青：身分認同的象徵，休閒旅遊地點。
	部落口述約五百年以上歷史		頭目廣場	1.開基 2.地位 3.權力 4.休憩	老：空間禁忌多，頭目貴族的尊嚴。 中：建材豐富，所費不貲，作為解說不可或缺的地景。 青：作為休息談天之處，了解老七佳部落的由來。
	一九一〇年日警派出所設立		派出所遺址；停車場	1.權威 2.服從 3.現代 4.休閒	老：日本管理族人的重要地點。 中：國民政府設立學校，監管族人。 青：寬敞的空間成為停放車輛、露營的好地方。
	族人在此活動約五百年以上歷史		七佳溪	1.界線 2.生計 3.休閒	老：和舊古樓界線，頭目家族共有。 中：族人共享季節性捕魚，有豐收、歡樂的記憶，可開發遊樂區。 青：假日休閒活動的好去處。
	族人在此活動約五百年歷史		力里溪	1.界線 2.衝突 3.休閒	老：老力里部落界線，部落文化衝突。 中：自然資源豐富，經濟利益多。 青：尋根和假日休閒活動的好去處。

部落	建造時間	照片	文化景觀	象徵	各世代間地方意義
老七佳部落（tjuvecekadan）	族人在此活動約五百年歷史		石可見山	1.祭場 2.獵場 3.休閒	老：歲時季節根據，神聖空間。 中：狩獵採擷自然資源換取金錢。 青：登山運動休閒場域。
	一九五八年遷出		老力里部落	1.教育 2.競爭 3.廢棄	老：受教育以提升社會地位。 中：重新規劃成為觀光景點。 青：遷村後已無人活動早已荒煙漫草。
	一九二〇年建造		老力里吊橋	1.教育 2.交通 3.廢棄 4.休閒	老：往來於老力里部落主要橋樑，有著深刻的親友聚會、受教育經驗的地景記憶。 中：地形險峻杳無人跡，成為獵捕獸類的好地方。 青：體能考驗野外求生的訓練場地。
	一九五五年創立		七佳分班舊址	1.學習 2.邊緣 3.耕地	老：國民政府初期辦理國民教育場所，閩南籍教師口音重，成為族人對該地深刻記憶。 中：遷村後族人開闢成為耕地，種植農作物。 青：位於部落邊緣，平時不易到達。
			七佳步道	1.交通 2.經濟 3.休閒	老：往來於平地與漢人文化交流的主要通道。 中：山產運送和平地物資交易的重要通道。 青：登山健行體驗傳統生活的場域。

部落	建造時間	照片	文化景觀	象徵	各世代間地方意義
舊七佳部落（tjukangan）	一九六○年遷入		部落遺址地	1.遷村 2.災難 3.廢墟 4.休閒	老：力里部落聚居該處，族人仍舊依戀老七佳部落，災難經驗凝聚部落意識。 中：值臺灣經濟起飛，族人開始投入社會經濟生產。 青：廢棄部落遺址重新開闢成為休閒場域。
	一九六○年遷入		力里溪	1.水圳 2.災難 3.界線	老：日人糾工開鑿水圳，族人受僱投入築圳建設。 中：成長階段遭莉泰颱風肆虐，飽受恐懼憂慮之苦。 青：進出山區的重要山路隘口。
	一九六○年建造		日治水圳	1.水源 2.生活 3.遊憩	老：每日用水來源。 中：回憶童年挑水儲備的辛苦和夏日戲水的地方。 青：夏日戲水和新七佳生活用水。
	一九八○年開闢		七佳道路	1.遷村 2.耕作 3.經濟	老：聯繫老七佳的生活模式。 中：協助耕作期間的人力，開展觀光旅遊的機會。 青：成為部落產業經濟的重要通道。
新七佳部落（tjaljesei）	二○○○年部落流行樣式		房屋	1.安定 2.現代 3.擁擠	老：遷村後生活穩定，享受現代化生活。 中：便利的現代化生活，對外發展性高。 青：人口增加生活空間日益擁擠，向上發展。

部落	建造時間	照片	文化景觀	象徵	各世代間地方意義
新七佳部落（tjaljesei）	一九六二年遷入		主要街道	1.便利 2.熱鬧 3.活力	老：物質生活便利，文化刺激豐富。 中：現代文明有利於經濟生活的提升。 青：熱鬧喧囂的感覺，出外求學的地方。
	一九五九年創立		校園空間	1.學習 2.運動	老：運動休閒的場所。 中：新知識的學習場域，部落活動辦理場地。 青：童年生活和學習歷程記憶地景。
	二〇〇二年建造		部落教會	1.救濟 2.禱告 3.信仰	老：免費物資發放的地方。 中：有外國人、唱歌和禱告的記憶。 青：心靈寄託和朋友聚會的地方。
	二〇〇〇年建造		文康中心	1.權力 2.集會 3.政治	老：部落議事宣佈決策的場域。 中：政治人物角力的地方。 青：族人開會辦理研習的地方。
	二〇〇八年建造		入口意象	1.交換 2.經濟 3.認同	老：離家、回家的參考地景。 中：上班賺工資的起點和養兒育女的責任。 青：身分轉換的起點，族群認同的依據。

資料來源：郭東雄整理

　　以下從自然環境特色、生活歷程、族群社會的變遷以及各世代[15]間的文化景觀識覺做統整與討論。

（一）生活空間景觀

1　老七佳部落

　　老七佳部落位於中央山脈南段，海拔約五百七十公尺，族人生活空間從七佳溪（海拔兩百五十公尺）到石可見山（海拔一千六百二十一公尺），傳統農耕與獵場分布在聚落周圍。櫛比鱗次沿等高線排列的石板屋群，灰黑堅固的外型，有如百步蛇盤繞滋養族人，給予安身立命的空間。

> 部落耆老描述：「ka izua nan itjen I gadu, pinetjan na qaqumain kata qaqalupan, vinutjilj nua mamazangiljan, tjalja cematjan a quma, ini kamaqati a pacacike a taqatau. Mamau a qaqaljupan, tja cematja tua qaqumain. Avan na tjasi tjavacan ta itaqatau a sinikinemenen na amaljemaljen tasicuayan.」[16]
>
> （當我們還在老七佳部落的時候，耕地和獵場都有規劃，都是頭目掌管資源。耕地在靠近部落周邊大概一日可以來回的地方，更遠處則是獵場範圍，通常已經接近和鄰近部落的界線。）

研究者也從平時接觸部落年老族人得知早年生活在老七佳部落物質生活匱乏（照片六），粗放農業僅能維持基本的溫飽。但是老人們至今仍然惦念著石板屋內安放著歷代祖靈，所以每當有機會回到老七佳部落時，從他們的眼神和慎重的態度，觸動我心中那份莫名悸動情緒。

---

[15] 按現在居住新七佳部落族人世代組成大可以區分為出生成長在老七佳的第一世代（年齡約五十五歲以上）；出生成長在舊七佳的第二世代（年齡約四十至五十五歲之間）；出生在新七佳的第三世代（四十歲以下）。

[16] 報導人 sa aljui，漢名林阿英，現年六十八歲。2012 年 12 月 15 日訪談。

2　舊七佳部落

　　從老七佳遷村到舊七佳雖然過程順利，但是七佳部落族人仍然持續在老
七佳部落從事農耕的生活，因為舊七佳部落的土地屬於力里段，周邊並無可
耕作的土地，所以大多數族人依舊長時間居住在老七佳部落。

照片六　一九六〇年代老七佳部落聯歡舞
資料來源：方含笑提供
拍攝日期：一九六〇年代
地點：老七佳石板屋部落

　　族人說：「ka itjui itjen na sema tjukangan. Neka ljatjakaqatin na qemuma.
Tjuvu a maka tja sikataqaljan na pacacike sema tjuvecekadan. Izua
qaqumain maqati qemaljup. Avan na kakeliyan naui kitu. Atjuqen na pi
tjukangan. Mapu kakesain nu pu kiyavai.」[17]
（當時遷村的時候，沒有考慮到可以耕地的問題，我們是七佳部落的
人，土地都在老七佳，所以當時很多人都往返舊七佳和老七佳，只留

---

[17] 報導人 sa qavas，漢名胡榮士，現年六十五歲。2012 年 10 月 22 日訪談。

下需要讀書的學生在舊七佳，每到放假的時候，他們就要上山幫忙農
作，並且將需要的糧食帶下山。）

一九七二年莉泰颱風侵臺，帶來豐沛的雨量，因為部分力里部落族人在舊七
佳部落上方墾殖，大面積的耕地破壞有的水土保持功能，大量雨水挾帶泥沙
形成土石流，將大部分舊七佳部落房舍掩埋，所以舊七佳部落僅維持十年左
右的生活經驗，此時期也是七佳部落族人和外面社會接觸的起點。從房屋的
建材形式以及現代化設備的使用，例如電燈、腳踏車、機車、汽車等，更因
為九年國民義務教育的實施，成長在舊七佳的族人有較開放的思考空間（照
片七）。因為根據觀察這些族人對於外來事物的接受程度遠較成長在老七佳
的族人，具有向外拓展的心態。

照片七　一九六〇年代舊七佳部落生活
資料來源：方含笑提供
拍攝日期：一九六〇年代
地點：舊七佳部落

3　新七佳部落

　　遷村的方向從淺山的舊七佳往平地進行，離開老七佳部落更遠了。研究
者自身成長的經歷，族人仍舊持續往返老七佳部落從事農耕，亦如在舊七佳
的生活模式，只是隨著大社會經濟變遷，更多的族人投身臺灣基礎經濟產業

的生產行列，放棄了與故鄉土地的關係，若有則是近十年來因為老七佳石板屋的完整性，提供發展生態旅遊的機會。

　　而新七佳部落在將近五十年的持續發展，呈現與臺灣鄉村發展模式有相同的境遇（照片八）。交通設施的改善，讓新七佳部落對外聯絡非常便利，縣道一三二線直通臺一線佳冬段，部落經濟生活的提升，各個家戶藉由汽車或機車代步。通訊系統建置完備，聯網家庭非常普遍，生活機能極為便利。所以在新七佳部落的各個世代族人，因傳統文化認知、生活背景經驗、接受教育程度、經濟資源利用等因素，對於老七佳、舊七佳、新七佳部落文化景觀識覺在態度、價值觀、文化認同的表現之資料，可以作為部落未來世代整合機制的基礎，以及規劃生態旅遊人力資源參考依據，更作為有機化社區營造永續發展的重要軸心與動力。

照片八　二○○九年新七佳部落五年祭
資料來源：郭東雄拍攝
拍攝日期：二○○九年十一月二十一日
地點：新七佳部落

四　排灣族住居文化空間景觀內涵

傳統住居文化是人類為適應環境而創造的一種工具，其中住居表現出當地環境的特質、人文傳統與創新、物質與精神、理智與情感、人類與大自然，以及地區與地區之間、民族與民族之間的橋樑。所以住居建築就因含有製作和使用它的人的行為。依黃俊銘之看法，在深山（距平地約五公里以上）的聚落，其道路系統、聚落型態依循原始的有機發展方式，住屋形式因距離平地遙遠，交通不便，受平地影響緩慢。因而聚落中同時包含各時期建造的住屋，對住屋變遷研究與原始聚落的了解極為重要（黃俊銘，1982）[18]。傳統建築空間的識覺效果比現代化建築更好的原因有：

一、參與程度的差異，傳統社會沒有建築設計師，各人自建住宅和公共建築，都分享到參與的熱情。

二、人投入建築的參與感不斷重現，刺激人的整個生命過程，原始的建築物是由持久性和朝生暮死式的短暫活動內容所組成。

三、原始和傳統居民認為建築活動是非常隆重的活動，需要舉行紀念性的儀式甚至祭禮。每一棟傳統建築的建造，都帶有嚴肅感。

就七佳石板屋文化空間景觀體現出來的意義有下列五層意涵：

（一）與自然的協調（ma a sutj tua katjunangan）

「aicu a zaljum singelit tua pina kazuan ni matju. saka nu peniliq itjen tua tjakaizuanan. ini katjen na tjedud tua pana kata veljiuwan.[19]」

18　黃俊銘：《排灣族北部型住屋變遷之研究》(臺南市：成功大學建築研究所碩士論文，1982年)。

19　報導人：sa kapang（古樓人，男性，現年七十五歲，2010年10月25日採訪）；sa kapong（七佳人，男性，2010年已歿，2009年11月13日採訪）。

（流水是會懷念它曾經走過的路線，因此，假若我們需要選擇居留處所，應該避免靠近溪流和山澗。）

「aicu pakatua zailiu. izua kakudan na pasusuwan. nu vaik itjen na ki qaciljai. avan nu masaut a kaljaqutjaljan. azua tjevuta tjalja samiyianan na qaciljai. nu kalja uaman kelji a qutjalj caljeqi a kasiu kata ljavia maljia qau.[20]」
（關於建材取得，部落有一套規則遵行，如果要開採石板，必須要在大雨過後，洪水淘刷岩盤後，容易發現堅硬的石板；秋冬乾旱季節，通直的林木、茅草及竹子，含水較少，質地堅韌易乾燥。）

石板屋在建築過程中表現在基地選擇、材料辨識與取得、空間格局的設計等都是傳承自先人對於自然環境的考量與生活經驗的積累，於是族人在家屋中對於所應用的自然資源都是物盡其用。尤其自石板屋建築地景所發展出來的自然智慧，從地基選擇必須是排水性佳、不易受水的侵蝕、視野遼闊、不易察覺、通風衛生條件好、謀生資源豐富等，揭示出排灣族人敬畏自然與協調的智慧（如照片九）。

照片九　與自然和諧的石板屋
資料來源：郭東雄拍攝（二〇〇九年九月十二日）
地點：老七佳石板屋部落

---

[20] 報導人：sa masatjang（七佳人，男性，現年七十一歲，2012 年 6 月 20 日採訪）；sa lius（七佳人，男性，現年六十八歲，2012 年 6 月 20 日採訪）。

（二）家屋文化的扎根（ngatan na umaq）

「timitja paiwan kemasi tua umaq a tjakinacavacavan. izuwa nga tjangadan. avan nu tjasika papuzanga tua semanumaq. avan na umaq tjakini caingan tua tjanasi. kata sepi.」[21]

（我們的身體靈魂是從家屋得來的，賦予我們名字，所以我們非常重視蓋房子，因為房子和我們的生命以及運氣息息相關。）

石板屋在觀察者之視覺上與心靈上所造成的效果，留下印象勢必在過去的排灣族人心中曾經以同樣的強度，影響著許多世代的排灣族人，使得他們那麼重視石板屋，為它取名字。石板屋是每一個排灣族人生時所來之所，也是死後回歸之處。在所來與回歸之間，就包括了排灣族社會在生產過程中原家/分家關係的建立。排灣族石板屋地景非常符合家屋社會（*house society*）觀念，而有效的理解複雜的親屬關係及階層體系皆能置於家屋序列的對比中被重新釐清。因為家屋社會中通常有下列特徵：（許勝發，1986年，頁8）

一、家屋（家庭）為社會組織之基本單元，為組織人群及分類人群之基本架構。

二、家屋具有法人之地位與權力，是持續的社會文化實體，且可作為持有財產之單位。

三、家屋擁有名字，其命名可能受場所或其他特徵所啟發。

四、家屋在理想狀況下為永續存在個體，因此是不容許消失的。

五、家屋可能被刻意的裝飾，尤其是建築的正面。

六、家屋為執行儀式的地點。

---

21 報導人：sa apelj（七佳人，男性，現年五十八歲，2012年7月5日採訪）。

（三）社會階序的概念（mamazangiljan）

　　有意義的象徵符號是人群共享的。一樣的感情行為體現稱之「文化」的，亦即必然是「社會」的。因為語言、信仰、生計活動的內涵，成為該族群刻劃文化空間的重要內涵。所以象徵符號必要是「社會」的，其所具共識性，並非恆不變，也非絕對普全，但卻必要具有相當的恒定性[22]。恒定性具有行為背後所附著的感情和思想包含的內容有著一定的界域範圍，也有一定的方向性。

　　頭目階級的家屋在空間上大於平民，所使用的建築材料，如木料與石料，亦較平民家屋使用者為大。一方面藉由寬大的家屋昭示其權利與地位，一方面也因為擁有寬大的前庭作為村民聚集處，而凸顯其為該社會及儀式中心的所在，平民的家屋略矮，除有特殊功績的家戶外，一般無紋飾，但在型制上並無不同（照片十）。

　　頭目貴族家屋在建築構件使用方面，常選擇稀有的材料，藉著附著稀有材料的神話、傳說，彰顯自己特別的地位。板岩石材的打剝與搬運，需要相當的集體勞動。越大的石材，須動員的勞力越多。因此，大片石材就必需要動員大量勞動力；也就是權力的象徵。

　　家屋的地景指涉的實際上是這些透過建屋合作勞力取得並加以處理的建材。居住在一個家屋中的家戶成員可以將家名附加在個人名字之後作區辨之用，但這個區辨符號是隨住處而改變。排灣族人有「固守原居地」（kai tjumaqan）的觀念。而且，「一個頭目必須要留在原來的部落，或者家中有人留在老家才有真正的權力」。換言之，真實的神聖空間之佔有，往往由佔

---

[22] 恒定性具有行為背後所附著的感情和思想包含的內容有著一定的界域範圍，也有一定的方向性。表現這樣的恒定性最為顯著、也最具實際意義的，即所謂的「價值」和由價值引導衍生的一套特定模式，即「價值取向」。當我們說一個人的行為缺乏目標、散漫或偏離，「價值取向」的恒定性樣態常是用為判定的主要標竿。這可以說是形塑人類行為之恒定性的主要面向，因此成為瞭解人類行為模式之走向的最主要標竿。（葉啟政，1995 年，頁 81-82）

有者與生俱來合法化之較高社會地位，使得不平等條件發展階級性社會更容易形成。

照片十　頭目（左）與平民（右）的石板屋
資料來源：郭東雄拍攝（二〇〇五年三月十二日）
地點：老七佳石板屋部落

（四）神聖與世俗的場域（papaisiyan）

「pinnetjan a kakudan I tjuvecekadan. aicu a tja kinaizua nan. izua papaisian a tjapasusuan. tjakini qeljingan tua maka tjavuvu. maka cemas, kata naqemati. inika nanguaq azua tja laulaven. avan nutja si kaciuciu tua sinan manguaqan na tjaisangas.」[23]

（在老七佳部落有一套嚴謹的規矩，就是我們人身的所在，一定會有它的神聖屬性存在，是我們與祖靈、神靈，以及造物主聯繫管道，將它遺忘或褻瀆是不好的，今天我們安好順利就是前人所留下來的福蔭。）

23　報導人：sa keljeng（七佳人，今年八十一歲，為最年長的女巫，2012年6月24日採訪）；sa tjuku（七佳人，今年五十五歲，女巫接任人選，2012年6月24日採訪）。

　　石板屋神聖與世俗性，可由房子前後軸線和左右軸線分別說明（如圖四）：

　　一、前／後軸而言：由日常社交、製作器物的前庭，到睡眠、縫紉的「talja」。到不能使用外來飲食、下有墓穴的「kasintan」，到主柱與穀倉，到屋後的聖路「pakazayazaya」，最後到祭祀用品及陶壺的「tavi」（照片十一），離光亮而趨陰暗。

　　二、左／右軸而言：除可逆轉外，進門處與「廁所／豬圈」處有相對的穩定性，由進門後，前往家屋後段通道，日常較少行徑，同時散布著一些禁忌的地點。入門後往廁所的方向則穿越過「kasintan」靠屋前的是純屬起居、飲食、生育、排泄的活動空間。

　　三、儀式中的垂直空間：一般家族性行為，包括治病、結婚等，皆在平面地上進行，如屋內的「kasintan」及屋外前庭，但屋頂常與「naqemati」（神靈）、「qadau」（太陽）與「makavuvu」（祖靈）相關聯。

　　屋頂與祖靈的關係：

　　一、奉獻給祖靈（maka vuvu）的祭品擺設處。例如灑祭葉於屋頂、結婚或五年祭（maljeveq）宰殺幼豬的儀式。

　　二、代表祖靈或天神（na qemati）站立之處。例如站在屋頂灑食物或錢財，象徵天神降福於人間。平面的部分在排灣族的觀念中，非祖靈和其他特定神與惡靈是和人一樣，行走在地面上的。所以在祭儀中，女巫需到較大的路上進行祭典，因為他們認為神比較可能會經過大路，容易注意他們的請求。此外，製作避邪物隨身攜帶，以增加自己的力量。

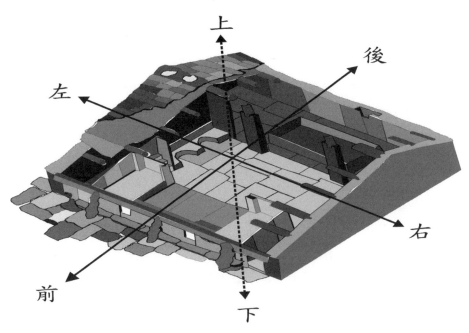

圖四　排灣族石板屋方位空間關係圖
資料來源：郭東雄繪製

照片十一　石板屋上的避邪物和靈龕（tavi）
資料來源：郭東雄拍攝（二〇〇七年十一月三日）
地點：老七佳石板屋部落

（五）男女平權的實踐（vusam）

　　排灣族長嗣稱作：「vusam[24]」。在傳統社會再生產（*reproduction*）與結構化（*structuration*）過程中，vusam屬於樞紐地位，對個別餘嗣而言，自己的長兄／姊是否善盡職責，直接關係到自己的社會經濟福祉。「vusam」的另一意義是小米收穫後取最好的一束，留做下一季播種之用的「種粟」。一個排灣族人的一生的歷程：出生在原家，結婚時（餘嗣）離家像被播種的「種子」，去建立一個或更多新的家，使更多的家成長，死後則以自己的屍身回歸原家奠基的土壤，使原家興旺。（蔣斌，1995年，頁176）

　　稱留守原家的長兄／姊為「種粟」，就是以小米的成長繁茂象徵家屋數量的繁殖增長。vusam則對婚出的弟妹則有義務提供建新家的必要資源，包括小米種、鐵鍋、薪材、農具，以及建屋勞力或酬庸幫工的酒饌。排灣族由於長嗣繼承的緣故，家長乃至於領導全部落祭儀的頭目，性別的機率都是男女各半。在人類社會上是為男女平權的實踐。傳統祭儀專家絕大部分是女性「puljingau」（照片十二），而家長與祭儀專家，這兩類的人主要是在正廳「kasintan」、祖靈柱「cukes」、聖路「puzayazaya」及靈龕「tavi」前面活動的人，一般人則不得隨意進入或是逗留，以免招惹神靈。

24　排灣族繼承制度是以長嗣繼承為主，即不論男女只要是家中孩子最長者，即為繼承家業者。此種觀念男女均等，也透露出排灣族對男女性別的尊重。

照片十二　進行祭儀的女巫（pulingau）
資料來源：郭東雄拍攝（二〇一〇年八月二十日）
地點：七佳部落

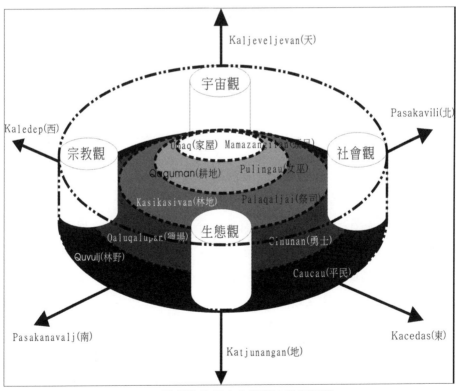

圖五　排灣族住居文化景觀之地理圖像
資料來源：郭東雄繪製

　　地景是獨立自主而有其內在邏輯的，但是與其他社會文化現象或要素必須共同一起運作而不可分，尤其是與人的活動不可分。地景意象是一種人類關心的目標，也是情緒、情感等的成因。因此，最好能以一些系統語詞——包括實體環境及人類在其中的活動等——來理解它。

　　地方通過將文化納入空間的方式，使天與地、神與人渾然統一進駐。在（圖五）中詮釋排灣族文化空間的地理圖像，生活空間如同一個容器一般，圈定了我們的行動認知，也奠基了我們對於地理空間的探索理解，從而發展出社會觀、宇宙觀、自然觀、信仰觀等等智慧，透過語言傳承於是我們可以從文化根源，尋找再起的力量。

　　從生活空間的尺度中家屋（umaq）向外擴展到耕地（qaquman）、林地（kasikasivan）、獵場（qaluqalupan）到部落邊陲林野地（quvulj），相對於社會階序的權力範圍由頭目（mamazangiljan）、女巫（pulingau）、祭司（palaqaljai）、勇士（cinunan）、平民（caucau）的支配，以及各階級日常活動範圍的規範，由此形塑出來的宇宙觀、生態觀、宗教觀、社會觀等整體文化空間之運作，體現排灣族族文化認同對應於空間性的內涵，因此形成排灣族獨特的住居文化景觀。

五　結論

　　多樣性的原住民文化，對多樣性的物種有不同的認識與利用。文化的多樣性是建基在生物多樣性上，相同的文化多樣性也讓生物的多樣性獲得多元的對待。臺灣這塊土地包含著供給不同文化生存發展的潛力，而不同的文化也就依據各自的能力與愛好，對不同的自然資源做主動性和被動性的不同利用。民族植物是指一個民族透過長期觀察體驗之後，對於當地植物的特性所發展出來的態度，以及行為的表現方式，可能提供為食用、織布、住屋、器具、醫療、祭祀等用途。

　　臺灣已經進入已開發國家之林，科技發達、經濟繁榮、社會民主等印象是我們努力的結果，然而臺灣早期因為著力於經濟發展，忽略了友善自然

環境以及關懷在地人文歷史,尤其是相對少數的原住民族,雖然世居臺灣核心,卻在政治、經濟勢力的邊緣上苟延殘喘。全球化(globalaization)趨勢帶來多樣性議題的討論,這是給原住民族的機會。

參考文獻

許勝發 《傳統排灣族群北部式家屋裝飾初步研究》 臺南市 成功大學建築
　　　研究所碩士論文 1986年

蔣　斌、李靜怡 〈北部排灣族家屋的空間結構與意義〉《空間、力與社會》
　　　臺北市 中央研究院民族學研究所 1995年

簡瑞宏 《排灣族原住民居住空間構成之研究──以屏東縣七佳聚落為例》
　　　臺中市 逢甲大學建築及都市計畫研究所碩士論文 1995年

Yi-Fu Tuan著，潘桂成譯 《經驗透視中的空間和地方》 臺北市 國立編譯
　　　館出版 1998年

黃俊銘 《排灣族北部型住屋變遷之研究》 臺南市 成功大學建築研究所碩
　　　士論文 1982年

Lefebvre, H.*The Production of Space*. Oxford: Blackwell,1991.

「蕃語講習」

——日本時代理蕃警察的臺灣原住民語言訓練

石丸雅邦

實踐大學應用日文學系助理教授

摘要

本文旨在探討臺灣日治時期的「蕃語講習」制度。日本自一八九五年統治臺灣，因為日語與「蕃語」（臺灣原住民族各語）屬於不同語系，故從日本派來的殖民官僚（理蕃警察）必須透過口譯，以便與臺灣原住民進行溝通。總督府透過「蕃語通譯銓選」（原日文係「蕃語通譯銓衡」）來審查「蕃語」口譯能力之後，將通過者任命為「兼掌口譯」（原日文係「通譯兼掌」），被任命者可領「津貼」（手當）。蕃語講習所則是臺灣總督府向理蕃警察實施蕃語研習（蕃語講習）之設備。

本研究首先定位在講習制度中的「蕃語講習」制度，其次描述「蕃語講習」制度成立過程，之後使用井上伊之助日記探討理蕃警察及職員在日常生活中練習蕃語。透過其探討發現，蕃語訓練方法不僅跟當地居民學習之外，仍跟精通蕃語的職員學習。再者本論文探討蕃語的「特科教養」（特科訓練）：蕃語講習所。其講師除了有通曉蕃語的「內地人」（戰後的日本人）之外仍有臺灣原住民族人，本論文舉「ヤユツベリア」（Yazistu Beriya）的例子。

本論文使用《理蕃誌稿》、《臺灣總督府公文類纂 臺灣總督府檔案》、《臺灣日日新報》、《理蕃の友》、《臺灣總督府警察沿革誌》、《臺灣山地傳道記》（井

上伊之助著）以及其他警察日記、回憶錄等，一方面透過探討在兼掌通譯制度中蕃語講習所所扮演的角色，從宏觀的角度分析理蕃政策中兼掌通譯制度之位置，另一方面從微觀的角度分析蕃語講習所運作實況。本研究主要研究方法是歷史研究法。

關鍵詞：蕃語、理蕃警察、理蕃政策、蕃語講習（蕃語研習）、蕃語講習
　　　　所、通譯兼掌（兼掌口譯）、特科教養（特科訓練）、一般教養
　　　　（一般訓練）、

緒論

　　本論文旨在探討臺灣日本時代的理蕃警察「蕃語講習」制度。理蕃警察是日本時代固有的警察，是「理蕃政策」的執行者。理蕃政策是指臺灣日本時代臺灣總督府對特別行政區「蕃地」[1]之「蕃人」（臺灣原住民）[2]所研擬與實施的特別法規與政策的總稱。

　　日本從一八九五年起統治臺灣，無論漢語系語言或原住民的南島語系語言，皆與日本琉球語系語言（Japanese-Ryukyuan languages）不同。一方面，於口說上，日方因為缺乏精通臺灣各種語言的人才，[3]以致從日本派來的殖民官僚必須透過口譯者進行雙重口譯才能與臺灣居民進行言語上的溝通；另一方面，因為兩地的書寫均有漢文字之故，日方與臺灣的漢人居民還可以以「漢文」：中文的古文溝通，但原住民居民則由於其無文字的傳統，只有透過通曉雙語（以上）語言者的口譯一途。滿清時代的臺灣，在官衙和番社之間負責口譯的人是「通事」，但臺灣總督府認為通事過於支持蕃社且對總督府不夠忠實，因此改採取策略為：一、在警察等負責理蕃政策的官員中培養通曉蕃語者；二、試圖將通事撤換成日本「內地人」的通譯；[4]三、培養通曉日語的當地人官員。也就是說，臺灣總督府試圖藉由控制翻譯者來加強

1　「蕃地」的範圍是在清國時代未納入統治，清國一八九五年依馬關條約將臺灣及澎湖的統治權讓給日本之後，由日本所設的臺灣總督府掌管之地域，其主要的部分是臺灣山區及蘭嶼等地。

2　臺灣原住民是指從臺灣荷蘭時代以前居住於臺灣的南島語系各民族之總稱。在清國時代之前中文文獻中稱之為「番」，日本時代則改為「蕃」字。雖然「蕃」或「番」具有歧視之意味，但是本論文在　述歷史事實時，基本上延用歷史文獻的用語，是為了為了避免造成時代的交錯混淆及用語的混亂，也有反映當時對臺灣原住民族的政策的目的。

3　包含「holo語」（或閩南語／臺語，當時稱呼係「福建語」），「客家語」（或客家話，當時稱呼係「廣東語」，依及臺灣原住民各語言。本論文在敘述歷史文獻時為避免用語之混淆，使用文獻上的用語。

4　本論文所述的「內地人」指戰後的日本領土（含沖繩縣）出身者，他們具有「內地籍」，與「臺灣籍」所有者有別。

其統治能力。其中第一個制度為「通譯兼掌」制度，它是讓官員（含警察）兼任口譯，發放「手當」（加薪）的制度。

有關在臺日本官員學習當地語言的相關研究，針對「福建話」（閩南語／Holo語）方面，有洪惟仁〈日據時代的臺語教育〉（1992）、[5] 篠原正巳《日本人と臺灣語》（1999）、[6] 冨田哲〈統治者が被統治者の言語を學ぶということ──日本統治初期臺灣での臺灣語學習──〉（2000）、[7] 黃文雄〈拓殖大學臺灣語教師考〉（2001）、[8]〈臺灣總督府の「種族」‧言語認識──日本統治初期の人口センサス‧戶口調查‧通譯兼掌手當〉（2007）[9] 等研究。但在原住民語言的部分，目前研究很少，僅有三尾祐子〈「蕃語編纂方針」から見た日本統治初期における臺灣原住民語調查〉（2009）、[10] 石丸雅邦〈理蕃警察蕃語教材的研究〉（2011）、[11]〈從「臺灣總督府公文類纂」看理蕃警察通譯兼掌制度〉（2011）。[12] 三尾祐子（2009）主要探討日本統治初期臺灣的撫墾署依「蕃語編纂方針」所編輯的蕃語集。石丸雅邦〈從「臺灣總督府公文類纂」看理蕃警察通譯兼掌制度〉探討總督府令理蕃警察兼任臺灣

---

[5]　洪惟仁：〈日據時代的臺語教育〉，《臺灣風物》第42卷第3期（1992年9月），頁49-84。

[6]　篠原正巳：《日本人と臺灣語》（東京市：海風書店，1999年）。

[7]　冨田哲：〈統治者が被統治者の言語を學ぶということ──日本統治初期臺灣での臺灣語學習──〉《植民地教育史研究年報》第3期（2000年11月），頁6-21。

[8]　黃文雄：〈拓殖大學臺灣語教師考〉，《拓殖大學百年史研究》第7期（2001年6月），頁35-45。

[9]　冨田哲：〈臺灣總督府の「種族」‧言語認識──日本統治初期の人口センサス‧戶口調查‧通譯兼掌手當〉，收於崔吉城、原田環編：《植民地の朝鮮と臺灣：歷史‧文化人類學的研究》（東京市：第一書房，2007年），頁115-148。

[10]　三尾祐子：〈「蕃語編纂方針」から見た日本統治初期における臺灣原住民語調查〉，《日本臺灣學會報》第11期（2009年5月），頁115-175。

[11]　石丸雅邦：〈理蕃警察蕃語教材的研究〉，《臺灣語文研究》第6卷第1期（2011年3月），頁1-49。

[12]　石丸雅邦：〈從「臺灣總督府公文類纂」看理蕃警察通譯兼掌制度〉，收於國立國史館臺灣文獻館整理組編：《第六屆臺灣總督府檔案學術研討會論文集》（南投市：國立國史館臺灣文獻館，2011年），頁263-298。

原住民語言和日語口譯的制度，石丸雅邦〈理蕃警察蕃語教材的研究〉探討理蕃警察為學習臺灣原住民語言所使用的課本。

本論文主要探討「蕃語講習」，「講習」指研習或研習營的意思，因此「蕃語講習」是針對理蕃職員的臺灣原住民語言研習，是「蕃語」訓練。臺灣總督府向其官吏實施語言訓練，鼓勵警察學習當地語言，透過考試來檢定其語言能力，這種檢定有助於其未來升等。

本論文首先將定位日本時代在臺灣被施行的警察「講習」制度中的蕃語訓練，其次探討蕃語講習制度，尤其關注於理蕃警察職員上「蕃語」講習的教育設備「蕃語講習所」。

在史料運用上，使用臺灣總督府出版的理蕃公文記錄——《理蕃誌稿》[13]；總督府為理蕃警察發行的雜誌——《理蕃の友》；日治時期警察史的記錄如，《臺灣總督府警察沿革誌》[14]、《臺灣の警察》[15]等刊物；井上伊之助等「理蕃警察職員」所留下的日記《臺灣山地傳道記》（1960）等記錄。[16]其中井上伊之助《臺灣山地傳道記》一書，由「生蕃記」「蕃社之黎明」「雜記」「臺灣相關來信」等四部構成，除了井上伊之助日記之外，還有他與內村鑑三等人來往的信函等。井上伊之助日記記載的時間是從一九一一年十二月二十一日至一九一六年十二月二十五日。該書不僅包含《理蕃誌稿》等史料未記載的豐富資料，他所赴任的新竹州本身在蕃語講習方面有相當突出表現，如新竹州完成泰雅語辭典，發行泰雅語週報，在角板山及十八兒（シパジイ）等地設有蕃語講習所。[17]人物方面除了井上伊之助之外，還有身為泰雅族人擔任講師的「ヤユツ・ベリヤ」（yayutsu beriya），以及精通泰雅語的警察緒方正基等人物，因此特別關注此地，本論文則舉他們兩位作為蕃語講

13 臺灣總督府警務本署編：《理蕃誌稿》（東京市：青史社，1989年）。
14 臺灣總督府警務局編：《臺灣總督府警察沿革誌》（臺北市：南天書局，1994年）。
15 臺灣總督府警務局：《臺灣の警察》（臺北市：臺灣總督府警務局，1932年）。
16 井上伊之助：《臺灣山地傳道記》（東京市：新教出版社，1960年）。
17 理蕃の友：〈蕃語研究熱の勃興と希望〉，《理蕃の友》第1卷第3期（1932年3月），頁10。

習所講師之例子。

一　在警察訓練制度中的「蕃語講習」

（一）警察講習制度之種類

1　初次任職訓練

關於臺灣警察的訓練，若是巡查以上階級，理蕃警察與平地工作的警察之間沒有差異，僅在蕃地在巡查之下有「警手」，他和巡查以上階級的訓練有些不同。[18]

警察訓練被分為兩種，一是剛被錄取時接受的「初任教養」（初次任職訓練），二為在職者接受的「補充教養」（補充訓練）。初次任職訓練是巡查以上的警察在專門機關接受訓練。臺灣總督府給針對警察實施初任訓練的機關有兩種，一個是屬於臺灣總督府的「臺灣總督府警察官及司獄官練習所」（簡稱為「練習所」），另外一種是屬於各州廳的「巡查教習所」（簡稱為「教習所」）。在練習所受訓者叫「練習生」，在教習所受訓者叫「教習生」。[19]

練習所是臺北縣警部長的田中坤六和臺中縣警部長有川貞壽於一八九六年八月發案成立，[20]其組織如表一所示：

18　警手是原有的隘勇制度一九二〇年起全面改為警手制度的。臺灣總督府警務局編：《臺灣總督府警察沿革誌》第 5 卷，頁 348。警手原本工作內容是如當巡查助手角色：勤務兵、汲水、收集柴火、寄送交通物品等，但漸漸地與巡查一樣工作內容了。鷲巢敦哉：〈甲乙種巡查採用試驗の實際と經驗の要訣〉，收於中島利郎、吉原丈司編：《鷲巢敦哉著作集》（東京市：綠蔭書房，2000 年）別冊，頁 62-63。關於警察階級及訓練制度，筆者在博士論文等論文探討過。請參照：石丸雅邦：「臺灣日本時代的理蕃警察」（臺北市：國立政治大學政治學系博士論文，2008 年）；〈從理蕃警察組成探討蕃人警察的地位〉，收於若林正丈、松永正義、薛化元主編：《跨域青年學者臺灣史研究》第三集（新北市：稻鄉出版社，2010 年），頁 129-182。

19　臺灣總督府警務局：《臺灣の警察》，頁 115-116。

20　〈臺灣警察四〇年〉，《臺灣警察時報》，引用又吉盛清：《日本植民地下の臺灣と沖繩》（沖繩縣：沖繩あき書房，1990 年），頁 139。

表一　練習所職員配置定員表（一九三一年）

所長	一	
教官	奏任教官	二
	判任教官	八
書記判任	二	
計	十三	

資料出處：根據臺灣總督府警務局：《臺灣の警察》，頁12、115。筆者製表。

　　練習所所長由警務局長兼任。此外並邀請法院法官（判官）、檢察官、學校教授、府技師等擔任講師。[21] 課程分為甲乙兩科。

　　練習所甲科是培訓警部或警部補等幹部，選拔條件如下：
　　1. 在臺灣從事警察實務一年以上。
　　2. 身心強健，素行善良。
　　3. 選拔考試及格：中學校學科程度及臺灣本島語。

　　練習所受訓時間是一年。甲科練習生完成甲科課程後，依照文官任用令能獲得中學校程度學校畢業資格。這是擔任判任文官所需要的資格，經獲得此資格的甲科練習生可在地方政府擔任幹部。[22]
　　練習所乙科是培訓甲種巡查。其科目有：教育（訓育）、法學通論、警察法、經濟及思想、刑法、司法警察、犯罪偵查、臺灣情況、蕃地警察、高等警察、傳染病及法醫學、公文作成法、辦公用論（執務要論）、保甲制度、衛生警察、本島語、獸畜衛生、指紋法、急救療法、檢查禮儀、操練、武藝、施繩法等，受訓時間是二十週。
　　在臺灣每月舉辦一次從志願者選拔練習生的考試。另外每年練習所教師被派到內地各府縣進行召生兩三次。經濟不景氣導致一九三一年時志願者人

21　臺灣總督府警務局：《臺灣の警察》，頁12、115。

22　同前註，頁115-116。

588 ❖ 時空流轉：文學景觀、文化翻譯與語言接觸

數暴增。[23]

乙種巡查在巡查教習所受訓。教習所在各州廳皆有，所長由警務課長擔任，教官則為警視、警部或警部補。訓練對象是準乙種巡查，內容是職務上需要的學術科。教習期間兩個月以上。日治後期（1931年左右）後，教習所的授課委託給練習所執行。[24]

在各所受訓期間可被視為正常上班，一九一〇年起，就讀「練習所」的練習生得領通譯兼掌津貼。[25] 因為甲科生是現職者請假來上課，故可以領本薪。乙科生部分，擔任乙科生等同被任命為總督府巡查，因此可領初次任職的薪金。另外，內地人的乙科生每月可領加薪十六圓。教習生也同樣情形，領初次任職的薪金。[26] 其情形是如表二所示：

表二　受訓中的工資

練習生	甲科生	該人本來的薪資
	乙科生	月薪三十二圓及服屬配料
	內地人乙科生	再加薪月十六圓
教習生		月薪二十五~三十圓

資料出處：臺灣總督府警務局《臺灣の警察》，頁116。

警手則並無初次任職訓練，如沖繩八重山群島竹富島出身，在霧社、高雄州旗山郡蚊子只(magatsun)等地工作的西盛佳美，他當初在臺中州能高郡被錄取為警手，並無受初次任訓練，直接一九三〇年十二月三十日被派到スーク（suuku）駐在所開始工作。[27]

23　同前註，頁116。

24　同前註，頁116。

25　臺灣總督府警務局：《臺灣總督府警察沿革誌》第5卷，頁926。

26　臺灣總督府警務局：《臺灣の警察》，頁116。

27　西盛佳美：《私の歩んだ道》（沖繩縣：西盛佳美，1988年），頁50-59。關於西盛佳美，筆者已經探討過，請參照：石丸雅邦：「琉球人理蕃警察職員」，發表於國立政治大學原住民族研究中心舉辦《第三屆臺日原住民族研究論壇》（國立政治大學行政

2 補充訓練

　　關於補充訓練,「州廳警察官吏教養規程」規定現任警察訓練,其內容分類為「一般教養」(一般訓練)及「特殊教養」(特殊訓練)。一般訓練是巡查每天必須接受的「講習」(授課),其內容為:一小時以上的學科或術科。在警察官署所在地上班者(所謂的「內勤」),每天早上檢查訓授之後接受一小時講習,另外下午下班前一小時做「武藝」(武術)。在村落上班者(所謂的「外勤」)則採自修方式。一小時的講習被算入上班時間,為了實施講習,警察得比一般官吏早一小時上班。[28] 理蕃警察則屬於後者,故他們補充訓練均自修。

　　特殊教養又被分類為「新任教養」(新任訓練)和「特科教養」(特科訓練)兩種。新任訓練是針對完成練習所或教習所課程的新任巡查實施實務訓練,其期間在一個月以上。

　　特科訓練是針對警察官吏關於一般或特定事項實施。州廳、練習所、警務局等單位各自規劃各種教養計畫。一九三一年有教養主任講習、本島語及蕃語講習、衛生講習、保安講習、刑事警察講習、刑事鑑別講習、高等警察講習、巡查部長講習、蕃地醫務講習、蕃童教育擔任者講習、授產講習、速記講習等。此外,每年少數現任巡查並接受去練習所或教習所進修。[29]

　　為了提高施政品質,當局常舉辦講習會。因為理蕃警察角色多元,其工作內容多樣,因此講習會種類也很多種,如蕃地指導農園擔任者講習會(1937年2月15日至3月26日)、[30] 教育研究會等。教育研究會次數很多,「視學」(當時的教育長官)也常參加。教育研究會之舉行是自願性的,依《理蕃之友》內容,理蕃當局並未要求提出關於教育研究會之報告。[31]

大樓7樓會議廳,2010年8月27日)。

[28] 臺灣總督府警務局:《臺灣の警察》,頁120。

[29] 同前註,頁120-121。

[30] 理蕃の友:〈蕃地指導農園擔任者講習會〉,《理蕃の友》第6卷第3期(1935年3月),頁12。

[31] 横尾生:〈教育研究會に付て〉,《理蕃の友》第6卷第3期(1935年3月),頁12。

　　警察幹部仍有特別的訓練，每年選拔優秀的警部補二十名組成團體，大約一個月到內地各府縣及朝鮮等地進行事務視察。另外總督府每年透過考試選拔八名派遣到內務省警察講習所接受高級訓練。[32] 警部及警部補以入所為由的休假日數特別多，可能是此一制度所造成。此種視察其實除了訓練意義之外，還有給業績優秀者獎勵的用意。

（二）警察語言講習制度的變遷

　　針對巡查的講習，領臺初期並沒有由總督府設法條加以實施。相對的地方縣廳比較早，其中有領臺第二年即一八九七年時月臺南縣發布的「巡查講習概則」，講習內容是「操銃」、「擊劍」、「臺灣語」三科。[33]「臺灣語」演習時間是每堂一小時以上，一個月十次以上，[34] 每年兩次對講習會員實施考試，依其結果製作每個考生的「試驗成績考科表」，將它交給縣廳警部長，[35] 警部長則依試驗成績考科表判別該考生的等級，其等級是從一級到五級。[36]

　　一八九九年九月臺中縣發布「臺灣官吏土語講習規程」，[37] 它規定講習是工作的一部分，講習對象是警部、土語通譯兼掌者、以及三十歲以上之的志願巡查。[38] 講習場所是辨務署及警察官吏派出所，[39] 講習係（教官）是由辨務署長從職員中任命，依情形本島人擔任補助（助教）。[40] 講習科目是（一）會

---

[32] 臺灣總督府警務局：《臺灣の警察》，頁121。

[33] 依「巡查講習概則第3條」。臺灣總督府警務局編：《臺灣總督府警察沿革誌》第5卷，頁714。

[34] 依「巡查講習概則第5條」。同前註。

[35] 依「巡查講習概則第3條」。同前註。

[36] 依「巡查講習概則第3條」。同前註。

[37] 依訓令第90號。同前註，頁916。

[38] 依臺灣官吏土語講習規程第1條。同前註，頁916。

[39] 依臺灣官吏土語講習規程第2條。同前註。

[40] 依臺灣官吏土語講習規程第3條。同前註，頁917。

話、（二）翻譯及作文、（三）工作上需要的「熟語」（idiom）。[41] 講習時間每天兩小時，[42] 講習期間是一年。[43] 講習生每兩個月接受考試一次，講習結束時考修業試驗。[44] 講習費用是講習生自己負擔。[45]

總督府實施臺灣當地語言講習比地方政府晚許多，遲至一九〇四年十一月才發布「廳警察官吏學術講習規定」，[46] 制定該規定的理由是：

> 「尤其土語及國語的講習是最緊急的，實際上在有些地方廳設置規定，但至今並未所有的廳實施該規定，因此通過各廳設置該遵守的規定，屬行之，是在警察事務的發展上不可缺少的」[47]。

依「廳警察官吏學術講習規定」，講習內容是土語（即臺灣本島語言）或國語（日語）、法令及例規、武術及施繩法、外國語其他在職務上必要事項等。[48] 講習是由警務課及支廳的講師、助教或助手來負責，講師由判任官以上的官員擔任，助教由巡查擔任，助手則由巡查捕擔任，均由廳長任命。[49]

講習時間每天一小時以上，一小時以內的話仍可以算在工作時間。[50] 在廳或支廳所在地之外的地方工作者（則「外勤」）是為「點檢」或「訓

41 依臺灣官吏土語講習規程第4條。同前註。
42 依臺灣官吏土語講習規程第5條。同前註。
43 依臺灣官吏土語講習規程第7條。同前註。
44 依臺灣官吏土語講習規程第8條。同前註。
45 依臺灣官吏土語講習規程第15條。同前註。
46 臺灣總督府警務局編：《臺灣總督府警察沿革誌》第5卷，頁714-715。
47 原文為：「……殊に土語及国語の講習に就ては最も急要とする処に有之現に地方庁に於ては之が規定を設けたる向も有之候得共未だ普く実施するに至らず此の際各 を通して遵由すべき規定を設け之を励行するは警察事務の発達上缺くべからざる……」。同前註，頁715。
48 依廳警察官吏學術講習規定第1條。同前註。
49 依廳警察官吏學術講習規定第2條。同前註。
50 依廳警察官吏學術講習規定第3條。同前註。

授」，召集於廳或支廳所在地時進行講習，之外的時間各自進行講習。[51, 52] 巡查及巡查補每年六月和十二月兩次受試驗（考試），被作為「考查」（考績）的參考資料。[53] 一九〇六年八月四日民政長官發布通達，命令學術講習試驗的結果必須下月十號前向警察本署提出，其成績備分為甲、乙、丙。[54] 因為外勤者是自行進行講習，並非跟從專門的講師學習，所以其效果是可疑的。這些講習的效果影響到考績，所以對外勤者而言升等相當不利。

「廳警察官吏學術講習規定」的施行規定是由各廳自己制定，它比「廳警察官吏學術講習規定」還詳細，如在一九〇五年臺中廳所制定的「臺灣總督府警察官吏學術講習規定施行細則」中，規定在廳警務課支廳具備講習日誌、「出席簿」（出席記錄表）、相關講習的「書類編」（文件），[55] 在講習日誌中必須記載講習日期、講習科目、缺席講習者的姓名及其理由。[56]

一九一六年發布「地方警察配置及勤務規定」時，學術講習規定於第三十五條中，施行細則就以同規定第四十六條規定委任州知事或廳長，而廢止「廳警察官吏學術講習規定」。[57] 如此改革也是田健治郎改革的一部分。

關於蕃語講習教材部分，官方出版了各語課本。「泰雅族」的語言部分，有：飯島幹太郎《黥蕃語集》（1905）[58]、馬場藤兵衛《タイヤル語典》

---

51 依廳警察官吏學術講習規定第4條。同前註。

52 外勤者在各地派出所、駐在所、及警察官署工作。相對地，在廳或支廳所在地的警察本署工作者稱為內勤，主要內容是庶務：記錄、會計、統計等，後者是治安等，其他：刑事、防止犯罪、高等特務、翻譯、武術教師、指紋、攝影、速記、法庭、車站管制等。因為統治不同民族的緣故，臺灣警察服務內容與內地警察之間有差異，臺灣警察仍有警備、巡邏（警邏）、戶口實際狀態調查、保甲監督、臨檢、視察等。臺灣總督府警務局：《臺灣の警察》，頁98-99。

53 依廳警察官吏學術講習規定第5條。臺灣總督府警務局編：《臺灣總督府警察沿革誌》第5卷，頁715。

54 同前註。

55 依廳警察官吏學術講習規定第11條。同前註，頁716。

56 依廳警察官吏學術講習規定第12條。同前註。

57 根據訓令第177號。同前註，頁717。

58 飯島幹太郎：《黥蕃語集》（臺北市：臺灣總督府民政部警察本署，1906年）。

（1931）[59]、二宮力編《セーダツカ蕃語集》（1932）、[60]臺灣總督府編《アタ
ヤル語集》等。[61] 布農語部分，有：臺灣總督府蕃務本署《ぶぬん蕃語集》
（1910）[62]、二宮力編《巒蕃ブヌン語集》（1932）等書。[63] 排灣語部分，有：
警察本署蕃務課《パイワン蕃語集》（1909）；[64] 臺灣總督府編《パイワン語
集》（1930）等。[65] 其他還有臺灣總督府蕃務本署《アミ蕃語集》（1910）、[66]
臺灣總督府編《アミ語集》（1933）[67] 等。另外一九三二年花蓮港廳出版
的《花蓮港蕃語集》收錄太魯閣語、布農語、阿美語。[68] 相對地，人數較少
的鄒語、魯凱語、雅美語、卑南語等語言僅有語言學者的學術研究著作而
已，如小川尚義、淺井惠倫《原語による臺灣高砂族伝説集》（1935）、安
倍明義《蕃語研究》（1930）[69] 等。雖然鄒語仍有由俄羅斯語言學者聶甫斯基
（Николай Александрович Невский）的《鄒語方言資料》（1935），但它以俄

59　馬場藤兵衛：《タイヤル語典》（新竹市：新竹州警察文庫，1931 年）。

60　二宮力編：《セーダツカ蕃語集》（臺中市：臺中州警務部，1932 年），序頁 2。

61　臺灣總督府編：《アタヤル語集》（臺北市：臺灣總督府，1930 年）。依據凡例，實際
　　上的作者是小川尚義。日本時代的「泰雅族」除了泰雅族之外，仍包含賽德克族及太
　　魯閣族。

62　臺灣總督府蕃務本署編：《ぶぬん蕃語集》（臺北市：臺灣總督府蕃務本署，1910
　　年）。

63　《巒蕃ブヌン語集》的調查者是金須文彌和片倉哲雄。二宮力編輯，《巒蕃ブヌン語
　　集》（臺中市：臺中州警務部，1932 年），序頁 2。

64　它是從森丑之助所調查的《臺灣蕃語集》中摘錄重要語種及語法例子，是為了提供練
　　習蕃語方便。臺灣總督府警務本署編：《理蕃誌稿》，頁 676。

65　臺灣總督府編：《パイワン語集》（臺北市：臺灣總督府，1930 年）。依據凡例，實際
　　上的作者是小川尚義。

66　它是與《パイワン蕃語集》一樣森丑之助調查為基礎。

67　臺灣總督府編：《アミ語集》（臺北市：臺灣總督府，1933 年）。依據凡例，實際上的
　　作者是小川尚義。

68　江口貞吉等著；花蓮港廳警察文庫編：《花蓮港蕃語集》（花蓮港廳：花蓮港廳警察
　　文庫，1932 年）。

69　安倍明義編：《蕃語研究》（臺北市：蕃語研究會，1930 年）。

語出版，對理蕃警察職員學鄒語的幫助相當有限。[70] 還有未出版的蕃語集，如：由撫墾署署員進行調查、編輯的「蕃語編纂方針」蕃語集，[71] 以及丸井圭治郎編「タイヤル蕃語集」（泰雅蕃語集），[72] 但畢竟這些書均未出版，其蕃語訓練上的影響力可能有限。

　　「泰雅語」、布農語等語言的課本被出版這麼多的原因，也證明這些語言的研習比少人口語言被總督府重視。出版年代均集中在一九一○年前後及一九三○年初。一九一○年則由佐久間左馬太推動五箇年計畫理蕃事業的時候。在五箇年計畫理蕃事業中，主要討伐對象是「北蕃」：泰雅、賽德克、太魯閣、乙級賽夏各族。從此可知，官方出版蕃語集的取向與理蕃政策相當有關。

　　除了官方出版的各種課本之外，還有各單位自編的教材。其他在臺北州一個月發行兩次的「學術講習用蕃語資料」，在臺中州也有發行課本的計畫。臺北州所編的蕃語資料中，對於傳統部落社會不存在的新事物依照族語的邏輯創新詞彙，如：yanmiri（ヤンミリ）＝日式短布襪（足袋）、makkawasangassaru（マツコワサンガツサル）＝學校、makkowasangubiyan（マツコワサングビヤン）＝夜學、simityatto kawasu kani（シミヤツト　カワス　カニ）＝新年等。[73]

---

[70] 聶甫斯基《鄒語方言資料》的中文翻譯本為：聶甫斯基著，白嗣宏、李福清、浦忠成譯：《臺灣鄒族語典》（臺北市：臺原出版社，1993 年）。

[71] 關於「蕃語編纂方針」下的蕃語集編輯與出版情形，在三尾祐子〈「蕃語編纂方針」から見た日本統治初期における臺灣原住民語調查〉（2009 年）中已有相當詳細的描述，請參考它。三尾祐子〈「蕃語編纂方針」から見た日本統治初期における臺灣原住民語調查〉，頁 115-175。

[72] 丸井圭治郎編：「タイヤル蕃語集」（出版地不詳：出版者不詳，1915 年）。

[73] 理蕃の友：〈蕃語研究熱の勃興と希望〉，頁 10。

（三）從井上伊之助日記看蕃語「一般教養」

　　井上伊之助是基督徒，他父親因衛理事件被殺，[74] 他為「報仇」而決心
對臺灣原住民傳教。井上伊之助於明治四十四年（1911）十二月二十日，接
到擔任蕃地事務囑託並派至樹杞林支廳蕃地「加拉歹蕃人療養所」的命令。[75]
他主要活動於現在新竹尖石鄉泰雅族地區，因此其記述多半都是有關泰雅的
事。井上伊之助積極學習泰雅語，並一直向當局遊說取得蕃地傳教的允許，
但卻無法如願。直到第二次大戰戰敗，井上伊之助一直以醫生的身分為臺灣
蕃地教化事業盡力。[76]

　　井上伊之助在一九一二年四月十四日的日記寫道，上午走山路到「加拉
歹」社（カラパイ：klapai）出診，中午回來吃午餐之後，下午的時間都花
在讀書和蕃語研究。[77] 從這裡記載可知，除非有病人去治療，井上伊之助有
時間可以學蕃語。例如，一九一二年四月十五日與井上伊之助很熟的本田巡
查被馘首了，此日因為下雨的緣故，井上伊之助沒有出門，他在家裡讀書和
泰雅語研究。[78] 一九一二年五月三十一日井上伊之助要到「西拉克」社（シ
ラック：Sirak）看頭目yagui kôyô（ヤグイ　コーヨー）的病，但因為受到

---

[74] 衛理（ウイリー：wirii）事件是一九〇六年七月三十一日二十五名內地人被衛理社人
　　獵殺的事件，受害者中有除了花蓮港支廳長大山十郎警部和一名巡查之外，其他都是
　　替賀田組製腦所工作的人：六名賀田組員、其他木匠、泥瓦匠、工人、雜務等十名工
　　人、十名腦丁。生存者僅有一名巡查、太魯閣公學校的一名雇、一名腦丁。臺灣總督
　　府警務本署編：《理蕃誌稿》第1卷，頁750-751。

[75] 井上伊之助：《臺灣山地傳道記》，頁22。

[76] 關於井上伊之助和他日記，筆者已在論文探討過，請參照：石丸雅邦：「理蕃職員日
　　記——以井上伊之助日記為例」，發表於中央研究院臺灣史研究所、中興大學歷史系
　　合辦《「日記與臺灣史研究」學術研討會》（國立中興大學綜合教學大樓13樓國際會
　　議廳，2010 8月20日）。

[77] 井上伊之助：《臺灣山地傳道記》，頁46。

[78] 同前註。此本田巡查全名為本田廣，明治二十年出生的熊本縣平民，於四月十五日
　　在新竹廳「ヤバカン」（yabakan：野馬敢）溪輸送（運送）路時遇「蕃人」狙擊而戰
　　死。臺灣總督府警務局編：《臺灣總督府警察沿革誌》第5卷，頁1238。

線外蕃經過附近的消息，緒方警部建議等到下午或明天才去出診，因此井上伊之助回去做「蕃語研究」，到三點確認安全再出發。[79] 一九一二年七月二十四日的日記記載，下午時，井上伊之助讀書及訓練泰雅語，並照顧小孩。此時井上伊之助妻子到平地接受治療，此日她回到蕃地的井上伊之助身邊。[80]

一九一六年一月三十日的日記記載，此日也是井上伊之助治療幾名族人、訓練泰雅語、讀書的時間。[81]

從他日記可知，井上伊之助只要有時間就練習泰雅語。在補充講習中，訓練公定時間雖然是每天一小時，但他生活中不一定全天有病人找他，有空閒時他並不受公定時間的約束，花了一小時以上的時間練習泰雅語。井上伊之助每天學習泰雅語的訓練屬於補充訓練的一般教養。同樣情形，例如一九二八年在花蓮港研海支廳擔任警察的梅原經五郎的資料。他剛赴任時幾乎不會「蕃語」（即太魯閣語），因此每天學習。[82]

從井上伊之助日記仍可看出，蕃語一般教養的問題。一九一三年在角板山開設蕃語講習所時，教導井上伊之助學泰雅語的緒方正基警部被任命為教官。井上伊之助說，他向支廳長請求讓他入所，但還是沒有申請到，覺得非常可惜。井上伊之助認為，若緒方警部在他旁邊，儘管沒有讀蕃語講習所仍可以向他請教，但緒方警部去了角板山之後，井上伊之助說「萬事休矣」。[83] 緒方警部離開之後，井上伊之助學習蕃語的方式是帶著書到院子裡，找當場的族人跟他們練習泰雅語。[84] 相較於井上伊之助有緒方正基這位好教師，梅原經五郎僅寫道靠自己學習。[85]

---

[79] 井上伊之助：《臺灣山地傳道記》，頁48。

[80] 同前註，頁54。

[81] 同前註，頁90。

[82] 山口政治：《東臺灣開發史》（東京都：中日　詣資訊，1999年），頁132。

[83] 井上伊之助：《臺灣山地傳道記》，頁66。

[84] 同前註，頁67。

[85] 山口政治：《東臺灣開發史》，頁132。但不代表教導他的人完全不存在，也許山口政治沒寫而已。

　　日本「內地」人學習臺灣原住民語言時，得克服的困難不少。除了如上述教師不足的問題之外，語法和發音方面日語和臺灣原住民各語之間的差異很大。如井上伊之助在日記記錄跟族人學習泰雅語的情形，他赴任蕃地的第二天（12月22日）剛好來到住所的族人問在其室內的物品用蕃語怎麼說。如（1）「ランプ」（燈）＝piirao（ピーラオ）、（2）「茶碗」（飯碗）＝piyato（ピヤト）、（3）「着物」（衣服）＝rukkushi（ルックシ）、（4）木＝kaoneku（カオネク）、（5）「子供」（小孩）＝rakke（ラッケ）等。井上伊之助感到，單詞比想像還容易學起來，但會話不容易，尤其發音部分相當困難。[86] 臺灣原住民的語言中有許多日語沒有的發音，對日本人而言學習並不容易。再加上依移川子之藏、馬淵東一、宮本延人，井上伊之助工作的加拉歹社並不是在泰雅族中人數最多的Səqoleq（Squliq、賽考利克）系統，而是Tsə'ole?（C'uli、澤敖利）系統，[87] 而且賽考利克系統都講同一個語言賽考利克泰雅語，澤敖利系統有澤敖利泰雅語、宜蘭澤敖利泰雅語、汶水泰雅語、萬大泰雅語、四季泰雅語等，內涵相當複雜。加拉歹社則屬於澤敖利泰雅語。主流的賽考利克泰雅語有臺北帝國大學言語學研究室教授小川尚義與yajitsu beriya等人寫的《アタヤル語集》（泰雅語集），相對地，澤敖利系統則缺乏教材。從此點可知，井上伊之助學蕃語是相當辛苦的。

　　另外仍有教材方面的困難。於日本時代，出版的臺灣原住民語言相當有限。如上述，官方出版的蕃語集特別集中在「泰雅族」群的語言。加上臺灣原住民各語內部的方言又相當多，可推測如井上伊之助及梅原經五郎，理蕃警察職員們邊自編教材邊訓練。[88]

86　井上伊之助：《臺灣山地傳道記》，頁24。

87　移川子之藏、馬淵東一、宮本延人：《臺灣高砂族系統所屬の研究》（臺北市：南天書局，1996年），頁60-61，別冊頁81。

88　關於蕃語集，筆者於研討會發表論文。請參照：石丸雅邦：〈理蕃警察蕃語教材的研究〉。

二　蕃語講習所制度

（一）蕃語講習所制度

　　一九一三年三月制定「臨時蕃語講習所」制度。[89] 制定該法的主導者是大津麟平蕃務本署署長，他在地方官會議時強力主張必要對理蕃警察及官吏蕃語講習，又發了訓示和通牒來鼓勵學習蕃語。[90] 臨時蕃語講習所的職員有所長、教官、舍監、講師。[91] 舍監是負責講習生的紀律，[92] 教官是負責教務，講習是「補助」（協助）教官。[93] 所長由講習所所在地的地方政府「廳」的理蕃專屬機構「蕃務課」的長官「蕃務課長」或「支廳」的行政長官「支廳長」來擔任，[94] 教官及舍監由警部、警部補或通譯，講師由巡查、巡查捕、囑託或雇員來擔任。[95] 從此點可知，教官和講師的條件仍以警察為主，組織內部封閉性很高。學生，即「講習生」，其資格是在蕃務職員中被廳長命令者。[96] 講習生是不會原住民語言者：主要是日本「內地」出生者。所長經歷廳長的「許可」（允許），使操行不良者及沒有可望能畢業者退學。[97]「講習」（研習）方法是「講演」（講座）和「實地講習」（現場訓練）。「實地講習」是由族人來「講習」（訓練）。[98] 講習期間是六個月以內，[99] 一天講

---

[89]　依「訓令第 37 號」。臺灣總督府警務局編：《臺灣總督府警察沿革誌》第 5 卷，頁 719；臺灣總督府警務本署編：《理蕃誌稿》第 2 卷，頁 362。

[90]　同前註。

[91]　依「臨時蕃語講習所規定」第 2 條。同前註。

[92]　依「臨時蕃語講習所規定」第 7 條。同前註。

[93]　依「臨時蕃語講習所規定」第 6 條。同前註。

[94]　依「臨時蕃語講習所規定」第 3 條。同前註。當時的臺灣地方行政規劃而言，廳試總督府之下的地方行政單位，「支廳」則「廳」之下的地方行政單位。

[95]　依「臨時蕃語講習所規定」第 5 條。同前註。

[96]　依「臨時蕃語講習所規定」第 8 條。同前註。

[97]　依「臨時蕃語講習所規定」第 9 條。同前註。

[98]　依「臨時蕃語講習所規定」第 10 條。同前註。

[99]　依「臨時蕃語講習所規定」第 11 條。同前註。

習時間是六小時以上。[100] 考試是「臨時試驗」（臨時考試）及「卒業試驗」
（畢業考試），臨時試驗是有必要的時候實施，卒業試驗是講習期間末期實
施。[101] 考試種類是有「筆記」（筆試）、「口述」（口試）、以及「實地」（現
場實習），[102] 以一百分為滿分，各科目五十分以上，平均六十分以上為及
格。[103]「卒業試驗」考試及格者能獲得「卒業證書」，成績優等者仍獲得「褒
狀」。[104] 講習生被發上衣、外套左腕上膊外部用的徽章。[105]

　　一九一八年五月修改「蕃語講習所規定」，[106] 此修改因為廢止廳蕃務課
的緣故，實施了組織調整。主要改制為：受訓者從「蕃務職員」改為「蕃地
勤務職員」；所長從「蕃務課長」改為「警務課長」。[107] 從此可知，蕃語講習
所制度變更受理蕃政策變遷之影響。廳蕃務課於一九〇九年十月設立，其主
管事務是蕃地之管轄，其事務內容為：（1）蕃人蕃地相關事項。（2）管制粗
製樟、樟腦油製造相關事項。[108] 此時在總督府也在理蕃政策上有重大組織改
革，則設立蕃務本署。[109] 蕃務本署是歷代臺灣總督府官制中位階最高的理蕃
專職機構。當時總督府如此重視理蕃政策的原因，是一九〇六年四月十一日

---

100 依「臨時蕃語講習所規定」第12條。同前註。
101 依「臨時蕃語講習所規定」第14條。同前註。
102 依「臨時蕃語講習所規定」第15條。同前註。
103 依「臨時蕃語講習所規定」第16條。同前註。
104 依「臨時蕃語講習所規定」第17條。同前註。
105 依「臨時蕃語講習所規定」第18條。同前註。
106 依「訓令第90號」。臺灣總督府警務局編：《臺灣總督府警察沿革誌》第5卷，頁720。
107 同前註。
108 以勅令第282號改制臺灣總督府地方官官制，同月以訓令第159號修改「臺灣總督府廳分掌規程」。第1條規定在管轄蕃地之廳設立蕃務課，第5條規定蕃務課主管事務。根據臺灣總督府廳分掌規程第1條但書，在臺北廳沒設蕃務課。臺灣總督府警務局編：《臺灣總督府警察沿革誌》第1卷，頁568。直到1911年5月以第116號修改「臺灣總督府廳分掌規程」第1條第2項刪除其但書，臺北廳才設置蕃務課。同書頁592。
109 一九〇四年十月發布勅令第二百七十號改修「臺灣總督府官制」，新第17、18條規定設立蕃務本署。同前註，頁125。

就任第五任臺灣總督的佐久間左馬太於一九一〇至一九一四年之間推行五箇年計畫理蕃事業，將理蕃政策列為其重點政策的緣故。[110]

一九一四年太魯閣討伐結束，五箇年計畫理蕃事業也被宣布完成了，廳蕃務課被認為沒有存在的必要性，而廢掉廳蕃務課，其主管事務轉移到廳警務課。當局又發通牒，令各廳在廳警務課下設立蕃務係，主管原來廳蕃務課的事務。[111]

關於蕃語講習所實際運作情形，在井上伊之助日記有如下記載。

一九一三年一月二十七日的日記記載，在角板山開設蕃語講習所。其時加拉歹駐在所、西拉克駐在所、拉號（ラハオ；Rahaw；溪口臺）駐在所的巡查各一人被命令入所，被命令三十日前到角板山去。緒方正基則被命令為擔任教官。井上伊之助說，他向支廳長請求讓他入所，但還是沒有申請到，覺得非常可惜。[112]

一九一三年二月十二日下午兩點井上伊之助接到來自樹圯林支廳的電話，傳達本廳有叫井上伊之助者前赴角板山蕃語講習所就讀的命令，[113] 並在三天以內到角板山蕃語講習所報到。井上伊之助又驚訝又高興，仍說「是否夢，還是現實，還是虛幻？」[114]第二天，一九一三年二月十三日井上伊之助早上十點多出發，因為路程不順，十四日下午三點多才到有講習所的角板山。講習所的主任仍是警部的長谷川。井上伊之助在講習所受訓期間住附設宿舍。向井上伊之助授課的教師中，已經與井上伊之助熟識的緒方正基。井

---

[110] 「五箇年計畫理蕃事業」是第五任臺灣總督佐久間左馬太對蕃人實施以武力討伐，使蕃人歸順臣服的計畫。其中討伐太魯閣蕃，實施最大的軍事行動，被視為最終目標。其詳細內容已經由藤井志津枝：《理蕃──日本治理臺灣的計策》（臺北市：文英堂出版社，1997年）探討，請參照它。

[111] 根據7月發布訓令第160號修改的「臺灣總督府廳分掌規程」。臺灣總督府警務局編：《臺灣總督府警察沿革誌》第1卷，頁602-603。

[112] 井上伊之助：《臺灣山地傳道記》，頁66-67。

[113] 在日記中寫「出向」，在現代日語中「出向」指調職，在蕃語講習所讀書算是警察工作的一部分，可領薪水。

[114] 原文為「夢か現か幻か」。井上伊之助：《臺灣山地傳道記》，頁67。

上伊之助原本單獨來到角板山就讀，但此時剛好妻子快臨月，叫她過來附近的大嵙崁住。原本打算還叫她過來角板山，卻她在大嵙崁生產了。井上伊之助於同年七月十三日從蕃語講習所畢業，由大嵙崁支廳長授予證書。他讀書時間大約為五個月。[115]

關於蕃語講習成果，以臺灣總督府實施的「通譯兼掌銓選」結果作為檢討。「通譯兼掌銓選」是總督府測驗官吏語言能力，為任命「通譯兼掌」（即兼任口譯）參考。通譯兼掌係指兼任通譯，一般文官及警察官吏被命為通譯兼掌並獲得「手當」（津貼）（如表三）。[116]

原住民語言方面，「泰雅語」及格者最多，其次為「布農語」，第三多者是「排灣語」，之後有「阿美語」。「鄒語」檢定及格者不存在，雅美語則僅有兩名。與臺灣原住民人口相比，阿美族（含）雖然在臺灣原住民中人數最多，但及格者比人口第四多的布農族還少。與「本島語」比較時，泰雅語和布農語及格者人數多於「廣東語」，乙種排灣語及格者人數也比「廣東語」多。

區域分布部分，西部「泰雅」及格者較多，花蓮港廳的甲種及格者不存在。花蓮港廳的所謂「泰雅」語則是賽德克語（太魯閣語），因此可說，賽德克語及格者沒有泰雅語那麼多。布農語分布在臺中州、高雄州、臺東廳和花蓮港廳，其中花蓮港廳的及格者最多，高雄州最少。排灣語分布在高雄州和臺東廳，其中高雄州較多。[117]

---

[115] 同前註，頁67-70。

[116] 依「巡查講習概則」第3條。臺灣總督府警務局編：《臺灣總督府警察沿革誌》第5卷，頁912。關於「通譯兼掌」制度詳細情形，筆者已經在石丸雅邦：〈從「臺灣總督府公文類纂」看理蕃警察通譯兼掌制度〉探討過，請參照它。

[117] 關於各原住民語言的語言檢定及格者人數差異的原因，筆者已經在石丸雅邦：〈從「臺灣總督府公文類纂」看理蕃警察通譯兼掌制度〉探討過，筆者獲得的原因有如下：（1）其語言對理蕃政策的「實用」性。「泰雅語」話者和布農族的抗日活動或「出草」行為與「阿美語」和「廣東語」比起非常多。而且「阿美語」和「廣東語」都住在「平地」：「普通行政區」中，比較早接受日本同化教育，加上會「福建語」者也已經不少；（2）各族之間的教材數量有差異。「泰雅語」的教材：「蕃語集」比較豐富，如上述，泰雅語有飯島幹太郎《鹿蕃語集》、馬場藤兵衛的著作《タイヤル語典》、二宮力編《セーダッカ蕃語集》、臺灣總督府編《アタヤル語集》等4本，另

　　表三僅記錄甲乙種的區分而已，至於等級部分，根據從一九二八年在花蓮港研海支廳擔任警察的梅原經五郎，「蕃語試檢」分十等，最高者七等，老巡查九等，大部分是十等，連擔任考官、講師的市毛警部都七等，[118] 可知當時的原住民語言檢定相當不好考。

表三　「語學試驗」（語言檢定）合格證書所有者及通譯兼掌之人數（1931年）

		臺北州	新竹州	臺中州	臺南州	高雄州	臺東廳	花蓮港廳	總計
福建語	甲種	52(6)	19(2)	46	50(2)	34	7(2)	5(1)	215(13)
	乙種	411(325)	91(80)	239(170)	344(268)	97(71)	18(18)	73(49)	1282(988)
廣東語	甲種	0	12	1	0	2	0	0	15
	乙種	0	75(70)	3(2)	0	3(3)	0	0	81(75)
本島語計	甲種	52(6)	31(2)	47	50(2)	36	7(2)	5(1)	230(13)
	乙種	411(325)	166(150)	242(172)	344(268)	100(74)	18(18)	73(49)	1363(1063)
泰雅	甲種	9	11(2)	8	0	0	1(1)		29(3)
	乙種	50(35)	92(66)	38(24)	0	0	0	73(49)	251(178)
布農	甲種	0	0	1	0	0	1(1)	2(1)	5(1)
	乙種	0	0	25(17)	0	4(3)	0	47(23)	98(57)
鄒	甲種	0	0	0	0	0	0	0	0
	乙種	0	0	0	0	0	0	0	0

外收錄太魯閣語、布農語、阿美語的花蓮港廳《花蓮港蕃語集》。布農語則有：臺灣總督府蕃務本署《ぶぬん蕃語集》、二宮力編《巒蕃ブヌン語集》等2本，排灣語有警察本署蕃務課《パイワン蕃語集》、臺灣總督府編《パイワン語集》等2本，阿美語臺灣總督府蕃務本署《アミ蕃語集》、臺灣總督府編《アミ語集》等2本。鄒語、魯凱語、雅美語、卑南語等語言僅收錄於小川尚義、淺井惠倫《原語による臺灣高砂族伝説集》、安倍明義《蕃語研究》等綜合性的書而已。

[118] 山口政治：《東臺灣開發史》，頁132-133。

		臺北州	新竹州	臺中州	臺南州	高雄州	臺東廳	花蓮 港廳	總計
阿美	甲種	0	0	0	0	0	0	2	2
	乙種	0	0	0	0	0	15(12)	16(15)	31(27)
排灣	甲種	0	0	0	0	6	2	0	8
	乙種	0	0	0	0	52(38)	22(18)	0	74(56)
雅美	甲種	0	0	0	0	0	0	0	0
	乙種	0	0	0	0	0	2(2)	0	2(2)
蕃語計	甲種	9	11(2)	9	0	6	5(1)	4(1)	44(4)
	乙種	50(35)	92(66)	63(41)	0	56(41)	61(46)	134(91)	456(320)
總計	甲種	74(6)	49(4)	64	76(2)	48	12(3)	9(2)	336(17)
	乙種	642(504)	425(352)	418(306)	538(435)	239(170)	114(89)	241(159)	2638(2034)

資料出處：臺灣總督府警務局編：《臺灣總督府警察沿革誌》第5卷，頁941。

說明：1.（ ）中指再揭非任通譯兼掌者的人數。

2. 因為澎湖廳沒有原住民語言的通譯兼掌者的緣故省略。

3. 一九二二年十一月二十二日起總督府將公認「蕃族」數從九族變更為七族，蕃語種類也跟著減少為七種。其註名寫「泰雅語」包含太魯閣、「稻賽」（都達）、「木瓜霧社蕃」，「排灣語」包含「Tsarisen」和卑南。臺灣總督府警務局編：《臺灣總督府警察沿革誌》第5卷，頁932。「Tsarisen」包含魯凱。鄒則包含卡那卡那富語、沙阿魯阿語。「阿美」包含撒奇萊雅語。

原住民訓練的具體成果部分，以井上伊之助來舉例。井上伊之助首次看診的一九一二年一月二十九日，他向族人說明藥物的使用方法時，請緒方警部當翻譯，此時井上伊之助感歎地記下日記說，到底何時才能跟族人自由地談話。[119] 但井上伊之助後來終於能夠非常熟練使用泰雅語。

一九二五年十一月中去東京時，他尋找被出賣到東京去的兩個泰雅女孩。他到處尋找，看到像泰雅族的女孩時，跟她講「min kahorusu ino」（ミン、カホルス、イノ：妳故鄉在哪裡？），那女孩驚訝著馬上反映，成為拯救兩位泰雅女孩的契機，[120] 可知井上伊之助泰雅語此時已經相當進步。梅原

---

119 井上伊之助：《臺灣山地傳道記》，頁33。

120 同前註，頁202-203。

經五郎在首次蕃語試驗時便直接考上九級。[121]

（二）講習所講師

在本論文舉史料比較多的兩者：緒方正基和 yajitsu bariya（ヤジツベリヤ）作為講習所講師之例。

1 緒方正基

井上伊之助的同事緒方正基警部是新竹廳通譯兼掌，也兼任桃園廳通譯。[122]井上伊之助在其日記中，緒方正基以布洛灣監督所的「緒方警部」之名來被記載，井上伊之助敘述緒方正基被稱為蕃語權威，與他工作此事令井上伊之助感動，[123]從此可知井上伊之助學習泰雅語過程中，他是非常重要的人物。

緒方正基是熊本縣大江村（現在已納入至熊本市）人，就讀「熊本語學校」，第五高等學校時因病退學。來臺之後，不僅協助製腦事業，又從事撫育方面的理蕃政策。他與屈尺社總頭目女兒ワサ子結婚而生兩男一女。[124]

依《臺灣總督府職員錄》，一九一二年時擔任新竹廳通譯兼警部，通譯的月薪三十圓。[125]從《臺灣總督府職員錄》的表記方式看來，緒方正基是以通譯為主、警部工作為副。但井上伊之助在日記中從頭到尾稱他「緒方警部」，應是當時他周圍的人也是視他以警部工作為主。井上伊之助指出，緒方正基的主義為獨立自給，不依靠親屬朋友。有時候辭職總督府工作而從事

[121] 山口政治：《東臺灣開發史》，頁132。

[122] 臺灣總督府公文類纂：「新竹廳通譯兼新竹廳警部緒方正基兼任桃園廳通譯」（明治44年1月1日），《臺灣總督府公文類纂》，國史館臺灣文獻館藏，1880號，文號：60。

[123] 井上伊之助：《臺灣山地傳道記》，頁24。

[124] 同前註，頁194。

[125] 臺灣日日新報社：《臺灣總督府職員錄》明治四十五年版（臺北市：臺灣日日新報社，1911年），頁255。

開墾事業。緒方正基長子叫基繼，與井上伊之助二子同年，因其父親從事開墾的緣故，而無法就讀小學。[126]

　　從日記看緒方警部工作內容可知，身為理蕃警察的長官先擔任族人警備的比較多，如：一九一二年一月五日晚上緒方警部於蕃人道路埋伏欲斥退族人，帶兩、三個警察出發，結果族人沒來襲。[127] 一九一二年一月八日上午四點左右和田分遣所附近製腦公司「斥候隊」（偵察兵隊）與敵蕃衝突，雖然該去支援製腦公司，但所內警員人數太少，所以緒方警部放棄支援。[128] 緒方警部常扮演守護井上伊之助的角色，如一九一二年一月二十九日井上伊之助首次出診，緒方警部則在路上保護他。[129] 一九一二年五月三十一日井上伊之助要到西拉克社看頭目 yagui kôyô 的病時，在門口遇到蕃婦告知緒方警部有事要跟井上伊之助說，井上伊之助便到緒方警部家去找他。緒方警部說他得到縣外蕃經過附近的消息，要帶使丁蕃人十幾個人去搜索，叫井上伊之助等到下午或明天才出診。[130]

　　緒方正基留長髮，又精通泰雅語，井上伊之助指出，容易被誤認為族人，總是支持族人，甚至本身成為泰雅族，族人叫緒方正基為 taimo batto（タイモ・バット）。因此能夠說服大嵙崁社頭目，帶他至交換所。[131]

　　因為緒方正基的泰雅語相當好，井上伊之助在學習泰雅語方面非常依賴他。一九一三年一月二十七日的日記記載，在角板山開設蕃語講習所，緒方警部被命令為擔任教官，必須離開加拉歹駐在所。井上伊之助認為，若緒方警部在他旁邊，儘管沒有讀蕃語講習所仍可以向他請教，但緒方警部去了角板山而不在，井上伊之助說「萬事休矣」。不過井上伊之助又認為，多數人

---

[126] 井上伊之助：《臺灣山地傳道記》，頁194。
[127] 同前註，頁29。
[128] 同前註，頁30。
[129] 同前註，頁33。
[130] 同前註，頁48。
[131] 同前註，頁195。

有機會學到蕃語而成為「蕃通」，[132] 從撫育工作的發展而言，是件好事。[133]

　　緒方正基因長期受折磨又有哮喘的慢性病，於一九二三年過世，井上伊之助讚揚他為「過了（泰雅族傳說的）彩虹橋至utux（祖靈，也是上帝）之地」。[134] 井上伊之助的言外之意是，緒方正基在總督府和泰雅族中間扮演橋樑角色，非常辛苦。

2　Yayutsu Beriya

　　在蕃語講習所任教的講師中，突出的是一名泰雅族女性「ヤジツ・ベリヤ」（Yajitsu Beriya）[135]，她於一八八五年出生於新竹州角板山附近的竹頭角社（kala：卡拉社）頭目家庭，是泰雅族醫生宇都木一朗的伯母。一九〇〇年她十六歲時，日本人藥師中野忠藏為了採集藥用植物進入到山裡而被囚禁，將要被殺的時候，Yazistu Beriya因喜歡這位青年藥師中野而救了他，相攜一起到平地，取得中野忠藏父母的允許而正式結婚。從一九〇四年四月起在臺北艋舺公學校就讀，一九〇九年仍未畢業中野忠藏便病故。因為泰雅族規定嫁出去平地者不能回社，此後繼續住在「平地」（普通行政區）。一九一〇年學校畢業後，開始在蕃務本署工作。從一九一一年起入「國語學校附屬女學校」（日後的第三女學校），一九一四年畢業，在一九一五年九月六日轉任於新竹州「樹杞林支廳」，擔任「內橫屏蕃語講習所」講師。後來該講習所移到竹東郡「シパジー」（shipajii：十八兒），Yayutsu Beriya也繼續擔任講師，被日本人稱為Yayutsu桑、或「Yayutsu先生（老師）」受到

132　當時被稱為「蕃通」者是通曉「蕃情」（原住民情形），能原住民語言者，如霧社事件出名的下山治平、佐塚愛佑、小島源治、近藤儀三郎等，警察之外的森丑之助及近藤勝三郎也被稱為蕃通。甚至其中下山治平、佐塚愛佑、近藤勝三郎、儀三郎兄弟娶原住民女性。

133　井上伊之助：《臺灣山地傳道記》，頁66。

134　同前註，頁195。

135　在井上伊之助及竹澤誠一郎稱呼她為「ヤユ（ッ）ツ・ベリヤ」（yayu（t）tsu beriya）、野島本泰、《警察職員錄》等稱呼她為「ヤジツ・ベリヤ」yajitsu beriya。在本論文以yayutsu beriya來統一。

尊敬。一九三二年三月二十日過世,享年四十八歲。警務局職員竹澤誠一郎衷心哀悼她。[136]

Yajitsu Beriya不僅教導泰雅語,還介紹泰雅族各種文化,如井上伊之助寫到,她在警察聚會講述泰雅族的婚禮、喪禮等習俗。[137]

至於她的個性,井上伊之助形容:她於二十多歲其丈夫過世後仍然維持單身生活,卻寄錢給在東京的公婆家人,被稱讚為「貞女」,又她是「進步主義者」,又穿洋裝又穿洋鞋,又穿和服,日語也很流利。但其臉上又有泰雅族傳統紋面。[138]

Yajitsu Beriya和中野忠藏之間沒有小孩,收養泰雅族小孩竹原勉,她過世時,小孩才就讀「竹東小學校」六年級。[139]

野島元泰推測,Yayutsu Beriya大概從一九一四年開始常常訪問小川尚義,她於一九三〇至三一年左右病死之前,持續跟小川尚義的家族如親屬般地往來,擔任其重要受訪者。野島元泰指出,雖然泰雅語是難以研究的語言,但由於得到了Yayutsu Beriya這樣好的合作者的關係,小川尚義的研究似乎大有進展。[140] 可說他對小川尚義泰雅語研究貢獻相當大。

依井上伊之助記錄,Yajitsu Beriya兼任學校教師和泰雅語講習所的講師。

關於Yajitsu Beriya在警察體系中的身分,她開始在蕃務本署工作時,其職位是擔任約聘員工「雇」,一九一五年起擔任「內橫屏蕃語講習所」講師時,其職位仍是「雇」,[141]「雇」是約聘人員身分之一種,在政府機關中擔

---

[136] 生平主要依據:竹澤誠一郎:〈ヤユツさんを憶ふ〉,《理蕃の友》1卷4期(1932年4月),頁7;井上伊之助:《臺灣山地傳道記》,頁131-2;野島本泰:〈小川尚義の研究〉,收於日本順益臺灣原住民研究會編:《臺灣原住民研究概覽:日本からの視點》(東京都:風響社,2001年),頁51。

[137] 井上伊之助:《臺灣山地傳道記》,頁131。

[138] 同前註。

[139] 竹澤誠一郎:〈ヤユツさんを憶ふ〉,頁7。

[140] 野島本泰:〈小川尚義の研究〉,頁51。

[141] 臺灣日日新報社:《臺灣總督府職員錄》大正五年版(臺北市:臺灣日日新報社,1916年),頁218。

任助手。在理蕃相關人士中，比較出名者是瀨川孝吉（Segawa, Kôkichi），因臺灣總督府警務局理蕃課為了進行蕃地調查於一九三一年僱用他[142]。瀨川孝吉的著作有〈高砂族の生業〉（1954）[143]、與稻葉直通合寫的《紅頭嶼》（1931）[144]及與鹿野忠雄共著的 "An Illustrated Ethnography of Formosan Aborigines, Vol.1 The Yami"，[145]《瀨川孝吉臺湾先住民写真誌：ツオウ編》（2000）等。[146] 瀨川孝吉與宮本延人、馬淵東一等著名的民族人類學者皆有良好的互動關係[147]。等。在《警察職員錄》來看，「雇」大部分是男性，但也有女性雇員，如一九三二年時有新竹州大溪郡的河野sumi（スミ；月薪二十七圓）、[148] 本野moto（モト；無給）[149]，以及竹南郡的山口sae（サエ；無給）及城戶秀子（無給）等人[150]。後來Yajitsu Beriya1932年時屬於竹東郡，其等級為約聘員工「囑託」，其月薪六十五圓，遠高過一般警察，以當時情形而言可說是非常難得。「囑託」也是約聘人員。

其他有史料的講師的例子，有《セーダツカ蕃語集》（賽德克蕃語集）事實上的著者赤間富三郎。赤間富三郎於一九二五年七月二十一日被任命為臺中州蕃語講習所講師，他自一九〇七年以來研究霧社語（賽德克語德固達

---

[142] 宮本延人、瀨川孝吉、馬淵東一：《臺灣の民族と文化》（東京市：六興出版，1987年），頁21、101、245。

[143] 瀨川孝吉：〈高砂族の生業〉，《民族學研究》18卷12期（1954年3月），頁49-66。

[144] 稻葉直通、瀨川孝吉：《紅頭嶼》（東京市：生き物趣味の会，1931年）。

[145] 野林厚志：〈鹿野忠雄の研究〉，收於日本順益臺灣原住民研究會編：《臺灣原住民研究概覽：日本からの視點》（東京市：風響社，2001年），頁58。

[146] 瀨川孝吉攝影，湯淺浩史著：《瀨川孝吉臺湾先住民写真誌：ツオウ編》（東京都：守谷商　，2000年）。

[147] 請參照宮本延人、瀨川孝吉、馬淵東一：《臺灣の民族と文化》。

[148] 河野sumi的本籍是新竹，不知是改名者，或所為「灣生」（臺灣出身的內地人），還是跟新竹出身者結婚的關係。

[149] 依據篠原哲次郎：《警察職員錄》昭和七年版（臺北市：臺灣警政協會，1931年），頁47。

[150] 篠原哲次郎：《警察職員錄》昭和七年版，頁52。

雅話：Seediq Tgdaya），他編《セーダツカ蕃語集》時的地位是警部補。[151] 與他同時的高井九平警部也被任命為臺中州蕃語講習所講師。[152]

結論

　　本文探討臺灣日治時期的「蕃語講習」制度。「蕃語講習」制度是在臺灣蕃警察講習制度之一部分，巡查以上階級的警察訓練有在「練習所」及「教習所」等正式機關受訓（初次任職訓練），它具備有臺灣當地語言的訓練課程，理蕃警察最基層的警手卻並無此訓練。之外，在日常生活中也練習蕃語（一般訓練），理蕃警察、職員們在日常生活中練習蕃語時，不僅跟當地居民學習，也跟精通蕃語的職員學習，教材部分出版的語言課本有限，許多人邊自編教材邊學習。另外在專門訓練蕃語的機關：蕃語講習所接受訓練（特科訓練），其講師除了有緒方正基等通曉蕃語的「內地人」之外，仍有「蕃人」（臺灣原住民族），如「ヤユツベリア」（Yazistu Beriya），其薪水高過一般的警察。[153]

---

[151] 二宮力編：《セーダツカ蕃語集》（臺中市：臺中州警務部，1932年），序頁2。
[152] 〈蕃語講習所講師〉，《臺灣日日新報》1925年（大正十四）7月22日，日刊06版。
[153] 本論文由文藻大學日語系黃美惠教授、張瑞華小姐校對，在此感謝。

參考文獻

二宮力編　《セーダツカ蕃語集》　臺中市　臺中州警務部　1932年

又吉盛清　《日本植民地下の臺灣と沖繩》　沖繩縣　沖繩あき書房　1990年

三尾祐子　〈「蕃語編纂方針」から見た日本統治初期における臺灣原住民語
　　　　調査〉《日本臺灣學會報》第11期　2009年5月　頁115-175

丸井圭治郎編　《タイヤル蕃語集》　出版地不詳　出版者不詳　1915年

山口政治　《東臺灣開發史》　東京都　中日　詣資訊　1999年

井上伊之助　《臺灣山地傳道記》　東京都　新教出版社　1960年

石丸雅邦　〈臺灣日本時代的理蕃警察〉　臺北市　國立政治大學政治學系博
　　　　士論文　2008年

石丸雅邦　〈從理蕃警察組成探討蕃人警察的地位〉　收入若林正丈、松永正
　　　　義、薛化元主編　《跨域青年學者　臺灣史研究》第三集　新北市
　　　　稻鄉出版社　2010年　頁129-182

石丸雅邦　〈理蕃職員日記——以井上伊之助日記為例〉「日記與臺灣史研
　　　　究」學術研討會　國立中興大學綜合教學大樓13樓國際會議廳
　　　　中央研究院臺灣史研究所、中興大學歷史系合辦　2010　8月20日

石丸雅邦　〈琉球人理蕃警察職員〉　第三屆臺日原住民族研究論壇　國立政
　　　　治大學行政大樓7樓會議廳　國立政治大學原住民族研究中心舉辦
　　　　2010年8月27日

石丸雅邦　〈從「臺灣總督府公文類纂」看理蕃警察通譯兼掌制度〉　收入於
　　　　國立國史館臺灣文獻館整理組編　《第六屆臺灣總督府檔案學術研
　　　　討會論文集》　南投市　國立國史館臺灣文獻館　2011年　頁263-298

石丸雅邦　〈理蕃警察蕃語教材的研究〉《臺灣語文研究》第6卷第1期
　　　　2011年3月　頁1-49

安倍明義編　《蕃語研究》　臺北市　蕃語研究會　1930年

江口貞吉等著、花蓮港廳警察文庫編　《花蓮港蕃語集》　花蓮港廳　花蓮港
　　　　廳警察文庫　1932年

竹澤誠一郎　〈ヤユツさんを憶ふ〉《理蕃の友》1巻4期，1932年4月

洪惟仁　〈日據時代的臺語教育〉《臺灣風物》第42卷第3期　1992年9月
　　　　頁49-84

宮本延人、瀬川孝吉、馬淵東一　《臺灣の民族と文化》　東京都　六興出版
　　　　1987年

馬場藤兵衞　《タイヤル語典》　新竹市　新竹州警察文庫　1931年

冨田哲　〈統治者が被統治者の言語を學ぶということ──日本統治初期臺
　　　　灣での臺灣語學習──〉《植民地教育史研究年報》第3期　2000
　　　　年11月　頁6-21

冨田哲　〈臺灣總督府の「種族」・言語認識──日本統治初期の人口セン
　　　　サス・戶口調査・通譯兼掌手當〉　收入崔吉城、原田環編　《植
　　　　民地の朝鮮と臺灣：歷史・文化人類學的研究》　東京都　第一書
　　　　房　2007年　頁115-148

理蕃の友　〈蕃語研究熱の勃興と希望〉《理蕃の友》第1卷第3期　1932年
　　　　3月　頁10

理蕃の友　〈蕃地指導農園擔任者講習會〉《理蕃の友》第6卷第3期　1935
　　　　年3月　頁12

移川子之藏、馬淵東一、宮本延人　《臺灣高砂族系統所屬の研究》　臺北市
　　　　南天書局　1996年

野島本泰　〈小川尚義の研究〉　收入於日本順益臺灣原住民研究會編　《臺
　　　　灣原住民研究概覽：日本からの視點》　東京都　風響社　2001年

飯島幹太郎　《黥蕃語集》　臺北市　臺灣總督府民政部警察本署　1906年

黃文雄　〈拓殖大學臺灣語教師考〉《拓殖大學百年史研究》第7期　2001
　　　　年6月　頁35-45

稻葉直通、瀬川孝吉　《紅頭嶼》　東京都　生き物趣味の会　1931年

臺灣日日新報社　《臺灣總督府職員錄》明治四十五年版　臺北市　臺灣日
　　　　日新報社　1911年

臺灣日日新報社　《臺灣總督府職員錄》大正五年版　臺北市　臺灣日日新
　　　　報社　1916年

臺灣日日新報社 〈蕃語講習所講師〉《臺灣日日新報》1925年（大正十四）
　　　　7月22日　日刊06版

臺灣總督府公文類纂 〈新竹廳通譯兼新竹廳警部緒方正基兼任桃園廳通譯〉
　　　　明治44年1月1日 《臺灣總督府公文類纂》 國史館臺灣文獻館藏
　　　　冊號1880　文號60

臺灣總督府編 《アタヤル語集》 臺北市 臺灣總督府 1930年

臺灣總督府編 《パイワン語集》 臺北市 臺灣總督府 1930年

臺灣總督府編 《アミ語集》 臺北市 臺灣總督府 1933年

臺灣總督府蕃務本署編 《ぶぬん蕃語集》 臺北市 臺灣總督府蕃務本署
　　　　1910年

臺灣總督府警務本署編 《理蕃誌稿》 東京市 青史社 1989年

臺灣總督府警務局 《臺灣の警察》 臺北市 臺灣總督府警務局 1932年

臺灣總督府警務局編《臺灣總督府警察沿革誌》臺北市 南天書局 1994年

橫尾生 〈教育研究會に付て〉《理蕃の友》第6卷第3期 1935年3月 頁
　　　　12

篠原正巳 《日本人と臺灣語》 東京市 海風書店 1999年

聶甫斯基著，白嗣宏、李福清、浦忠成譯 《臺灣鄒族語典》 臺北市 臺原
　　　　出版社 1993年

瀨川孝吉 〈高砂族の生業〉《民族學研究》18卷12期 1954年3月 頁49-
　　　　66

瀨川孝吉撮影，湯淺浩史著 《瀨川孝吉臺灣先住民写真誌：ツオウ編》 東
　　　　京都 守谷商会 2000年

藤井志津枝 《理蕃——日本治理臺灣的計策》 臺北市 文英堂出版社
　　　　1997年

鷲巢敦哉 〈甲乙種巡查採用試驗の實際と受驗の要訣〉 收入中島利郎、吉
　　　　原丈司編 《鷲巢敦哉著作集》別冊 東京市 綠蔭書房 2000年

恥辱、生命政治與白色恐怖證言[*]

黃涵榆

臺灣師範大學英語系教授

摘要

　　一九五〇年代國民黨極權統治下的臺灣是個監控、壓迫與屠殺無所不在的「白色恐怖」年代。部分被國民黨長期監禁的政治受難者在難以想像的刑求與勞動之外，還經歷背叛、羞辱與疏離。他們以「劫後餘生」的樣態說出了「常人」經驗範疇之外的故事，在生命本體論的層次上見證了人類的存在如何溢出非人的苦難。本論文不打算如一般論者將白色恐怖證言放入臺灣外來政權殖民與民主化進程的大敘述，而是要透過較寬廣的理論脈絡，特別是當代義大利哲學家阿岡本（Giorgio Agamben）的思想，探討餘生證言所再現的恥辱不僅是極權體制生命政治的手段，我們從中更可看出律法與生命、常態與例外、有法與無法失去區分，所有的身分標記與公民權利被拋除、生命真相褪去所有防護最為裸露的狀態。以此為理論架構，本文討論包括《流麻溝十五號》、顏世鴻的《青島東路三號》、陳英泰的《回憶、見證與白色恐怖》等白色恐怖證言文本，將論證這些證言若對臺灣人或臺灣歷史有任何倫理意義，正在於對那種無依的、裸命的恥辱本體狀態至為深刻的體認。

關鍵字：白色恐怖、裸命、證言、恥辱、生命政治、餘生

---

[*]　論文為科技部人文司「培育年輕學者卓越研究能力計畫：思想東亞、超克全球、想像世界」整合型計劃（NSC 102-2420-H-004 -022 -MY3）之子計劃「恥辱、餘生見證與白色恐怖：後人文主義的思考」部分研究成果。

一　前言

　　卡夫卡的小說《審判》（*The Trial*）以「『像隻狗，』他這麼說。似乎恥辱超出他的生命」（Kafka, *The Trial,* 177）作為結束。K被處決揭示了一種法與無法失去區分的「例外狀態」（state of exception），而在此情境中的的恥辱如同餘生者（remnant），在某種形式的死亡之後，繼續其不死的（undead）存在。於是我們也能夠理解為什麼當代義大利哲學家阿岡本（Giorgio Agamben）會在分析安特米（Robert Antelme）的大屠殺餘生證言裡有關那位來自義大利波隆那（Bologna）的學生的經歷之後，緊接著引述卡夫卡的《審判》。當那學生意會到他在全然隨機決定的情形下將被納粹處決，一時之間羞愧地臉紅，彷彿是因為理解自己「必須受死」、且「無法從死亡當中發現除了臉紅、恥辱以外的意義」（Agamben, *Remnants of Auschwitz,* 104）。如同K的恥辱溢出了卡夫卡小說的文本界線，餘生證言裡的恥辱也同樣牽涉到一種經歷了非人化的苦難、鬼魅的、不死的生命樣態。

　　本論文探討臺灣一九五〇年代白色恐怖證言如何再現或無法再現與生命本體存在息息相關的恥辱，將從阿岡本觀點處理恥辱、見證與生命政治的密切關聯。一九五〇年代國民黨極權統治下的臺灣是個監控、壓迫、非法逮捕與審判、屠殺無所不在的「白色恐怖」年代。[1]部分被國民黨長期監禁的政治受難者在難以想像的刑求與勞動之外，還經歷背叛、羞辱與疏離。他們以「劫後餘生」的樣態說出了「常人」經驗、社會常態與歷史事實範疇之外的故事，在生命本體論的層次上見證了人類的存在如何溢出非人的苦難；那也是一種不可能的見證或者見證了「不可能」。本論文不打算如一般論者將白

---

[1]　廣義來說，「白色恐怖」屬於臺灣一九四九至一九八七年國民黨極權體制實施戒嚴統治漫長的歷史時期的一部分。早期階段白色恐怖主要是針對任何中共潛臺間諜或「涉嫌」參與中共在臺組織、從事或預謀顛覆政府活動的人士；在一九五〇年代「肅清匪諜」的高峰期之後，白色恐怖的對象逐漸涵蓋所有政治異議份子。在這將近四十年的恐怖統治期間，將近有十四萬人因案被捕，其中被判處死刑的人數約為四千（侯坤宏143）。本文使用「白色恐怖」專指一九五〇年代，也是後文將探討的證言所描述的年代。

色恐怖證言放入臺灣外來政權殖民與民主化進程的大敘述，而是要透過較寬廣的理論脈絡，特別是當代義大利哲學家阿岡本的思想，探討那些證言所再現的恥辱不僅是極權體制生命政治的手段，我們從中更可看出律法與生命、常態與例外、有法與無法失去區分，所有的身分標記與公民權利被拋除、生命真相褪去所有防護最為裸露的狀態。

　　本論文將首先針對餘生證言相關研究文獻進行簡要評述。接著將阿岡本有關恥辱之思考置放於較廣泛的思想脈絡裡，審視恥辱如何不僅是一種生命政治的技術，更顯示了法律如何深入到生命的裡層、如何製造出裸命，餘生者所見證的恥辱如何牽涉到生命本體的錯置、以及一種所有名號、社群標記與歸屬都失去區分與意義的狀態。以此為理論架構，本文討論包括《流麻溝十五號》、顏世鴻的《青島東路三號》、陳英泰的《回憶、見證與白色恐怖》等證言文本。在此必須先強調的是，恥辱作為一種餘生證言所再現的生命經驗不應該被過度普遍化，以至於忽略了個別生命的獨特性（singularity），甚至將之提升到一種激發「苦難意志」（will to suffering）或通往更高生命價值的崇高的道德情感。除此之外，本論文以理論與證言文本交互映照，不獨尊任何一方，甚至要凸顯經驗與再現之間的斷裂，也就是說，本文將測試阿岡本理論如何可以或無法適用於臺灣白色恐怖證言的研究。本文藉此期待能開展出不受限於國族敘述與集體社會氛圍、對於生命本身的關照。

二　「見證的年代」或見證不可能：極權體制的生命政治情境

　　在「後極權」與追求轉型正義的社會裡，我們經常可以見到受害者與其親友透過不同的方式回憶、敘述、見證創傷過往，或是控訴加害者的暴行，要求實質的司法與政治、或者象徵的心理層次的平反。[2]本文所使用的「見證

2　以臺灣白色恐怖為主題的紙本證言，自九〇年代開始已有不少產出，除本文討論的之外，尚包括林書揚、胡子丹、柯旗化、孫光直、孫康宜、鍾逸人、王歡等人所著。記錄片則有洪維健：《白色恐怖追思》（臺北市：財團法人戒嚴時期不當叛亂暨匪諜審

的年代」一詞援引自法國學者韋威歐卡（Annette Wieviorka）大作《見證的年代》（*The Era of the Witness*）。韋威歐卡指出，「不同的年代各自有其證言的物質支柱：紙本、錄影帶、法庭、記錄片。即便內部的事實元素不變，訴說的故事都還是由集體的考量，以及見證的外在情境所形塑。於是個別的故事成為更大的故事、社會形構物（social construct）的一部分」（頁83）。換言之，證言有其外在社會、技術、文化等多重決定的因素，並非自成一體、封閉不變的文類。

我們從韋威歐卡的研究了解到，西方世界整個後大屠殺（post-Holocaust）歷史從早期的納粹戰犯的審判，轉向受害者的見證，而且見證的情境不再限於法庭，媒材形式也越多樣。這股始自七○年代的潮流不僅顯露出一種對於生命故事的狂熱，其重大的歷史意義更在於使「受害者」——不論是現實的或證言所再現的倖存者或受難者——不再只是被邊緣化的、無聲的一群，而是成為歷史的主角。這些劫後餘生的見證（手稿、日記、專書、錄影帶等）顯露了對於遺忘、失憶與生命痕跡的淹沒的焦慮。它們在象徵的層次上奉「死者」之名，「還以大屠殺的受害者一個名字、一張臉、一段歷史」（Wieviorka, 141）；一方面訴說著特異的、無法想像的災難與創傷經驗，弔詭的是，也同時訴諸一種不是理智上的、而是情感上的親近的認同倫理。而這些證言的研究學者如哈特曼（Geoffrey Hartman）、蘭格（Lawrence Langer）、費爾曼（Shoshana Felman）、勞柏（Dori Laub）大多強調社會療癒的功能、以及傾聽與記憶的道德職責。這些倫理訴求經常出現在包括南

判案件補償基金會，2005年）；洪維健：《白色悲歌》（臺北市：洪維健，2008年）；陳麗貴：《青春祭》（臺北市：交通部觀光局東部海岸國家風景區管理處，2003年）；曾文珍：《春天——許金玉的故事》（臺北市公共電視，2006年）；滕兆鏘：《白色見證》（臺東市：交通部觀光局東部海岸國家風景區管理處，2003年）；關曉榮、藍博洲等：《我們為什麼不歌唱》（臺北市：人間學社，2004年）。其他相關記錄片，見吳乙峰、周美玲、胡臺麗等之作，不另列舉。有關臺灣二二八事件與白色恐怖時期之見證，目前尚無完整的電子資料庫，相關檔案與網路資源入口，見「臺灣民間真相和解促進委員會」（http://taiwantrc.org/line.php）與「數位典藏與數位學習」（http://digitalarchives.tw/）。

非、東歐與臺灣等面對轉型正義工程的國家，而且與強調和解與寬恕的社會氛圍若合符節。這些問題後文將有進一步的評述。

毫無疑問地，後大屠殺的見證與相關的學術研究引發了不少的質疑和批評，大部分環繞在那些證言記憶的可信度（導因於倖存者的記憶功能受損與其他身心創傷），或者證言與虛構之間模糊的界線。然而本文將研究重心由爭論餘生證言呈現了多少歷史知識或客觀史實，轉移到思索不死的、特異的生命本體。司法、神學、歷史、人類學、民族學與社會學等領域所進行的見證，大多被納入某種固定的發話、意義與價值系統。然而，我們也不應該因此忽略見證的一些不穩定的、錯綜複雜的特質。例如，如費爾曼就指出，以潛意識作為學科基礎的精神分析徹底撼動了見證的根基，讓世人了解到有效的見證不必然等同於全然地掌控真理（Felman and Laub, 15）。精神分析裡的證言揭露了見證主體、行為與客體之間必然存在著斷裂，而不可形成完整而連貫的關係。在此我必須強調，正是經由這樣的斷裂，也就是（完全）見證的不可能，我們才可能瞥見主體生命的真相。

另一方面，見證必然牽涉與過往的關聯、個人與集體記憶之間的分合（Bluestein, 303; Nünning, 97），見證從來都不單純是藉由追憶而貫通時間差異，使證據、意義與知識得以產生的行為；見證從未免於複雜性與不確定性。當代的集體記憶研究大多特別關照見證與追憶之間的緊密關聯，並且採取建構論的立場，以文化傳統、體制、歷史、族裔作為集體記憶的參照座標。對於這些研究者而言，見證即是經驗的中介與重構，也因此脫離不了敘述化（narrativization）或虛構化（fictionalization）（Nünning, 頁98-100）。雖然在傳統的宗教與司法範疇裡，見證主要的功能在於提供證據，但是記憶似乎總是不段溢出任何驗證邏輯，使得餘生證言不可能只是史實與否的問題。如果餘生證言見證了什麼，應該是記憶的鬼魂，一種事實與虛構糾葛的鬼魅空間。更明白地說，餘生者見證的既是集體「共同的」創傷記憶，也是個人「特異的」驚嚇、無助、錯亂、恥辱等情感經驗，不是量化的實證學科所能處理。不論是口述或書寫的證言，大多纏繞諸多細節，企圖捕捉在集中營所經歷和見聞的非人化的罪行和苦難；這在相當大的程度上顯露出延長性的

創傷情境，但同時也代表餘生者努力要為那些創傷事件建構出意義的參考指標。我們詮釋或聆聽這些證言的重點，與其說是它們所見證的史實，倒不如說是對於生命痕跡消失的焦慮、以及為一股為見證而活不死的驅力。餘生者訴說著超出「常態」社會與一般人理解範圍的特異生命，也經歷了一種「去主體化」（desubjectification）的過程：不僅是因為集中營中的非人化的遭遇，也因為他們在獲得「重生」之後，回憶過往與控訴加害者，也對著現在與未來的他者（the Other）說話，成了共通苦難經驗的載體（media）。於是我們在此看到了一種弔詭：餘生者成為證言主體的條件也包括了見證去主體化。本文要談的恥辱也涉及到這種主體化與去主體化的弔詭，稍後將有進一步討論。

如上所言，許多關照了見證困境的研究都凸顯倖存者語言如何破損、他們的證言如何不符史實驗證的規範、以及他們如何還走不出創傷過往的陰影。但本文著眼於學科性、客觀事實與知識之外的範疇，將見證的問題連結到極權體制生命政治情境中的生命本體。根據研究極權主義頗具影響力的現代政治哲學家鄂蘭的觀點，極權主義仰賴官僚科層科學研究與實驗，將「全面統治」在集中營裡做了最極端恐怖的實踐；在那裡已不再需要任何經濟或功利主義的考量，人類的生命被貶抑成雖生猶死、非人非物的裸命狀態。納粹集中營裡的囚犯被剝奪了人類的表徵（如自主性、個體性、情緒等）他們的生命痕跡（包括死亡）任何時間都可以透過任何方式被清除；那裡是一個任何可怕變態的罪行都可能發生的地方，完全封閉在「瘋狂與虛幻的氣氛」之中（Arendt, *Origins,* 445）。[3]於是，集中營倖存者恍若隔世，從一個無法完全用人類語彙描述的世界裡逃了出了，活了下來。他們所見證的是讓傳統法律、政治與道德語彙和判斷都失效的「見證的不可能」。正因為如此，鄂蘭

---

[3] 本文後半部討論的臺灣白色恐怖證言裡也許不乏「日常生活」的細節描述（即便使那些納粹大屠殺證言裡也有），甚至部分受難者被允許與外界通信，監察委員、美國政府代表與媒體甚至有時還探視綠島集中營，但些這都不改變集中營「例外狀態成為常態」與裸命的本體存在的本質：所有的「日常生活」隨時都可能被取消，或者充其量也只是遂行生命政治統治的管道，並無任何較為「人性」、「自然」或「開明」的意涵。

才會宣稱只有那些在道德感受被非人的罪行牽動、但沒有完全被腐蝕、還有能力思考與想像的人，才有可能對大屠殺形塑出任何歷史知識（頁441）。但是我們也必須認識到，鄂蘭的政治哲學長久以來都是以公共領域的知識與溝通理性的傳遞為關懷，並沒有特別重視餘生證言的倫理意義，我們甚至可以說鄂蘭的政治哲學還沒有走到生命的最底層。

阿岡本如同鄂蘭也以極權主義集中營作為形塑現代生命政治的範本，但是他更走近／進／盡生命的底層，在更為本體的層次上審視餘生見證的問題。阿岡本的生命政治著述向來特別關照諸多存在於邊界或「無區分地帶」的「剩人」（homo sacer）。諸如無國籍難民、重度昏迷者、人類實驗白老鼠，也當然還有集中營囚犯——這些不死的剩人被國家機器剝奪了基本人權與公民權，被丟棄到人類社會邊緣，但並未從此免於生命政治的統治；他們失去可辨識人類與社群的標記，在某一部分的生命被摧毀之後繼續存活著。這不死的生命樣正是阿岡本處理餘生見證的不可能性的本體情境。首先必須理解的是，既然畸零生命或「剩人」存在於邊界或無區分地帶，就不應被套入泛道德化與目的論的解讀框架。從阿岡本的角度或者一種比較深刻的生命本體論來看，餘生見證如果對於體察生命真相有什麼意義，必然是來自既有的政治、倫理概念區分的失效。

阿岡本著作裡諸多的剩人形象當中最能代表不可能的見證者的非《奧辛維茲的畸零人》（Remnants of Auschwitz）裡的「回教人」（Muselmann）莫屬。集中營裡的其他囚犯無法直視回教人那朦朧、空洞機械、哀傷卻也冷淡的眼神，遑論與之維繫任何「人類的」情感互動與認同。回教人在被褪去所有人類標記之後，如同漂浮在無區分地帶、發出無人能懂的聲音的活死人，見證了最極端的裸命的事實：一種生命樣態可以在經歷所有非人的殘酷罪行與苦難而繼續殘存（Agamben, Remnants, 42-45; Vogt, 84）。我們從回教人身上看到，生命既被否定，卻又不斷溢出於非人狀態，生命與死亡、人與非人亦進入無區分地帶。職是之故，親眼目睹回教人的餘生者成了「不可能的見證」的見證者。這種絕對特異的「不可能的見證」溢出經驗事實的論證，無法被歷史學科體制所吸納或同化，暴露出政治、道德、認知與本體的極

限。生與死、人與非人、尊嚴與卑賤、悲劇與鬧劇、行動與責任、「主觀的清白」與「客觀的罪過」之間的區分無法運作，並非意謂著道德虛無主義，而是傳統道德價值、判斷與行動的的失根狀態：這種不可能性卻是倫理再造與救贖的可能性。回教人所見證的、亦即不可能的見證，是生命政治的全面統治，也是生命的本質以其非人或者「比人還要多的」溢出的狀態繼續存在。更精準地說，我們不應該因此將「人」完全等同於「非人」，而是應該體察人的內在分裂。如阿岡本指出，人「存在於……人與非人之間的裂縫」（*Remnants,* 134），總是超越自身、穿越非人的罪惡和災難以剩餘的方式繼續存活。

三　「像隻狗那樣！」生命政治與恥辱本體論

本文一開始簡略討論的卡夫卡小說《審判》的結尾，似乎早已標示了恥辱與生命政治的糾葛。恥辱既是一種心理感受，也與權力運作脫離不了關係，而本文要推演的是一種能夠關照經歷與見證了集中營裡「不可能的見證」的餘生者的「恥辱本體論」。簡略地對幾個不同領域裡的恥辱的概念進行一番評述，將有助於釐清許多問題。

在以認知心理學和行為論為基礎的情緒研究與情緒倫理學範疇裡，恥辱意味著對於嬰兒期自戀狀態做出的一種痛苦的回應。更精準地說，當自我意識到自身的滿足與完整性的虛幻，就會有恥辱的感受；換言之，恥辱脫離不了生命初期感受到的脆弱與無助。自我在後來的發展過程中所感受到的恥辱都與規範、規則、人生目標有關；用精神分析的語言來說，與自我理想（ego ideals）者大他者（the Other）有關。據此而論，如路易斯（Michael Lewis）所指出，「當我們評斷我們的行動、感覺或行為之後，覺得我們做錯了什麼，那種感受就是恥辱。那時候我們整個人都受到影響，會想要躲起來或消失」（頁2）。這種感受經常來自於父母親要求完美的壓力，經常會混雜了厭惡、憤怒、悲傷、罪惡、退縮等感受。整個來說，情緒研究與倫理學傾向將恥辱視為一種妨礙正常的自我發展（如自信心、成就感、快樂等等）的

負面情緒，必須加以疏通，以導向正面積極的方向，提升尊嚴感。

如以上情緒研究與倫理學所界定的恥辱、以及強調的療癒目的即便影響相當普遍，卻不適用於餘生見證的研究。餘生者見證了非人化的恐怖罪行與苦難，他們所感受的恥辱並非導因於自戀式的自我形象的破碎與來自父母難以承受的壓力。換言之，我們對於恥辱的思考應該要展望「妨礙自我發展、必須要導正的負面情緒」以外的視角。本文有關於證言的研究強調一種生命政治視角內的恥辱本體論。政治權力、甚至說是任何一種權力的運作，都必然與景觀（spectacle）脫離不了關係。權力透過展示以發揮威嚇的心理作用，以達成統治的效用；也就是說，權力藉由展示達到羞辱的效用。人類文明史中不乏相關的制度設計和行動：殖民統治、軍事入侵與占領經常都以大規模屠殺揭開序幕，而國家機器在面對挑戰的時候，也大多以軍事鎮壓為手段；自古以來許許多多公開的懲罰、刑求、處決儀式等，都具有透過暴力的展示與暴露，達到公開羞辱的權力效用。再者，如同諸多餘生證言所記載的，偵訊與刑求的目的不外是引起疲勞、痛苦、失眠、焦慮，進而解除心理防備，引發退縮、驚嚇與罪惡感，以達成「自白」、「認罪」甚至構陷的最終目的。

然而更進一步來看，以羞辱、製造恥辱感為目的的政治權力除了景觀化的方式之外，也會透過更細緻深入、更符合經濟效益的方式運作；這也是因為權力除了丟棄與壓制生命，也會以訓練行為、管理生命與規訓主體為目標。在這些目標下，當主體無法符合生產、性、道德、健康等規範被歸類為「不具生產力的」、「劣等的」、「病態的」或是「變態的」，就會有恥辱感，會被標記成「可恥的主體」。針對這些概念我們也許可以藉由傅柯（Michel Foucault）大作《規訓與懲罰》（*Discipline and Punish*）的規訓權（disciplinary power）論述做進一步闡述。根據傅柯的研究，規訓權不是由任何單一權力機構所獨占，而是可以與諸如軍隊、學校、醫院、療養院、監獄等緊密結合；這些權力機構的共通目的在於訓練與矯正行為與製造「正常的」、「良善的」、「有用的」主體。傅柯解釋，「規訓『製造個體』，那是一種將個體同時視為對象與工具的權力技術」（頁170）。原本混亂或無用的群

眾可因此被訓練與組織成一個有用的個體與身體所組成的大團體，個別主體成了權力施加的特定對象，同時也是實現自我管理規訓與監控的自動化權力裝置的代理人。這樣的權力機制完全符合自由功利主義低成本、高效能的經濟估算。這種新型態的規訓權不像前面提過的傳統權力透過景觀製造恐懼與恥辱，而是持續地進行監控、評斷、規範、檢查主體，特別是透過建築上的安排，使得監控或凝視（gaze）無所不在，使主體無所遁形。

如傅柯所闡述，「階層化監控的權力不是一種可以具體擁有的東西或者可以轉移的財產，而是一種機器裝置」（Foucault, 177）。這種裝置必須依賴視覺法則才得以產生效用。除此之外，還有各種評鑑委員會與評分系統執行分類、判別與處罰主體的功能，將主體劃分出「優良」、「可」、「劣」或者最底層的「可恥」不同等級；主體也因此被納入知識與檔案系統。

以上有關傅柯的規訓權力的討論牽涉到規範、可見與不可見的交互作用、處罰等因素的連結。在此脈絡中，當主體因為回應不論是內在或外在的威脅、處罰、嘲諷或責難，所產生的痛苦的情緒反應就是恥辱。努絲包姆（Martha Nussbaum）指出恥辱「切進任何一種社會規範內層」（*Hiding from Humanity,* 173）。此觀點即便相當精準，似乎無法處理超出權力策略與目標的生命真相。如同鄂蘭的極權主義研究所顯示，權力走入極端，完全超出功利主義式的經濟估算與考量；而主體在那樣的生命政治或死亡政治的情境中，已不再是被觀察、訓練、檢查與常態化的對象。恥辱毫無疑問離不開生命政治，但是很顯然地，上述的觀點仍有待補充之處，這也是本文透過阿岡本觀點建立的「恥辱本體論」所要完成的。

在《奧辛維茲的畸零人》（*Remnants in Auschwitz*）一書的第三章，阿岡本探討了列維（Primo Levi）、畢多海姆（Bruno Beetleheim）與艾莫里（Jean Améry）等人的大屠殺餘生證言特別凸顯恥辱的問題。整體來說，這些證言從阿岡本的批判角度看來，混雜了法律與倫理的概念：罪過、責任、無辜、寬恕等等都失去了範疇之間的區分。[4]與本文最密切相關的是恥辱與罪

---

4 這裡所說的失去區分的情況，也出現在戰後審判過程中的納粹戰犯身上：他們僅在

惡感無法區分。這種恥辱與罪惡感交織的狀況經常起因於無法採取行動反抗或阻止罪行卻存活了下來（*Remnants*, 88-89）。[5] 然而阿岡本接著指出，那些餘生證言所表白的恥辱事實上掩飾了某種猶豫不決的道德立場，或者是「無法將無辜與罪過分離的失敗」（*Remnants*, 94；亦見Levi, *Drowned*, 59, 121）。

　　阿岡本在檢視了大屠殺餘生證言裡的矛盾與兩難之後，進一步揭示恥辱在本體的層次上更為不定的面向。例如，阿岡本將列維與艾莫里對比（後者似乎更堅持違反當時戰後德國「走出過去」（Vergangenheitsbewältigung）的主流社會風潮，堅持不妥協、違反常理的「怨恨」（resentment）的態度），思索一種超出接受與抗拒、過去與現在、善與惡的恥辱，一種沒有罪惡感與時間性的恥辱（*Remnants*, 102-103）。這樣的理解在安特米證言裡關於那位義大利波隆那的學生的插曲得到印證：在本體存在的層次上，恥辱的原因不在於感受到自身僥倖存活而是無法在自身面臨死亡的時刻理解到任何意義。阿岡本對那位學生在生命最後時刻臉上出現的羞澀表情做了這樣的解釋：「很明顯的，他並非因為活下來而感到羞恥。相反的，他似乎是因為自

道德或宗教的層次上坦承自己的罪行，卻在法律的層次上堅持自己的無辜。換言之，「道德良知」入侵法律範疇，成為究責（imputability）的不在場證明。相同的情況也發生在國民黨對於二二八屠殺與白色恐怖的制式反應。不論其領導階層（特別是同時擔任總統與黨主席的馬英九）道歉了多少次，到目前為止沒有任何一個相關的司法案件成案，沒有任何的罪犯受審；這同時也牽涉到違反人權的迫害罪行是否得以一般刑法處理的法學爭議，不在本文探討的範圍之內。

5　列維自己陳述了這裡所說的道德困境：「集中營『得救者』並非最優秀的、註定行善的一群、訊息的傳遞者。我所目睹和經歷恰好相反。更妥切地說，是最差的、自私、暴力、冷感的人活了下來，「灰色地帶」的共謀者、抓耙仔……我感覺無辜是的當我被列入得救者名單不斷在自己與他人的眼中尋找活著的理由最差的活下來……也就是最適合生存的；最優秀的都死了」（*Drowned*, 63）。然而，列維在其他很多時刻裡並非都使用如此自責的口吻，或者義正詞嚴地將「最大責任」歸於極權體制（*Drowned*, 28），或因為親眼目睹他人犯下無法彌補的非人暴行而感到恥辱夾雜著痛苦（*Drowned*, 66, 88-90; *Truce*, 188；引號為本文所加）；恥辱不單純是「一種突如其來的道德無力感的打擊」，甚至伴隨著（集中營）解放的喜悅而來（*Truce*, 189）。這些複雜的情緒糾葛並不違背本文構思的具有生命政治意義的恥辱本體論，但卻是阿岡本沒有深入探討的。

已必須受死、必須因為隨機選取……受死而感到羞恥」（頁104）。主體在這樣的情境裡，面對的是與自身生命至為親近、無法逃脫、也無力承擔的生命真相；這也是阿岡本從列維納斯（Emmanuel Levinas）有關恥辱的思考裡推衍出來的觀點。用列維納斯自己的話來說，「完全被釘在自身、無法逃離與躲藏、完全綑綁在『我』的存在動彈不得即是恥辱的經驗」（頁64）。用阿岡本的語彙來說，恥辱出現於「主體化」（subjectification）與「去主體化」（desubjectification）、主動性與被動性的連域（threshold），也是主體面對無法承受與見證的存在核心暴露出來的時刻。

以上的觀念與本文一開始討論的卡夫卡小說《審判》的結局密切相關，畢竟沒有任何一種比暴露在主權（sovereign）決斷的瘋狂、主體無法為其死亡承擔任何責任或理解任何意義更為充滿恥辱感的生命情境。然而，要深化這樣的論述，也許必須建立起一些理路上的連結。舉例而言，重新審視海德格的此在（Dasein）分析學與「根源情動」（fundamental affects）的關聯，將有助於我們理解本文要建構的「恥辱本體論」的內涵。如岡本所闡述，「此在的開放性將它帶往一種無法逃離、無法掌握、無法到達的狀態，陷入恆常的迷惘」（*Potentialities*, 193），而海德格式的「情緒」（*Stimmung*）正適用這種融入的本體情境。此在的真相牽涉主動性與被動性、「能與無能的共存」（*Poetntialities*, 200）、無力或被拋棄（thrownness）與「自由的深淵」（頁201）、主體與客體之間的逆轉。

從本文論述發展的邏輯來看阿岡本顯然沒有意識到在他自己的思想體系裡恥辱與其他概念之間的關聯。更精準地說，恥辱牽涉到的不只是主體過度貼近自身存有的核心，也牽涉到過於暴露在他者或者主權決斷之中。如果阿岡本有關恥辱的思考中處理了自／受虐情境（*Remnants*, 107-109），那意味著恥辱感的原因，用精神分析的語彙來說，在於接受教化或遵守律法而得到快感，或者應該說是「剩餘快感」（surplus-enjoyment）。恥辱標記著生命被帶往一種主權的例外狀態、法與無法的連域，或者一種「主權極爽」的狀態（sovereign *jouissance*）（Santner, 15, 亦見21-22）；這樣精神分析式的說法基本上與阿岡本的理路也不謀而合。

以上所談的餘生證言與生命政治裡的恥辱出現在主體化與去主體化、主動與被動、存有與虛無、規範與例外的連域（threshold）。照阿岡本的說法，「人類之為人類在於他們見證了非人」（*Remnants*, 121）。恥辱作為一種本體性的情動，則揭示著失去所有庇護的零度的人性。然而，阿岡本對於的恥辱似乎還不夠貼近整體的證言文學，也遮蔽了其他思考的可能：比如說，阿岡本未能探討見證與記憶的強迫症如何暴露出恥辱與罪惡感交雜的情感與道德困境。本文將透過臺灣白色恐怖證言繼續延伸這些思考。

四　臺灣白色恐怖餘生證言：歷史與轉型正義[6]，或恥辱本體論？

在李登輝總統任期最後四年（1996-2000）與陳水扁八年總統任期內（2000-2008），轉型正義似乎成了政府施政與臺灣未來走向主要的目標之一。相關補償條例的立法與實施（如《戒嚴時期不當叛亂暨匪諜審判案件補償條例》，1998）；明定二二八為國家紀念日與每年例行的追思紀念會；相

---

[6] 「轉型正義」（transitional justice）可泛指類似南美洲、東歐、南非、南韓與臺灣等前共產或威權體制國家追求的正義。如此一領域研究的重要學者泰朵（Ruti Teitel）所界定的，轉型正義的工程「主要透過法律回應先前的壓迫性政權的過錯」（頁69）。即便有各自的歷史軌跡，不同國家的轉型正義的工程仍然不脫調查真相與公開檔案、平反、體制變革、寬恕與和解等重大的共通議題與目標。然而，當這些國家越企圖將轉型正義法制化，越不得不面對包括技術、社會心理、道德各層面的問題與困境。例如張炎憲就曾在《戒嚴時期白色恐怖與轉型正義論文集》導言裡，指出了臺灣白色恐怖時期案件的平反與補償所遭遇的困難，包括時間的界定、被捕者身分、案件數量的認定與案情釐清、資料檔案的彙整等等（頁8-9）。此外，轉型正義應該以個人或集體為究責的對象，也經常引發不少爭議與實行的困難。如果有所謂的「集體罪過」，是否也該有相對應的「集體責任」，該如何追究？當一個社會不斷強調和解與寬恕，甚至將之提升到一種道德律令，是否又會形成另一種心理壓迫？更根本地問：當正義越來越體制化，越來越落入手段與目的之間的對應考量，甚至是立法機構的權力折衝與妥協，受壓迫者的苦難的真的就能得到救贖？將這些問題整個納入思考，我們是否該更警醒當前臺灣可能只有轉型而沒有正義？這些問題雖然重要，但並非本文論述焦點，當另文探討。

關監所與集中營（如綠島與景美）、以及處決（如馬場町）與亂葬處地（如六張犁）改建紀念區或豎立紀念碑；官方與非官方報告、學術研究與田野調查。類此，白色恐怖似乎不再是一種政治禁忌，而是一段必須記錄、反思與記憶的時代。在類似臺灣這樣追求轉型正義的「後威權」社會裡，紀念碑、紀念館、紀念日與檔案的建置與追悼儀式的舉行自有其重大的社會心理與象徵意義，當另文探討。包括餘生證言的出版的這些改變也經常被視為見證了臺灣民主化歷程，或者參透（working-through）創傷的歷史過往與修補集體記憶，揭露被壓抑的歷史與重構歷史知識，有助於轉型正義（或者如上所質問的，只有「轉型」而沒有正義）工程的實踐。例如，曹欽榮在為自己所主持的《流麻溝十五號》採訪計畫所寫的〈前言及採訪記〉裡就強調，書中幾位臺灣阿嬤的個人生命史對於轉型正義與國家社會民主發展的目標有著重大意義（頁 47-48）。

張炎憲在為陳英泰的回憶錄所寫的序言〈恐怖年代的歷史見證〉就指出，「在民主轉型期的臺灣，如何面對過去迫害人權的歷史，是相當嚴肅的課題。……陳先生所寫的正是恐怖年代的歷史見證，是很有價值的反面教材。希望濫用公權力的政權一去不復返，人權與正義能夠永遠存在臺灣的土地上」（頁 12）。與此相似，李筱峰在其〈臺灣戒嚴時期政治犯的遭遇與處境〉一文也提醒我們從受難者的經驗中學得歷史教訓，以避免歷史夢魘重演（頁 423）。而一九九九年時任臺北市長的馬英九在為中央研究院耗時多年完成的《戒嚴時期臺北地區政治案件口述歷史》所寫的序言中，則是呼籲重思「國家安全」、「思想自由」與「社會正義」孰重孰輕的問題，並且訴諸「命運女神的玩弄」與「歷史的弔詭」等抽象的法則，看待戒嚴時期暨白色恐怖的人權迫害與殘殺，最後並以「用更寬廣的心胸來面對陰暗的過去……走出陰霾、走出悲情、走向光明的未來」（vii）的道德訴求結束序言。這樣的言論相當大的程度上代表了國民黨官方看待戒嚴統治與白色恐怖的「史觀」，以及「大和解」、「寬恕」、「療癒」等道德訴求。

反觀同樣是為陳英泰先生回憶錄撰寫序言〈不信青春換不回，不容歷史盡成灰〉的曾建元則明白指出，「由於善用檔案與各項文獻研究資源，本

書的資料較之其他的回憶錄更為詳實可信，但我認為本書的最大特點，則在
於作者具有清楚的寫作觀點和問題意識，要去揭露國民黨白色恐怖政權的罪
惡本質」（《回憶》上，頁9-10）；另外在同樣是陳英泰的白色恐怖證言《再
說白色恐怖》裡的序言〈風簷展書讀，古道照顏色〉曾建元也有類似的主張
（ix）。換言之，曾建元將陳英泰的餘生見證定位為更具歷史真理價值的文獻
或檔案，有助於世人更趨近歷史真相與看清極權體制的罪惡。

　　在此必須釐清一點：本論文即便不否定轉型正義對於重思或改寫臺灣歷
史的重要性，仍主張分離白色恐怖證言的詮釋——毫無疑問是整個上述「見
證者年代」的社會氛圍的一環——與轉型正義工程。這樣的立場也等於是
要質疑任何一種企圖獨占白色恐怖的集體記憶將它檔案化博物館化與政治操
作。本文的白色恐怖證言研究強調的是餘生者特異的生命歷程，超越歷史寫
實與證據主義邏輯（evidential logic）。從史提格勒（Bernard Stiegler）的觀
點來看，人類記憶的保存有賴組織非有機的技術體系（*Technics 1*, 143）。記
憶必然在外在的物體工具或框架、也就是技術或人造支撐物上留下痕跡。史
提格勒更明白指出，記憶的外部化或事件化就是一種記憶選取與持有、也就
是決定何者可記得（memorable）的過程。換個角度說，技術的事件化決定
了未然的記憶。[7]然而，這裡所談的記憶透過技術體系進行的外部化，不必然

---

[7]　中央研究院近代史研究所口述歷史計劃小組在其《戒嚴時期臺北地區政治案件口述歷
　　史》的〈前言〉特別指出，「口述、回憶、自傳等都可能因為受訪者遺忘、主觀、偏
　　見，以及現實利益考量等因素，而對歷史做選擇性的重建或有意識的修飾」（xiv）。
　　這樣的「提醒」類似上述一般後大屠殺的見證與相關的學術研究，直指倖存者的記憶
　　功能受損與其他身心創傷而影響證言記憶的可信度，或者指出證言與虛構之間模糊的
　　界線，也就是說，揭示口述歷史與「正規的」客觀歷史之間的差異。不同的是，照本
　　文在這裡引述的史提格勒的觀點而言，此一計畫似乎意識到記憶外部化與技術體系的
　　有限性，但同時又期待讀者採取「多重觀點」與參照不同的史料，以期拼湊出歷史真
　　相。關於這個問題，本文一再強調研究重心不在「客觀」歷史知識，而是餘生者特異
　　的生命歷程。《流麻溝十五號》其中一位見證者陳勤女士在其證言中提到，她自己與
　　當年任職於臺北縣教育局科長的先生都因為她政治犯身分，使得升遷受礙，而這樣的
　　經歷與其他相關細節沒有在這裡所提到的中研院近代史的口述歷史採訪中多談，原因
　　是她覺得理念和意識不同（《流麻溝十五號》，頁317）。像陳勤女士這樣同樣是中研

表示記憶的虛假與決定論，而要強調的是一種記憶在社會、文化與政治場域的延異（*différance*）、即是差異（differing）與延後（deferring）的過程。

就相當大的程度而言，臺灣人的生命歷程不曾遠離恥辱：殖民與極權體制暴力、中國的恫嚇與壓迫、政黨的權力遊戲、大眾媒體的追殺——這些經驗都見證了恥辱如何是一種差辱、懲罰與汙名化的權力策略，對臺灣人的心理與存在產生實質不可抹滅的效應。本文接下來將以到目前為止所形塑的理論架構更細部地討論包括《流麻溝十五號》、顏世鴻的《青島東路三號》、陳英泰等人的白色恐怖證言，特別強調以下幾個關注點。首先討論國民黨極權體制如何以非法偵訊、逼供、審判與強迫勞動等手段差辱受難者。接下來焦點放在受難者經歷什麼樣的本體錯置，如何以裸命的樣態活著，以及如何經歷一切苦難，並且回應記憶的道德職責，挺身見證個人與集體的苦難。必須說明的是，本文無意將恥辱提升到一種崇高的境界，因此落入臺灣人終將出頭天的集體「苦難意志」（will to suffering）。餘生者獨特的恥辱生命歷程有一部分完全沒有社群標記的作用，是一種被拋除在常態社會之外、雖生猶死或者「不死的」狀態。再者，本文企圖開啟理論與證言文本之間的一種批判性的對話，而未獨厚任何一方，反而是要凸顯經驗與再現之間的斷層。換言之，要檢視恥辱本體論如何可以或無法適用於那些證言，以及證言又如何超出恥辱本體論的理論框架。總的來說，雖然白色恐怖（不論是廣義或狹義）是臺灣歷史上的一個特定的時代，但是本文不以建構歷史知識或任何轉型正義工程的真理判準為目的。如果本文可能展望任何研究成果，也許是一種比政治與歷史真實——特別是統治者的歷史——更真實的真實，同時超越烏托邦與抵烏托邦的歷史想像，回歸到生命自身，一種「尊嚴」、「自由意志」、「良知」、「和解」或者其他人文主義價值生去效用、歸零之後的生命本體樣態。如果有任何人性價值或即便多微弱的彌賽亞靈光，也只有那樣的情境中才能瞥見。

院計畫的採訪對象也另有其他證言，還包括黃秋爽、陳紹英、盧兆麟、蔡焜霖等許許多多的受難者。他們在不同的採訪計畫中的證言是否也有落差，而造成差異的外在與內在的因素為何，頗值得進一步探討。

　　即便不同的後威權或後極權體制的餘生證言各有其特定的歷史與政治現實條件，而每個餘生者也各有其獨特的生命感受與體驗，但這些證言都企圖述說、捕捉共同記憶，也都能讓我們對於生命本體進行普遍性思考。不論是以自傳或自述回憶錄方式撰寫的顏世鴻的《青島東路三號》、陳英泰的《回憶，見證白色恐怖》與《再說白色恐怖》，或者以採訪為體的《流麻溝十五號》，幾位臺灣阿公與阿嬤見證人都展現過人的記憶力或者「記憶的驅力」（the drive to remember），即便事隔近半世紀，仍憑著受難期間記下的隻字片語與遺留在腦海中的片段，企圖捕捉諸多人、事、時、地、物鉅細靡遺的狀況。顏、陳兩位老先生甚至潛心苦學，遍讀資料與檔案，成就豐富的「素人」歷史，在相當大的程度上，提供了知識霸權體系與「勝利者史觀」之外的歷史「真實」。此外，這些證言作為一種上面提到過的「記憶外部化的技術體系」，都將時間「空間化」；也就是說，這些受難者／餘生者所見證的白色恐怖都緊緊的依附在一些專責訊問、審判、囚禁、勞改、甚至處決的處所，人生的黃金歲月也在那些非人化的處所輾轉流連，記憶也在那裡留下痕跡：保安司令部情報處與軍法處、保密局南北所、內湖新生總隊、綠島新生訓導處、土城生教所、新店軍人監獄，以及馬場町。從一個監牢到另一個監牢，從一個集中營到另一個勞改營或刑場，空間化的時間歷程似乎等於是一種無止境的傷痛、惶恐、不確定、絕望所形成的封閉的迴圈。[8]

　　換個角度來看，這些餘生證言也將空間「時間化」，也就是透過細微的描述，將白色恐怖的時間軌跡帶進城市景觀或空間體系：以嚴刑拷打、惡名昭彰的情報處（原日治時期東本願寺）對照現今的獅子林一帶商圈、原青島東路三號軍法處已成喜來登飯店、二○○二年改建為「馬場町紀念公園」的地點當時專做處決用、景美萬隆一帶曾是「十五份秘密屠殺」的發生地、位於六張犁白色恐怖時期槍決者的亂葬崗於一九九三年被發現……。建築、地

---

[8]　除了心裡感受之外，白色恐怖時期確實有諸多情況使得量刑隨時都可能更動，不斷延續這裡所說的封閉的迴圈，無法確定何時可真的逃離「集中營」或「刑場」：蔣介石任意更改判決、任意羅織罪名的「在監再叛亂案」、或刻意刁難保釋程序等等。

景、空間不再單純是具象的存在物，而是被不同的時間軌跡所貫穿，纏繞著特異的即身（embodied）的苦難經驗與記憶的鬼魅，同時也標記著極權體制的罪惡，召喚「未竟的正義之業」（justice to come）。[9]簡要地說，這些白色恐怖證言鬆動或擾亂了我們對於既有知識體系分際、時空完整性與延續性、歷史真實的認知，也可以說是將官方的、甚至是勝利者的檔案與記憶帶入一個延異的、鬼魅化的、不死的狀態。

如同上述有關後大屠殺證言的討論，臺灣白色恐怖受難者的餘生已與追憶述說、見證無法區分：我們可以說他們為了追憶、述說與見證而存活。他們對於個人與集體生命軌跡的消失感到焦慮，因而以證言作為對於包括自身的受難者鬼魅般的記憶的回應，甚至把那樣的證言／回應視為一種道德職責。如陳英泰所言，「感覺自己有留下當時的實情，做歷史見證的責任。……除非盡力替他們留下名字與事蹟於此回憶錄，他們將永遠被遺忘」（《回憶》上，頁18-19）。顏世鴻則胸懷大時代戰亂下普遍的受害者（頁51）。他們的證言揭露被壓抑的、不可能還原、無法完全保留、已然流逝的片段的記憶與生命痕跡：也就是說，鍾浩東、計梅貞、于凱、錢靜芝、丁

9　本文至此已多次強調過，不將白色恐怖證言的探討侷限在「轉型正義」的框架裡；而稍早有關一般轉型正義工程的問題的批判觀點，也可以引用這裡所提到的「未竟的正義之業」的觀念加以佐證。我要特別論證的是，受難者／受壓迫者／餘生者獨特的人生歷程，與這裡所說的「記憶的鬼魅」，溢出於諸如檔案、紀念碑、紀念館或歷史遺跡等記憶外部化的技術體系與所有體制化正義工程。「未竟的正義之業」這個概念援引自當代法國哲學家德希達（Jacques Derrida）。德希達將正義定位為一種「絕對的離異性（alterity）的經驗」（Force of Law, 27），延續了他長期以來透過「延異」（*différance*）與「痕跡」等概念挑戰西方在場形上學的根基的企圖。對德希達而言，正義具有不可解構的、無法估算的特質；我們只能在特異的情境中彰顯正義，而不是當成固定的、普遍化的真理。德希達因此反對透過任何體制化、客觀化的估算將正義化約為特定的訴求與目的。德希達所理解的與本文所支持的正義概念也具有鬼魅的特質，無法套入任何交換、流通、認同與感激的計算體系。透過這樣的理路才能保留鬆動與再造既有法律與道德體系開放的可能性。尚有諸多問題無法在本文的篇幅裡詳述。

窈窈、施水環、張志忠與季澐夫婦與一同入獄的幼子楊揚[10]……其他許許多多淹沒在歷史洪流中、在官方檔案裡只留姓名、編號、相片的受害者與見證者們各自特異的生命在獄中短暫的交會，進入了記憶外部化延異的過程。更甚者，如陳英泰在其證言中還憑藉自己的見聞與報載，描述了諸如景美十五分、新店檳榔坑與澎湖等幾椿秘密屠殺事件（《回憶》上，頁50-53，《再說》，頁110-113）。這樣「還以受害者一個名字、一張臉、一段歷史」[11]的企圖所見證與回應的也是一種不可能性，也就是說，總留有無名的、無法命名的、失去個別性的、去主體化的「受害者」的鬼魅記憶有待憑弔、平反與救贖。

「不可能的見證」總是夾雜著見證者自身根源性的情動（fundamental affects），與集中營生命政治情境密不可分；如上所言，這也是阿岡本未能妥善或無意處理的問題，而本文構築具有生命政治視角的恥辱本體論正是要解決這樣的侷限性。首先我們必須理解到，在白色恐怖時期的生命政治情境中，「例外狀態」已然成為「常態」，不僅個人隨時都可能如卡夫卡《審判》小說裡的主角K被捲入「你有罪！」的指控、但卻無法理解、遑論反駁罪名的驗證；整個逮捕、偵訊、審判、拘留、監禁與處決的機關與程序所形成的網絡，宛如迷宮將個人團團包圍；被捕者家屬無從得知親人被送往何處，有些甚至連已經執行槍決沒被告知。

證言裡對於刑求逼供多所描述，各式各樣的凌虐除了意在耗盡受難者體力之外，更是為了製造壓迫、恐懼、焦慮與羞辱的心理效果。秘密審判、任

---

10 張志忠（本名張梗，臺灣省嘉義縣人）因涉蔡孝乾叛亂案判處死刑，一九五四年三月十六日槍決；妻季澐（中國江蘇人）涉省工委會案判處死刑，於一九五〇年十一月十八日槍決；子楊揚隨夫妻入獄後，為保密局汽車技工收養，一九六八年一月一日二十一歲於臺北市長沙街二段星光旅社服毒自殺。當月柏楊於二十六、二十七、二十八連續三日於《自立晚報》記載楊揚自殺事件處理經過，自殺原因仍無最終解答（一說是不願意入伍加入國民黨軍隊）。張常美與陳勤於訪談中都有提及此一家庭悲歌（《流麻溝十五號》，頁73, 87, 327-328）。藍博洲則耗費近二十年考察，寫成《臺共黨人悲歌》（2012年）一書。張季夫婦另有一女張素梅（1949年生）於二十六歲病死。

11 見本文頁3。

意引用與扭曲法條、羅織罪名、強迫自白與畫押等。更甚者，所有政治案件判決均需上呈蔣介石，以貫徹「領袖意志」，長短不一的刑期都有可能因為「嚴為復審」的裁示，下位者揣摩上意改判死刑；見證者之一的黃秋爽先父黃天牽涉簡吉之共黨活動被捕，原判決無期徒刑，蔣介石直接裁示以最高刑罰死刑論處（《流麻溝十五號》，頁 113, 177）。而當局自然也會利用各大報或在公共場所豎立看板發布執行死刑消息，以收震懾、威嚇與羞辱之功。而在綠島集中營更容易動輒因小事被處罰，「有時候遊街，手腳被綁，像是扛豬一樣」（《流麻溝十五號》261）。這些白色恐怖證言所揭露的生命政治情境整個來說，個人陷入徹底無依、失去任何保護、隨時可成俎上肉、任人宰割的裸命狀態，任由領袖決斷生死，各種形式的無緣由的暴力隨時可以介入主體生命的最內層。我們甚至可以說，在這種裸命的情境中，已無「個體」生命可言。簡而言之，生命的本質徹底暴露在政治權力的網絡之中，正是本文所關注的恥辱的狀態，一種生命本體的錯置，事隔多年仍無法平復。

　　整個白色恐怖的生命政治情境讓我們了解，政治權力從「案發」、偵訊、審判、到監禁期間每一個環節都深深地介入、掌控個人的生命本體，其中一個重要的機制是鼓勵揭發和告密，許多受難者都因而受到牽連。成分混雜的監牢裡經常佈有間諜，而獄友之間的舉報以換取減刑與獎勵也是常態。換言之，白色恐怖也透過扭曲、摧毀道德良知與判斷，製造的裸命狀態與本體生命的錯置。除此之外，食衣住行各方面非人化的生活條件也是白色恐怖生命政治重要的一環；其目的在於透過製造恥辱感，毀滅受難者人性的尊嚴，使他們只能像是剩人或活物（creature）一樣延續著不死的狀態。幾乎每一位見證者都描述牢房空間與囚犯人數不成比例，需要或站或討輪流睡。陳英泰與張金杏的描述為這裡所談的非人的情境做了最真實的見證：

　　[保密局北所]的伙食很差……每頓菜都一樣是空心菜湯只有幾個蘿蔔浮在上面，因此營養極端不足。加之，沒有陽光、不給運動，久關在此身體會發生毛病。有的被關了半年多，腳氣厲害，大家的腳、臉都浮腫。……這種很差的環境使一個人失去耐性，成為胡亂被騙做口供的因素之一。（陳英泰：《回憶》上，頁65）

> [在軍法處]每次洗澡時，男生在廣場洗，限時十分鐘或五分鐘，哨
> 子聲一響：「嗶！」，就要他們進來，大家都來不及洗，只好光著身
> 子被皮鞭抽打，每天都有人被打，我們在樓上看他們每天都被打得很
> 慘。有些人不甘願，像一些大學生事先準備，用毛巾蓋著牛奶罐或罐
> 頭，等到有人邊打他們時就丟過去，這樣就引起了暴動，看守馬上開
> 槍射他們的腳，有十幾個人被抓。廣場四周都是關人的地方，這群被
> 抓的人是臺大的學生，他們被手銬銬住守吊起來，打著赤腳，像是盪
> 鞦韆一樣吊起來，盪來盪去，吊了一整天，沒吃飯，人放下來的時
> 候，都昏倒在地。（《流麻溝十五號》，頁235）

而綠島集中營更是以緊密的勞動與「思想教育課程」從身體、心靈、思想各
層面控制受難者。對於他們而言，時間與空間實質上已失去經驗座標的作
用。這也是恥辱的裸命，一種介於生與死、人與非人不可區分、無法承受卻
又無處可逃的狀態。當然，證言裡對於綠島集中營或其他監禁與感訓處所的
描述，不乏所謂的「日常生活」活動，例如體育競賽、才藝訓練或其他康樂
活動等等。對此我們必須了解到，任何一點反抗或僭越都可能會招致難以料
想的結果。如果在集中營裡或在整個白色恐怖的極權社會裡還有所謂的「日
常生活」，那也不過只是一種維繫與強化生命政治統治的管道。換言之，極
權體制（**total**itarianism）「名實相符」，遂行「全面統治」（**total**domination）
貫穿生命大大小小不等的面向。在這樣的生命政治情境「活下來」，等於是
見證或經歷作為一個人的尊嚴與基本權利被剝除的恥辱。對此，將人等同於
非人是過度簡化的想法；較細緻一點來說，應該是人的本體存在有某種不死
的本質，能夠溢出所有非人化的暴力，罪惡與苦難，如同阿岡本所說的，人
存在於「人與非人……之間的裂縫」（*Remnants*, 134）。這樣的理解絕對不
是訴諸一種「苦難意志」、「苦盡甘來」、甚至是「臺灣人出頭天」的廉價的
和解、療癒或重生的意識形態，而是強調真正的倫理基礎應該在於「人性歸
零」、在拋除了被視為理所當然的「人性價值」之後的恥辱的本體生命樣態。

五　結論

　　顏世鴻的《青島東路三號》、陳英泰的《回憶，見證白色恐怖》與《再說白色恐怖》、以及《流麻溝十五號》所見證的不僅是白色恐怖的共同記憶，更是個人獨特、無法化約、歷經恥辱的裸命狀態的生命歷程。然而，他們「存活下來」的證言與生命並未只停留在那樣的狀態，或者應該被套入任何「檔案化」的集體歷史。一方面這些證言召喚出如上所言的那些無法命名的、仍有待憑弔、平反與救贖的受難者的鬼魅記憶，擾亂任何廉價的和解與寬恕的集體社會氛圍。另一方面，這些餘生者透過他們的證言，以各自的方式述說出各自特異的生命感受，以各自的方式回應大歷史或集體敘述與身分認同，開展出劫後餘生的存在軌跡。

　　顏世鴻的《青島東路三號》以「我的百年之憶及臺灣的荒謬年代」為副標題，整部證言顯示出顏老先生將個人生命歷史放入「中國」近代史：先人在中國的根基，大篇幅描述韓戰與冷戰、中國與蘇聯的形勢的個人觀點。顏在證言中依然堅持自己左派的立場與「中國人」的身分認同。已故的陳英泰老先生則一方面認為白色恐怖是超越藍綠的臺灣共同的歷史問題（《再說》，頁307），而見證與抵抗白色恐怖是臺灣民主的基石（《再說》，頁311）；另一方面也堅持見證自身個人生命的必要性：「我的想法是重視一個人的生命軌跡以個人為中心我若在這的群體之中，就應忠實地表現出我在這個群體中屬於我的事實，作（sic）為有過特別經歷的政治受難者中的個人，有必要把個人的生命軌跡留住」（《再說》，頁246）。《流麻溝十五號》裡的幾位臺灣阿嬤則都強調一種堅強活下去的人生態度（頁134？286）。這些餘生見證者表述了各自的政治觀點與立場：堅決反中反國民黨、控訴國民黨惡行與責任、臺灣優先、對政治灰心等等不一而足。他們共同的期待是更自由、和平與公義的未來。他們讓世人了解到：餘生者不只是飽受凌虐恥辱的受難者，他們為見證而活，也是歷史的詮釋者，他們獨特的生命意義與人生態度也因此不斷溢出創傷的過往。

參考資料

馬英九　〈市長序〉　中央研究院近代史研究所口述史專案計劃執行小組編
　　　　《戒嚴時期臺北地區政治案件口述歷史》第一輯　臺北市　中央研
　　　　究院近代史研究所　1999年　頁5-7

李筱峰　〈臺灣戒嚴時期政治犯的遭遇與處境：政治受難者的經驗見證〉
　　　　《戒嚴時期白色恐怖與轉型正義論文集》　臺北市　臺灣歷史學會
　　　　吳三連臺灣史料基金會　2009年　頁384-423

侯坤宏　〈戰後臺灣白色恐怖析論〉《國史館學術集刊》第12冊　新北市
　　　　國史館　2007年　頁139-203

張炎憲　〈恐怖年代的歷史見證〉　陳英泰　《回憶，見證白色恐怖》上冊
　　　　臺北市　唐山出版社　2005年　頁9-12

張炎憲　〈導言：白色恐怖與轉型正義〉《戒嚴時期白色恐怖與轉型正義論
　　　　文集》　臺北市　臺灣歷史學會、吳三連臺灣史料基金會　2009年
　　　　頁1-13

陳英泰　《回憶，見證白色恐怖》　臺北市　唐山出版社　2005年

陳英泰　《再說白色恐怖》　臺北市　唐山出版社　2009年

曾建元　〈風簷展書讀，古道照顏色〉　陳英泰　《再說白色恐怖》　臺北市
　　　　唐山出版社　2009年　頁7-13

曾建元　〈不信青春換不回，不容歷史盡成灰〉　陳英泰　《回憶，見證白色
　　　　恐怖》上冊　臺北市　唐山出版社　2005年　頁1-16

曹欽榮　〈前言及採訪記〉　曹欽榮等採訪整理，鄭南榕基金會策劃　《流麻
　　　　溝十五號：綠島女生分隊及其他》　臺北市　書林出版社　2012年
　　　　頁40-49

顏世鴻　《青島東路三號：我的百年之憶及臺灣的荒謬年代》　臺北市　啟動
　　　　文化　2012年

Agamben, Giorgio. *Potentialities: Collected Essays in Philosophy*. Ed. Werner

Hamacher and David E. Wellbery. Stanford: Stanford UP, 1999.

Agamben, Giorgio. *Remnants of Auschwitz: The Witness and the Archive*. Trans. Daniel Heller-Roazen. Stanford: Stanford UP, 1998.

Arendt, Hannah. *The Origins of Totalitarianism*. San Diego: Harvest, 1968.

Bluestein, Jeffrey. *The Moral Demands of Memory*. Cambridge: Cambridge, UP, 2008.

Derrida, Jacques. "Force of Law: The 'Mystical Foundation of Authority." *Deconstruction and the Possibility of Justice*. Ed. Drucilla Cornell et al. New York: Routledge, 1992. 3-67.

Felman, Shoshana, and Dori Laub. *Testimony: Crises of Witnessing in Literature, Psychoanalysis, and History*. New York: Routledge, 1992.

Foucault, Michael. *Discipline and Punish: The Birth of the Prison*. Trans. Alan Sheridan. New York: Pantheon, 1977.

Kafka, Franz. *The Trial*. Trans. Idris Parry. London: Penguin, 1994.

LaCapra, Dominick. *History in Transit: Experience, Identity, Critical Theory*. Ithaca: Cornell UP, 2004.

Levinas, Emmanuel. *On Escape: De l'évasion*. Trans. Bettina Bergo. Stanford: Stanford UP, 2003.

Levi, Primo. *The Drowned and the Saved*. Trans. Raymond Rosenthal. London: Abacus, 1989.

Levi, Primo. The Truce. If This Is a Man *and* The Truce. Trans. Stuart Woolf. London: Abacus, 1987.

Lewis, Michael. *Shame: The Exposed Self*. New York: Simon & Schuster, 1995.

Nünning, Ansgar. "Memorial Cultures and Literary Studies: Concepts and Functions of *Memory as a Challenge to Research on Witnessing*." Witness: Memory,Representation, and the Media in Question. *Ed. Urik Ekman and Frederik Tygstrup. Copenhagen: Museum Tusculanum Press, 2008. 91-112.*

Nussbaum, Martha C. *Hiding from Humanity: Disgust, Shame and the Law*. Princeton: Princeton UP, 2006.

Stiegler, Bernard. *Technics and Time, 1: The Fault of Epimetheus*. Trans. Richard Beardsworth and George Collins. Stanford: Stanford UP, 1998.

Stiegler, Bernard. *Technics and Time, 2: Disorientation*. Trans. Steven Barker. Stanford: Stanford UP, 2009.

Teitel, Ruti G. "Transitional Justice Genealogy." *Harvard Human Rights Journal* 16（2003）: 69-94.

Vogt, Erik. "S/Citing the Camp." *Politics, Metaphysics and Death: Essays on Giorgio Agamben's* Homo Sacer. Ed. Andrew Norris. Durham: Duke UP, 2005. 74-106

Wieviorka, Annette. *The Era of Witness*. Trans. Jared Stark. Ithaca: Cornell UP, 2006.

文學研究叢書·臺灣文學叢刊 0810003

時空流轉：文學景觀、文化翻譯與語言接觸
（第八屆臺灣文化國際學術研討會論文集）

主　　編　林淑慧
作　　者　林鎮山等
責任編輯　邱詩倫

發 行 人　陳滿銘
總 經 理　梁錦興
總 編 輯　陳滿銘
副總編輯　張晏瑞
編 輯 所　萬卷樓圖書股份有限公司
排　　版　浩瀚電腦排版股份有限公司
印　　刷　百通科技股份有限公司
封面設計　斐類設計工作室

發　　行　萬卷樓圖書股份有限公司
　　　　　臺北市羅斯福路二段 41 號 6 樓之 3
　　　　　電話 (02)23216565
　　　　　傳真 (02)23218698
　　　　　電郵 SERVICE@WANJUAN.COM.TW
大陸經銷　廈門外圖臺灣書店有限公司
　　　　　電郵 JKB188@188.COM
香港經銷　香港聯合書刊物流有限公司
　　　　　電話 (852)21502100
　　　　　傳真 (852)23560735

ISBN 978-957-739-867-3
2014 年 4 月初版一刷
定價：新臺幣 900 元

如何購買本書：

1. 劃撥購書，請透過以下郵政劃撥帳號：
　 帳號：15624015
　 戶名：萬卷樓圖書股份有限公司
2. 轉帳購書，請透過以下帳戶
　 合作金庫銀行　古亭分行
　 戶名：萬卷樓圖書股份有限公司
　 帳號：0877717092596
3. 網路購書，請透過萬卷樓網站
　 網址 WWW.WANJUAN.COM.TW
大量購書，請直接聯繫我們，將有專人為
您服務。客服：(02)23216565 分機 10

如有缺頁、破損或裝訂錯誤，請寄回更換
版權所有·翻印必究
Copyright©2014 by WanJuanLou Books CO., Ltd.
All Right Reserved　　　　　　**Printed in Taiwan**

國家圖書館出版品預行編目資料

時空流轉: 文學景觀、文化翻譯與語言接觸
（第八屆臺灣文化國際學術研討會論文集）/
林淑慧主編；林鎮山等著 -- 初版. -- 臺北
市 : 萬卷樓, 2014.04
　面；　公分. -- (文學研究叢書)

ISBN 978-957-739-867-3(平裝)

1.臺灣文化 2.文集

733.407　　　　　　　　　　103007067